Kapitelanfang

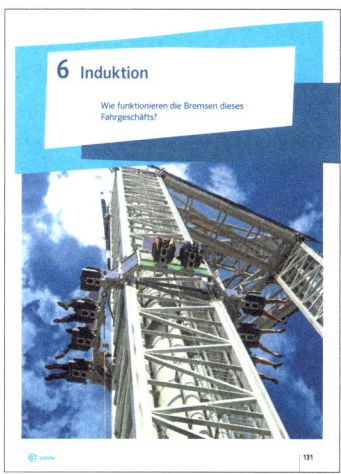

Jedes Kapitel beginnt mit einer solchen Seite. Das Foto und die dazugehörige Frage machen deutlich, worum es in diesem Kapitel geht.

Exkurs-Seiten

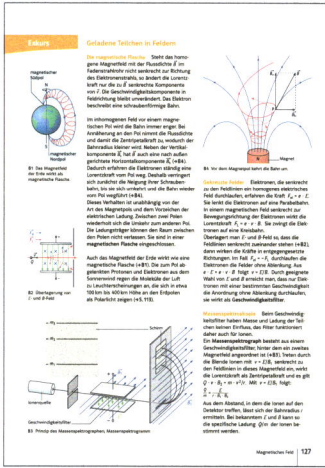

Diese Seiten bieten Ihnen Materialien, mit deren Hilfe Sie das Gelernte anwenden und vertiefen können.

Methoden-Seiten

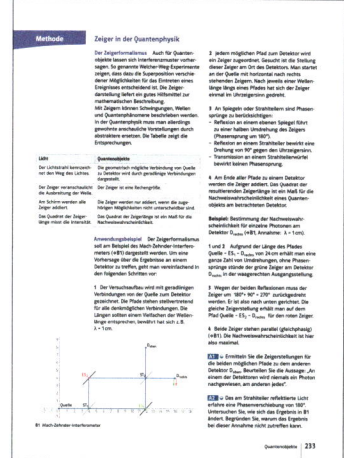

Auf diesen Seiten werden Ihnen grundlegende Methoden Schritt für Schritt demonstriert.

Seiten, die die Durchführung und Auswertung grundlegender Versuche vorstellen, sind durch die Bezeichnung „Experimente" extra gekennzeichnet.

Rückblick-Seiten

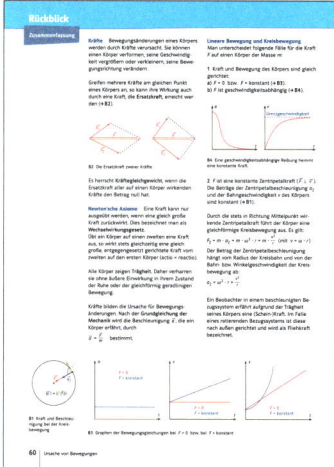

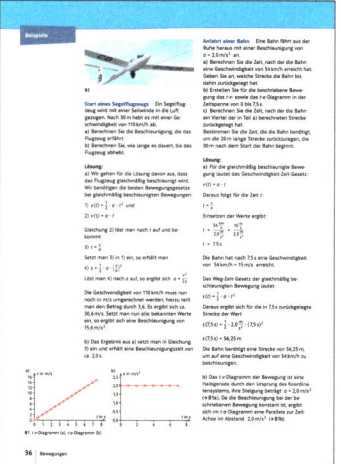

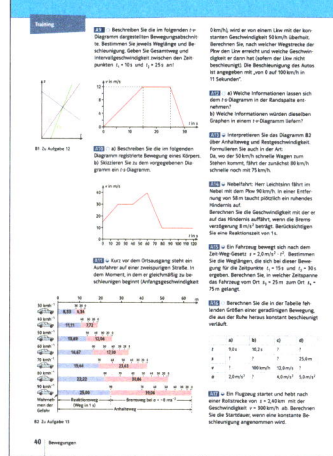

Zusammenfassung
Auf diesen Seiten finden Sie die Inhalte des Kapitels nochmals zusammengefasst.

Beispiele
Aufgaben mit Lösungen zeigen Ihnen hier, wie Sie bei verschiedenen Fragestellungen vorgehen.

Training
Am Ende jedes Kapitels befinden sich Aufgaben zum Üben.
Die **Lösungen** zu diesen Aufgaben finden Sie in den Online-Materialien.

Das Unterrichtswerk **Impulse Physik 11-13 Oberstufe, Niedersachsen** wurde auf der Grundlage der bisherigen Ausgaben **Impulse Physik 11/12, Niedersachsen** und **Impulse Physik Oberstufe** (Autoren: Lars Blüggel, Wilhelm Bredthauer, Klaus Gerd Bruns, Hans Jerg Dorn, Manfred Grote, Dr. Ludger Hannibal, Annelie Hegemann, Dr. Thilo Höfer, Florian Karsten, Harald Köhncke, Michael Renner, Norbert Schell, Martin Schmidt, Dr. Helmut Schmöger, Horst Welker, Peter Wojke, Dr. Frank Zimmerschied) von Dr. Oliver Burmeister (Beratung), Klaus Gerd Bruns und Michael Rode erstellt.

Hinweise zu den Versuchen Vor der Durchführung eines Versuchs müssen mögliche Gefahrenquellen besprochen werden. Die geltenden Richtlinien zur Vermeidung von Unfällen beim Experimentieren sind zu beachten.

Da Experimentieren grundsätzlich umsichtig erfolgen muss, wird auf die üblichen Verhaltensregeln und die Regeln für Sicherheit und Gesundheitsschutz nicht bei jedem Versuch gesondert hingewiesen.

1. Auflage

1 ⁶ ⁵ ⁴ ³ ² | 2024 23 22 21 20

Alle Drucke dieser Auflage sind unverändert und können im Unterricht nebeneinander verwendet werden. Die letzte Zahl bezeichnet das Jahr des Druckes.

Redaktion: Ute Nicklaß, Peter Anselment und Michael Wagner

Gestaltung: normaldesign GbR, Maria und Jens-Peter Becker, Schwäbisch Gmünd.
DTP/Satz: B2 Büro für Gestaltung, Andreas Staiger, Stuttgart.
Grafiken: Dr. Martin Lay, Breisach am Rhein; Alfred Marzell, Schwäbisch Gmünd; Jörg Mair, München; Sandra Oehler; Remseck; Andreas Staiger, Stuttgart.
Druck: Aprinta Firmengruppe APPL, aprinta druck, Wemding.

Printed in Germany.
ISBN: 978-3-12-773021-0

Impulse Physik

Oberstufe

11-13

für die Gymnasien
in Niedersachsen

Neubearbeitung von
Klaus Gerd Bruns
Michael Rode

Ernst Klett Verlag
Stuttgart · Leipzig

Inhaltsverzeichnis

3 Erhaltungsgrößen 65

4 Elektrisches Feld 81

8 Wellen 167

9 Wellenmodell des Lichtes 195

10 Quantenobjekte 225

11 Atomphysik 251

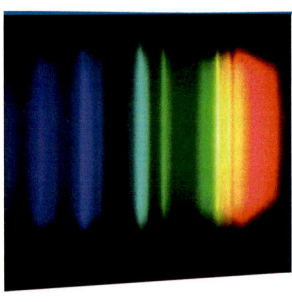

12 Kernphysik 287

SI-Einheiten

B1 Urmeter

B2 Urkilogramm

SI-Einheiten

Die Physik befasst sich mit den messbaren Eigenschaften der Natur. Dazu muss man für physikalische Größen jeweils eine Maßeinheit („Maßstab") festlegen und erläutern, wann eine Gleichheit oder eine Vielfachheit des Maßstabs vorliegt.

Diese Einheit ist nicht eindeutig und so gab es früher verschiedene Maßeinheiten für dieselbe physikalische Größe. Die Elle als Maßeinheit der Weglänge ging beispielsweise vom Ellenbogen bis zur Mittelfingerspitze. Dies war natürlich personenabhängig.

Um eine Vereinheitlichung zu bekommen, wurde um 1790 jeweils ein Prototyp für das Meter und das Kilogramm hergestellt, das sogenannte Urmeter (→B1) und Urkilogramm (→B2). Diese sind im französischen Nationalarchiv gelagert. Weitere Kopien besitzen die Länder, die sich dieser Konvention angeschlossen haben.

Als erstes **Basissystem** wurde das Meter-Kilogramm-Sekunde-System (kurz: mks-System) beziehungsweise das cgs-System (Zentimeter, Gramm, Sekunde) verwendet. Diese Basissysteme wurden um vier weitere Basisgrößen erweitert und mündeten 1954 im Internationalen Einheitensystem (Système Internationale d'Unités; kurz: **SI-System**).

Das traditionelle SI-System hat sieben **Grund-** oder **Basisgrößen**: Zeit, Länge, Masse, elektrische Stromstärke, Temperatur, Stoffmenge und Lichtstärke. Die zugehörigen Einheiten, die per Definition festgelegt sind, heißen **Basiseinheiten** (→B3).

Alle anderen physikalischen Einheiten sind abgeleitete Einheiten. Die zugehörigen Größen heißen abgeleitete Größen. Beispiele: Volumen, Frequenz, elektrische Ladung …

Beispiele für abgeleitete Größen		
Größe	**Definition**	**SI-Einheit**
Volumen V	$1\,m^3$	m
Frequenz f	$1\,Hz = 1\,{}^1/s$	s
Ladung Q	$1\,As = 1\,C$	A, s

Die Definition des Meters mit Hilfe des Urmeters ist überholt. Heute wird das Urmeter mit Hilfe der Lichtgeschwindigkeit definiert. Man ist daher im Herbst 2018 übereingekommen, auch alle anderen Einheiten über sieben festgelegte Naturkonstanten zu definieren. Je genauer man die Naturkonstanten messen kann, umso genauer werden die Einheiten.

Die Definition des Kilogramms mit Hilfe des Urkilogramms in Paris war beispielsweise problematisch, da dieses jedes Jahr um etwa $0,5\,\mu g$ an Masse verliert. Heute nutzt man die Möglichkeit, die Anzahl der Siliciumatome zu bestimmen, die dem heutigen Kilogramm entsprechen. Dies sind etwa $2,1 \cdot 10^{24}$. Dazu war es aber nötig, dass man die Anzahl auf 10^{18} genau bestimmen kann.

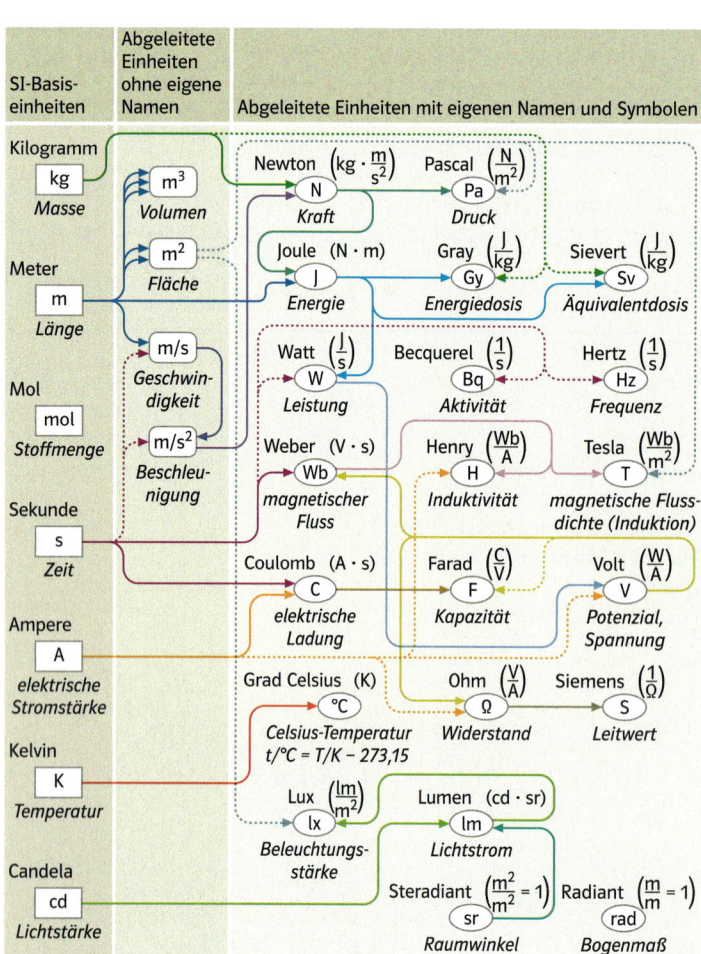

B3 SI-System

1 Bewegungen

In Ruhe oder in Bewegung – für wen gilt was?

1.1 Beschreiben von Bewegungen

Ein Blatt Papier fällt auf komplizierter Bahn nach unten. Zu einer Kugel zusammengeknäuelt fällt es dagegen nahezu geradlinig herab, seine Bahn lässt sich einfacher beschreiben. Bewegungen sind an der Veränderung des Ortes eines Körpers mit der Zeit zu erkennen. Allerdings benötigt man einen Standpunkt, auf den sich die Veränderungen in Raum und Zeit beziehen.

Spuren der Bewegung

Skifahrer hinterlassen Spuren im Neuschnee. Die Kondensstreifen eines Flugzeuges zeigen seine Bahn am Himmel, auch wenn es selbst kaum noch zu sehen ist.

Die Aufnahme der Stabhochspringerin (→B4) zeigt verschiedene Phasen ihrer Bewegung in ihrer zeitlichen Abfolge. Verschiedene Körperteile bewegen sich dabei auf unterschiedlichen Bahnen. Ebenso bewegt sich jeder Teil eines fallenden Blattes ein wenig anders (→B1).

Jeder Punkt des Körpers beschreibt bei der Bewegung seine eigene Bahn. Für jeden Punkt ergibt sich auf diese Weise eine Kurve, die **Bahnkurve**, die aus allen Orten besteht, die der Punkt nacheinander durchläuft. Ruht ein Punkt des sich bewegenden Körpers, so reduziert sich seine Bahnkurve auf einen Punkt.

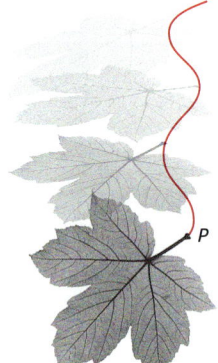

B1 Bahnkurve des Stielendes beim fallenden Blatt

B4 Bahnkurven verschiedener Körperteile beim Stabhochsprung

Ereignisse in Raum und Zeit

Um die Bewegung eines fallenden Blattes zu beschreiben, sind für jeden einzelnen Punkt des Blattes drei Koordinaten zur Angabe seines Ortes im Raum nötig. B3 zeigt Aufnahmen der Sonne, die im Laufe eines Sommertages am nördlichen Polarkreis entstanden sind. Die Sonne kann als Punkt dargestellt werden und es ergibt sich eine Bahnkurve.

Sind Form und Größe des Körpers für die untersuchte Bewegung ohne Bedeutung, lässt sich die Masse des betrachteten Körpers gedanklich in einem einzigen Punkt konzentrieren. Diese Idealisierung bezeichnet man als das **Modell des Massepunktes**. Sie gilt, wenn sich der betrachtete Körper nicht dreht oder verformt.

In diesem Fall reicht die Angabe der Koordinaten genau eines Punktes aus, um den Ort des Körpers eindeutig zu beschreiben. Die Fallbewegung einer Kugel lässt sich demnach vereinfacht durch die Bahnkurve ihres Mittelpunktes erfassen. Bei der Stabhochspringerin müssen dagegen die Bahnkurven verschiedener Punkte verfolgt werden.

Im Folgenden setzen wir Bewegungen von Körpern voraus, die sich als Massepunkt beschreiben lassen.

Zur vollständigen Beschreibung der Bewegung eines Körpers reicht die Kenntnis seines Ortes allein nicht aus. Man muss auch den Zeitpunkt kennen, an dem ein Körper diesen Ort erreicht.

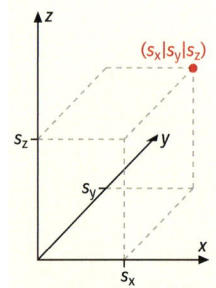

B2 Drei Raumkoordinaten zur Kennzeichnung des Ortes s eines Körpers

B3 Bahn der Sonne im Laufe eines Tages

a)

b)

B1 Bahnkurve aus Sicht des Skateboardfahrers (a), aus Sicht der Zuschauer (b)

Auf den Standort kommt es an

Ein Skateboardfahrer springt während der Fahrt senkrecht hoch, überquert ein Hindernis und landet wieder auf seinem Brett.

Aus Sicht der Zuschauer bewegt sich der Skateboardfahrer auf einer gekrümmten Bahn (→B1b). Er selbst jedoch sagt, dass er nur auf seinem Brett hochgesprungen sei (→B1a). Bei der Beschreibung der Bewegung eines Körpers können verschiedene Beobachter zu unterschiedlichen Aussagen gelangen.

Jede Beschreibung einer Bewegung erfolgt bezogen auf eine bestimmte Umgebung, man bezeichnet sie als **Bezugssystem**. Der Skateboardfahrer bezieht sich bei der Beschreibung seiner Bewegung auf sein Brett. In diesem Bezugssystem ist die Bahnkurve im Idealfall eine senkrechte Strecke und er spricht von einer geradlinigen Bewegung.

Ein Zuschauer hingegen beobachtet die Bewegung in einem mit der Erde verbundenen Bezugssystem. Für ihn ist die Bahnkurve nicht gerade, sondern parabelförmig.

Die Bewegung eines Körpers lässt sich durch die Angabe seiner Orte zu bestimmten Zeitpunkten beschreiben. Die Beschreibung hängt vom Bezugssystem ab.
Sind Form und Ausdehnung des Körpers für die Bewegung nicht von Bedeutung, genügt die Ortsangabe eines bestimmten Punktes des Körpers.

A1 ○ Zeichnen Sie die Bewegung einer gehenden Person mit der Serienbildfunktion einer Digitalkamera auf, wobei die Kamera sich in der Hand
a) einer ruhenden Person,
b) einer mitgehenden Person befindet.
Diskutieren Sie die beiden Bildreihen.

Methode

Bewegung eines Fahrradventils

Aufgabe: Ein Fahrrad rollt an einem ruhenden Beobachter vorbei (→B2). Zeichnen Sie die Bahnkurve des Ventils im Bezugssystem des Beobachters in ein Diagramm.

Lösung: Das Ventil beschreibt im Bezugssystem eines ruhenden Beobachters, an dem

das Fahrrad vorbeifährt, ein bogenförmiges Auf und Ab wie in Abbildung B3 dargestellt. (Das Diagramm B3 zeigt den Kurvenverlauf für ein 28″-Rad, der Außenradius des Reifens beträgt 35 cm, der Innenradius der Felge mit Ventil beträgt 27,5 cm.)

B2

B3 Bahnkurve des Ventils

1.2 Geradlinige Bewegungen mit konstanter Geschwindigkeit

Bericht von einer Bahnreise 1950: „In der Dämmerung huschte die Landschaft schemenhaft vorbei, das gleichförmige Ta-tamm der Schienenstöße schläferte ein."

B1 Bewegung einer Radfahrerin

Erfassen von Bewegungen

Die Bewegung einer Radfahrerin (→B1) soll untersucht werden. Dazu legt man entlang einer geraden Strecke Orte fest, an denen jeweils die Zeit gemessen wird, in der die Radfahrerin die Weglänge vom Start zurückgelegt hat. Setzt man für den Start $s = 0\,\text{m}$ und $t = 0\,\text{s}$, so ergeben sich z.B. folgende Werte:

Zeit in s	0	0,5	1,0	1,5	2,0
Weglänge in m	0	2,2	4,5	6,9	9,3

Es ist zu erkennen, dass die Radfahrerin in jeder Zeitspanne von 0,5 s etwa die gleiche Weglänge zurückgelegt hat.

Darstellung von Bewegungen

Werden die Orte eines bewegten Körpers mit den zugehörigen Zeitpunkten t in ein Koordinatensystem eingetragen, so entsteht ein **Zeit-Ort-Diagramm** (t-s-Diagramm) der Bewegung. Bei geradlinigen Bewegungen in eine Richtung steigen mit wachsenden Werten von t auch die Werte von s an (→B2a).

Messungen liefern nur einzelne Punkte im t-s-Diagramm. Sie werden zu einem sinnvollen zusammenhängenden Graphen ergänzt.

Ist der Graph im t-s-Diagramm eine Gerade wie in Abbildung **B2b**, so gehören zu beliebig gewählten, aber gleich großen Differenzen $\Delta t = t_2 - t_1$ der Zeitpunkte t_1 und t_2 stets gleich große Differenzen $\Delta s = s_2 - s_1$ der Ortskoordinaten s_1 und s_2. (Δt wird „Delta-t" gelesen und bezeichnet eine Zeitspanne, Δs eine Weglänge.) Eine solche Bewegung heißt dann **gleichförmige Bewegung**.

Unterschiedliche gleichförmige Bewegungen führen im t-s-Diagramm zu Geraden mit unterschiedlichen Steigungen. Je größer die Steigung ist, desto größer wird die in gleichen Zeitspannen Δt zurückgelegte Weglänge Δs (→B2c). Die zugehörige Bewegung läuft schneller ab.

Der Graph im Zeit-Ort-Diagramm beschreibt den zeitlichen Ablauf einer Bewegung. Bewegungen mit konstanter Geschwindigkeit ergeben im t-s-Diagramm Geraden.

A1 ○ Bei einem Sessellift benötigt jeder Sessel für eine Weglänge von 1500 m eine Zeitspanne von 3 min. Zeichnen Sie das t-s-Diagramm eines Sessels.

A2 ○ Eine Schülerin geht von einer Wand weg. Ein Sensor registriert zu jedem Zeitpunkt ihren Abstand zur Wand. Interpretieren Sie das in **B3** gezeigte t-s-Diagramm dieser Bewegung.

Bei der Beschreibung geradliniger Bewegungen wählt man das Koordinatensystem so, dass sich der Körper parallel zur x-Achse bewegt. Der Ort des Körpers ist dann eindeutig durch die Koordinate $s = s_x$ beschrieben.

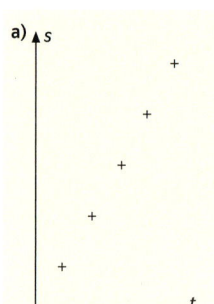 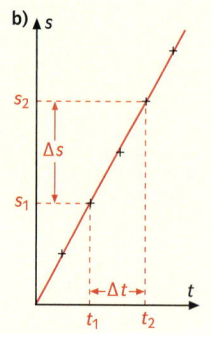 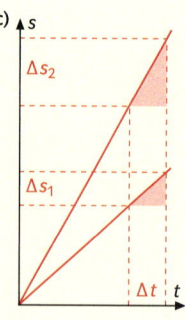

B2 Vom Messwert zum Graph im Zeit-Ort-Diagramm

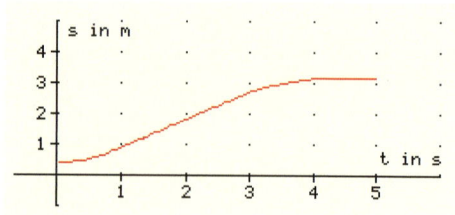

B3 Diagramm zu Aufgabe 2

Die Geschwindigkeit

Die Darstellung einer gleichförmigen Bewegung im t-s-Diagramm ergibt eine Gerade. Die Weglängen Δs und die zugehörigen Zeitspannen Δt sind zueinander proportional. Der Quotient $\Delta s / \Delta t$ ist die Steigung der Geraden.

Man definiert: Die Geschwindigkeit v einer gleichförmigen Bewegung ist der konstante Quotient aus Weglänge Δs und zugehöriger Zeitspanne Δt:

$v = \dfrac{\Delta s}{\Delta t} = \dfrac{s_2 - s_1}{t_2 - t_1}$. Die gesetzliche Einheit ist $1\frac{m}{s}$.

Das Diagramm **B2** beschreibt die gleichförmige Bewegung zweier Fahrzeuge, die sich zwischen den Orten A und B in entgegengesetzter Richtung bewegen. Es ergibt sich:

$v_{A \to B} = \dfrac{\Delta s}{\Delta t} = \dfrac{40\,km}{0,5\,h} = 80\,\dfrac{km}{h}$

$v_{B \to A} = \dfrac{\Delta s}{\Delta t} = \dfrac{-60\,km}{1,0\,h} = -60\,\dfrac{km}{h}$

Zur Geschwindigkeitsangabe wird häufig die Einheit $1\,km/h$ verwendet. Für die Umrechnung der Einheiten gilt:

$1\,\frac{m}{s} = 3\,600\,\frac{m}{h} = 3,6\,\frac{km}{h}$

Die Definition der Geschwindigkeit als Steigung des Graphen führt im zweiten Fall zu einem negativen Vorzeichen. Abbildung **B3** zeigt das zugehörige t-v-Diagramm.

Eine andere Sichtweise

Bei der Untersuchung von Bewegungen fallen der Beginn der Bewegung und der Beginn der Messung nicht immer zusammen. Man sagt, die Anfangsbedingungen sind verschieden. **B1** zeigt drei t-s-Diagramme desselben Bewegungsvorganges, die durch unterschiedliche Anfangsbedingungen entstanden sind.

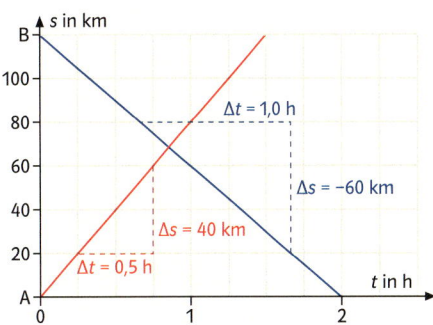

B2 Zwei entgegengesetzt gerichtete Bewegungen

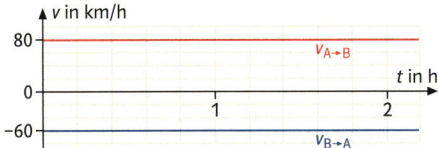

B3 t-v-Diagramme mit positiver und negativer Geschwindigkeit

Die Beobachtung beginnt jeweils zum Zeitpunkt $t_0 = 0$, wobei die Orte s_0 in den unterschiedlichen Koordinatensystemen verschieden sind. Alle Geraden haben dieselbe Steigung, sodass sich die t-v-Diagramme a), b) und c) nicht unterscheiden (→**B1** rechts).

Alle diese Geraden werden durch die Gleichung $s(t) = v \cdot t + s_0$ beschrieben. Sie heißt **Zeit-Ort-Gesetz** der Bewegung und ordnet der Bewegung für jeden Zeitpunkt t einen Ort s zu und erfasst auch den Fall der Ruhe mit $v = 0\,m/s$.

Geradlinige Bewegungen mit konstanter Geschwindigkeit bezeichnet man als geradlinig gleichförmige Bewegungen. Sie werden beschrieben durch das Zeit-Ort-Gesetz

$s(t) = v \cdot t + s_0$

Dabei ist die Geschwindigkeit v der konstante Quotient aus zurückgelegter Weglänge und benötigter Zeitspanne:

$v = \dfrac{\Delta s}{\Delta t}$

A1 ⊖ Beschreiben Sie ein Verfahren zur Überprüfung der Geschwindigkeitsanzeige eines Autotachos.

A2 ○ Ein Radfahrer fährt eine Strecke von 5 km mit näherungsweise konstanter Geschwindigkeit $v = 15\,km/h$. Zeichnen Sie ein t-s-Diagramm dieser Bewegung.

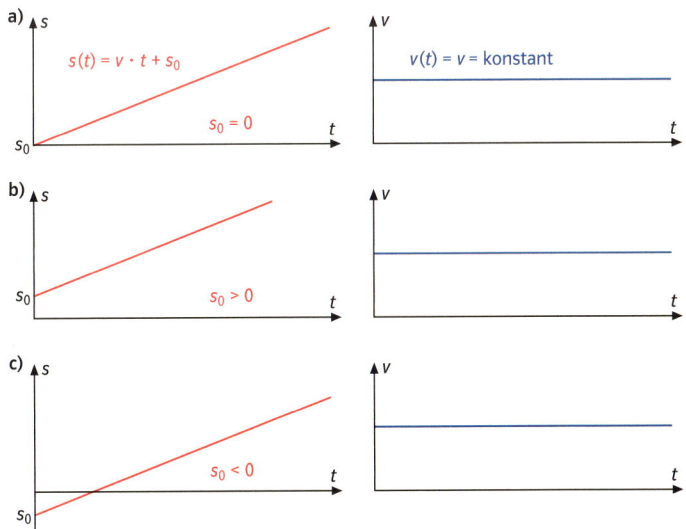

B1 Unterschiedliche Anfangsbedingungen bei der Beobachtung einer Bewegung

Diagramm einer Bewegung erstellen

Aufgabe: Der Aufzug in einem Einkaufscenter verbindet das Erdgeschoss mit weiteren fünf Stockwerken. Bis zum 5. Stock legt er insgesamt eine Weglänge von $\Delta s = 15\,\text{m}$ zurück.

Zum Zeitpunkt $t = 0\,\text{s}$ beginnt der Aufzug im Erdgeschoss seine Fahrt und ist nach 10 s im 3. Stock angekommen ($\Delta s = 9{,}0\,\text{m}$). Er hält nun für 10 s an und setzt dann seine Fahrt fort. Nach weiteren 6 s kommt er im 5. Stock an, wo er 24 s stehen bleibt. Anschließend fährt er mit konstanter Geschwindigkeit innerhalb von 15 s ins Erdgeschoss zurück.

Erstellen Sie zu dieser Fahrt das t-s-Diagramm sowie das zugehörige t-v-Diagramm unter der Annahme, dass sich der Aufzug auf jedem Wegabschnitt gleichförmig bewegt.

Lösung: Die Informationen aus der Aufgabe führen zu folgenden Zeit-Ort-Koordinaten des Aufzugs: (0/0), (10/9), (20/9), (26/15), (50/15), (65/0). Die Punkte mit diesen Koordinaten werden in ein t-s-Diagramm eingezeichnet.

Da vereinfacht angenommen wird, dass sich der Aufzug auf jedem Abschnitt gleichförmig bewegt, können die Punkte durch Geradenstücke verbunden werden. Es ergibt sich das Diagramm in Abbildung **B2**.

Für das t-v-Diagramm des Aufzugs lassen sich zunächst ohne Rechnung die folgenden Aussagen treffen:

1 Da sich der Aufzug in jedem Zeitabschnitt gleichförmig bewegt, wird seine Bewegung durch Geradenstücke parallel zur t-Achse beschrieben.

2 Die Zeitabschnitte von $t = 10\,\text{s}$ bis $t = 20\,\text{s}$ und $t = 26\,\text{s}$ bis $t = 50\,\text{s}$ bezeichnen die Haltezeiten des Fahrstuhls in verschiedenen Etagen. In diesen Abschnitten liegen die Geradenstücke auf der t-Achse, da sich der Aufzug nicht bewegt, die Geschwindigkeit v also null ist.

3 Die Geschwindigkeiten für die Aufwärts- und Abwärtsbewegung haben entgegengesetzte Vorzeichen.

Die genauen Werte für die Geschwindigkeit v ergeben sich durch Rechnung aus

$$v = \frac{\Delta s}{\Delta t}$$

B1

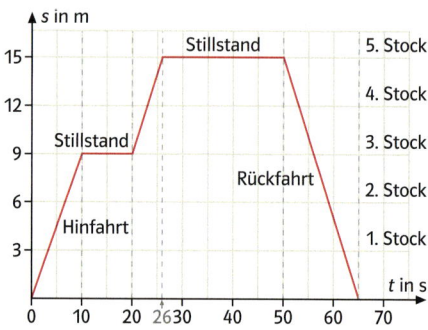

B2 t-s-Diagramm der Aufzugfahrt: gleichförmige Hinfahrt mit Unterbrechung und gleichförmige Rückfahrt

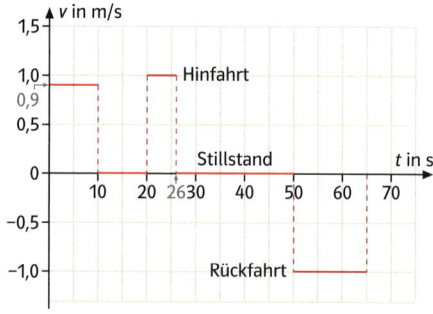

B3 t-v-Diagramm der Aufzugfahrt: gleichförmige Hinfahrt mit Unterbrechung und gleichförmige Rückfahrt

Man erhält damit für die Fahrt nach oben:

$$v_1 = \frac{9\,\text{m}}{10\,\text{s}} = 0{,}9\,\frac{\text{m}}{\text{s}}$$

$$v_2 = \frac{6\,\text{m}}{6\,\text{s}} = 1{,}0\,\frac{\text{m}}{\text{s}}$$

Für die Fahrt zurück nach unten ergibt sich:

$$v_3 = \frac{-15\,\text{m}}{15\,\text{s}} = -1\,\frac{\text{m}}{\text{s}}$$

Überholen? ... Im Zweifel nie!

B1 Überholvorgang

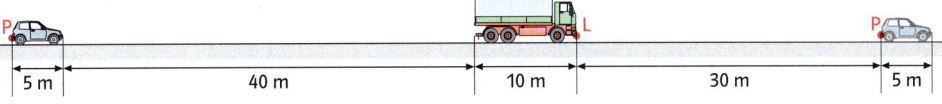

B2 Abstände zu Beginn bzw. am Ende des Überholvorganges

Eine Fahrschulregel sagt: „Mindestabstand zum vorausfahrenden Fahrzeug gleich halbe Tacho-Anzeige in Metern".
Ein Pkw, der mit v_P = 80,0 km/h = 22,2 m/s einen mit v_L = 60,0 km/h = 16,7 m/s vor ihm fahrenden Lkw überholen will, sollte also spätestens 40 m hinter dem Lkw aus- und frühestens 30 m vor diesem wieder einscheren (→**B2**). Wie lange dauert der Überholvorgang? Welche Strecke ist erforderlich, wenn idealisierend angenommen wird, dass sich die Fahrzeuge ausschließlich gleichförmig bewegen?

Zur Lösung betrachtet man ein t-s-Diagramm. Ersetzt man ausgedehnte Körper durch einen Punkt, so werden gleichförmige Bewegungen durch Geraden beschrieben.
Es ist günstig, wenn man am Lkw einen Punkt L auf der vorderen und am Pkw einen Punkt P auf der hinteren Stoßstange wählt.

Als Beginn der Beobachtung mit t = 0 wird der Zeitpunkt gewählt, an dem sich P im Bezugssystem Straße bei s = 0 und L bei s = 5 m + 40 m + 10 m = 55 m befinden (→**B2**). Die Geraden haben aufgrund der unterschiedlichen Geschwindigkeiten verschiedene Steigungen (→**B3**). Der 30 m große Sicherheitsabstand des Lkw wird durch eine gestrichelte Parallele zum Graphen des Lkw angedeutet. Im Diagramm **B3** ergeben sich Schnittpunkte, die folgende Ereignisse markieren:

A Hintere Stoßstange des Pkw und vordere Stoßstange des Lkw befinden sich zur gleichen Zeit am gleichen Ort, d.h., der Pkw ist gerade am Lkw vorbeigefahren.
B Die hintere Stoßstange des Pkw hat den Sicherheitsabstand vor dem Lkw erreicht. Hiermit ist der Überholvorgang beendet.

Der Überholvorgang ist zum Zeitpunkt $t_Ü$ am Ort $s_Ü$ abgeschlossen. Diese Werte lassen sich als Koordinaten des Schnittpunktes B ablesen oder aus den Gleichungen der Geraden errechnen:

$$s_P(t) = v_P \cdot t = 22{,}2 \frac{m}{s} \cdot t$$
$$s_L(t) = v_L \cdot t + 55\,m = 16{,}7 \frac{m}{s} \cdot t + 55\,m.$$

Damit ergibt sich für B aus $s_P(t_Ü) = s_L(t_Ü) + 30\,m$:

$$22{,}2 \frac{m}{s} \cdot t_Ü = 16{,}7 \frac{m}{s} \cdot t_Ü + 55\,m + 30\,m.$$

Daraus folgt $t_Ü = 15{,}5\,s$ und

$$s_P(t_Ü) = s_Ü = 22{,}2 \frac{m}{s} \cdot 15{,}5\,s = 344\,m.$$

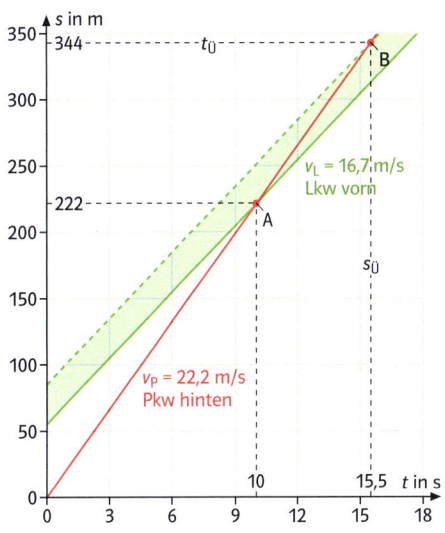

B3 t-s-Diagramm des Überholvorgangs

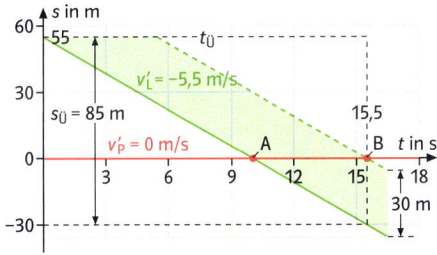

B4 t-s-Diagramm des Überholvorgangs im Bezugssystem des Pkw-Fahrers (v_L' = 16,7 m/s – 22,2 m/s = – 5,5 m/s)

Der Überholvorgang kann auch im Bezugssystem des Pkw dargestellt werden (→**B4**). Die Geschwindigkeit des sich zunächst nähernden Lkw ist negativ, sein Graph verläuft also nach unten.

A1 ⊖ Skizzieren Sie den Überholvorgang im Bezugssystem des Lkw.

Untersuchung nicht gleichförmiger Bewegungen

Aufgabe: Auf einer reibungsarmen geneigten Unterlage bewegt sich ein Körper mit zunehmender Geschwindigkeit. Diese Bewegung soll genauer untersucht werden (→B1).
Eine Bewegung zu untersuchen heißt, eine Bahnkurve zu ermitteln sowie die zeitliche Entwicklung von Ort und Geschwindigkeit zu erfassen, z.B. in entsprechenden Diagrammen. In diesem Fall ist die Bahnkurve (eine Gerade) vorgegeben. Für ein t-s-Diagramm muss die Zeitspanne vom Start bis zu verschiedenen Orten ermittelt werden, für ein t-v-Diagramm die Geschwindigkeit zu verschiedenen Zeitpunkten der Bewegung.

Material: Rollenfahrbahn mit Haltemagnet, Wagen mit Blende (Breite $b = 0,01\,\text{m}$), 4 Lichtschranken, Zeitmessgerät

Durchführung: Entlang der Rollenfahrbahn werden die Lichtschranken in etwa gleichen Abständen an den Punkten P_1 bis P_4 angebracht und mit dem Zeitmessgerät verbunden. Der Wagen wird am erhöhten Ende auf die Bahn gesetzt, wo er zunächst vom Magneten gehalten wird.
Nun misst man die Weglängen, die der Wagen vom Startpunkt bis zu den Lichtschranken zurücklegt und notiert die Werte in einer Tabelle.

Anschließend wird die Messung gestartet, indem der Wagen gelöst wird.

Messung: a) Im ersten Versuch werden die Zeiten t gemessen, die der Wagen benötigt, um die Weglängen s von seinem Startpunkt bis zu den Punkten P_1 bis P_4 zurückzulegen.

Man wiederholt die Messung mehrmals und bildet jeweils den Mittelwert für die Zeit:

s in m	0,0	0,2	0,5	0,8	1,1
t in s	0,0	1,7	2,7	3,5	4,1

b) Im zweiten Versuch wird das Zeitmessgerät so eingestellt, dass es die durch die Blende verursachten Verdunklungszeiten Δt der Lichtschranken misst. Da die Breite b der Blende bekannt ist, kann daraus die Geschwindigkeit des Wagens an den Punkten P_1 bis P_4 bestimmt werden. Die Tabelle enthält Mittelwerte mehrerer Messungen:

s in m	0,2	0,5	0,8	1,1
Δt in s	0,39	0,26	0,21	0,18

Auswertung: Zunächst werden die Messwerte aus Versuch (a) in ein Diagramm übertragen (→B2). Der Graph zeigt, dass die in gleichen Zeitspannen zurückgelegten Weglängen zunehmen.
Anschließend werden aus den Verdunklungszeiten nach $v = b/\Delta t$ die Geschwindigkeiten des Wagens berechnet:

s in m	0,2	0,5	0,8	1,1
Δt in s	0,39	0,26	0,21	0,18
v in m/s	0,026	0,038	0,048	0,056

B2b zeigt das zugehörige t-v-Diagramm. Die Rechnung bestätigt, dass die Geschwindigkeit des Wagens zunimmt. Das t-v-Diagramm zeigt einen linearen Verlauf des Graphen, d.h., dass die Geschwindigkeit in gleichen Zeitabschnitten um den gleichen Betrag ansteigt.

Nun lässt sich noch der Wert der Geschwindigkeitsänderung des Wagens berechnen. Dazu bildet man den Quotienten $\Delta v/\Delta t$ (→B2b):

$$\frac{\Delta v}{\Delta t} = \frac{0,035\,\frac{\text{m}}{\text{s}}}{2,5\,\text{s}} = 0,014\,\frac{\text{m}}{\text{s}^2}$$

Die Geschwindigkeit wächst pro Sekunde um 0,014 m/s an.

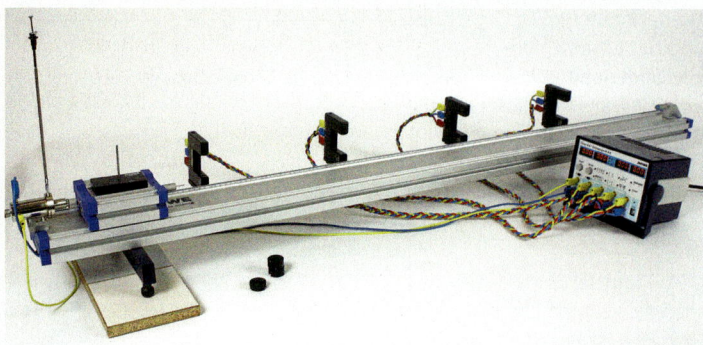

B1 Aufbau zur Untersuchung von Bewegungen mit zunehmender Geschwindigkeit

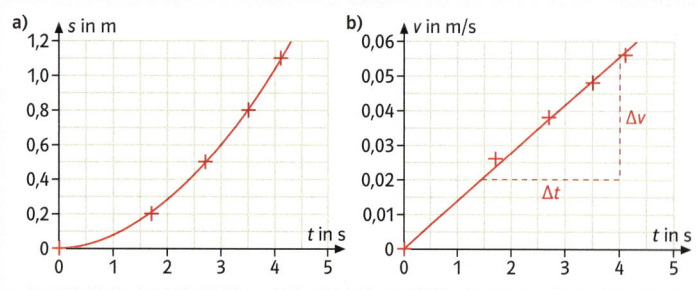

B2 t-s-Diagramm (a), t-v-Diagramm des Wagens (b)

In vielen Freizeitparks oder Vergnügungsbädern gibt es Rutschen, die die Besucher aus dem Zustand der Ruhe auf Geschwindigkeit bringen.

B3

Im *t-v*-Diagramm zeigt sich dies durch eine ansteigende Gerade. Die Geschwindigkeitsänderung erfolgt gleichmäßig. Daher heißt eine Bewegung mit konstanter Beschleunigung **gleichmäßig beschleunigte Bewegung**. Im dritten Abschnitt (ab 0,5 s) ist die Beschleunigung etwa null. Die Steigung des Graphen im *t-v*-Diagramm ist ebenfalls ungefähr null. Die Geschwindigkeit bleibt auf ihrem bis dahin erreichten Wert (ca. 1,2 m/s).

Im Falle einer gleichmäßig beschleunigten Bewegung kann die Beschleunigung aus einem Steigungsdreieck im *t-v*-Diagramm berechnet werden. Dem Diagramm **B1** ist zu entnehmen, dass die Geschwindigkeit *v* in $\Delta t = 3\,$s um $\Delta v = 12\,$m/s gestiegen ist. Also ist $a = \Delta v / \Delta t = 4\,$m/s^2, d.h., die Geschwindigkeit nimmt in einer Sekunde um 4 m/s zu.

Die Beschleunigung
Bewegungen mit sich ändernder Geschwindigkeit heißen **beschleunigte Bewegungen**. Die meisten Bewegungen in unserer Umwelt sind beschleunigt. Oft ändert sich sogar die Beschleunigung während der Bewegung.

Um zu untersuchen, wie sich die Geschwindigkeit bei beschleunigten Bewegungen mit der Zeit verändert, führt man z.B. den in **B2** abgebildeten Versuch durch: An einem zunächst ruhenden Holzklotz wird gezogen, bis er sich mit konstanter Geschwindigkeit über den Tisch bewegt. Auf dem Klotz ist ein Beschleunigungssensor befestigt, ein daran angeschlossener Taschencomputer liefert das Zeit-Geschwindigkeit- und das Zeit-Beschleunigung-Diagramm (→**B4**) der Bewegung.

Im ersten Abschnitt sind Beschleunigung und Geschwindigkeit null, der Körper ruht. Von 0,2 s bis 0,5 s ist die Beschleunigung etwa konstant.

Ändert sich die Geschwindigkeit eines Körpers, spricht man von einer beschleunigten Bewegung. Die Beschleunigung *a* ist der Quotient aus Geschwindigkeitsänderung Δv und zugehöriger Zeitspanne Δt:

$$a = \frac{\Delta v}{\Delta t} = \frac{v_2 - v_1}{t_2 - t_1}$$

Die Einheit der Beschleunigung ist $1\,\frac{m}{s^2}$.

A1 ○ Ein Auto benötigt 8 s, um aus dem Stand $v = 72\,$km/h zu erreichen. Zeichnen Sie ein *t-v*- und ein *t-a*-Diagramm der Bewegung, wenn das Auto gleichmäßig beschleunigt. Berechnen Sie *a* in m/s^2.

A2 ◖ Ein reibungsarm gelagerter Wagen wird von Luft angetrieben, die aus einem Luftballon ausströmt. Ersetzen Sie im zugehörigen *t-v*-Diagramm (→**B5**) Teile der Kurve durch Geradenstücke und bestimmen Sie jeweils die Beschleunigung. Beschreiben Sie, wie sich diese mit der Zeit verändert.

B1 Beschleunigung

Beschleunigungssensor

Interface (CBL)

B2

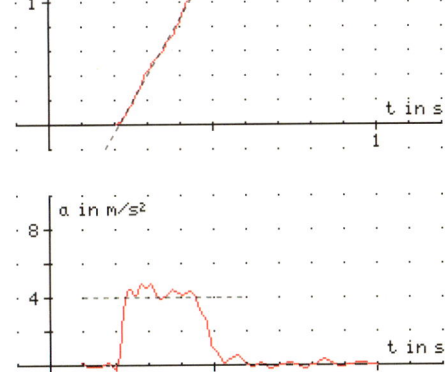

B4 Zeit-Geschwindigkeit-Diagramm (oben)
Zeit-Beschleunigung-Diagramm (unten)

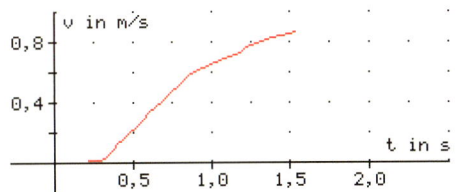

B5 Zu Aufgabe 2

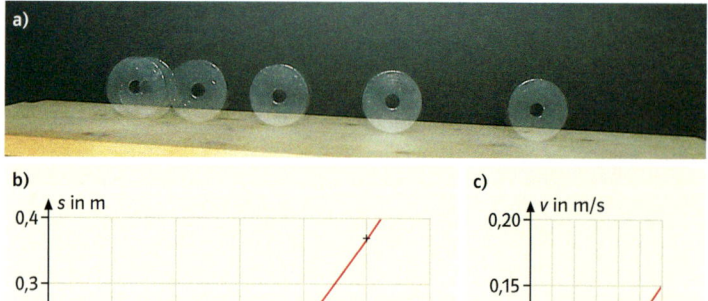

a)

b)
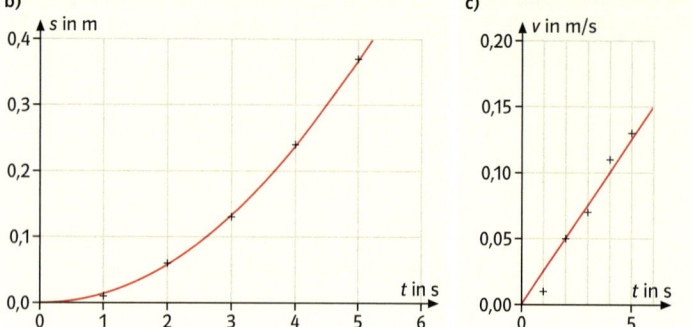

c)

B1 Gleichmäßig beschleunigte Bewegung (a), t-s-Diagramm (b), t-v-Diagramm (c)

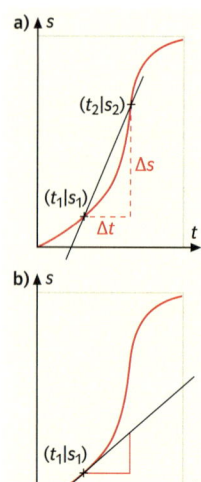

a) s

(t₂|s₂) → $(t_2 \mid s_2)$

Δs

$(t_1 \mid s_1)$

Δt

t

b) s

$(t_1 \mid s_1)$

t

B2 Definition von Durchschnitts- (a) und Momentangeschwindigkeit (b)

Es ergibt sich im t-v-Diagramm (→**B1c**) näherungsweise eine Gerade mit der Steigung

$a = \Delta v / \Delta t = 0{,}03\,\text{m/s}^2$.

Ein Vergleich zeigt, dass $k = a/2$ ist.

Geschwindigkeit für einen Zeitpunkt

Bei gekrümmten Graphen sind die Quotienten $\Delta s / \Delta t$ nicht mehr konstant und die bisherige Definition für die Geschwindigkeit v ist so nicht mehr anwendbar. Folgendes Beispiel zeigt, wie die Definitionen erweitert werden können.

1 Der Graph der Bewegung wird zwischen zwei Ortskoordinaten s_1 und s_2 durch ein Geradenstück ersetzt. Die tatsächliche Bewegung wird also durch eine Bewegung mit konstanter Geschwindigkeit angenähert (→**B2a**). Diese Geschwindigkeit heißt **Intervall**- oder **Durchschnittsgeschwindigkeit** $\bar{v}$:

$$\bar{v} = \frac{s_2 - s_1}{t_2 - t_1}$$

2 Wird der Punkt $(t_2 \mid s_2)$ an den Punkt $(t_1 \mid s_1)$ angenähert, geht die Näherungsgerade in die Tangente des Graphen im Punkt $(t_1 \mid s_1)$ über (→**B2b**). Die Steigung dieser Tangente (sie entspricht der Steigung des Graphen) ist die **Momentangeschwindigkeit** $v(t)$ zum Zeitpunkt t_1.

Bewegungen mit konstanter Änderungsrate der Geschwindigkeit heißen gleichmäßig beschleunigte Bewegungen.
Für sie gelten das Zeit-Ort-Gesetz:

$$s(t) = \frac{1}{2} a \cdot t^2$$

sowie das Zeit-Geschwindigkeit-Gesetz:

$$v(t) = a \cdot t$$

A1 ○ Planen Sie ein Experiment, z. B. mit Hilfe einer Fahrbahn, um den Zusammenhang zwischen der Konstanten k und der Beschleunigung a zu überprüfen.

Beschleunigung und Weg

Beschleunigungen sind daran zu erkennen, dass ein Körper in gleichen Zeitspannen unterschiedliche Weglängen zurücklegt.
Das t-s-Diagramm **B1b** stammt von der Bewegung eines Zylinders, der eine schiefe Ebene hinabrollt. Der Graph ähnelt einem Parabelstück, das durch die Gleichung $s = k \cdot t^2$ beschrieben werden kann.

Die Überprüfung mit Hilfe der Messdaten nach **B1b** zeigt, dass k im Rahmen der Ablesegenauigkeit eine Konstante ist.

t in s	0	1,0	2,0	3,0	4,0	5,0
s in m	0	0,01	0,06	0,13	0,24	0,37
$k = \frac{s}{t^2}$ in $\frac{\text{m}}{\text{s}^2}$	–	0,010	0,015	0,014	0,015	0,015

Da k mit $1\,\text{m/s}^2$ dieselbe Einheit wie die Beschleunigung hat, ist ein Zusammenhang zu vermuten. Zur Klärung werden in einem Experiment zugleich $s(t)$ zur Bestimmung von k und $v(t)$ zur Bestimmung von a gemessen.

Methode

Ableiten

s

$s = s(t)$ →

$m = \dot{s}(t_0)$

t

t_0

B3

Ist das Zeit-Ort-Gesetz durch eine Gleichung gegeben, dann kann durch Differenzieren das Zeit-Geschwindigkeit- und das Zeit-Beschleunigung-Gesetz bestimmt werden.

Wenn eine Variable die Zeit ist, bezeichnet man Ableitungen mit einem Punkt statt mit einem Strich, z. B. $\dot{s}(t)$, gelesen „s Punkt von t".

Damit gilt: Die Geschwindigkeit ist die erste Ableitung der Zeit-Ort-Funktion:
$v(t) = \dot{s}(t)$

Die Beschleunigung ist die erste Ableitung der Zeit-Geschwindigkeit-Funktion und damit die zweite Ableitung der Zeit-Ort-Funktion:
$a(t) = \dot{v}(t) = \ddot{s}(t)$

Bremsvorgänge

Bislang wurden nur Bewegungen mit zunehmender Geschwindigkeit aus der Ruhe heraus betrachtet. Nun sollen Bremsvorgänge untersucht werden, bei denen andere Ausgangsbedingungen vorliegen: Zum einen nimmt die Geschwindigkeit ab, zum anderen besitzt der Körper zu Beginn des Bremsvorgangs bereits eine Geschwindigkeit.
Im Folgenden soll anhand eines t-s- und eines t-v-Diagramms gezeigt werden, wie diese veränderten Ausgangsbedingungen in die entsprechenden Bewegungsgesetze eingehen.

Bremsen im t-s-Diagramm Beim Bremsen nimmt die Geschwindigkeit eines Fahrzeuges ab, sie ändert sich also. Man spricht von einer beschleunigten Bewegung mit negativer Beschleunigung bzw. einer verzögerten Bewegung. Ändert sich der Betrag der Beschleunigung dabei nicht, spricht man von einer **gleichmäßig verzögerten Bewegung.**

B2 zeigt den t-s-Graphen für ein Fahrzeug, das zum Zeitpunkt $t = 0$ gleichmäßig zu bremsen beginnt. Da sich der Wegzuwachs im Laufe des Bremsvorgangs verringert, nimmt die Steigung des Graphen im Diagramm ab.

Das Zeit-Ort-Gesetz einer gleichmäßig beschleunigten Bewegung aus der Ruhe lautet:

$$s(t) = \frac{1}{2} a \cdot t^2$$

Zu Beginn des Bremsvorgangs besitzt das Fahrzeug aber bereits die Geschwindigkeit v_0. Dies wird durch den zusätzlichen Term $v_0 \cdot t$ in der Bewegungsgleichung berücksichtigt.

$$s(t) = \frac{1}{2} a \cdot t^2 + v_0 \cdot t$$

Die Verzögerung erfasst man durch einen negativen Wert der Beschleunigung, z.B. $a = -1{,}5\,\text{m/s}^2$. Damit ergibt sich für eine Anfangsgeschwindigkeit $v_0 = 25\,\text{m/s}$:

$$s(t) = -0{,}75\,\text{m/s}^2 \cdot t^2 + 25\,\text{m/s} \cdot t$$

Die Gleichung beschreibt eine nach unten geöffnete Parabel. Man kann sie z.B. mittels einer Wertetabelle (→**B1**) zeichnen. Am Scheitel (16 s / 208 m) hat die Parabel die Steigung null, d.h., die Geschwindigkeit ist null, der Bremsvorgang ist beendet. Er hat 16 s gedauert und der Bremsweg beträgt 208 m.

Bremsen im t-v-Diagramm Das Zeit-Geschwindigkeit-Gesetz für gleichmäßig beschleunigte Bewegungen lautet:

$$v(t) = a \cdot t$$

Aufgrund der negativen Beschleunigung ergibt sich im t-v-Diagramm eine Gerade mit negativer Steigung.
Das Fahrzeug beginnt den Bremsvorgang mit der Geschwindigkeit v_0, daher wird die Gleichung ergänzt zu:

$$v(t) = a \cdot t + v_0$$

Mit den Werten des Beispiels lautet sie:

$$v(t) = -1{,}5\,\text{m/s}^2 \cdot t + 25\,\text{m/s}$$

Im Diagramm beträgt der y-Achsenabschnitt also 25 m/s.

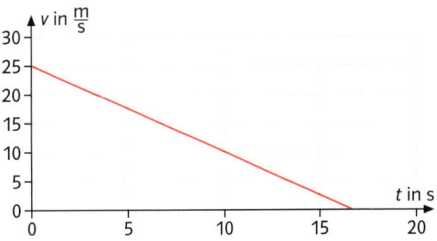

B3 Gleichmäßig verzögerte Bewegung

Das Ende des Bremsvorganges ergibt sich aus der Bedingung $v(t) = 0$. Auflösen nach t liefert

$$t = \frac{-25\,\text{m/s}}{-1{,}5\,\text{m/s}^2} = 16{,}67\,\text{s}$$

Der Bremsweg wird nach

$$s(t) = \frac{1}{2} \cdot a \cdot t^2 + v_0 \cdot t$$

zu $s(16{,}67\,\text{s}) = 208{,}3\,\text{m}$ berechnet.

A1 ⊖ Jemand behauptet: Beim Bremsen nimmt die Geschwindigkeit erst am Ende des Bremsweges deutlich ab.
a) Bestimmen Sie $s(t)$ und $v(t)$ für $a = -5\,\text{m/s}^2$ und $v_0 = 12\,\text{m/s}$.
b) Begründen Sie mit Hilfe eines s-v-Diagramms die obige Aussage.

t	$s(t)$
0	0
5	106,25
10	175
15	206,25

B1 Wertetabelle zum Diagramm **B2**

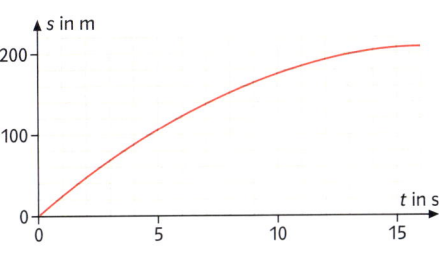

B2 Eine verzögerte Bewegung

Diagramm einer Bewegung interpretieren

Aufgabe: Ein Schlitten gleitet auf einer schräg gestellten Luftkissenfahrbahn. Da der Gleiter keinen Tachometer hat, lässt man ihn mit Hilfe einer Schnur ein Rad antreiben. Über dieses Rad kann man die Geschwindigkeit und die zurückgelegte Weglänge messen. Die Abbildungen **B2 – B4** zeigen die Messwerte, die über ein Computerinterface aufgezeichnet wurden. Beschreiben Sie die Bewegung, die durch die drei Graphen dargestellt wird. Geben Sie für jeden der Graphen eine Gleichung an.

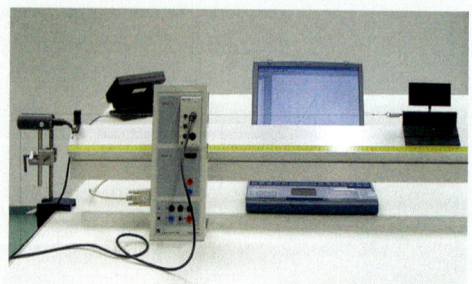

B1 Gleiter auf Luftkissenfahrbahn

Lösung: Aus dem t-s-Diagramm ($\rightarrow$B2) ist zu erkennen, dass der Gleiter keine gleichförmige Bewegung ausführt, denn der Graph ist keine Gerade, sondern wird mit zunehmender Zeit immer steiler. Der Gleiter legt also in gleichen Zeitabständen immer größere Wege zurück. Während er in der ersten Sekunde 15 cm zurücklegt, sind es in der zweiten Sekunde etwa 30 cm, d.h., seine Geschwindigkeit hat zugenommen. Die zugehörige Bewegungsgleichung lautet:

$$s(t) = 0,11 \frac{m}{s^2} \cdot t^2$$

Der Graph im t-v-Diagramm ist hier keine horizontale Gerade mehr ($\rightarrow$B3), denn er zeigt ja die Veränderung der Geschwindigkeit an. Je steiler der Graph im t-v-Diagramm verläuft, desto größer ist der Geschwindigkeitszuwachs, also die Beschleunigung der Bewegung. Die Geschwindigkeit nimmt gleichmäßig zu, was man daran erkennt, dass der Graph eine Gerade ist. Sie lässt sich beschreiben durch:

$$v(t) = 0,22 \frac{m}{s^2} \cdot t$$

Wie im t-a-Diagramm ($\rightarrow$B4) zu erkennen, ist die Beschleunigung bei dieser Bewegung konstant, denn der Graph ist eine nahezu horizontal verlaufende Strecke mit

$$a(t) = 0,22 \frac{m}{s^2}$$

Eine solche Bewegung, bei der die Beschleunigung konstant ist, heißt gleichmäßig beschleunigte Bewegung. Im t-v-Diagramm erkennt man dies auch daran, dass der Graph eine Gerade ist ($\rightarrow$B3).

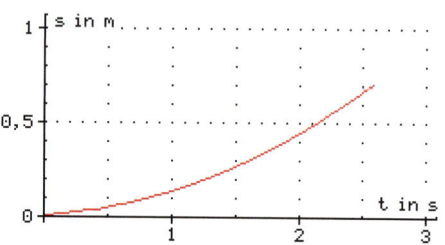

B3 t-v-Diagramm

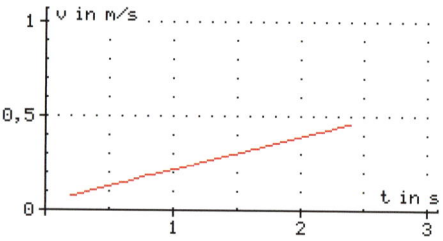

B4 t-a-Diagramm

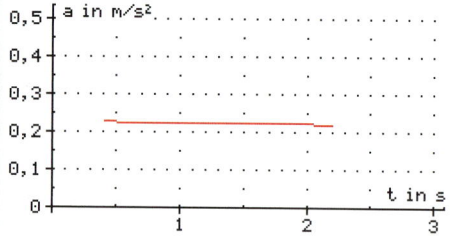

B2 t-s-Diagramm

Zusammenfassung der Erkenntnisse:
1 Die Steigung des Graphen im t-v-Diagramm gibt die Beschleunigung an. Positive Werte entsprechen einer beschleunigten, negative Werte einer verzögerten Bewegung. Verläuft der Graph horizontal, so handelt es sich um eine Bewegung mit konstanter Geschwindigkeit.

2 Der Graph im t-a-Diagramm einer gleichmäßig beschleunigten Bewegung ist eine horizontale Gerade. Ist die Beschleunigung positiv, dann nimmt die Geschwindigkeit zu, ist die Beschleunigung negativ, nimmt die Geschwindigkeit ab; es handelt sich dann um eine verzögerte Bewegung.

Auswerten von Beschleunigungsvorgängen

Mit einem Ultraschallbewegungssensor und einem grafikfähigen Taschenrechner (GTR) kann der Anfahrvorgang eines Fahrzeuges erfasst werden (→**B3**).

B1 GTR

t in s	s in m
0	1,336
0,269	1,400
0,323	1,422
0,538	1,540
0,806	1,751
1,075	2,041
1,344	2,406
1,613	2,858
1,882	3,379
1,935	3,500
2,150	3,985
2,419	4,663
2,688	5,398
2,957	6,242
3,226	7,132

B2

B3

Das Datenerfassungsgerät speichert die Messergebnisse für den Zeitpunkt t und den Ort s in zwei Listen. Die verwendeten Messwerte für eine Straßenbahn sind in Tabelle **B2** angegeben.

Darstellen als Diagramm Im Menü zur Grafikansicht werden Listen für die x- und y-Achse gewählt (→**B4a**). Die Zeitpunkte sollten auf der x-Achse aufgetragen werden. Anschließend wird das Fenster auf eine passende Größe eingestellt. **B4b** zeigt die Messpunkte.

Regression Der GTR oder eine Computer-Software bieten mathematische Funktionen an, die jeweils bestmöglich an die Messwerte angepasst werden. Dies sagt jedoch nichts darüber aus, ob die Funktion überhaupt zur Beschreibung der Werte geeignet ist. **B4c** zeigt eine lineare Anpassung für die Messwerte der Straßenbahn. Zwar liegen ungefähr gleich viele Werte oberhalb und unterhalb der Ausgleichsgeraden, jedoch wird der Verlauf der Werte nicht wiedergegeben.
Der Verlauf des Graphen ähnelt einer Parabel, wie sie bei einer gleichmäßig beschleunigten

Bewegung entsteht. Mit einer quadratischen Funktion (→**B4d**) gelangt der Rechner zu
$y = 0{,}529 x^2 + 0{,}091 x + 1{,}336$ (gerundet).

Der Graph passt augenscheinlich sehr gut zu den Messwerten. Physikalisch gedeutet, stehen x und y für die Größen t und s. Jedes Glied der Summe muss die Einheit Meter ergeben:
$s(t) = 0{,}529\,\text{m/s}^2 \cdot t^2 + 0{,}091\,\text{m/s} \cdot t + 1{,}336\,\text{m}$
$s_0 = 1{,}336\,\text{m}$ gibt den Abstand der Bahn zum Messgerät zur Zeit $t = 0$ an (→**B2**). Der Term $0{,}529\,\text{m/s}^2 \cdot t^2$ hat die Form $\frac{1}{2}a \cdot t^2$ und steht für den Ort s bei einer gleichmäßig beschleunigten Bewegung. Durch Vergleich mit $s = v_0 \cdot t$ lässt sich $0{,}091\,\text{m/s} \cdot t$ als Ort s bei einer gleichförmigen Bewegung deuten. Daraus ergibt sich eine Verallgemeinerung des Zeit-Ort-Gesetzes für gleichmäßig beschleunigte Bewegungen: $s(t) = \frac{1}{2}a \cdot t^2 + v_0 \cdot t + s_0$. v_0 ist die Anfangsgeschwindigkeit vor dem Beschleunigungsvorgang. Die Bahn befand sich jedoch bei Messbeginn in Ruhe. Der Term $0{,}091\,\text{m/s} \cdot t$ ist also sinnlos und wird gelöscht.

Jetzt passt der Graph nicht mehr ganz so gut wie vorher (→**B4e**). Daher wird die Konstante a so verändert, dass die Ausgleichsfunktion durch den größten Teil der Punkte verläuft. Sie könnte lauten:

$$s(t) = 0{,}56\,\tfrac{\text{m}}{\text{s}^2} \cdot t^2 + 1{,}336\,\text{m} \quad (→\textbf{B4f})$$

Die Auswertung hat ergeben: Die Straßenbahn fährt gleichmäßig beschleunigt mit $a = 1{,}12\,\text{m/s}^2$ an.

A1 ⊜ Messen Sie weitere beschleunigte Bewegungen (z.B. Auto, Motorroller, Fahrrad, gehende Person …) und geben Sie jeweils eine mögliche Ausgleichsfunktion an.

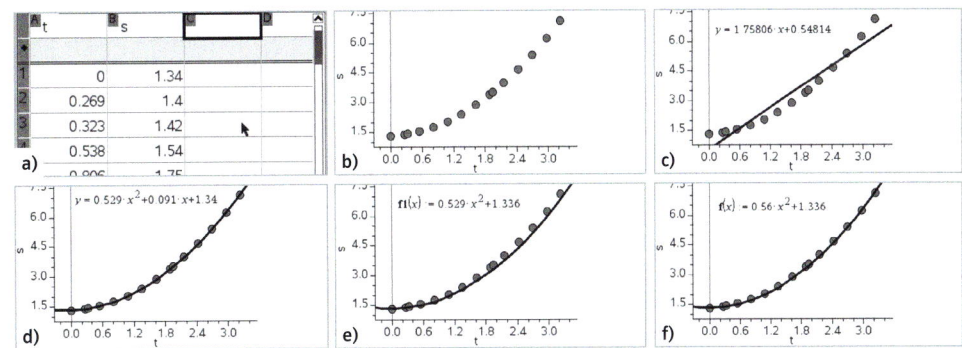

B4

Umgang mit Messunsicherheiten

Problemstellung Umfang und Volumen einer CD-Hülle sollen durch Messungen mit einem Lineal (→**B2**) bestimmt werden.

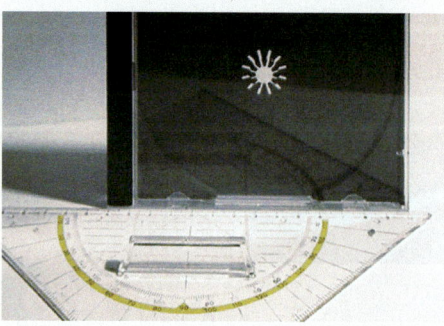

B2

Messfehler Jede Art von Messung ist fehlerbehaftet. **Systematische Fehler** treten bei einer Wiederholung in gleicher Weise wieder auf. Sie können behoben werden, wenn ihre Ursache bekannt ist. **Zufällige Fehler** lassen sich nicht grundsätzlich beseitigen, ihre Auswirkung verringert sich jedoch bei einer Vergrößerung der Anzahl an Messungen („Stichprobe").

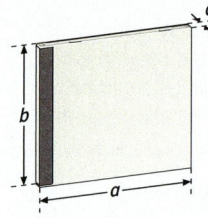

B1 Bezeichnungen

Eine CD-Hülle hat drei unterschiedlich lange Kanten (→**B1**). Ein systematischer Fehler könnte bei der Messung der Längen z. B. dadurch auftreten, dass vorher nicht abgesprochen wurde, ob die hervorstehenden Ränder der CD-Hülle mitgemessen werden sollen.

Die Unsicherheit einer Messung zeigt **B3**. Die Schülerinnen und Schüler einer Klasse haben a ausgemessen und alle Werte wurden nacheinander in das Diagramm eingetragen. Offenbar treten drei verschiedene Messwerte mit unterschiedlicher Häufigkeit auf. Vielfach wird in solchen Fällen das arithmetische Mittel berechnet. Je mehr Messergebnisse vorliegen, desto größer wird die Wahrscheinlichkeit, dass dieser Mittelwert dicht am wahren Wert liegt.

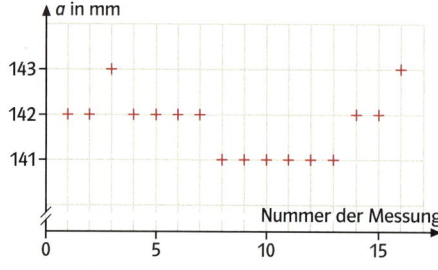

B3 Ergebnis der Messungen der Seite a

Bei vielen Messungen gibt es nur einen einzigen Messwert. Dann wird für diesen eine **absolute Messunsicherheit** angegeben. Die Messunsicherheit hängt von der Genauigkeit des verwendeten Messgerätes ab. Auf einem Lineal sind im Abstand von 1 mm Markierungen angebracht. Wenn die Markierung auf dem Lineal nicht mit der Kante des zu messenden Gegenstandes zusammenfällt, kann man noch gut schätzen, auf welcher Seite der Mitte zwischen zwei Markierungen sie sich befindet. Für die Messung mit einem Lineal legt man dazu eine Messunsicherheit von ± 0,5 mm fest. Oft gibt auch der Hersteller eines Messgerätes eine Messunsicherheit an.

Bei Konstanten wird – wenn nichts anderes angegeben ist – davon ausgegangen, dass die letzte Stelle durch Rundung entstanden ist. Die Messunsicherheit ist dann ± (½ · letzte Stelle).

Beispiel: a) Ein Thermometer besitzt eine Skala, auf der zwischen jedem Celsius-Strich ein kleiner Zwischenstrich ist. Die Messunsicherheit beträgt somit ± 0,25 °C.
b) Die Ladung des Elektrons ist im Anhang dieses Buches mit $-1,6022 \cdot 10^{-19}$ C angegeben. Messunsicherheit: $\pm\, 0,000\,05 \cdot 10^{-19}$ C.

Fehlerfortpflanzung bei Addition und Subtraktion Die CD-Hülle besitzt drei verschiedene Umfänge: $U_1 = a + a + b + b$, $U_2 = a + a + c + c$ und $U_3 = b + b + c + c$. Für die gemessenen Werte $a = 142$ mm und $b = 124$ mm ergibt sich $U_1 = 532$ mm. Die Messunsicherheit für die Längen a und b beträgt jeweils ± 0,5 mm. Im Extremfall könnte man also

$$U_1 = (141,5 + 141,5 + 123,5 + 123,5)\,\text{mm}$$
$$= 530\,\text{mm}$$

oder

$$U_1 = (142,5 + 142,5 + 124,5 + 124,5)\,\text{mm}$$
$$= 534\,\text{mm}$$

erhalten. Die Messunsicherheit des Ergebnisses ist folglich:

$$0,5\,\text{mm} + 0,5\,\text{mm} + 0,5\,\text{mm} + 0,5\,\text{mm} = 2\,\text{mm}.$$

Die Messunsicherheit von Endergebnissen wird immer mit zwei geltenden Ziffern angegeben. Das Ergebnis für den Umfang ist demnach: $U_1 = 532,0$ mm ± 2,0 mm.

Fehlerfortpflanzung bei Multiplikation und Division Für das Volumen der CD-Hülle gilt: $V = a \cdot b \cdot c$. Mit $a = 142\,\text{mm}$, $b = 124\,\text{mm}$ und $c = 10\,\text{mm}$ ergibt sich $V = 176\,080\,\text{mm}^3$. Das im Rahmen der Messunsicherheit kleinst- und größtmögliche Volumen beträgt:

$$V_{\text{min}} = 166\,014{,}875\,\text{mm}^3$$

$$V_{\text{max}} = 186\,283{,}125\,\text{mm}^3$$

$$V = 176\,080\,\text{mm}^3\,{}^{+10\,203{,}125\,\text{mm}^3}_{-10\,065{,}125\,\text{mm}^3}$$

Diese Werte lassen sich nicht durch Addition und Subtraktion der absoluten Messunsicherheiten berechnen.

Eine Regel zeigt sich, wenn man die **relativen Messunsicherheiten** in Prozent betrachtet.

Messunsicherheit	
absolut	relativ
$a = 142\,\text{mm} \pm 0{,}5\,\text{mm}$	$\frac{\Delta a}{a} = \frac{0{,}5\,\text{mm}}{142\,\text{mm}} = 0{,}4\,\%$
$b = 124\,\text{mm} \pm 0{,}5\,\text{mm}$	$\frac{\Delta b}{b} = \frac{0{,}5\,\text{mm}}{124\,\text{mm}} = 0{,}4\,\%$
$c = 10\,\text{mm} \pm 0{,}5\,\text{mm}$	$\frac{\Delta c}{c} = \frac{0{,}5\,\text{mm}}{10\,\text{mm}} = 5{,}0\,\%$

Damit ergibt sich für die relative Messunsicherheit des Volumens (gerundet):

$$\frac{\Delta V_{\text{min}}}{V} = +\frac{10\,203{,}125\,\text{mm}^3}{176\,080\,\text{mm}^3} = +5{,}8\,\%$$

$$\frac{\Delta V_{\text{max}}}{V} = -\frac{10\,065{,}125\,\text{mm}^3}{176\,080\,\text{mm}^3} = -5{,}7\,\%$$

Bei der Multiplikation und Division von fehlerbehafteten Größen addieren sich die relativen Messunsicherheiten. Dass diese Regel auch für die Division gilt, ergibt sich durch Nachrechnen. Üblicherweise wird das Endergebnis nicht mit der relativen, sondern der absoluten Messunsicherheit angegeben:

$$V = 176\,080\,\text{mm}^3 \pm 10\,212{,}64\,\text{mm}^3$$
$$= 176\,080\,\text{mm}^3 \pm 10\,000\,\text{mm}^3$$

Sonderfälle Manchmal müssen Rechnungen mit weiteren mathematischen Operationen ausgeführt werden, etwa Exponenzieren oder Radizieren. Für diese Operationen gibt es keine einfache Regel zur Fehlerfortpflanzung. Es bleibt nur die Möglichkeit, kleinst- und größtmögliche Werte des Ergebnisses zu berechnen.

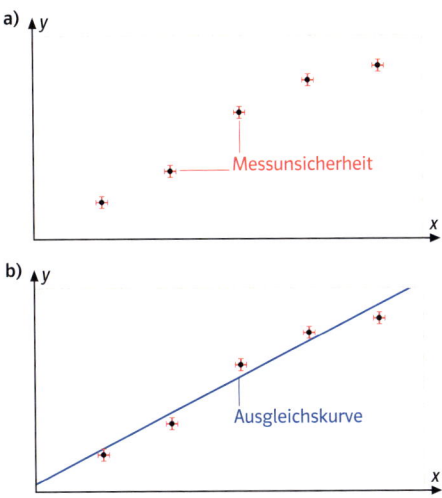

B1 Einzelne Messwerte mit den Intervallen ihrer Messunsicherheiten

Grafische Auswertung von Messungen Ziel von Messungen ist häufig die Bestätigung bzw. Entdeckung eines funktionalen Zusammenhangs zwischen Messgrößen. Die Messunsicherheiten dieser Größen werden grafisch als Intervalle dargestellt (→B1). Im Rahmen der Messunsicherheit sind verschiedene Kurven zulässig, wobei die mit der geringsten Abweichung gesucht ist.

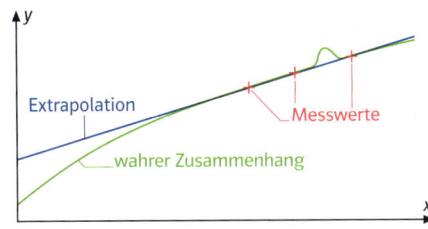

B2 Abweichung der gefundenen gegenüber der tatsächlichen Funktion durch falsch gewählte Messwerte.

Meist liefern Messungen nur einzelne Werte. Dabei besteht die Gefahr, dass wesentliche Teile des Zusammenhangs nicht erfasst oder falsch extrapoliert werden (→B2).

A1 ◖ Berechnen Sie die Umfänge U_2 und U_3 der CD-Hülle und geben Sie die Messunsicherheiten an.

Untersuchung von Fallbewegungen

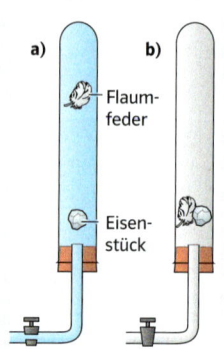

B1 Zu Versuch a)

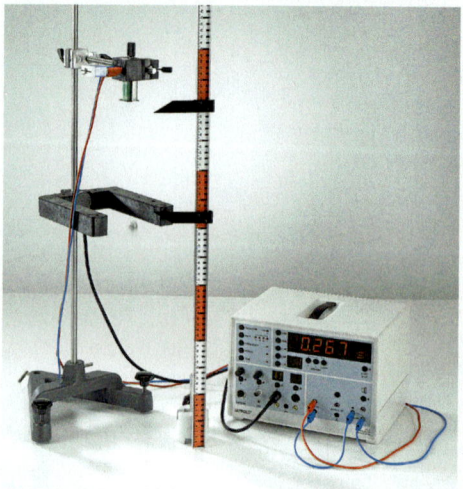

B4 Versuch b)

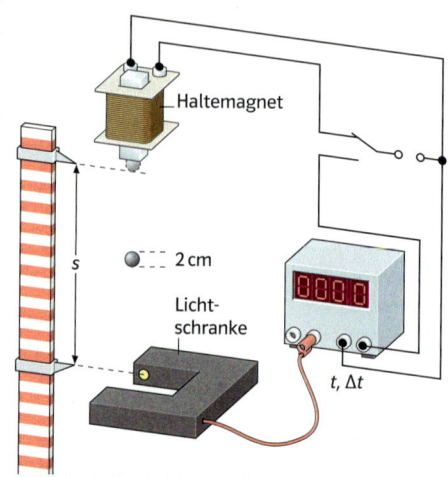

B5 Schematischer Versuchsaufbau

Aufgabe: Es sollen die Fallbewegungen unterschiedlicher Körper unter verschiedenen Bedingungen untersucht werden.

Material: Eisenkugel, Flaumfeder, evakuierbare Glasröhre, Pumpe, Lichtschranke, Stativstange, Haltemagnet, Maßstab, Zeitmessgerät

Durchführung: a) Man legt die Eisenkugel und die Flaumfeder in die Glasröhre und verschließt diese mit dem Stopfen. Zunächst hält man die Röhre senkrecht, dann dreht man sie schlagartig um, sodass beide Körper in der Röhre nach unten fallen.
Nun wird die Luft aus der Röhre gepumpt und der Versuch wiederholt (→B1). Die Ergebnisse beider Versuche werden notiert.

b) In einem weiteren Versuch soll der Zeitpunkt t bestimmt werden, zu dem ein fallender Körper den Ort s erreicht.
Dazu befestigt man an einer Stativstange zunächst den Haltemagnet für die Eisenkugel. Die Lichtschranke wird am Ort s unterhalb der Kugel angebracht. Anschließend wird die Lichtschranke an das Zeitmessgerät angeschlossen (→B5).
Die Zeitmessung startet, wenn der Strom für den Haltemagnet abgeschaltet wird, die Kugel also zu fallen beginnt. Sie stoppt, sobald die Kugel die Lichtschranke unterbricht. Damit wird die Fallzeit gemessen.
Die Messung wird für verschiedene Orte s durchgeführt. Tabelle **B2** zeigt beispielhaft einige Messwerte.

c) Aus den bisher aufgenommenen Messwerten lassen sich die Durchschnittsgeschwindigkeiten des Körpers bestimmen. Werte zur Berechnung der Momentangeschwindigkeit liefert ein Versuch, bei dem die Zeitspanne Δt gemessen wird, für die die Lichtschranke durch den fallenden Körper verdunkelt wird.
Im Beispiel sei der Durchmesser der Kugel $d = 2\,cm$. Wählt man die Orte s der Lichtschranke wie im vorangegangenen Versuch, kann man aus $d/\Delta t$ die Geschwindigkeit der Kugel zum jeweiligen Zeitpunkt berechnen:

t in s	0,20	0,29	0,35	0,40	0,45
Δt in ms	10,0	7,2	5,8	5,0	4,6
$v = d/\Delta t$ in m/s	2,0	2,8	3,4	4,0	4,3

Das Diagramm in **B3** zeigt den zeitlichen Verlauf der Geschwindigkeit.

Auswertung: Versuch a) zeigt, dass die beiden Körper, sofern sie nicht dem Einfluss der Luftreibung unterliegen, aus der Ruhe heraus gleiche Weglängen in gleichen Zeitspannen durchfallen.
Die graphische Darstellung der zeitabhängigen Geschwindigkeit aus Versuch c) ergibt eine Gerade. Das bedeutet, dass v in gleichen Zeiten um gleiche Beträge zunimmt. Die Körper erfahren also eine konstante Beschleunigung.

A1 ○ Bestimmen Sie die Beschleunigung der fallenden Kugel rechnerisch aus den Messwerten zu Versuch b).

s in m	t in s
0,20	0,20
0,40	0,29
0,60	0,35
0,80	0,40
1,00	0,45

B2

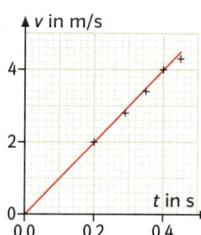

B3 t-v-Diagramm

1.4 Fallbewegungen

Beim Formationsspringen großer Gruppen lassen sich die Fallschirmspringer rasch nacheinander aus dem Flugzeug fallen. Die ersten breiten Arme und Beine aus, während die folgenden Springer die Arme anlegen und die Beine schließen, bis alle Springer gleichauf sind. Dann fallen alle mit der selben Geschwindigkeit. Wovon hängt diese ab?

B2

Der freie Fall

Lässt man ein Blatt Papier und eine Eisenkugel aus gleicher Höhe fallen, so kommt das Blatt deutlich später am Boden an als die Kugel, denn es schwebt unregelmäßig taumelnd nach unten. Knüllt man das Papier zu einer festen Kugel, unterscheidet sich seine Fallzeit auf kurzen Fallwegen nur noch geringfügig von der der Eisenkugel. In Luft wird der Fall eines Körpers behindert, dabei spielt seine äußere Form eine wichtige Rolle. Wie würde die Bewegung ablaufen, wenn der Einfluss der Luft ausgeschaltet wäre?

Galileo Galilei (1564 – 1642) stellte im Jahre 1636 in den „Discorsi" seine Überlegungen zur Fallbewegung dar: *„Angesichts dessen glaube ich, dass, wenn man den Widerstand der Luft ganz aufhöbe, alle Körper ganz gleich schnell fallen würden."*

Der Versuch mit der luftleeren Fallröhre bestätigt Galileis Hypothese. Ohne den Einfluss der Luft benötigen alle vom gleichen Ort aus fallenden Körper aus der Ruhe heraus für gleiche Weglängen die gleiche Zeitspanne. Diese Bewegung heißt **freier Fall**.

Beim freien Fall spielen also Masse und Gestalt des Körpers keine Rolle.

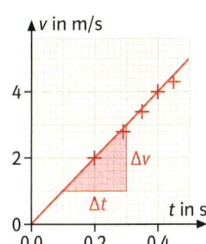

B1 Messwerte

Die Beschleunigung beim freien Fall

Untersucht man den Fall einer Eisenkugel über eine kurze Strecke, so kann man von der Luftreibung absehen. Mit Lichtschranken lässt sich zu jeder Fallstrecke Δs die Fallzeit Δt bestimmen. Die Geschwindigkeit v kann, wie im Experiment beschrieben, ermittelt werden. Im t-v-Diagramm ergibt sich eine Gerade (→**B1**). Beim freien Fall ist die Geschwindigkeit also proportional zur Fallzeit, d.h., es liegt eine gleichmäßig beschleunigte Bewegung vor. Die Beschleunigung wird **Fallbeschleunigung g** genannt. Sie kann aus dem Steigungsdreieck im t-v-Diagramm bestimmt werden zu:

$$g = \frac{\Delta v}{\Delta t} = 9,9 \frac{m}{s^2}.$$ Im Allgemeinen rechnet man mit dem Mittelwert $9,81 \frac{m}{s^2}$.

Gesetzmäßigkeiten beim freien Fall

Das t-s-Diagramm **B3** wurde mit den Messwerten aus dem Experiment auf S. 24 erstellt. In diesem Fall wurde die s-Achse nach oben aufgetragen. Trotzdem geben die Zahlenwerte die Weglängen vom Startpunkt aus gesehen nach unten an.

Für eine gleichmäßig beschleunigte Bewegung sollte sich eine Parabel ergeben. **B3** lässt erkennen, dass die Punkte eventuell eine Parabel bilden. Diese Annahme soll rechnerisch überprüft werden.
Eine Parabel lässt sich durch eine Gleichung der Form $s = k \cdot t^2$ beschreiben. Wir berechnen k mit Hilfe der Messwerte und erhalten die in der Tabelle angegebenen Werte:

s in m	0,20	0,40	0,60	0,80	1,00
t in s	0,20	0,29	0,35	0,40	0,45
$k = s/t^2$ in m/s^2	5,00	4,76	4,90	5,00	4,94

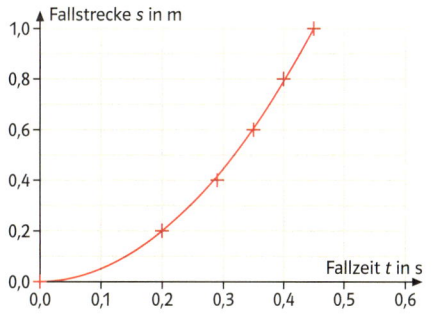

B3 t-s-Diagramm für den freien Fall

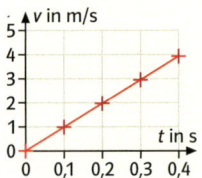

B1 t-v- und t-a-Diagramm für den freien Fall

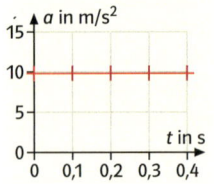

Ort	g in m/s²
Äquator	9,78
Pole	9,83
Mond	1,62
Mars	3,69
Sonne	274

B2 Werte für g an verschiedenen Orten (jeweils an der Oberfläche)

Als Mittelwert für k ergibt sich: $k = 4{,}92\,\text{m/s}^2$. Es fällt auf, dass dieser Wert sehr nahe an der halben Fallbeschleunigung $g/2 = 4{,}95\,\text{m/s}^2$ liegt. Die Einheiten stimmen ebenfalls überein. Daraus folgert man, dass $k = g/2$ ist.

Für den Zusammenhang zwischen Zeit t und Ort s ergibt sich damit:

$$s(t) = \frac{1}{2}g \cdot t^2$$

Man bezeichnet dies als das **Zeit-Ort-Gesetz** der Fallbewegung. Dabei wurde davon ausgegangen, dass s und v zum Zeitpunkt $t = 0$ beide null sind.

Für einen Körper, der aus der Ruhe heraus frei fällt, lautet das **Zeit-Geschwindigkeit-Gesetz der Fallbewegung**:

$$v(t) = g \cdot t$$

Ortsabhängigkeit der Fallbeschleunigung
Die Fallbeschleunigung g hängt von der geografischen Breite des Ortes auf der Erde und von seiner Höhe über dem Meeresspiegel ab. In Deutschland beträgt sie auf Meereshöhe $g = 9{,}81\,\text{m/s}^2$.
Auf anderen Himmelskörpern hat die Fallbeschleunigung einen anderen Wert.

Luft verzögert Bewegungen
Bewegt sich ein Körper durch die Luft, so verzögert sich seine Bewegung. Messungen zeigen, dass die Verzögerung a_L proportional zum Quadrat der Geschwindigkeit v des Körpers ist.

$$a_L = k_L \cdot v^2$$

In die Konstante k_L gehen verschiedene Eigenschaften des fallenden Körpers ein, z.B. seine Form und Oberflächenbeschaffenheit, seine wirksame Querschnittsfläche und seine Masse. Außerdem spielt die Dichte des Mediums, in dem der Körper fällt, eine Rolle. All diese Einflüsse werden durch folgende Formel erfasst:

$$k_L = c_W \cdot \varrho \cdot \frac{A}{2m}$$

c_W: Luftwiderstandsbeiwert
ϱ: Dichte des Mediums
A: wirksame Querschnittsfläche
m: Masse des Körpers

Der Fall in Luft wird nicht beliebig schnell, der Körper erreicht seine Grenzgeschwindigkeit v_Grenz (→B3), sobald die Verzögerung durch die Luft und die Fallbeschleunigung betragsmäßig gleich groß sind, also $a_L = -g$.

Körper	k_L in 1/m	v_Grenz in m/s
Mensch	0,003	57
Fußball	0,025	20
Golfball	0,008	36
Regentropfen	0,25 – 0,12	6 – 9

B3 Grenzgeschwindigkeiten fallender Körper in Luft

Der freie Fall ist eine gleichmäßig beschleunigte Bewegung. Die Beschleunigung ist an einem Ort für alle Körper gleich, hat aber an verschiedenen Orten unterschiedliche Werte.

Für einen Körper, der aus der Ruhe frei fällt, gelten das Zeit-Ort-Gesetz:

$$s(t) = \frac{1}{2}g \cdot t^2$$

sowie das Zeit-Geschwindigkeit-Gesetz:

$$v(t) = g \cdot t$$

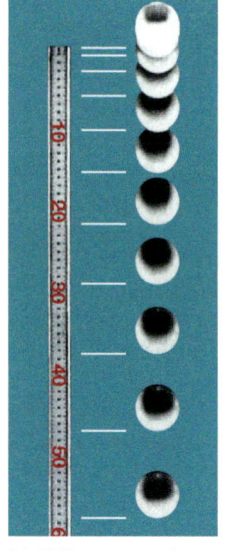

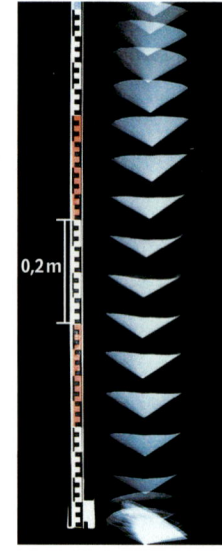

0,2 m

B4 Fallbewegung einer Kugel (Aufnahme mit 30 Bildern pro Sekunde)

B5 Fall eines Papiertrichters (Aufnahme mit 20 Bildern pro Sekunde)

A1 ● Erklären Sie mit Hilfe der vorgestellten Zusammenhänge den im einführenden Abschnitt beschriebenen Bewegungsablauf bei den Fallschirmspringern.

A2 ● B4 und B5 zeigen Mehrfachbelichtungen (Stroboskopaufnahmen) von fallenden Körpern. Vergleichen Sie die beiden Fallvorgänge. Argumentieren Sie mit Diagrammen und stellen Sie die Bewegungsgesetze – falls möglich – auf.

Aufgaben analysieren und lösen

Manchmal gibt es mehrere Möglichkeiten, eine Aufgabe zu lösen. Folgendes Beispiel beschreibt zunächst die Analyse eines Problems und anschließend zwei Wege zu seiner Lösung.

Hinweis:
Der Luftwiderstand bleibt unberücksichtigt, die Schallgeschwindigkeit beträgt 340 m/s.

Aufgabe   Um die Tiefe eines Brunnens zu bestimmen, lässt man einen Stein in den Brunnen fallen. Genau 2,0 s nach dem Loslassen hört man den Aufprall des Steins auf dem Boden. Bestimmen Sie die Brunnentiefe.

1. Analyse des Problems
Die Aufgabe lässt sich unterteilen in:
– den Fall des Steins bis zum Boden des Brunnens, wo er beim Aufprall ein Geräusch verursacht,
– die Ausbreitung des Schalls vom Boden bis zum oberen Rand des Brunnens, wo der Aufprall zum Zeitpunkt $t = 2{,}0$ s nach dem Loslassen des Steins wahrgenommen wird.

Gesetzmäßigkeit zur Bewegung des Steins:
Der Stein fällt frei und trifft zum Zeitpunkt t_1 auf dem Boden des Brunnens auf. Es gilt:

$$s = \frac{1}{2} \cdot g \cdot t_1^2 \qquad (s: \text{Tiefe des Brunnens})$$

Gesetzmäßigkeit zur Ausbreitung des Schalls:
Der Schall breitet sich gleichförmig mit der Geschwindigkeit $v_{\text{Schall}} = 340$ m/s aus, es gilt:

$$s = v_{\text{Schall}} \cdot \Delta t_2$$

Dabei ist Δt_2 die Zeitspanne, die der Schall vom Boden bis zum Rand des Brunnens benötigt. Es gilt: $t_1 + \Delta t_2 = t_{\text{ges}} = 2$ s

2. Lösung des Problems
a) Graphische Lösung: Um den Graphen für den Fall des Steins zu erhalten, erstellt man

t_1 in s	s in m
0,0	0,00
0,1	0,05
0,2	0,20
0,3	0,44
...	...
1,8	15,89
1,9	17,71
2,0	19,62

B1 Wertetabelle

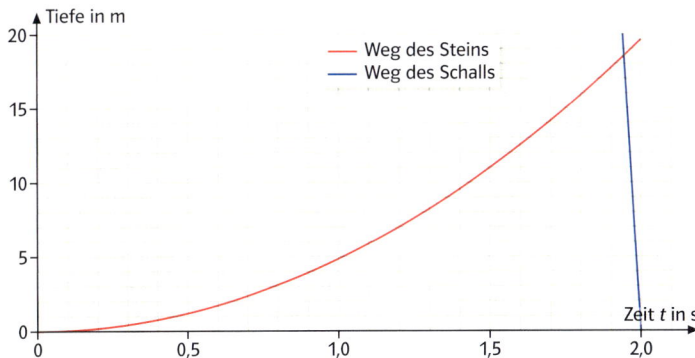

B2 t-s-Diagramm

eine Wertetabelle und trägt die Wertepaare in ein t-s-Diagramm ein (→B1, B2).

Der Aufschlag des Steins ist 2 s nach dem Loslassen zu hören. Der Schall breitet sich mit $v_{\text{Schall}} = 340$ m/s aus. Der zugehörige Graph ist eine Gerade durch den Punkt (2 s | 0 m) mit der Steigung $v_{\text{Schall}} = -340$ m/s. Das negative Vorzeichen rührt von der Bewegungsrichtung des Schalls vom Brunnenboden zum Rand her. Der Schnittpunkt der beiden Graphen ergibt die Tiefe des Brunnens. Aus dem Diagramm kann man den Wert $s = 18{,}5$ m ablesen.

Ergebnis: Der Brunnen ist ca. 18,5 m tief.

b) Rechnerische Lösung:
Es gilt für den Fall des Steins:

$$s = \frac{1}{2} \cdot g \cdot t_1^2 \qquad (1)$$

für die Ausbreitung des Schalls:

$$s = v_{\text{Schall}} \cdot \Delta t_2 \qquad (2)$$

Aus (1) und (2) folgt:

$$\frac{1}{2} \cdot g \cdot t_1^2 = v_{\text{Schall}} \cdot \Delta t_2$$

Mit $t_{\text{ges}} = t_1 + \Delta t_2 \iff \Delta t_2 = t_{\text{ges}} - t_1$ folgt:

$$\frac{1}{2} \cdot g \cdot t_1^2 = v_{\text{Schall}} \cdot (t_{\text{ges}} - t_1)$$

$$\frac{1}{2} \cdot g \cdot t_1^2 + v_{\text{Schall}} \cdot t_1 - v_{\text{Schall}} \cdot t_{\text{ges}} = 0$$

Mit der quadratischen Bestimmungsgleichung („pq-Formel") erhält man:

$$t_1 = -\frac{v_{\text{Schall}}}{g} \pm \sqrt{\left(\frac{v_{\text{Schall}}}{g}\right)^2 + \frac{2 \cdot v_{\text{Schall}} \cdot t_{\text{ges}}}{g}}$$

Nach Einsetzen der Werte ergibt sich:

$$t_1 = 1{,}94 \text{ s} \quad \text{und} \quad t_1 = -71{,}26 \text{ s}$$

Der negative Wert für t_1 ist physikalisch nicht sinnvoll, da der Fall des Steins bei $t = 0$ beginnt. Die Fallzeit des Steins bis zum Boden des Brunnens beträgt also $t_1 = 1{,}94$ s.

Mit Gleichung (1) berechnet sich die Tiefe des Brunnens zu:

$$s = \frac{1}{2} \cdot g \cdot t_1^2$$

$$s = \frac{1}{2} \cdot 9{,}81 \frac{m}{s^2} \cdot (1{,}94 \text{ s})^2$$

$$s = 18{,}46 \text{ m}$$

Ergebnis: Der Brunnen ist 18,46 m tief.

Videoanalyse

Bei vielen Bewegungen ist eine direkte Messung des Ortes in Abhängigkeit von der Zeit nicht möglich. Eine Video- oder Bildanalyse am Computer erlaubt es, diese Bewegungen dennoch physikalisch zu untersuchen.

Videoanalyse Wir benötigen lediglich eine digitale Kamera, mit der Filme aufgenommen werden können, einen Maßstab (z. B. Zollstock), einen Computer und ein Videoanalyseprogramm (z. B. VideoAnalyzer, zum Herunterladen unter dem Online Code).

Als Beispiel für eine Videoanalyse untersuchen wir die Fallbewegung eines Balles (→B1).

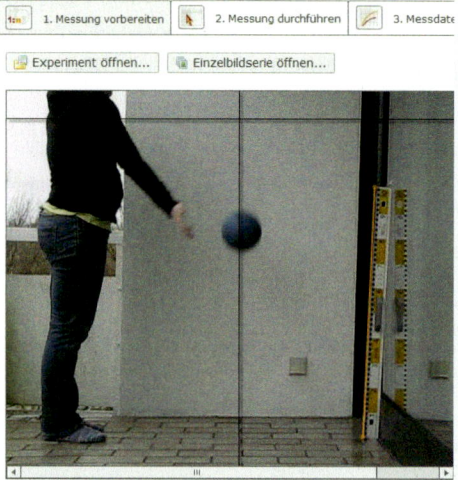

B1 Fallbewegung eines Gummiballs

Vorgehensweise Vor der Durchführung des Versuches wird der Maßstab (sog. Referenzstrecke) deutlich sichtbar im Bild platziert. Bei unserem Versuch ist dies ein an der Wand lehnendes Schullineal. Während des Filmens muss dann die Kamera ruhig gehalten werden und ihr Abstand zur gefilmten Bewegung darf nicht verändert werden. Günstig ist es, wenn der sich bewegende Körper groß und deutlich zu erkennen ist.

Nach der Aufnahme des Videos wird dieses im Programm geöffnet (→B2). Dort werden die Länge der Referenzstrecke und die Lage des Koordinatensystems angegeben. Für jedes Einzelbild des Films verfolgt die Software nun die Position des Körpers. Die Anzahl der Bilder pro Sekunde wird zur Festlegung der Zeit aus dem Film übernommen. Anschließend können die Messwerte als Tabelle oder Diagramm ausgegeben werden (→B2).

Auswertung Auch eine Regression kann mit dem Videoanalyse-Programm durchgeführt werden. In unserem Fall verwenden wir eine quadratische Regression.
Die Parameter b und c der Parabelfunktion $f(x) = a \cdot x^2 + b \cdot x + c$ werden auf den Wert null festgelegt. Der Ball befand sich nämlich zum Zeitpunkt $t = 0\,\text{s}$ auch am Ort $s_x = 0\,\text{m}$ und hat sich nicht bewegt ($v_0 = 0\,\text{m/s}$).

Als Ergebnis der Regression mit der Videoanalyse erhalten wir $f(x) = -4{,}86\,x^2$. Die Parabel passt recht gut zu den Messwerten (→B3), es handelt sich näherungsweise um eine gleichmäßig beschleunigte Bewegung. Die Bewegungsgesetze der Ballbewegung lauten also:
$s(t) = -4{,}86\,\text{m/s}^2 \cdot t^2$; $v(t) = -9{,}72\,\text{m/s}^2 \cdot t$
$a(t) = -9{,}72\,\text{m/s}^2$

t in s	x in m	y in m
0.000	-0.003	0.003
0.033	-0.003	-0.007
0.067	-0.003	-0.024
0.100	-0.003	-0.048
0.133	-0.003	-0.086
0.167	0.000	-0.130
0.200	0.000	-0.195
0.233	0.000	-0.267
0.267	0.003	-0.345
0.300	0.007	-0.441
0.333	0.007	-0.544
0.367	0.000	-0.664
0.400	0.003	-0.783

B2 Darstellung der Messwerte als Tabelle

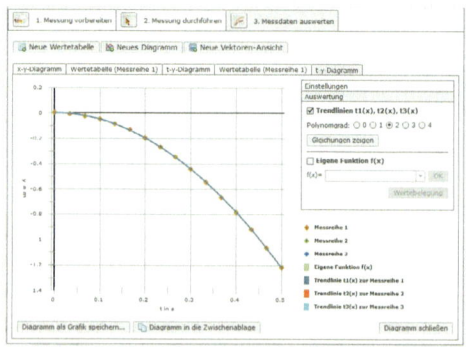

B3 Anpassen der Parabelfunktion

1.5 Bewegungen in zwei Dimensionen

Seitenwind ist für Fahrzeuge gefährlich, er kann zu plötzlichen Änderungen der Fahrtrichtung führen. Windrichtung und Windstärke beeinflussen Richtung und Betrag der Geschwindigkeit des Fahrzeuges.

Bewegung und Richtung

Entlang einer Geraden gibt es für einen Körper nur zwei Bewegungsrichtungen. Zur vollständigen Angabe seiner Geschwindigkeit reicht eine **skalare** Größe aus. Ihr Betrag gibt an, wie schnell sich der Körper bewegt, ihr Vorzeichen gibt die Bewegungsrichtung an (→B2).

B2

Zum Vergleich betrachtet man für eine Zeitspanne von 10 s die Bewegung eines Hasen, der sich mit einer Geschwindigkeit von 5 m/s auf einer Wiese „tummelt". Welche Angaben kann man zu seinem Aufenthaltsort machen? Vom Startpunkt aus gesehen, hält sich der Hase innerhalb eines Kreises mit einem Radius von 50 m auf. Eine genauere Ortsangabe ist ohne Beachtung der Bewegungsrichtungen des Hasen nicht möglich. In der Ebene gibt es nicht nur zwei, sondern beliebig viele verschiedene Bewegungsrichtungen.

Größen, die durch die Angabe eines Betrags nicht vollständig charakterisiert sind, sondern auch eine Information über die Richtung benötigen, werden durch Vektoren beschrieben. Die Geschwindigkeit ist also eine vektorielle Größe, ebenso wie z. B. die Kraft.
Ein Pfeil über dem Formelzeichen zeigt an, dass eine vektorielle Größe vorliegt, z. B. bezeichnet $\vec{v}$ den Vektor der Geschwindigkeit. Für ihren Betrag (die „Schnelligkeit") schreibt man $|\vec{v}|$ oder kürzer v. In Zeichnungen werden Vektoren durch Pfeile dargestellt.

Die Länge des Pfeiles gibt den Betrag der Größe in einem bestimmten Maßstab wieder.

Schlägt der Hase Haken, so ändert sich die Richtung seiner Bewegung. Damit ändert sich der Vektor $\vec{v}$ und auch der Vektor $\vec{s}$, der vom Startpunkt der Bewegung zum aktuellen Aufenthaltsort zeigt (→B3).
Um Änderungen der Bewegungsrichtung erfassen zu können, werden die Definitionen von Weglänge, Geschwindigkeit und Beschleunigung erweitert. Bewegt sich ein Körper auf einer gekrümmten Bahn von A nach B (→B4), so beschreibt die Tangente an die Kurve die tatsächliche Bewegungsrichtung im Punkt A. Seine Geschwindigkeit in diesem Punkt erhält man näherungsweise durch den Quotienten

$$\vec{v} = \frac{\vec{\Delta s}}{\Delta t}$$

Je näher die Punkte A und B beieinander liegen, desto genauer ergibt dieser Quotient die Momentangeschwindigkeit. Im Grenzfall zeigt der Vektor $\vec{v}$ der Geschwindigkeit in jedem Punkt der Bahnkurve in Richtung der zugehörigen Tangente.

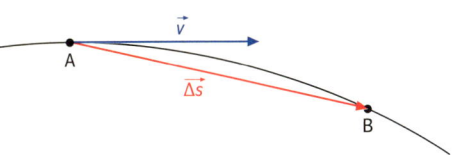

B4 Bahnkurve und Vektor der Geschwindigkeit

Die Richtung der Beschleunigung

Ein Magnet beeinflusst die Bewegung einer vorbei rollenden Eisenkugel (→B1). Ihre Bewegungsrichtung wird geändert. Auch dann spricht man von Beschleunigung. Die Betrags- und Richtungsänderung der Geschwindigkeit lassen sich für kleine Zeitspannen Δt durch einen Vektor $\vec{\Delta v}$ hinreichend genau beschreiben. Die Definition der Beschleunigung wird erweitert:

$$\vec{a} = \frac{\vec{\Delta v}}{\Delta t}$$

Der Vektor für die Beschleunigung $\vec{a}$ zeigt stets in die gleiche Richtung wie der Vektor der Geschwindigkeitsänderung $\vec{\Delta v}$.

Physikalische Größen, die sowohl einen Betrag als auch eine Richtung besitzen, werden durch Vektoren beschrieben.

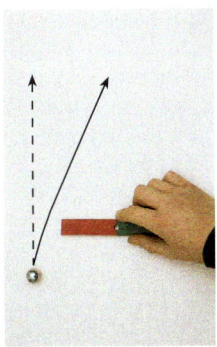

B1

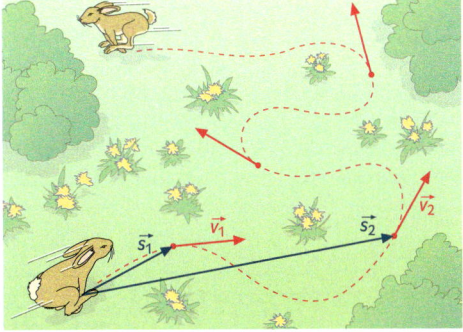

B3

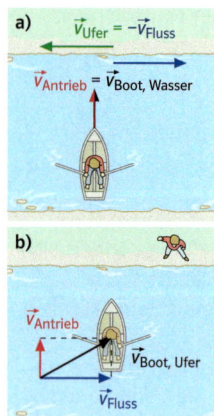

a) $\vec{v}_{\text{Ufer}} = -\vec{v}_{\text{Fluss}}$

$\vec{v}_{\text{Antrieb}} = \vec{v}_{\text{Boot, Wasser}}$

b) $\vec{v}_{\text{Antrieb}}$

$\vec{v}_{\text{Boot, Ufer}}$

$\vec{v}_{\text{Fluss}}$

B1

Bezugssysteme und Vektoren

Ein Boot überquert einen Fluss. Der Ruderer treibt es mit der Geschwindigkeit $\vec{v}_{\text{Antrieb}}$ im Wasser an. Die Insassen geben die Geschwindigkeit des Bootes als $\vec{v}_{\text{Boot, Wasser}}$ an, weil sie sich dabei auf das Wasser beziehen, unabhängig von dessen Bewegung (→**B1a**). Für sie ist das Flusswasser das **Bezugssystem**.

Die Bootsinsassen stellen außerdem fest, dass sich das Ufer zusätzlich zur Bootsgeschwindigkeit $\vec{v}_{\text{Boot, Wasser}} = \vec{v}_{\text{Antrieb}}$ mit der Geschwindigkeit $\vec{v}_{\text{Ufer}} = -\vec{v}_{\text{Fluss}}$ bewegt. Ihre eigene Geschwindigkeit können sie also auch folgendermaßen angeben:

$$\vec{v}_{\text{Boot, Wasser}} = \vec{v}_{\text{Boot, Ufer}} - \vec{v}_{\text{Fluss}}$$

Beobachter am Ufer (→**B1b**) stellen dagegen eine andere Geschwindigkeit des Bootes fest. Für sie ist das Ufer Bezugssystem. Aus dieser Sicht lässt sich $\vec{v}_{\text{Boot, Ufer}}$ vektoriell aus der Geschwindigkeit des Flusswassers $\vec{v}_{\text{Fluss}}$ und der Geschwindigkeit $\vec{v}_{\text{Boot, Wasser}}$ zusammensetzen, sodass folgende Gleichung gilt:

$$\vec{v}_{\text{Boot, Ufer}} = \vec{v}_{\text{Boot, Wasser}} + \vec{v}_{\text{Fluss}}$$

Allgemein gilt: Bewegt sich ein Körper mit der Geschwindigkeit $\vec{v}_B$ in einem Bezugssystem B und bewegt sich dieses mit der Geschwindigkeit $\vec{v}_0$ gegenüber einem Bezugssystem A, so hat der Körper in Bezug auf das System A die Geschwindigkeit $\vec{v}_A$, für die gilt:

$$\vec{v}_A = \vec{v}_B + \vec{v}_0$$

Ein Wechsel des Bezugssystems drückt sich also in der Addition eines Geschwindigkeitsvektors aus.

Bewegt sich das Bezugssystem B mit $\vec{a}_0$ beschleunigt gegenüber A, dann sind auch die Beschleunigungen $\vec{a}_A$ und $\vec{a}_B$ vektoriell mit $\vec{a}_0$ zu verknüpfen:

$$\vec{a}_A = \vec{a}_B + \vec{a}_0$$

A1 ◖ Die Definition der Beschleunigung lautet:

$$\vec{a} = \frac{\overrightarrow{\Delta v}}{\Delta t} = \frac{\vec{v}_2 - \vec{v}_1}{\Delta t}$$

Betrachten Sie die Geschwindigkeitsdifferenz in zwei Bezugssystemen, die sich mit konstantem $\vec{v}_0$ gegeneinander bewegen, und zeigen Sie, dass die Beschleunigung unabhängig vom Bezugssystem ist.

Methode

Regeln für den Umgang mit Vektoren

Vektoren werden durch Pfeile dargestellt. Die Multiplikation eines Vektors $\vec{a}$ mit einer positiven reellen Zahl k ergibt einen Vektor mit dem k-fachen Betrag und gleicher Richtung. Ist k negativ, so bedeutet dies eine Umkehrung der Richtung von $\vec{a}$.

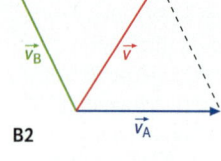

$\vec{v}_B$ $\vec{v}$

B2 $\vec{v}_A$

Die Addition zweier Vektoren erfolgt mittels eines Vektorparallelogramms. Vereinfachend kann der zweite Pfeil an die Spitze des ersten angefügt werden. Der Vektor $\vec{c}$ vom Anfangspunkt des ersten Vektors $\vec{a}$ zur Spitze des zweiten Vektors $\vec{b}$ ist die Summe $\vec{a} + \vec{b}$.

Entgegengesetzte Richtungen werden durch verschiedene Vorzeichen gekennzeichnet. Bei der Addition ergibt sich ein Vektor, dessen Betrag die Differenz ist und der die Richtung des Vektors mit dem größeren Betrag hat.

Ferner gilt: $\vec{a} - \vec{b} = \vec{a} + (-\vec{b})$

Ebenfalls gilt: $|\vec{a}| + |\vec{b}| \geq |\vec{c}| = |\vec{a} + \vec{b}|$

Wenn $\vec{c} = \vec{a} + \vec{b}$ ist, nennt man $\vec{a}$ und $\vec{b}$ auch Komponenten von $\vec{c}$. Während der Summenvektor bei gegebenen Summanden eindeutig bestimmt ist, ergeben sich für die Zerlegung von $\vec{c}$ in Komponenten viele Möglichkeiten. Die Zerlegung ist eindeutig, wenn man z.B. die Richtung der Komponenten vorgibt.

In Abbildung **B2** sind $\vec{v}_A$ und $\vec{v}_B$ Komponenten der Geschwindigkeit $\vec{v}$, mit der sich ein Körper bewegt. Ein Beobachter, der sich mit $\vec{v}_A$ bewegt, sieht, dass sich der Körper mit $\vec{v}_B$ von ihm entfernt. Entsprechend registriert der Beobachter, der sich mit $\vec{v}_B$ bewegt, $\vec{v}_A$ als Geschwindigkeit des Körpers.

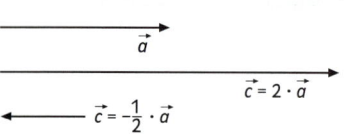

$\vec{a}$

$\vec{c} = -\frac{1}{2} \cdot \vec{a}$ $\vec{c} = 2 \cdot \vec{a}$

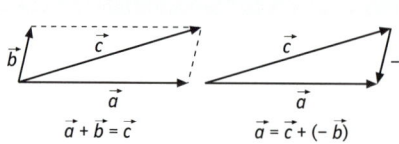

$\vec{b}$ $\vec{c}$ $\vec{c}$ $-\vec{b}$

$\vec{a}$ $\vec{a}$

$\vec{a} + \vec{b} = \vec{c}$ $\vec{a} = \vec{c} + (-\vec{b})$

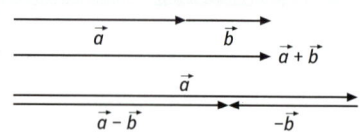

$\vec{a}$ $\vec{b}$

$\vec{a} + \vec{b}$

$\vec{a}$

$\vec{a} - \vec{b}$ $-\vec{b}$

Waagerechte Wurfbewegungen

In nebenstehenden Praktikumsversuchen sollen unterschiedliche Aspekte des waagerechten Wurfes untersucht werden.

VERSUCH I

Bahnkurve beim waagerechten Wurf

Geräte: Vorratsbehälter mit Auslass oder Wasserschlauch mit Anschluss oder Spritze, Fotoapparat

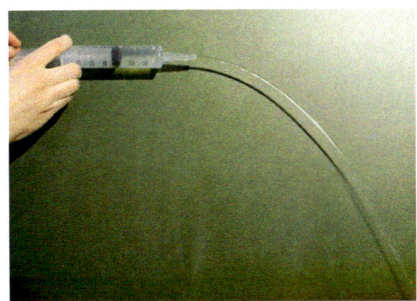

Lassen Sie Wasser aus dem Behälter waagerecht ausströmen. Fotografieren Sie den Verlauf des Wasserstrahls.
Analysieren Sie die Form des Wasserstrahls z. B. mit einem grafikfähigen Taschenrechner.

VERSUCH II

Vergleich von Fall und waagerechtem Wurf

Geräte: 2 Metallkugeln, Kabel, Netzgerät, Haltespule, Abschussvorrichtung mit elektrischem Kontakt

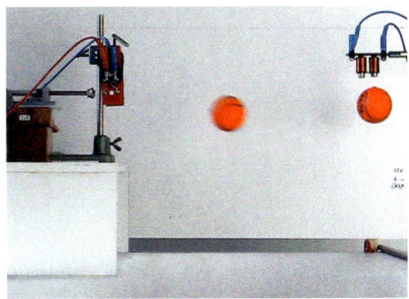

Verschalten Sie die Anordnung so, dass die eine Kugel in dem Moment vom Haltemagnet abfällt, in dem die andere abgeschossen wird. Richten Sie den Aufbau so ein, dass beide Kugeln zusammenstoßen. Variieren Sie die Abschussgeschwindigkeit der ersten Kugel. Notieren Sie Ihre Beobachtungen und skizzieren Sie die Bahnkurve beider Kugeln.

VERSUCH III

Fallbewegung und waagerechte Bewegung

Geräte: Versuchswagen, Ball

Eine Schülerin setzt sich auf einen Versuchswagen, hält einen Ball über ihren Kopf und lässt ihn senkrecht hinunter fallen, während ein anderer den Wagen schiebt. Beschreiben Sie die Bahn des Balles aus der Perspektive

1 der Schülerin auf dem Wagen.

2 des schiebenden Schülers.

3 des parallel zur Bewegungsrichtung stehenden Fotografen.

VERSUCH IV

Bahnkurve und Vergleich mit Fallbewegung

Geräte: langes Lineal, 2 Münzen, Pappstück, Tesafilm, Filmkamera

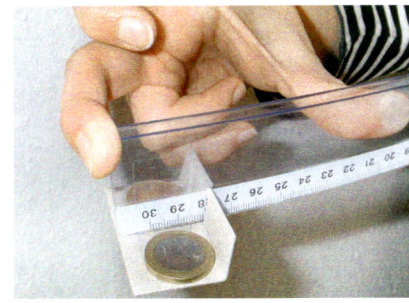

Kleben Sie am freien Ende eines eingespannten Lineals ein Stück Pappe so an, dass man auf jede Seite eine Münze legen kann. Biegen Sie das Lineal und lassen Sie es zurückschnellen. Beobachten Sie die Bewegung der Münze einmal von vorne und einmal von der Seite. Registrieren Sie den Aufschlag der Münzen auch akustisch. Notieren Sie Ihre Beobachtungen über die Bewegung der beiden Münzen. Filmen Sie den Versuch und werten Sie die Einzelbilder aus.

1.6 Wurfbewegungen

Das Werfen, mit Stein oder Speer, machte den Menschen zum erfolgreichen Jäger, da er über größere Entfernungen Ziele treffen konnte.

B1 Sprung mit Anlauf

Der waagerechte Wurf

Christian steht auf der Plattform eines 10-m-Turms im Freibad. Besteht die Gefahr, dass er bei schnellem Anlauf den gegenüberliegenden Beckenrand erreichen könnte? Wenn er losspurtet und an der Kante des Sprungbretts nach vorne abspringt, beschreibt Christian eine gekrümmte Flugbahn. **B4** zeigt den Verlauf seiner Bewegung.

Im Koordinatensystem benötigt man zwei Ortsachsen, die s_x-Achse in waagerechter und die s_y-Achse in senkrechter Richtung. Der Ursprung des Koordinatensystems wurde in den Startpunkt der Bewegung gelegt. In diesem Diagramm hat die Zeit t keine eigene Achse, trotzdem gehört zu jedem Punkt der Bahnkurve genau ein Zeitpunkt.

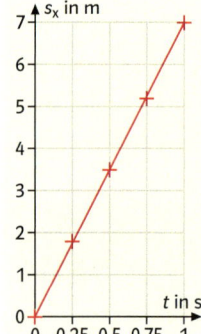

B2

Die Bewegung, die Christian ausführt, heißt **waagerechter Wurf**. Wird ein waagerechter Wurf genau von vorn oder von sehr weit oben betrachtet, so scheint es sich jeweils um eine geradlinige Bewegung zu handeln. Man sieht entweder nur die Veränderung der s_x- oder der s_y-Koordinate mit der Zeit. Der zeitliche Verlauf der Bewegung wird deshalb in beiden Richtungen getrennt untersucht. Dazu werden die Messwerte aus **B4** verwendet.

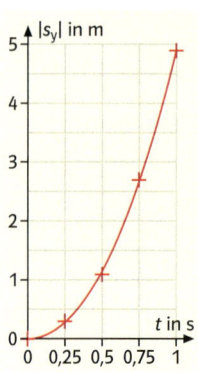

B3

Das t-s_x-Diagramm (→**B2**) zeigt einen linearen Zusammenhang zwischen dem Weg in waagerechter Richtung s_x und der Zeit t. Dies deutet auf eine **gleichförmige Bewegung** hin. In waagerechter Richtung bewegt sich Christian also mit konstanter Geschwindigkeit, in diesem Fall mit 7 m/s.

Springt Christian waagerecht vom Plattformrand ab, kommt er zum gleichen Zeitpunkt im Wasser an, wie wenn er sich einfach nur fallen lässt (→**B4**), obwohl sein Weg länger ist. Das zugehörige t-s_y-Diagramm **B3** zeigt eine Parabel. Es handelt sich bei der Bewegung in senkrechter Richtung um eine **gleichmäßig beschleunigte Bewegung**.

Die Beschleunigung beträgt etwa 10 m/s². Dies bedeutet, dass ein waagerecht in s_x-Richtung geworfener Gegenstand in s_y-Richtung eine reine Fallbewegung ausführt, sofern man vom Luftwiderstand absieht.

Bewegungsgesetze

Die Analyse von Christians Bewegung ergibt für die Bewegungsgleichungen in x-Richtung also:

$$s_x = v_0 \cdot t; \quad v_x = v_0; \quad a_x = 0 \quad (1)$$

In y-Richtung bewegt sich Christian nach den Gesetzen des freien Falls:

$$s_y = \frac{1}{2} \cdot g \cdot t^2; \quad v_y = g \cdot t; \quad a_y = g \quad (2)$$

Lösen wir die erste Gleichung von (1) nach t auf und setzen sie in (2) ein, so erhalten wir:

$$t = \frac{s_x}{v_0} \text{ in (2)} \quad \Rightarrow \quad s_y = \frac{1}{2} \cdot g \cdot \frac{s_x^2}{v_0^2} \quad (3)$$

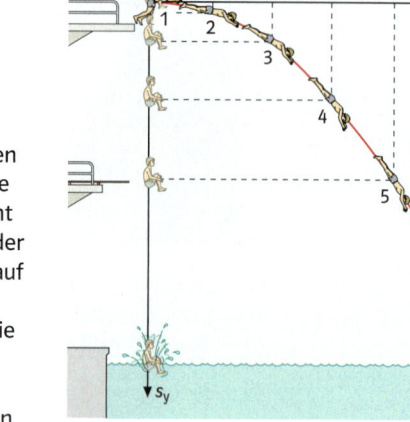

Position	1	2	3	4	5
t in s	0,0	0,25	0,50	0,75	1,0
s_x in m	0	1,8	3,5	5,2	7,0
s_y in m	0	0,3	1,1	2,7	4,9

B4

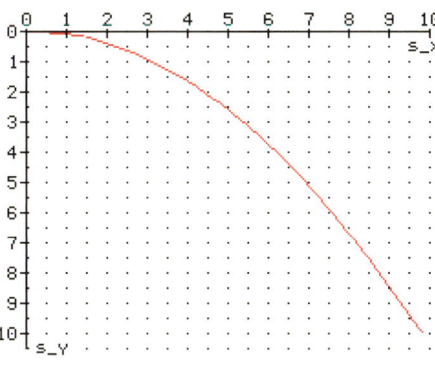

B1

Wegen $s_y \sim s_x^2$ ist dies die Gleichung einer Parabel, der sogenannten **Wurfparabel**.

Vergleichen wir noch die in der Tabelle aufgeführten Werte von s_y (= $s_{y;exp}$) mit den nach der Formel (3) berechneten ($s_{y;ber}$), so finden wir eine gute Übereinstimmung.

$s_{y;exp}$ in m	0	0,3	1,1	2,7	4,9	9,75
$s_{y;ber}$ in m	0	0,31	1,23	2,76	4,90	9,61

Wurfweite

Interessant ist die Ausgangsfrage, wie weit Christian maximal in waagerechter Richtung kommen könnte, welche Wurfweite $s_{x,max}$ also erreicht würde. Da Christian aus 10 m Höhe abspringt, können wir die Fallzeit berechnen:

$$h = \frac{1}{2} \cdot g \cdot t^2 \quad \Rightarrow \quad t = \sqrt{2 \cdot \frac{h}{g}} = \sqrt{2 \cdot \frac{10\,m}{9{,}81\frac{m}{s^2}}} = 1{,}4\,s$$

In dieser Zeit erreicht er in x-Richtung

$$s_{x,max}(t = 1{,}4\,s) = x_W = v_0 \cdot t = 7\frac{m}{s} \cdot 1{,}4\,s = 9{,}8\,m$$

Die Wurfweite beträgt hier also knapp 10 m. Berücksichtigt man, dass die Plattform aus Sicherheitsgründen etwa 3 m über den Beckenrand ragt, würde Christian bei 13 m im Wasser auftreffen.
Ein zugelassenes Sprungbecken ist mindestens 18 m lang, sodass er ungefähr 5 m vor dem gegenüberliegenden Beckenrand ins Wasser tauchen würde.

Der waagerechte Wurf setzt sich aus einer gleichförmigen Bewegung in waagerechter Richtung und einer Fallbewegung in senkrechter Richtung zusammen, die sich gegenseitig nicht beeinflussen.

Exkurs

Weitere Wurfbewegungen

Allgemein bezeichnet man als Wurf die Bewegung eines Körpers, bei der eine geradlinig gleichförmige Bewegung mit der Abwurfgeschwindigkeit v_0 und eine geradlinig gleichmäßig beschleunigte Bewegung zum Erdmittelpunkt (die Fallbewegung) gleichzeitig ablaufen, ohne sich zu beeinflussen.
Ohne Erdanziehung würde sich der Körper mit seiner Anfangsgeschwindigkeit v_0 geradlinig weiterbewegen, bis er irgendwo anstößt.

Betrachtet man die Richtung, die die Anfangsgeschwindigkeit eines Körpers hat, kommen zum waagerechten Wurf (→B2) noch weitere Wurfarten hinzu.

Dies sind
– der senkrechte Wurf nach oben (→B3),
– der senkrechte Wurf nach unten (→B4) und
– der schiefe Wurf (→B5).

Bei zahlreichen Sportarten, wie z. B. Basketball und Hochsprung, findet man diese Bewegungen wieder.

Der senkrechte Wurf nach oben   Ein Pfeil wird vom Ort s_0 mit einer Anfangsgeschwindigkeit v_0 senkrecht nach oben geschossen. Er führt eine gleichförmige Bewegung aus, der eine Fallbewegung überlagert ist. Es gilt:

$$v = v_0 - g \cdot t \quad \text{und} \quad s = s_0 + v_0 \cdot t - \frac{g}{2} \cdot t^2$$

Im höchsten Punkt ist die Geschwindigkeit null. Es ist $v_0 = g \cdot t_h$. Dieser Punkt wird nach der Zeit $t_h = v_0/g$ erreicht. Der Körper befindet sich dann in der Position

$$s_h = s_0 + v_0 \cdot \frac{v_0}{g} - \frac{g}{2} \cdot \frac{v_0^2}{g^2} = s_0 + \frac{v_0^2}{2g}$$

A1 ○ Ein Tennisball wird mit $v = 25\,m/s$ senkrecht nach oben abgeschlagen. Berechnen Sie, welche Höhe er erreicht.

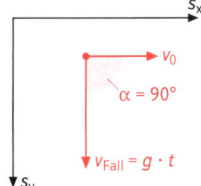

B2 Waagerechter Wurf

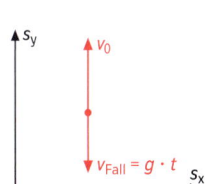

B3 Senkrechter Wurf nach oben

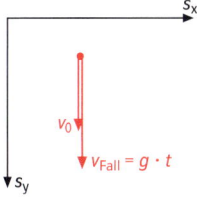

B4 Senkrechter Wurf nach unten

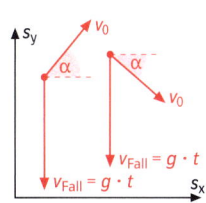

B5 Schiefer Wurf

Der schiefe Wurf – Messverfahren

Der Wurf im Experiment Kugelstoßer möchten eine möglichst große Weite erzielen. Physiker haben verschiedene Methoden, solche Probleme zu bearbeiten. Eine davon ist das Experiment. Dabei wird ein Vorgang im Labor so nachgebaut, dass er wiederholt werden kann und interessierende Einflüsse messbar untersucht werden können: Eine Wurfmaschine schießt einen Gegenstand mittels einer gespannten Feder ab. Die erzielte Wurfweite wird abhängig vom Abwurfwinkel α gemessen (→B3).

Winkel α	25	35	40	45	50	55	65	75
Wurfweite in cm	31	38	40	40	40	38	31	20

B3 Wurfweiten und Winkel

Man erkennt: Gleiche Weiten lassen sich bei verschiedenen Winkeln erzielen und es gibt günstige Winkel. Der optimale Winkel liegt um 45°. Wenn man im Experiment die Abwurfgeschwindigkeit v_0 verändert, zeigt sich: Je größer v, desto größer ist die Wurfweite.

Das Experiment liefert zwei erste Trainingshinweise: Suche im „Techniktraining" den optimalen Winkel und erreiche durch Krafttraining eine möglichst große Geschwindigkeit.

Die Wurfparabel Alle Würfe und auch Weit- und Hochsprung zeigen parabelähnliche Bahnkurven. Mit Hilfe eines Bild- oder Videoanalyseprogramms kann untersucht werden, ob eine Parabel tatsächlich zur Beschreibung geeignet ist. Das wird schrittweise am Beispiel eines Wasserstrahls dargestellt (→B2).

1 Foto anfertigen: Achten Sie darauf, dass der Abstand des Strahls zum Fotografen an jeder Stelle etwa gleich ist. Ist auf dem Foto keine Referenzstrecke zu sehen (wie in Bild **B1**), können keine Einheiten für s_x und s_y angegeben werden.
2 Werte auswählen: Markieren Sie mit dem Video- bzw. Bildanalyseprogramm 20 bis 25 Punkte gleichmäßig auf dem Wasserstrahl.
3 Regression: Nutzen Sie den Computer, um eine quadratische Funktionsanpassung durchzuführen. Für das Wasserspiel in **B1** ergibt sich abhängig von der Größe des Bildes z. B.:
$$y = -1{,}243\,x^2 + 2{,}463\,x + 0{,}012$$

Bahnkurven von Wurfbewegungen sind Parabeln, solange der Einfluss der Luft keine Rolle spielt.
Dem Sportler hilft diese Erkenntnis nicht viel, weil sie ihm nicht sagt, auf welche Weise Geschwindigkeit oder Winkel die Form beeinflussen. Sie liefert aber einen Prüfstein für theoretische Überlegungen: Ergibt sich keine Parabel als Bahnkurve, sind die Überlegungen falsch.

A1 ⊖ Zeichnen Sie die Bahnkurve eines Wasserstrahls in ein Koordinatensystem. Ermitteln Sie die Gleichung der Parabel.

A2 ● Der Wasserstrahl (→B2) zeigt die Bahnkurve der Wassertropfen, die aus einer Düse austreten. Sie können aus einer Höhe h gegenüber dem Auftreffpunkt austreten. Untersuchen Sie den Einfluss von h auf die Weite. Suchen Sie für unterschiedliches h den optimalen Winkel.

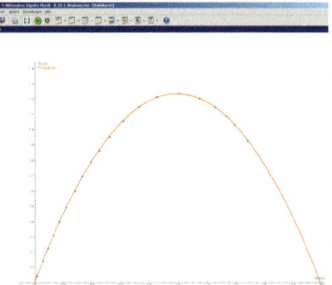

B1 Vom Bild zum Funktionsgraphen

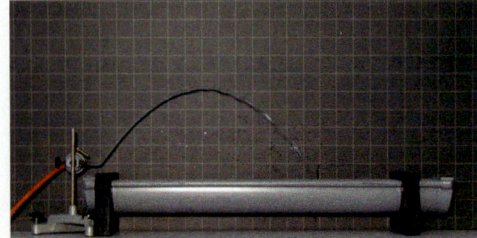

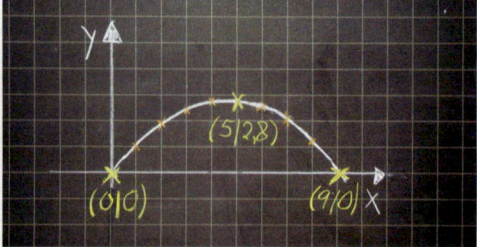

B2 Der Wasserstrahl zeigt die Bahnkurve.

1.7 Die Kreisbewegung

In einem Kettenkarussell bewegen sich alle Mitfahrer in der gleichen Zeit einmal im Kreis herum. Nebeneinander sitzende Personen können sich dabei dauernd an den Händen halten, obwohl die Weglänge weiter außen größer ist als innen.

Kenngrößen der Bewegung

Bewegt sich ein Körper auf einer kreisförmigen Bahn, so spricht man von einer **Kreisbewegung**. Um eine solche Bewegung beschreiben zu können, werden folgende Größen benötigt:

Die **Umlaufdauer** *T* gibt an, wie lange ein Körper für einen vollen Umlauf benötigt. Ihre Einheit ist 1 s.
Die **Frequenz** *f* gibt an, wie viele Umläufe ein Körper in einer Sekunde ausführt. Ihre Einheit ist 1 Hz oder 1/s. Die Frequenz ist der Quotient aus der Anzahl *n* der Umdrehungen und der dafür benötigten Zeit *t*. Für *n* = 1 ist die Umlaufdauer *T*. Es gilt *f* = 1/*T*:

$$f = \frac{1}{T} \quad \text{bzw.} \quad T = \frac{1}{f}$$

Geschwindigkeiten bei der Kreisbewegung

Die **Bahngeschwindigkeit** gibt an, welche Weglänge ein Körper auf seiner Kreisbahn in einer bestimmten Zeit zurücklegt. Sie entspricht dem Begriff „Geschwindigkeit", den wir von geradlinigen Bewegungen kennen, mit dem Unterschied, dass der Weg keine gerade Strecke ist, sondern ein Kreisbogen. Die Einheit der Bahngeschwindigkeit ist 1 m/s.

Wenn sich der Betrag der Geschwindigkeit auf einer bestimmten Kreisbahn mit dem Radius *r* während der Bewegung nicht ändert, spricht man von einer gleichförmigen Kreisbewegung. Der Betrag der Bahngeschwindigkeit ergibt sich dann aus dem Umfang $2\pi \cdot r$ und der Dauer *T* eines Umlaufs zu

$$v = \frac{\Delta s}{\Delta t} = \frac{2\pi \cdot r}{T} = \frac{2\pi}{T} \cdot r$$

Der Faktor $2\pi/T$ ist unabhängig vom Radius und daher für alle Karussellfahrer gleich. 2π beschreibt den Winkel von 360° für einen vollen Umlauf im Bogenmaß.

Denkt man sich von jedem Karussellfahrer eine Schnur zum Kreismittelpunkt gespannt, so überstreicht sie in einer Zeitspanne Δt einen Winkel $\Delta\varphi$ (→**B1**). Zur Beschreibung des Ortes bzw. der Ortsänderung eines Körpers bietet sich bei einer Kreisbewegung daher die Betrachtung des Winkels an. Den Quotienten

$$\omega = \frac{\Delta\varphi}{\Delta t}$$

definiert man als **Winkelgeschwindigkeit**.

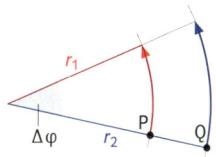

B1 P und Q haben die gleiche Winkelgeschwindigkeit, aber verschiedene Bahngeschwindigkeiten.

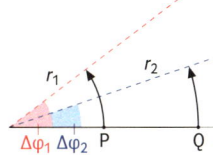

B2 P und Q haben die gleiche Bahngeschwindigkeit, aber verschiedene Winkelgeschwindigkeiten.

B3

Wird $\Delta\varphi$ im Bogenmaß gemessen, so hat ω die Einheit 1/s. Es gilt:

$$\omega = \frac{2\pi}{T} = 2\pi \cdot f$$

Die Winkelgeschwindigkeit ist unabhängig vom Radius und zur Beschreibung der periodischen Bewegung geeignet.

Bewegen sich zwei Körper mit gleicher Drehfrequenz auf Kreisbahnen mit unterschiedlichen Radien, so benötigen beide für einen Umlauf die gleiche Zeit, haben also die gleiche Umlaufdauer und die gleiche Winkelgeschwindigkeit.
Da die beiden Kreisbahnen jedoch unterschiedliche Radien haben und damit auch unterschiedliche Umfänge ($U = 2\pi \cdot r$), legt der Körper auf der äußeren Bahn somit in der gleichen Zeit einen größeren Weg zurück, er besitzt also eine größere Bahngeschwindigkeit. Für die Bahngeschwindigkeit gilt

$$v = \frac{2\pi}{T} \cdot r = \omega \cdot r.$$

Für die Bahngeschwindigkeit *v* einer Kreisbewegung gilt:

$$v = \frac{\Delta s}{\Delta t} = \frac{2\pi \cdot r}{T} = \omega \cdot r$$

Die Winkelgeschwindigkeit ω berechnet sich nach:

$$\omega = \frac{\Delta\varphi}{\Delta t} = \frac{2\pi}{T} = 2\pi \cdot f$$

A1 ○ Informieren Sie sich über den Radius von Autoreifen und berechnen Sie die Bahngeschwindigkeit, die Winkelgeschwindigkeit und die Frequenz eines Punktes auf einem Reifen bei 100 km/h.

1.8 Beschleunigung bei der Kreisbewegung

Für geradlinige Bewegungen wurde ganz allgemein festgestellt, dass Bewegungen mit sich ändernder Geschwindigkeit als beschleunigte Bewegungen bezeichnet werden.

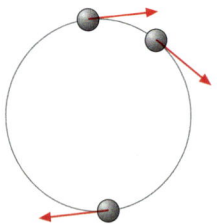

B1 Die Richtung der Bewegung ändert sich ständig.

Kreisbewegung und Beschleunigung

Bewegt sich ein Körper mit konstanter Bahngeschwindigkeit auf einer Kreisbahn, so ändert er dabei doch ständig seine Richtung. Betrachtet man den Vektor der Bahngeschwindigkeit zu verschiedenen Zeitpunkten, so ist dieser zwar immer gleich lang, d.h., sein Betrag ist konstant, er zeigt aber in jedem Punkt der Kreisbahn in eine andere Richtung (→B1).

Jede zeitliche Änderung einer Geschwindigkeit bedeutet eine Beschleunigung, unabhängig davon, ob sich der Betrag oder die Richtung der Geschwindigkeit ändert. Bei jeder Kreisbewegung tritt also eine Beschleunigung auf.

Die Zentripetalbeschleunigung

Eine Astronautin nähert sich mit der Geschwindigkeit v einem Satelliten (→B2). Um ihn umrunden zu können, muss sie ständig ihre Bewegungsrichtung ändern. Dies gelingt mit Hilfe einer kleinen Handrakete, mit der die Astronautin ständig auf den Satelliten zu beschleunigt.

Für die Einhaltung der Kreisbahn sorgt die **Zentripetalbeschleunigung** a_Z (auch oft nur **Zentralbeschleunigung** genannt). Sie ist zu jedem Zeitpunkt in Richtung des Kreismittelpunktes gerichtet. Weil der Vektor $\vec{a}$ senkrecht auf dem Vektor der Bahngeschwindigkeit $\vec{v}$ steht, ändert sich nur die Richtung, nicht aber der Betrag der Bahngeschwindigkeit.

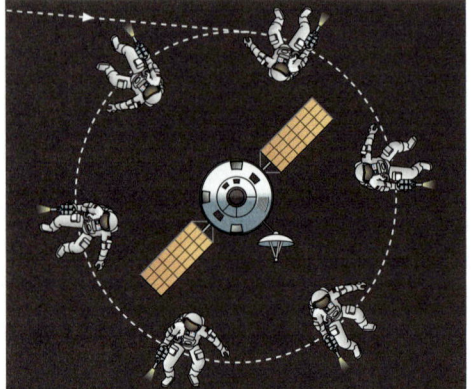

B2

Die Astronautin muss die Beschleunigung mit ihrer Handrakete richtig dosieren, um den Abstand r zum Satelliten konstant zu halten. Ist die Beschleunigung zu groß, verringert sich der Abstand, ist sie zu klein, entfernt sich die Astronautin vom Satelliten.

Der Betrag der Zentripetalbeschleunigung hängt also vom Radius und darüber hinaus von der Winkelgeschwindigkeit bzw. Bahngeschwindigkeit ab. Es gilt:

$$a_Z = \omega^2 \cdot r = \frac{v^2}{r}$$

Um einen Körper auf einer Kreisbahn mit konstanter Winkelgeschwindigkeit zu bewegen, ist eine konstante Zentripetalbeschleunigung erforderlich.

Mathematische Herleitung der Zentripetalbeschleunigung

Wir betrachten die Kreisbewegung, bei der P_1 sich in der Zeit Δt nach P_2 bewegt.

Für $\Delta t \to 0$ darf man die Bewegung in zwei unabhängige Komponenten zerlegen (→B3):

1 Tangential zum Kreis: Dies ist eine gleichförmige Bewegung: $s_1 = v_1 \cdot \Delta t$
2 Zum Kreismittelpunkt: Diese Bewegung erfolgt beschleunigt:
$s_2 = \frac{1}{2} a_Z \cdot (\Delta t)^2$

Im daraus folgenden rechtwinkligen Dreieck gilt nach Pythagoras:

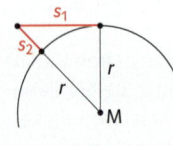

B3

$(r + s_2)^2 = r^2 + s_1^2$

$r^2 + 2 \cdot s_2 \cdot r + s_2^2 = r^2 + s_1^2$

Mit 1 und 2 folgt

$r^2 + a_Z \cdot (\Delta t)^2 \cdot r + \frac{1}{4} a_Z^2 \cdot (\Delta t)^4 = r^2 + v_1^2 \cdot (\Delta t)^2$

und somit

$a_Z = \dfrac{v^2 \cdot (\Delta t)^2 - \frac{1}{4} a_Z^2 \cdot (\Delta t)^4}{r \cdot (\Delta t)^2}$

$= \dfrac{v^2}{r} - \frac{1}{4} \dfrac{a_Z^2}{r} \cdot (\Delta t)^2$

Unter der Anfangsvoraussetzung $\Delta t \to 0$ folgt für die Zentripetalbeschleunigung $a_Z = v^2/r$.

Geradlinige Bewegungen Für die geradlinige Bewegung mit konstanter Geschwindigkeit ist v der Quotient aus Weglänge Δs und zugehöriger Zeitspanne Δt:

$$v = \frac{\Delta s}{\Delta t} = \frac{(s_2 - s_1)}{(t_2 - t_1)}$$

Die Einheit ist $1\,\frac{m}{s}$ bzw. $1\,\frac{km}{h}$

Die Steigung im t-s-Diagramm gibt die Geschwindigkeit an.
Durch das Vorzeichen der Geschwindigkeit werden bei der geradlinigen Bewegung Richtungen unterschieden.

Bei gleichmäßig beschleunigten Bewegungen nimmt die Geschwindigkeit in gleichen Zeitspannen Δt um den gleichen Betrag Δv zu. Die Beschleunigung a berechnet sich als Quotient aus diesen Größen:

B1

$$a = \frac{\Delta v}{\Delta t} = \frac{v_2 - v_1}{t_2 - t_1}$$

Bewegungsgesetze Für die geradlinig gleichförmige Bewegung mit der Geschwindigkeit v gilt das Zeit-Ort-Gesetz

$$s(t) = v \cdot t + s_0$$

Dabei berücksichtigt der Term s_0 den Fall, dass Beginn der Bewegung und Beginn der Messung nicht zusammenfallen.

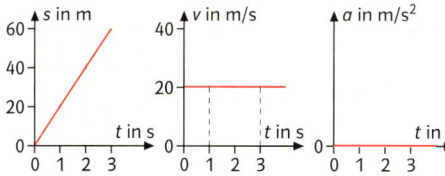

B2 Bewegungsdiagramme für $v_0 = 20\,\frac{m}{s}$, $a = 0$, $s_0 = 0$

Für eine gleichmäßig beschleunigte Bewegung aus der Ruhe gelten folgende Gesetze:

Zeit-Ort-Gesetz: $\qquad\qquad s = \frac{1}{2}a \cdot t^2$

Zeit-Geschwindigkeit-Gesetz: $v = a \cdot t$

mit a = konstant.

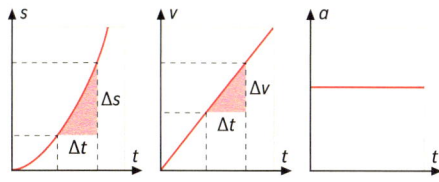

B3 Bewegungsdiagramme einer gleichmäßig beschleunigten Bewegung

Ist die Bewegung nicht geradlinig, so sind bei Weg, Geschwindigkeit und Beschleunigung zusätzlich die Richtungen zu berücksichtigen. Solche Größen sind vektorielle Größen (→**B1**).

Fallbewegungen Vernachlässigt man den Luftwiderstand, so benötigen alle aus der Ruhe heraus fallenden Körper für die gleiche Fallstrecke die gleiche Zeit. Diese Bewegung heißt freier Fall.

Der freie Fall ist eine gleichmäßig beschleunigte Bewegung. Die Beschleunigung wird Fallbeschleunigung g genannt, sie ist an einem Ort für alle Körper gleich.
Das Zeit-Ort-Gesetz für die Fallbewegung aus der Ruhe lautet:

$$s(t) = \frac{1}{2}g \cdot t^2$$

Waagerechter Wurf Der waagerechte Wurf setzt sich aus einer gleichförmigen Bewegung in waagerechter Richtung und einer Fallbewegung in senkrechter Richtung zusammen, die sich gegenseitig nicht beeinflussen. Die Bahnkurve eines idealen waagerechten Wurfs ist eine halbe Parabel.

Die Bewegungsgesetze des waagerechten Wurfs entsprechen denen der beiden bekannten Bewegungsformen. Sie werden in x- und y-Richtung getrennt angegeben:

$$s_x = v_0 \cdot t;\ v_x = v_0;\ a_x = 0 \quad (1)$$

$$s_y = \frac{1}{2} \cdot g \cdot t^2;\ v_y = g \cdot t;\ a_y = g \quad (2)$$

Kreisbewegung Die Geschwindigkeit v, mit der sich ein Körper auf einem Kreis bewegt, heißt Bahngeschwindigkeit. Ihr Betrag lässt sich mit Hilfe des konstanten Abstands r zum Mittelpunkt der Kreisbahn berechnen:

$$v = \frac{\Delta s}{\Delta t} = \frac{2\pi \cdot r}{T} = \frac{2\pi}{T} \cdot r$$

Betrachtet man den Winkel, der in einer bestimmten Zeit durchlaufen wird, erhält man die Winkelgeschwindigkeit ω:

$$\omega = \frac{\Delta\varphi}{\Delta t} = \frac{2\pi}{T} \quad \Rightarrow \quad v = \omega \cdot r$$

Um einen Körper auf einer Kreisbahn mit konstanter Winkelgeschwindigkeit zu bewegen, muss er ständig zum Kreismittelpunkt hin beschleunigt werden. Für diese Zentripetalbeschleunigung a_Z gilt:

$$a_Z = \omega^2 \cdot r = \frac{v^2}{r}$$

B2

Start eines Segelflugzeugs Ein Segelflugzeug wird mit einer Seilwinde in die Luft gezogen. Nach 30 m hebt es mit einer Geschwindigkeit von 110 km/h ab.
a) Berechnen Sie die Beschleunigung, die das Flugzeug erfährt.
b) Berechnen Sie, wie lange es dauert, bis das Flugzeug abhebt.

Lösung:
a) Wir gehen für die Lösung davon aus, dass das Flugzeug gleichmäßig beschleunigt wird. Wir benötigen die beiden Bewegungsgesetze bei gleichmäßig beschleunigten Bewegungen:

1) $s(t) = \frac{1}{2} \cdot a \cdot t^2$ und

2) $v(t) = a \cdot t$

Gleichung 2) löst man nach t auf und bekommt

3) $t = \frac{v}{a}$

Setzt man 3) in 1) ein, so erhält man

4) $s = \frac{1}{2} \cdot a \cdot \left(\frac{v}{a}\right)^2$

Löst man 4) nach a auf, so ergibt sich $a = \frac{v^2}{2s}$

Die Geschwindigkeit von 110 km/h muss nun noch in m/s umgerechnet werden, hierzu teilt man den Betrag durch 3,6. Es ergibt sich ca. 30,6 m/s. Setzt man nun alle bekannten Werte ein, so ergibt sich eine Beschleunigung von 15,6 m/s².
b) Das Ergebnis aus a) setzt man in Gleichung 3) ein und erhält eine Beschleunigungszeit von ca. 2,0 s.

Freier Fall auf anderem Himmelskörper
Eine Metallkugel wird auf einem anderen Himmelskörper aus der Höhe h fallen gelassen. Von der Bewegung wird alle 0,20 s eine Aufnahme gemacht. Es ergibt sich die Abbildung **B1**.
a) Erläutern Sie, wie man bereits ohne ausführliche Rechnung erkennen kann, dass die Kugel eine gleichmäßig beschleunigte Bewegung

ausführt. Bestimmen Sie anhand der Kugelposition die Fallbeschleunigung auf dem anderen Himmelskörper.
b) Berechnen Sie, nach welcher Zeit die Kugel auf dem Boden auftrifft.
c) Berechnen Sie die Geschwindigkeitszunahme der Kugel zwischen den letzten beiden Messpunkten.

Lösung:
a) Bei gleichmäßig beschleunigten Bewegungen aus der Ruhe ist die zurückgelegte Strecke proportional zum Quadrat der benötigten Zeit. Nach der doppelten Zeit muss also die Strecke viermal so lang, nach der dreifachen Zeit neunmal so lang sein.

Zum Zeitpunkt $t_2 = 0{,}4$ s befindet sich die Kugel $s_2 = 0{,}13$ m vom Startpunkt entfernt, zum Zeitpunkt $t_3 = 0{,}8$ s beträgt die Entfernung $s_3 = 0{,}51$ m, es ist also im Rahmen der Messgenauigkeit $s_3 \approx 4 \cdot s_2$.

Die Auswertung weiterer Messpunkte ($t_6 = 1{,}2$ s $= 3 \cdot t_2$; $s_6 = 1{,}16$ m $= 9 \cdot s_2$) bestätigt den Zusammenhang $s \sim t^2$.
Es liegt eine gleichmäßig beschleunigte Bewegung vor, für die gilt:

$s(t) = \frac{1}{2} \cdot a \cdot t^2$

Die Beschleunigung ergibt sich durch Umformulierung zu

$a = \frac{2 \cdot s(t)}{t^2}$

Nach Einsetzen der Messwerte erhält man:

$a = \frac{2 \cdot 1{,}16\,\text{m}}{1{,}2\,\text{s}^2} = \frac{1{,}6\,\text{m}}{\text{s}^2}$

Die Fallbeschleunigung auf dem Himmelskörper beträgt etwa 1,6 m/s².

b) Um die Auftreffgeschwindigkeit der Kugel berechnen zu können, muss zunächst die Fallzeit für die gesamte Strecke von 1,40 m bekannt sein. Aus dem Zeit-Ort-Gesetz

$s(t) = \frac{1}{2} \cdot a \cdot t^2$

ergibt sich für die Fallzeit:

$t = \sqrt{\frac{2 \cdot s(t)}{a}}$

$t = \sqrt{\frac{2 \cdot 1{,}40\,\text{m}}{1{,}60\,\frac{\text{m}}{\text{s}^2}}} = 1{,}32\,\text{s}$

Die Kugel durchfällt die Strecke von 1,40 m in einer Zeitspanne von 1,32 s.

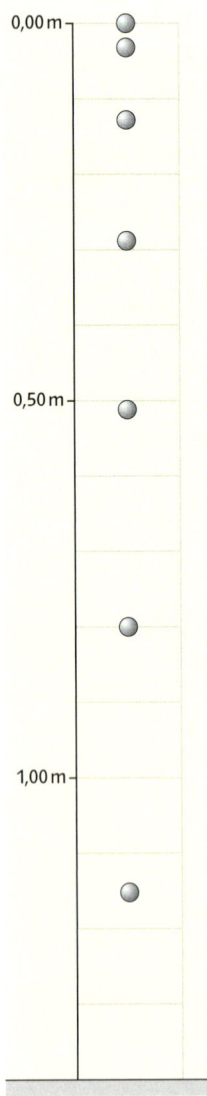

B1

Die Geschwindigkeit, die die Kugel nach dieser Zeit erreicht hat, berechnet sich nach:

$$v(t) = a \cdot t$$

$$v(1{,}32\,\text{s}) = 1{,}60\,\tfrac{\text{m}}{\text{s}^2} \cdot 1{,}32\,\text{s} = 2{,}11\,\tfrac{\text{m}}{\text{s}}$$

Die Kugel trifft mit einer Geschwindigkeit von 2,11 m/s auf dem Boden auf.

c) Für den Geschwindigkeitszuwachs der Kugel im Zeitintervall $t_6 - t_5$ gilt:

$$\Delta v = v(t_6) - v(t_5)$$

$$\Delta v = a \cdot t_6 - a \cdot t_5 = a\,(t_6 - t_5) = a \cdot \Delta t$$

Einsetzen der Werte ergibt:

$$\Delta v = 1{,}60\,\tfrac{\text{m}}{\text{s}^2} \cdot 0{,}20\,\text{s}$$

$$\Delta v = 0{,}32\,\tfrac{\text{m}}{\text{s}}$$

Die Geschwindigkeit der Kugel nimmt im betrachteten Zeitintervall um 0,32 m/s zu.

Interpretation von Diagrammen Die in den Diagrammen **B1** bis **B4** dargestellten Graphen beschreiben verschiedene Bewegungen.
a) Nennen Sie die Bewegungsarten, um die es sich jeweils handelt.
b) Geben Sie an, was die Steigung des Graphen aussagt.
c) Beschreiben Sie, wie sich die Steigung bestimmen lässt.

Lösung:
a) **B1** zeigt zwei gleichförmige Bewegungen mit gleicher Geschwindigkeit, aber unterschiedlichen Startpunkten.
Das Diagramm in **B2** zeigt eine gleichmäßig beschleunigte Bewegung, während **B3** eine gleichmäßig verzögerte Bewegung zeigt.
Das Diagramm in **B4** stellt zwei gleichmäßig beschleunigte Bewegungen mit unterschiedlicher Beschleunigung dar.
b) **B1** bis **B3** zeigen jeweils ein t-s-Diagramm. In diesem Fall gibt die Steigung die Geschwindigkeit an.
Bei Abbildung **B4** handelt es sich um ein t-v-Diagramm. Hier gibt die Steigung eine Beschleunigung an.
c) **B1** und **B4**: Die Steigung des Graphen lässt sich mit einem Steigungsdreieck bestimmen. Es gilt $v = \Delta s/\Delta t$ ($\rightarrow$**B1**) bzw. $a = \Delta v/\Delta t$ ($\rightarrow$**B3**).
B2 und **B3**: (I) graphische Bestimmung der Steigung: Ein Stück der Kurve wird durch eine Gerade ersetzt. Von dieser wird die Steigung mit einem Steigungsdreieck bestimmt. Mit diesem Verfahren erhält man eine Durchschnittsgeschwindigkeit.
(II) rechnerische Bestimmung der Steigung: Bei bekannter Funktionsvorschrift gibt die Ableitung die Steigung des Graphen zu jeder Zeit t an. Man erhält eine Momentangeschwindigkeit.

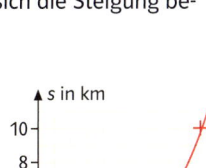

B1

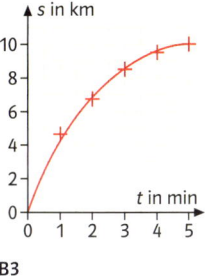

B2

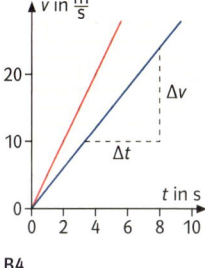

B3

B4

Heimversuche

B5 Zu Versuch 2

Schneller Rad fahren Messen Sie, wie groß die Beschleunigung mit dem Fahrrad auf einer Strecke von 10 m in unterschiedlichen Gängen ist. Verwenden Sie dazu Sensoren, eine Digitalkamera mit Videoanalyseprogramm oder bestimmen Sie die Zeit für die 10 m und eine Durchschnittsgeschwindigkeit.

Reaktionszeit messen Spreizen Sie Zeigefinger und Daumen auseinander. Eine andere Person soll ein 30-cm-Lineal mit der 0-cm-Marke so zwischen die gespreizten Finger

halten, dass sich das Lineal gerade oberhalb der Hand befindet ($\rightarrow$**B5**).
Wenn das Lineal losgelassen wird, versuchen Sie, es mit den Fingern zu fangen. Damit man mit der Hand nicht nachgreift, sollte man die Hand auflegen.
Bestimmen Sie mit diesem Versuch ihre Reaktionszeit.
Bauen Sie ein „Reaktionslineal", auf dem man direkt (also ohne Rechnung) die Reaktionszeit ablesen kann.

B1 Zu Aufgabe 1

A1 ● Ein Jongleur fährt mit dem Einrad in Pfeilrichtung und jongliert dabei mit Bällen (→**B1**). Beschreiben Sie die Bewegung eines Balles aus der Sicht des Jongleurs und aus der eines Zuschauers.

A2 ○ Zeichnen Sie zu dem folgenden t-s-Diagramm zweier Bewegungen die zugehörigen Graphen im t-v-Diagramm.

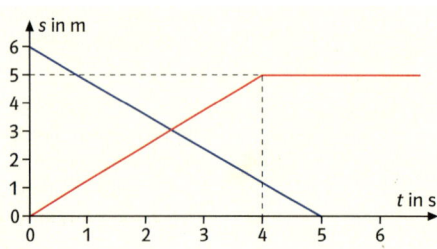

t in s	s in m
0,2	10,4
0,4	21,1
0,8	42,2
1,1	58,3

A3 ○ Untersuchen Sie, ob die Messwerte links zu einer gleichförmigen Bewegung gehören. Stellen Sie ggf. das Zeit-Ort-Gesetz auf.

A4 ○ Beim Elfmeterschießen erreicht der Ball nach 0,4 s das Tor. Ermitteln Sie seine Geschwindigkeit in km/h.

A5 ● Um die Auswirkungen von Auffahrunfällen zu demonstrieren, lässt eine Versicherung ein Auto aus 20 m Höhe frei zu Boden fallen.
Mit welcher Geschwindigkeit (in km/h) müsste dasselbe Auto stattdessen gegen eine feste Wand fahren?

A6 ● Ein Fahrzeug bewegt sich geradlinig. Messungen führen zu folgenden Werten:

t in s	0,00	0,80	2,40	3,60	5,20
s in m	0,00	4,80	43,3	97,5	203

Überprüfen Sie, ob das Fahrzeug eine Bewegung mit konstanter Beschleunigung ausführt! Bestimmen Sie die t-s- und t-v-Gesetze.

A7 ● Kurz vor dem Ortsausgang steht ein Autofahrer auf einer zweispurigen Straße. In dem Moment, in dem er gleichmäßig zu beschleunigen beginnt (Anfangsgeschwindigkeit 0 km/h), wird er von einem Lkw mit der konstanten Geschwindigkeit 50 km/h überholt. Berechnen Sie die Weglänge, nach der der Pkw den Lkw erreicht, und die Geschwindig-

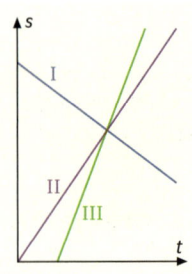

B2 Zu Aufgabe 10

keit, die er dann hat (sofern der Lkw nicht beschleunigt). Die Beschleunigung des Autos ist angegeben mit „von 0 auf 100 km/h in 11 Sekunden".

A8 ○ Beschreiben Sie die im folgenden t-v-Diagramm dargestellten Bewegungsabschnitte. Bestimmen Sie jeweils Weglänge und Beschleunigung. Geben Sie Gesamtweg und Intervallgeschwindigkeit zwischen den Zeitpunkten t_1 = 10 s und t_2 = 25 s an!

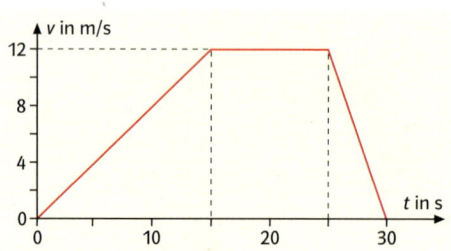

A9 ○ a) Beschreiben Sie die im folgenden Diagramm registrierte Bewegung eines Körpers.
b) Skizzieren Sie zu dem vorgegebenen Diagramm ein t-s-Diagramm.

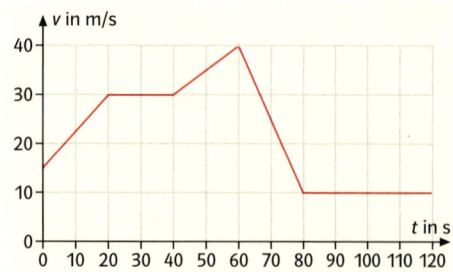

A10 ○ a) Welche Informationen lassen sich dem t-s-Diagramm **B2** in der Randspalte entnehmen?
b) Welche Informationen würden dieselben Graphen in einem t-v-Diagramm liefern?

A11 ● Ein Auto fährt mit der Geschwindigkeit v = 50 km/h auf eine Verkehrsampel zu. Das Auto befindet sich 25 m vor der Ampel, als diese von „Grün" auf „Gelb" umschaltet. Beurteilen Sie anhand der angegebenen Daten, wie der Fahrer sich verhalten soll.
(Die Dauer der „Gelbphase" beträgt 3 s, die Reaktionszeit nur 0,5 s (!); Bremsverzögerung auf nasser Straße sei 2,0 m/s², auf trockener Straße 6,5 m/s²).

A12 ○ Berechnen Sie die in der Tabelle fehlenden Größen einer geradlinigen Bewegung, die aus der Ruhe heraus konstant beschleunigt verläuft.

	a)	b)	c)	d)
t	9,0 s	10,2 s	?	?
s	?	?	?	25,0 m
v	?	100 km/h	12,0 m/s	?
a	2,0 m/s²	?	4,0 m/s²	5,0 m/s²

A13 ● Ein Fahrzeug bewegt sich nach dem Zeit-Ort-Gesetz $s = 2,0$ m/s² · t^2. Bestimmen Sie die Weglängen, die sich bei dieser Bewegung für die Zeitpunkte $t_1 = 15$ s und $t_2 = 30$ s ergeben. Berechnen Sie, in welcher Zeitspanne das Fahrzeug vom Ort $s_3 = 25$ m zum Ort $s_4 = 75$ m gelangt.

A14 ● Auf dem Rand ist ein Messstreifen dargestellt (→**B1**), der bei Versuchen auf einer Fahrbahn benutzt wurde. Die Zeitspanne zwischen einzelnen Markierungen ist 0,2 s.
a) Zeichnen Sie das t-s-Diagramm der mit dem Messstreifen registrierten Bewegung.
b) Geben Sie an, welche Art der Bewegung zwischen den Zeitpunkten t_0 bis t_5 und zwischen t_5 bis t_8 vorliegt. Begründen Sie Ihre Antwort.
c) Formulieren Sie das Zeit-Ort-Gesetz zwischen den Zeitpunkten t_0 bis t_5 bzw. t_5 bis t_8 für diese Bewegung.
d) Berechnen Sie die Geschwindigkeiten zu den Zeitpunkten t_4 bis t_8.
e) Zeichnen Sie das zugehörige t-v-Diagramm der Bewegung.

A15 ● Berechnen Sie Umfang und Fläche eines Rechtecks mit den Seitenlängen $a = 1,2$ m und $b = 75$ cm! Interpretieren Sie das Ergebnis mit Hilfe der Messunsicherheiten $\Delta a = 0,1$ m und $\Delta b = 1$ cm!

Fallbewegung
(Bemerkung: Wenn kein spezieller Hinweis erfolgt, wird die Luftreibung nicht berücksichtigt.)

A16 ○ An einer Bürette wird der Hahn so eingestellt, dass jeweils ein Tropfen abfällt, wenn der Vorgänger 1,75 m entfernt auf dem Boden aufschlägt. Innerhalb von 30 s fallen 50 Tropfen. Bestimmen Sie damit die Fallbeschleunigung.

A17 ● Max springt von einem Sprungbrett in zehn Metern Höhe über dem Becken ab.
a) Berechnen Sie die Dauer seines Sprungs bis zum Eintauchen ins Wasser und seine Eintauchgeschwindigkeit. Der Luftwiderstand kann vernachlässigt werden.
b) Seine Schwester Paula steht gleichzeitig auf dem Drei-Meter-Brett und springt genau dann ab, als Max an ihrem Sprungbrett vorbeifliegt. Wie viele Sekunden nach Max kommt Paula im Wasser an?

A18 ○ Eine Frau sieht am Ufer eines Kanals ein vorbeifahrendes Schiff. Der Bootsmaat läuft gerade vom Bug zum Heck des Schiffes und schaut der Frau sekundenlang in die Augen. Beide glauben, sich gegenüber zu stehen. Erläutern Sie, ob das möglich ist.

A19 ● Ein Pilot steuert sein Flugzeug über den Wolken ohne Funkverbindung mit genau südlichem Kurs. Sein Geschwindigkeitsmesser zeigt $v = 300$ km/h an.
Nach genau 18 min Flugzeit reißt die Wolkendecke auf und er stellt fest, dass ihn in dieser Zeit ein Westwind um 15,0 km nach Osten abgetrieben hat.
a) Berechnen Sie die Geschwindigkeit, mit der sich das Flugzeug gegenüber der Erdoberfläche bewegt.
b) Berechnen Sie die in den 18 min zurückgelegte Weglänge auf der Erdoberfläche!
c) Ermitteln Sie den Kurs, den der Pilot hätte steuern müssen, um bei gleichem Wind über dem Boden genau nach Süden zu fliegen.

A20 ● Ein Indianer steht auf dem Dach eines Eisenbahnwaggons. Er schießt einen Pfeil entgegengesetzt zur Fahrtrichtung ab. Erläutern Sie, was ein außenstehender Beobachter sehen kann, wenn die Anfangsgeschwindigkeit des Pfeils **a)** größer, **b)** gleich, **c)** kleiner als die konstante Geschwindigkeit der Bahn ist.

A21 ○ Ein Vulkan schleudert Steine bis zu 2 km hoch. Bestimmen Sie die Geschwindigkeit, mit der die Steine (mindestens) den Krater verlassen.

A22 ○ Konstruieren Sie punktweise die Bahn eines waagerechten Wurfes mit $v_x = 5$ m/s, wählen Sie dabei $\Delta t = 0,2$ s.

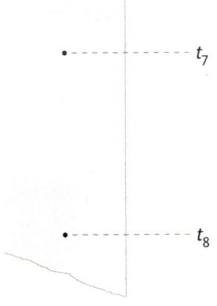

t_0
t_1

t_2

t_3

t_4

t_5

t_6

t_7

t_8

B1 Zu Aufgabe 14

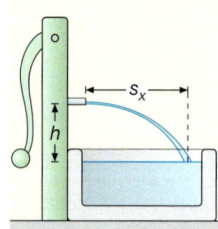

B1 Zu Aufgabe 23

A23 ◖ Der Wasserstrahl eines Brunnens tritt 60 cm über der Wasseroberfläche horizontal aus und trifft in der horizontalen Entfernung $s_x = 1,1\,\text{m}$ auf (→**B1**).
a) Berechnen Sie die Geschwindigkeit mit der der Strahl das Brunnenrohr verlässt.
b) Berechnen Sie auch die Geschwindigkeit in y-Richtung am Auftreffpunkt und ermitteln Sie mit beiden Werten für v die Geschwindigkeit in Bewegungsrichtung des Wassers beim Auftreffen.

A24 ◖ Ein Sprungbecken mit 10-m-Turm hat die Abmessungen von 18 m mal 18 m. Die 5 m lange und 10 m hohe Plattform ragt 3 m in das Becken hinein. Mit welcher waagerechten Geschwindigkeit müsste ein Turmspringer von der Plattform abspringen, wenn er den gegenüberliegenden Beckenrand erreichen soll? Beurteilen Sie, ob das Sprungbecken sicher ist.

A25 ● Ein Fußballer schießt einen ruhenden Ball mit 22 m/s im Winkel von 25° zur Horizontalen nach oben ab. Berechnen Sie den höchsten Punkt der Flugbahn und die Flugweite.

A26 ○ Berechnen Sie die Winkelgeschwindigkeit für den kleinen und großen Zeiger einer Armbanduhr.
Wie groß sind diese Werte für die entsprechenden Zeiger einer großen Turmuhr?

A27 ◖ Berechnen Sie die Bahngeschwindigkeit und Winkelgeschwindigkeit der Erde
a) für einen Ort am Äquator.
b) für Hannover.

A28 ◖ Ein trainierter Mensch übersteht ohne gesundheitliche Schäden länger anhaltende Beschleunigungen von höchstens 9-facher Fallbeschleunigung. Berechnen Sie den Radius, den der Pilot eines Düsenflugzeuges nicht unterschreiten darf, wenn es mit 2 700 km/h fliegt.

A29 ◖ Berechnen Sie die Zentripetalbeschleunigung, die der Mond auf seiner Erdumlaufbahn erfährt.

A30 ◖ In einer Zentrifuge drehen sich zwei identische Reagenzgläser um eine gemeinsame Achse im Abstand von jeweils 0,1 m. Bestimmen Sie die Zahl der Umdrehungen pro Sekunde, bei der die Zentripetalbeschleu-

nigung an der Aufhängung der Reagenzgläser das 300-fache der Fallbeschleunigung beträgt.

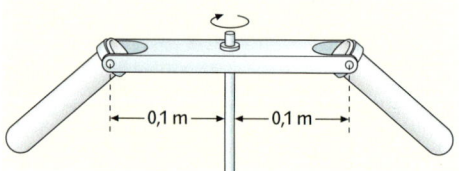

A31 ◖ Berechnen Sie die Zentripetalbeschleunigung am Äquator infolge der Drehung der Erde. Berechnen Sie die fiktive Länge eines Tages für den Fall, dass die Zentripetalbeschleunigung den gleichen Betrag hätte, wie die Fallbeschleunigung $g = 9,81\,\text{m/s}^2$. Beschreiben Sie mögliche Folgen.

A32 ● Die Schaumzikade ist der Hochsprungweltmeister schlechthin: Das nur 6 mm lange, halb so hohe und rund 12 Milligramm schwere Tierchen kann 70 cm hoch springen und katapultiert sich hierfür mit der 400-fachen Fallbeschleunigung in die Höhe! Astronauten müssen bei einem Raketenstart gerade einmal das Vierfache der Fallbeschleunigung überstehen.
a) Berechnen Sie, welche Höhe ein Mensch erreichen würde, wenn er relativ zu seiner Körpergröße so hoch springen könnte wie die Schaumzikade.
b) Die genannten Werte kann man nicht messen, man muss sie abschätzen. Überprüfen Sie die Werte, indem Sie entsprechend abschätzen: Wie groß muss die Absprunggeschwindigkeit der Schaumzikade sein, damit sie ohne Luftwiderstand 70 cm hoch springt?
c) Bestätigen Sie die Angabe zur Beschleunigung der Schaumzikade. Das Tierchen erreicht seine Absprunggeschwindigkeit innerhalb von einer Millisekunde.

B2 Schaumzikade

2 Ursache von Bewegungen

Warum ist die Fahrt im Karussell spaßig, aber bald schon unbequem?

Bobfahrer schieben ihren Bob an, ein Torwart lenkt den Ball am Tor vorbei, ein Wanderer hinterlässt einen Schuhabdruck im Schlamm, …

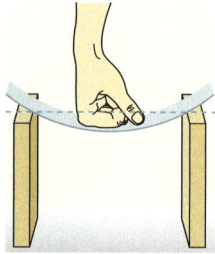

B1 Verformung

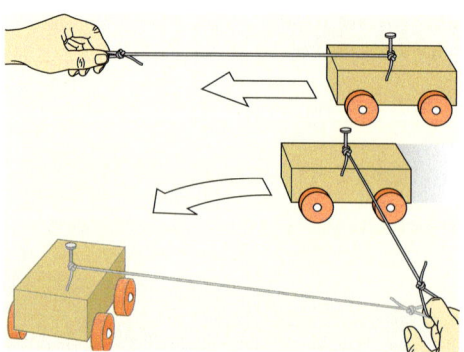

B4 Änderung der Geschwindigkeit: Der Betrag ändert sich (oben), die Richtung ändert sich (unten).

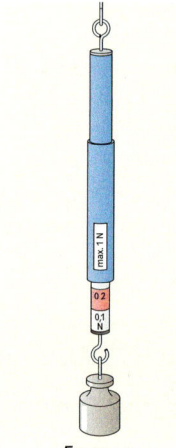

$F = m \cdot g$

B2

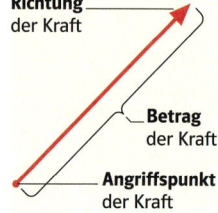

Richtung der Kraft

Betrag der Kraft

Angriffspunkt der Kraft

B3 Kräfte werden durch Vektoren dargestellt.

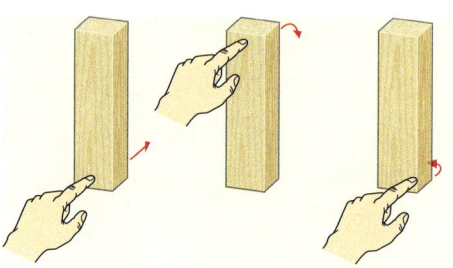

B5 Verschiedene Angriffspunkte der Kraft

Kraftwirkungen

Trifft ein Ball auf dem Boden auf, so wird er abgebremst und zusammengedrückt, dann nimmt er seine Form wieder an und beschleunigt in eine andere Richtung. Die Beobachtung, dass ein Körper seine Form oder seine Geschwindigkeit ändert, führt man auf das Wirken einer Kraft zurück.

Mit einem Normkraftmesser (→**B2**) kann die Krafteinheit 1 Newton (1 N) festgelegt werden.

Gewichtskraft

Auf jeden Körper mit der Masse m wirkt eine Gewichtskraft. Diese ist vom Ort abhängig. An einem festen Ort sind Gewichtskraft F_G und Masse proportional.

Der Proportionalitätsfaktor g ist der Ortsfaktor. Es ist: $F_G = m \cdot g$ mit $g = 9{,}81\,\text{N/kg}$

Kraft als Vektor

Die Wirkung einer Kraft hängt davon ab, wie groß ihr Betrag ist, in welche Richtung sie wirkt und wo sie am Körper angreift (→**B5**). Diese drei Eigenschaften werden durch einen Kraftvektor (→**B3**) erfasst.

Zwei Kräfte, die an einem Punkt angreifen, lassen sich mit der Parallelogrammregel zur Gesamt- bzw. Ersatzkraft addieren (→**B6**).

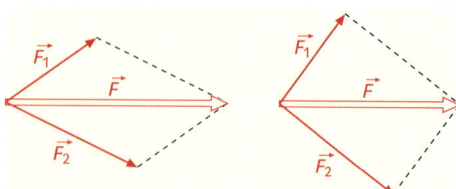

B6 Gesamtkraft F für verschiedene Winkel zwischen den Teilkräften F_1 und F_2

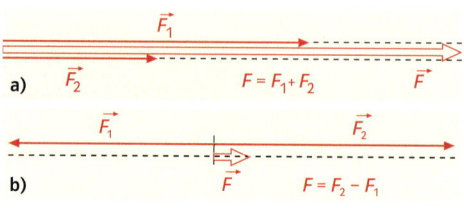

a) $F = F_1 + F_2$

b) $F = F_2 - F_1$

B7 Spezialfall parallele Kräfte: Kräfteaddition bei gleicher Richtung (a) und Kräftesubtraktion bei entgegengesetzter Richtung der Teilkräfte (b)

Fallen die Richtungen der Teilkräfte zusammen, so ist der Betrag der Gesamtkraft gleich der Summe der Beträge der Teilkräfte (→**B7a**). Bei entgegengesetzt gerichteten Kräften ist die Differenz der Beträge zu bilden. Die Richtung der Gesamtkraft stimmt in diesem Fall mit der Richtung der größeren Teilkraft überein (→**B7**b).

Kraftzerlegung

Eine Kraft lässt sich in vorgegebene Richtungen zerlegen. Dazu kehrt man die Konstruktion beim Zusammenwirken von Kräften um. **B8** zeigt die Kraftzerlegung am Tragseil einer Seilbahn: Die Gewichtskraft F_G der Gondel wird durch eine Kraft F kompensiert, welche die Teilkräfte in Richtung des Seils erzeugen.

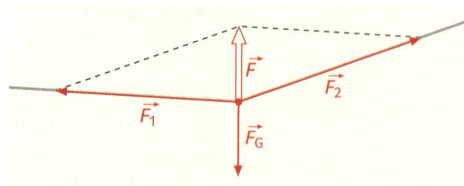

B8 Zerlegung der Kraft $\vec{F}$ in Teilkräfte $\vec{F_1}$ und $\vec{F_2}$

Kräfte können Körper verformen und deren Geschwindigkeit und Bewegungsrichtung verändern. Ihre Wirkung hängt von ihrem Betrag, ihrer Richtung und ihrem Angriffspunkt am Körper ab. Kräfte lassen sich durch Vektoren beschreiben.

Verformung durch Kräfte

Die Äste eines Baumes werden vom Wind gebogen. Der Tennisschläger wird durch den Schlag auf den Ball verbogen und die Bespannung eingebeult. Beide nehmen in der Regel nach der Verformung ihre ursprüngliche Gestalt wieder an. Man sagt, sie wurden von der Kraft **elastisch** verformt.

Wäre durch die Krafteinwirkung eine Verformung zurückgeblieben, so wären sie von der Kraft **plastisch** verformt worden.

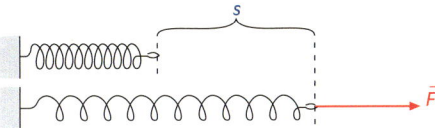

B3 Eine Feder wird elastisch gedehnt.

Mit einer Schraubenfeder lässt sich der Zusammenhang zwischen einer Dehnungskraft F und der Verlängerung s bei einer elastischen Verformung gut untersuchen (→B3). Es zeigt sich, dass die Kraft F und die Verlängerung s bei einer elastischen Verformung zueinander proportional sind:

$$F = D \cdot s \quad \text{(Hooke'sches Gesetz)}$$

Die Proportionalitätskonstante D heißt **Federkonstante**.

Kraft und Gegenkraft

Bei der Wechselwirkung zwischen zwei Körpern treten Kräfte immer paarweise als Kraft und Gegenkraft auf. Dabei wirkt die eine Kraft auf den einen Körper, die Gegenkraft wirkt auf den anderen Körper.

Beim Sprung über einen Graben beispielsweise übt der Fuß eine Kraft auf den Boden aus. Umgekehrt übt der Boden eine Gegenkraft auf den Fuß aus, die den Sprung erst ermöglicht.

Die Gegenkraft hat den gleichen Betrag wie die Kraft und ist ihr stets entgegen gerichtet (→B2). Die Erfahrung, dass eine Kraft nur ausgeübt werden kann, wenn eine gleich große Kraft zurückwirkt, beschreibt das **Wechselwirkungsgesetz**:
Wirkt ein Körper A auf einen Körper B mit der Kraft F_{AB}, so wirkt der Körper B auf A mit einer gleichen, aber entgegengesetzt gerichteten Gegenkraft F_{BA}.

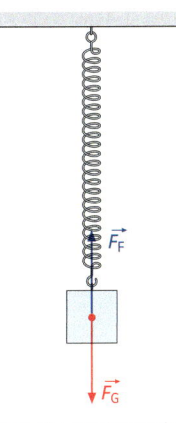

B1 Kräftegleichgewicht

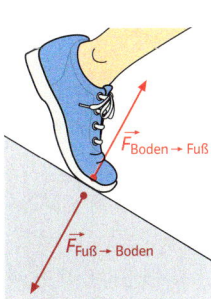

B2 Kraft und Gegenkraft beim Sprung über einen Graben

Beim Sprung über den Graben haben die wechselwirkenden Körper Fuß und Boden Kontakt miteinander. Kraft und Gegenkraft treten aber auch dann auf, wenn die wechselwirkenden Körper sich nicht berühren, wie es z. B. bei der Abstoßung zwischen zwei gleichnamigen Magnetpolen der Fall ist.

Kräftegleichgewicht

Hängt man einen Körper an eine Feder, so wird sie zunächst gedehnt, dann verbleibt der Körper in Ruhe. Auf den Körper wirken zwei Kräfte, die Gewichtskraft und die Federkraft (→B1). Da sich der Körper nicht bewegt, muss die Ersatzkraft von Gewichts- und Federkraft null sein: Die beiden Kräfte sind einander also entgegen gerichtet und haben den gleichen Betrag. Man bezeichnet diesen Zustand des Körpers als **Kräftegleichgewicht**.

Ein Wagen zwischen zwei Federn wird in die Richtung der größeren Kraft beschleunigt, bei gleichen Kraftbeträgen ruht er (→B4).

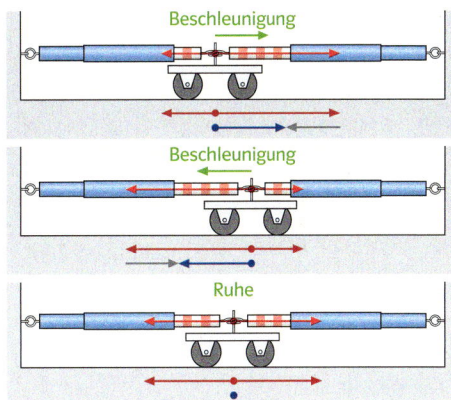

B4 Ersatzkraft und Beschleunigung

Bei einer elastischen Verformung sind Kraft F und Verlängerung s zueinander proportional (Hooke'sches Gesetz).
Bei der Wechselwirkung zweier Körper treten Kraft und Gegenkraft auf. Diese sind gleich groß, einander entgegengerichtet und greifen an verschiedenen Körpern an.
Beim Kräftegleichgewicht greifen an einem Körper mehrere Kräfte so an, dass sich ihre Wirkung aufhebt.

A1 ○ Erläutern Sie an einem Beispiel den Unterschied zwischen „Ersatzkraft gleich null" und „Kräfte auf Körper gleich null".

Leonhard Euler schrieb 1736: „*Denn es gibt keinen Grund, warum sich ein Körper eher in der einen Richtung bewegen soll als in der anderen ... Die Trägheit in irgendeinem Körper ist proportional zur Quantität der Materie, die der Körper enthält.*"

Trägheit und Masse

Bei Windstille kommen Zweige und Blätter der Bäume zur Ruhe. Eine rollende Kugel bleibt irgendwann liegen.

Diese Beobachtungen stimmen scheinbar mit einer These des griechischen Philosophen **Aristoteles** (384–322 v.Chr.) überein: Danach sollte Ruhe der natürliche Zustand aller irdischen Körper sein, Bewegung sollte stets eine Ursache haben.

Genauere Beobachtungen zeigen, dass die Bewegung eines rutschenden Körpers auf einer ebenen Unterlage umso länger anhält, je glatter sie ist.
Galileo Galilei (1564–1642) überlegte sich folgendes Gedankenexperiment (→**B3**):

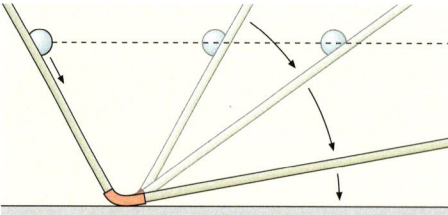

B3 Wie weit rollt die Kugel schließlich?

B1

In einer gebogenen Rinne rollt eine Kugel reibungsfrei hinab und steigt zur Ausgangshöhe zurück. Das gilt auch, wenn der zweite Teil der Rinne so geneigt ist, dass die Weglänge bis zum Erreichen der Ausgangshöhe länger ist. Ist der Steigungswinkel des zweiten Stückes null, sodass die Kugel horizontal in der Rinne weiter rollt, dann müsste ihre Bewegung „unaufhörlich sein".

Isaac Newton (1643–1727) griff diese Vorstellung auf und formulierte: Alle Körper zeigen Trägheit. Ohne äußere Einwirkung verharren sie infolge ihrer Trägheit im Zustand der Ruhe oder der gleichförmig geradlinigen Bewegung.

Diese Festlegung wird als **Trägheitsgesetz** bezeichnet. Körper zeigen eine umso größere Trägheit, je größer ihre Masse ist. Unter gleichen Bedingungen fällt es schwerer, den Körper mit der größeren Masse aus der Ruhe zu beschleunigen oder aus der Bewegung abzubremsen.

B2

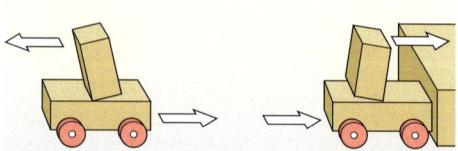

B4 Beschleunigen und Abbremsen eines beladenen Wagens

Inertialsysteme

Alle Aussagen über den Bewegungszustand eines Körpers erfordern ein Bezugssystem: Der Fahrgast im Bus muss sich nicht festhalten, solange der Bus auf der Straße gleichförmig fährt. Bezogen auf den Bus ruht der Fahrgast. Für einen äußeren Beobachter ist der Bus ein Bezugssystem, das sich mit konstanter Geschwindigkeit bewegt.

Bremst oder beschleunigt der Bus, so fällt der Fahrgast nach vorne oder nach hinten, wie es der Versuch in **B4** zeigt. Das Trägheitsgesetz scheint für einen Beobachter im Bus nicht zu gelten, denn die Bewegung des Fahrgastes im Bus ändert sich ohne erkennbare äußere Einwirkung. Fährt der Bus durch eine Kurve, so ergibt sich eine ähnliche Situation.

Deshalb hebt man die Bezugssysteme, in denen das Trägheitsgesetz gilt, hervor. Man bezeichnet sie als **Inertialsysteme**. Beschleunigte Bezugssysteme wie anfahrende Busse oder Züge sind keine Inertialsysteme.

Trägheit ist die Eigenschaft eines Körpers, ohne äußere Einwirkung im Zustand der Ruhe oder der gleichförmig geradlinigen Bewegung zu verharren. Je größer die Masse eines Körpers, desto größer seine Trägheit.

A1 ○ Auf einem Trinkglas liegt eine Spielkarte und darauf ein Geldstück. Nun schlägt man die Karte mit dem Finger seitlich weg (→**B1**). Beschreiben Sie, was passiert, und erklären Sie den Vorgang.

A2 ○ Geben Sie an, ob sich der Junge in **B2** in einem Inertialsystem bewegt. Begründen Sie Ihre Antwort.

Kräfte beschleunigen Körper

Aufgabe: Um an einem Körper eine Bewegungsänderung hervorzurufen, muss eine Kraft auf ihn wirken. Wie hängen Kraft, Masse und Beschleunigung des Körpers zusammen?

Material: Luftkissenbahn, Haltevorrichtung, Zeitmessgerät, Gleiter (m_{Gl} = 100 g), 6 Wägestücke m = 1 g, 2 Wägestücke m = 100 g, Lichtschranke, Maßstab

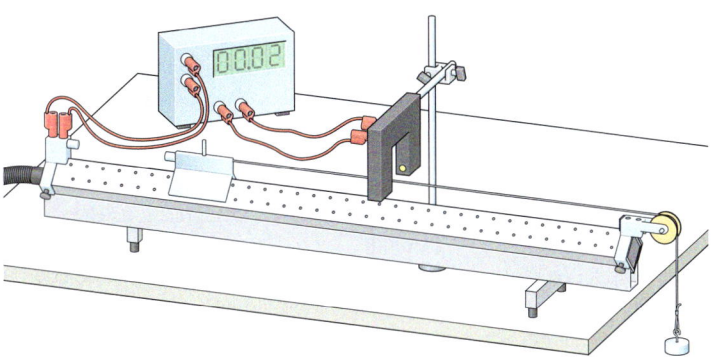

B1 Versuchsaufbau

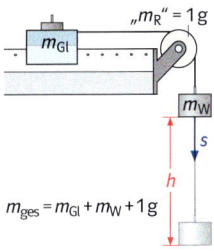

B2

Durchführung: Der Gleiter einer Luftkissenbahn ist durch einen Faden, der über eine Umlenkrolle läuft, mit einem Wägestück verbunden. Im Abstand s wird die Lichtschranke an der Bahn angebracht. Bei Freigabe des Gleiters sinkt das Wägestück herab und setzt den Gleiter durch seine Gewichtskraft $F_{An} = m_W \cdot g$ in Bewegung (→B1). Gleichzeitig startet die Zeitmessung. Hat der Gleiter die Lichtschranke erreicht, stoppt die Zeitmessung. Aus der Zeit, die der Gleiter benötigt, um die Weglänge Δs zurückzulegen, kann nach dem Zeit-Ort-Gesetz der beschleunigten Bewegung ein Wert für a berechnet werden.

a) Der Versuch wird für verschiedene Antriebskräfte F_{An} durchgeführt. Dazu erhöht man in jedem Durchgang die Anzahl der Wägestücke am Faden, also die Masse m_W.

Da in der Anordnung nicht nur der Gleiter, sondern auch die Wägestücke selbst beschleunigt werden, setzt sich die gesamte zu beschleunigende Masse m_{ges} aus den Massen des Gleiters m_{Gl} und der herabsinkenden Wägestücke m_W zusammen (da $m_W \ll m_{Gl}$, nimmt man zur Auswertung der Versuchsreihe an, dass m_{ges} = konstant).

Außerdem muss die Umlenkrolle in Bewegung gesetzt bzw. beschleunigt werden. Dies berücksichtigt man, indem man die Gesamtmasse in der Berechnung um 1 g erhöht (→B2):

$$m_{ges} = m_{Gl} + m_W + 1\,g$$

Die Tabelle zeigt für verschiedene Antriebskräfte F_{An} die Messwerte für die Zeitspanne Δt, die ein Gleiter benötigt, um eine Weglänge von Δs = 0,5 m zurückzulegen.

m_W in g	1	2	3	4	5	6
F_{An} in mN	9,81	19,6	29,4	39,2	49,1	58,9
Δt in s	3,20	2,29	1,89	1,64	1,47	1,35
m_{ges} in g	102	103	104	105	106	107

b) In einem zweiten Versuch wird die zu beschleunigende Masse variiert. Dazu legt man zusätzliche Wägestücke der Masse m = 100 g auf den Gleiter, lässt aber die Antriebskraft unverändert bei F_{An} = 49,1 mN (m_W = 5 g). Wieder wird die Zeitspanne gemessen, die der Gleiter benötigt, um Δs = 0,5 m zurückzulegen:

F_{An} in mN	49,1	49,1	49,1
m_{ges} in kg	106	206	306
Δt in s	1,63	2,28	2,78

Auswertung: Aus den Messwerten wird nun jeweils die Beschleunigung nach $a = 2s/t^2$ berechnet. Dann untersucht man die Zusammenhänge zwischen beschleunigender Kraft F_{An} und Beschleunigung a sowie zwischen der Masse des beschleunigten Körpers m_{ges} und der Größe a (→B3).

Aus Versuch a) schließt man, dass die Beschleunigung a bei konstanter Masse proportional zur beschleunigenden Kraft F ist. Die Ergebnisse aus Versuch b) zeigen, dass die Beschleunigung bei konstanter beschleunigender Kraft umgekehrt proportional zur Masse ist. Ein Vergleich von erster und letzter Zeile der Tabelle zeigt, dass der Quotient F/a etwa denselben Wert hat wie die beschleunigte Masse. Man kann also schließen, dass gilt:
$$F \sim m \cdot a$$

m_{ges} in g	102	103	104	105	106	107	206	306
F_{An} in mN	9,81	19,6	29,4	39,2	49,1	58,9	49,1	49,1
a in m/s²	0,0976	0,191	0,280	0,372	0,463	0,549	0,236	0,160
F_{An}/a in g	100,5	102,6	105,0	105,4	106,0	107,3	208,0	306,9

B3

2.3 Kraft, Masse, Beschleunigung

„Alle Schwierigkeit der Physik besteht nämlich dem Anschein nach darin, aus den Erscheinungen der Bewegung die Kräfte der Natur zu erforschen und hierauf durch diese Kräfte die übrigen Erscheinungen zu klären …" Isaac Newton

B1 Auch im schwerelosen Zustand gilt: Zur Beschleunigung sind Kräfte erforderlich.

Grundgleichung der Mechanik

Da Körper träge sind, ändern sie ihre Geschwindigkeit nicht von selbst. Erst Kräfte lassen einen Körper schneller oder langsamer werden oder ändern seine Bewegungsrichtung.

Übt ein Antriebskörper eine Kraft auf den Gleiter einer Luftkissenbahn aus, so verleiht er ihm eine konstante Beschleunigung. Alternativ zum beschriebenen Experiment (→S. 47) kann die Beschleunigung auch aus t-v-Diagrammen ermittelt werden (→B2 oben).

Wird statt der Zugkraft die bewegte Masse variiert, ergeben sich ähnliche t-v-Diagramme, aus denen wiederum die Beschleunigung bestimmt werden kann (→B2 unten).

Die Versuche zeigen:

1 Bei konstanter Masse ist die Beschleunigung proportional zur Antriebskraft.

Es gilt: $a \sim F$

2 Bei konstanter Kraft ist die Beschleunigung umgekehrt proportional zur Masse.

Es gilt: $a \sim \frac{1}{m}$

Insgesamt gilt bei konstanter Masse und konstanter Kraft:

$$a \sim \frac{F}{m}$$

Mathematisch ergibt sich daraus mit k als Konstante: $a = k \cdot \frac{F}{m}$
Die Überprüfung durch Messung liefert z.B. für $F = 1\,\text{N}$ und $m = 1\,\text{kg}$ eine Beschleunigung $a = 1\,\text{m/s}^2$. k hat also den Betrag 1.

Die Kraft F ist gleich dem Produkt aus der Masse des beschleunigten Körpers und seiner Beschleunigung:

$$F = m \cdot a \quad \text{bzw.} \quad \vec{F} = m \cdot \vec{a}$$

Dieses Gesetz heißt **Grundgleichung der Mechanik.**
Auf dieser Beziehung beruht die gesetzliche Definition der Krafteinheit 1 Newton:

$$1\,\text{N} = 1\,\text{kg} \cdot \text{m/s}^2$$

Die über die Beschleunigung eines Körpers definierte Krafteinheit 1 N hat denselben Wert wie die bisher durch Dehnung einer Normfeder erzeugte Kraft von 1 N.

Kraft beim freien Fall

Auf einen fallenden Körper wirkt nach der Grundgleichung der Mechanik die Kraft $F = m \cdot g$ mit der Fallbeschleunigung $g = 9{,}81\,\text{m/s}^2$. Diese Kraft ist die Gewichtskraft F_G. Als Ortsfaktor hat g den Wert 9,81 N/kg. Die Krafteinheit wurde so festgelegt, dass die Einheiten von Ortsfaktor und Fallbeschleunigung übereinstimmen:

$$\frac{1\,\text{N}}{1\,\text{kg}} = \frac{1\,\text{kg} \cdot \text{m}}{1\,\text{kg} \cdot \text{s}^2} = 1\,\frac{\text{m}}{\text{s}^2}$$

Grundgleichung der Mechanik: Die Kraft F, die einem Körper die Beschleunigung a erteilt, ist gleich dem Produkt aus der Masse des Körpers m und der Beschleunigung: $F = m \cdot a$

A1 ⊖ „Von 0 auf 100 km/h in 9,8 s." Berechnen Sie aus dieser Angabe in einem Prospekt die auf den Pkw wirkende Kraft ($m_\text{Pkw} = 1500\,\text{kg}$).

A2 ⊖ Beschreiben Sie zwei unterschiedliche Experimente, durch die sich mit Hilfe eines 1-kg-Wägestücks der Ortsfaktor eines fremden Planeten bestimmen lässt.

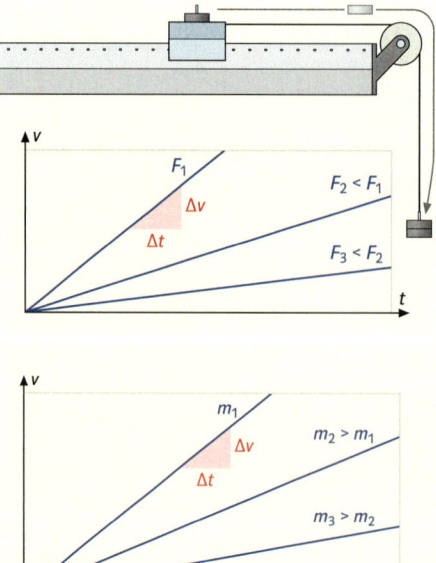

B2 t-v-Diagramme für unterschiedliche Kräfte (oben) und unterschiedliche Massen (unten)

Physikalische Formeln verstehen

Es werden drei Gruppen gebildet. Aus jeder Gruppe bearbeiten zwei bis vier Schüler je eine der drei Aufgaben. Danach kommen alle Gruppenmitglieder zusammen, stellen ihrer Gruppe die bearbeitete Aufgabe vor und diskutieren die Ereignisse. Jede Gruppe veröffentlicht ihre Ergebnisse in Form eines Plakats.

In nebenstehenden Aufgaben wird die Grundgleichung der Mechanik mit einem Diagramm in Verbindung gebracht und bei einer Rechnung und einer Anwendung benutzt.

AUFGABE I

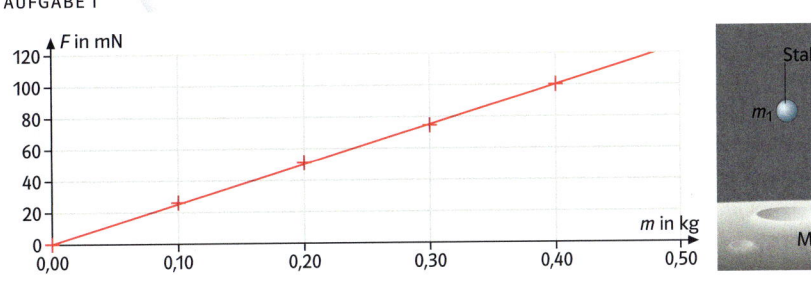

1 Erklären Sie den im Diagramm gezeigten Zusammenhang mit der Grundgleichung der Mechanik.

2 Ermitteln Sie die fehlende Größe und ein weiteres, nicht im Diagramm ablesbares Wertepaar.

3 Die in der Zeichnung dargestellte Situation führt zu einer Bewegung. Beschreiben Sie sie und begründen Sie mit der Grundgleichung der Mechanik.

AUFGABE II

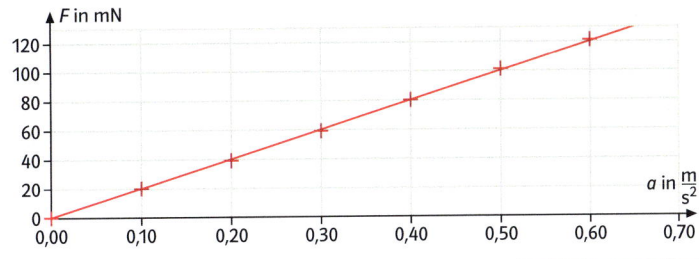
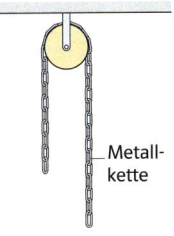

1 Erklären Sie den im Diagramm gezeigten Zusammenhang mit der Grundgleichung der Mechanik.

2 Ermitteln Sie die fehlende Größe und ein weiteres, nicht im Diagramm ablesbares Wertepaar.

3 Die in der Zeichnung dargestellte Situation führt zu einer Bewegung. Beschreiben Sie sie und begründen Sie mit der Grundgleichung der Mechanik.

AUFGABE III

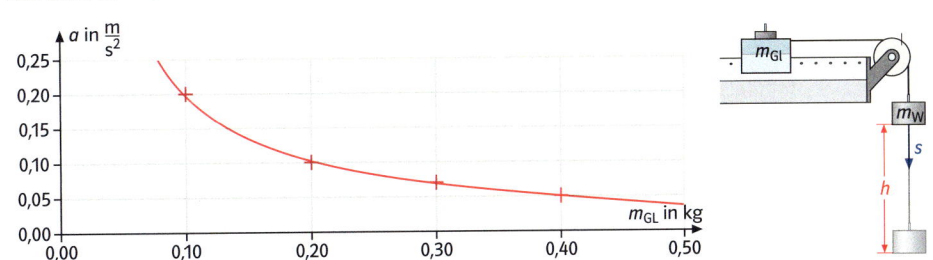

1 Erklären Sie den im Diagramm gezeigten Zusammenhang mit der Grundgleichung der Mechanik.

2 Ermitteln Sie die fehlende Größe und ein weiteres, nicht im Diagramm ablesbares Wertepaar.

3 Die in der Zeichnung dargestellte Situation führt zu einer Bewegung. Beschreiben Sie sie und begründen Sie mit der Grundgleichung der Mechanik.

Die Newton'schen Axiome

Warum fällt ein Stein zu Boden? Die Frage mit „warum" bedeutet eine Frage nach den Ursachen. Die Vorstellung, dass jede Wirkung auf einer Ursache beruht, heißt **Kausalitätsprinzip**.

Aristoteles (384 – 322 v.Chr.) sah das Verhalten des Steines in einem übergreifenden Ordnungsprinzip begründet. Danach hat alles seinen natürlichen Platz in der Welt, für schwere Körper ist dies der Erdboden. Der Stein fällt also deswegen, weil er seinem natürlichen Ort zustrebt.

Für **Galileo Galilei** (1564 – 1642) waren Feststellungen über Ruhe oder gleichförmige Bewegung vom Bezugssystem abhängig. Bewegung erforderte keine Ursache.

Isaac Newton (1643 – 1727) sah nicht Zweck oder Ziel als Ursache von Bewegungen. Bewegung und Ruhe gehören zu den Merkmalen von Körpern. Newton formulierte 1687 in „Principia" für die Mechanik drei Axiome (Grundsätze), von denen er glaubte, dass sich aus ihnen der Ablauf aller Bewegungen berechnen ließe.

1. Axiom: *Jeder Körper beharrt in seinem Zustand der Ruhe oder der gleichförmigen geradlinigen Bewegung, wenn er nicht durch einwirkende Kräfte gezwungen wird, seinen Zustand zu ändern.* (**Trägheitssatz**)

Er nannte diese Eigenschaft Trägheit. Die Trägheit eines Körpers hängt von seiner Masse m ab. Bewegungsänderungen, d.h. Beschleunigung, sind die Folge von Wechselwirkungen zwischen Körpern. Die Wechselwirkungen werden durch Kräfte beschrieben.

2. Axiom: *Die Änderung der Bewegung ist der Einwirkung der bewegenden Kraft proportional und geschieht nach der Richtung derjenigen geraden Linie, nach welcher jene Kraft wirkt.*

In heutiger Formulierung heißt dies: Die Beschleunigung ist bei konstanter Masse proportional zum Betrag der wirkenden Kraft und erfolgt in ihre Richtung. Es gilt $\vec{F} = m \cdot \vec{a}$ (**Grundgleichung der Mechanik**).

Nach Newton beruhen Kräfte auf Wechselwirkungen zwischen Körpern, d.h., immer wenn man an einem Körper die Wirkung einer Kraft (z.B. eine Beschleunigung) beobachtet,

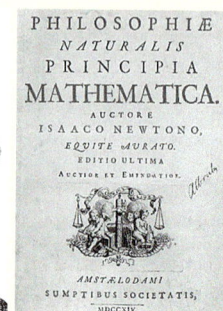

Isaac Newton (1643 – 1727)

muss der zweite Körper vorhanden sein. Dabei gilt das

3. Axiom: *Die Wirkung ist stets der Gegenwirkung gleich, oder die Wirkung zweier Körper auf einander sind stets gleich und von entgegengesetzter Richtung.* (**actio = reactio**)

Das heißt: Wenn ein Körper A auf einen Körper B die Kraft $\vec{F}_A$ ausübt, so übt B auf A die Kraft $\vec{F}_B = -\vec{F}_A$ aus.

Actio und reactio oder Kraft und Gegenkraft im 3. Axiom greifen an zwei verschiedenen Körpern an, können also nicht zu einer Gesamtkraft zusammengefasst werden.
Wir betrachten einen am Baum hängenden Apfel. An der Verformung des Zweiges erkennen wir, dass auf ihn eine Kraft nach unten wirkt, die Gewichtskraft des Apfels. Nach Newton übt der Zweig nach oben eine Kraft auf den Apfel aus. Sie ist genauso groß wie die Kraft auf den Zweig, d.h. gleich der Gewichtskraft des Apfels. Auf den Apfel wirken damit zwei Kräfte: Gewichtskraft und Reaktionskraft. Beide zusammen bewirken ein Kräftegleichgewicht und der Apfel bleibt in Ruhe. Die Gewichtskraft selbst beruht auf der Wechselwirkung mit der Erde.

Ein Axiom ist eine nicht weiter beweisbare Aussage. Mehrere Axiome dürfen sich nicht widersprechen.

A1 ○ Sie beobachten, wie ein Auto beschleunigt. Erklären Sie den Vorgang unter Anwendung der Newton'schen Axiome.

A2 ◐ Zeigen Sie, dass das zweite Axiom das erste enthält.

Eine Knautschzone hilft Leben retten

Immer mehr Menschen legen bei der Wahl ihres neuen Autos Wert auf Sicherheit. Ein Schwerpunkt der Entwicklung ist das Zusammenwirken von Knautschzone, Sicherheitsgurt und Airbag. Die Bildserie eines Crashtests zeigt die Stabilität des Fahrgastraums (→**B1**). Der vordere Teil des Wagens ist dagegen beim Stillstand des Wagens auf einen Bruchteil zusammengeschoben. Von der ersten Berührung des Hindernisses bis zum Stillstand des Fahrzeugs dauert es nur 100 ms. Bereits nach 50 ms hat sich der Airbag vollständig entfaltet. Dabei entspricht die Strecke, die der Fahrgastraum bei einem solchen Unfall zurücklegt, der Verformung im Frontbereich des Wagens.

A1 ○ Ermitteln Sie, welchen Weg der Fahrgastraum in beiden Phasen des Aufpralls zurücklegt. Verwenden Sie dazu den aufgeklebten Maßstab (ein Segment des Maßstabs entspricht 10 cm) und bestimmen Sie die Strecke, die der Rückspiegel vom rechten Bildrand aus jeweils zurücklegt.

B1 Aufprall auf ein festes Hindernis von der ersten Berührung bis zum Stillstand

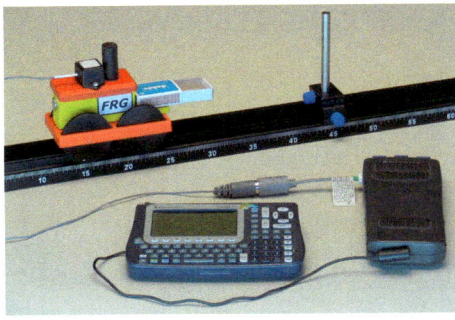

B2 Crashversuch im Physikraum

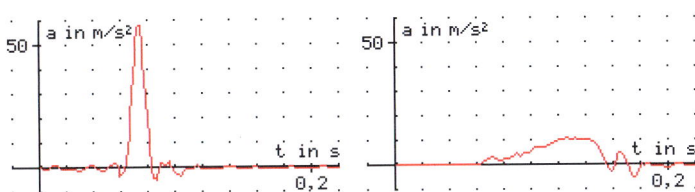

B3 Verzögerung bei a) eingeschobenem und b) herausgezogenem Schubfach

A2 ○ Bestätigen Sie, dass
- die durchschnittliche Geschwindigkeit des Fahrgastraums in den beiden Phasen etwa 14 m/s bzw. 5 m/s beträgt und
- die durchschnittliche Verzögerung a des Fahrzeugs etwa 180 m/s² beträgt.

A3 ◒ Nach einer europäischen Norm soll das Fahrzeug mit einer Geschwindigkeit von 64 km/h aufprallen. Weisen Sie nach, dass die Bedingung bei diesem Test erfüllt ist.

Können die Insassen einen Aufprall unter solchen Bedingungen überleben? Beträgt z.B. ihre Masse $m = 70\,kg$, so wirkt auf sie die mittlere Kraft F von $F = 70\,kg \cdot 180\,m/s^2 \approx 13\,kN$.

Die Abschätzung zeigt, dass es unmöglich ist, die auftretende Kraft mit Armen und Beinen abzufangen.

A4 ○ Die Wirklichkeit wird durch diese Rechnung nur unzureichend erfasst. Beschaffen Sie sich Informationen
- über die Verzögerung des Kopfes bei einer Kollision und
- über die Wirkung von Sicherheitsgurt und Airbag.

Mit einem Fahrbahnexperiment lässt sich die Wirkung einer Knautschzone nachweisen. Eine Streichholzschachtel als Verformungselement wird auf einen Wagen aufgeklebt. Zusätzlich wird ein Beschleunigungssensor montiert. Der Wagen rollt gegen ein festes Hindernis (→**B2**).
Die Aufzeichnung der Verzögerung aus konstanter Geschwindigkeit in Diagramm **B3** zeigt: Je größer der Verformungsweg, desto kleiner ist die Verzögerung des Wagens.

A5 ◒ Das fallende Hühnerei: Entwickeln und bauen Sie eine Verpackung für ein Hühnerei, die dieses beim Fall aus großer Höhe vor dem Zerbrechen schützt. Dabei dürfen beliebige Materialien benutzt werden (Schaumstoff, Pappe, …). Die Anordnung wird getestet durch einen Fall aus 2 m Höhe auf eine abgedeckte Rasenfläche, durch einen Fall aus 5 m Höhe auf eine abgedeckte Rasenfläche, durch einen Fall aus 5 m Höhe auf eine Steinfläche.

Anmerkung: Die Abmessungen der Anordnung dürfen 0,4 m nicht übersteigen. Fallschirmkonstruktionen sind nicht zugelassen.

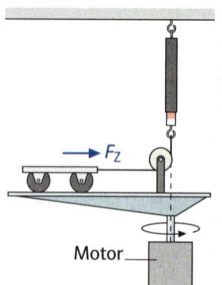

B1 Zentralkraftgerät

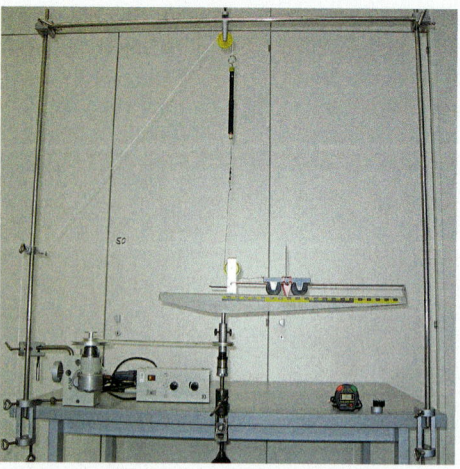

B2 Versuchsaufbau

Untersuchung von Kreisbewegungen

(z.B. 10) Umdrehungen zu messen und die Umlaufdauer dann nach $T = t/10$ zu ermitteln.

Die Versuche liefern z.B. folgende Messwerte:

Versuch a) $m = 0,1\,kg$, $T = 0,5\,s$			
r in m	0,1	0,2	0,3	0,4
F in N	1,5	3,1	4,4	6,1
Versuch b) $r = 0,2\,m$, $T = 0,5\,s$			
m in kg	0,10	0,15	0,20	0,25
F in N	3,2	4,7	6,4	8,1
Versuch c) $r = 0,2\,m$, $m = 0,1\,kg$			
T in s	1,0	0,8	0,6	0,5
F in N	0,7	1,1	2,1	3,0

Aufgabe: In diesem Experiment soll untersucht werden, welche Größen bei der Kreis-bewegung eines Körpers Einfluss nehmen.

Material: Zentralkraftgerät, Elektromotor, Kraftmesser, 3 Wägestücke ($m = 50\,g$), Stoppuhr

Versuchsaufbau und Durchführung: Das Zentralkraftgerät (→B1) besteht aus einer Schiene, auf der sich ein Wagen annähernd reibungsfrei bewegen kann. An der Schiene ist ein Maßstab angebracht. Sie sitzt auf einer Achse und lässt sich durch einen Elektromotor mit variabler Drehzahl in Rotation versetzen. Der Wagen ist über einen Faden mit einem Kraftmesser verbunden.

Beginnt die Schiene zu rotieren, kann am Kraftmesser die Kraft abgelesen werden, die benötigt wird, um den Wagen bei einer Umlaufdauer T auf einer Kreisbahn mit dem Radius r zu halten. Durch Auflegen von Wägestücken auf den Wagen wird die Masse des rotierenden Körpers variiert.
Man misst die auf den Wagen wirkende Kraft F in Abhängigkeit von der Umlaufdauer T, der Masse m und dem Abstand r des Wagens von der Drehachse. Um den Einfluss jeder einzelnen Größe zu untersuchen, werden mehrere Versuche durchgeführt, wobei nur eine Größe variiert, die beiden anderen jeweils konstant gehalten werden.

Hinweis: Soll die Umlaufdauer T des Wagens mit Hilfe der Stoppuhr bestimmt werden, empfiehlt es sich, die Zeit t für mehrere

Auswertung: Versuch a) zeigt, dass die Kraft auf den rotierenden Körper proportional zu seinem Abstand von der Drehachse ist: $F \sim r$

Aus Versuch b) ergibt sich eine Proportionalität zwischen der Kraft und der Masse des rotierenden Körpers: $F \sim m$

Versuch c) zeigt, dass die Kraft zunimmt, wenn die Umlaufdauer T kleiner wird. Die Größen sind aber nicht antiproportional. Vergleicht man jedoch T^2 mit F, dann erhält man einen antiproportionalen Zusammenhang.
Nun betrachtet man anstelle der Umlaufdauer T die Winkelgeschwindigkeit ω, für die gilt: $\omega = 2\pi/T$. Man erhält nach dem Quadrieren:

ω^2 in s^{-1}	39,7	62,4	110,3	158,8
F in N	0,7	1,1	2,1	3,0
F/ω^2	0,018	0,018	0,019	0,019

Die dritte Tabellenzeile zeigt: $F \sim \omega^2$

Die Ergebnisse des Versuches lassen sich zu folgendem Ausdruck zusammenfassen:

$$F \sim m \cdot \omega^2 \cdot r$$

Durch Einsetzen der Werte erhält man:

$$F = m \cdot \omega^2 \cdot r$$

A1 ◔ In der Versuchsanleitung wird empfohlen, bei Messung der Umlaufdauer T großen Wert auf Genauigkeit zu legen. Begründen Sie diese Empfehlung.

2.4 Kräfte bei der Kreisbewegung

Eine Hammerwerferin dreht sich um die eigene Achse und bringt so das Wurfgerät auf eine hohe Geschwindigkeit. Lässt sie los, fliegt der Hammer geradlinig weiter.

B1

Bahnkurve und Kraft

Aufgrund der Trägheit ändern Körper ihren Bewegungszustand nur, wenn eine Kraft auf sie wirkt. Eine geradlinig rollende Stahlkugel verändert daher ihre Richtung, wenn man einen Magnet in ihre Nähe bringt (→B2).

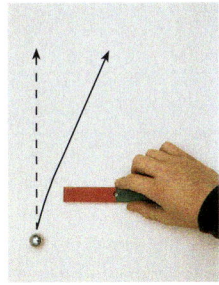

B2 Magnet und Kugel

Gemäß $\vec{F} = m \cdot \vec{a}$ haben Kraft und Beschleunigung stets die gleiche Richtung. Wenn eine Kraft auf einen bewegten Körper wirkt, lassen sich drei Fälle unterscheiden (→B3):

1 $\vec{F} \parallel \vec{v}$: Es ändert sich nur der Betrag der Geschwindigkeit $\vec{v}$.

2 $\vec{F} \perp \vec{v}$: Es ändert sich nur die Richtung der Geschwindigkeit $\vec{v}$.

3 $\vec{F}$ und $\vec{v}$ bilden einen Winkel zwischen 0° und 90°: Die Kraft $\vec{F}$ lässt sich in Komponenten parallel und senkrecht zu v zerlegen.

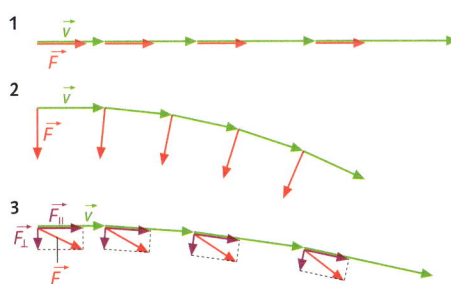

B3 Drei mögliche Fälle für die Richtungen von Kraft und Geschwindigkeit

Die parallele Komponente $\vec{F_\parallel}$ bewirkt eine Betragsänderung, die senkrechte Komponente $\vec{F_\perp}$ eine Richtungsänderung der Geschwindigkeit.

Um den rotierenden Hammer auf der Kreisbahn zu halten, muss die Hammerwerferin eine Kraft auf das Sportgerät ausüben, damit es an jedem Punkt der Bahn zum Mittelpunkt beschleunigt wird (→B1). Diese Kraft ist ebenfalls zum Kreismittelpunkt hin gerichtet. Sie wird als **Zentripetalkraft** F_Z bezeichnet.

Die Grundgleichung der Mechanik gibt einen Zusammenhang zwischen der Zentripetalkraft F_Z und der Zentripetalbeschleunigung a_Z an. Demnach ist:

$$F_Z = m \cdot a_Z = m \cdot \omega^2 \cdot r = m \cdot \frac{v^2}{r} \quad (\text{mit } v = \omega \cdot r)$$

Messungen bestätigen diesen Zusammenhang, sie zeigen:

$F_Z \sim m$ bei konstantem r, ω
$F_Z \sim r$ bei konstantem ω, m
$F_Z \sim \omega^2$ bei konstantem r, m

Mit der Formel für F_Z ergibt sich nach Division durch m für die Zentripetalbeschleunigung

$$a_Z = \omega^2 \cdot r = \frac{v^2}{r}$$

Eine Kreisbewegung entsteht durch die zum Mittelpunkt gerichtete Zentripetalkraft. Sie erteilt dem Körper eine Zentripetalbeschleunigung senkrecht zur Bahngeschwindigkeit. Der Betrag der Zentripetalkraft hängt vom Radius der Kreisbahn und von der Bahn- bzw. Winkelgeschwindigkeit der Kreisbewegung ab.

A1 ⊖ Der Jupitermond Kallisto umrundet den Planeten in 16 Tagen und 17 Stunden auf einer Kreisbahn mit dem Radius $r = 1,88 \cdot 10^6$ m. Berechnen Sie die Zentripetalbeschleunigung.

A2 ⊖ Für die Zentripetalbeschleunigung a gelten zwei Gleichungen:

$$a = \frac{v^2}{r} \text{ sowie } a = \omega^2 \cdot r.$$

Aus der ersten Beziehung folgt eine Antiproportionalität zum Bahnradius und aus der zweiten folgt eine Proportionalität. Klären Sie diesen scheinbaren Widerspruch.

Einsatz von Apps zur Messung physikalischer Größen

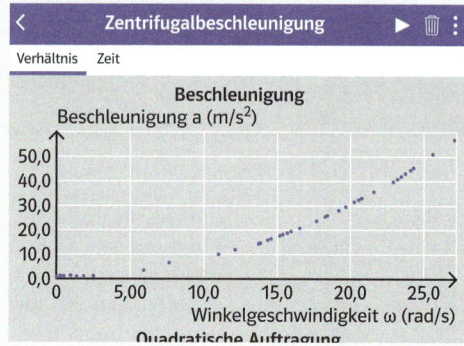

In modernen Smartphones sind – je nach Modell – diverse Sensoren verbaut, die die Funktionalitäten des Gerätes unterstützen. Der Wechsel der Bildschirmausrichtung beim Drehen des Gerätes wird z. B. durch Beschleunigungssensoren gesteuert, ein Helligkeitssensor passt die Displaybeleuchtung den Lichtverhältnissen der Umgebung an, ein Näherungssensor schaltet die Berührungssteuerung ab, sobald man das Gerät zum Telefonieren ans Ohr führt.

B1

Mit Hilfe verschiedener Apps lassen sich die auf dem Smartphone vorhandenen Sensoren anzeigen und ihre Messwerte auslesen. Darüber hinaus gibt es Anwendungen, die die Messwerte und Parameter verschiedener Sensoren verknüpfen und daraus weitere Größen ableiten (z. B. phyphox). Damit wird es möglich, das Smartphone für physikalische Experimente zu nutzen. Das folgende Beispiel soll die Vorgehensweise demonstrieren.

Hinweis:
Während für Außenstehende die Zentripetalbeschleunigung nach innen wirkt, erfahren Beobachter im rotierenden System eine Zentrifugalbeschleunigung nach außen. Die Bezeichnung hängt vom Bezugssystem ab (siehe S. 56).

Aufgabe: Untersuchung der Abhängigkeit der Zentrifugalbeschleunigung von der Winkelgeschwindigkeit bei einer Kreisbewegung

Material: Smartphone mit entsprechender App, drehbarer Gegenstand (Drehstuhl, Salatschleuder, etc.), Klebeband oder Schnüre zur Befestigung des Smartphones (**Achtung:** Das Smartphone ist Teil der Versuchsanordnung, bei der Durchführung ist darauf zu achten, dass das Gerät nicht beschädigt wird.)

Versuchsaufbau und Durchführung: Auf dem Smartphone wird zunächst die App aufgerufen und das entsprechende Experiment ausgewählt (→B2).
Es empfiehlt sich, die Anleitung für das Experiment (sofern vorhanden) zu lesen und entsprechend vorzugehen.

Im Beispiel muss zunächst das Smartphone an einem Drehstuhl befestigt werden, alternativ legt man es in eine ausgepolsterte Salatschleuder (→B1). Anschließend kann man das Experiment starten.

Durch Drücken des Pfeilsymbols beginnt die Aufnahme der Messwerte, anschließend muss man das Smartphone in Drehung versetzen. Erfolgt die Messung über etwa eine halbe Minute bei verschiedenen Drehgeschwindigkeiten, ergibt sich das Diagramm in **B3**:

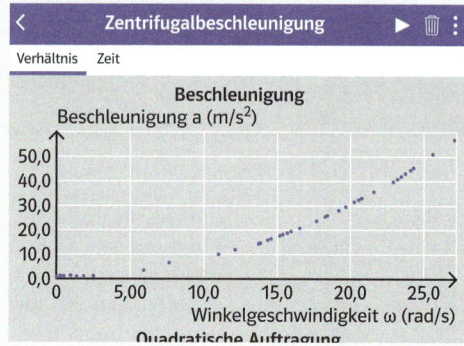

B3

Ermöglicht die App den Export der aufgenommenen Daten, lassen sich die Ergebnisse weiter auswerten und in anderen Programmen darstellen. Manchmal bietet die App selbst weitere Darstellungsmöglichkeiten, im Beispiel die Auftragung der Beschleunigung über dem Quadrat der Winkelgeschwindigkeit (→B4).

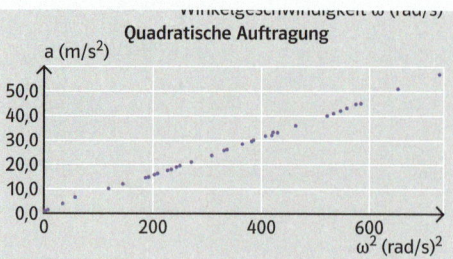

B4

Der lineare Verlauf zeigt, dass zwischen Beschleunigung und Winkelgeschwindigkeit ein quadratischer Zusammenhang besteht:

$$a_Z \sim \omega^2$$

A1 ● Überlegen Sie, wie sich mit Hilfe des Experiments der Zusammenhang zwischen Winkelbeschleunigung und Radius der Kreisbewegung ermitteln lässt.

B2 Verfügbare Experimente (links), Auswahl „Zentrifugalbeschleunigung" (rechts)

Kreisbewegungen im Verkehr

Kurvenfahrt Bei einer Kurvenfahrt muss die Richtung der Geschwindigkeit ständig geändert werden. Dies gelingt nur mit einer geeigneten Zentripetalkraft.

Abbildung **B2** zeigt einen Motorradfahrer, der in extremer Schräglage eine Kurve durchfährt. Dabei neigt er sich um den Winkel α gegen die Vertikale.

B2

Geschwindigkeit v in km/h	Neigungswinkel α in Grad	
	$r = 10\,\text{m}$	$r = 100\,\text{m}$
20	18	2
40	52	7
60	71	16
80	79	27
100	86	38

B4 Neigungswinkel bei verschiedenen Geschwindigkeiten

Die richtige Geschwindigkeit Für eine sichere Kurvenfahrt dürfen die Reifen nicht wegrutschen. Die Haftreibungskraft F_H zwischen Straße und Reifen muss größer oder gleich der Zentripetalkraft F_Z sein.

Eine Kurve wird sicher durchfahren, falls

$$F_Z < F_H$$

Auto-reifen auf	Haft-reibungs-zahl
Asphalt trocken	0,7
Asphalt nass	0,5
Eis	0,2

B1 Haftreibungszahlen

In der Schräglage üben die Reifen im Auflagepunkt A eine Kraft $\vec{F}$ auf die Straße aus. Die Addition der Gegenkraft $\vec{F_{St}}$ und der Gewichtskraft $\vec{F_G}$ ergibt bei richtiger Neigung die notwendige Zentripetalkraft $\vec{F_Z}$. Aus dem Kräfteparallelogramm entnimmt man:

$$F_Z = F_G \cdot \tan\alpha = m \cdot g \cdot \tan\alpha$$

B3

In **B3** sind die unterlegten Dreiecke kongruent.
– $F_N = F_G$
– Gegenkraft zu $F_\parallel$ ist die Zentripetalkraft F_Z

Für eine kreisförmige Kurve ist

$$F_Z = \frac{m \cdot v^2}{r} = m \cdot g \cdot \tan\alpha \iff \tan\alpha = \frac{v^2}{g \cdot r}$$

Ein Vergleich der beiden Seiten der Gleichung zeigt: Bei hoher Geschwindigkeit v oder kleinem Kurvenradius r ist ein großer Neigungswinkel α gegen die Vertikale nötig, um die Zentripetalkraft aufzubringen. Der Motorradfahrer muss sich also schräg in die Kurve legen, um sie mit hoher Geschwindigkeit und kleinem Radius durchfahren zu können.

Zerlegt man die Kraft F im Auflagepunkt A in die Teilkräfte $F_\parallel$ und F_N, so folgt ($\rightarrow$**B3**): Die Normalkraft F_N ist die Gewichtskraft F_G. Diese bestimmt die Haftreibungskraft $F_H = f_H \cdot F_G$. Dabei ist f_H die Haftreibungszahl. Damit ergeben sich für die maximale Geschwindigkeit bzw. für den maximalen Neigungswinkel die folgenden Bedingungen:

$$F_Z \leq F_H \iff \frac{m \cdot v^2}{r} \leq f_H \cdot m \cdot g \iff v \leq \sqrt{f_H \cdot r \cdot g}$$

bzw.

$$F_Z \leq F_H \iff m \cdot g \cdot \tan\alpha \leq f_H \cdot m \cdot g$$
$$\iff \tan\alpha \leq f_H$$

Bei konstanter Haftreibungszahl und konstantem Kurvenradius gilt:

$$v_{max} = \sqrt{f_H \cdot r \cdot g} \quad \text{und} \quad \tan\alpha_{max} = f_H$$

A1 ○ a) Diskutieren Sie die in der Tabelle **B4** angegebenen Neigungswinkel.
b) Anfänger erzielen einen Neigungswinkel von maximal 17°. Berechnen Sie die Geschwindigkeit (in km/h) mit der ein Anfänger bei diesem Neigungswinkel eine Kurve mit dem Radius 200 m durchfährt.

A2 ◒ Berechnen Sie die maximalen Geschwindigkeiten und die zugehörigen Neigungswinkel für die in der Tabelle **B1** angegebenen Haftreibungszahlen.
Wählen Sie einen Kurvenradius von 100 m.

Scheinkräfte

Verschiedene Sichtweisen Zwei verschiedene Beobachter A und B beschreiben den Vorgang in Abbildung **B1**. Beobachter A außerhalb der Scheibe stellt fest: „Ich befinde mich in Ruhe. Der Kraftmesser zeigt an, dass auf das Massestück eine Kraft wirkt. Dies erklärt mir die Beschleunigung, die ich beobachte."

Beobachter B auf der Scheibe stellt fest: „Ich befinde mich in Ruhe. Das Massestück ebenfalls. Das wundert mich, denn der Kraftmesser zeigt an, dass eine Kraft auf das Massestück wirkt. Es müsste daher beschleunigt werden. Es muss eine zweite Kraft F' mit gleichem Betrag und entgegengesetzter Richtung auf den Körper wirken."

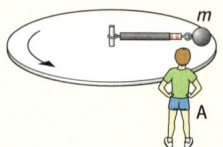

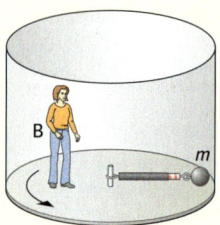

B1 Scheibe mit wegfliegender Kugel

Wenn die Verbindung zwischen Kraftmesser und Kugel durchtrennt wird, zeigt der Kraftmesser nichts mehr an.
A stellt fest: Auf die Kugel wirkt keine Kraft, sie bewegt sich deshalb entsprechend ihrer Trägheit auf einer Geraden. B stellt fest: Es wirkt nur noch die Kraft F'. Deswegen bewegt sich die Kugel beschleunigt von mir weg.

B bezieht seine Aussagen auf die Scheibe als Bezugssystem. Ihre Kreisbewegung ist eine beschleunigte Bewegung. Für Beobachter in einem beschleunigten Bezugssystem wirkt sich die Trägheit eines Körpers so aus, als wirke eine Kraft auf ihn. Solche (Schein-) Kräfte heißen **Trägheitskräfte**. Bei der Kreisbewegung nennt man sie **Fliehkraft** oder auch Zentrifugalkraft. Karussellfahrer spüren diese nach außen weisende Fliehkraft ebenso wie Autofahrer beim Passieren einer Kurve (→**B2**).

Außenstehende Beobachter schließen bei einem Körper auf einer Kreisbahn auf eine Zentripetalkraft. Beobachter auf einer Kreisbahn erkennen keine Beschleunigung und schließen auf ein Gleichgewicht zwischen Zentripetalkraft und Fliehkraft.

B2 Auto beim Schleudertest

Corioliskraft Auf einer rotierenden Scheibe bewegt sich eine Kugel geradlinig vom Mittelpunkt der Scheibe nach außen. Ihre Bewegung wird einmal von einem außen stehenden Beobachter A und zum anderen von einem sich mit der Scheibe mitdrehenden Beobachter B verfolgt (→**B3**). Während A eine geradlinige Bewegung der Kugel registriert, erscheint B die Bahn der Kugel gekrümmt und die Kugel erfährt für ihn scheinbar eine Querbeschleunigung, die er auf eine Kraft zurückführen muss.

Diese Scheinkraft, die für diese Scheinbeschleunigung verantwortlich ist, wird nach ihrem Entdecker **Gaspard Coriolis** (1702 – 1843) **Corioliskraft** genannt, die entsprechende Scheinbeschleunigung **Coriolisbeschleunigung**.

Beide sind nur in rotierenden Systemen vorhanden, in ihnen gilt der Trägheitssatz nicht.

Wir befinden uns auf dem Erdball in einem rotierenden System. Wenn Luft von Hochdruckgebieten in Tiefdruckgebiete strömt, dann erfolgt dies in Nord-Süd-Richtung nicht geradlinig. Winde weichen auf der nördlichen Halbkugel nach rechts, auf der südlichen Halbkugel nach links ab. Tiefdruckgebiete drehen sich daher auf der Nordhalbkugel gegen den Uhrzeigersinn. Ursache sind die Corioliskräfte.

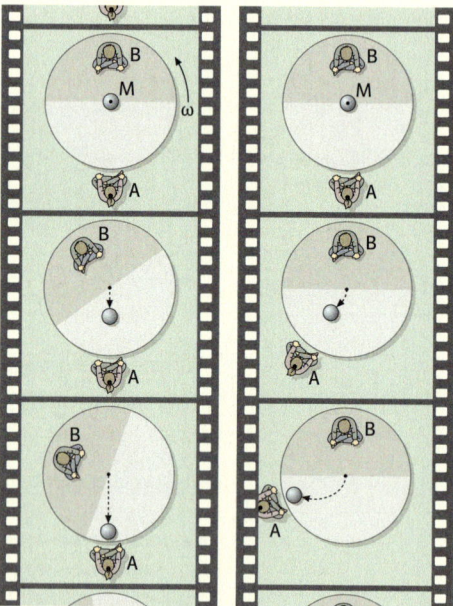

B3 Corioliskraft: Eine Kugel rollt vom Scheibenmittelpunkt zum Rand. Für Betrachter B beschreibt die Kugel eine Kurve, auf Betrachter A rollt sie geradlinig zu.

Die numerische Rechenmethode durch Schrittverfahren

Hinweis:
Bevor Sie diese Seite durcharbeiten, sollten Sie sich ein handelsübliches Programm zur Tabellenkalkulation besorgen und die Bedienung mit Texteingabe und Formeln sowie die Wiedergabe der Berechnungen in Diagrammen beherrschen.

Gleichförmige und gleichmäßig beschleunigte Bewegungen lassen sich aufgrund der Bewegungsgesetze in ihrem Ablauf vorhersagen. Für beliebige Bewegungen gelingt das näherungsweise. Diagramm **B2** zeigt die Grundidee: Ein beliebig gekrümmter t-s-Graph wird durch einen Streckenzug ersetzt, d.h., man nimmt in den Zeitspannen Δt eine Bewegung mit konstanter Geschwindigkeit an. Eine Bewegung mit wechselnder Beschleunigung würde entsprechend durch Abschnitte mit konstanter Beschleunigung angenähert. Die erforderlichen Rechenschritte ergeben sich aus den Definitionen der Größen:

Aus $v = \frac{s_2 - s_1}{\Delta t}$ folgt $s_2 = s_1 + v \cdot \Delta t$

Aus $a = \frac{v_2 - v_1}{\Delta t}$ folgt $v_2 = v_1 + a \cdot \Delta t$

Die Gleichungen zeigen: Wenn zu einem Zeitpunkt t der Ort s, die Geschwindigkeit v und die Beschleunigung a eines Körpers bekannt sind, dann lassen sich diese Größen zum Zeitpunkt $t + \Delta t$ wie folgt berechnen:

Zeit t:
$t_{neu} = t_{alt} + \Delta t$

Beschleunigung a:
$a_{neu} = a_{alt} = \text{konstant} = 3\,\text{m/s}^2$

Geschwindigkeit v:
$v_{neu} = v_{alt} + a_{alt} \cdot \Delta t$

Ort s:
$s_{neu} = s_{alt} + v_{alt} \cdot \Delta t$

Bemerkung:
Beachten Sie, dass beim Euler-Verfahren die Werte v_{neu} und s_{neu} noch mit den Werten a_{alt} sowie v_{alt} bestimmt werden, obwohl man bereits die Werte für a_{neu} und v_{neu} aus den vorherigen Rechenschritten kennt.

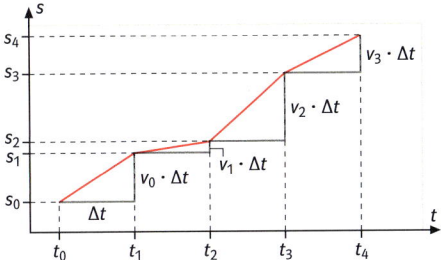

B2

Die Beschleunigung a wird durch die Art des physikalischen Vorganges bestimmt und kann gegebenenfalls aus $F = m \cdot a$ ermittelt werden. Im Beispiel ist sie konstant.

Dieses Verfahren heißt „Euler-Verfahren". Zur Steigerung der Genauigkeit wurden andere Verfahren entwickelt. Alle beruhen aber auf der Grundidee, die sich wie folgt formulieren lässt:

Physikalisch: Ein komplexer Vorgang wird auf eine Folge von Vorgängen mit bekannten Gesetzmäßigkeiten zurückgeführt.
Mathematisch: Ein gekrümmter Funktionsgraph wird durch einen Streckenzug angenähert.

Die erforderlichen sich wiederholenden Rechnungen können mit einer Tabellenkalkulation durchgeführt werden. An einem Beispiel wird das gezeigt (→**B1**):

In Zelle A9 wird „0",
in Zelle B9 wird „=a",
in Zelle C9 entsprechend „=v(0)" und
in Zelle D9 „=s(0)" eingetragen.

In Zelle A10 wird „=A9+Δt",
in Zelle B10 wird wiederum „=a",
in Zelle C10 nun „=C9+B9*Δt" und
in Zelle D10 „=D9+C9*Δt" eingetragen.

Anschließend werden die Rechenschritte aus A10, B10, C10, D10 nach A11 bis A18 bzw. B11 bis B18 bzw. C11 bis C18 bzw. D11 bis D18 übertragen.

A1 ○ Für dieses Beispiel gilt auch:

$s(t) = 1,5\frac{m}{s^2} \cdot t^2 + 10\frac{m}{s} \cdot t + 2\,m$

Vergleichen Sie hieraus bestimmte Werte mit denen aus der Näherung.

	A	B	C	D
1	Bewegung mit konstanter Beschleunigung			
2				
3	$s(0) =$	2	m	
4	$v(0) =$	10	m/s	
5	$a =$	3	m/s^2	
6	$\Delta t =$	0,2	s	
7				
8	t in s	a in m/s^2	$v(t)$ in m/s	$s(t)$ in m
9	0	3	10	2
10	0,2	3	10,6	4
11	0,4	3	11,2	6,12
12	0,6	3	11,8	8,36
13	0,8	3	12,4	10,72
14	1	3	13	13,2
15	1,2	3	13,6	15,8
16	1,4	3	14,2	18,52
17	1,6	3	14,8	21,36
18	1,8	3	15,4	24,32

B1 Euler-Verfahren bei der gleichmäßig beschleunigten Bewegung

Einführung in die computergestützte grafische Modellbildung

Beobachtungen zu erklären bedeutet, sie mit unseren Modellvorstellungen in Einklang zu bringen. In mathematisch schwierigen Fällen, wenn z. B. die Luftreibung bei der Bewegung eines Körpers zu berücksichtigen ist, helfen Computerprogramme, die komplexen Zusammenhänge zu vereinfachen, indem die Bewegung in kleine zeitliche Abschnitte unterteilt wird (vgl. vorangehende Seite). Die Abläufe für diese Abschnitte können idealisiert berechnet und die Zusammenhänge als Funktionsgraphen dargestellt werden. Grafische Modellbildungsprogramme wie z. B. Coach übernehmen dies automatisch. Sie unterscheiden für Größen drei Kategorien (→**B1**):

1 Die zentrale Größe, die in ihrer zeitlichen Änderung betrachtet wird, heißt **Zustandsgröße** bzw. **Bestandsvariable**.

2 Die Veränderung der Zustandsgröße pro Zeitintervall wird durch die **Änderungsrate** bzw. den **Fluss** bestimmt.

3 Daneben können andere Größen oder Konstanten die Werte beeinflussen. Sie heißen **Einflussgrößen**.

Als Beispiel wird das Ziehen eines Wagens mit der Masse m auf einer horizontalen Ebene durch eine Kraft F betrachtet. Gesucht ist der zeitliche Verlauf der Geschwindigkeit v. Sie ist die zu betrachtende Zustandsgröße, die Beschleunigung $a = \Delta v / \Delta t$ die zugehörige Änderungsrate und Kraft F und Masse m sind Einflussgrößen für die Beschleunigung a. Damit ergeben sich folgende Einflüsse der Größen aufeinander:

Zustandsgröße
bzw. Bestandsvariable

Änderungsrate
bzw. Fluss

Hilfsvariable

Konstante

Konnektor

B1

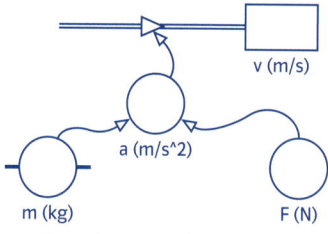

B2

Diese Darstellung heißt **Wirkungsgefüge**. Es sagt noch nichts über die Einflussgrößen und deren Wirkungen aus. Bei den Einflussgrößen werden die physikalischen Gesetze, Formeln und Werte in das Programm eingegeben, z. B.:
$a = F/m$; $F = 1{,}2\,\text{N}$; $m = 0{,}8\,\text{kg}$.
Aus diesen berechnet das Modellbildungsprogramm iterativ, d. h. immer wiederholend,

die Werte für die Geschwindigkeit zum neuen Zeitpunkt $t_{neu} = t_{alt} + \Delta t$ nach der Formel

$$v_{neu} = v_{alt} + a \cdot \Delta t$$

Neben den Werten für m und F müssen nun noch die Werte für die Iterationsschrittweite Δt und der Anfangswert für die Geschwindigkeit v_{Anfang} eingegeben werden, z. B.:

$v_{Anfang} = 0$; und $\Delta t = 0{,}1\,\text{s}$.

Für den grafischen Zusammenhang erhält man:

B3

A1 ● Die Geschwindigkeit v ist die Änderungsrate der Strecke s. Erweitern Sie das Modell um die Berechnung der Strecke s in Abhängigkeit von der Zeit t. Stellen Sie $s = s(t)$ und $v = v(s)$ dar. Abbildung **B4** liefert eine Hilfestellung:

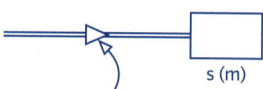

B4

A2 ● Bei Berücksichtigung des Luftwiderstandes gilt $F_R = C_R \cdot v^2$ (z. B. mit $C_R = 0{,}005\,\text{kg/m}$). Erweitern Sie Ihr Modell entsprechend (→**B5**) und bestimmen Sie die Geschwindigkeit. Welche Bedeutung hat die Kraft F_a?

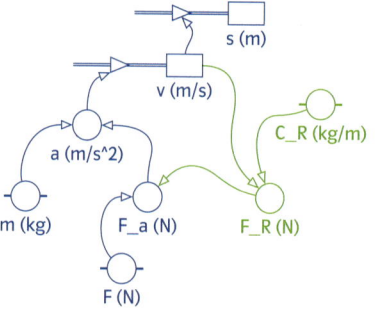

B5

Simulation einer Fallbewegung

Mit Kenntnis der Kraft lässt sich jede Bewegung simulieren. Das Wirkungsgefüge **B4** zeigt die Grundstruktur des Programms.

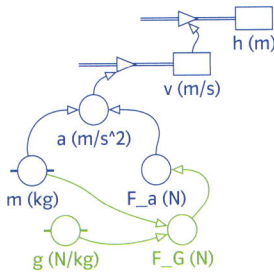

B4 Simulation einer Bewegung ohne Reibung

Bei einer Fallbewegung ohne Einfluss der Luft ist die beschleunigende Kraft F_a nur die Gewichtskraft F_G. Dementsprechend ist die Beschleunigung a gleich der konstanten Fallbeschleunigung g. Die farbige Hervorhebung im Wirkungsgefüge **B4** verdeutlicht dies.

Das Stroboskopbild eines fallenden Papiertrichters (→**B1**) zeigt seinen Ort zu bestimmten Zeitpunkten. Man erkennt, dass nach kurzer Zeit die in gleichen Zeitspannen zurückgelegten Weglängen nicht mehr wie beim freien Fall zunehmen. Ursache ist die entgegengesetzt zur Gewichtskraft wirkende Luftwiderstandskraft:

$$F_R = \frac{1}{2} \cdot c_W \cdot \varrho_L \cdot A \cdot v^2$$

Dabei bedeuten

c_W: den „Luftwiderstandsbeiwert", der von der Form des Körpers abhängt (→**B3**).

ϱ_L: die Dichte der Luft.

A: die Querschnittsfläche des Trichters.

v: die Geschwindigkeit.

Die beschleunigende Kraft F_a ergibt sich als Ersatzkraft aus der Gewichtskraft F_G des Körpers und der Reibungskraft F_R. Der Ausschnitt des Kraftwirkungsgefüges zeigt diesen Zusammenhang (→**B5**).

Das Diagramm **B6** zeigt, dass die Höhe eines fallenden Trichters schon nach kurzer Zeit nahezu linear abnimmt, die Geschwindigkeit nähert sich einem Grenzwert. Dann ist die Reibungskraft so groß wie die Gewichtskraft, die beschleunigende Kraft F_a beträgt 0 (→**B7**). Es ergibt sich:

Eine geschwindigkeitsabhängige Reibungskraft führt zu einer konstanten Grenzgeschwindigkeit.

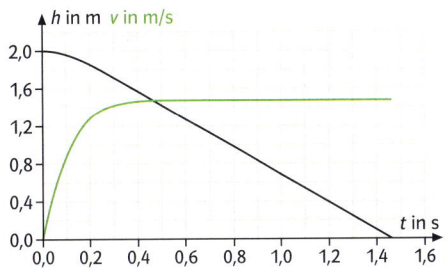

B6 t-v- und t-h-Diagramm

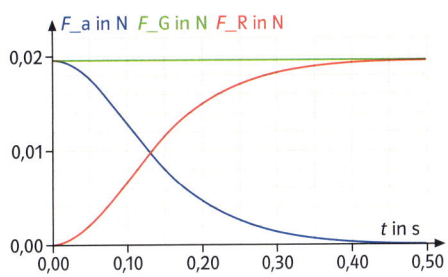

B7 t-F_G-, t-F_R- und t-F_a-Diagramm

A1 ○ Ermitteln Sie aus dem Stroboskopbild **B5** die Grenzgeschwindigkeit und vergleichen Sie das Ergebnis mit der Simulation. Geben Sie außerdem die Kräfte F_a, F_G und F_R für diesen Fall an.

A2 ◐ Verändern Sie bei einem Papiertrichter die Querschnittsfläche A.
a) Messen Sie mit geeigneten Messgeräten jeweils die konstante Grenzgeschwindigkeit und vergleichen Sie diese mit der Simulation.
b) Welche Änderung der Grenzgeschwindigkeit ist zu erwarten, wenn in dem Papiertrichter mit der Schere Einschnitte gemacht werden? Überprüfen Sie Ihre Vermutung durch ein Experiment.
c) Legen Sie ein kleines Gewicht in den Papiertrichter und überprüfen Sie auch hier Ihre Vermutung.

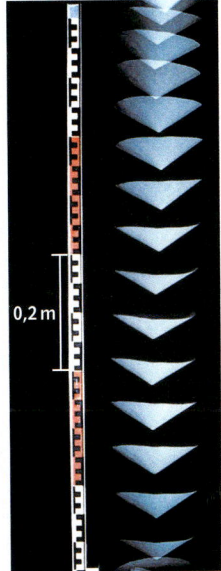

B1 Fall eines Papiertrichters. Stroboskopaufnahme mit 20 Bildern pro Sekunde

Startwerte	
h_0	2 m
v	0 m/s
g	9,81 N/kg
c_W	0,7
ϱ_L	1,3 kg/m³
A	0,02 m²
m	0,002 kg

B2

c_W-Werte verschiedener Körperformen		
Tropfen		0,1
Kugel		0,4
Halbkugel		0,34
		1,33
Kegel	60°	0,51
Kreisscheibe		1,11

B3

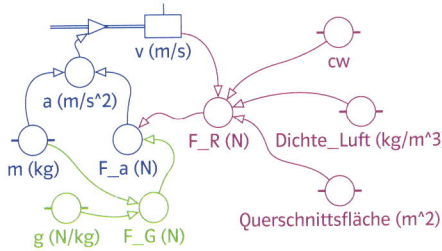

B5 Zur Berücksichtigung der Luftwiderstandskraft

Kräfte Bewegungsänderungen eines Körpers werden durch Kräfte verursacht. Sie können einen Körper verformen, seine Geschwindigkeit vergrößern oder verkleinern, seine Bewegungsrichtung verändern.

Greifen mehrere Kräfte am gleichen Punkt eines Körpers an, so kann ihre Wirkung auch durch eine Kraft, die **Ersatzkraft**, erreicht werden (→B2).

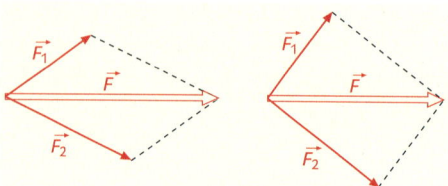

B2 Die Ersatzkraft zweier Kräfte

Es herrscht **Kräftegleichgewicht**, wenn die Ersatzkraft aller auf einen Körper wirkenden Kräfte den Betrag null hat.

Newton'sche Axiome Eine Kraft kann nur ausgeübt werden, wenn eine gleich große Kraft zurückwirkt. Dies bezeichnet man als **Wechselwirkungsgesetz**.
Übt ein Körper auf einen zweiten eine Kraft aus, so wirkt stets gleichzeitig eine gleich große, entgegengesetzt gerichtete Kraft vom zweiten auf den ersten Körper (actio = reactio).

Alle Körper zeigen **Trägheit**. Daher verharren sie ohne äußere Einwirkung in ihrem Zustand der Ruhe oder der gleichförmig geradlinigen Bewegung.

Kräfte bilden die Ursache für Bewegungsänderungen. Nach der **Grundgleichung der Mechanik** wird die Beschleunigung $\vec{a}$, die ein Körper erfährt, durch

$$\vec{a} = \frac{\vec{F}}{m} \quad \text{bestimmt.}$$

Lineare Bewegung und Kreisbewegung
Man unterscheidet folgende Fälle für die Kraft F auf einen Körper der Masse m:

1 Kraft und Bewegung des Körpers sind gleich gerichtet:
a) $F = 0$ bzw. $F = $ konstant (→B3).
b) F ist geschwindigkeitsabhängig (→B4).

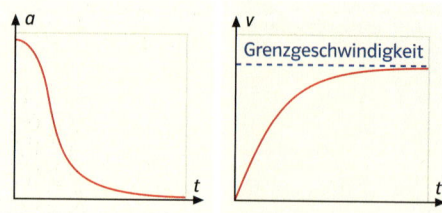

B4 Eine geschwindigkeitsabhängige Reibung hemmt eine konstante Kraft.

2 F ist eine konstante Zentripetalkraft ($\vec{F} \perp \vec{v}$). Die Beträge der Zentripetalbeschleunigung a_Z und der Bahngeschwindigkeit v des Körpers sind konstant (→B1).

Durch die stets in Richtung Mittelpunkt wirkende Zentripetalkraft führt der Körper eine gleichförmige Kreisbewegung aus. Es gilt:

$$F_Z = m \cdot a_Z = m \cdot \omega^2 \cdot r = m \cdot \frac{v^2}{r} \quad \text{(mit } v = \omega \cdot r\text{)}$$

Der Betrag der Zentripetalbeschleunigung hängt vom Radius der Kreisbahn und von der Bahn- bzw. Winkelgeschwindigkeit der Kreisbewegung ab:

$$a_Z = \omega^2 \cdot r = \frac{v^2}{r}$$

Ein Beobachter in einem beschleunigten Bezugssystem erfährt aufgrund der Trägheit seines Körpers eine (Schein-)Kraft. Im Falle eines rotierenden Bezugssystems ist diese nach außen gerichtet und wird als Fliehkraft bezeichnet.

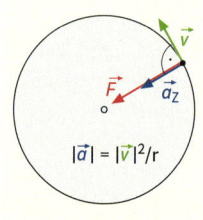

B1 Kraft und Beschleunigung bei der Kreisbewegung

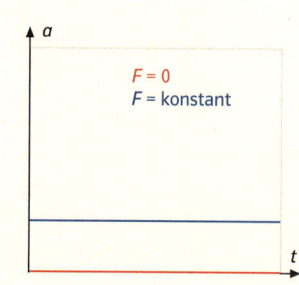

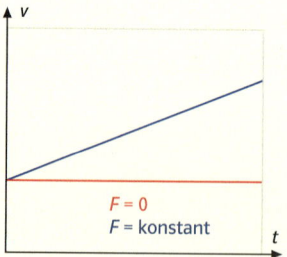

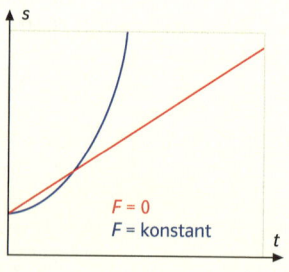

B3 Graphen der Bewegungsgleichungen bei $F = 0$ bzw. bei $F = $ konstant

Start eines Airbus   Ein voll beladener, aufgetankter Airbus A380 hat eine Masse von 590 t. Seine vier Triebwerke entwickeln eine Schubkraft von je 350 kN. Um abheben zu können, muss dieses Flugzeug eine Mindestgeschwindigkeit von 280 km/h erreichen.
a) Berechnen Sie die Beschleunigung, die die Triebwerke eines A380 erzeugen können.
b) Ermitteln Sie die Dauer des Startvorgangs (Annahme: Beschleunigung a = konstant).
c) Berechnen Sie, welche Länge eine für den A380 ausgelegte Startbahn haben muss.

Lösung: a) Nach der Grundgleichung der Mechanik ergibt sich die Beschleunigung durch $a = F/m$.
Für den A380 erhält man
$a = 4 \cdot 350\,\text{kN}/590\,\text{t} = 2{,}4\,\text{m/s}^2$.
b) Aus den Bewegungsgleichungen für die Geschwindigkeit $v = a \cdot t$ und der Startgeschwindigkeit $v = 280\,\text{km/h} = 78\,\text{m/s}$ ergibt sich die Startzeit $t = v/a = 78\,\tfrac{\text{m}}{\text{s}}/2{,}4\,\tfrac{\text{m}}{\text{s}^2} = 32\,\text{s}$.
c) Für die beim Start zurückgelegte Strecke s erhält man aus den Bewegungsgleichungen
$s = \tfrac{1}{2} \cdot a \cdot t^2 = \tfrac{1}{2} \cdot 2{,}4\,\text{m/s}^2 \cdot (32\,\text{s})^2 = 1229\,\text{m}$.

Anmerkung: Die errechnete Startstrecke ist zu klein, da die Triebwerke erst im Laufe des Startvorgangs auf ihre volle Leistung kommen. Angegeben werden für den A380 je nach Ausstattung Startstrecken zwischen 2,4 km und 3,2 km. Zum Vergleich: Die Startbahn West am Flughafen Frankfurt/Main ist 4 000 m lang.

Beschleunigung eines Elektrons   Ein Elektron ($m_e = 9 \cdot 10^{-31}\,\text{kg}$) wird für eine Zeit von $t = 5 \cdot 10^{-9}\,\text{s}$ durch eine konstante Kraft $F = 1{,}6 \cdot 10^{-15}\,\text{N}$ beschleunigt.
a) Bestimmen Sie die vom Elektron erreichte Geschwindigkeit und den zurückgelegten Weg.
b) Das Elektron wird nach dem Beschleunigungsvorgang auf eine Kreisbahn mit dem Radius $r = 4{,}8\,\text{cm}$ gezwungen. Berechnen Sie die erforderliche Zentripetalkraft.

Lösung: Da F konstant ist, liegt eine gleichmäßig beschleunigte Bewegung vor.
Aus $F = m \cdot a$ folgt:
$$a = \frac{F}{m} = \frac{1{,}6 \cdot 10^{-15}\,\text{N}}{9 \cdot 10^{-31}\,\text{s}} = 1{,}8 \cdot 10^{15}\,\tfrac{\text{m}}{\text{s}^2}$$
Die Bewegungsgesetze (mit $s_0 = 0$, $v_0 = 0$) liefern:
$$v = a \cdot t = 1{,}8 \cdot 10^{15}\,\tfrac{\text{m}}{\text{s}^2} \cdot 5 \cdot 10^{-9}\,\text{s} = 9 \cdot 10^6\,\tfrac{\text{m}}{\text{s}}$$
$$s = \tfrac{1}{2}a \cdot t^2 = \tfrac{1}{2} \cdot 1{,}8 \cdot 10^{15}\,\tfrac{\text{m}}{\text{s}^2} \cdot (5 \cdot 10^{-9})^2\,\text{s}^2$$
$$s = 0{,}02\,\text{m}$$

Das Elektron wird auf eine Geschwindigkeit von $9 \cdot 10^6\,\tfrac{\text{m}}{\text{s}}$ beschleunigt und legt dabei einen Weg von 0,02 m zurück.
b) Man geht von einer Kreisbewegung mit konstantem Geschwindigkeitsbetrag aus. Dann gilt:
$$F_z = \frac{m \cdot v^2}{r} = \frac{9 \cdot 10^{-31}\,\text{kg} \cdot (9 \cdot 10^6\,\tfrac{\text{m}}{\text{s}})^2}{0{,}048\,\text{m}} = 1{,}5 \cdot 10^{-15}\,\text{N}$$
Die erforderliche Zentripetalkraft beträgt $F_z = 1{,}5 \cdot 10^{-15}\,\text{N}$.

Kurvenfahrt   Ein Auto der Masse 1,4 t soll eine Kurve mit dem Kurvenradius 150 m durchfahren. Die maximale Reibungskraft auf trockener Straße für dieses Auto beträgt 4,5 kN. Berechnen Sie, mit welcher Geschwindigkeit diese Kurve höchstens durchfahren werden kann.

Lösung: Aus dem Ansatz Zentripetalkraft = maximale Reibungskraft
$$m \cdot \frac{v^2}{r} = 4{,}5 \cdot 10^3\,\text{N}$$
ergibt sich:
$$v^2 = 4{,}5 \cdot 10^3\,\text{N} \cdot \frac{150\,\text{m}}{1{,}4 \cdot 10^3\,\text{kg}}$$

Die maximale Kurvengeschwindigkeit berechnet sich daraus zu $v = 22\,\text{m/s}$. Dies sind etwa 80 km/h. Bei nasser bzw. vereister Straße sinkt die Reibungskraft für die Haftung, d.h., bei gleicher Geschwindigkeit kann die für die Kurvenfahrt nötige Zentripetalkraft nicht mehr durch die Reibung aufgebracht werden. Das Auto würde aus der Kurve herausrutschen.

Verkehrsrowdies vergrößern durch „Schneiden" einer Kurve (→**B1**) den Radius der gefahrenen Kurve und können dadurch mit etwas höherer Geschwindigkeit fahren.

B1

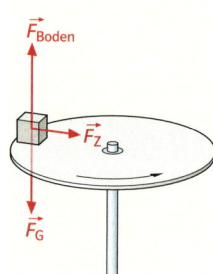

B1 Massestück auf Drehteller

Hinweis:
Beim Eingeben der Formel in das Wirkungsgefüge ist folgende Bedingung zu berücksichtigen:

$m_s = m \cdot \frac{s}{L}$ für $s \le L$

$m_s = m$ für $s > L$

Reibungskraft gegen Zentripetalkraft

Auf einem Drehteller liegt im Abstand von 4,0 cm zum Mittelpunkt ein Massestück der Masse 100 g (→**B1**). Wird die Drehfrequenz langsam erhöht, so beobachtet man, dass bei Überschreiten der Frequenz 1,5 Hz das Massestück vom Drehteller rutscht. Berechnen Sie den maximalen Wert der Reibungskraft, die zwischen Massestück und Drehteller wirkt.

Lösung: Bei einer Drehfrequenz von 1,5 Hz erfährt der Körper auf seiner Kreisbahn eine Zentripetalbeschleunigung von

$$a_z = \omega^2 \cdot r = (2\pi \cdot f)^2 \cdot r = 3,5\,\frac{m}{s^2}$$

Die nötige Zentripetalkraft, die in diesem Fall das Massestück auf seine Kreisbahn zwingt, beträgt dann $F_z = m \cdot a_z = 0,35\,N$. Sie wird von der Reibung, die das Massestück auf der Unterlage hält, aufgebracht. Da das Massestück bei einer Frequenz über 1,5 Hz vom Drehteller rutscht, beträgt diese Reibungskraft maximal 0,35 N.

Rutschendes Seil

Ein Seil (Gesamtlänge L, Masse m) liegt langgestreckt auf einem Tisch, ein Ende der Länge s hängt über die Tischkante (→**B2**). Es wird angenommen, zwischen Seil und Tisch bestehe keine Reibung.
Beschreiben Sie die Bewegung des Punktes A des Seiles. Simulieren Sie die Bewegung mit einem Computermodell und erläutern Sie die t-s-, t-v- und t-a-Diagramme der Bewegung.

Lösung: a) Auf das Seil wirkt die Gewichtskraft F_G des überhängenden Seilstücks mit der Länge s.
Sie bewirkt eine Beschleunigung, sodass sich A mit zunehmender Geschwindigkeit bewegt. Durch die Verlängerung von s, wächst die Kraft und damit auch die Beschleunigung, da m konstant ist.

b) Abbildung **B3** zeigt das Wirkungsgefüge. $m_s = m \cdot s/L$ bezeichnet die Masse des überhängenden Seilstückes. Die beschleunigende Kraft ist dann gegeben durch $F_a = m_s \cdot g$.
Als Startwerte werden verwendet:
$m = 0,035\,kg \qquad L = 0,7\,m$
$s = 0,2\,m \qquad g = 9,81\,m/s^2$
$v = 0,0\,m/s$

Diagramm **B4** zeigt: Die Beschleunigung a nimmt zu bis das ganze Seil vom Tisch gerutscht ist. Von da an handelt es sich um einen Freien Fall mit konstanter Beschleunigung

$a = 9,81\,m/s^2$. Entsprechend nimmt die Geschwindigkeit ab da nur noch linear zu.

Die Modellierung kann auch alternativ oder im Vergleich iterativ über eine Tabellenkalkulation erfolgen. Es ergibt sich das Datenblatt (→**B5**), aus dem sich die entsprechenden Graphen (t-v-, t-s- und t-a-Diagramme) erzeugen lassen.

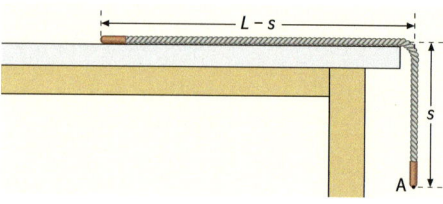

B2

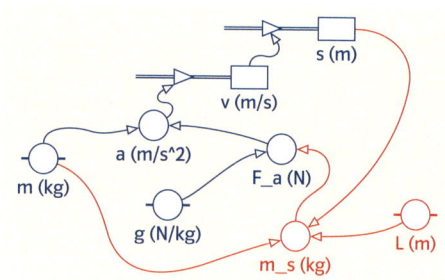

B3

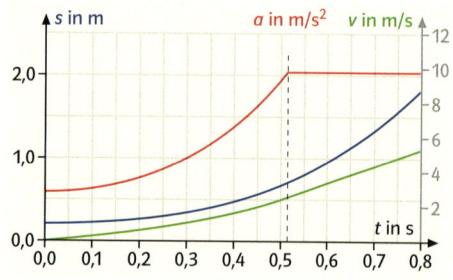

B4

	f_x	=WENN(D5<0,7;9,81*D5/0,7;9,81)			
	B	**C**	**D**	**E**	**F**
	m	L	s	v	
	0,035	0,7	0,2	0	
	t	v(t)	s(t)	a(t)	
	0	0,00	0,20	2,80	
	0,04	0,11	0,20	2,87	
	0,08	0,23	0,21	2,99	
	0,12	0,35	0,23	3,19	
	0,16	0,47	0,25	3,45	
	0,2	0,61	0,27	3,80	
	0,24	0,76	0,30	4,22	
	0,28	0,93	0,34	4,75	
	0,32	1,12	0,38	5,38	
	0,36	1,34	0,44	6,13	
	0,4	1,58	0,50	7,01	

B5

B1

Heben ohne anzufassen   In einem Plastik-
becher, der die Form eines Kegelstumpfes hat,
liegt eine Kugel. Wie bekommt man sie aus
dem Gefäß, ohne es zu kippen oder die Kugel
zu berühren?
Versetzt man den Becher auf dem Tisch in eine
Hin- und Herbewegung mit leichter Krüm-
mung, so rotiert die Kugel entlang der Becher-
wand. Bei hinreichend großer Frequenz der
Bewegung steigt die Kugel an der Wand empor
und springt heraus.
a) Begründen Sie das Verhalten der Kugel.
b) Überprüfen Sie im Experiment, dass die
Umlaufdauer der Kugel für normale Trink-
becher bei 0,1 s bis 0,3 s liegt.
c) Untersuchen Sie experimentell die Abhängigkeit der Schüttelperiode vom Becherdurch-
messer und erklären Sie die Ergebnisse.

Die Kugelrampe   Bauen Sie aus einer leicht
formbaren Plastikschiene eine Rampe, auf der
eine Kugel einen kleinen Abhang hinunter
rollen kann. Testen Sie dabei unterschiedliche
Formen der Rampe (→**B2**) und versuchen Sie
zu ermitteln, bei welcher Form die Kugel am
schnellsten unten ankommt.

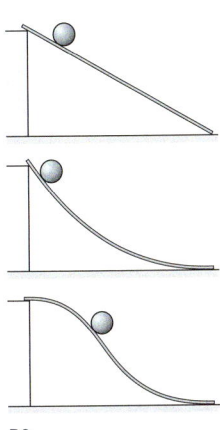

B2

Untersuchen Sie, an welchen Stellen die be-
schleunigende Kraft jeweils besonders groß ist.
Erklären Sie damit, warum die Kugel eine der
Bahnen besonders schnell durchläuft.

Kräftegleichgewicht   Ein Faden ist durch ein
Rohr gezogen (→**B3**). An beiden Enden sind
Körper mit gleicher Masse befestigt. Wenn
man A auf einer horizontalen Kreisbahn he-
rumschleudert, liefert die Gewichtskraft von B
die Zentripetalkraft.
Untersuchen Sie die Position von B für verschiedene Rotationsgeschwindigkeiten.
Formulieren Sie eine qualitative Aussage zu
$F_Z = m \cdot v^2/r$.

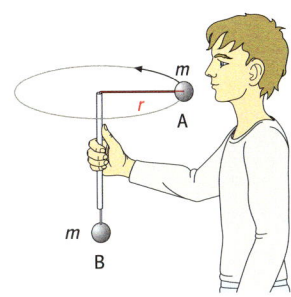

B3

A1 ○ Ein loser Hammerkopf wird befestigt,
indem man den Hammer mit dem Stielende
mehrfach auf eine feste Unterlage stößt.
Erklären Sie dieses Vorgehen.

A2 ◒ In einem Auto befinden sich ein Fadenpendel, das innen am Dach befestigt ist, sowie
ein flugfähiger Luftballon, der mit einem Faden
am Sitz befestigt ist.
Beschreiben und erklären Sie das Verhalten
des Fadenpendels und des Luftballons beim
Anfahren, beim Bremsen und bei einer Richtungsänderung des Autos.

A3 ◒ In der rotierenden Trommel einer
Wäscheschleuder befindet sich nasse Wäsche.
Ein Wassertropfen dringt durch ein Loch in
der Trommel nach außen.
Skizzieren Sie die Bahnen von Tropfen und
Wäsche und begründen Sie Ihre Aussage.

A4 ◒ Ein Auto mit der Masse $m = 1500$ kg
beschleunigt von 0 auf 100 km/h in 13,8 s.
a) Berechnen Sie die erforderliche Kraft
(konstante Beschleunigung vorausgesetzt).
b) Vollbesetzt beträgt die Masse des Autos ca.
1800 kg. Analysieren Sie den Einfluss der

Masse auf die Beschleunigung und die erreichte Endgeschwindigkeit.

A5 ◒ Ein Fahrradfahrer hat zusammen mit
seinem Fahrrad eine Masse von 90 kg. Die
Bremsen können eine Bremskraft von 300 N
entwickeln. Der Radfahrer fährt mit einer
Geschwindigkeit von 25 km/h.
Berechnen Sie, wie lange es dauert, bis er
durch Bremsen zum Stehen kommt.
Berechnen Sie die Länge seines Bremsweges.

A6 ◒ Ein Güterzug besteht aus einer Lokomotive mit 120 t Masse und 20 Waggons mit
einer Masse von jeweils 40 t. Der Elektromotor
der Lokomotive besitzt eine Zugkraft von
50 kN.
a) Berechnen Sie die Beschleunigung, mit der
sich dieser Güterzug in Bewegung setzt.
b) Berechnen Sie, wie lange es dauert, bis der
Zug seine Fahrgeschwindigkeit von 80 km/h
erreicht hat.
c) Berechnen Sie, wie weit der Zug bis dahin
gefahren ist.

A7 ◖ Ein Körper, der in eine Flüssigkeit eintaucht, erfährt eine Auftriebskraft F_A. Sie ist gleich der Gewichtskraft der verdrängten Flüssigkeitsmenge. Ein unter Wasser gedrückter Ball schießt daher nach oben und springt aus dem Wasser heraus, wenn man ihn loslässt.
a) Skizzieren Sie die auf den Ball wirkenden Kräfte bis zu dem Moment, an dem er auf der Wasseroberfläche zur Ruhe kommt.
b) Zwei Vollkugeln aus Kork werden unter Wasser gedrückt. Bei der einen ist der Radius doppelt so groß wie bei der anderen. Vergleichen Sie die Beschleunigungen im Moment des Loslassens.

A8 ● Bei einem Schuss aus 11 m Entfernung auf die Torwand hinterlässt ein Fußball einen Kreis mit einem Durchmesser von $d_s = 14$ cm (→ **B1**). Berechnen Sie aus der Flugzeit $t = 0,39$ s, dem Balldurchmesser $d = 22$ cm und der Masse des Fußballs $m = 450$ g folgende Größen:
a) die Ballgeschwindigkeit v,
b) den Bremsweg x des Fußballs beim Auftreffen auf die Wand,
c) die Bremsverzögerung a des Balls, die als gleichmäßig angenommen wird,
d) die Kraft F beim Aufprall des Balles.

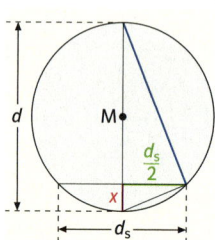

B1 Zu Aufgabe 8

A9 ◖ Nebeltröpfchen ($r = 0,005$ mm), Regentropfen ($r = 2$ mm) und Hagelkörner ($r = 5$ mm) fallen unterschiedlich schnell. Das liegt an der Verzögerung $a = -k \cdot v^2$ durch die Luftreibung. Berechnen Sie den Faktor k für kugelförmige Tropfen und bestimmen Sie die Grenzgeschwindigkeit v_{grenz} nach langer Fallzeit.

A10 ◖ Ein Sportflugzeug mit der Masse $m = 1200$ kg führt bei einer Geschwindigkeit von $v = 40$ m/s einen Looping aus. Der Radius dieser vertikalen Kreisbahn beträgt $r = 80$ m.
a) Geben Sie an, in welchem Punkt der Kreisbahn die Kraft auf das Flugzeug am größten ist. Berechnen Sie den Betrag dieser Kraft.
b) Berechnen Sie, mit welchem Anteil seiner Gewichtskraft der Pilot im höchsten Punkt der Kreisbahn in den Sitz gedrückt wird.

A11 ◖ Ein Körper mit der Masse $m = 0,20$ kg bewegt sich auf einer horizontalen Kreisbahn mit dem Radius $r = 1,0$ m. Die Frequenz der Kreisbewegung beträgt $f = 2,0 \cdot 1/s$.
a) Bestimmen Sie die Umlaufdauer dieser Bewegung.
b) Berechnen Sie die Kraft, die erforderlich ist, um den Körper auf der Kreisbahn zu halten. Geben Sie an, in welche Richtung diese Kraft wirkt.

c) Beschreiben Sie, wie sich der Körper verhält, wenn die genannte Kraft nicht mehr wirken kann.

A12 ○ Auf einer Scheibe liegen zwei 1-Euro-Stücke in verschiedenen Abständen zum Drehpunkt. Die Scheibe wird vorsichtig in Rotation versetzt. Ihre Drehgeschwindigkeit wird dabei langsam so lange erhöht, bis alle Geldstücke heruntergefallen sind.
Begründen Sie, in welcher Reihenfolge die Geldstücke herunterfallen werden.

A13 ○ Eine Kugel mit einer Masse von 150 g ist an einem Faden befestigt und wird auf einem horizontalen Kreis herumgeschleudert. Der Faden hat eine Reißfestigkeit von 6,0 N.
a) Bestimmen Sie die Frequenz, ab der der Faden zu reißen droht.
b) Beschreiben Sie wie sich die Kugel weiterbewegt, wenn der Faden gerissen ist.

A14 ◖ Beim Kettenkarussell hängen alle Sitze an den Ketten gleich schräg, unabhängig davon, ob sie besetzt oder leer sind. Begründen Sie diese Beobachtung. Hinweis: Denken Sie an die Gewichtskraft der Sitze bzw. der Personen.

A15 ◖ Die Trommel einer Waschmaschine hat 50 cm Durchmesser und dreht sich im Schleudergang mit 1200 Umdrehungen pro Minute.
a) Berechnen Sie, mit welcher Geschwindigkeit die Trommelwand umläuft.
b) Berechnen Sie, mit welcher Kraft ein Wassertropfen der Masse 1 g vom Stoffgewebe festgehalten werden müsste, um nicht wegzufliegen.
c) Eine gleich schnell drehende Wäscheschleuder hat den Durchmesser 25 cm. Vergleichen Sie die hier wirkende Kraft auf den Wassertropfen mit der aus Teil b). Begründen Sie ohne erneute Rechnung.
d) Berechnen Sie, wie schnell sich die Wäscheschleuder aus c) drehen müsste, damit die Kraft doppelt so groß ist wie in Teil b).

A16 ● Ein Auto mit der Masse $m = 1200$ kg berührt die Straße mit seinen Reifen auf einer Fläche von $A = 0,16$ m². Berechnen Sie, mit welcher Maximalgeschwindigkeit der Wagen eine Kurve mit dem Radius $r = 50$ m ohne zu rutschen durchfahren kann, wenn die Straße trocken bzw. nass ist. (Es sei $f_{h, trocken} = 0,80$; $f_{h, nass} = 0,40$.)

3 Erhaltungsgrößen

Energieerhaltung gibt Sicherheit?

3.1 Energieerhaltung

Der Schiffsarzt **Robert Mayer** notierte 1840/41 in seinem Tagebuch „verworrene Ideen über die Umwandlung von Bewegung in Wärme". Gleichzeitig meinte er, „ein neues System der Physik mitgebracht" zu haben. Die Fachwelt begegnete ihm damals abweisend. Heute folgt man seiner Idee der Erhaltungsgrößen.

B2

Die Energie als Erhaltungsgröße

Die freie Fahrt auf der Achterbahn beginnt von einem hoch gelegenen Startpunkt aus. Die Geschwindigkeit der Wagen nimmt bergab zu und bergauf ab. Während der Fahrt ändern sich Höhe und Geschwindigkeit der Wagen ständig. Für sich gesehen, sind diese Größen relativ; sie kennzeichnen den Zustand der Wagen erst, wenn Wagen, Bahn und Erde als zusammengehörig aufgefasst werden.
In der Physik betrachtet man daher alle Körper, die zur eindeutigen Beschreibung eines Vorganges nötig sind, als ein **System**.

Ein fallender Flummi wird immer schneller. Beim Aufprall auf dem Boden wird er auf kurzer Strecke auf $v = 0\,\text{m/s}$ abgebremst, verformt sich dabei und springt wieder hoch. Die sich ändernden Größen Geschwindigkeit, Höhe und Verformung zeigen verschiedene Zustände des Systems „Ball – Erde" an.

In der Physik hat sich die Vorstellung entwickelt, dass es bei allen beobachtbaren Veränderungen eine unveränderliche Größe gibt.

Diese Größe heißt **Energie**. Um quantitative Aussagen über die Energie machen zu können, geht man von zwei Annahmen aus:

1 Energie wird durch Größen erfasst, die im jeweiligen Zustand des Systems messbar sind, und zwar durch die
– Höhe h, für die Höhenenergie E_H,
– Geschwindigkeit v, für die Bewegungsenergie E_B,
– Verformung s, für die Spannenergie des Systems E_S,
2 Es dürfen sich die zur Beschreibung der Energie verwendeten Größen nur durch Wechselwirkungen mit Körpern des Systems ändern. Man spricht von einem **abgeschlossenen System**, weil dann z.B. keine Energie das System verlässt.

Energieüberführung ideal und real

Bei einem hüpfenden Flummi werden Höhenenergie E_H, Bewegungsenergie E_B und Spannenergie E_S ineinander überführt (→**B1**). Die Beträge der einzelnen Anteile können mit farbigen Anzeigen – dem Energiekontenmodell (→**B3**) – dargestellt werden. Betrachtet man Flummi und Boden als abgeschlossenes System, müsste der Ball nach dem Aufprall wieder seine Ausgangshöhe erreichen, es liegt dann nur Höhenenergie vor.

Allerdings nimmt die maximale Sprunghöhe nach jedem Aufprall ab. Es liegt kein abgeschlossenes mechanisches System vor. Beim Aufprall erfolgt auch eine Überführung in thermische Energie. Berücksichtigt man diese Überführung in thermische Energie ebenfalls, zeigt sich wiederum eine Erhaltung der Gesamtenergie.

Bei reibungsfreien Vorgängen in einem abgeschlossenen System ist die Summe aus Höhenenergie, Bewegungsenergie und Spannenergie konstant.

A1 ◔ Beschreiben Sie das Hochschleudern von Gegenständen mit Hilfe eines Federkatapults aus energetischer Sicht. Skizzieren Sie das zugehörige Energiekontenmodell.

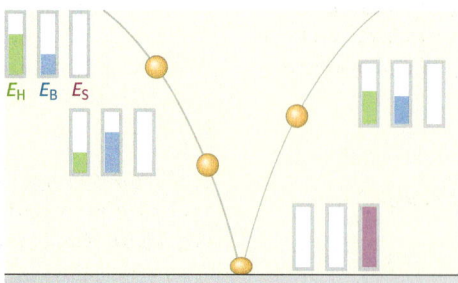

E_H E_B E_S

B1 Hüpfender Flummi

B3 Energieüberführung beim Flummi (Kontenmodell)

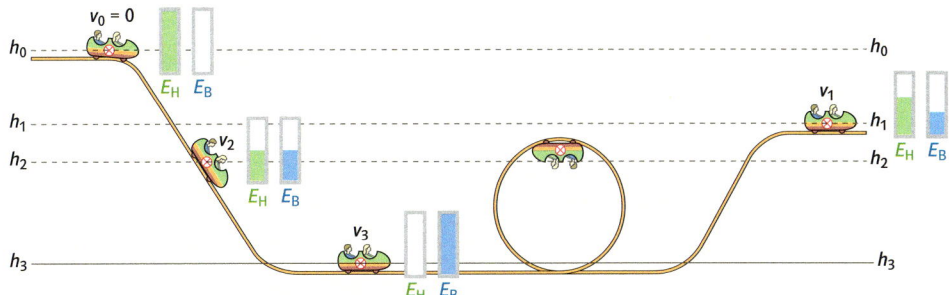

B2 Energieüberführung bei einer Achterbahnfahrt

Energieterme

Man betrachtet einen Gleiter, der auf einer Luftkissenbahn von einem herabsinkenden Antriebsgewicht beschleunigt wird (Experiment S. 68): Solange im System „Erde, Luftkissenbahn, Gleiter und Antriebsmasse" keine weiteren Energieüberführungen stattfinden, das System also abgeschlossen ist, lässt sich seine mechanische Energie durch zwei Terme beschreiben:

Höhenenergie: $E_H = m \cdot g \cdot h$

Bewegungsenergie: $E_B = \frac{1}{2} m \cdot v^2$

Die Terme ergeben als Einheit für die Energie $1\,\text{kg} \cdot \text{m}^2 \cdot \text{s}^{-2} = 1\,\text{J}$ (1 Joule).

Der Wert der Höhenenergie hängt von der Festlegung des Nullniveaus für die Höhe ab (→**B1a**). Wird Höhenenergie in Bewegungsenergie überführt, so kommt es nur auf die **Höhendifferenz** von Ausgangs- und Endlage an, die unabhängig vom Bezugsniveau ist. Die Änderung der Bewegungsenergie wird entsprechend durch die Differenz der Quadrate von Anfangs- und Endgeschwindigkeit multipliziert mit der beschleunigten Masse und dividiert durch 2 angezeigt.

Eine sich entspannende Feder kann einen reibungsarm gelagerten Gleiter beschleunigen (Experiment S. 69). Hierbei wird Spannenergie in Bewegungsenergie überführt. Aus Masse und Geschwindigkeit des Gleiters kann der zugehörige Term hergeleitet werden (→**B1c**):

Spannenergie: $E_S = \frac{1}{2} D \cdot s^2$

Das Energiekonzept

Wird die Achterbahn in **B2** mit ihren Wagen und der Erde als abgeschlossenes System betrachtet, so ist ihre **Gesamtenergie** konstant. Sie ist für jeden Zeitpunkt der Bewegung die Summe aus der Höhenenergie E_H und der Bewegungsenergie E_B, wobei sich deren Anteile laufend ändern können. Höhe und Geschwindigkeit lassen sich aus den Energietermen bestimmen, so z.B. die Geschwindigkeit im höchsten Punkt eines Loopings. Ob sie ausreicht, den höchsten Punkt ohne herunterzufallen zu durchfahren, kann aber erst durch eine Betrachtung der Kräfte beurteilt werden.

Mit dem Energiekonzept können auch ohne Kenntnis der Bewegungsgleichungen einige zur Beschreibung einer Bewegung wichtige Größen bestimmt werden.
Das Energiekonzept liefert keine Angaben zum zeitlichen Ablauf. Die „durchfallene" Höhe h_0 führt unabhängig von der Bahnkurve stets zur selben Endgeschwindigkeit. Wie lange die Bewegung dauert, ist damit nicht gesagt.

Die mechanische Energie lässt sich durch folgende Terme beschreiben:
Bewegungsenergie: $E_B = \frac{1}{2} m \cdot v^2$
Höhenenergie: $E_H = m \cdot g \cdot h$
Spannenergie: $E_S = \frac{1}{2} D \cdot s^2$

A1 ⊖ Ein Ball wird mit der Geschwindigkeit 12 m/s senkrecht nach oben geworfen. Berechnen Sie, welche Höhe er erreicht.

A2 ⊖ Eine Person der Masse $m = 80\,\text{kg}$ springt aus einer Höhe von 1,20 m in ein Trampolin ($D = 6000\,\text{N/m}$). Berechnen Sie, wie weit sich das Trampolin dehnt.

B1 Terme der Höhenenergie (a), Bewegungsenergie (b), Spannenergie (c)

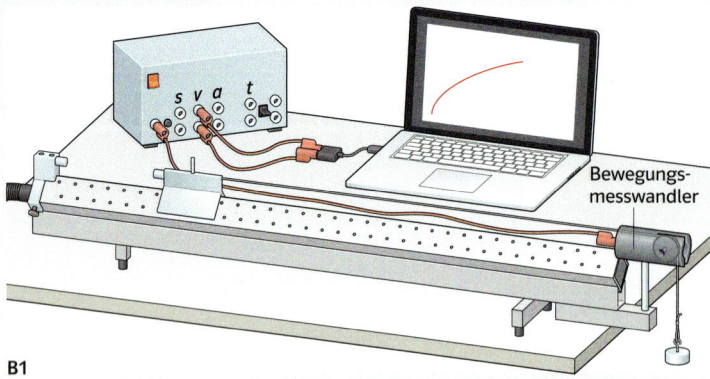

Bewegungs-
messwandler

B1

Aufgabe: Herleitung des Zusammenhangs zwischen Bewegungsenergie, Geschwindigkeit und Masse eines bewegten Körpers.

Material: Luftkissenbahn, Gleiter (m_{Gl} = 100 g), Bewegungsmesswandler, 2 Antriebskörper (m_{An} = 2 g, 4 g), 3 Gewichtsstücke (m = 100 g)

Durchführung: Auf die Luftkissenbahn wird ein Gleiter gesetzt. Seine Masse kann durch Auflegen weiterer Gewichtsstücke erhöht werden. Der Gleiter ist durch einen Faden, der über einen Bewegungsmesswandler läuft, mit dem Antriebskörper m_{An} verbunden (→B1). Lässt man den Gleiter los, sinkt der Antriebskörper herab und beschleunigt den Gleiter durch seine Gewichtskraft F_{An}. Über den Messwandler zeichnet man die Geschwindigkeit v des Gleiters auf. Der Versuch wird für verschiedene Antriebskräfte wiederholt, gemessen wird jeweils die Geschwindigkeit des Gleiters abhängig vom Ort s des Antriebskörpers.

Messung und Auswertung: Das Diagramm in B2 zeigt die Messkurven, entstanden durch Variation der Antriebskraft $F_{An} = m_{An} \cdot g$ und der bewegten Masse $m = m_{Gl} + m_{An}$.

Aus der Form der Kurven liest man ab:

$v \sim \sqrt{s}$ bzw. $s \sim v^2$

Betrachtet man den Ablauf des Versuchs, lassen sich folgende Aussagen über die Änderung des energetischen Zustands treffen:
Nach dem Loslassen des Antriebskörpers aus der Starthöhe h über dem Boden gewinnen Gleiter und Antriebskörper Bewegungsenergie. Gleichzeitig nimmt die Höhenenergie des Antriebskörpers ab.
Wenn der Antriebskörper den Boden erreicht, hat sich seine Höhenenergie um den Betrag $E_H = m_{An} \cdot g \cdot h$ geändert.

Für die Geschwindigkeit in diesem Punkt gilt nach dem Zeit-Ort-Gesetz der beschleunigten Bewegung

$v = \sqrt{2a \cdot h}$ also $v^2 = 2a \cdot h$

Für die Beschleunigung a gilt

$a = \dfrac{F_{An}}{m_{Gl} + m_{An}} = \dfrac{m_{An} \cdot g}{m_{Gl} + m_{An}}$, somit ist

$v^2 = \dfrac{2\,m_{An} \cdot g \cdot h}{m_{Gl} + m_{An}}$

Nach Umformen ergibt sich:

$\frac{1}{2} v^2 \cdot (m_{Gl} + m_{An}) = m_{An} \cdot g \cdot h$

Da der Ausdruck rechts die Höhenenergie E_H des Antriebskörpers beschreibt, muss auch links ein Energieterm stehen. Dieser lässt sich als Ausdruck für die Bewegungsenergie E_B von Gleiter und Antriebskörper bei der Geschwindigkeit v deuten.
Die Geschwindigkeitswerte v für die Fallstrecke $s = h = 0{,}65$ m ermittelt man aus den Diagrammen in B2. Durch Einsetzen der Messwerte wird die Gleichung $E_B = E_H$ überprüft:

m_{An} in g	2,0	2,0	4,0	4,0	6,0	6,0
m_{Gl} in kg	0,2	0,4	0,2	0,4	0,2	0,4
v in m/s	0,36	0,25	0,51	0,36	0,61	0,43
E_H in mJ	12,8	12,8	25,5	25,5	38,3	38,3
E_B in mJ	13,0	12,5	26,0	25,9	37,2	37,0

Ein Vergleich der beiden unteren Zeilen ergibt eine gute Übereinstimmung der beiden Werte. Allgemein kann man die Energie eines Körpers der Masse m und der Geschwindigkeit v durch folgenden Term beschreiben:

$E_B = \frac{1}{2} m \cdot v^2$

m_{An} in g	m_{Gl} in kg
6,0	0,2
4,0	0,2
6,0	0,4
4,0	0,4
2,0	0,2
2,0	0,4

B2 Messkurven für einen mit F_G beschleunigten Gleiter der Masse m_{Gl}

Die Spannenergie

B1

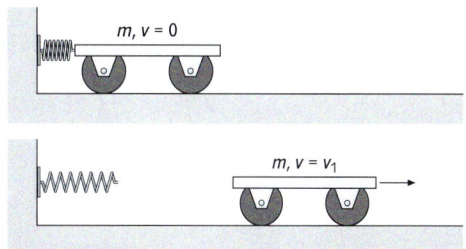

B2 Spannenergie wird in Bewegungsenergie überführt.

Aufgabe: Herleitung des Zusammenhangs zwischen der Spannenergie E_S einer Feder, ihrer Federkonstanten D und der Stauchstrecke s.

Material: Fahrbahn, Maßstab, Prallfeder (Federhärte $D_1 = 65\,\text{N/m}$), Wagen ($m = 160\,\text{g}$) mit Blende, Lichtschranke, Gewichtsstück ($m - 160\,\text{g}$)

Durchführung: Auf die Fahrbahn wird ein Wagen mit der Masse m gesetzt. An einer Seite der Fahrbahn ist eine Prallfeder mit der Federhärte D befestigt. Der Wagen wird nun so verschoben, dass die Prallfeder um die Strecke s gestaucht wird. Der Wert für s wird in einer Tabelle notiert. Nun lässt man den Wagen los, er wird beschleunigt, bis die Feder vollständig entspannt ist (→B1, B2).
Passiert der Wagen die Lichtschranke, verdunkelt die am Wagen befestigte Blende die Lichtschranke für die Zeitspanne Δt. Aus dieser Zeitspanne und der Breite der Blende lässt sich die Geschwindigkeit v des Wagens bestimmen.

Messung: Der Versuch wird für verschiedene Massen m des Wagens durchgeführt. Abhängig von der Stauchstrecke s der Feder erreicht der Wagen folgende Geschwindigkeit v:

	s in m	0,01	0,02	0,03	0,04
$m = 160\,\text{g}$	v in m/s	0,20	0,41	0,59	0,79
$m = 320\,\text{g}$	v in m/s	0,14	0,29	0,43	0,57

Auswertung: Bei dem Versuch wird Spannenergie in Bewegungsenergie überführt. Ein s-v-Diagramm (→B3) zeigt, dass v proportional zu s ist. Somit muss auch $v^2 \sim s^2$ gelten und damit wegen $E_B \sim v^2$ auch $E_S \sim s^2$.
Die Proportionalitätskonstante ergibt sich aus der Beziehung $E_B = E_S$ nach

$$\frac{1}{2}v^2 \cdot m = k \cdot s^2$$

In der Tabelle sind die berechneten Werte für k aufgeführt:

	$m = 160\,\text{g}$			
E_B in 10^{-3} J	3,2	13,4	27,8	49,9
s^2 in 10^{-4} m^2	1,0	4,0	9,0	16,0
k in N/m	32,0	33,6	30,8	32,5
	$m = 320\,\text{g}$			
E_B in 10^{-3} J	3,1	13,5	29,5	52,0
s^2 in 10^{-4} m^2	1,0	4,0	9,0	16,0
k in N/m	31,0	33,7	32,8	32,5

Als Mittelwert für die Proportionalitätskonstante ergibt sich $k = 32,4\,\text{N/m}$. Dies entspricht der halben Federkonstanten D:

$$k = \frac{1}{2}D$$

Ergebnis: Die Spannenergie einer Feder mit der Federkonstanten D, die um die Strecke s gestaucht ist, wird durch den Term

$$E_S = \frac{1}{2}D \cdot s^2$$

beschrieben.

A1 ⚫ Planen Sie einen Versuch, mit dem Sie ausgehend von der Höhenenergie eines Körpers den Term für die Spannenergie einer Feder herleiten können.

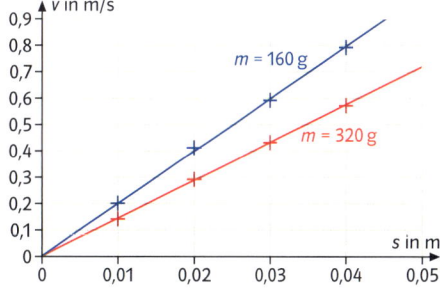

B3 s-v-Diagramme für zwei Massen

3.2 Anwendung des Energiekonzepts

Für viele Problemstellungen in der Physik gibt es verschiedene Lösungsansätze. Hier sollen die Anwendung des Energiekonzepts und sein Nutzen vorgestellt werden.

Energie beim freien Fall

Aus den Bewegungsgleichungen $s = \frac{1}{2}g \cdot t^2$ und $v = g \cdot t$ für den frei fallenden Körper können Ort s und Geschwindigkeit v berechnet werden, wobei

$$v = g \cdot \sqrt{2\frac{s}{g}} = \sqrt{2g \cdot s} \text{ gilt.}$$

Eine Betrachtung der Energieüberführungen des frei fallenden Körpers mit der Masse m im System „Erde – Körper" zeigt ($\rightarrow$B1): Zu Beginn in der Höhe h_0 ist

$$E_H = m \cdot g \cdot h_0 \text{ und } E_B = 0.$$

Im freien Fall bis zur Höhe h_1 folgt nach den Bewegungsgleichungen

$$v_1 = \sqrt{2g \cdot s} = \sqrt{2g \cdot (h_0 - h_1)}.$$

Da $E_H = m \cdot g \cdot h_1$ und $E_B = \frac{1}{2}m \cdot v_1^2$ ist, beträgt ihre Summe in der Höhe h_1:

$$m \cdot g \cdot h_1 + \frac{1}{2}m \cdot 2g \cdot (h_0 - h_1) = m \cdot g \cdot h_0$$

Am Boden bei $h_2 = 0$ angelangt, ist die Geschwindigkeit

$$v_2 = \sqrt{2g \cdot h_0} \text{ und es ist wiederum}$$

$$E_H + E_B = 0 + \frac{1}{2}m \cdot v_2^2 = m \cdot g \cdot h_0$$

Die Bewegung des fallenden Körpers wird also mit den Termen korrekt erfasst. Die konstante Summe aus Höhenenergie und Bewegungsenergie legt jeden Zustand des Systems fest. Diese konstante Gesamtenergie beträgt:

$$E = E_H + E_B = m \cdot g \cdot h_{(v=0)} = \frac{1}{2}m \cdot v_{(h=0)}^2$$

Energie beim Fadenpendel

Ein aus seiner Ruhelage bis zur Höhe h_0 ausgelenktes Fadenpendel erreicht nach Passieren

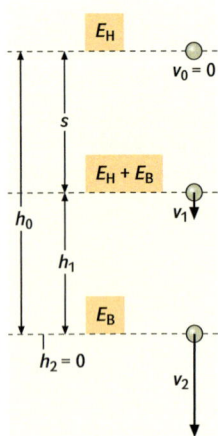

B1 Energieterme für den freien Fall

der Ruhelage wieder die Höhe h_0 ($\rightarrow$B2). Die Bahnkurve der Bewegung ist ein Kreisbogen. Die Geschwindigkeit ist bei h_0 null und beim Durchgang durch die Ruhelage am größten. Die Bewegungsgesetze aufzustellen, ist hier schwierig. Einfacher ist eine Energiebetrachtung: Man wählt die niedrigste Lage als Bezugshöhe. Dies ergibt im höchsten Punkt h_0 nur Höhenenergie $E_H = m \cdot g \cdot h_0$ und im tiefsten Punkt nur Bewegungsenergie $E_B = \frac{1}{2}m \cdot v_{(h=0)}^2$. Wir betrachten das System als abgeschlossen. Dann ist die Energie für die beiden Lagen gleich groß:

$$m \cdot g \cdot h_0 = \frac{1}{2}m \cdot v_{(h=0)}^2 \;\Rightarrow\; v_{(h=0)} = \sqrt{2g \cdot h_0}$$

Dieses Ergebnis stimmt mit dem aus den Bewegungsgleichungen beim freien Fall gewonnenen überein. Bei der energetischen Betrachtung ist aber nicht die Kenntnis der gesamten Bahnkurve erforderlich, es genügt die Kenntnis der Energieterme an zwei Bahnpunkten.

Energie beim senkrechten Wurf

Ein Körper wird mit der Geschwindigkeit $v_0 > 0$ vom Anfangsniveau h_0 aus senkrecht nach oben geworfen. Die maximale Steighöhe h_{max}, in der $v = 0$ ist, soll berechnet werden. Eine Energiebetrachtung zeigt:

Am Anfang bei $h_0 = 0$ ist

$$E_H = 0 \text{ und } E_B = \frac{1}{2}m \cdot v_0^2$$

Am Gipfel in der Höhe h_{max} ist dagegen

$$E_H = m \cdot g \cdot h_{max} \text{ und } E_B = 0, \text{ da } v = 0 \text{ ist.}$$

Die Bewegungsenergie wurde vollständig in Höhenenergie überführt:

$$\frac{1}{2}m \cdot v_0^2 = m \cdot g \cdot h_{max} \;\Rightarrow\; h_{max} = \frac{1}{2} \cdot \frac{v_0^2}{g}$$

Das Erreichen einer Höhe h_{max} erfordert – unabhängig von der Masse des Körpers – eine bestimmte Anfangsgeschwindigkeit v_0. Erhält er diese durch Entspannen einer Feder, so führt der Ansatz konstanter Gesamtenergie zu

$$E_B = E_S \text{ und } \frac{1}{2}m \cdot v_0^2 = \frac{1}{2}D \cdot s^2,$$

falls die Änderung der Höhenenergie während des Entspannens vernachlässigt wird.

A1 ○ Ein Wagen rollt eine schiefe Ebene hinab. Begründen Sie, warum seine Endgeschwindigkeit nur von der Starthöhe, nicht aber von der Masse des Wagens abhängt.

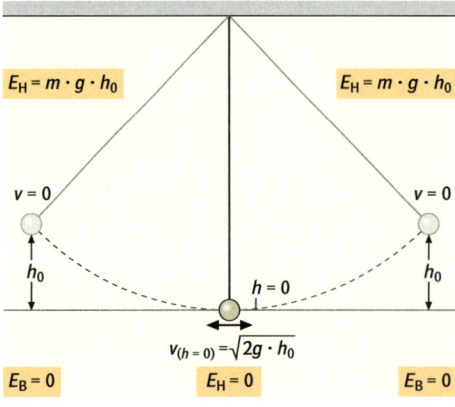

B2 Energieterme beim Fadenpendel

In der Abbildung: $E_H = m \cdot g \cdot h_0$; $E_H = m \cdot g \cdot h_0$; $v = 0$; $v = 0$; h_0 ; $h = 0$; h_0 ; $v_{(h=0)} = \sqrt{2g \cdot h_0}$; $E_B = 0$; $E_H = 0$; $E_B = 0$

Problemlösung mit dem Energiekonzept

Physik und Sport – Stabhochsprung Die in sportlichen Wettbewerben gemessenen Werte sind physikalische Größen. Daher ist es für Sportler, Trainer und auch Hersteller von Sportgeräten sehr wichtig, die physikalischen Zusammenhänge zu kennen.

Die wichtigsten Phasen beim Stabhochsprung zeigt **B1**. Um eine möglichst große Höhe zu erreichen, muss die Bewegungsenergie des Anlaufs weitgehend vollständig in Spann- und dann in Höhenenergie überführt werden. Wir betrachten nur die Überführung von Bewegungs- in Höhenenergie: Unter der Annahme, dass ein abgeschlossenes System vorliegt, gilt nach dem Energieerhaltungsprinzip:

$E_B = E_H$ bzw. $\frac{1}{2} m \cdot v^2 = m \cdot g \cdot h$

Dabei ist m die Masse des Sportlers, v seine Anlaufgeschwindigkeit und h die maximale Höhenänderung seines Schwerpunktes. Die gesuchte Höhe ergibt sich aus: $h = v^2 / 2g$ Weltklassespringer erreichen mit Stab Geschwindigkeiten von 10 m/s. Mit diesem Wert erhalten wir: $h = 5{,}10$ m

Um diese Höhe könnte man den Schwerpunkt des Sportlers anheben. Bei einem stehenden Menschen liegt dieser in der Nabelgegend, beim anlaufenden Springer also bereits ca. 1 m über dem Boden. Nach einer geglückten vollständigen Energieüberführung wäre der Schwerpunkt somit ca. 6 m über dem Boden.

Obwohl wir viele weitere Einflüsse auf den komplizierten Bewegungsablauf und die Energieüberführungen beim Stabhochsprung vernachlässigt haben, liefert unsere Abschätzung ein erstaunlich exaktes Ergebnis.

Die Loopingbahn Ein Modellauto durchfährt einen Looping (→**B2**). Eine Energiebetrachtung zeigt: Das Fahrzeug wird den höchsten Punkt des Loopings erreichen und dort noch eine Geschwindigkeit haben, weil die Höhe unter der Starthöhe liegt. Ob es herunterfällt oder den Looping sicher durchfährt, kann aus der Energie alleine nicht gefolgert werden. Hier müssen Kräfte betrachtet werden.

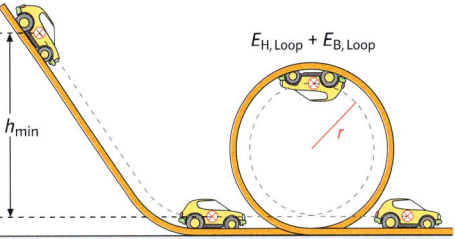

$E_{H,\,Loop} + E_{B,\,Loop}$

h_{min}

r

B2 Fahrt durch den Looping

Im höchsten Punkt ist die Gewichtskraft $F_G = m \cdot g$ senkrecht zur Bewegungsrichtung, kann also als Zentripetalkraft $F_Z = m \cdot v^2 / r$ wirken. Aus $F_Z = F_G$ folgt $v^2 = r \cdot g$ bzw. $r = v^2 / g$. Nur für einen bestimmten Wert von v führt die Gewichtskraft zu einem Kreisbahnradius, der dem Loopingradius entspricht. Bei kleinerem v würde der Radius kleiner und der Wagen würde sich von der Loopingbahn lösen. Bei größerem v würde r wachsen. Das wird durch die Bahn verhindert, sie bewirkt eine zusätzliche zum Kreismittelpunkt wirkende Kraft. Es ergibt sich: Für die Mindestgeschwindigkeit zum sicheren Durchfahren der Loopingbahn gilt $v_{min}^2 = r \cdot g$.

Das Energiekonzept liefert jetzt Aussagen zur Mindesthöhe vor dem Looping:

$$E_{H,\,Anf.} = E_{H,\,Loop} + E_{B,\,Loop}$$
$$m \cdot g \cdot h_{min} = m \cdot g \cdot 2r + \frac{1}{2} m \cdot v_{min}^2$$
$$g \cdot h_{min} = g \cdot 2r + \frac{1}{2} r \cdot g$$
$$h_{min} = 2{,}5\,r$$

A1 ⊖ Eine Stahlkugel in einer Loopingrinne fällt herunter, wenn man sie aus der errechneten Mindesthöhe starten lässt. Begründen Sie dies.
Hinweis: Eine auf einer Achse rotierende Scheibe besitzt Bewegungsenergie, ohne sich dabei vorwärts zu bewegen.

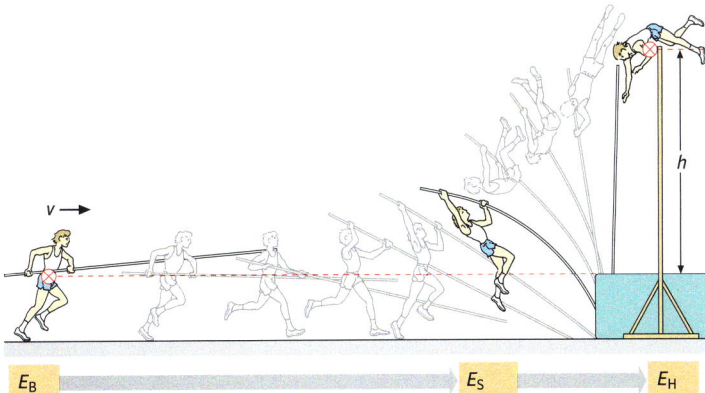

v

h

E_B E_S E_H

B1 Phasen beim Stabhochsprung

Energieüberführung beim freien Fall

Aufgabe: In einem Schülerexperiment wurde ein Stück Knete mit einer Masse von 48 g zu einer Kugel mit einem Durchmesser von 4,3 cm geformt.

Diese Kugel hat man aus verschiedenen Stockwerken auf den Boden der Schulaula fallen lassen. Für die unterschiedlichen Fallhöhen h wurden die folgenden Durchmesser d der Aufprallflächen ermittelt:

h in m	0,50	1,00	1,50	2,00	2,40
d in cm	1,70	2,05	2,30	2,40	2,60

h in m	5,00	8,50	12,50	16,00
d in cm	3,45	3,90	4,00	4,20

Den Zusammenhang zwischen Fallhöhe h und Durchmesser d der Aufprallfläche zeigt das Diagramm **B1**:

B2 Messung der Fallhöhe

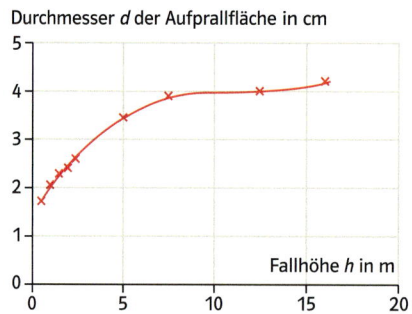

B1 Aufprallfläche in Abhängigkeit von der Fallhöhe

Der Wurf der Kugel mit einer bestimmten Geschwindigkeit v erzeugt die gleiche Verformung und damit die gleiche Aufprallfläche wie ein Fall aus einer ganz bestimmten Höhe h.

In einem weiteren Versuch wurde die Aufprallgeschwindigkeit der Kugel gemessen. Sie trifft mit einer Geschwindigkeit von ca. 59 km/h auf dem Boden auf.

a) Berechnen Sie mit diesen Angaben die Fallhöhe der Knetkugel.

b) Das errechnete Ergebnis aus Aufgabe a) stimmt nicht mit den Gebäudeabmessungen überein. Begründen Sie qualitativ die Abweichung des errechneten Ergebnisses vom tatsächlichen Wert.

c) Wirft man die Kugel mit einer Geschwindigkeit von 16 m/s gegen eine Wand, dann verformt sie sich so, dass eine kreisförmige Aufprallfläche mit 4,1 cm Durchmesser entsteht.

Bestimmen Sie die Höhe, aus der man die Kugel fallen lassen müsste, um genau die gleiche Aufprallfläche zu erhalten.

Lösung: a) Für den freien Fall gilt Energieerhaltung, daher kann man die Höhenenergie mit der entsprechenden Bewegungsenergie gleichsetzen:

$E_\text{H} = E_\text{B}$ d.h., $m \cdot g \cdot h = \frac{1}{2} \cdot m \cdot v^2$

daraus folgt:

$g \cdot h = \frac{1}{2} v^2$ und $v^2 = 2 \cdot g \cdot h$

$h = \dfrac{v^2}{2 \cdot g}$

$h = \dfrac{\left(59 \cdot \frac{1000}{3600} \cdot \frac{m}{s}\right)^2}{2 \cdot 9{,}81 \frac{m}{s^2}} = 13{,}7\,\text{m}$

Die Fallhöhe der Knetkugel berechnet sich zu $h = 13{,}7$ m.

b) Bei der Berechnung in Aufgabenteil a) wurde die Luftreibung vernachlässigt. Sie führt dazu, dass sich die Aufprallgeschwindigkeit der Kugel verringert. Daher ist die errechnete Höhe zu klein.

c) Aus dem Diagramm lässt sich ablesen: Eine Aufprallfläche mit einem Durchmesser von 4,1 cm entsteht bei einem Fall aus etwa 15 m Höhe. Da $v = 16$ m/s $= 58$ km/h bestätigt dies die Aussage in Aufgabenteil b). Der in Teil a) berechnete Wert der Fallhöhe weicht um mindestens 1,3 m vom tatsächlichen Wert ab.

Physik und Straßenverkehr – zwei Sichtweisen

B1 Aufprall auf ein festes Hindernis von der ersten Berührung bis zum Stillstand

Immer mehr Menschen legen bei der Wahl ihres neuen Autos Wert auf Sicherheit. Ein Schwerpunkt der Entwicklung ist das Zusammenwirken von Knautschzone, Sicherheitsgurt und Airbag. Die Bildserie eines Crashtests zeigt die Stabilität des Fahrgastraums (→B1). Der vordere Teil des Wagens ist dagegen beim Stillstand des Wagens auf einen Bruchteil zusammengeschoben.

Lernmethode „Kugellager"

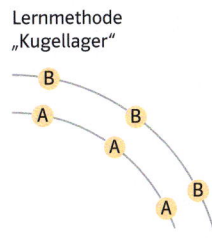

Phase I: Bilden Sie zwei Gruppen A und B. Gruppe A bearbeitet den Text zum Kraftphysiker, B den zum Energiephysiker. Jeder Schüler notiert sich Gedanken und Ergebnisse.
Phase II: Gruppenmitglieder A bilden einen Innenkreis, Mitglieder der Gruppe B ordnen sich außen dazu und erläutern ihren Partnern aus Gruppe A die Energiesichtweise.

Phase III: Die Mitglieder der Gruppe B rücken im Uhrzeigersinn zwei Plätze weiter und hören den Vortrag der neuen Partner aus Gruppe A zur Kraftsicht.
Phase IV: Die Mitglieder der Gruppe B rücken erneut zwei Plätze weiter und erläutern jetzt selbst die Kraftsicht. Gruppe A überprüft, ob alles richtig verstanden wurde. Dann erläutert Gruppe A die Energiesicht und Gruppe B überprüft.

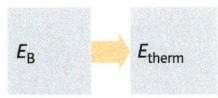

B2

1 Der Kraftphysiker Da ein Auto träge ist, kann es nur durch eine entgegengesetzt zur Bewegungsrichtung wirkende Kraft zum Stehen kommen. Diese Kraft können wir nach der Grundgleichung der Mechanik $F = m \cdot a$ berechnen. Dazu wird zunächst a bestimmt.

Berechnung von a: Aufgrund einer europäischen Norm muss das Fahrzeug beim Crashtest mit einer Geschwindigkeit von 64 km/h aufprallen. Wir nehmen an, dass es sich bei dem Aufprallvorgang um eine gleichmäßig verzögerte Bewegung handelt. Die Knautschzone sorgt dafür, dass es 100 ms dauert, bis die Geschwindigkeit auf 0 km/h gesunken ist. Bestätigen Sie, dass unter diesen Bedingungen die Bremsverzögerung $a = -178 \, \text{m/s}^2$ beträgt.

Berechnung von F: Zeigen Sie, dass die wirkende Kraft auf den Fahrer bei einer durchschnittlichen Körpermasse von 70 kg etwa 12 400 N beträgt.
Menschliche Knochen können bei einer Kraftwirkung von ungefähr 5 kN brechen. Beurteilen Sie das Ergebnis.

Weitere Überlegungen: Welche Masse müsste ein Gegenstand haben, der an den Sicherheitsgurt gehängt wird, um zu überprüfen, ob der Gurt die berechnete Kraft aushält? Welchen Zweck hat der Airbag (→B3) im Hinblick auf den Bremsvorgang des menschlichen Körpers?

2 Der Energiephysiker Das fahrende Auto und der Fahrgast im Inneren haben Bewegungsenergie. Diese wird beim Aufprall überführt (→B2).

Gesamte Energie: Aufgrund einer europäischen Norm muss das Fahrzeug beim Crashtest mit einer Geschwindigkeit von 64 km/h aufprallen. Wir nehmen an, dass seine Masse mit Fahrgästen und Gepäck 1500 kg beträgt. Bestätigen Sie für die Bewegungsenergie beim Aufprall den Wert von ca. 237 000 J.

Energie der Personen: Der größte Teil der Bewegungsenergie wird in thermische Energie der Knautschzone überführt. Zeigen Sie, dass bei einer durchschnittlichen Körpermasse von 70 kg die Bewegungsenergie der Person 11 060 J ist. Zum Vergleich berechnen wir die Höhe, auf welche die Person mit dieser Energie angehoben werden könnte. Ansatz:

$E_H = E_B$, also $m \cdot g \cdot h = 11060 \, \text{J}$

Ergebnis: $h = 16{,}11 \, \text{m}$

Umgekehrt entspricht der Aufprall des Autos einem Fall aus 16 m Höhe.

Weitere Überlegungen: Beurteilen Sie anhand der gefundenen Ergebnisse die Bedeutung von Gurt und Airbag (→B3) bei der Überführung der Bewegungsenergie.

B3 Ein Airbag schützt.

3.3 Impuls

Betrachtet man den Untergang der „Titanic", wird klar: Wäre das Schiff vor dem missglückten Ausweichmanöver langsamer gewesen, hätte die Wirkung der Maschinen ausgereicht, um es am Eisberg vorbeizusteuern. Ähnliches kann man folgern, wäre die Masse des Schiffes kleiner gewesen.

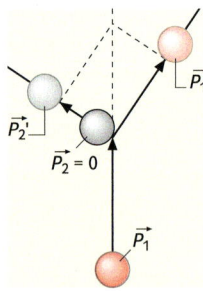

B1 Impulsänderung durch einen Stoß

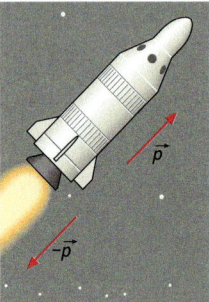

B2 Impulsübertragung bei einer Rakete

Wechselwirkungen bei Stößen

Schnippt man auf einer glatten Unterlage eine Münze auf eine ruhende gleichartige Münze, so hängt die Auswirkung dieses Stoßes stark von der Geschwindigkeit der Münze ab. Bei der Verwendung verschiedener Münzen erkennt man aber auch, dass die Auswirkungen des Stoßes von der Masse der Stoßpartner abhängen.
Man definiert das Produkt aus Masse m und Geschwindigkeit v als **Impuls** p des Körpers. Die gesetzliche Einheit für p ist $1\,\frac{\text{kg} \cdot \text{m}}{\text{s}}$.

Der Impuls ist ein Vektor, der in die gleiche Richtung wie der der Geschwindigkeit zeigt.

Impulserhaltung

Stoßen zwei frei bewegliche Körper zusammen, so beobachtet man, dass sich bei beiden Körpern die Geschwindigkeit und damit der Impuls verändert (→**B1**). Die Beobachtungen sind unabhängig davon, ob sich die Körper wirklich berühren oder ob man zwei kleine Magnete verwendet, die sich abstoßen, ohne in Kontakt zu kommen. Deshalb spricht man besser von Wechselwirkung.

Bei Versuchen mit zwei Gleitern auf der Luftkissenfahrbahn kann man Wechselwirkungen mit anderen Körpern, etwa durch Reibung, vernachlässigen. Man bezeichnet in diesem Fall die Gleiter als **abgeschlossenes System**. Messungen zeigen, dass bei der Wechselwirkung beide Gleiter eine gleich große, aber entgegengesetzte Impulsänderung erfahren.

Für die Impulsänderung infolge der Wechselwirkung zweier Körper ist es unerheblich, in welchem Bewegungszustand sie sich vor der

Wechselwirkung befinden. Es gilt stets der **Impulserhaltungssatz**:

$$\overrightarrow{\Delta p_1} = -\overrightarrow{\Delta p_2} \text{ und damit}$$

$$\vec{p_1} - \vec{p_1'} = -(\vec{p_2} - \vec{p_2'}) \text{ bzw. } \vec{p_1} + \vec{p_2} = \vec{p_1'} + \vec{p_2'}$$

wobei p' jeweils den Impuls nach der Wechselwirkung angibt.

„Verlust und Gewinn" von Impuls?

Ein Flummi wird an eine Wand geworfen und prallt zurück. Ein Spielzeugauto wird auf einer ebenen Fläche angeschubst und rollt aus. In den Versuchen ändern sich die Impulse von Flummi und Spielzeugauto, scheinbar ohne dass eine Impulsübertragung auf einen anderen Körper zu beobachten ist.

Tatsächlich bleibt auch hier der Gesamtimpuls erhalten, denn man muss immer die Impulse aller wechselwirkenden Körper betrachten. Der Ball konnte seine Richtung nur umkehren, weil er gegen die Wand prallte. Die Wand erfuhr eine Impulsänderung um den gleichen Betrag wie der Flummi. Allerdings ist die Masse der Wand so groß, dass ihre Geschwindigkeitsänderung vernachlässigbar klein ist.
Auch das Spielzeugauto hat Impuls „verloren", er wurde an den Erdboden abgegeben. Damit verbunden ist eine Änderung der Erddrehung, die jedoch unmessbar klein ist.

Auch wenn ein Körper beschleunigt, muss ein anderer Körper in entgegengesetzter Richtung beschleunigt werden, damit der Gesamtimpuls erhalten bleibt. Eine Rakete beschleunigt (→**B2**), indem die Raketenabgase mit hoher Geschwindigkeit nach hinten ausgestoßen werden, ein Pkw beschleunigt, indem er die Straße nach hinten „wegschiebt" wie an der Fahrbahnmarkierung in **B3** zu erkennen ist.

Ein Körper mit Masse m, der sich mit der Geschwindigkeit $\vec{v}$ bewegt, hat den Impuls $\vec{p} = m \cdot \vec{v}$.
In einem abgeschlossenen System bleibt die Summe der Impulse erhalten.

A1 ○ Wie ändert sich der Impuls eines Körpers, wenn eine Kraft auf den Körper wirkt?

A2 ○ Deuten Sie das Aufwirbeln des Sandes in Abbildung **B4**.

B3 Pkw „schieben" die Straße nach hinten.

B4 Speedway-Start

Untersuchung von Stoßvorgängen

Aufgabe: In den folgenden Versuchen soll das Verhalten zweier Körper untersucht werden, die unter verschiedenen Bedingungen zusammenstoßen.

Material: Luftkissenbahn mit zwei Lichtschranken, zwei Gleiter ($m = 100\,g$), Klettband, Feder, Wägestück ($m = 100\,g$)

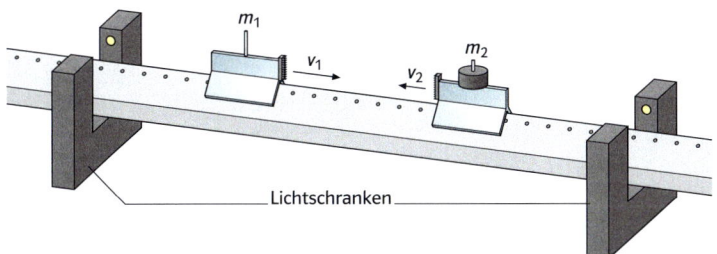

B1 Aufbau zu Versuch a)

Durchführung: a) An der Luftkissenbahn werden die beiden Lichtschranken angebracht. Dann werden zwei Gleiter gleicher Masse m, die beide mit Klettband versehen sind, auf die Bahn gesetzt. An beiden Gleitern ist eine Blende befestigt, die die Lichtschranke unterbrechen kann und somit die Ermittlung der Geschwindigkeit ermöglicht.

Nun werden die beiden Gleiter angestoßen und bewegen sich mit den Geschwindigkeiten v_1 und v_2 aufeinander zu (→B1).

b) Der Versuch wird abgeändert, indem man das Klettband entfernt und an einem Gleiter eine Feder anbringt. Erneut werden die beiden Gleiter angestoßen und bewegen sich mit den Geschwindigkeiten v_1 und v_2 aufeinander zu.

Die Messung wird mit Gleitern unterschiedlicher Masse durchgeführt.

Ergebnis und Auswertung: a) Die Gleiter stoßen zusammen und bleiben aneinander haften. Sie bewegen sich anschließend gemeinsam mit der Geschwindigkeit v' weiter. Die Messergebnisse zeigt Tabelle **B3** links. (Negatives Vorzeichen heißt Bewegung nach links).

b) Auch hier stoßen die Gleiter zusammen, bewegen sich aber anschließend getrennt mit unterschiedlichen Geschwindigkeiten v_1' und v_2' weiter. Einige Messergebnisse zeigt der rechte Teil der Tabelle **B3**.

Um die beobachteten Geschwindigkeitsänderungen zu erklären, betrachtet man die Kräfte, die die Körper wechselseitig aufeinander ausüben. Aus den Kräften ergeben sich nach der Newton'schen Grundgleichung $F = m \cdot a$ Beschleunigungen und aus diesen nach $a = \Delta v / \Delta t$ Geschwindigkeitsänderungen.
Die Kraft F_{21}, die Gleiter 2 auf Gleiter 1 ausübt und die Kraft F_{12} von Gleiter 1 auf Gleiter 2 sind Wechselwirkungskräfte. Für sie gilt:

$$F_{21} = -F_{12}$$

Daraus wird nach der Grundgleichung:

$$m_1 \cdot a_1 = -m_2 \cdot a_2$$

Multipliziert man mit der Dauer der Krafteinwirkung Δt, ergibt sich:

$$m_1 \cdot a_1 \cdot \Delta t = -m_2 \cdot a_2 \cdot \Delta t$$
$$m_1 \cdot \Delta v_1 = -m_2 \cdot \Delta v_2$$
$$m_1 \cdot (v_1' - v_1) = -m_2 \cdot (v_2' - v_2)$$

Nach Umformung erhält man:

$$m_1 \cdot v_1 + m_2 \cdot v_2 = m_1 \cdot v_1' + m_2 \cdot v_2'$$

Das Produkt aus Masse und Geschwindigkeit eines Körpers nennt man Impuls p. Die obige Gleichung besagt, dass der Gesamtimpuls vor dem Stoß gleich dem Gesamtimpuls nach dem Stoß ist. Eine rechnerische Überprüfung zeigt, dass die Impulse im Rahmen der Messgenauigkeit übereinstimmen (→B2).

Messung	Gesamtimpuls p in kg m/s	
	vorher	nachher
1	−0,023	−0,022
2	−0,020	−0,016
3	−0,080	−0,075
4	0,186	0,180
5	0,014	0,014
6	0,039	0,039
7	0,087	0,092
8	0,086	0,086
9	0,178	0,176

B2 Auswertung

Messung			1	2	3	4		5	6	7	8	9
Vor dem Stoß	m_1 in kg		0,10	0,10	0,10	0,10	m_1 in kg	0,10	0,15	0,15	0,25	0,25
	v_1 in m/s		0,55	0,58	0,48	1,22	v_1 in m/s	0,58	0,58	0,58	0,52	0,64
	m_2 in kg		0,10	0,10	0,20	0,20	m_2 in kg	0,10	0,10	0,20	0,10	0,10
	v_2 in m/s		−0,78	−0,78	−0,64	0,32	v_2 in m/s	−0,44	−0,48	0	−0,44	0,18
Nach dem Stoß	$m_1 + m_2$ in kg		0,20	0,20	0,30	0,30	v_1' in m/s	−0,43	−0,26	−0,08	−0,02	0,37
	v' in m/s		−0,11	−0,08	−0,25	0,60	v_2' in m/s	0,57	0,78	0,49	0,91	0,83

B3 Messwerte für Gleiter mit Klettband (1–4) und Gleiter mit Feder (5–9)

3.4 Impuls und Kraft

Einen Sprung aus 1 m Höhe auf harten Boden sollte man mit den Knien abfedern, um die Gelenke zu schonen. Da die Impulsänderung vorgegeben ist, bestimmt die Dauer des Vorgangs die Größe der wirkenden Kraft.

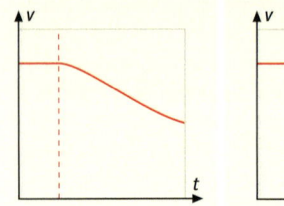 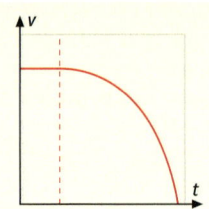 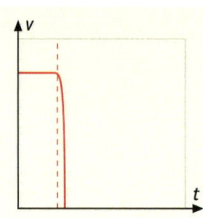

B1 *t-v*-Diagramme für unterschiedliche Bremsvorgänge

Impulsänderung und Zeitspanne

Drei baugleiche Pkw der Masse 1500 kg fahren mit der Geschwindigkeit 20 m/s und kommen auf unterschiedliche Weise zum Stillstand (→**B1**): Der Fahrer des ersten Wagens lässt sein Auto ausrollen, es kommt nach 60 s zum Stehen.
Der Fahrer des zweiten Wagens tritt auf die Bremse, sein Fahrzeug steht nach 5 s. Pkw 3 fährt im Crashtest ungebremst auf ein Hindernis und kommt innerhalb eines Sekundenbruchteils zum Stillstand.

Da alle Pkw zunächst gleiche Geschwindigkeit besitzen, ist auch ihr Impuls gleich:

$$p = m \cdot v = 1500\,\text{kg} \cdot 20\,\tfrac{\text{m}}{\text{s}} = 30\,000\,\tfrac{\text{kg} \cdot \text{m}}{\text{s}}$$

Sind sie zum Stillstand gekommen, ist ihr Impuls ebenfalls gleich. Alle Pkw haben die gleiche Impulsänderung erfahren. Die Auswirkungen auf die Fahrzeuge sind jedoch ganz verschieden, da die Impulsänderung in unterschiedlich langen Zeitspannen erfolgte.
Der Quotient $\Delta p / \Delta t$ charakterisiert die Wirkung einer Impulsübertragung. Physiker bezeichnen sie üblicherweise als „**Kraft**".

Die Kraft ist der Quotient aus der Impulsänderung und der Zeitspanne, in der diese Änderung erfolgt:

$$\vec{F} = \frac{\Delta \vec{p}}{\Delta t}$$

B2 *t-F*-Diagramme für gleiche Impulsänderung

Für die drei Pkw aus dem Beispiel lässt sich die wirkende Kraft berechnen:

Pkw 1:
$$F = \frac{\Delta p}{\Delta t} = \frac{-30\,000\,\tfrac{\text{kg}\cdot\text{m}}{\text{s}}}{60\,\text{s}} = -500\,\text{kg}\,\tfrac{\text{m}}{\text{s}^2} = -500\,\text{N}$$

Pkw 2:
$$F = \frac{\Delta p}{\Delta t} = \frac{-30\,000\,\tfrac{\text{kg}\cdot\text{m}}{\text{s}}}{5\,\text{s}} = -6\,000\,\text{N}$$

Pkw 3:
$$F = \frac{\Delta p}{\Delta t} = \frac{-30\,000\,\tfrac{\text{kg}\cdot\text{m}}{\text{s}}}{0,5\,\text{s}} = -60\,000\,\text{N}$$

Betrachtet man die zugehörigen *t-F*-Diagramme zeigt sich, dass die Impulsänderung der Fläche unter der Kurve entspricht:

$$\Delta \vec{p} = \vec{F} \cdot \Delta t$$

Sie ist im Beispiel in allen drei Fällen gleich groß. Das Produkt $\vec{F} \cdot \Delta t$ bezeichnet man auch als Kraftstoß.

Wirkt auf einen Körper keine Kraft, dann ist sein Impuls konstant. Im Umkehrschluss gilt aber nicht, dass auf einen Körper mit konstantem Impuls keine Kräfte wirken. Herrscht an einem Körper Kräftegleichgewicht, bewegt er sich, als wäre er kräftefrei.

Wie kann man den Impuls ändern?

Der Impuls ist das Produkt aus Masse und Geschwindigkeit. Die Geschwindigkeit ist eine vektorielle Größe, sie besitzt einen Betrag und eine Richtung. Der Impuls ändert sich somit, wenn sich mindestens eine der drei Komponenten Masse, Betrag der Geschwindigkeit oder Richtung der Geschwindigkeit ändert.

Eine Massenänderung tritt z. B. bei einem Löschflugzeug auf, das im Gleitflug über einem See Wasser tankt.
Bei einem frei fallenden Körper nimmt der Betrag der Geschwindigkeit und damit des Impulses zu.
Durchfährt ein Auto „bei gleichem Tempo" eine Kurve, ändert sich mit der Richtung der Geschwindigkeit auch die Richtung des Impulses.

Für den Fall konstanter Masse m ergibt sich aus der Definition der Kraft die Grundgleichung der Mechanik:

$$F = \frac{\Delta \vec{p}}{\Delta t} = \frac{\Delta (m \cdot \vec{v})}{\Delta t} = m \cdot \frac{\Delta \vec{v}}{\Delta t} = m \cdot \vec{a}$$

Kraftverlauf bei einem Unfall

Die Abbildung **B2** zeigt einen Crashtest, bei dem ein Pkw frontal und nahezu unelastisch mit der Anfangsgeschwindigkeit v auf eine Mauer prallt. Die Masse der Mauer wird als praktisch unendlich groß angenommen. Der Pkw kommt zum Stillstand, d.h., sein Impuls wird vollständig auf die Mauer übertragen. Um Verletzungen der Insassen zu vermeiden oder mindestens gering zu halten, vergrößert man den Bremsweg Δs bzw. die Bremszeit Δt mit Hilfe einer Knautschzone.

Der Impuls wird durch einen Kraftstoß auf die Wand übertragen:

$$\Delta p = F \cdot \Delta t$$

Für die durchschnittliche Kraft folgt daraus:

$$F = \frac{\Delta p}{\Delta t}$$

Sie ist umso kleiner, je größer Δt ist.

Testergebnissen entnimmt man $\Delta t = 0{,}1$ s. Bei einer Fahrzeugmasse $m = 1500$ kg und einer Geschwindigkeit $v = 64$ km/h $= 17{,}8$ m/s hat der Pkw vor dem Aufprall den Impuls $p = 26\,700$ kg $\cdot$ m/s. Für die mittlere Bremskraft auf das gesamte Fahrzeug ergibt sich $F = \Delta p / \Delta t = 2{,}7 \cdot 10^5$ N. Die mittlere Gewichtskraft des Fahrzeugs beträgt $1{,}5 \cdot 10^4$ N, die mittlere Bremskraft ist also 18-mal so groß.

Auch ein in derselben Zeit abgebremster Insasse müsste das 18-fache seiner Gewichtskraft aushalten. Wäre er nicht angegurtet, würde er sich zunächst allerdings mit konstanter Geschwindigkeit weiterbewegen, bis er, jetzt in noch kürzerer Zeit, also mit noch größerer Kraft, nachträglich zur Ruhe käme.
In Abbildung **B1** zeigt die rote Kurve den Verlauf der Kraft, die auf den Insassen wirkt.

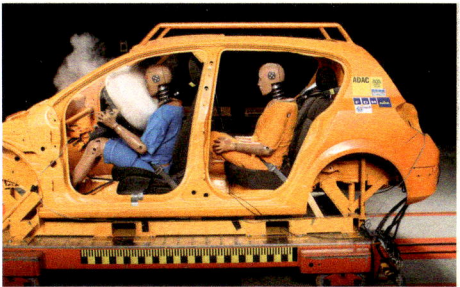

B2 Aufprall eines Autos auf eine Wand

Sie weist zwei deutliche Spitzen auf, die das Auftreffen des Körpers auf das Lenkrad und des Kopfes auf das Armaturenbrett markieren.

Ein Gurt kann den Bremsweg bzw. die Bremszeit wegen seiner Nachgiebigkeit zusätzlich verlängern, sodass der angegurtete Insasse weniger als das 18-fache seiner Gewichtskraft aushalten muss. Dies macht der Verlauf der blauen Kurve in **B1** deutlich: Sie zeigt, dass der Abbremsvorgang früher einsetzt bzw. über eine längere Zeitspanne erfolgt. Da Masse und Geschwindigkeitsänderung gleich bleiben, wirkt auf den Insassen nach $F = m \cdot \Delta v / \Delta t$ eine geringere Kraft.

Ergänzt werden Sicherheitsgurte heute von Airbags, deren Sensoren auf große negative Beschleunigungen reagieren. Überschreitet die Verzögerung einen Grenzwert, entfaltet sich der Airbag innerhalb von 50 ms vollständig. Er bremst die Bewegung des Kopfes und verhindert die zu starke Überdehnung der Wirbelsäule.

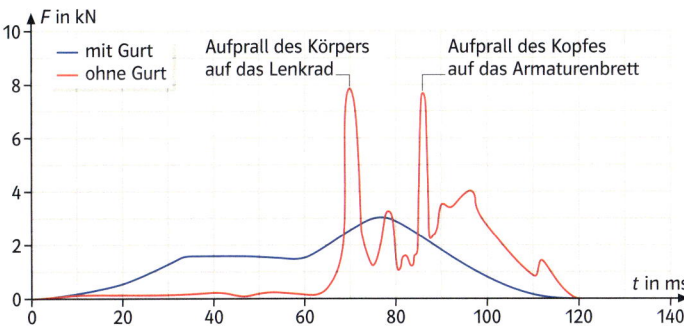

B1 Verlauf der Kraft auf einen Fahrer mit und ohne Sicherheitsgurt bei einem Frontalaufprall

Energieerhaltung   Die mechanische Energie lässt sich durch die folgenden Terme beschreiben (→B1):

Bewegungsenergie: $E_B = \frac{1}{2} m \cdot v^2$

Höhenenergie: $E_H = m \cdot g \cdot h$

Spannenergie: $E_S = \frac{1}{2} D \cdot s^2$

Bei Energie- und Impulsüberführungen werden die Größen üblicherweise vor der Überführung ohne und danach mit Strich gekennzeichnet.

Bei reibungsfreien Wechselwirkungen in einem abgeschlossenen System bleibt die Summe aus Höhenenergie, Bewegungsenergie und Spannenergie erhalten. Es gilt der Energieerhaltungssatz der Mechanik:

$$E_{ges} = E_B + E_H + E_S = E_B' + E_H' + E_S'$$

Werden in einem abgeschlossenen System Umsetzungen berücksichtigt, die sich als Änderung der thermischen Energie erfassen lassen, bleibt die Gesamtenergie hier ebenfalls erhalten.

Impulserhaltung   Der Impuls $\vec{p}$ eines Körpers ist definiert als das Produkt aus seiner Masse m und seiner Geschwindigkeit $\vec{v}$:

$$\vec{p} = m \cdot \vec{v}$$

Bei Wechselwirkungen in einem abgeschlossenen System bleibt der Gesamtimpuls erhalten:

$$\vec{p} = \vec{p_1} + \vec{p_2} = \vec{p_1'} + \vec{p_2'}$$

Impulsänderung   Der Quotient aus einer Impulsänderung und der Zeitspanne, in der diese Änderung erfolgt, beschreibt die Wirkung einer Impulsübertragung. Diese Wirkung wird als Kraft definiert:

$$\vec{F} = \frac{\Delta \vec{p}}{\Delta t}$$

Bei konstanter Masse ergibt sich daraus die Grundgleichung der Mechanik:

$$\vec{F} = \frac{\Delta \vec{p}}{\Delta t} = \frac{\Delta (m \cdot \vec{v})}{\Delta t} = m \cdot \frac{\Delta \vec{v}}{\Delta t} = m \cdot \vec{a}$$

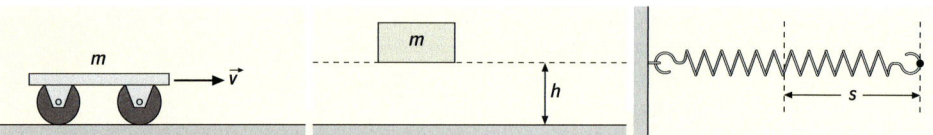

B1

Maximale Starthöhe   Ein Spielzeugwagen wird im Punkt S auf die Bahn in Abbildung **B2** gesetzt und durchfährt diese dann ohne weiteren Antrieb. Untersuchen Sie, aus welcher maximalen Höhe h_{max} der Wagen starten kann, ohne von der Bahn abzuheben.

Lösung: Ist die Starthöhe h größer als der Radius r der zu durchfahrenden Kreisbahn, dann besitzt der Wagen im Punkt A Höhenenergie $E_{H,A}$ und Bewegungsenergie $E_{B,A}$; er kann also den höchsten Punkt A durchfahren. Um auf einer Kreisbahn fahren zu können, muss auf den Wagen die Zentripetalkraft $F_Z = m \cdot v^2/r$ wirken.

Sie wird in diesem Fall durch die Gewichtskraft $F_G = m \cdot g$ verursacht.

Je größer die Starthöhe h und damit die Geschwindigkeit v wird, desto größer muss die erforderliche Zentripetalkraft F_Z sein. Da diese nicht größer als F_G sein kann, ergibt sich für die maximale Geschwindigkeit im Punkt A, mit der der Wagen die Kreisbahn durchfahren kann:

$$F_Z = F_G \iff m \cdot \frac{v_{max}^2}{r} = m \cdot g \implies v_{max} = \sqrt{r \cdot g}$$

Der Energiesatz liefert eine Aussage über die maximale Starthöhe:

$$E_{H,S} = E_{H,A} + E_{B,A}$$

$$\iff m \cdot g \cdot h_{max} = m \cdot g \cdot r + \frac{1}{2} m \cdot v_{max}^2$$

$$\iff h_{max} = r + \frac{1}{2} \frac{v_{max}^2}{g}$$

Einsetzen von v_{max} ergibt:

$$h_{max} = r + \frac{1}{2} \frac{r \cdot g}{g}, \text{ also } h_{max} = 1{,}5\,r$$

Für $h > h_{max}$ reicht die Gewichtskraft nicht aus, um den Wagen auf der Bahn zu halten.

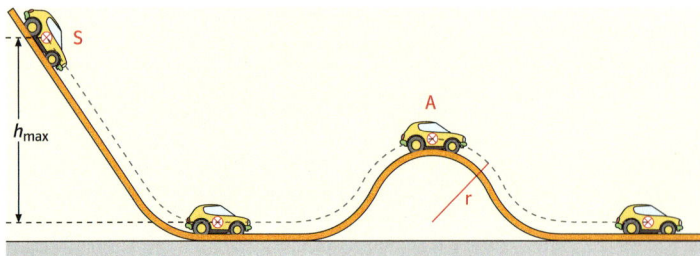

B2

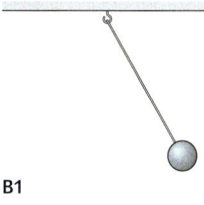

B1

Energie beim Fadenpendel Das Fadenpendel in Abbildung **B1** wird ausgelenkt und losgelassen. Es soll reibungsfrei pendeln.

a) Beschreiben Sie die Energieüberführung, indem Sie für verschiedene Zustände des Pendels jeweils ein Energiekontomodell erstellen.

b) Nennen Sie die Stellen, an denen die Pendelgeschwindigkeit maximal, und die, an welchen die Geschwindigkeit minimal ist.

c) Der Pendelkörper habe eine Masse von 100 g, die Masse des Fadens sei vernachlässigbar. Das Pendel wird aus einer Höhe von 30 cm losgelassen. Berechnen Sie die Höchstgeschwindigkeit, die das Pendel erreicht.

d) Auf der linken Seite wird in 15 cm Höhe ein Nagel so in die Wand geschlagen, dass er den Faden des Pendels aufhält. Erklären Sie, weshalb der Pendelkörper trotzdem auf eine Höhe von 30 cm steigt.

e) Diskutieren Sie die Frage, ob für dieses Pendel das Prinzip der Energieerhaltung gilt.

Lösung: a) Siehe Abbildung **B2**.
b) Wenn die Bewegungsenergie E_B maximal/minimal ist, muss auch die Geschwindigkeit v maximal/minimal sein, da sie überhaupt nur im Term für E_B vorkommt ($E_B = \frac{1}{2} m \cdot v^2$).
c) Am Anfang beträgt die Höhenenergie

$$E_H = 0{,}1 \, kg \cdot 9{,}81 \, N/kg \cdot 0{,}3 \, m = 0{,}2943 \, J$$

Ohne Reibung wird diese Höhenenergie vollständig in Bewegungsenergie überführt:

$$E_B = E_H$$

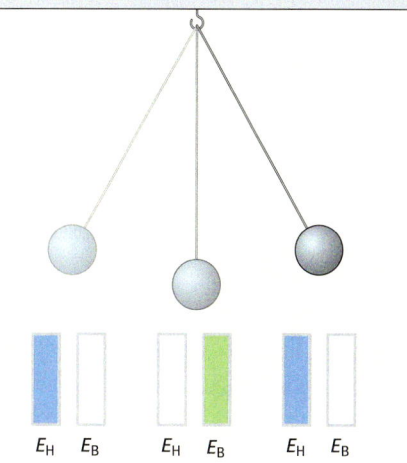

B2

Die Formel für E_B wird eingesetzt und nach v aufgelöst:

$$v = \sqrt{2 \frac{E_H}{m}}$$

Daraus ergibt sich $v = 2{,}4 \, \frac{m}{s}$.

d) Die im System enthaltene Energie hat sich nicht verändert. Wenn das Pendel die gleiche Höhenenergie wie vorher hatte, so muss es auch die gleiche Höhe erreichen.

e) Da die Reibung nicht berücksichtigt wird, stellt dieses Fadenpendel eine Idealisierung dar. Tatsächlich geht dem System thermische Energie verloren. Unter Berücksichtigung dieser thermischen Energie gilt das Energieerhaltungsprinzip.

Heimversuche

Aufziehauto Ein Spielzeugauto, das mit einer Feder aufgezogen wird, speichert Spannenergie. Bestimmen Sie den Wert dieser Spannenergie, indem Sie das Auto einen Gegenstand bekannter Masse hochziehen lassen (→**B3**). Messen Sie die erreichte Höhe und berechnen Sie die Höhenenergie E_H. Es gilt:

$$E_S \geq E_H.$$

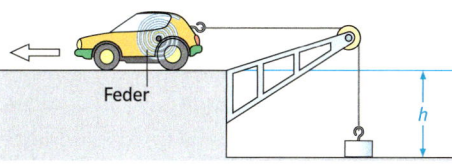

Feder

B3

Sprungkraft Springen Sie aus der Hocke senkrecht nach oben und messen Sie die erreichte Höhe. Schätzen Sie daraus Ihre Sprungkraft ab.

Jo-Jo Üben Sie mit einem „Jo-Jo". Beschreiben Sie die auftretenden Überführungen der mechanischen Energien. Erklären Sie, warum und wie man dem Jo-Jo regelmäßig Energie zuführen muss.

Münzenschnipsen Ein 10-Cent-Stück hat eine Masse von 5 g, ein 1-Cent-Stück eine Masse von 2 g. Beide werden in gleicher Weise mit einem Plastiklineal mehrmals über eine glatte Tischfläche „geschnippt". Ermitteln Sie, welche Münze weiter kommt und begründen Sie das Ergebnis mit einer Einschätzung der auftretenden Energieformen.

A1 ○ Lea und Ronja steigen auf einen 50 m hohen Turm. Druch den Aufstieg hat sich Leas Höhenenergie um 20 600 J, Ronjas um 26 500 J erhöht. Berechnen Sie die jeweilige Masse der Mädchen. Berechnen Sie, in welche Höhe die beiden auf dem Mond klettern müssten, um dieselben Beträge an Höhenenergie zuzulegen.

A2 ◐ Beschreiben Sie die Energieüberführungen bei einer Wanduhr, die über „Gewichte" angetrieben wird.

A3 ○ Ein Stabhochspringer mit einer Masse von 65 kg besitzt beim Absprung eine Bewegungsenergie von 2 000 J. Berechnen Sie die maximale Höhe, die er mit Hilfe dieser Energie erreichen kann.

A4 ○ Ein Tennisball fällt aus der Höhe 5 m herunter. Berechnen Sie seine Geschwindigkeit beim Aufprall.

B1 Zu Aufgabe 6

A5 ◐ Eine Kugel mit der Masse $m = 2{,}0$ kg fällt aus der Höhe $h_0 = 0{,}20$ m auf eine Feder. Ermitteln Sie die Strecke, um die die Feder maximal zusammengedrückt wird, wenn die Federkonstante $D = 1{,}2 \cdot 10^3$ N/m beträgt.

A6 ○ Informieren Sie sich über die Funktionsweise und die Bedeutung eines Pumpspeicherkraftwerks (→**B1**).

A7 ◐ In der Anordnung **B2** seien Seil und Rolle masselos. Die Körper A und B seien zum Zeitpunkt $t_1 = 0$ in Ruhe.
a) Erklären Sie, wie sich die Körper A und B für $t > t_1$ bewegen.
b) Berechnen Sie den Zeitpunkt t_2 und die Geschwindigkeit v_2 zu diesem Zeitpunkt.
c) Vergleichen Sie die Energien zu den Zeitpunkten t_1 und t_2 und berechnen Sie v_2 aus dem Energieerhaltungssatz!

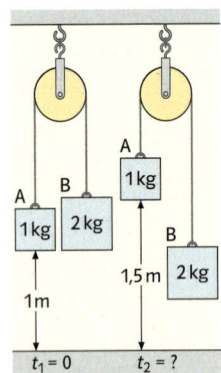

B2 Zu Aufgabe 7

A8 ◐ Zwei Personen schieben ein Auto (→**B4**). Das Auto bewegt sich nur langsam, trotzdem haben beide das Gefühl, sich sehr anstrengen zu müssen. Beurteilen Sie, ob hier tatsächlich viel Energie überführt wurde.

A9 ● Aus Regenwolken in 600 m Höhe fällt über einer Landfläche von 120 km² Regen mit einer Niederschlagshöhe von 12 mm.
a) Ermitteln Sie die in den Regenwolken enthaltene Höhenenergie dieser Wassermenge (die Dichte von Wasser ist $1{,}0$ g/cm³).
b) Die Regentropfen kommen mit der Geschwindigkeit von 6,0 m/s am Erdboden an.

B4 Zu Aufgabe 8

Bestimmen Sie den prozentualen Verlust an mechanischer Energie der Regentropfen. Erklären Sie, wo diese Energie geblieben ist.

A10 ● Eisenbahnwaggons haben Pufferfedern, die einen Zusammenprall von zwei Waggons abfedern. Ein Güterwagen der Masse $m = 14$ t trifft mit der Geschwindigkeit $v = 10$ km/h auf einen zweiten Wagen. Berechnen Sie, wie weit dessen Pufferfeder ($D = 650$ kN/m) beim Aufprall gestaucht wird.

A11 ● Wasser strömt mit konstanter Geschwindigkeit aus einer Düse. Vergleichen Sie die erreichte Höhe des Wasserstrahls für einen Winkel der Düse von 45° und 90° zum Boden. Argumentieren Sie mit Energien, vom Luftwiderstand werde abgesehen.

A12 ◐ Ein Auto fährt in der Stadt anstelle der erlaubten 50 km/h mit 70 km/h. Berechnen Sie, um welchen Faktor sich seine Bewegungsenergie erhöht.

A13 ○ Eine Feder ($m = 100$ g, $D = 150$ N/m) steht auf einem Tisch und wird um $s = 3$ cm zusammengedrückt. Lässt man die Feder los, dann springt sie hoch. Berechnen Sie die maximale Höhe h, die die Feder erreicht.

A14 ○ Eine Eisläuferin mit der Masse 50 kg läuft mit der Geschwindigkeit 10 m/s. Sie stößt zentral von hinten auf eine ruhende Eisläuferin mit gleicher Masse.
a) Sie „umarmen" sich beim Zusammenstoß. Ermitteln Sie die Geschwindigkeit, mit der sie gemeinsam weiterlaufen.
b) Stellen Sie sich vor, beide hätten starke Magnete in der Tasche. Erläutern Sie den Einfluss der Magnete auf die Bewegung.

4 Elektrisches Feld

Auf welchen Grundlagen beruhen elektrische Systeme in Haushalt und Industrie?

Erste Hinweise auf die Existenz von Ladung fanden sich bereits vor 2 500 Jahren: Bei den Griechen hieß Bernstein „Elektron". Wird Bernstein mit einem Tuch gerieben, zieht er Wollfäden oder Papierschnipsel an. Diese Eigenschaft ließ die Griechen glauben, dass Bernstein von weinenden Götterkindern stammt. Tatsächlich basiert die Anziehung auf elektrischer Ladung.

B1 Sie ist durch eine Kunststoffröhre gerutscht, nun stehen ihr die Haare zu Berge.

Alle Körper enthalten elektrische Ladung

Wir nutzen täglich elektrischen Strom, beim Griff an eine Türklinke bekommen wir manchmal einen Schlag, ein Gewitter ist ein eindrucksvolles Naturereignis. Solche und andere elektrische Erscheinungen (→B1) lassen sich damit erklären, dass in allen Körpern elektrische Ladung vorhanden ist.

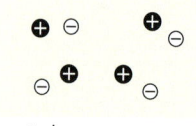

neutral

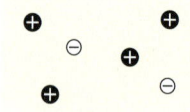

positiv geladen

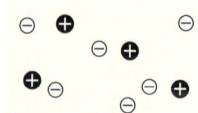

negativ geladen

B2 Der elektrische Zustand eines Körpers ist nicht sichtbar. Manche Erscheinungen weisen auf ihn hin.

Man unterscheidet **positive** und **negative elektrische Ladung**. Negative Ladung ist mit dem Vorhandensein von Elektronen, positive Ladung mit dem von Protonen in Atomkernen verbunden. In Metallen ist ein Teil der Elektronen leicht beweglich.

Ein Körper, der zu gleichen Teilen positive und negative Ladung enthält, erscheint nach außen **elektrisch neutral** (→B2). Enthält ein Körper mehr negative als positive Ladung (Elektronenüberschuss), heißt er **negativ geladen**, im umgekehrten Fall (bei Elektronenmangel) **positiv geladen**. Geladene Körper üben Kräfte aufeinander aus, neutrale nicht.

Nachweis von Ladung

Körper werden durch Ladungstrennung elektrisch geladen. Bei engem Kontakt zweier Körper können Elektronen von einem Körper auf den anderen übergehen. Presst man z.B. eine Kunststofffolie auf eine Aluminiumfolie und zieht Erstere dann ab, sind nach der Trennung beide Folien elektrisch geladen. Dies lässt sich mit Hilfe eines **Elektroskops** nachweisen (→B3).

Ein Elektroskop besitzt einen Zeiger, der gegen einen feststehenden Träger drehbar ist. Beide bestehen aus Metall und sind gegen das umgebende Gehäuse isoliert.

Berührt eine negativ geladene Metallkugel den Teller des Elektroskops, gehen Elektronen auf das Gerät über und verteilen sich darauf. Die jetzt negativ geladenen Teile stoßen sich ab, der Zeiger schlägt aus. Der Ausschlag bleibt bestehen, wenn die Kugel entfernt wird (→B3a).

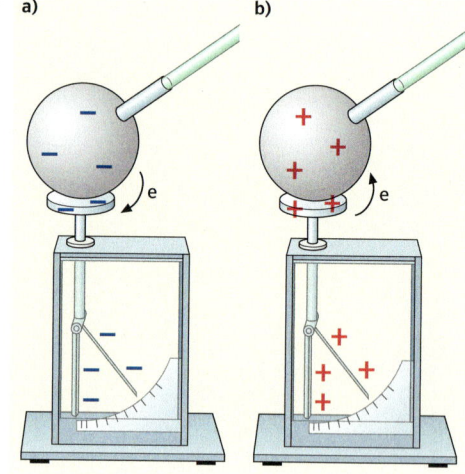

B3

Trägt die Kugel eine positive Ladung, gehen Elektronen vom Gerät auf die Kugel über. Zeiger und Träger werden positiv geladen und stoßen sich ab. Auch hier bleibt der Ausschlag bestehen, wenn die Kugel entfernt wird (→B3b).

Eine an der gleichen Quelle aufgeladene größere Kugel führt zu einem größeren Ausschlag, ebenso der mehrfache Kontakt mit Kugeln, die Ladung mit gleichem Vorzeichen tragen.

Neutrale Körper enthalten Elektronen und Protonen in gleicher Anzahl.
Gleichartig geladene Körper stoßen sich ab, ungleich geladene ziehen sich an.

A1 ○ Zwei Luftballons werden an einem Wollpullover gerieben und einander genähert. Beschreiben und erklären Sie den Effekt, den Sie beobachten.

Influenz und Polarisation

Ein geladener Körper wirkt auf neutrale Körper in seiner Umgebung. Wird z.B. eine positiv geladene Kugel in die Nähe eines Elektroskops gebracht, dann schlägt dessen Zeiger bereits aus, bevor die Kugel das Elektroskop berührt. Im Elektroskop werden die frei beweglichen Elektronen zum positiv geladenen Körper gezogen. Im oberen Teil des Elektroskops überwiegt dann die negative und im unteren Teil die positive Ladung (→B3a). Dieser Vorgang, der in elektrischen Leitern zur Ladungstrennung durch einen in der Nähe befindlichen geladenen Körper führt, heißt **Influenz**.

In Isolatoren lässt sich die elektrische Ladung nur in molekularen Bereichen verschieben. Enthält der Stoff Moleküle in Dipolform, wie z.B. Wasser, werden diese ausgerichtet, sodass der gesamte Körper als Dipol wirkt. Dies macht sich durch geladene Außenflächen des Körpers bemerkbar (→B3b). Man spricht von **Polarisation**.

Dies erklärt, warum geladene Körper auch auf neutrale Körper Kräfte ausüben können.

Ladungsmessung

Ein Elektroskop zeigt durch einen Ausschlag Ladung an. Ein großer Ausschlag ist als große Ladung zu deuten, ein kleiner entsprechend als kleine Ladung. Elektroskope ermöglichen also Größenvergleiche, das Vorzeichen der Ladung lässt sich aus dem Zeigerausschlag jedoch nicht bestimmen. Dazu benötigt man eine zweite Ladung mit bekanntem Vorzeichen. Überträgt man diese auf das Elektroskop, lässt sich aus der Verstärkung oder Schwächung des Ausschlags auf das Vorzeichen der untersuchten Ladung schließen.

Nimmt man an, dass die elektrische Ladung Q eine physikalische Größe ist, muss für sie eine Einheit angegeben werden. Im SI-Einheitensystem ist die Stromstärke I, gemessen in Ampere (A), die einzige elektrische Grundgröße. Die elektrische Stromstärke gibt an, wie viel Ladung ΔQ in der Zeitspanne Δt an einem Messpunkt vorbeifließt, es ist also $\Delta Q = I \cdot \Delta t$. Mit Amperemeter und Uhr ist also prinzipiell eine Ladungsmessung möglich.

Die Einheit der Ladung wird nach dem Physiker **Charles A. de Coulomb** (1736–1806) mit 1 Coulomb (1 C) bezeichnet. Es gilt: 1 C = 1 As. Bei einer Stromstärke von 1 A wird in einer Sekunde die Ladung 1 C transportiert.

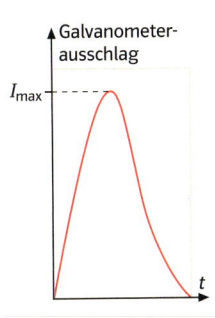

B1 Ergebnis einer ballistischen Ladungsmessung

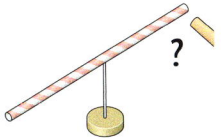

B2 Zu Aufgabe A1

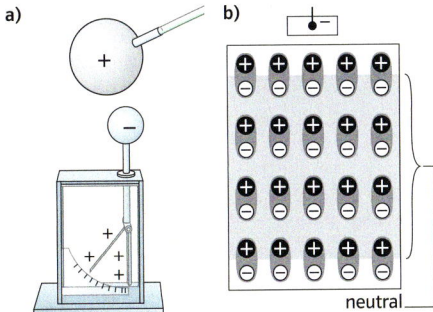

B3 Unter dem Einfluss einer äußeren Ladung werden in einem Metall Ladungen getrennt (a), im neutralen Isolator werden sie ausgerichtet (b).

Die Ladung auf einer üblichen Experimentierkugel ist klein und ein Strom besteht nur für sehr kurze Zeit, sodass z.B. der Zeiger eines Drehspulinstrumentes nur sehr kurz zuckt. Man kann aber zeigen, dass der maximal erreichte Ausschlag ein Maß für die Ladung ist (→B1). Diese sogenannte ballistische Ladungsmessung wird heute durch elektronische Messverstärker ersetzt. Mit schulüblichen Geräten lässt sich Ladung von etwa 10^{-7} As bis 10^{-11} As messen (→B4).

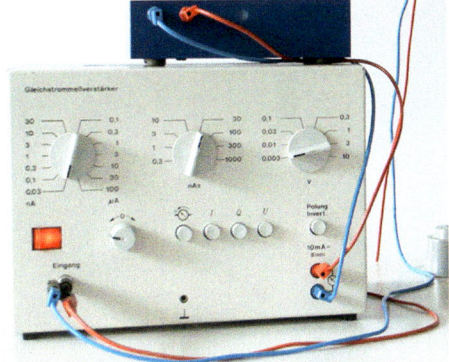

B4

Messungen zeigen, dass bei Experimenten Ladung weder erzeugt noch vernichtet werden kann.

Die elektrische Ladung eines abgeschlossenen Systems ist konstant.
Bei konstanter Stromstärke I wird in der Zeitdauer Δt die Ladung $\Delta Q = I \cdot \Delta t$ transportiert.

A1 ○ Ein Kunststoffhalm wird leicht drehbar befestigt. Man nähert einem Ende des Halms einen geriebenen Kunststoffstab (→B2). Beschreiben und deuten Sie die Beobachtungen.

Die Ladung eines Kondensators

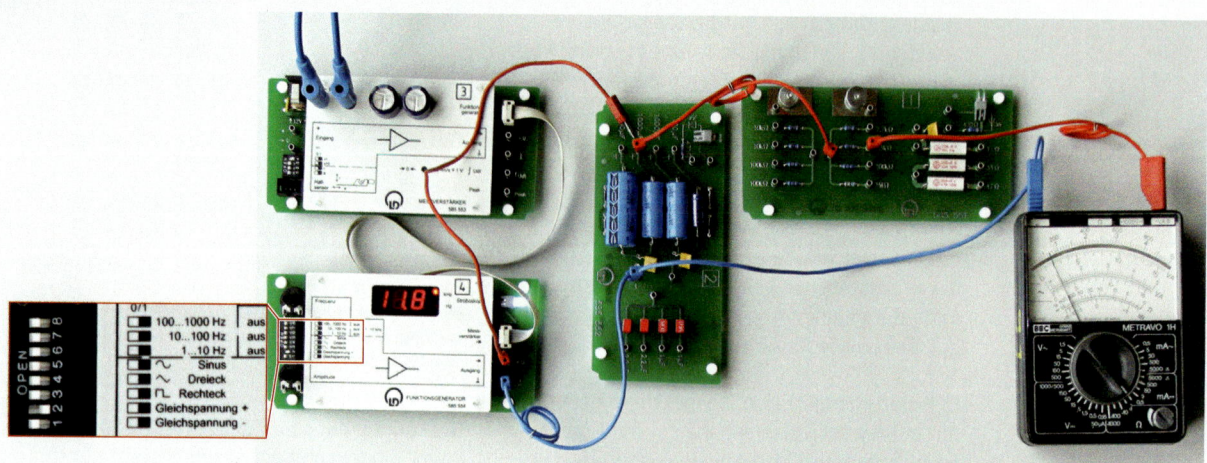

B1 Versuchsaufbau

Zwei elektrisch leitende Körper, die durch einen Isolator getrennt sind, bilden einen Kondensator. In ihm lässt sich Ladung speichern.

Aufgabe: Bestimmen Sie die in einem Kondensator gespeicherte Ladung.

Geräte: Kondensator (C_1 = 1000 µF, C_2 = 3300 µF), Widerstände (R_1 = 10 kΩ, R_2 = 33 kΩ), Funktionsgenerator, Messverstärker, Stromstärkemessgerät, Stoppuhr, elektrische Versorgung 12 V AC

Aufbau:

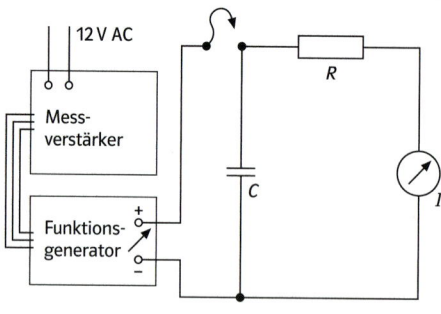

B2 Schaltplan

Durchführung: Schließen Sie die Versorgungsspannung (12 V AC) an den Messverstärker an. Verbinden Sie den Messverstärker über das sechspolige Kabel mit dem Funktionsgenerator. Wählen Sie am Funktionsgenerator mit den Miniaturschaltern „Gleichspannung +" aus. Messen Sie die Spannung des Funktionsgenerators und korrigieren Sie den Wert mit dem Amplituden-Regler auf 3 V.

Bauen Sie die weitere Schaltung entsprechend dem Schaltplan und dem Foto auf. Achten Sie auf die richtige Polung des Kondensators.

Schließen Sie den Kontakt für ca. 10 Sekunden und messen Sie nach dem Trennen anfangs alle 5 Sekunden die Stromstärke I, später alle 10 Sekunden:

t in s	0	5	10	15	20	25	30	40
I in mA	…	…	…	…	…	…	…	…

Auswertung: Zeichnen Sie ein t-I-Diagramm.

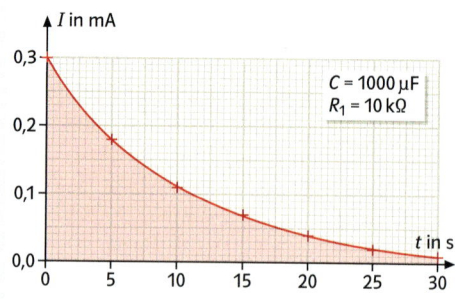

B3 t-I-Diagramm

A1 ◔ Begründen Sie, dass die Fläche unter dem Graphen ein Maß für die zu Beginn gespeicherte Ladung darstellt.

A2 ◔ Bestimmen Sie näherungsweise die Ladung des Kondensators aus dem Graphen.

A3 ○ Wiederholen Sie die Messung mit einem Widerstand R_2 = 33 kΩ.

Bestimmung der Fläche unter einer Kurve – Ermittlung einer Ladung

In einem t-I-Graphen gibt eine Rechteckfläche das Produkt aus Stromstärke und Zeit an. Bei einer konstanten Stromstärke $I = 0,26\,\text{mA}$ in der Zeitspanne $\Delta t = 5\,\text{s}$ erhält man z.B. das Produkt $I \cdot \Delta t = 0,26\,\text{mA} \cdot 5\,\text{s} = 1,3\,\text{mAs}$. Es bezeichnet die Ladung, die in der Zeitspanne $\Delta t = 5\,\text{s}$ geflossen ist.

Bei krummlinigen Graphen, wie er sich z.B. bei der Entladung eines Kondensators ergibt, bieten sich zur Flächenbestimmung verschiedene Methoden an.

Annäherung durch Rechteckflächen

Die Fläche unter der Kurve lässt sich durch Rechtecke annähern. Um die Summe der Rechteckflächen unterhalb der Kurve (Untersumme) zu bestimmen, wird jeder Messwert der Stromstärke I (außer dem ersten I_1) mit der Zeitspanne Δt multipliziert. Die Gesamtladung Q_U erhält man durch Addition der Produkte:

$$Q_U = I_2 \cdot 5\,\text{s} + I_3 \cdot 5\,\text{s} + \ldots I_{10} \cdot 5\,\text{s} + I_{11} \cdot 5\,\text{s}$$
$$Q_U = (I_2 + I_3 + \ldots + I_{10} + I_{11}) \cdot 5\,\text{s}$$

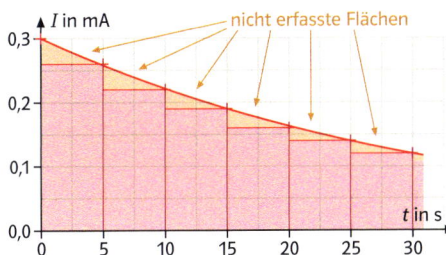

B2 Die Fläche unter der Kurve wird durch Rechtecke angenähert.

Bei diesem Verfahren wird die Fläche unter der Kurve nicht vollständig erfasst (→B2), der Wert Q_U ist zu klein. Berechnet man die Rechteckflächen, die die Kurve gerade einschließen, also die Obersumme, liefert der Mittelwert der beiden Summen ein genaueres Ergebnis.

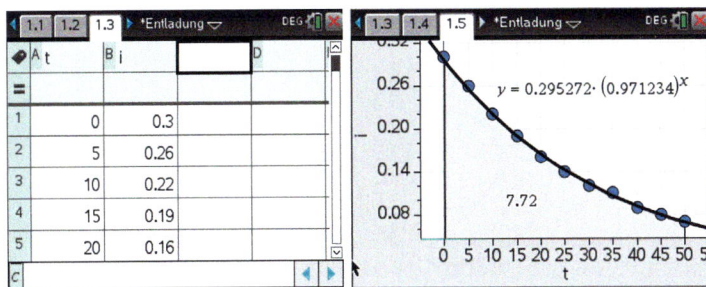

B1 Messwerte (links) und zugehöriges Diagramm (rechts)

Die Summenbildung kann von Hand, mit einem Tabellenkalkulationsprogramm oder einem GTR durchgeführt werden.

Summenbildung mit dem GTR Wird der GTR zur Berechnung der Fläche unter der Kurve genutzt, müssen die Messergebnisse in eine Liste übernommen werden: Die Messwerte der Stromstärke „i" werden in Spalte B der Liste eingetragen, in Spalte A gibt man die zugehörigen Zeitwerte ein (→B1 links).

Die Untersumme der Fläche ergibt sich nach:
$$i\,[2] \cdot \Delta t + i\,[3] \cdot \Delta t + \ldots + i\,[10] \cdot \Delta t + i\,[11] \cdot \Delta t =$$
$$(i\,[2] + i\,[3] + \ldots + i\,[10] + i\,[11]) \cdot \Delta t$$

Beim GTR bieten sich zur Multiplikation von Tabellenspalten und der Aufsummierung Berechnungsvorschriften zu Listen an. Der Befehl (sum) summiert alle Werte der Liste „i" (→B3). Aus der Untersummenbildung ergibt sich eine Ladung von $Q_u \approx 7,2\,\text{mC}$.

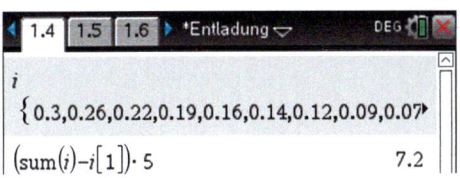

B3 Der Wert (i[1]) wird von der Summe subtrahiert, er wird in der Untersumme nicht berücksichtigt.

Flächenbestimmung im Graph-Fenster Der GTR ermöglicht auch eine graphische Bestimmung der Fläche unter einer Kurve. Dazu überträgt man die Messwerte aus der Tabelle in ein Statistik-Fenster und führt zunächst eine Regression durch. Auf der x-Achse werden die Zeiten, auf der y-Achse die Stromstärken eingetragen. Die Stromstärke nimmt exponentiell ab, die Entladekurve wird also durch eine Exponentialfunktion beschrieben. Im Beispiel ergibt die Regression:

$$I(t) = 0,295272 \cdot (0,971234)^x$$

Dabei entspricht $0,295272\,\text{mA}$ der Stromstärke zu Beginn der Messung, in guter Übereinstimmung mit dem in der Tabelle angegebenen Wert ($I(0) = 0,30\,\text{mA}$). Im Graph-Menü lässt sich dann die Fläche unter der Kurve bestimmen zu $Q_{ges} = 7,72\,\text{mC}$ (→B1 rechts).

A1 Zeigen Sie, dass die Obersumme eine Ladung $Q_o \approx 8,35\,\text{mC}$ ergibt. Bilden Sie den Mittelwert aus Ober- und Untersumme.

4.2 Das elektrische Feld

James C. Maxwell (1831–1879) schrieb um 1862: *„So sah zum Beispiel Faraday vor seinem geistigen Auge überall Kraftlinien den Raum durchdringen, wo die Mathematiker in der Ferne wirkende Kraftzentren voraussetzten, und wo sie nichts anderes als Abstände zwischen den Kraftzentren bemerkten, war für ihn ein Zwischenmedium vorhanden."*

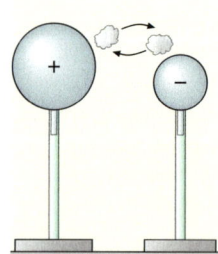

B1 Ein Wattestück springt zwischen geladenen Kugeln hin und her.

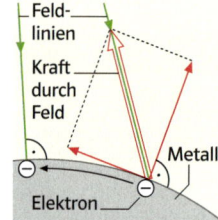

B2 Die Elektronen verschieben sich, bis die Feldlinien senkrecht stehen.

Wirkung elektrischer Felder

Berührt ein Stück Watte eine geladene Kugel, so wird es von ihr geladen. Bei zwei entgegengesetzt geladenen Kugeln fliegt es auf gekrümmten Bahnen von einer Kugel zur anderen und zurück (→B1). Auf die Watte wird im Raum um beide Kugeln eine Kraft ausgeübt. Man spricht von einem **elektrischen Feld**, in dem sie sich befindet. Jeder geladene Körper ist von einem elektrischen Feld umgeben, über das auf andere geladene Körper auch ohne direkten Kontakt Kräfte ausgeübt werden.

Beschreibung elektrischer Felder

Kunststoffspäne werden in einem elektrischen Feld polarisiert und ordnen sich deshalb in Linienmustern an. Die Muster sind von der Anordnung der Ladung abhängig und können zur Beschreibung elektrischer Felder genutzt werden (→B3). Man verwendet hierzu die Vorstellung von einer **elektrischen Feldlinie**. Darunter versteht man eine Linie, deren Richtung in jedem Punkt eines elektrischen Feldes mit der Richtung der Kraft auf einen positiv geladenen Körper übereinstimmt. Damit sind Feldlinien von positiv geladenen Körpern weg bzw. zu negativ geladenen hin gerichtet (→B3).

Wegen der Eindeutigkeit der Kraftrichtung kann in jedem Punkt des elektrischen Feldes genau eine Feldlinie gezeichnet werden. Im Feldlinienbild gibt es keine Schnittpunkte. Werden die Feldlinien dichter gezeichnet, so

veranschaulicht dies einen größeren Betrag der Kraft auf einen geladenen Körper. Auf Metalloberflächen stehen die Feldlinien stets senkrecht, da sich die frei beweglichen Elektronen verschieben, bis das Feld keine Kraft mehr parallel zur Oberfläche auf sie ausübt (→B2).

Ist die Kraft in jedem Punkt des elektrischen Feldes in Betrag und Richtung gleich, dann heißt das Feld **homogen**. Die Feldlinien verlaufen parallel, geradlinig und gleich dicht (→B3a). Bei einer geladenen Kugel verlaufen die Feldlinien „strahlenförmig" nach außen, wenn andere geladene Körper nur in sehr großer Entfernung vorhanden sind. Man spricht von einem **radial-symmetrischen Feld** (→B3b).

Im Raum um einen elektrisch geladenen Körper besteht ein elektrisches Feld. Im elektrischen Feld erfahren geladene Körper Kräfte.

A1 ○ Erläutern Sie, warum sich Feldlinien im Feldlinienbild nicht schneiden.

A2 ○ Auf einem Tisch liegen kleine Papierschnipsel. Ihnen wird ein geriebener Kunststoffstab genähert. Beschreiben und deuten Sie mögliche Beobachtungen.

A3 ◔ Bei einem Metallkörper stehen elektrische Feldlinien immer senkrecht auf der Oberfläche. Erklären Sie dies.

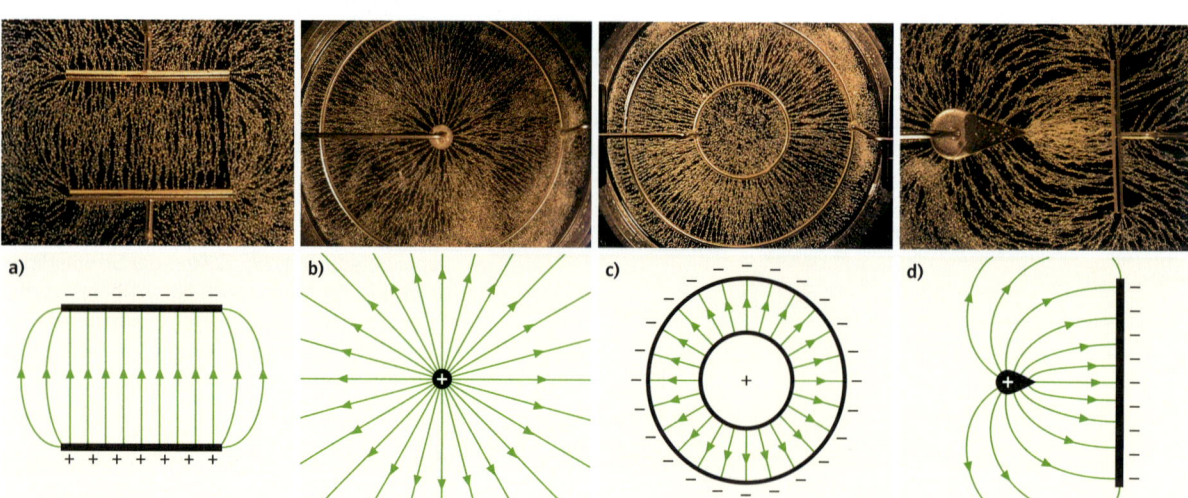

B3 Feldlinienbilder verschiedener Anordnung von Ladung

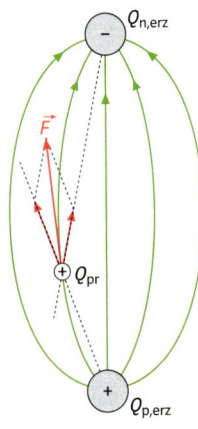

B1 Zur Feldstärke als Vektor

Zur besseren Unterscheidung der Formelzeichen:

– elektrische Feldstärke E
– Energie E

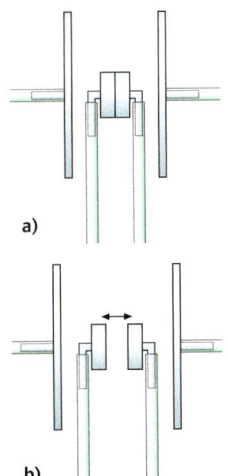

a)

b)

B2 Versuch zur Bestimmung der Flächenladungsdichte

Die elektrische Feldstärke

Das elektrische Feld in der Umgebung eines Körpers mit der Ladung Q_{erz} zeigt sich dadurch, dass ein Probekörper mit der Ladung Q_{pr} in diesem Feld eine Kraft F erfährt. Man stellt fest:

– An jedem Punkt des Feldes ist der Betrag der Kraft F proportional zur Probeladung Q_{pr}.
– Ändert man das Vorzeichen der Probeladung Q_{pr}, so kehrt sich die Richtung der Kraft um.

Mit diesen Erkenntnissen lässt sich für jeden Punkt im Feld ein Vektor $\vec{E}$ definieren: $\vec{E}$ hat den Betrag F/Q_{pr} und die Richtung der Kraft bei positiver Probeladung. E heißt **elektrische Feldstärke**, die Einheit ist $1\,\text{N/C}$.

Das elektrische Feld ist ein **Vektorfeld**. Im elektrischen Feld mehrerer geladener Körper ergibt sich die Feldstärke für jeden Punkt durch vektorielle Addition der Feldstärken der Ladungen in diesem Punkt.

Ladungsmessung durch Influenz

Eine Metallkugel wird positiv mit der Ladung Q aufgeladen ($\rightarrow$**B3**). Nun führt man zwei ungeladene leitende Halbkugeln an die Kugel heran und umschließt diese so, dass die Halbkugeln zwar einander, nicht aber die geladene Kugel berühren. Mit einem Messverstärker lässt sich auf der äußeren Oberfläche der Halbkugeln eine positive Ladung nachweisen, die gleich der Ladung auf der inneren Kugel ist.
Im neutralen Leiter werden durch Influenz Ladungen getrennt. Die Influenzladung auf den leitenden Halbkugeln ist genauso groß wie die felderzeugende Ladung auf der inneren Metallkugel. Dies ermöglicht eine Ladungsbestimmung, ohne die zu messende Ladung zu verlieren.

Elektrische Feldkonstante

Den Zusammenhang zwischen der elektrischen Feldstärke und der im Feld getrennten Ladung untersucht man mit dem Versuch in **B2**. Dazu bringt man zwei ungeladene aneinander liegende Metallplättchen senkrecht zu den Feldlinien in ein homogenes elektrisches Feld. Dann werden die Plättchen auseinandergezogen und aus dem Feld gebracht.

Die Messung außerhalb des Feldes zeigt, dass beide Plättchen eine Ladung mit verschiedenen Vorzeichen, aber gleichen Beträgen erhalten haben. Diese Ladung Q_A ist proportional zur Fläche A der Plättchen. In homogenen elektrischen Feldern ist die durch Influenz getrennte Ladung Q_A proportional zu der senkrecht zu den Feldlinien stehenden Querschnittsfläche A des Körpers.
Der Quotient $\sigma = Q_A/A$ heißt **Flächenladungsdichte**. Die Einheit ist $1\,\text{C/m}^2$.

Misst man die Flächenladungsdichte σ bei verschiedenen Feldstärken E, so ändert sich σ proportional zu E. Es ist $\sigma = \varepsilon_0 \cdot E$.
Der Proportionalitätsfaktor heißt **elektrische Feldkonstante**:

$$\varepsilon_0 = 8{,}854\,19 \cdot 10^{-12}\,\frac{\text{C}^2}{\text{N}\,\text{m}^2}$$

Dies gilt allgemein für elektrische Felder. Inhomogene Felder lassen sich in so kleine Bereiche zerlegt denken, dass sie dort als annähernd homogen zu betrachten sind.

Die Flächenladungsdichte lässt sich oft leichter als die Kraft bestimmen. Man erhält so eine Möglichkeit zur Messung der elektrischen Feldstärke.
Der im Feld zwischen zwei parallelen, geladenen Metallplatten gemessene Wert für σ ist dem Betrag nach identisch mit dem entsprechenden Quotienten aus Ladung Q und Fläche A einer Metallplatte. Es gilt:

$$E = \frac{1}{\varepsilon_0} \cdot \frac{Q_A}{A}$$

Der Quotient F/Q heißt elektrische Feldstärke E. Die Richtung der Feldstärke entspricht der Richtung der Kraft auf einen Körper mit der positiven Ladung Q_{pr}.

A1 ◔ Das elektrische Feld der Erde hat bei Gewitter die Feldstärke $E = 10^6\,\text{N/C}$. Bei welcher Ladung eines Wassertropfens (Masse $m = 0{,}001\,\text{kg}$) kann die auf ihn wirkende Erdanziehung kompensiert werden?

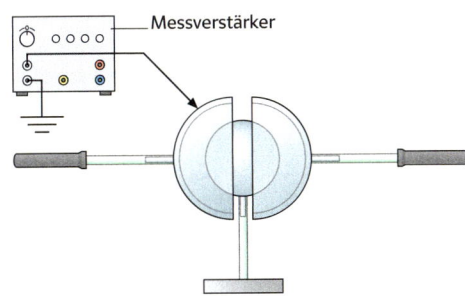

Messverstärker

B3 Ladungsmessung durch Influenz

Die elektrische Feldstärke

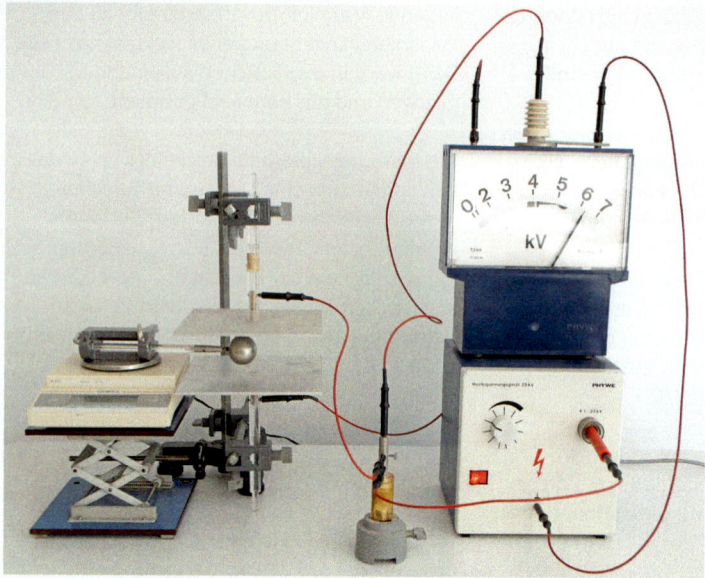

B1 Versuchsaufbau

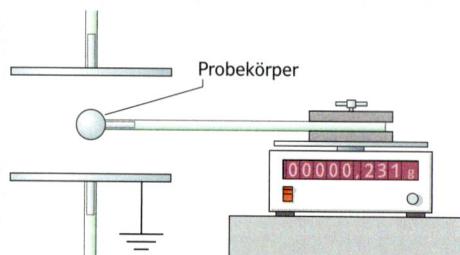
Probekörper

B3 Bestimmung der elektrischen Feldstärke über die Kraft auf einen geladenen Probekörper

Die mit der Waage ermittelte Kraft verändert sich nicht, wenn man die geladene Kugel etwas zwischen den Metallplatten verschiebt.

Um den Zusammenhang zwischen der Kraft auf die Probeladung und der elektrischen Feldstärke zu untersuchen, ändert man zunächst die Ladung der Kugel. Indem man sie mit einem gleich großen, neutralen, leitenden Körper desselben Materials berührt, wird die Ladung auf der Kugel halbiert. Die Ladung der zweiten Kugel, die der des Probekörpers entspricht, lässt sich über den Messverstärker bestimmen.

Messung und Auswertung: Mögliche Messwerte für die Kraft auf eine Ladung Q bei einer Spannung zwischen den Platten von $U = 5\,000\,V$ und einem Plattenabstand von $d = 7\,cm$ zeigt Tabelle **B2**.

Stellt man die Messergebnisse in einem Q-F-Diagramm dar, ergibt sich eine Gerade (→**B4**).

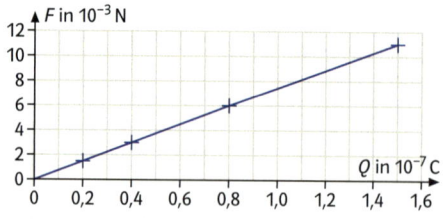

B4 Q-F-Diagramm

Die Kraft F und die Ladung Q sind also proportional zueinander. Es ist: $F \sim Q$

Deutung: Die Kraft F, die in einem elektrischen Feld auf einen Körper mit der Ladung Q wirkt, ist proportional zu dieser Ladung, d.h., der Quotient F/Q ist konstant. Er hängt nur von der Stärke des elektrischen Feldes E ab. Man definiert daher: $E = F/Q$

Aufgabe: Bestimmung der elektrischen Feldstärke über eine Kraftmessung

Hinweis: Äußere Felder können Influenzladungen erzeugen, daher sollten vor jeder Ladungshalbierung die Metallplatten entladen und anschließend neu geladen werden.

Planung: Die Stärke eines elektrischen Feldes lässt sich nicht direkt messen. Sie muss über seine Wirkungen, z.B. auf einen geladenen Körper, bestimmt werden. Ein Körper mit der Ladung Q erfährt in einem elektrischen Feld die Kraft F. Ist das Feld homogen, ist die Feldstärke in einem gewissen Bereich konstant, Gleiches gilt dann entsprechend für die Kraft. Man wählt z.B. die Anordnung in **B1**: Zwei parallele entgegengesetzt geladene Leiterplatten erzeugen das elektrische Feld. Wird eine geladene Kugel in das Feld gebracht, erfährt sie eine Kraft in vertikaler Richtung. Diese Kraft lässt sich mit Hilfe einer Analysenwaage ermitteln.

Material: Analysenwaage, Metallplatten, kleine Metallkugel mit Isoliergriff als Probekörper, Hochspannungsnetzgerät, Messverstärker zur Ladungsmessung

Durchführung: Der Isoliergriff der kleinen Metallkugel wird auf der Waage befestigt. Die Kugel wird zwischen die beiden Metallplatten gebracht (→**B1**). Dann wird zunächst die Kugel geladen. Anschließend verbindet man die Metallplatten mit der Spannungsquelle und lädt sie ebenfalls. Es ist darauf zu achten, dass die Ladungen von Kugel und unterer Metallplatte unterschiedliche Vorzeichen haben.

Q in 10^{-7} C	F in 10^{-3} N
1,5	11
0,8	6
0,4	3
0,2	1,5

B2 Messwerte

4.3 Das Coulomb'sche Gesetz

1777 untersuchte der französische Forscher **Charles de Coulomb** mit einer sogenannten Torsionswaage die Kräfte zwischen elektrisch geladenen Körpern und kam so durch direkte Messung zu dem nach ihm benannten Coulomb'schen Gesetz.

Kräfte zwischen geladenen Kugeln

Eine elektrisch leitende geladene Kugel ist von einem radial-symmetrischen elektrischen Feld umgeben. Der Betrag der Feldstärke ergibt sich aus der Flächenladungsdichte σ zweier großer Halbkugelschalen mit dem Radius r, die die Kugel mit der Ladung Q umschließen (→**B2**). Die durch Influenz in den Halbkugelschalen mit der Oberfläche $A = 4\pi \cdot r^2$ getrennte Ladung stimmt mit der Ladung Q der inneren Kugel überein.

Also ist $\sigma = \dfrac{Q}{A} = \dfrac{Q}{4\pi \cdot r^2}$

Daraus lässt sich wegen $\sigma = \varepsilon_0 \cdot E$ die Feldstärke E berechnen.

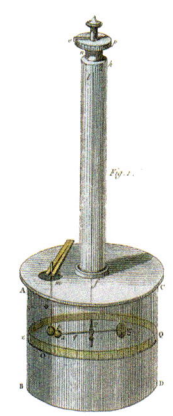

B1 Torsionswaage

Der Betrag der Feldstärke E im radialen Feld einer Kugel mit Ladung Q beträgt im Abstand r vom Mittelpunkt der Kugel:

$$E = \frac{1}{4\pi \cdot \varepsilon_0} \cdot \frac{Q}{r^2}$$

Dieses Ergebnis ist unabhängig von der Größe der inneren Kugel. Es gilt für jedes radial-symmetrische elektrische Feld.

Ein Probekörper mit der Ladung Q_1 erfährt im elektrischen Feld der Ladung Q_2 die Kraft $F_1 = Q_1 \cdot E_2$. Umgekehrt erfährt der Körper mit der Ladung Q_2 im elektrischen Feld der Ladung Q_1 nach dem Wechselwirkungsgesetz eine

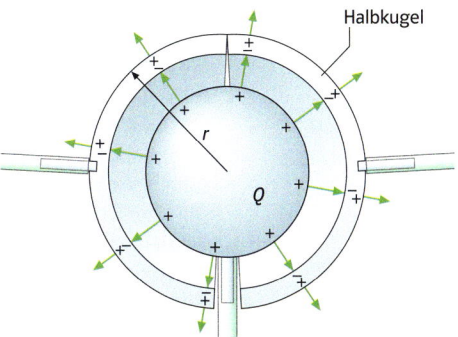

B2 Influenz im radialen Feld der Ladung Q

dem Betrag nach gleiche Kraft $F_2 = Q_2 \cdot E_1$ in entgegengesetzter Richtung. Mit

$E_1 = \dfrac{1}{4\pi \cdot \varepsilon_0} \cdot \dfrac{Q_1}{r^2}$ und $E_2 = \dfrac{1}{4\pi \cdot \varepsilon_0} \cdot \dfrac{Q_2}{r^2}$ folgt:

Zwei leitende Kugeln mit den Ladungen Q_1 und Q_2 üben beim Abstand r ihrer Mittelpunkte gleich große, entgegengesetzte Kräfte aufeinander aus. Für deren Betrag gilt:

$$F_1 = F_2 = F = \frac{1}{4\pi \cdot \varepsilon_0} \cdot \frac{Q_1 \cdot Q_2}{r^2}$$

A1 ⬭ In einem radial-symmetrischen Feld wird jede Kugelschale mit dem Radius r von der gleichen Anzahl Feldlinien durchsetzt. Erläutern Sie mit dieser Vorstellung

$$E \sim \frac{1}{4\pi \cdot r^2}$$

Exkurs

Elektrische Filter für die Rauchgasreinigung

In Müllverbrennungsanlagen bleiben etwa 30 % der verbrannten Abfallmenge als feste Rückstände in Form von Schlacke und Asche zurück. Um die Asche und weitere Schadstoffe aus dem Rauchgas zu entfernen, durchläuft dieses eine mehrstufige Reinigungsanlage. Häufig werden dazu auch elektrische Filter eingesetzt. Abbildung **B3** zeigt den Weg des Gases durch ein Filter. Das Rauchgas wird durch Drähte und Metallplatten geleitet, zwischen denen eine Spannung von 30 000 V bis 80 000 V besteht. Durch Sprühentladungen der Drähte werden die meisten Staubteilchen negativ geladen, sodass sie von den elektrisch positiven Platten angezogen und wieder entladen werden. Der neutrale Staub wird von den Platten abgeklopft und gesammelt.

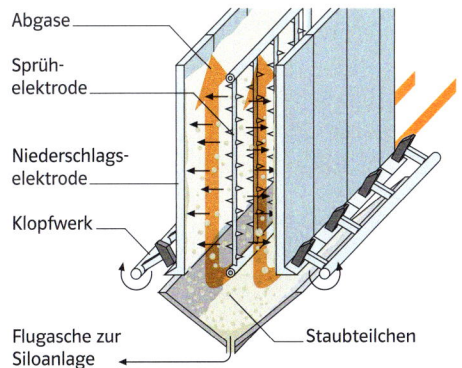

B3 Mehrere hintereinander angeordnete Elektroentstauber entfernen mehr als 99 % der Flugasche aus dem Rauchgas.

Bestimmung funktionaler Zusammenhänge durch Regression

Ziel des Verfahrens Um den Zusammenhang zwischen physikalischen Größen zu ermitteln, werden Messungen durchgeführt. Jede Messung ist fehlerbehaftet, daher unterliegen auch die gemessenen Werte einer Unsicherheit. Mit Hilfe einer Regression lassen sich aus solchen Messwerten die Koeffizienten für einen gewählten funktionalen Zusammenhang zwischen den betrachteten Größen bestimmen. Die Koeffizienten werden dabei so berechnet, dass einerseits eine möglichst geringe Abweichung zu den Messwerten auftritt, andererseits der Zusammenhang durch eine „einfache" Gleichung beschrieben wird. Das Verfahren soll am Beispiel des Coulomb'schen Gesetzes gezeigt werden.

r in cm	F in mN
4	3,41
5	2,73
6	2,40
7	1,94
8	1,33
9	0,95
10	0,84
15	0,41
20	0,21
25	0,11

B1 Messwerte

Beispiel: Das Coulomb'sche Gesetz Das elektrische Feld einer punktförmigen Ladung Q_1 besitzt radial-symmetrische Form. Eine weitere Punktladung Q_2, die in dieses Feld gebracht wird, erfährt eine Kraft F. Die Messung der Kraft in Abhängigkeit vom Abstand r zwischen den Mittelpunkten der beiden Punktladungen Q_1 und Q_2 liefert die Ergebnisse in **B1**.

Die Aufgabe besteht darin, den funktionalen Zusammenhang zwischen den Größen F und r zu ermitteln. Dazu wird aus den Messwerten zunächst ein Graph erstellt (→**B3**).

Wahl des Regressionstypen Der Verlauf des Graphen zeigt, dass der Betrag der Kraft zwischen den Punktladungen mit zunehmendem Abstand abnimmt, allerdings stellt das Diagramm einen nicht-linearen Zusammenhang

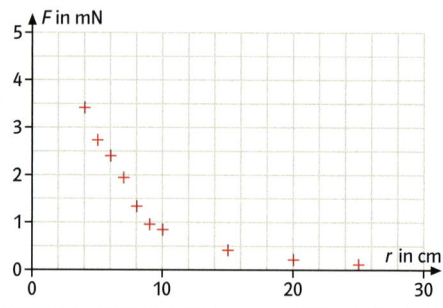

B3

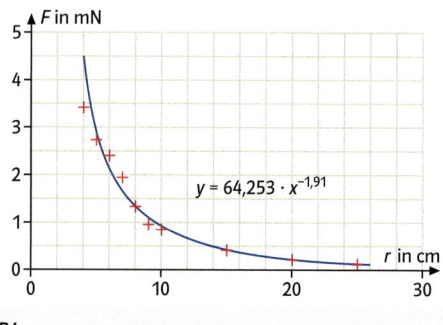

$y = 64{,}253 \cdot x^{-1{,}91}$

B4

dar. Dies weist auf eine Beschreibung durch eine Potenz- oder Exponentialfunktion mit negativem Exponenten hin.

Der Verlauf des Graphen zu kleinen Werten von r lässt eine weitere Unterscheidung zu: Schneidet der Graph die senkrechte Achse, spricht das für eine Exponentialfunktion (→**B2**). Nähert sich der Graph der senkrechten Achse an, liegt vermutlich eine Potenzfunktion vor. Da die Kraft bei Verdopplung des Abstandes auf weniger als die Hälfte absinkt, besteht nicht nur eine umgekehrte Proportionalität.
Nach diesen Vorüberlegungen lässt sich unter den möglichen Regressionstypen (linear, polynomisch, potenziell, exponentiell ...) der geeignete auswählen. Im vorliegenden Fall entscheidet man sich für eine potenzielle Regression.

Da das Verfahren der Regression enormen Rechenaufwand erfordert, führt man sie mit dem Taschenrechner durch. Man erhält für den Exponenten ein Ergebnis nahe bei -2 (→**B4**) und rundet auf diesen ganzzahligen Wert. Somit liefert die Regression für die Kraft auf eine Probeladung Q_2 im Radialfeld der Ladung Q_1:

$$F \sim \frac{1}{r^2}$$

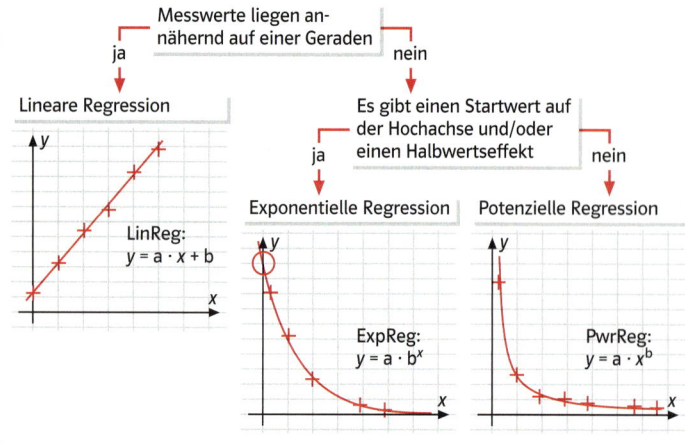

B2 Kriterien für die Wahl des Regressionstypen

Drucken und Lackieren – mit Hilfe elektrischer Ladung

Der Laserdrucker Seit 1969 werden in der Computertechnik Laserdrucker eingesetzt, um Ausdrucke von Bildschirmseiten herzustellen. Laserdrucker erstellen stets eine ganze Druckseite in einem Arbeitsgang in Form kleiner Bildpunkte (Pixel). Das Prinzip des Laserdruckers entspricht dem des Fotokopierers, der **Xerografie** (griech.: trocken schreiben). Das Verfahren wurde bereits 1937 von dem amerikanischen Physiker **Chester F. Carlson** entwickelt. Ihm gelang es, mit Hilfe von geladenen Halbleitern Bilder zu erzeugen.

Zentrales Bauteil des Laserdruckers stellt die Bildtrommel dar. Sie ist mit einer lichtempfindlichen Halbleiterschicht versehen. Bei jedem Druckvorgang wird sie zunächst Zeile für Zeile negativ geladen (→**B1a**). Im Dunkeln bleibt die Ladung auf der Trommel erhalten. Fällt jedoch Licht auf die Schicht, so werden beleuchtete Stellen leitfähig und somit rasch über die geerdete Trommel entladen und bleiben dann neutral. Mit einem sehr feinen Laserstrahl, der gewünschte Stellen auf der Schicht beleuchtet, wird so Pixel für Pixel ein Ladungsbild der Bildschirmseite erstellt.

Im weiteren Verlauf dreht sich der vom Laser beschriebene Teil der Trommel am Tonerbehälter vorbei. Eine Walze trägt das Tonerpulver auf die Bildtrommel auf (→**B1b**). Da die Tonerkügelchen negativ geladen sind, können sie nur an den ungeladenen Stellen der Bildtrommel haften bleiben. Anschließend bewegt sich das Druckpapier in geringem Abstand an der Bildtrommel vorbei. Weil es positiv geladen ist, zieht es die Tonerkügelchen an. Zeile für Zeile wird auf diese Weise die Bildschirmseite auf das Papier übertragen. Da die Tonerkügelchen jedoch nur durch elektrische Kräfte gehalten werden, ergibt sich so noch kein dauerhaftes Bild.

Deshalb wird die mit Tonerpulver beschichtete Seite abschließend zur Fixiereinheit transportiert (→**B1c**). Die Heizwalze bringt die Tonerkügelchen zum Schmelzen, die dadurch eine dauerhafte Verbindung mit dem Papier eingehen.

Zur Vorbereitung des Drucks einer neuen Seite wird die Bildtrommel abschließend von Tonerresten gereinigt und durch Beleuchtung vollständig entladen.

Elektrostatische Lackierung Mit Sprühlack lassen sich besonders gleichmäßige farbige Oberflächen von Gegenständen herstellen. Nur ist es häufig störend, dass der Sprühnebel aus Farbtröpfchen die Umgebung des Gegenstandes mit einfärbt. Auch hier kann der Einsatz elektrischer Aufladung helfen (→**B2**).

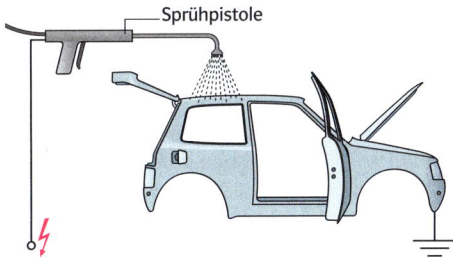

B2 Elektrostatische Lackierung

Man verbindet die Sprühpistole z. B. mit dem Minuspol einer elektrischen Quelle und der Gegenstand, der lackiert werden soll, wird geerdet. Wird nun gesprüht, so werden die negativ geladenen Farbtröpfchen direkt von der geerdeten Oberfläche des Gegenstandes angezogen. Vorteile dieses Verfahrens liegen in der Materialeinsparung von etwa 25 % und der Vermeidung von Umweltschäden durch Farbe und Lösungsmittel.

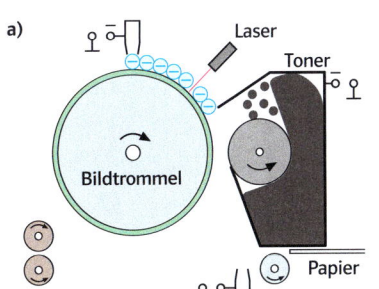
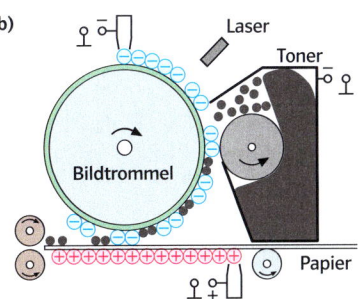
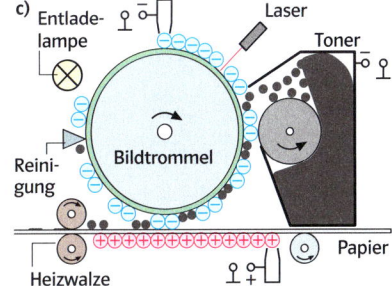

B1 Erzeugung des Ladungsbildes (a); Auftragung des Toners (b); Fixierung des Bildes (c)

4.4 Energie und Spannung im elektrischen Feld

In elektrischen Stromkreisen beschreibt die Spannung der Quelle die Energie, die pro Elektron auf Geräte im Stromkreis übertragen werden kann. Das elektrische Feld wird durch die Feldstärke beschrieben. Sie ist durch die Kraft auf geladene Probekörper definiert.

Energie im elektrischen Feld

Ein Körper mit der Ladung Q erfährt in einem elektrischen Feld eine Kraft. Er wird beschleunigt und erhält Bewegungsenergie. Zum Vergleich betrachtet man einen Körper der Masse m, der aus der Höhe h unter Wirkung der Gewichtskraft frei herabfällt. Die Höhenenergie E_H des fallenden Körpers wird in Bewegungsenergie überführt.

Auch dem geladenen Körper im elektrischen Feld ordnet man eine Energie zu, sie heißt **potenzielle Energie**. Wie die Höhenenergie ist die potenzielle Energie ortsabhängig. Wird der geladene Körper mit oder gegen die elektrische Kraft im Feld verschoben, wird also Arbeit verrichtet, dann ändert sich die potenzielle Energie des Körpers.

Flächen konstanter Energie

Nicht jede Ortsänderung eines geladenen Körpers im elektrischen Feld hat eine Energieänderung zur Folge. Erfolgt die Verschiebung senkrecht zu den Feldlinien des elektrischen Feldes, sind Kraftrichtung und Wegrichtung senkrecht zueinander. Es wird keine Arbeit verrichtet, die potenzielle Energie ändert sich nicht. Diese Bereiche konstanter Energie lassen sich durch Flächen beschreiben und heißen **Äquipotenzialflächen** (→B1).

Ein Versuch verdeutlicht den Verlauf der Äquipotenzialflächen: Dazu legt man zwei Metallplättchen auf angefeuchtetes Löschpapier und verbindet sie mit den Polen einer elektrischen Quelle. Zwischen einem beliebigen Punkt des

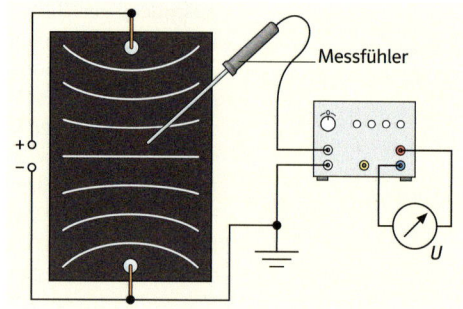

B2 Spannungsmessung im elektrischen Feld

Löschpapiers und einem der Metallplättchen wird mit einem geeigneten Messgerät die Spannung gemessen.

Weitere Punkte, an denen die Spannung denselben Wert hat, werden durch Linien verbunden. Für verschiedene Spannungswerte ergibt sich eine Anordnung von Linien, die sich nicht schneiden (→B2). Diese Linien gleicher Spannung verlaufen senkrecht zu den Feldlinien.

Einem geladenen Körper kann in jedem Punkt eines elektrischen Feldes eine ortsabhängige potenzielle Energie zugeordnet werden.
Auf Flächen senkrecht zu den Feldlinien ändert sich die potenzielle Energie nicht. Diese Flächen heißen Äquipotenzialflächen.

A1 ○ Definieren Sie den Begriff Äquipotenzialfläche. Erklären Sie, warum Metalloberflächen Äquipotenzialflächen sind.

A2 ◑ In **B3** ist der Verlauf zweier elektrischer Felder dargestellt.
a) Übertragen Sie die Abbildungen in Ihr Heft und zeichnen Sie den Verlauf der Äquipotenzialflächen ein.
b) Die Energieunterschiede zwischen benachbarten Linien sollen gleich groß sein. Beschreiben Sie die Bilder, die sich dann ergeben.

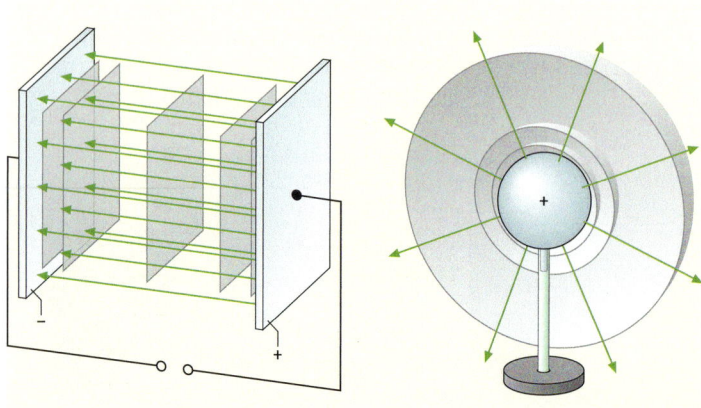

B1 Äquipotenzialflächen sind im homogenen Feld parallele Ebenen, im radialsymmetrischen Feld konzentrische Kugeln.

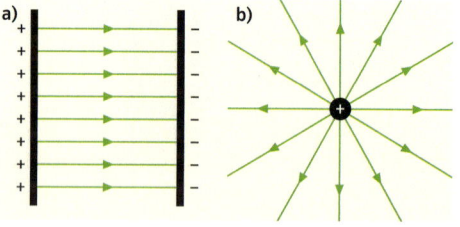

B3

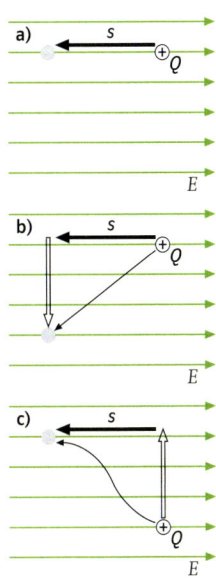

B1 Im homogenen Feld ist die Kraft $F = Q \cdot E$ konstant.

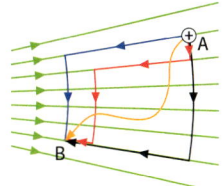

B2 Alle Wege sind energetisch gleichwertig.

Aus der Definition der Spannung U ergibt sich, dass man sie auch als **Potenzialdifferenz U** bezeichnet.

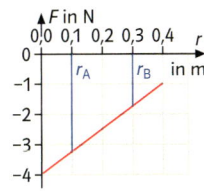

B3

Wegunabhängigkeit der Energiedifferenz

Wird ein positiv geladener Körper in einem homogenen elektrischen Feld um die Weglänge Δs parallel zu den Feldlinien entgegen der Feldrichtung verschoben (→**B1a**), nimmt seine Energie zu:

$$F \cdot \Delta s = Q \cdot E \cdot \Delta s$$

Erfolgt die Verschiebung in Richtung des Feldes, nimmt die Energie um diesen Betrag ab. Verschiebt man den geladenen Körper auf einem beliebigen Weg, kann dieser immer durch Wegstücke parallel und senkrecht zu den Feldlinien ersetzt werden (→**B1b**). Senkrecht zu den Feldlinien bewegt sich der Körper auf Äquipotenzialflächen, auf denen seine Energie konstant bleibt. Zur Energieänderung tragen also nur Weganteile längs der Feldlinien bei (→**B1c**). Diese sind für alle Wege zwischen zwei Punkten A und B gleich.

Die elektrische Spannung

Ein geladener Körper, der im elektrischen Feld von Punkt A nach Punkt B verschoben wird, erfährt eine Energieänderung ΔE_{AB}. Diese entspricht der Differenz der potenziellen Energien zwischen Anfangspunkt A und Endpunkt B des Weges und ist unabhängig vom gewählten Weg (→**B2**):

$$\Delta E_{AB} = E_{pot}(B) - E_{pot}(A)$$

Im homogenen Feld ist die Feldstärke und damit die Kraft auf einen geladenen Körper konstant. Für eine Verschiebung um die Weglänge Δs parallel zu den Feldlinien ist dann

$$\Delta E_{AB} = Q_{\ddot{u}} \cdot E \cdot \Delta s.$$

Der Quotient aus dieser Energieänderung ΔE_{AB} und der Ladung $Q_{\ddot{u}}$ des Körpers

$$\frac{\Delta E_{AB}}{Q_{\ddot{u}}} = E \cdot \Delta s$$

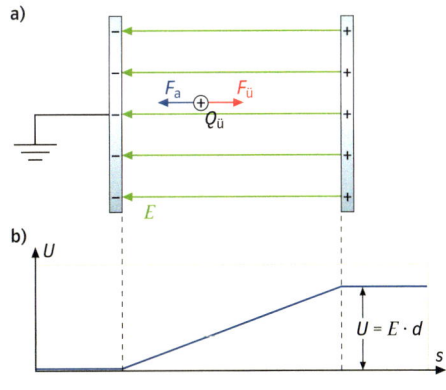

B4 Spannungsverlauf im homogenen Feld

wird nur von Feldgrößen bestimmt und als **Spannung U** zwischen den Punkten A und B definiert. Diese Definition gilt für alle Felder.

Für das homogene Feld zwischen zwei ebenen Metallplatten im Abstand d erhält man als Spannung:

$$U = \frac{\Delta E_{AB}}{Q_{\ddot{u}}} = \frac{Q_{\ddot{u}} \cdot E \cdot d}{Q_{\ddot{u}}} = E \cdot d$$

Abbildung **B4** zeigt die Zusammenhänge: Feldlinien verlaufen von Plus nach Minus. Ein positiv geladener Körper erfährt die Kraft F_a in Richtung der Feldlinien, er wird beschleunigt. Für eine Verschiebung gegen die Feldrichtung ist die Kraft $F_{\ddot{u}}$ erforderlich. Senkrecht zu den Feldlinien verlaufen Äquipotenzialflächen. Bezogen auf die linke Platte erhöht sich die potenzielle Energie des Körpers bei Verschiebung nach rechts. Der Abstand der Linien entspricht einem konstanten Energiezuwachs.

Eine Messung der Spannung U gegen die linke Platte ergibt, dass diese linear von 0 auf $E \cdot d$ ansteigt. Die Steigung dieser Geraden gibt den Betrag der Feldstärke an. In elektrischen Stromkreisen wird Energie übertragen. Es gilt:

$$\Delta E = U \cdot I \cdot \Delta t = U \cdot \Delta Q$$

Die Spannung der Quelle in einem Stromkreis gibt also die Energie an, die pro Ladung übertragen werden kann.

In einem elektrischen Feld ist die Energieänderung beim Transport eines geladenen Körpers zwischen zwei Punkten unabhängig vom gewählten Weg.
Die Spannung U zwischen A und B ist ein Maß für die Energie, die von der Ladung $Q_{\ddot{u}}$ zwischen diesen Punkten transportiert wird:
$U = \Delta E_{AB}/Q_{\ddot{u}}$, **die Einheit ist 1 Volt: $1\,V = 1\,J/C$.**
Für das homogene Feld zwischen zwei Metallplatten im Abstand d erhält man als Spannung $U = E \cdot d$.

A1 ⊖ In einem homogenen elektrischen Feld der Feldstärke $E = 0{,}06\,N/C$ wird ein positiv geladener Körper mit $Q = 0{,}001\,C$ im Winkel von $\alpha = 20°$ um $0{,}4\,m$ gegen die Feldrichtung verschoben. Berechnen Sie die erforderliche Energie.

A2 ⊖ Bestimmen Sie die Gleichung für die Kurve in Abbildung **B3**. Ermitteln Sie die Energie, die aufzuwenden ist, um den Probekörper vom Abstand r_A in den Abstand r_B zu überführen.

Die elektrische Spannung in Biologie und Medizin

Luigi Galvani beschrieb 1791 die Reaktionen präparierter Froschschenkel bei Gewitter als Folge einer „tierischen Elektrizität". **Alessandro Volta** konnte noch im gleichen Jahr nachweisen, dass präparierte Nerven elektrische Leiter sind. Nervenzellen, Neuronen genannt, können Erregungen weiterleiten, verarbeiten und erzeugen. Sie reagieren auf mechanische, elektrische, chemische und optische Reize. Die Größe der Neuronen reicht von wenigen Millimetern bis hin zu einem Meter. Sie können oft sehr verzweigt sein (→B1). Das gesamte Nervensystem, die angeschlossenen Sinneszellen und die Muskel- und Drüsenzellen werden durch elektrische Impulse gesteuert. Die Vernetzungen sind ein Wunderwerk. Das Nervensystem eines menschlichen Gehirns ist komplexer und funktionsfähiger als alle derzeit auf der Erde vorhandenen Computer zusammen.

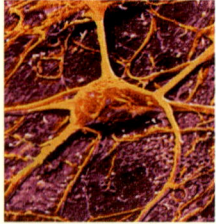

B1 Nervenzellen sind sehr verzweigt.

Physikalisch Interessantes geschieht an der Hülle einer Nervenzelle, der Zellmembran. Man kann bei einer ungereizten Nervenzelle an der Zellmembran zwischen innen und außen Spannungen im Bereich von ca. 60 mV nachweisen. Die Biologie spricht von dem **Ruhepotenzial** einer Zelle. Das Ruhepotenzial wird durch Ionenwanderung verursacht. Auf beiden Seiten der Zellmembran befinden sich Ionen in wässriger Lösung. Es handelt sich um Kaliumionen (K^+), organische Anionen (A^-), Natrium- und Chloridionen (Na^+, Cl^-) (→B2). Die Konzentrationen der Ionen sind innen und außen unterschiedlich (→B3).

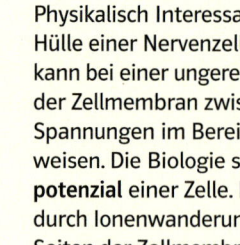

B2 Ionenverteilung an einer Zellmembran

Die Durchlässigkeit einer Zellmembran ist für die verschiedenen Ionen in beide Richtungen unterschiedlich. Im Ruhezustand ist die Zellmembran fast nur für K^+-Ionen und Wassermoleküle durchlässig. Die Konzentration der K^+-Ionen ist innen ca. 30-mal höher als außen.

Ion	Konzentration in mol/l	
	innen	außen
K^+	120–150	4–5
Na^+	5–15	140–150
Cl^-	4–5	120–150

B3

Dieses führt zu einer Wanderung von K^+-Ionen durch die Zellmembran nach außen (→B3). Mit jedem K^+-Ion wird auch positive elektrische Ladung transportiert. Es entsteht ein elektrisches Feld und eine elektrische Spannung. Bei ca. 60 mV kommt es zum Gleichgewicht, das Wandern der K^+-Ionen nach außen wird dann durch die elektrischen Kräfte behindert. Der Innenbereich ist gegenüber dem Außenbereich negativ geladen. Im Vergleich zur Gesamtzahl der vorhandenen K^+-Ionen ist am Aufbau des elektrischen Feldes nur eine geringe Anzahl der K^+-Ionen beteiligt. Die Durchlässigkeit der Zellmembrane wird durch ihren molekularen Aufbau bestimmt. Die Membranen bestehen aus porenbildenden Eiweißmolekülen. Ionen sind aufgrund der elektrischen Anziehung immer von einer Hydrathülle eingeschlossen. Sie ist bei Na^+-Ionen größer als bei K^+-Ionen und bevorteilt den Durchtritt der K^+-Ionen durch die Membran. Eine Reizung oder Erregung einer Nervenzelle führt zu einer Schwächung der elektrischen Spannung im Bereich der Zellmembran. Dadurch werden spezielle Poren in der Membran zusätzlich für Na^+-Ionen durchlässig, die nach innen strömen und den Effekt der Neutralisierung bis hin zur Ladungsumkehr unterstützen. Die Na^+-Kanäle öffnen sich nur kurzfristig und werden dann wieder inaktiv. Zusätzlich öffnen sich spannungsabhängige K^+-Kanäle. Dies bewirkt mit einer kleinen zeitlichen Verzögerung von ca. 2 ms eine erneute Ladungsumkehr, bis der Zustand des Ruhepotenzials wieder erreicht ist. Die Reizung hat damit kurzzeitig die Spannungen an der Membran verändert.

Eine lokale Spannungsänderung führt sowohl innen als auch außen zu elektrischen Strömen, die wiederum in der Nachbarschaft der Reizung das Ruhepotenzial verändern. Das **Aktionspotenzial** wird auf diese Weise verschoben und weitergeleitet. Die Aktionspotenziale wandern mit einer Geschwindigkeit von ca. 12 m/s durch die Nerven. Die Kontakte einer Nervenzelle zu anderen Nervenzellen oder zu Muskel-, Seh- oder Drüsenzellen werden durch Synapsen hergestellt. Eine Synapse besteht aus einem Endknöpfchen mit Spalt und dem gegenüberliegenden Membranbereich. Erreicht ein Aktionspotenzial eine solche Kontaktstelle kommt es zu Ionenaustausch und zur Weiterleitung des Reizes.

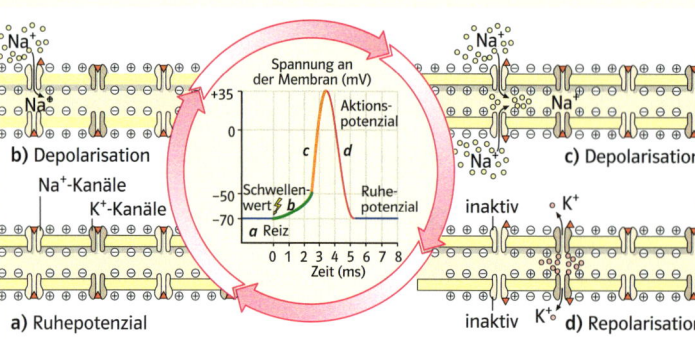

B4

Eigenschaften des Kondensators

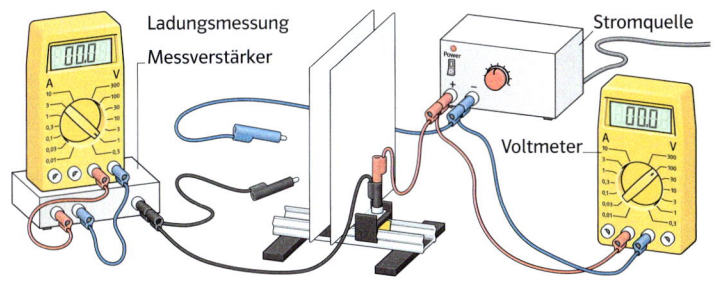

B1

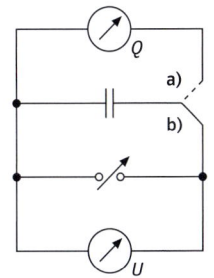

B2 Schaltskizze

Aufgabe: Es soll untersucht werden, wovon die in einem Plattenkondensator gespeicherte Ladung abhängt.

Planung: Größere Platten werden mehr Ladung tragen. Beim Ladevorgang sind angelegte und sich aufbauende Spannung am Kondensator entgegengesetzt gepolt. Haben beide denselben Wert erreicht, ist der Ladevorgang beendet, d.h., die Ladung wächst mit der angelegten Spannung. Zwischen den Platten muss sich ein Isolator befinden, das Material kann durch Polarisation die Ladungsmenge auf den Platten beeinflussen, ebenso der Plattenabstand d.

Material: Plattenkondensator (Fläche $A_1 = 400\,cm^2$, $A_2 = 800\,cm^2$), elektrische Quelle, Messverstärker, Voltmeter, Polystyrolplatte, Glasplatte

Durchführung und Messung: Plattenkondensator, elektrische Quelle und die Messgeräte werden gemäß **B2** zusammengeschaltet. Vor der Messung werden die Platten bei Schalterstellung a kurz verbunden, um sie zu entladen. Am Netzgerät wird die gewünschte Spannung eingestellt. Schalter in Stellung b führt zur Aufladung, Schalter in Stellung a trennt den Kondensator von der Quelle und ermöglicht die Ladungsmessung.
a) Messungen mit beiden Plattenpaaren bei $d = 4\,mm$ liefern abhängig von U die Werte:

U in V	Q in 10^{-9} C für A_1	Q in 10^{-9} C für A_2
50	5,0	10,5
100	10,5	19,0
150	16,0	30,0
200	21,5	41,0
250	26,5	51,0
300	33,0	59,0

B3 U-Q-Diagramm

b) Für die Platten mit $A_2 = 800\,cm^2$ und die Spannung $U = 100\,V$ wird d variiert. Man erhält:

d in mm	1	2	3	4	5	6	7
Q in 10^{-19} C	70	35	24	18	15	13	11
$Q \cdot d$	70	70	72	72	75	78	77

c) Zwischen die Platten wird nun ein Isolator gebracht. Bei $A_2 = 800\,cm^2$, $d = 4\,mm$ und $U = 100\,V$ misst man für Polystyrol eine Ladung von $Q = 49{,}1 \cdot 10^{-9}\,C$, für Glas beträgt sie $Q = 103{,}5 \cdot 10^{-9}\,C$.

Auswertung: a) Die graphische Darstellung der Messwerte aus a) ergibt für beide Plattenpaare eine Ursprungsgerade (→**B3**). Die Steigung lässt sich als Mittelwert C der Quotienten Q/U angeben:
Für $A_1 = 400\,cm^2$ ist $C_1 = 0{,}11 \cdot 10^{-9}\,C/V$ und für $A_2 = 800\,cm^2$ ist $C_2 = 0{,}20 \cdot 10^{-9}\,C/V$.

b) Die Messungen zu b) zeigen: Je größer der Plattenabstand ist, desto kleiner ist die gemessene Ladung. Anders als in a) lässt sich kein augenscheinlicher Kurventyp angeben. Im einfachsten Fall liegt eine Antiproportionalität vor. Eine Überprüfung ergibt, dass das Produkt $Q \cdot d$ bis ca. 6% um den Mittelwert 73 schwankt (siehe Tabelle oben). In diesem Rahmen gilt der antiproportionale Zusammenhang als bestätigt.

Insgesamt zeigt sich $Q \sim U$, $Q \sim A$ sowie $Q \sim 1/d$, somit also:

$$Q \sim \frac{U \cdot A}{d} \quad \text{bzw.} \quad Q = \varepsilon \cdot \frac{U \cdot A}{d}$$

Dabei ist ε eine Konstante.
Aus den Messwerten folgt:

$$\varepsilon = \frac{0{,}20 \cdot 10^{-9}\frac{C}{V} \cdot 4 \cdot 10^{-3}\,m}{0{,}08\,m^2} = 10 \cdot 10^{-12}\frac{C}{Vm}$$

c) Ist der Raum zwischen den Platten anstelle von Luft mit einem anderen Isolator gefüllt, vergrößert sich der Faktor C von beispielsweise $C_L = 0{,}20 \cdot 10^{-9}\,C/V$ auf $C_P = 0{,}49 \cdot 10^{-9}\,C/V$ bei Polystyrol und auf $C_G = 1{,}03 \cdot 10^{-9}\,C/V$ bei Glas. Den Einfluss dieser Stoffe berücksichtigt man durch einen zusätzlichen Faktor ε_r.

Ergebnis: Die Ladung eines Kondensators wächst gemäß $Q = C \cdot U$ mit der Ladespannung. Für einen Plattenkondensator gilt:

$$C = \varepsilon_r \cdot \varepsilon \cdot \frac{A}{d}$$

4.5 Der Kondensator, ein Ladungsspeicher

In frühen Baureihen besaßen Kondensatoren große Ausmaße, sie konnten aber nur wenig Ladung speichern. Heute kann man sie sehr viel kleiner bauen, sodass sie sogar für den Einsatz in Fahrradbeleuchtungen und Modellflugzeugen geeignet sind.

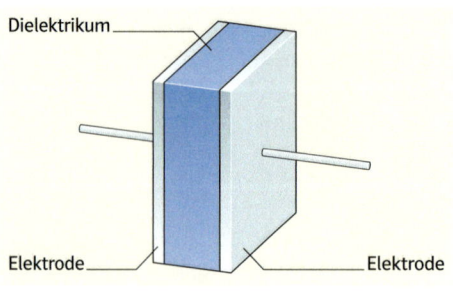

B2 Aufbau eines Kondensators

Aufbau und Funktionsweise

Ein **Kondensator** besteht aus zwei elektrisch leitenden Körpern, die durch einen Isolator getrennt sind (→**B2**). Als Isolator kann Luft, Öl oder Kunststoff verwendet werden. Verbindet man die beiden Körper mit den Anschlüssen einer elektrischen Quelle, so wird der Kondensator geladen. Auf beiden Körpern befindet sich Ladung von gleichem Betrag Q, aber mit unterschiedlichem Vorzeichen. Beim Trennen von der Quelle bleibt auf beiden Seiten die Ladung erhalten. Der Kondensator speichert diese Ladung.

Soll die Ladung eines der beiden Leiter gemessen werden, so muss gleichzeitig der andere Leiter entladen werden, da sonst durch Influenz ein Teil der Ladung auf dem Leiter gebunden bleibt und nicht mitgemessen wird.

Die Kapazität

Plattenkondensatoren bestehen aus zwei parallelen Metallplatten. Messungen zeigen, dass bei konstantem Abstand d der Platten die aufgenommene Ladung Q proportional zur Spannung U der Quelle ist (→**B1**). Dieser Zusammenhang zeigt sich auch bei anderen Kondensatoren. Der Quotient $C = Q/U$ ist ein Maß für das Speichervermögen und wird **Kapazität** genannt.

Die Einheit der Kapazität wird nach **Michael Faraday** mit **1 Farad** (F) bezeichnet. Es gilt:

$$1\,\text{F} = 1\,\frac{\text{C}}{\text{V}}$$

Die Bauweise bestimmt die Kapazität

Die Kapazität eines Plattenkondensators ändert sich mit der Fläche A der Platten und mit ihrem Abstand d. Seine Kapazität lässt sich aus den bisher bekannten Gesetzen herleiten:

Es wird angenommen, dass das elektrische Feld zwischen den Platten homogen ist. Dann gilt

$$U = E \cdot d$$

und

$$E = \frac{1}{\varepsilon_0} \cdot \frac{Q}{A}$$

Aus der Definition der Kapazität folgt:

$$C = \frac{Q}{U} = \frac{Q}{E \cdot d} = \varepsilon_0 \cdot \frac{A}{d}$$

Damit lässt sich die Kapazität eines Plattenkondensators aus seinen geometrischen Größen berechnen.

Dieser Zusammenhang ergibt sich auch aus Experimenten. Sie zeigen außerdem, dass der Isolator zwischen den Platten Einfluss hat, was durch einen Faktor ε_r berücksichtigt wird.

Der Quotient aus der gespeicherten Ladung Q und der anliegenden Spannung U heißt Kapazität C des Kondensators:

$$C = \frac{Q}{U}$$

Die Kapazität eines im Vakuum oder in Luft stehenden Plattenkondensators ist:

$$C = \varepsilon_0 \cdot \frac{A}{d}$$

mit der elektrischen Feldkonstante

$$\varepsilon_0 = 8{,}854 \cdot 10^{-12}\,\frac{\text{C}}{\text{V} \cdot \text{m}}$$

A1 ⬤ Ein geladener Plattenkondensator wird von der Quelle getrennt. Mit einem statischen Voltmeter wird die Spannung U_P zwischen den Platten gemessen. Diskutieren Sie den Einfluss einer Vergrößerung oder Verkleinerung des Plattenabstandes auf die Spannung U_P.

A2 ◯ Abbildung **B1** zeigt die Ladung zweier Kondensatoren in Abhängigkeit von der Spannung. Bestimmen Sie die Kapazitäten C_1 und C_2 der Kondensatoren.

A3 ⬤ Goldcaps werden auch als Hochleistungskondensatoren bezeichnet. Informieren Sie sich über den Aufbau und begründen Sie die hohe Leistungsdichte dieser Kondensatoren.

Kapazitäten gebräuchlicher Kondensatoren:

1 F
$1\,\text{mF} = 10^{-3}\,\text{F}$
$1\,\mu\text{F} = 10^{-6}\,\text{F}$
$1\,\text{nF} = 10^{-9}\,\text{F}$
$1\,\text{pF} = 10^{-12}\,\text{F}$

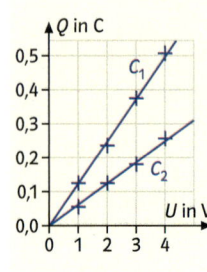

B1

Stoff	ε_r
Vakuum	1,0000
Luft	1,0006
Papier	2,2 – 4,5
Bernstein	2,8
Glas	4 – 12
Porzellan	6
PVC	6,1
Glycerin	43
Wasser	80

B1 Permittivitätszahlen bei 20 °C

Isolatoren erhöhen die Kapazität

Ein Kondensator wird von der Quelle getrennt. Bringt man einen **Isolator** in das elektrische Feld dieses Kondensators, so sinkt bei konstanter Ladung die Spannung zwischen den Platten. Da im Isolator keine frei beweglichen Ladungsträger vorhanden sind, müssen die zur Erklärung des Spannungsabfalls erforderlichen Ladungsunterschiede im Isolator durch das Feld hervorgerufen werden. Bei manchen Stoffen, wie z. B. beim Wasser, sind in den Molekülen positive und negative Ladung räumlich getrennt. Sie sind **elektrische Dipole** (→**B2**). Solche Moleküle richten sich im elektrischen Feld längs der Feldlinien aus. In allen anderen Molekülen verschieben sich durch die Kraftwirkung des Feldes positive und negative Ladung ein wenig in entgegengesetzter Richtung. Es entstehen künstliche Dipole.

Als Folge stehen jeder Kondensatorplatte Moleküle mit entgegengesetzt geladenen „Enden" gegenüber (→**B5**). Diese Ladung an der Oberfläche erzeugt im Isolator ein elektrisches Feld, das dem des geladenen Kondensators entgegengesetzt gerichtet ist. Die resultierende Feldstärke E' sinkt auf einen Bruchteil von E:

$$E' = \frac{1}{\varepsilon_r} \cdot E$$

ε_r heißt **Permittivitätszahl**, der Isolator wird auch als **Dielektrikum** bezeichnet. ε_r hängt vom Stoff und von der Temperatur ab (→**B1**) und ist stets größer oder gleich 1.

In Kondensatoren werden Isolatoren mit großem ε_r verwendet. Durch das Dielektrikum wird die Feldstärke E' im Kondensator bei gleicher Ladung kleiner. Die gleiche Spannung U entsteht erst bei einer größeren Flächenladungsdichte $\sigma = Q/A$. Der Kondensator speichert demnach mehr Ladung bei gleicher Spannung U. Es gilt:

$$U = E' \cdot d = \frac{1}{\varepsilon_r} \cdot E \cdot d \text{ bzw. } C = \varepsilon_0 \cdot \varepsilon_r \cdot \frac{A}{d}$$

Füllt ein Isolator den Innenraum eines Kondensators aus, so erhöht sich dessen Kapazität um den Faktor ε_r.

Die Permittivitätszahlen von Vakuum und Luft unterscheiden sich nur geringfügig (→**B1**).

Schaltungen von Kondensatoren

Mehrere Kondensatoren in Parallel- oder Reihenschaltungen können durch einen Kondensator mit der **Ersatzkapazität** C_{Ersatz} ersetzt werden.

Parallelschaltung: An beiden Kondensatoren liegt die Spannung U an (→**B3**). Zusammen speichern sie die Ladung $Q = Q_1 + Q_2$. Es ist:

$$Q = Q_1 + Q_2 = C_1 \cdot U + C_2 \cdot U = (C_1 + C_2) \cdot U$$

Somit gilt bei der Parallelschaltung von Kondensatoren: $C_{\text{Ersatz}} = C_1 + C_2$

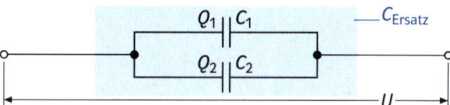

B3 Parallelschaltung von Kondensatoren

Reihenschaltung: Beide Kondensatoren werden mit der gleichen Stromstärke geladen. Bei beiden ist die gespeicherte Ladung gleich: $Q = Q_1 = Q_2$. Die Spannung U der Quelle teilt sich in die Teilspannungen U_1 und U_2 auf (→**B4**):

$$U = U_1 + U_2 = \frac{Q}{C_1} + \frac{Q}{C_2} = Q \cdot \left(\frac{1}{C_1} + \frac{1}{C_2}\right)$$

Somit gilt bei der Reihenschaltung:

$$\frac{1}{C_{\text{Ersatz}}} = \frac{1}{C_1} + \frac{1}{C_2}$$

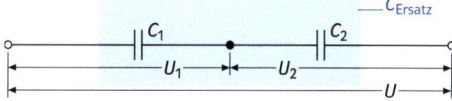

B4 Reihenschaltung von Kondensatoren

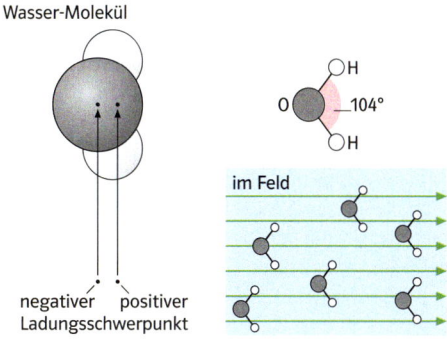

negativer positiver Ladungsschwerpunkt

B2 Dipole richten sich im Feld aus.

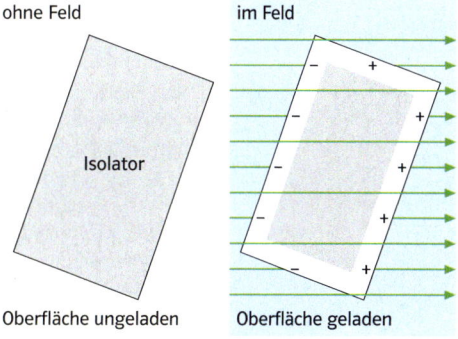

B5 Das Feld schiebt Ladung auseinander.

Die Entladung eines Kondensators

B1

B2

B3

Auftrag: Ermittlung der Entladekurven von Kondensatoren (*t*-*U*-Diagramme)

Material: Kondensatoren (C_1 = 1000 μF, C_2 = 3300 μF), Widerstände (R_1 = 10 kΩ, R_2 = 33 kΩ), Funktionsgenerator, Messverstärker, Spannungsmessgerät, Stoppuhr, elektrische Versorgung 12 V AC

Aufbau:

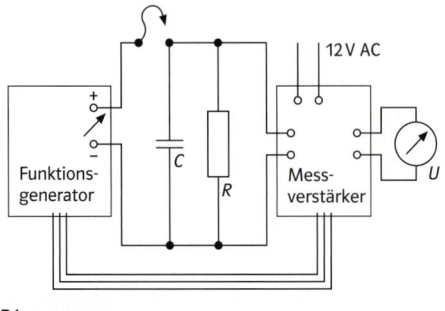

B4

Durchführung: Die Versorgungsspannung wird an den Messverstärker angeschlossen und dieser über das sechspolige Kabel mit dem Funktionsgenerator verbunden. Mit den Miniaturschaltern wählt man am Funktionsgenerator „Gleichspannung +" (→**B2**). Die Spannung des Funktionsgenerators wird gemessen und mit dem Amplituden-Regler auf 3 V korrigiert. Nach dem weiteren Aufbau der Schaltung gemäß **B3** und **B4** wird der Miniaturschalter auf die Verstärkung „×1" gestellt. Dabei ist auf die richtige Polung des Kondensators zu achten. Man misst für die Kombinationen R_1C_1, R_2C_2, R_1C_2 und R_2C_1 die Spannung in Abhängigkeit von der Zeit.

Messwerte:

		t in s 0	10	20	...	50	60
R_1C_1	*U* in V	3	1,1	0,41	...	0,02	...
R_2C_2		3	2,2	1,64	...	...	...
R_1C_2		3	2,4	...	...	...	...
R_2C_1		3	...	...	...	...	...

Auswertung:

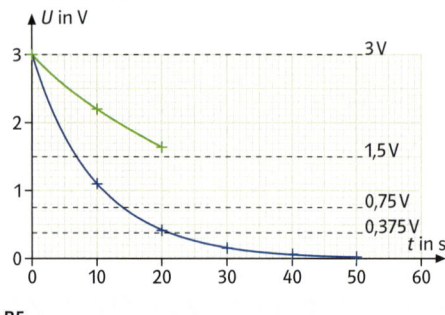

B5

A1 ◔ Machen Sie Aussagen zum Verlauf der Spannungen und begründen Sie dies physikalisch.

A2 ◯ Bestimmen Sie die Zeiten, nach denen die Spannungen auf *U* = 1,5 V, *U* = 0,75 V und *U* = 0,375 V abgesunken sind.
Fassen Sie die Ergebnisse zusammen.

A3 ◔ Es ist *I* = *U/R*. Rechnen Sie die Messwerte auf die Stromstärke *I* um und zeichnen Sie die Graphen *I* (*t*) für die vier angegebenen *RC*-Kombinationen.

Die mathematische Beschreibung der Kondensatorentladung

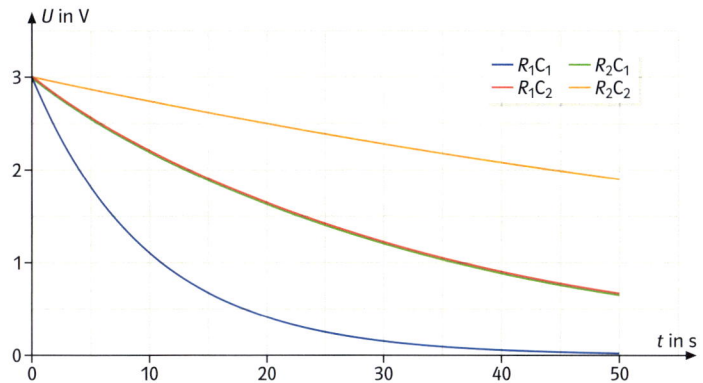

B1 Entladekurven eines Kondensators

Formulieren Sie Hypothesen zur Funktionsgleichung $U(t)$ der Kondensatorentladung. Für die Kombination R_1C_1 (siehe vorangehende Seite) könnte z.B. eine lineare Funktion, eine quadratische Funktion oder eine exponentielle Funktion eine Beschreibung liefern.

Bemerkung:
Der natürliche Logarithmus ist die Umkehrfunktion zur Exponentialfunktion mit der Basis e.

Die Form der Kurve lässt eine lineare Funktion ungeeignet erscheinen.
Die Halbparabel wäre eine mögliche Beschreibung. Dagegen spricht aber die Beobachtung, dass die Spannung in jeweils gleichen Zeitspannen von 3 V auf 1,5 V, von 1,5 V auf 0,75 V und von 0,75 V auf 0,375 V abnimmt.

Bei exponentiell abfallenden Funktionen halbiert sich der Funktionswert nach jeweils gleichen Zeitspannen. Diese Zeitspannen heißen Halbwertszeit. Die Kurve kann also durch eine Exponentialfunktion beschrieben werden.

Beispiel:

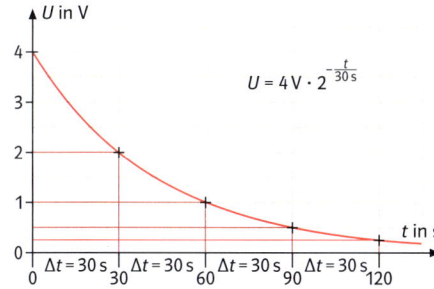

B2 Exponentieller Abfall

A1 ○ Beschreiben Sie die t-U-Diagramme für die Kombinationen R_1C_1, R_2C_2, R_1C_2 und R_2C_1 (siehe vorangehende Seite) in gleicher Weise mittels der Halbwertszeiten: $U(t) = 3\,V \cdot 2^{-t/\dots}$

Die e-Funktion in der Physik Größen $f(t)$, die sich in gleichen Zeitspannen Δt (z.B. alle 30 s) verdoppeln oder halbieren, beschreiben exponentielle Zusammenhänge. Sie lassen sich erfassen durch Funktionen

$$f(t) = a \cdot 2^{\pm t/\Delta t}; \quad a \in \mathbb{R}$$

(„+"-Zeichen bedeutet: Verdopplung,
„–"-Zeichen bedeutet: Halbierung nach der Zeit Δt)

In der Physik benutzt man zur mathematischen Beschreibung Exponentialfunktionen mit der Basis $e = 2{,}718\dots$ Diese Zahl heißt **Euler'sche Zahl**.
Die Funktion $U(t) = 4\,V \cdot 2^{-t/30\,s}$ beschreibt den exponentiellen Abfall der Spannung U bei der Entladung eines Kondensators. Um diese Funktion mit der Basis e auszudrücken, wird die Beziehung $2 = e^{\ln(2)}$ benutzt. Damit ergibt sich:

$$U(t) = 4\,V \cdot e^{-\ln(2) \cdot t/30\,s}$$

$\ln(2)$ ist der Logarithmus zur Basis e von 2. $\ln(2)$ wird natürlicher Logarithmus von 2 genannt. Entsprechend lassen sich alle Exponentialfunktionen auf die Basis e umrechnen.

A2 ○ Rechnen Sie auf die Basis e um:
$U(t) = 4\,V \cdot 1{,}5^{-t/10s}$
$U(t) = 3\,V \cdot 0{,}91^{t/s}$

A3 ○ Geben Sie die Gleichungen der Messkurven mit der Basis e an:
R_1C_1: $U(t) = 3\,V \cdot 0{,}91^{t/s}$
 $U(t) = 3\,V \cdot e^{\ln(0{,}91) \cdot t/s}$
 $U(t) = 3\,V \cdot e^{-0{,}094 \cdot t/s}$
 $U(t) = 3\,V \cdot e^{-t/10{,}6\,s}$
R_2C_2: $U(t) \dots$

Allgemein gilt für die Entladung eines Kondensators die Zeit-Spannungs-Funktion

$$U(t) = U_0 \cdot e^{-t/(R \cdot C)}$$

Daraus kann man eine Formel für die Halbwertszeit der Entladung des Kondensators ableiten. Die Halbwertszeit ist die Zeitspanne t_H, in der die Spannung auf den halben Wert absinkt.
Also ist $U(t_H) = U_0 \cdot e^{-t_H/(R \cdot C)} = U_0/2$
Division durch U_0 ergibt $e^{-t_H/(R \cdot C)} = \frac{1}{2}$.

Logarithmieren dieser Gleichung liefert die Beziehung $-t_H/(R \cdot C) = \ln(1/2) = -\ln(2)$.
Für die Halbwertszeit t_H der Entladung des Kondensators gilt $t_H = \ln(2) \cdot R \cdot C$.

Konstanten in der Physik

„Die Naturkonstanten codieren die tiefsten Geheimnisse des Universums. Sie drücken zugleich unser größtes Wissen und unsere größte Unkenntnis über den Kosmos aus. Denn obwohl wir sie mit immer größerer Genauigkeit messen, können wir ihre Werte nicht erklären. Wir haben niemals einen Wert irgendeiner Naturkonstante erklärt."
John Barrow, Kosmologe

B1

Interpretationen **B1** zeigt einen Kondensator mit der Kapazität $C = 100\,\mu F$, für den die Ladespannung U bis zu 25 V betragen darf. Aus der für alle Kondensatoren gültigen Gleichung $C = Q/U$ kann die Maximalladung zu $Q = 1,0 \cdot 10^{-4}\,F \cdot 25\,V = 2,5\,mC$ berechnet werden. Für kleinere Spannungen ergeben sich entsprechend kleinere Ladungen. Die Kapazität C ist eine Größe, die diesen Kondensator kennzeichnet, es ist eine sogenannte **Gerätekonstante**.

In der Form $Q = C \cdot U$ drückt die Gleichung den mathematischen Zusammenhang „Q ist proportional U" aus, wobei C der Proportionalitätsfaktor ist. Er bekommt erst durch die Einbettung in die Physik seine physikalische Bedeutung. Unabhängig vom Zahlenwert muss C die Einheit C/V bekommen, damit in der Größengleichung $Q = C \cdot U$ auf beiden Seiten die gleiche Einheit steht.

Ein weiteres Beispiel zeigt der Versuch in **B2**. Auf einer Waage steht ein Messgefäß, das gleichmäßig mit einer Flüssigkeit befüllt wird. Gemessen werden die Zeit t in s, die Füllhöhe h in cm, das Volumen V in cm³ sowie die Masse m in g. Trägt man die Messwerte von m für drei verschiedene Flüssigkeiten gegen das Volumen V auf, erhält man Ursprungsgeraden mit unterschiedlicher Steigung ϱ (→**B3a**). In der Geradengleichung $m = \varrho \cdot V$ muss ϱ die Einheit g/cm³

bekommen, damit sich auf beiden Seiten die Einheit Gramm ergibt.

Die Ursprungsgerade zeigt an, dass m und V zueinander proportional sind, der Quotient m/V ist dann konstant. Für verschiedene Flüssigkeiten ergeben sich unterschiedliche Beträge für ϱ, es handelt sich bei ϱ um eine **Materialkonstante**, die Dichte genannt wird.

Die Messwerte liefern auch Graphen für $V(t)$ und $h(t)$ (→**B3b,c**). Diese Größen beschreiben einen **Prozess**. Die konstante Steigung kann in **B3b** als Stromstärke I_F mit der Einheit cm³/s und in **B3c** als Steiggeschwindigkeit v_S mit der Einheit cm/s interpretiert werden.

Naturkonstanten Die Kapazität eines Plattenkondensators lässt sich aus der Gleichung $C = \varepsilon_0 \cdot \varepsilon_r \cdot A/d$ berechnen.
Zur Anpassung an die Einheit Farad (F) auf der linken Seite hat ε_0 die Einheit F/m, ε_r ist eine Materialkonstante ohne Einheit. Neben ihrer hier eher formalen Funktion hat ε_0 eine viel fundamentalere Bedeutung. In der Gleichung $\sigma = \varepsilon_0 \cdot E$ verknüpft sie die felderzeugende Flächenladungsdichte σ auf den Kondensatorplatten mit deren Wirkung, also der elektrischen Feldstärke E.

Größen von dieser Bedeutung heißen **Naturkonstanten**. Eine wichtige Aufgabe der Physik ist es, diese Konstanten möglichst genau zu bestimmen. Für ε_0 kann das über die Gleichung $\sigma = \varepsilon_0 \cdot E$ erfolgen.

Der heute am besten gesicherte Wert ist

$\varepsilon_0 = 8,854\,187\,817 \cdot 10^{-12}\,\frac{F}{m}.$

Eine immer wieder diskutierte Frage ist, ob die Naturkonstanten wirklich konstant sind.

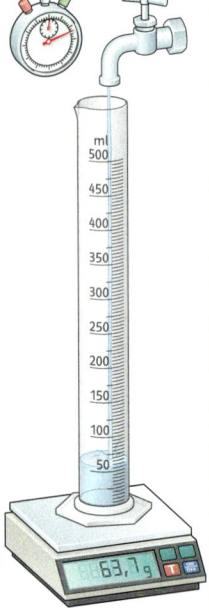

B2

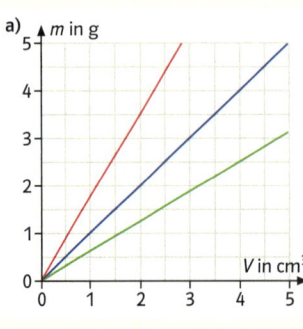

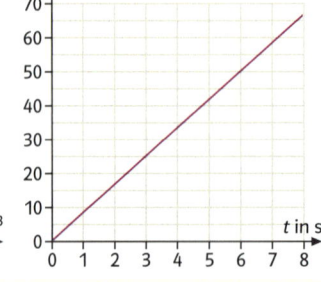

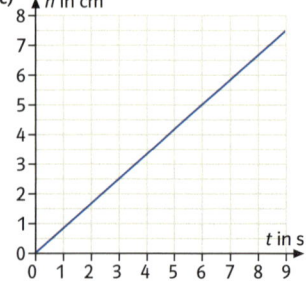

B3

4.6 Der Kondensator als Energiespeicher

Beim Fahrrad lädt der Dynamo während der Fahrt einen Kondensator auf. Dieser stellt Energie für die Lampe zur Verfügung, wenn das Rad kurz anhält.

Der Kondensator im Stromkreis

In einem Versuch wird ein Plattenkondensator bei kleinem Plattenabstand geladen und anschließend von der Quelle getrennt. Entlädt man den Kondensator über eine Glimmlampe, leuchtet diese nur schwach auf (→B1a).
Nun werden die Platten erneut geladen und nach dem Abtrennen der Spannungsquelle auseinander gezogen (→B1b). Entlädt man den Kondensator erneut über die Glimmlampe, leuchtet diese nun hell auf.

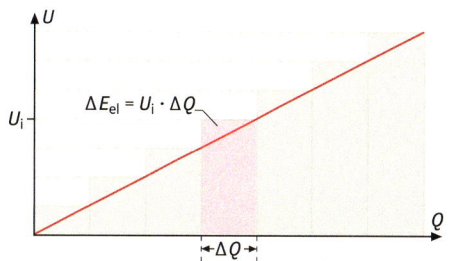

B2 Energieüberführung beim Entladen

Das Aufleuchten der Glimmlampe bei der Entladung zeigt, dass ein geladener Kondensator Energie enthält.
Um den Plattenabstand zu vergrößern, muss Arbeit verrichtet werden, denn die Verschiebung erfolgt gegen die anziehenden Kräfte zwischen den geladenen Platten. Dadurch nimmt die im Kondensator gespeicherte Energie zu – bei erneuter Entladung leuchtet die Glimmlampe heller.

Ein geladener Kondensator kann in einem Stromkreis wie eine elektrische Quelle Energie überführen. Die auf den Flächen des Kondensators vorhandene Ladung gleicht sich dabei über die Leitungen des Stromkreises aus. Beträgt die Ladung des Kondensators zu Beginn Q_0, so liegt an seinen Anschlüssen die Spannung $U_0 = Q_0/C$. Nimmt die Ladung ab, so sinkt auch die Spannung (→B2).

Ist die Änderung der Ladung ΔQ klein, so kann die Spannung in dieser Zeit näherungsweise als konstant angesehen werden. Die Energie des geladenen Kondensators nimmt dann um $\Delta E_{el} = U_i \cdot \Delta Q$ ab. Der Flächeninhalt des Dreiecks entspricht der insgesamt überführten Energie $\frac{1}{2} \cdot Q_0 \cdot U_0$.

Für das homogene Feld eines Plattenkondensators lässt sich damit ein Zusammenhang zwischen der gespeicherten Energie und der elektrischen Feldstärke E herstellen. Es wird in $E_{el} = \frac{1}{2} C \cdot U^2$ die Spannung U durch $E \cdot d$ und die Kapazität C durch $\varepsilon_0 \cdot \varepsilon_r \cdot A/d$ ersetzt. Das vom elektrischen Feld eingenommene Volumen V ist gleich $A \cdot d$:

$$E_{el} = \frac{1}{2} C \cdot U^2 = \frac{1}{2} \cdot \left(\varepsilon_0 \cdot \varepsilon_r \cdot \frac{A}{d}\right) \cdot (E \cdot d)^2$$

$$E_{el} = \frac{1}{2} \varepsilon_0 \cdot \varepsilon_r \cdot E^2 \cdot V$$

Der Quotient E_{el}/V ist die **Energiedichte des elektrischen Feldes**. Sie hängt nur vom Isolator zwischen den Platten und vom Betrag der elektrischen Feldstärke ab.

Ein Kondensator der Kapazität C speichert bei der Spannung U die Ladung $Q = C \cdot U$.
Das elektrische Feld des Kondensators enthält die Energie

$$E_{el} = \frac{1}{2} C \cdot U^2 = \frac{1}{2} Q \cdot U = \frac{1}{2} \frac{Q^2}{C}$$

A1 ⊖ Bei geöffnetem Schalter S in Schaltung **B3** leuchten die beiden Glühlampen (2,5 V). Der Kondensator wird geladen. Wird der Schalter dann geschlossen, so leuchten alle Glühlampen für kurze Zeit. Erklären Sie dies.

a)
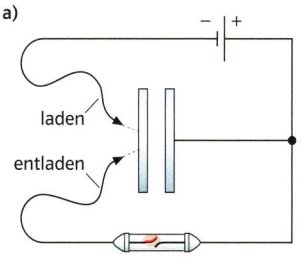

b)
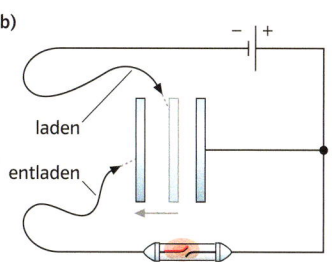

B1

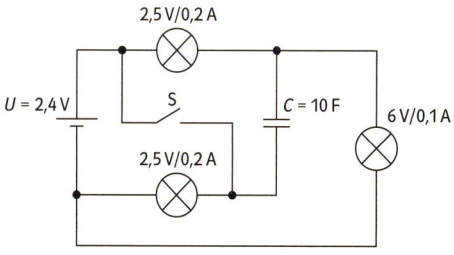

B3

Der Kondensator in der Modellbildung

Die Schaltung in **B1** wird mit einem Modell-bildungssystem simuliert. Dabei sollen zu-nächst die Auf- und Entladung betrachtet werden.

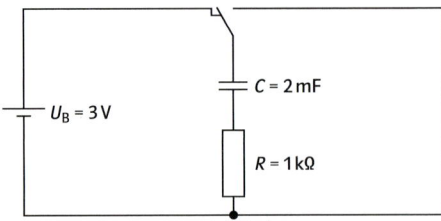

B1 Schaltung für Auf- und Entladen eines Kondensators

Es gilt $U_B = U_R + U_C$ bzw. $U_R = U_B - U_C$, für das Entladen wird $U_B = 0\,V$ gesetzt. Damit ergibt sich das folgende Wirkungsgefüge (→**B2**):

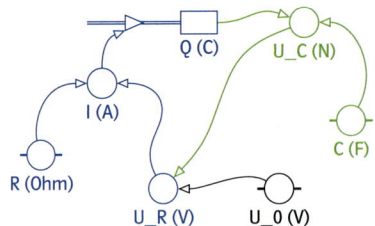

B2 Wirkungsgefüge für das Auf- und Entladen eines Kondensators

A1 ⊖ Erläutern sie das Wirkungsgefüge (→**B2**).

A2 ⊖ Finden Sie mittels Modellbildung $U_C(t)$ für die Auf- und Entladung (→**B3**).

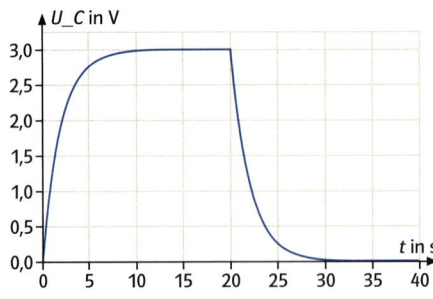

B3 Laden und Entladen eines Kondensators

A3 ⊖ Zeigen Sie, dass die Kurven den folgen-den Gleichungen entsprechen:

$$U_C(t) = U_B \left(1 - e^{-\frac{t}{RC}}\right)$$

$$U_C(t) = U_B \cdot e^{-\frac{1}{RC} \cdot (t - 20\,s)}$$

A4 ⊖ Untersuchen Sie die Abhängigkeit der Halbwertszeit der Spannung am Kondensator vom Widerstand R (→**B4**).
(Hinweis: Mit Halbwertszeit ist die Zeit ge-meint, die vergeht, bis U_C gleich der Hälfte des Betrages von U_B ist.)

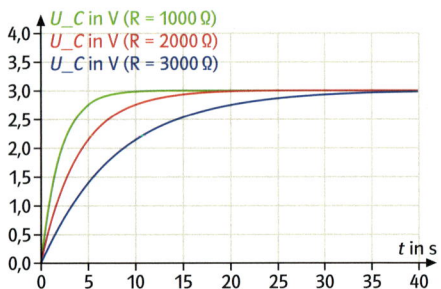

B4 Aufladen des Kondensators für verschiedene Werte von R

A5 ⬤ Ergänzen Sie das Wirkungsgefüge um Energie und Leistung beim Kondensator (→**B5**) unter Berücksichtigung von

$$\Delta E_{el} = U_C \cdot \Delta Q = U_C \cdot I \cdot \Delta t = P \cdot \Delta t$$

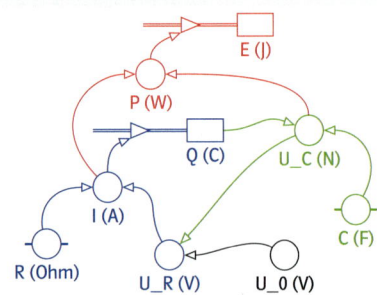

B5 Ergänzung des Wirkungsgefüges für den Lade-vorgang am Kondensator um die Energie

A6 ⊖ Zeigen Sie, dass $E_{Kond}(U_C)$ proportional zu U_C^2 ist (→**B6**).

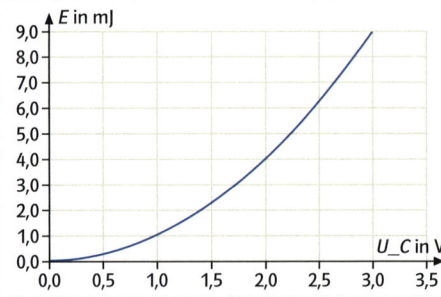

B6 Die Energie des Kondensators in Abhängigkeit von der Spannung am Kondensator

Blitze und Gewitter

B1 Gewitterwolken mit Erdblitzen

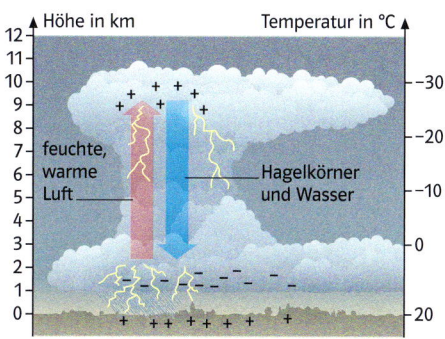

B4 Lokale Ladungsverteilung bei Gewitterwolken

Ein Gewitter und Blitze sind eindrucksvolle und zugleich Furcht einflößende Naturerscheinungen. In der Erdatmosphäre kommt es jährlich zu etwa 3 Milliarden Blitzen. Meist finden die Entladungen innerhalb der Wolken statt, jeder siebte Blitz erreicht die Erde und immer wieder kommen dadurch Menschen zu Tode.

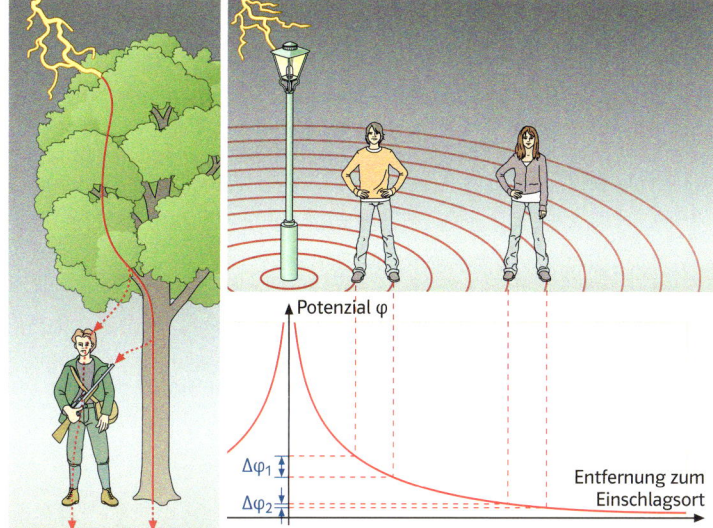

B2 Übersprung eines Blitzes (links); Potenzialverlauf um den Einschlagsort (rechts)

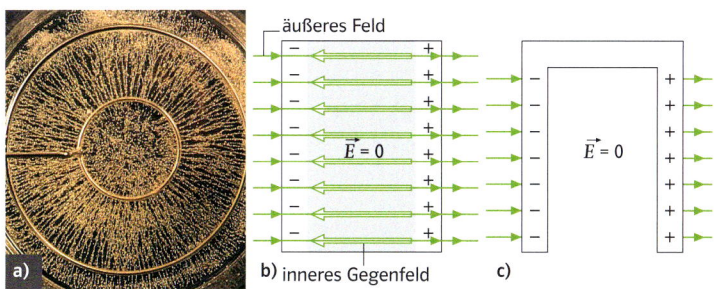

B3 Abschirmung durch Influenz

Die Erdoberfläche bildet mit den Gewitterwolken einen riesigen Kondensator (→**B4**). Bei hinreichend großer Feldstärke werden in der Luft vorhandene Ladungsträger so stark beschleunigt, dass sie durch Zusammenstöße Ionen erzeugen. Die Luft wird leitend, es kann zu einer Funkenentladung kommen. Die Spannung zwischen Erde und Wolken beträgt bis zu 300 000 000 V, die Stromstärke in einem Blitz erreicht bis zu 100 000 A.

Im Bereich von Spitzen sind die Feldlinien besonders dicht, die Feldstärke ist dort sehr groß. Der Blitz schlägt daher bevorzugt in Objekte ein, die sich über ihre Umgebung erheben: Türme, Bäume, aufrecht stehende Menschen (→**B2** links). Im Freien sollte man sich daher hinhocken.

Die Nähe von Bäumen sollte man meiden, weil der Blitz auf den Körper überspringen kann. Um einen direkten Einschlag bildet sich im Boden ein elektrisches Feld. Besteht zwischen zwei Punkten eines Feldes, z. B. den Füßen einer Person, eine Spannung, kann dies zu einem Strom durch den Körper führen. Man sollte die Füße daher dicht beieinander halten (→**B2** rechts).

Der Faraday'sche Käfig Das Feldlinienbild **B3a** zeigt, dass ein von elektrischen Leitern umgebener Raum feldfrei ist. In einem äußeren Feld werden bewegliche Elektronen im Leiter so verschoben, dass zwischen ihnen und den „zurück gebliebenen" positiven Atomrümpfen ein Feld entsteht. Dieses Feld ist dem äußeren Feld entgegen gerichtet (→**B3b, c**) und hat dieselbe Stärke, es hebt das äußere Feld innerhalb des Leitergehäuses gerade auf. Dessen Inneres ist dann feldfrei. In einem Pkw ist man daher während eines Gewitters relativ sicher. Man spricht von einem **Faraday'schen Käfig**.

In Kathoden- oder Elektronenstrahlröhren hinterlassen geladene Körper sichtbare Spuren, sodass man sie auf ihrem Weg verfolgen kann. Ist es auch möglich, ihren Weg vorherzusagen?

Elektronen und Protonen als Ladungsträger

Elektrischer Strom ist bewegte Ladung. Positive und negative elektrische Ladung ist stets mit der Körpereigenschaft der Masse verbunden. Bei geladenen Körpern spricht man von **Ladungsträgern**.

Der leichteste Ladungsträger mit der kleinsten positiven Ladung in den Stoffen unserer Umwelt ist der Kern des Wasserstoffatoms, das **Proton**. Der leichteste Ladungsträger mit kleinster negativer Ladung ist das **Elektron**. Beide haben dem Betrag nach dieselbe Ladung, die **Elementarladung e**. Es ist: $e = 1{,}602 \cdot 10^{-19}\,\text{C}$

B3 Eine Spannung U zwischen den horizontalen Platten lenkt den Strahl zur positiven Platte ab.

Bewegung im elektrischen Feld

Eine Elektronenstrahlröhre besteht im Prinzip aus einem evakuierten Glaskolben, der eine Glühkathode und eine Anode mit ringförmiger Öffnung enthält. An die Kathode wird eine Heizspannung angelegt, die den Draht bis zum Glühen erhitzt. Aus diesem glühenden Draht treten Elektronen aus, man spricht vom **glühelektrischen Effekt**.

B1 Schattenkreuzröhre

Durch Anlegen einer hohen Spannung zwischen Glühkathode und Anode entsteht ein elektrisches Feld, in dem die freigesetzten Elektronen beschleunigt werden. Elektronen, die die Öffnung der Anode passieren, bewegen sich aufgrund ihrer Trägheit weiter, bis sie auf einen Fluoreszenzschirm treffen. In der Röhre erzeugt ein Kreuz einen Schatten wie bei einer Beleuchtung mit Licht und weist auf geradlinige Ausbreitung der Elektronen hin (→B1). Wenn man einen geladenen Stab nähert, verschiebt sich der „Elektronenschatten" gegen den „Lichtschatten".

Elektronen verlassen einen Glühdraht mit einer geringen, thermisch bedingten Anfangsgeschwindigkeit. Im elektrischen Feld zwischen Kathode und Anode der Röhre werden die Elektronen so stark beschleunigt, dass die Anfangsgeschwindigkeit vernachlässigt werden kann.

Bei der Spannung U_B wird die Energie $\Delta E = e \cdot U_B$ in Bewegungsenergie der Elektronen überführt. Damit gilt:

$$E_B = e \cdot U_B = \frac{1}{2} m_e \cdot v^2$$

m_e ist die Masse eines Elektrons. Es ergibt sich:

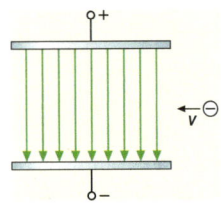

B2 Elektron im homogenen elektrischen Feld

$$v = \sqrt{2e \cdot \frac{U_B}{m_e}}$$

Bewegung im Querfeld

Zwischen den geladenen Platten eines Kondensators werden die Elektronen durch das elektrische Feld in Richtung der positiven Platte abgelenkt (→B3). Ihre Beschleunigung in diesem homogenen Feld ist:

$$a_y = \frac{e \cdot E}{m_e}$$

Die Energieeinheit Elektronenvolt

Die Energie ΔE, die auf ein Elektron in einem elektrischen Feld bei der Spannung U_B übertragen wird, hängt nur von dieser Spannung und der Ladung e ab. Es ist:

$$\Delta E = e \cdot U_B$$

$$\Delta E = 1{,}6 \cdot 10^{-19}\,\text{VAs} = 1{,}6 \cdot 10^{-19}\,\text{J}$$

Man definiert diesen Betrag als neue Energieeinheit. Sie wird Elektronenvolt eV genannt und häufig in der Atom- und Kernphysik verwendet.

A1 ○ Diskutieren Sie die Form einer möglichen Flugbahn für ein Elektron, das mit konstanter Geschwindigkeit in das homogene Feld eines Kondensators eintritt (→B2).

A2 ○ Bestimmen Sie die Geschwindigkeit eines Elektrons in einer Elektronenstrahlröhre für $U_B = 1000\,\text{V}$.

Ablenkung in einer Elektronenstrahlröhre

In **Elektronenstrahlröhren** werden Elektronen, die aus einem Glühdraht austreten, durch eine Spannung U_B zur Anode beschleunigt (→**B2**). Ein negativ geladener Zylinder (Wehneltzylinder) bündelt sie zu einem dünnen Strahl, der durch eine Bohrung in der Anode hindurchtreten kann. Die Elektronen bewegen sich danach gleichförmig weiter. Ohne Ablenkung treffen sie in der Mitte des Leuchtschirms auf. In einer **Braun'schen Röhre** sind zusätzlich zwei Plattenkondensatoren eingebaut (→**B2**). Hindurchtretende Elektronen können durch die Kondensatoren in zwei Richtungen abgelenkt und zu jedem Punkt des Schirms gelenkt werden.

Bei homogenen Feldern zwischen den Platten (→**B1**) erfahren die Elektronen mit $E_y - U_y/d$ eine konstante Beschleunigung in y-Richtung

$$a_y = \frac{F_y}{m_e} = e \cdot \frac{E_y}{m_e} = e \cdot \frac{U_y}{d \cdot m_e}$$

m_e bezeichnet die Masse eines Elektrons, d den Plattenabstand des Kondensators. Bewegen sich die Elektronen auf der Weglänge $\Delta s = L$ durch das Feld, so beträgt die Zeitspanne dafür $\Delta t = L/v_x$. Die Bewegungsgleichung im Feld lautet analog zum waagerechten Wurf (→**B1**):

$$y = \frac{1}{2} a_y \cdot (\Delta t)^2 = \left(\frac{a_y}{2v_x^2}\right) \cdot L^2 \qquad (1)$$

Die zugeführte elektrische Energie $e \cdot U_B$ wird in Bewegungsenergie der Elektronen überführt. Es gilt:

$$\frac{1}{2}m_e \cdot v_x^2 = e \cdot U_B \quad \text{bzw.} \quad v_x^2 = 2e \cdot \frac{U_B}{m_e}$$

Damit lässt sich Gleichung (1) durch die leicht messbaren Größen U_B und U_y ausdrücken:

$$y = \left(\frac{U_y}{4d \cdot U_B}\right) \cdot L^2 \quad \text{bzw.} \quad y = \left(\frac{L^2}{4d \cdot U_B}\right) \cdot U_y$$

Die Bahn zwischen den Platten ist Teil einer Parabel. Die Ablenkung y ist proportional zur Ablenkspannung U_y.

In einem **Oszilloskop** ist eine Elektronenröhre so beschaltet (→**B3**), dass es gelingt, den zeitlichen Verlauf von Spannungen auf einem Schirm darzustellen. Der Leuchtschirm leuchtet an der Stelle auf, wo er von Elektronen getroffen wird. Zur Ablenkung des Strahls dienen elektrische Felder von zwei Plattenkondensatoren. Der Betrag der Ablenkung ist proportional zur Spannung an den Platten und liefert ein hochempfindliches Messgerät für Spannungen mit einer linearen Skala.

Eine sägezahnförmige **Kippspannung** am vertikalen Plattenpaar bewirkt, dass die Elektronen bei jedem „Zacken" gleichförmig von links nach rechts abgelenkt werden. Auf dem Leuchtschirm erscheint wegen des Nachleuchtens ein waagerechter Strich (→**B3** links). Nach jedem Kippen wird der Strahl zurückgesetzt. Das zeitliche Nacheinander wird in ein räumliches Nebeneinander übersetzt. Die x-Achse ist somit zugleich eine t-Achse. Mit der Kippfrequenz wird der Maßstab eingestellt, sie liegt zwischen 1 Hz und 1 MHz.
Liegt gleichzeitig am horizontalen Plattenpaar eine Wechselspannung an, wird der Strahl zusätzlich nach oben und unten abgelenkt (→**B3** rechts). Damit ein stehendes Bild geschrieben wird, muss die Kippspannung den Strahl zum richtigen Zeitpunkt an den Anfang zurücksetzen. Dazu ist eine **Triggerung** eingebaut. Sobald die zu messende Spannung einen vorgegebenen Schwellenwert (z. B. + 0,01 V) überschreitet, wird die linear wachsende Spannung abrupt beendet und mit dem Anfangswert neu begonnen.
Der Elektronenstrahl ist wegen der geringen Elektronenmasse sehr viel weniger träge als z. B. der Zeiger eines Messgerätes. Er kann daher auch sehr schnelle Veränderungen anzeigen.

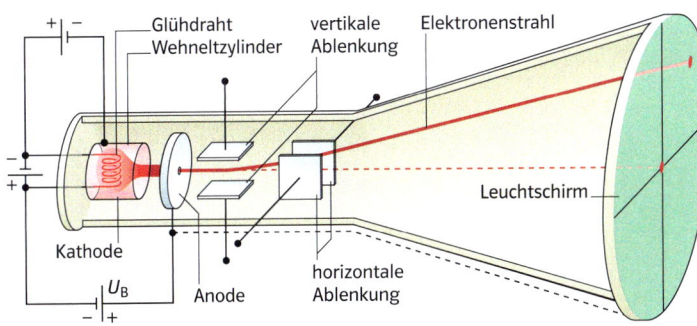

B1 Zur Ablenkung

B2 Elektronenstrahlröhre, in der ein Strahl von Elektronen durch elektrische Felder beschleunigt und abgelenkt werden kann.

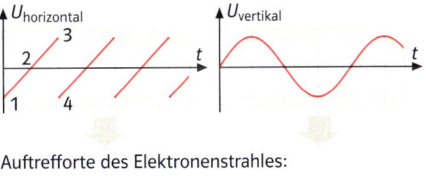

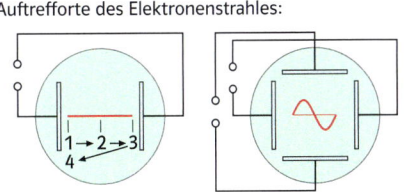

Auftrefforte des Elektronenstrahles:

B3

Die Ladung des Elektrons – der Millikanversuch

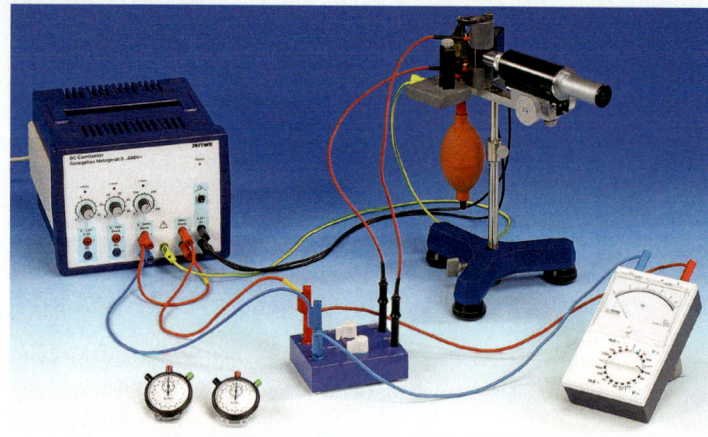

B1 Aufbau des Millikanversuchs

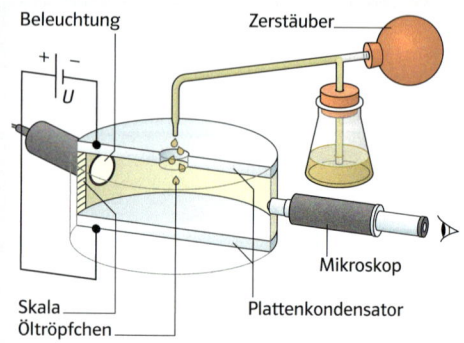

B3 Schematische Darstellung des Versuchsaufbaus

Aufgabe: Es soll die elektrische Ladung des Elektrons bestimmt werden.

Planung: Die Ladung, die ein Körper trägt, wird auf einen Elektronenmangel oder Elektronenüberschuss zurückgeführt. Dies spricht dafür, dass alle Elektronen die gleiche Ladung e besitzen. Beliebige Ladungen ergäben sich aus $Q = n \cdot e$ (n: Zahl der Elektronen).

Die Bestimmung von e aus Stromstärke und Zeit gemäß $\Delta Q = I \cdot \Delta t$ scheidet aus, da die Anzahl n der Elektronen nicht zu ermitteln ist. Mit einem Messverstärker ließe sich e aus dem kleinsten messbaren Ladungsunterschied bestimmen. Allerdings reicht der Messbereich nur bis 10^{-11} As, kleinere Ladungseinheiten sind nicht nachweisbar.

Einen anderen Ansatz liefert die Kraft auf geladene Körper im elektrischen Feld: Bei ausreichend großer Feldstärke wirkt auch auf kleine Ladungen eine Kraft, die einen Körper mit geringer Masse messbar beschleunigt. Tatsächlich wird dieses Messprinzip zur Bestimmung der Elektronenladung e genutzt.

Material: Millikangerät mit Zubehör gemäß Anleitung des Herstellers

Durchführung: An den Plattenkondensator der Millikan-Apparatur (Plattenabstand d), wird eine Spannung U angelegt. Anschließend sprüht man mit Hilfe des Zerstäubers Öl zwischen die Platten und beobachtet die Tröpfchen von der Seite durch das Mikroskop (→B3). Da die Öltröpfchen beim Zerstäuben durch Reibung schwach negativ oder positiv aufgeladen wurden, bewegen sie sich nach oben oder unten mit unterschiedlicher Geschwindigkeit. Man wählt ein Tröpfchen aus. Die Spannung U wird so eingestellt, dass das ausgewählte Tröpfchen schwebt. Die „Schwebespannung" wird notiert. Schaltet man die Spannung nun ab, sinkt das Tröpfchen langsam herab. Man misst die Zeitspanne Δt, die es benötigt, um eine Weglänge von 1 mm zurückzulegen.

Bestimmung der Sinkgeschwindigkeit: Nach Abschalten der Spannung wird das Tröpfchen durch die Gewichtskraft $F_G = m \cdot g$ beschleunigt und durch die Luftreibungskraft F_R verzögert. Für F_R gilt nach dem Gesetz von Stokes

$$F_R = 6\pi\,\eta \cdot r \cdot v \qquad \begin{array}{l} r\text{: Tröpfchenradius} \\ \eta\text{: Zähigkeit der Luft} \end{array}$$

Die Sinkgeschwindigkeit nimmt einen konstanten Wert an, wenn $F_R = F_G$ ist. Dann gilt:

$$6\pi\,\eta \cdot r \cdot v = m \cdot g$$

und für die Masse

$$m = V \cdot \varrho_{\text{Öl}} = \tfrac{4}{3}\pi \cdot r^3 \cdot \varrho_{\text{Öl}} \qquad \begin{array}{l} V\text{: Tröpfchenvolumen} \\ \varrho_{\text{Öl}}\text{: Dichte des Öls} \end{array}$$

Aus diesen beiden Gleichungen lassen sich mit den gemessenen Sinkgeschwindigkeiten v Masse und Radius des Tröpfchens ermitteln.

U in V	385	305	205	365	405	270	415	415
t in s	13,5	26,0	16,0	22,5	20,5	13,5	13,0	20,5
v in 10^{-5} m/s	7,41	3,85	6,25	4,44	4,09	7,41	7,07	4,88
U in V	240	225	190	310	445	265	260	350
t in s	12,0	12,0	22,0	10,0	19,5	13,0	18,0	23,5
v in 10^{-5} m/s	8,33	8,33	4,55	10,00	5,13	7,69	5,56	4,26

B2 Sinkgeschwindigkeiten der Öltröpfchen bei verschiedenen Spannungen (Plattenabstand $d = 6$ mm)

4.8 Nachweis der Elementarladung

Der englische Physiker Sir J. J. Thomson beobachtete um 1890, dass Strahlen aus positiv geladenen Wasserstoffionen in einem homogenen elektrischen Feld so abgelenkt werden wie ein horizontaler Wasserstrahl durch die Erdanziehung. Da alle Ionen die gleiche Bahn beschrieben, mussten alle die gleiche Ladung haben.

Robert Andrews Millikan
(1868–1953)

Die Elementarladung

Alle elektrischen Erscheinungen werden auf die Existenz von Elektronen mit negativer Ladung zurückgeführt. Man interessiert sich daher für den Betrag dieser Ladung. Ende 1800 war aus der Elektrochemie Folgendes bekannt:
1. Bei Abscheidung von 1 mol eines einwertigen Stoffes werden 96 500 As transportiert.
2. Ein Mol enthält $6{,}02 \cdot 10^{23}$ Ionen.

Der Quotient $96\,500\,\text{As}/6{,}02 \cdot 10^{23} = 1{,}60 \cdot 10^{-19}\,\text{As}$ gibt die durchschnittliche Ladung pro Ion an. Dem amerikanischen Physiker **Robert Millikan** gelang 1909 der experimentelle Nachweis, dass dies die Ladung ist, die jedes Elektron trägt.

B1 Prinzip des Millikanversuchs

Abbildung **B1** zeigt die Idee des Millikanversuchs: Ein Körper mit der Masse m und der Ladung Q wird in ein homogenes elektrisches Feld gebracht. Auf ihn wirken die Gewichtskraft $F_G = m \cdot g$ und die elektrische Kraft $F_{el} = Q \cdot E = Q \cdot U/d$. Bei geeigneter Polung wirken die Kräfte einander entgegen, sind ihre Beträge gleich, schwebt der Körper. Aus $m \cdot g = Q \cdot U/d$ folgt dann:

$$Q = \frac{m \cdot g \cdot d}{U}$$

Um Q zu bestimmen, müssen m, d und U gemessen werden. Tabelle **B2a** zeigt Ladungswerte, die auf diese Weise ermittelt wurden.

Versuchsdurchführung

Der Abstand der geladenen Platten zur Erzeugung des elektrischen Feldes beträgt nur wenige mm, daher müssen die Abläufe zwischen den Platten durch ein Mikroskop beobachtet werden. Als Träger für die Ladung verwendete Millikan Öltröpfchen aus einem Zerstäuber. Dabei entstehen Tröpfchen unterschiedlicher Größe, deren Masse m nicht bekannt ist.

Allerdings fallen die kugelförmigen Tröpfchen aufgrund der Luftreibung mit konstanter Geschwindigkeit. Misst man diese bei abgeschaltetem elektrischem Feld, lässt sich daraus die Masse m bestimmen.

Heute stehen als Träger für die elektrische Ladung Plastikkügelchen mit einem Durchmesser von 10^{-6} m und einer bekannten Masse von 10^{-15} kg zur Verfügung. Die Aufladung der Tröpfchen oder Kugeln kann durch Bestrahlung mit einem β-Strahler oder beim Zerstäuber auch durch Reibung erfolgen.

Das Ergebnis des Experiments

Mit dem Millikanversuch soll kein funktionaler Zusammenhang zwischen physikalischen Größen hergestellt werden, vielmehr geht es um die Interpretation von Daten aus Einzelmessungen.

In **B2b** ist zu jeder Messung die Ladung eingetragen. Es fällt auf, dass in bestimmten Intervallen keine Messwerte auftreten. In **B2c** sind die Messwerte in einem Säulendiagramm dargestellt. Es zeigen sich vier Gruppen mit jeweils gleichen Ladungswerten. Diese Werte nehmen von Gruppe zu Gruppe um etwa den gleichen Betrag zu. Die blauen Balken geben für jede Gruppe den Mittelwert an. Das Diagramm erlaubt folgende Deutung:
– Es gibt eine kleinste Ladung e.
– Jede größere Ladung ergibt sich durch Hinzufügen von ganzzahligen Vielfachen von e.
– Das Elektron trägt diese Elementarladung $e = 1{,}602 \cdot 10^{-19}\,\text{As}$.

Elektronen tragen die Elementarladung e. Sie beträgt $e = 1{,}602 \cdot 10^{-19}\,\text{C}$

a) Q in 10^{-19} As			
3,27	6,28	1,54	6,70
4,77	3,19	1,60	6,40
1,66	1,64	4,67	3,27
6,28	3,19	5,04	3,21
3,17	1,62	1,58	3,06
3,50	1,60	1,69	4,94
6,18	1,54	6,70	4,77

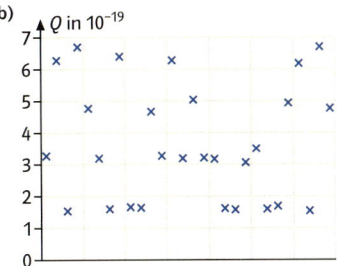

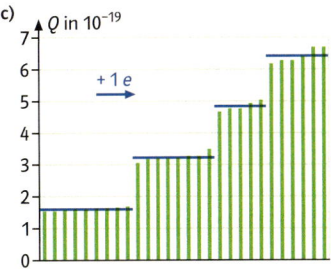

B2 Ermittelte Ladungswerte (a) und ihre Darstellung in verschiedenen Diagrammen (b, c)

Der piezoelektrische Effekt

Kraft erzeugt Spannung Bei einigen Kristallen wie z.B. bei Quarz, Turmalin oder Seignettesalz lassen sich durch mechanische Kräfte elektrische Spannungen erzeugen. Dieser **piezoelektrische Effekt** wurde 1880 von **Marie** und **Pierre Curie** entdeckt. An einem Quarzkristall, der in einen Schraubstock eingespannt wird, kann die Spannung mit einem Messverstärker gemessen werden (→**B1**).

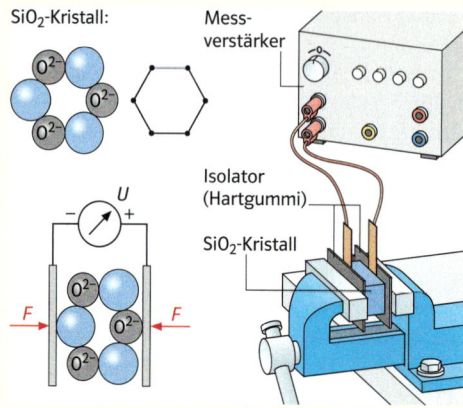

SiO$_2$-Kristall:

Messverstärker

Isolator (Hartgummi)

SiO$_2$-Kristall

U

F F

B1 Nachweis der Piezoelektrizität

Durch die Kräfte bewegen sich im Kristall die Ionen ein wenig aufeinander zu. Dadurch verlagern sich positive und negative Ladungen wie bei einer Polarisation, die Seitenflächen werden positiv bzw. negativ geladen.
In Feuerzeugen mit Piezokristallen entstehen durch eine äußere Kraft kurzzeitig Spannungen bis zu einigen 1000 V. Das genügt zum Überspringen von Funken.

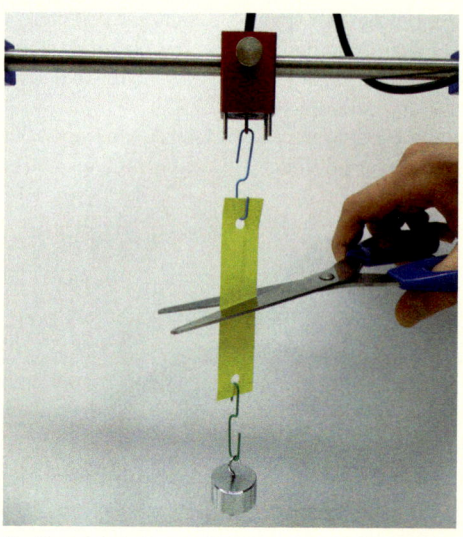

B2 Piezoelektrischer Kraftsensor, Versuch zu Aufgabe 1

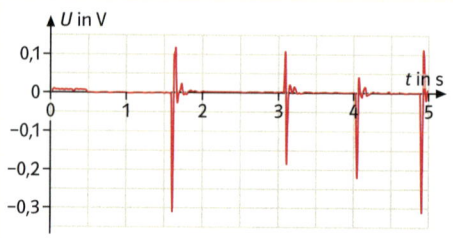

B3 Aufzeichnung von Trittschall-Schwingungen

Piezoelektrische Kristalle reagieren sehr schnell auf Kraftänderungen. Man nutzt dies zur „elektrischen Messung" von Kraft- bzw. Druckänderungen, wie z.B. beim „Klopfsensor" im Kolben eines Verbrennungsmotors oder zur Registrierung von Trittschall-Schwingungen (→**B3**). Eine mögliche technische Ausführung des Sensors zeigt **B2**.
Ein elektrisches Feld kann einen **Piezokristall** verformen. Je nach Richtung der Feldlinien wird er zusammengedrückt oder auseinandergezogen. Mit Hilfe einer Wechselspannung kann der Quarz zum Schwingen gebracht werden. Genutzt wird diese Eigenschaft z.B. in Ultraschallsendern und in Quarzuhren.

A1 ⊖ Ein Kraftsensor (→**B2**) wird an die zugehörige Verstärker-Platine angeschlossen. Die Ausgangsspannung wird mit einem Interface-System registriert. An den Kraftsensor hängt man verschiedene Massestücke (höchstens 300 g). Zur Aufhängung verwendet man Papierstreifen von etwa 8 cm Länge. Für eine Messung schneidet man den Papierstreifen durch und misst das Maximum der angezeigten Spannung (→**B4**).
a) Führen Sie das Experiment mit verschiedenen Massestücken durch und untersuchen Sie, wie die Gewichtskraft und der Maximalwert der erzeugten Spannung zusammenhängen.
b) Untersuchen Sie, ob der zeitliche Verlauf der einzelnen Messgraphen als Entladekurve gedeutet werden kann.
c) Beurteilen Sie die Eignung eines solchen Sensors zur Kraftmessung.

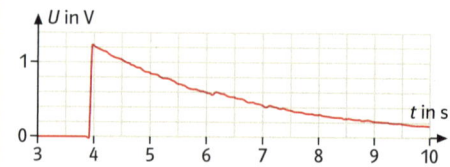

B4

Elektrische Ladung Elektrische Ladung ist immer ein Vielfaches der Elementarladung $e = 1{,}602 \cdot 10^{-19}\,\mathrm{C}$. Sie kann positiv oder negativ sein.

Elektrische Felder Im Raum um einen elektrisch geladenen Körper besteht ein **elektrisches Feld**. Der Nachweis erfolgt durch Kräfte auf einen elektrisch geladenen Probekörper oder über Messung der Flächenladungsdichte. Elektrische Felder können durch Feldlinienbilder veranschaulicht werden (→**B1** bis **B4**). Für die elektrische Feldstärke gilt:

$$\vec{E} = \frac{\vec{F}}{q}$$

Für die Flächenladungsdichte gilt:

$$\sigma = \frac{Q}{A} = \varepsilon_0 \cdot E \quad \text{wobei} \quad \varepsilon_0 = 8{,}854 \cdot 10^{-12}\,\frac{\mathrm{C}}{\mathrm{V\,m}}$$

die elektrische Feldkonstante ist.

Elektrische Energie Kondensatoren sind Ladungsspeicher. Ihre Kapazität C bestimmt, welche Ladung Q sie bei einer bestimmten Spannung U aufnehmen können. Im Vakuum gilt:

$$C = \frac{Q}{U} = \frac{Q}{E \cdot d} = \varepsilon_0 \cdot \frac{A}{d}$$

Füllt ein Isolator den Innenraum des Kondensators aus, erhöht sich seine Kapazität um den Faktor ε_r:

$$C = \varepsilon_0 \cdot \varepsilon_r \cdot \frac{A}{d}$$

ε_r heißt **Permittivitätszahl**, der Isolator wird auch als **Dielektrikum** bezeichnet.

Für die Energie eines geladenen Kondensators gilt:

$$E_{el} = \frac{1}{2} C \cdot U^2 = \frac{1}{2} Q \cdot U$$

Die Energie ist im elektrischen Feld enthalten.

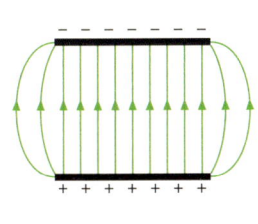

B1

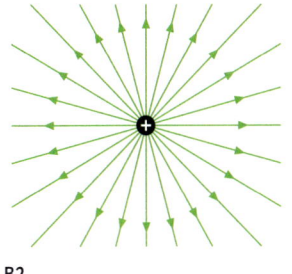

B2

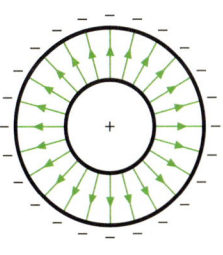

B3

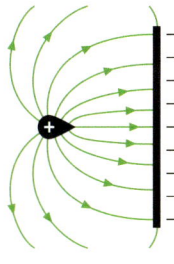

B4

Reihenschaltung von Kondensatoren Leiten Sie eine Beziehung für die Gesamtkapazität C_{ges} einer Reihenschaltung aus zwei Plattenkondensatoren mit den Kapazitäten C_1 und C_2 und den Plattenabständen d_1 und d_2 her (→**B5**).

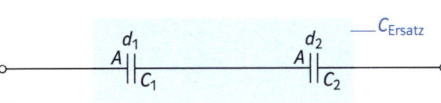

B5

Lösung:
Es ist $C = \varepsilon_0 \cdot \varepsilon_r \cdot \frac{A}{d}$
Beide Kondensatoren sollen gleiche Flächen A besitzen. Damit ist

$$d_1 = \varepsilon_0 \cdot \varepsilon_r \cdot \frac{A}{C_1} \quad \text{und} \quad d_2 = \varepsilon_0 \cdot \varepsilon_r \cdot \frac{A}{C_2}$$

Es ergibt sich:

$$d = d_1 + d_2 = \varepsilon_0 \cdot \varepsilon_r \cdot A \cdot \left(\frac{1}{C_1} + \frac{1}{C_2} \right) = \varepsilon_0 \cdot \varepsilon_r \cdot A \cdot \frac{1}{C_{ges}}$$

Die Anziehung von Papier durch einen geriebenen Stab a) Begründen Sie die Ladungstrennung in Papier.
b) Erläutern Sie die unterschiedlichen Kräfte auf die getrennte Ladung im elektrischen Feld des geladenen Stabes.

Lösung:
a) In einem elektrischen Feld wird das Papier polarisiert.
b) Das elektrische Feld eines geladenen Stabes ist inhomogen. Es ist $F_1 > F_2$. Das Papier wird zum Stab gezogen.

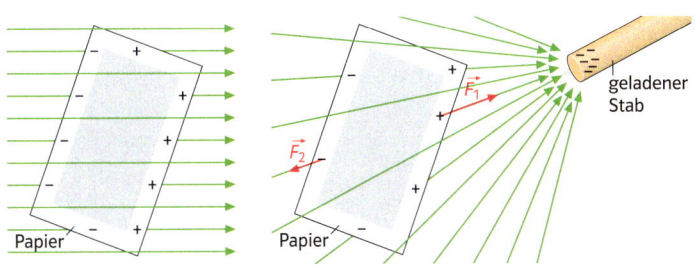

B6

Berechnung der elektrischen Feldstärke

Zwischen den Platten eines geladenen Kondensators hängt an einem 1 m langen Faden eine leichte Metallkugel. Die Masse der Kugel ist $m = 5\,g$, ihre Ladung beträgt $Q = 2 \cdot 10^{-9}\,C$. Die Kugel wird im elektrischen Feld um $s = 4\,cm$ ausgelenkt (→B1). Berechnen Sie den Betrag der elektrischen Feldstärke!

Lösung: Die Kugel erfährt längs der Feldlinien die elektrische Kraft $F_{el} = Q \cdot E$. Senkrecht dazu wirkt die Gewichtskraft $F_G = m \cdot g$. Aus dem Kräftedreieck liest man ab:

$$\tan \alpha = \frac{Q \cdot E}{m \cdot g}$$

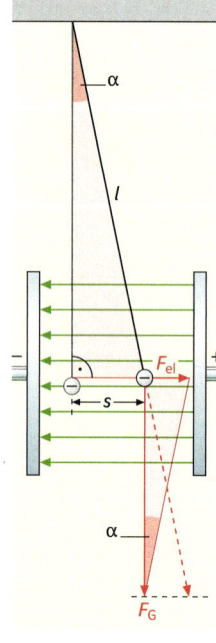

B1

Am Pendel gilt: $\sin \alpha = s/l$. Für kleine Winkel α ist $\sin \alpha \approx \tan \alpha$. Innerhalb der Messgenauigkeit darf die Gleichheit benutzt werden. Damit erhält man:

$$\frac{Q \cdot E}{m \cdot g} = \frac{s}{l}; \text{ es folgt: } E = \frac{m \cdot g \cdot s}{l \cdot Q}$$

Setzt man die gegebenen Größen ein, so ergibt sich:

$$E = \frac{0{,}005\,kg \cdot 10\,\frac{m}{s^2} \cdot 0{,}04\,m}{1\,m \cdot 2 \cdot 10^{-9}\,C} = 1 \cdot 10^6\,\frac{N}{C} = 1 \cdot 10^6\,\frac{V}{m}$$

Die elektrische Feldstärke hat an der Stelle der Kugel den Betrag $E = 10^6\,N/C$.

Bestimmung von ε_0

Ein Plattenkondensator mit kreisförmigen Platten vom Radius 10 cm wird bei einer Spannung von 200 V geladen und dann von der elektrischen Quelle getrennt. Die Messung der Ladung in Abhängigkeit vom Plattenabstand liefert folgende Messwerte:

Ladung Q in $10^{-8}\,C$	18,0	11,2	6,9
Plattenabstand in mm	0,3	0,5	0,8

Bestimmen Sie aus der Messreihe die elektrische Feldkonstante!

Lösung: Die Gleichung für die Kapazität lautet: $C = \varepsilon_0 \cdot A/d$; daraus folgt: $\varepsilon_0 = C \cdot d/A$. Die Kapazität C ergibt sich nach Definition aus Ladung und Spannung zu $C = Q/U$, die Fläche aus der Geometrie $A = \pi \cdot r^2$. Durch Einsetzen erhält man für ε_0:

$$\varepsilon_0 = \frac{Q \cdot d}{U \cdot \pi \cdot r^2}$$

Die Messwerte ergeben daraufhin für ε_0 in Vielfachen von $10^{-12}\,C/Vm$:

1. Messung	2. Messung	3. Messung
8,6	8,9	8,8

Der Mittelwert ist $\varepsilon_0 = 8{,}8 \cdot 10^{-12}\,C/Vm$.

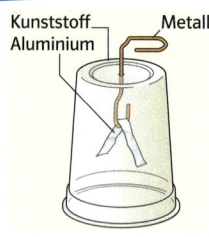

Kunststoff / Aluminium — Metall

B2

Ablenkung eines Wasserstrahls

Reiben Sie einen Gegenstand aus Kunststoff mit einem Tuch oder Fell. Weisen Sie die elektrische Ladung nach, die der geriebene Gegenstand dabei erhalten hat, indem Sie ihn in die Nähe eines Wasserstrahls halten. Erklären Sie diese Reibungselektrizität und das zu beobachtende Verhalten des Wassers.

Versuche mit Luftballons

Hängen Sie zwei aufgeblasene Luftballons aus kräftigem Material an gleich langen Fäden dicht nebeneinander auf. Reiben Sie die Ballons unterschiedlich stark.

Warum kann so ein Ballon mit der geriebenen Stelle an der Decke „kleben" bleiben?

Bau eines Elektroskops

Bauen Sie sich ein Elektroskop wie in Abbildung **B2** und nähern Sie ihm eine geriebene Kunststofffolie.

A1 ○ Beschreiben Sie Phänomene, die das Vorhandensein elektrischer Ladung deuten. Geben Sie an, welche Annahmen dabei gemacht werden.

A2 ○ a) Beschreiben Sie die Unterschiede zwischen geladenen und ungeladenen Körpern.
b) Geben Sie Eigenschaften elektrischer Quellen an.
c) Erklären Sie die Begriffe Stromstärke und Ladung.

A3 ○ Ein neutrales Elektroskop zeigt einen Ausschlag, wenn ihm eine negativ geladene Kugel genähert wird, ohne ihn zu berühren.
a) Erklären Sie diesen Zeigerausschlag.
b) Beschreiben Sie mögliche Beobachtungen, wenn nacheinander eine Glasplatte und ein Drahtnetz zwischen Kugel und Elektroskop gehalten werden.
c) Ein Elektroskop ist negativ geladen. Bringt man eine geladene Kugel in seine Nähe, verringert sich der Zeigerausschlag. Geben Sie das Vorzeichen der Ladung der Kugel an.

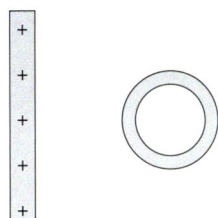

B1 Zu Aufgabe 6

A4 ⊖ Beim Entladen eines Kondensators wird die Stromstärke I in Abhängigkeit von der Zeitdauer t gemessen.

t in s	0	2	4	6	8	10	12	14	16
I in µA	50	40	31	25	20	16	13	10	8

Zeichnen Sie ein t-I-Diagramm und bestimmen Sie damit die bewegte Ladung.

A5 ⊖ a) Beschreiben Sie Methoden zum Nachweis eines elektrischen Feldes.
b) Beschreiben Sie Möglichkeiten zum Nachweis, dass das elektrische Feld zwischen zwei parallelen Metallplatten homogen ist.

A6 ⊖ Zeichnen Sie ein Feldlinienbild für eine geladene Platte, der ein neutraler Metallring gegenübersteht und geben Sie die Richtungen der Kräfte zwischen beiden an (→**B1**).

A7 ○ Ein Probekörper mit Ladung $Q = 3{,}5 \cdot 10^{-8}\,\text{C}$ erfährt im Punkt P eines elektrischen Feldes die Kraft $F = 2{,}1 \cdot 10^{-5}\,\text{N}$. Berechnen Sie für diesen Punkt den Betrag der elektrischen Feldstärke und die Kraft auf einen Probekörper mit der Ladung $5{,}2 \cdot 10^{-9}\,\text{C}$.

A8 ⊖ Eine Kugel mit Ladung $Q_1 = 1{,}2 \cdot 10^{-8}\,\text{C}$ und der Masse $m = 2\,\text{g}$ hängt an einem $l = 2\,\text{m}$ langen, isolierenden Faden. Im Feld einer anderen geladenen Kugel wird sie um $s = 20\,\text{cm}$ aus der Lotrechten ausgelenkt (→**B2**). Bestimmen Sie die Feldstärke am Ort der Kugel und die Ladung Q_2 der anderen Kugel.

A9 ○ Zwischen zwei horizontal angeordneten, entgegengesetzt geladenen Metallplatten schwebt ein Probekörper mit der Ladung $Q = 5 \cdot 10^{-9}\,\text{C}$ und der Masse $m = 2\,\text{mg}$. Berechnen Sie den Betrag der Feldstärke zwischen den Platten.

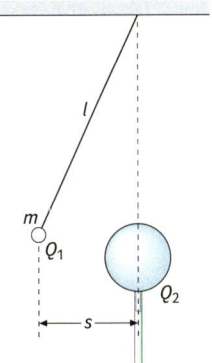

B2 Zu Aufgabe 8

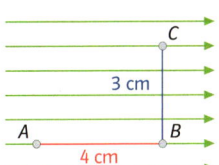

B3 Zu Aufgabe 14

A10 ○ Eine Kugel der Masse $m = 2\,\text{g}$ hat durch Reiben die Ladung $Q = 1{,}2 \cdot 10^{-8}\,\text{C}$ erhalten. Welche Kraft erfährt sie dadurch im elektrischen Feld der Erde, dessen Feldstärke ca. $E = 100\,\text{N/C}$ beträgt? Vergleichen Sie dies mit der Gewichtskraft.

A11 ⊖ Die in der Abbildung **B4** angedeuteten Körper haben alle eine Ladung mit dem gleichen Betrag.
Ermitteln Sie für einige Schnittpunkte des Gitters die Richtung der Kraft auf einen positiv geladenen Probekörper. Skizzieren Sie daraus ein Feldlinienbild.

A12 ● Ein elektrisch neutraler Metallwürfel mit 1 m Kantenlänge befindet sich im homogenen Feld der Erde mit der Feldstärke $E = 100\,\text{N/C}$. Beschreiben Sie die Wirkung des Feldes auf die beweglichen Elektronen im Metall. Berechnen Sie die Ladung an den horizontalen Oberflächen des Würfels und die Feldstärke im Inneren des Würfels. Begründen Sie Ihre Überlegungen und Rechnungen und übertragen Sie die Ergebnisse auf eine 1,8 m große, stehende Person.

A13 ⊖ Zwischen zwei entgegengesetzt geladenen Metallplatten mit je einer Fläche von $A = 600\,\text{cm}^2$ besteht ein homogenes elektrisches Feld. In diesem Feld befinden sich parallel dazu zwei aufeinander liegende ungeladene Platten mit jeweils einer Fläche von $A_1 = 20\,\text{cm}^2$.
Werden diese längs der Feldlinien auseinandergezogen, so weist jede Platte eine Ladung mit dem Betrag $Q_1 = 1 \cdot 10^{-11}\,\text{C}$ auf. Berechnen Sie die Feldstärke zwischen den großen Platten und ihre Ladung Q_2.

A14 ⊖ a) Ein negativ geladener Probekörper wird in einem homogenen elektrischen Feld mit der Stärke $E = 5 \cdot 10^4\,\text{N/C}$ vom Punkt A zum Punkt C transportiert (→**B3**). Machen Sie Aussagen zur Änderung der Energie.
b) Berechnen Sie die beim Transport des Probekörpers ($Q = -e$) verrichtete Arbeit.
c) Berechnen Sie die potenzielle Energie des Probekörpers im Punkt C, wenn der Punkt A als Bezugspunkt gewählt wird. Wiederholen Sie dies für B als Bezugspunkt.
d) Ermitteln Sie die Spannungswerte zwischen den Punkten A und B, A und C, B und C.

a)   b)

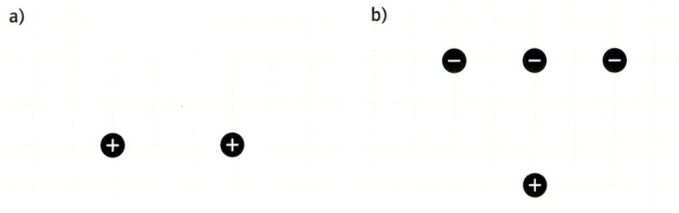

B4 Zu Aufgabe 11

A15 ● Eine Kugel mit dem Radius $r = 0,1\,\text{m}$ habe die Ladung $Q_1 = +1 \cdot 10^{-6}\,\text{C}$.
a) Zeigen Sie, dass die Arbeit, um eine kleinere zweite Kugel mit der Ladung $Q_2 = +1 \cdot 10^{-8}\,\text{C}$ aus sehr großer Entfernung bis auf den Abstand $s = 0,2\,\text{m}$ zum Kugelmittelpunkt der ersten Kugel heranzuführen, $W = 4,5 \cdot 10^{-4}\,\text{J}$ beträgt.
b) Zeigen Sie, dass in diesem Abstand das Potenzial $\varphi_P = 45\,000\,\text{V}$ beträgt, wenn das Potenzial im Unendlichen gleich null gesetzt wird. Bestimmen Sie für dieses Bezugsniveau auch das Potenzial an der Oberfläche der großen Kugel.
c) Zeichnen Sie um die große Kugel maßstabsgerecht die Äquipotenzialflächen für die Potenziale $60\,000\,\text{V}$, $45\,000\,\text{V}$, $30\,000\,\text{V}$ und $15\,000\,\text{V}$ als Kreise.

A16 ○ Ein Plattenkondensator wird geladen und von der Quelle getrennt.
a) Begründen Sie, weshalb sich die Feldstärke beim Auseinanderziehen der Platten nicht ändert.
b) Geben Sie an, welche Änderung der Spannung zwischen den Platten sich ergibt, wenn ihr Abstand verdoppelt, verdreifacht wird.

A17 ◒ Eine Blitzlichtlampe soll durch Entladen eines Kondensators gezündet werden. Eine Lampe gibt dabei während der Zeitspanne $t = 0,1\,\text{ms}$ eine mittlere Leistung $P = 150\,\text{W}$ ab. Ermitteln Sie die erforderliche Kapazität des Kondensators, wenn er mit $U = 6\,\text{V}$ geladen wird.

A18 ○ Ein Plattenkondensator wird an eine elektrische Quelle angeschlossen. Danach wird ein Dielektrikum mit der Permittivitätszahl $\varepsilon_r = 10$ zwischen die Platten geschoben. Erläutern Sie die Veränderungen der Größen U, E, Q und C.

A19 ◒ Beschreiben Sie, wie sich die Kapazität eines Kondensators durch das Hineinschieben eines Dielektrikums ändert (→**B1**).
Geben Sie an, wie groß sie sein wird, wenn dasselbe Dielektrikum nur $d/5$ breit ist.

A20 ○ Bestimmen Sie die Ersatzkapazität für die in der Grafik **B2** abgebildeten Schaltungen von Kondensatoren, wenn für $C_1 = 1\,\mu\text{F}$, $C_2 = 2\,\mu\text{F}$ und $C_3 = 3\,\mu\text{F}$ gewählt wird.

A21 ○ Im homogenen Feld werden Elektronen aus der Ruhe beschleunigt. Geben Sie die Beziehung zwischen Spannung und Bewegungsenergie der Elektronen an.

A22 ◒ a) Beschreiben Sie den Grundgedanken des Millikan-Versuches.
b) Millikan beobachtete, dass Öltröpfchen während der Beobachtung mehrfach ihre Ladung änderten. Er bestimmte die auftretenden Ladungsdifferenzen. Für den Tropfen Nr. 6 fand er folgende verschiedene Werte in Vielfachen von $10^{-19}\,\text{C}$.

29,87/39,86/28,25/29,91/34,91/36,59/28,28/ 39,94/39,97/26,65/41,47/30,00 und 33,25.

Berechnen Sie die Ladungsdifferenzen für aufeinander folgende Messwerte, tragen Sie diese in ein Säulendiagramm ein und interpretieren Sie es. Bestimmen Sie daraus den Wert für die Elementarladung.

A23 ◒ In einer Ablenkröhre haben die Platten den Abstand $6\,\text{cm}$ und die Länge $8\,\text{cm}$. Der Elektronenstrahl wird mit $U_B = 2,2\,\text{kV}$ beschleunigt und mit $U_Y = 1,8\,\text{kV}$ abgelenkt. Bestimmen Sie die Bahngleichung des Strahls sowie den Betrag der Ablenkung beim Verlassen des Ablenkfeldes.

A24 ◒ In einem Oszilloskop wird der Elektronenstrahl mit $U_B = 4,2\,\text{kV}$ beschleunigt. Danach passiert er die $l = 30\,\text{mm}$ langen Ablenkplatten, die den Abstand $d = 8\,\text{mm}$ haben. $250\,\text{mm}$ hinter den Ablenkplatten trifft er auf den Schirm. Berechnen Sie den Betrag der Ablenkung für eine Spannung $U_y = 80\,\text{V}$ an den Platten. Fertigen Sie eine Skizze an. Berechnen Sie die Ablenkung des Strahls auf dem Bildschirm. Führen Sie diese Berechnungen auch für die Ablenkspannung $U_y = 160\,\text{V}$ durch und vergleichen Sie.

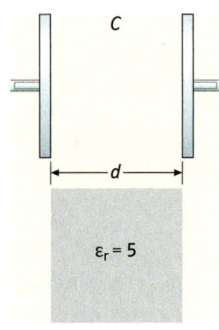

B1 Zu Aufgabe 19

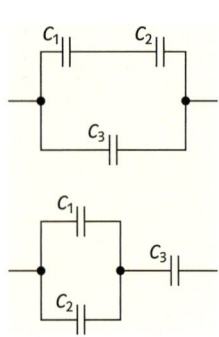

B2 Zu Aufgabe 20

5 Magnetisches Feld

Wie entstehen Polarlichter?

5.1 Das magnetische Feld

Drei ESA-Satelliten haben das Magnetfeld der Erde genauer vermessen als je zuvor. Aus gutem Grund – denn unsere Abwehr gegen gefährliche Teilchenstürme aus dem All ist zuletzt immer schwächer geworden. (Spiegel online 19.6.2014)

Die Wirkungen von Magneten

Ein frei drehbar gelagerter Magnet richtet sich in Nord-Süd-Richtung aus. Jeder Magnet besitzt zwei verschiedene Pole. Das nach Norden weisende Ende wird als **Nordpol**, das andere als **Südpol** bezeichnet. Teilt man einen Magneten, haben die einzelnen Teile wiederum einen Nord- und einen Südpol. Magnete sind Dipole, sie lassen sich nicht in Nord- und Südpol trennen.

Zwei Magnete üben Kräfte aufeinander aus. Die Kräfte sind an den Polen am größten. Gleichartige Pole stoßen sich ab, verschiedenartige ziehen sich an (→B2).

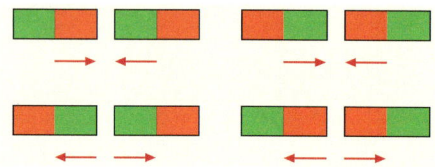

B2

Die Kraftwirkung eines Magneten erfolgt ohne Berührung. Daher sagt man wie bei den elektrischen Kräften, dass im Raum um einen Magneten ein Magnetfeld besteht.

Beschreibung magnetischer Felder

Magnetische Felder lassen sich mit magnetischen Dipolen nachweisen. Man verwendet Magnetnadeln oder feine Eisenspäne, die im Feld durch Influenz zu Dipolen werden. Sie ordnen sich zu einem Muster (→B1), das für den jeweiligen Magneten charakteristisch ist.

Die Muster lassen sich durch Linien darstellen, man nennt sie **magnetische Feldlinien**. Die Feldlinien zeigen in jedem Punkt die Ausrichtung einer dort befindlichen Magnetnadel an. Die Richtung, in die der Nordpol zeigt, wird als Feldlinienrichtung festgelegt. Im Raum um einen Dauermagneten verlaufen die Feldlinien also vom Nordpol zum Südpol.

Da sich die Magnetnadel in jedem Punkt eines Magnetfeldes eindeutig ausrichtet, gibt es durch jeden Punkt genau eine Feldlinie. Die Linien kreuzen und verzweigen sich nicht. Feldlinienbilder verdeutlichen bestimmte Eigenschaften von Magnetfeldern, z.B. ihre Stärke und ihre Symmetrie (→B1).

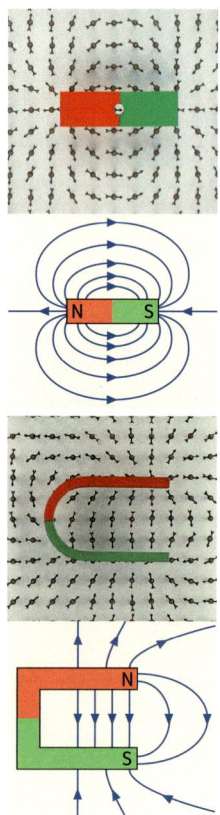

B1 Feldlinienbilder verschiedener Magnete

An den Polen ist die Kraftwirkung am größten, dort zeichnet man die Feldlinien besonders dicht. Beim Hufeisenmagneten gibt es einen Bereich, in dem die Feldlinien parallel in gleichem Abstand verlaufen (→B1b). Solch ein Feld heißt **homogen**. In homogenen Feldern ist die Kraft auf einen Probemagneten überall gleich.

B3 zeigt zum Vergleich das von den Satelliten vermessene Magnetfeld der Erde. Anstelle von Feldlinien werden hier verschiedene Farben verwendet, um die unterschiedlich große Kraftwirkung des Feldes darzustellen. In den rot gefärbten Bereichen ist sie am größten.

B3

Im Raum um einen Magneten besteht ein magnetisches Feld.
Die Pfeilrichtung der magnetischen Feldlinien gibt die Richtung an, in die der Nordpol eines im Feld befindlichen Probemagneten weist.

A1 ○ Hängt man Büroklammern in einer Kette an einen Magneten, so ist deren Länge ein Maß für die „magnetische Stärke" des Magneten. Untersuchen Sie verschiedene Magnete und ordnen diese nach ihrer Stärke. Diskutieren Sie Vor- und Nachteile dieser Messanordnung.

A2 ◐ a) Streuen Sie Eisenfeilspäne auf eine Glasplatte, unter der sich verschiedene Dauermagnete befinden. Beschreiben Sie die Feldlinienbilder.
b) Vergleichen Sie die entstehenden Feldlinienbilder mit denen elektrischer Felder.

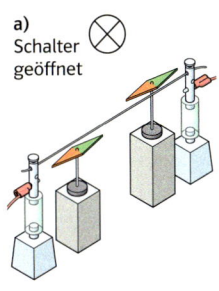

a)
Schalter
geöffnet

b)
Schalter
geschlossen

B1

Magnetfeld elektrischer Ströme

Hans Christian Oersted (1777–1851) beobachtete 1820, dass Magnetnadeln abgelenkt werden, wenn in ihrer Nähe ein elektrischer Strom eingeschaltet wird. Die Magnetnadeln stellen sich senkrecht zum Leiter, und zwar entgegengesetzt zueinander, wenn der Leiter zwischen ihnen verläuft (→**B1**). Die Abbildung der Feldlinien durch Magnetnadeln oder Eisenspäne zeigt, dass sie den Leiter ringförmig umgeben (→**B3**).

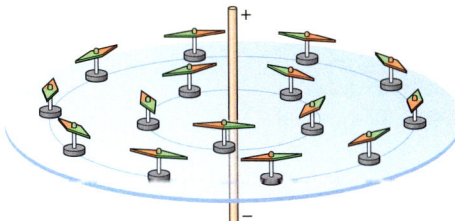

B3 Ringförmiges Magnetfeld

Wird die Richtung des Stromes im Leiter umgekehrt, so ändert sich auch die Richtung der Feldlinien. Diese lässt sich mit der Linke-Hand-Regel ermitteln (→**B4b**): Umfasst die linke Hand den Leiter und zeigt der Daumen in Bewegungsrichtung der Elektronen, so weisen die gekrümmten Finger in Feldlinienrichtung.

André Marie Ampère (1775–1836) führte die Untersuchungen an stromführenden Leitern weiter. Er stellte fest, dass sich parallele Drähte anziehen, wenn die Ströme in ihnen gleiche Richtung haben, und sich abstoßen, wenn die Ströme entgegengesetzt gerichtet sind (→**B2**). Ampère führte diese Beobachtung auf die Wechselwirkung zwischen magnetischen Feldern zurück.

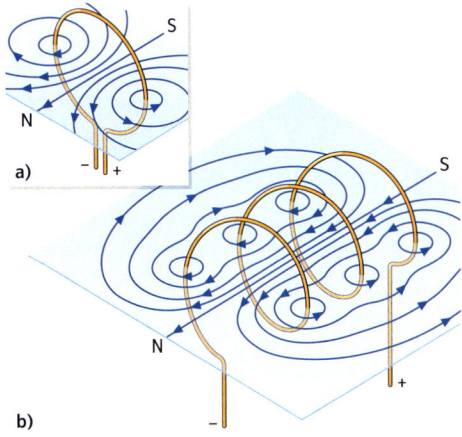

a)

b)
B5 Magnetfeld einer Spule

Elektromagnete

Von großer technischer Bedeutung sind die magnetischen Eigenschaften eines stromführenden Leiters, der zu einer Spule aufgewickelt wurde. Man verwendet diese Spulen in sogenannten **Elektromagneten**.

Um eine einzelne Leiterschleife verlaufen die Feldlinien wie in **B5a** gezeigt. Die Windungen einer Spule entsprechen mehreren Schleifen, deren Magnetfelder sich überlagern. Außerhalb sowie innerhalb der Schleifen weisen die Feldlinien jeweils in die gleiche Richtung. Zwischen zwei Windungen sind sie einander entgegen gerichtet, d.h., dass dort keine Feldwirkung vorliegt. So ergibt sich bei der langgestreckten Spule aus dem Zusammenwirken der einzelnen Windungen ein Feld, das im Inneren der Spule homogen ist und im Außenbereich dem Feld eines Stabmagneten gleicht (→**B5b**). Entsprechend lassen sich der stromführenden Spule ein Nord- und ein Südpol zuweisen, deren Lage vom Umlaufsinn des Stromes abhängig ist.

**Ein elektrischer Strom erzeugt ein Magnetfeld, dessen Feldlinien den Leiter ringförmig umgeben.
Diese Feldlinien haben keinen Anfang und kein Ende, sie sind stets geschlossen. Sie kreuzen oder verzweigen sich nie.
Das Magnetfeld im Inneren einer langgestreckten Spule ist homogen, außen gleicht es dem eines Stabmagneten.**

A1 ☉ Beschreiben Sie, wie man im Feldlinienbild zweier Magnete Abstoßung und Anziehung erkennt. Erklären Sie damit das Ergebnis des Versuchs in **B2**.

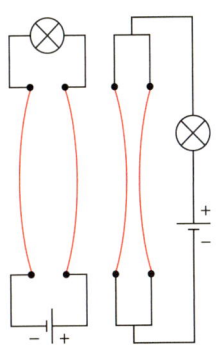

B2 Kraft auf Leiter bei entgegengesetzter und gleicher Stromrichtung

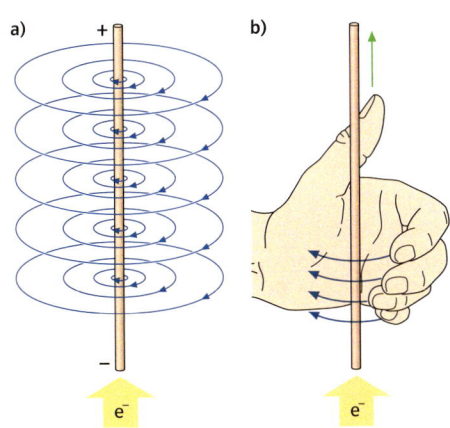

a)

b)

B4 Feld eines Stromes in einem geraden Leiter

Die magnetische Feldstärke

Aufgabe: Untersuchung der Wechselwirkung zwischen einem stromführenden Leiter und einem Magnetfeld.

Planung: Elektrische Felder werden über ihre Wirkung auf elektrisch geladene Probekörper untersucht. Magnete liegen als Dipole vor, sodass in einem Magnetfeld immer verschiedene Kräfte gleichzeitig auf sie wirken. Man nutzt daher die magnetische Wirkung elektrischer Ströme, um einen Probekörper zur Untersuchung von Magnetfeldern zu erhalten.

Material: Hufeisenmagnet, Leiterschaukel, elektrische Quelle (Gleichstrom), Stativ, Kabel

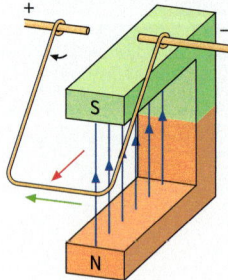

B1 Leiterschaukel

Durchführung und Beobachtung: Der Versuch wird entsprechend **B1** aufgebaut. Sobald der Stromkreis geschlossen ist, wird die Schaukel ausgelenkt. Tauscht man die Anschlüsse an der Quelle, erfolgt die Auslenkung der Schaukel in die andere Richtung.

Deutung: Auf einen stromführenden Leiter wirkt im homogenen magnetischen Feld eine Kraft. Der Leiter wird senkrecht zur Richtung des Magnetfeldes und des Stromes ausgelenkt (→**B1**). Kehrt man die Stromrichtung um, kehrt sich auch die Richtung der Kraft um.

Aufgabe: Messung der Kraft auf einen stromführenden Leiter im Magnetfeld

Planung: Betrachtet man einen stromführenden Leiter als Probekörper für ein magnetisches Feld, lassen sich durch Messung der auf ihn wirkenden Kraft quantitative Aussagen über das Magnetfeld machen.

Material: Kraftsensor, Hufeisenmagnet, gerade Leiter, elektrische Quelle (Gleichstrom), Messgerät für die Stromstärke, Stativmaterial, Kabel

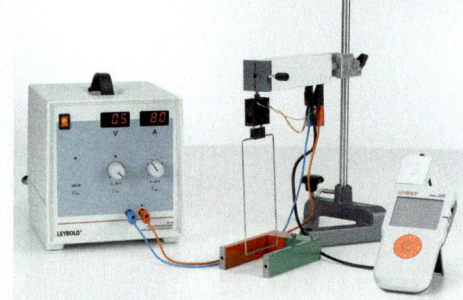

B3 Versuchsaufbau

Durchführung und Beobachtung:
a) Der Versuch wird entsprechend **B3** aufgebaut. Bei dieser Anordnung von Leiter und Magnetfeld wirkt die Kraft auf den Leiter senkrecht nach unten. Ihr Betrag wird abhängig von der Stromstärke I gemessen. Die Messung erfolgt bei verschiedenen Leiterlängen s.

I in A	3,0	5,1	10,1	20,2	5,1	10,1
s in cm	1,2	1,2	1,2	1,2	0,7	0,7
F in cN	0,91	1,48	3,00	6,04	0,86	1,74
$\frac{F}{I \cdot s}$ in $\frac{cN}{A \cdot cm}$	0,25	0,24	0,25	0,25	0,24	0,25

b) Nun wird der Leiter (Länge $s = 2{,}4$ cm) bei konstantem Strom schrittweise gedreht. φ gibt den Winkel zwischen dem geraden Leiter und den Magnetfeldlinien an (→**B2**). Für die Kraft ergeben sich abhängig von φ folgende Werte:

I in A	3,0	3,0	3,0	3,0	3,0
s in cm	2,4	2,4	2,4	2,4	2,4
φ in °	90	60	45	30	15
F in cN	1,8	1,6	1,3	0,9	0,5

Deutung:
a) Ein stromführender Leiter, der senkrecht zu den Feldlinien des Magnetfeldes verläuft, erfährt eine Kraft F. Sie ist senkrecht zum Feld und zum Leiter gerichtet. Ihr Betrag ist proportional zum Produkt aus Stromstärke und Leiterlänge ($F/(I \cdot s)$ = konstant, siehe Tabelle).
b) Dreht man den Leiter, ändert sich die Kraft, die auf ihn wirkt, mit dem Winkel. Für die Kraft ist nur die Länge des Leiters relevant, die senkrecht zu den Feldlinien steht.
Betrachtet man die wirksame Länge des Leiters $s_\perp = s \cdot \sin \varphi$, so bleibt die Proportionalität zwischen der Kraft F und dem Produkt $I \cdot s_\perp$ bestehen. Der Proportionalitätsfaktor stimmt mit dem in Versuch b) ermittelten überein. Die konstante Größe $F/(I \cdot s_\perp)$ kann als Maß für die Stärke des Magnetfeldes interpretiert werden.

I in A	3,0	3,0	3,0	3,0	3,0
$s_\perp$ in cm	2,4	2,1	1,7	1,2	0,6
F in cN	1,8	1,6	1,3	0,9	0,5
$\frac{F}{I \cdot s_\perp}$ in $\frac{cN}{A \cdot cm}$	0,25	0,24	0,25	0,25	0,28

B2

5.2 Quantitative Beschreibung des Magnetfeldes

Erkenntnisse werden in der Physik stufenweise gewonnen. Beobachtungen führen bei Bedarf zur Definition neuer physikalischer Größen auf der Grundlage vorhandener. Messungen ermöglichen quantitative Aussagen, die sich mathematisch in Gesetze fassen lassen.

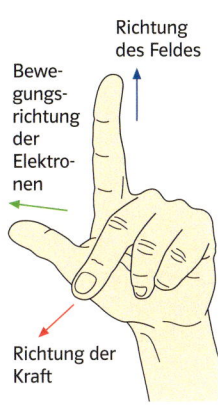

B1 Drei-Finger-Regel

Leiter im Magnetfeld

Bringt man eine Leiterschaukel in ein Magnetfeld, wird diese ausgelenkt, sobald ein Strom besteht (→**B4**). Die Kraft auf die Schaukel wird am größten, wenn der Leiter senkrecht zu den Feldlinien ausgerichtet ist. Werden die Anschlüsse vertauscht, wird die Schaukel in die andere Richtung ausgelenkt.

Für die Richtung der Kraft gilt die Drei-Finger-Regel der linken Hand (→**B1**): Zeigt der Daumen der linken Hand in Bewegungsrichtung der Elektronen und der Zeigefinger in Richtung der magnetischen Feldlinien, so gibt der Mittelfinger die Richtung der Kraft an.

Die magnetische Flussdichte

Zur quantitativen Beschreibung von Feldern verwendet man die Kraft auf einen geeigneten Probekörper. Als Probekörper für das magnetische Feld eignet sich ein Leiter der Länge s, in dem ein elektrischer Strom der Stärke I besteht.
Der Leiter wird in ein Magnetfeld gebracht und so ausgerichtet, dass die Kraft auf ihn maximal wird (→**B2**). Dann steht der Leiter senkrecht zu den Feldlinien. Der Betrag der Kraft wird in Abhängigkeit von der Stromstärke I und der Länge s gemessen.

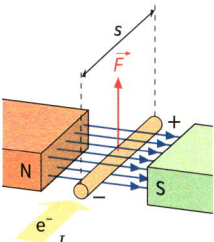

B2 Zur Definition der magnetischen Flussdichte B

Man findet:
$F \sim I$, falls s = konstant ist und
$F \sim s$, falls I = konstant ist.

Damit ist F auch zum Produkt $I \cdot s$ proportional und es gilt:

$$\frac{F}{I \cdot s} = \text{konstant}$$

Wird dieselbe Untersuchung in anderen magnetischen Feldern durchgeführt, so ist der Quotient $F/(I \cdot s)$ wieder konstant, nur mit einem anderen Wert. Durch die Größe

$$B = \frac{F}{I \cdot s}$$

wird das Magnetfeld beschrieben, sie heißt **magnetische Flussdichte** oder auch magnetische Feldstärke.

Die magnetische Flussdichte ist eine vektorielle Größe in Richtung der Feldlinien. Die Kraft F auf einen Leiterabschnitt steht senkrecht dazu.

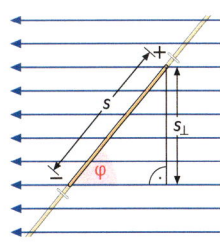

B3 Wirksame Länge $s_\perp$

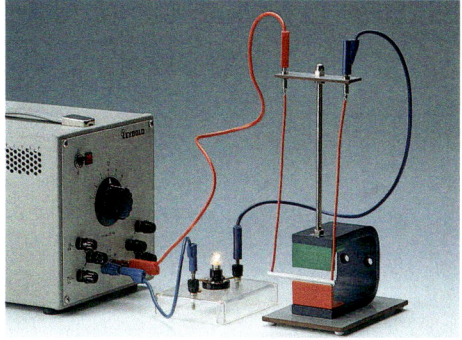

B4 Leiterschaukel-Versuch

Eine Kraft ergibt sich auch, wenn Leiter und Feldlinien nicht senkrecht aufeinander stehen. Die Leiterlänge s muss dann durch die wirksame Länge $s_\perp = s \cdot \sin \varphi$ ersetzt werden (→**B3**). Sie gibt die Länge des Leiters an, auf der das Magnetfeld wirksam werden kann, also den senkrecht verlaufenden Anteil.

Die Einheit der magnetischen Flussdichte ist nach dem Physiker **Nikola Tesla** (1856–1943) benannt:

$$1\,\text{Tesla} = 1\,\text{T} = 1\,\frac{\text{N}}{\text{A} \cdot \text{m}} = 1\,\frac{\text{V s}}{\text{m}^2}$$

Vergleicht man die Vorgehensweise zur quantitativen Beschreibung des magnetischen Feldes mit der des elektrischen Feldes, wäre es konsequent, B als magnetische Feldstärke zu bezeichnen. Aus historischen Gründen geschieht dies jedoch nicht.

Ein stromführender Leiter wird im Magnetfeld gemäß der Drei-Finger-Regel abgelenkt. Der Quotient $B = F/(I \cdot s)$ heißt magnetische Flussdichte. B ist eine vektorielle Größe in Richtung der Feldlinien.

A1 ⊖ Die magnetische Flussdichte B mancher handelsüblicher Neodym-Magnete beträgt an ihrer Oberfläche etwa 0,1 T.
a) Beschreiben Sie ein mögliches Vorgehen zur Bestimmung dieser Flussdichte auf der Grundlage einer Kraftmessung.
b) Schätzen Sie ab, ob man diese Flussdichte mit Hilfe des empfindlichsten schulüblichen Feder-Kraftmessers (Auflösung: 0,1 mN) messen kann. Begründen Sie Ihre Entscheidung.

Die Lorentzkraft

Auf einen stromführenden Leiter der Länge Δs, der sich senkrecht zu den Feldlinien in einem Magnetfeld mit der Flussdichte B befindet, wirkt die Kraft

$$F = I \cdot \Delta s \cdot B$$

Für die Stromstärke I gilt allgemein:

$$I = \frac{\Delta Q}{\Delta t}$$

Man nimmt an, dass sich im betrachteten Leiter N Elektronen bewegen, die in der Zeit Δt den Querschnitt passieren. Dann ist

$$\Delta Q = N \cdot e \quad \text{(mit } e\text{: Elementarladung)}$$

Daraus ergibt sich mit der Elektronengeschwindigkeit v

$$F = N \cdot e \cdot \frac{\Delta s}{\Delta t} \cdot B = N \cdot e \cdot v \cdot B$$

Betrachtet man die insgesamt auf den Leiter wirkende Kraft als Summe von Kräften auf die Elektronen, so ergibt sich für das einzelne Elektron:

$$F_L = \frac{F}{N} = e \cdot v \cdot B$$

Diese Kraft heißt **Lorentzkraft** $\vec{F_L}$, benannt nach dem niederländischen Physiker **Hendrik Antoon Lorentz**. Die Kraft wirkt stets senkrecht zu $\vec{v}$ und zu $\vec{B}$.

Die Richtung der Lorentzkraft $\vec{F_L}$ ergibt sich nach der Drei-Finger-Regel der linken Hand, wie sie auch für die Richtung der Flussdichte $\vec{B}$ gilt. Anstelle von $\vec{s}$ steht hier nun $\vec{v}$ (→**B1a**).

Bilden $\vec{v}$ und $\vec{B}$ einen von 90° verschiedenen Winkel φ, so wirkt nur die Komponente von $\vec{v}$, die senkrecht zu $\vec{B}$ verläuft (→**B1b**):

$$F_L = e \cdot v \cdot B \cdot \sin\varphi$$

Weil die Lorentzkraft immer senkrecht zu $\vec{v}$ gerichtet ist, kann ein Magnetfeld den Elektronen keine Energie zuführen. In einem homo-

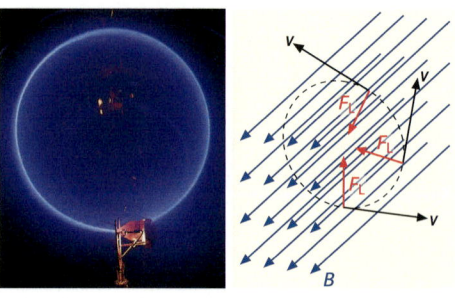

B2 Elektronen, die senkrecht zu den Feldlinien eingeschossen werden, bewegen sich auf einer Kreisbahn.

genen Magnetfeld werden Elektronen auf eine Kreisbahn abgelenkt, wenn sie sich mit konstanter Geschwindigkeit v senkrecht zu den Magnetfeldlinien bewegen (→**B2**). Dies gilt für alle geladenen Teilchen, wobei Teilchen mit positiver Ladung den Kreis in umgekehrter Richtung durchlaufen.

Bestätigt werden diese Überlegungen durch Versuche mit dem Fadenstrahlrohr. Dabei handelt es sich um eine Elektronenstrahlröhre, deren Glaskolben mit einem Gas gefüllt ist. Die Bahn der Elektronen wird infolge ihrer Wechselwirkung mit dem Gas als Leuchtspur sichtbar. Der Kolben wird in das homogene Feld eines Elektromagneten gebracht.

Die Lorentzkraft stellt hier die für die Kreisbewegung erforderliche Zentripetalkraft. Aus der Bedingung $F_Z = F_L$ ergibt sich

$$\frac{m \cdot v^2}{r} = e \cdot v \cdot B$$

$$r = \frac{m}{e} \cdot \frac{v}{B}$$

Der Radius der Kreisbahn ist also von der Geschwindigkeit v und der magnetischen Flussdichte B abhängig. Beide Größen lassen sich variieren, die Geschwindigkeit über die Beschleunigungsspannung der Röhre, die Flussdichte über den Spulenstrom.

Ein Elektron mit Geschwindigkeit v senkrecht zur Richtung der magnetischen Feldlinien wird durch die Lorentzkraft F_L abgelenkt:

$$F_L = e \cdot v \cdot B \quad \text{für} \quad \vec{v} \perp \vec{B}$$

A1 ⊖ Beschreiben Sie die Bahnkurve von Elektronen, die schräg zu den Feldlinien in das magnetische Feld hineinfliegen.

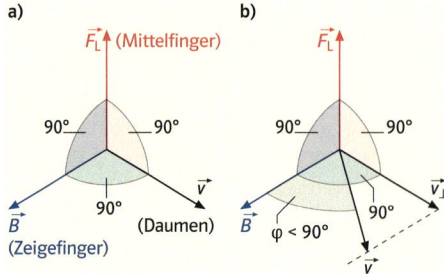

B1 Zur Lorentzkraft

Der Hall-Effekt

Aufgabe: Eine Silberfolie wird in einen Stromkreis eingebaut. Sie befindet sich in einem homogenen Magnetfeld. Die Magnetfeldlinien durchsetzen die Folie senkrecht. Zwischen zwei genau gegenüberliegenden Punkten P_1 und P_2 ist ein Messgerät für die Spannung angeschlossen.
Es soll untersucht werden, welcher Zusammenhang zwischen der magnetischen Flussdichte B, der Stromstärke I und der Spannung U_H zwischen den beiden Punkten besteht.

Material: Hall-Effekt-Gerät mit einem 0,5 mm dicken bandförmigen Leiter aus Silber, Elektromagnet mit Spulen der Windungszahl 250 und Polschuhen, Netzgerät für den Spulenstrom I_{sp} (Gleichstrom, 10 A), Netzgerät für den Strom I durch die Silberfolie (Gleichstrom, 20 A), 2 Messgeräte für die Stromstärke, Mikrovoltverstärker, Netzgerät für Wechselstrom (5 A~) zum Entmagnetisieren des Eisenkerns, Stativmaterial, Kabel

Durchführung: Der Eisenkern des Elektromagneten muss vor jeder Messreihe entmagnetisiert werden. Man lässt dazu kurzzeitig einen Wechselstrom (etwa 5 A~) durch die Spulen fließen. Anschließend wird das Hall-Effekt-Gerät zwischen den Polschuhen des Elektromagneten eingebaut. Die Netzgeräte für den Strom I durch die Silberfolie und für den Spulenstrom I_{sp} sowie der Messverstärker für die Messung der Hall-Spannung werden mit den entsprechenden Anschlüssen des Hall-Effekt-Gerätes verbunden.
Zunächst wird nur der Stromkreis durch die Silberfolie geschlossen und der Mikrovoltverstärker eingeschaltet. Ohne Magnetfeld ist keine Spannung vorhanden. Eventuell ist eine Nullpunktkorrektur notwendig.
Anschließend wird der Strom durch die Spulen eingeschaltet. Die Stromstärken durch die Silberfolie und durch die Spulen werden verändert. Dabei beobachtet man das Messgerät für die Spannung.

Messung und Auswertung: Es werden zwei Messreihen durchgeführt. Eine Messreihe mit konstanter Stromstärke durch die Silberfolie, eine zweite mit konstantem Spulenstrom.

1. Messreihe: Bei konstanter Stromstärke I = 15 A durch die Silberfolie wird die Spannung U_H in Abhängigkeit vom Spulenstrom I_{Sp} gemessen. Mit Hilfe des Diagramms **B1** ermit-

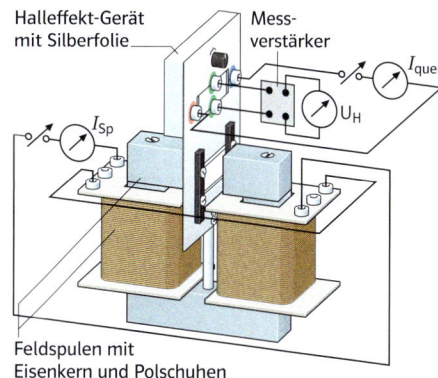

Halleffekt-Gerät mit Silberfolie · Messverstärker · I_{quer} · I_{Sp} · U_H

Feldspulen mit Eisenkern und Polschuhen

B2 Versuchsanordnung

telt man zu jeder Stromstärke die zugehörige magnetische Flussdichte B im Luftspalt des Elektromagneten. Mögliche Messergebnisse sind:

I_{sp} in A	1,0	2,0	3,0	4,0	5,0
B in T	0,12	0,24	0,35	0,45	0,52
U_H in 10^{-6} V	3,0	6,6	9,0	11,2	13,1
U_H/B in 10^{-6} V/T	25,0	27,5	25,7	24,8	25,2

Die Quotienten U_H/B sind annähernd konstant. Bei konstanter Stromstärke I sind U_H und B proportional.

2. Messreihe: Die Stromstärke I_{sp} = 5,0 A durch die Spulen wird nicht verändert. Die Silberfolie befindet sich daher in einem konstanten Magnetfeld der Stärke B = 0,52 T. Gemessen wird die Hall-Spannung U_H in Abhängigkeit von der Stromstärke I durch die Silberfolie. Mögliche Ergebnisse sind:

I in A	6,0	9,0	12,0	15,0	18,0
U_H in 10^{-6} V	5,2	7,8	10,5	13,1	15,7
U_H/I in 10^{-6} V/A	0,87	0,86	0,88	0,87	0,87

Die Quotienten U_H/I sind in guter Näherung konstant. Es folgt, dass U_H und I bei konstantem Magnetfeld proportional sind.

Deutung: Beide Proportionalitäten aus der ersten und der zweiten Messreihe lassen sich zu einer Aussage zusammenfassen.
Die Hall-Spannung U_H ist proportional zum Produkt aus der Stromstärke I durch die Silberfolie und der magnetischen Flussdichte B, kurz:
$$U_H \sim B \cdot I$$

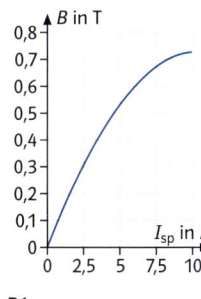

B in T / I_{sp} in A

B1

5.3 Der Hall-Effekt

Die Stärke eines Magnetfeldes lässt sich über die Kraft auf einen stromführenden Leiter bestimmen. Dieses Verfahren ist allerdings aufwendig und nur für ausgedehnte homogene Felder geeignet. Der Hall-Effekt ermöglicht eine einfachere Messung.

a)

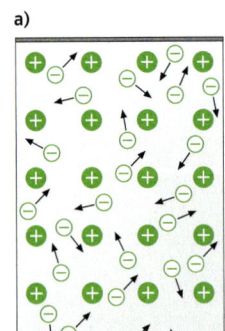

b)

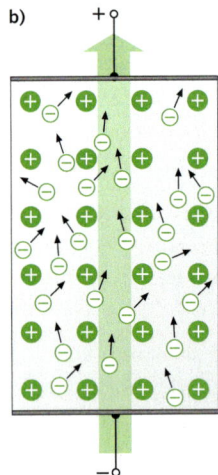

B1 Bewegung negativer Ladungsträger ohne und mit angelegter Spannung

Die Hall-Spannung

In festen Stoffen findet Ladungstransport ohne erkennbaren Stofftransport statt. Das lässt vermuten, dass die Elektronen eine sehr kleine Masse besitzen. Im Kristallgitter führen sie eine von der Temperatur abhängige unregelmäßige Bewegung aus (→**B1a**). Wird eine Spannung angelegt, so führen die Elektronen eine gerichtete Bewegung mit der Geschwindigkeit v_D zu einem der elektrischen Anschlüsse aus, sie bilden einen Strom (→**B1b**).

Befindet sich der Körper dabei in einem Magnetfeld, so wirkt auf die Ladungsträger die Lorentzkraft. Bei einem dünnen Metallband wie in **B2**, bei dem die Feldlinien senkrecht zur Oberfläche stehen, führt die Lorentzkraft F_L dazu, dass sich Elektronen im unteren Bereich des Plättchens sammeln. Im oberen Bereich bleiben die ortsfesten positiv geladenen Atomrümpfe zurück.

Durch die Ladungstrennung im Plättchen baut sich ein elektrisches Feld auf, das eine Kraft F_{el} auf die Elektronen ausübt. Diese elektrische Kraft ist der Lorentzkraft entgegengerichtet. Hat sich ein Gleichgewicht zwischen beiden Kräften eingestellt, durchlaufen die Elektronen das Plättchen ohne Ablenkung. Zwischen den Punkten P_1 und P_2 ist eine Spannung messbar.

Dieser Effekt wird nach seinem amerikanischen Entdecker **Edwin H. Hall** (1855–1938) als Hall-Effekt bezeichnet. Die Spannung wird Hall-Spannung U_H genannt. Es gilt:

$$F_{el} = e \cdot E = e \cdot \frac{U_H}{b}$$

Aus der Bedingung $F_{el} = F_L$ für das Kräftegleichgewicht ergibt sich die Hall-Spannung zu:

$$e \cdot v_D \cdot B = e \cdot \frac{U_H}{b}$$

$$U_H = v_D \cdot B \cdot b$$

Bei einer konstanten mittleren Driftgeschwindigkeit v_D der Ladungsträger lässt sich die Hall-Spannung gut zur Messung von Magnetfeldern nutzen, da $B \sim U_H$.
Allerdings lässt sich die Driftgeschwindigkeit nicht direkt messen. Sie wird bestimmt durch die Stromstärke, die Ladungsträgerdichte und den Leiterquerschnitt.

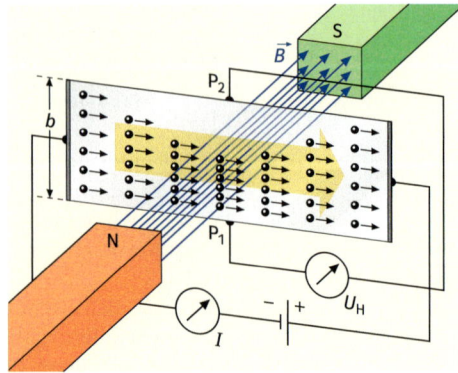

B2 Messung der Hall-Spannung

Die Hall-Sonde

Der Hall-Effekt erlaubt es, über die Hall-Spannung U_H indirekt die magnetische Flussdichte B zu messen. Solche Messsonden werden Hall-Sonden genannt.

Vor ihrem Einsatz müssen die Geräte kalibriert werden. Dazu bringt man die Hall-Sonde in ein Magnetfeld bekannter Stärke und misst bei konstantem Querstrom die Hall-Spannung U_H. Der Quotient U_H/B liefert einen Faktor, der für diese Sonde bei diesem Wert des Querstroms gilt.
Wird die Messung bei verschiedenen Feldstärken wiederholt, lässt sich ein B-U_H-Diagramm erstellen, ein Beispiel zeigt die Abbildung **B3**.

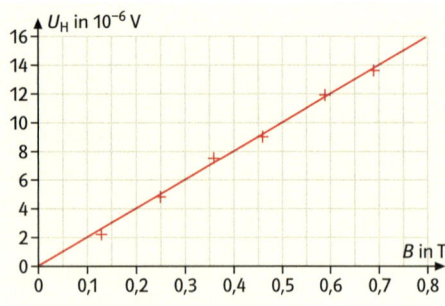

B3 Kalibrierkurve für eine Hall-Sonde

Soll nun ein Magnetfeld unbekannter Stärke ausgemessen werden, ist darauf zu achten, dass der Querstrom den gleichen Wert hat, wie bei der Kalibrierung.

Durch ein Magnetfeld wird in einem stromführenden Feststoff eine Hall-Spannung $U_H = v_D \cdot B \cdot b$ erzeugt.

Für industrielle Produkte ist es häufig sinnvoll, variable Magnetfelder erzeugen zu können, die nach Möglichkeit stufenlos einstellbar sind.

Das Magnetfeld langer Spulen

Magnetfelder werden häufig mit elektrischem Strom in Spulen erzeugt. Diese Felder können über den Strom in Stärke und Orientierung angepasst oder ganz abgeschaltet werden. Die Felder langer Spulen – das sind Spulen, deren Länge l wesentlich größer als ihr Durchmesser d ist – haben eine weitere Eigenschaft: Die Feldlinien verlaufen in ihrem Inneren näherungsweise parallel zur Spulenachse und die Flussdichte ist dort weitgehend konstant (→B2).

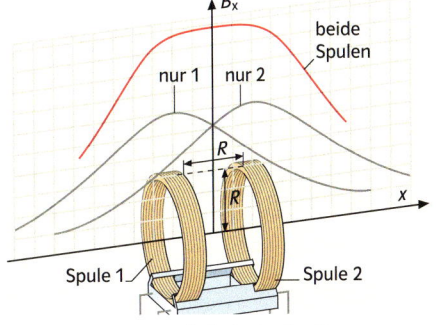

B3 Magnetfeld eines Helmholtz-Spulen-Paars

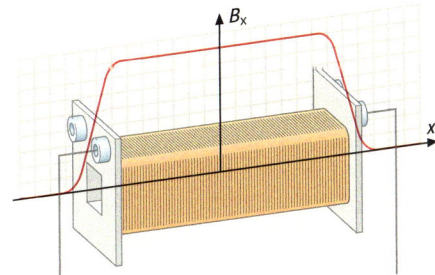

B2 Magnetfeld einer langen Spule

Mit einer Hallsonde lässt sich die magnetische Flussdichte B im Inneren einer langen Spule in Abhängigkeit von den Parametern Länge l, Stärke des Spulenstroms I, Windungszahl n und Durchmesser d messen.

Es zeigt sich, dass die magnetische Flussdichte B in der langen Spule von der Stromstärke I sowie der Länge l und der Windungszahl n der Spule abhängt, nicht aber von ihrem Durchmesser. Werden jeweils zwei dieser drei Größen konstant gehalten und die dritte verändert, so findet man:

$B \sim I$, falls n und l konstant,
$B \sim n$, falls I und l konstant und
$B \sim 1/l$, falls I und n konstant.

Damit ist $B \sim I \cdot n/l$. Die Proportionalitätskonstante $\mu_0 = 1{,}2566 \cdot 10^{-6}\,\text{Vs/Am}$ heißt **magnetische Feldkonstante**.

Das Magnetfeld gerader Leiter

Elektrischer Strom in einem Leiter ist von einem Magnetfeld mit ringförmigen Feldlinien umgeben. Dabei nimmt die Flussdichte B mit zunehmender Entfernung r vom Leiter ab (→B1). Mit einer Hallsonde findet man:

$$B = \mu_0 \cdot \frac{I}{2\pi \cdot r}$$

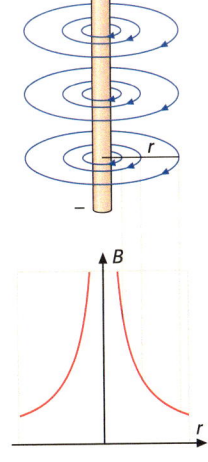

B1 Verlauf des Magnetfeldes am geraden Leiter

Helmholtz-Spulen

Eine besondere Spulenanordnung geht auf den deutschen Physiker **Hermann von Helmholtz** (1821 – 1894) zurück: Zwei sehr kurze Spulen mit großem Radius R werden im Abstand R auf einer Achse parallel aufgestellt. Das Feld jeder einzelnen Spule ist inhomogen. Die Überlagerung der beiden Felder führt aber zwischen den Spulen nahe der Spulenachse zu einem Bereich mit weitgehend homogenem Feld, das für Experimente frei zugänglich ist (→B3). Für die Flussdichte gilt:

$$B = \mu_0 \cdot \left(\frac{4}{5}\right)^{\frac{3}{2}} \cdot \frac{n}{R} \cdot I$$

Dabei bezeichnet I den Strom durch die in Reihe geschalteten Spulen, R ist der Radius und n die Windungszahl einer Spule.

Das Magnetfeld im Inneren einer langen Spule ist homogen. Für die magnetische Flussdichte gilt:

$$B = \mu_0 \cdot I \cdot \frac{n}{l}$$

A1 ⬤ Die Formel für die magnetische Flussdichte in einer langen Spule enthält keine Größen, die vom Durchmesser d der Spule abhängig sind. Finden Sie mit Hilfe der folgenden Skizzen eine Erklärung dafür.

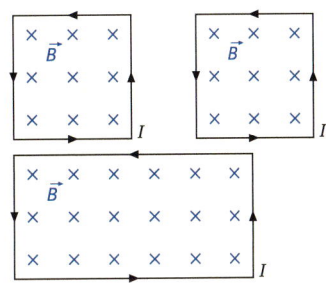

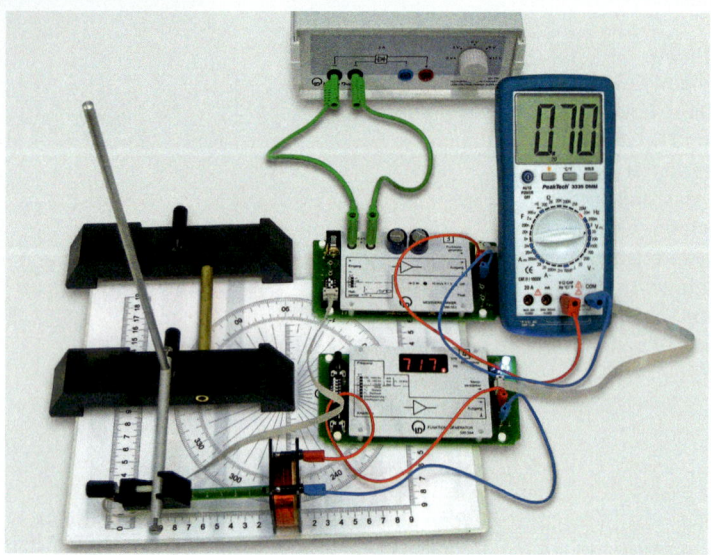

B1

Aufgabe: Messen Sie die magnetische Fluss-dichte im Feld einer stromführenden Spule aus.

Material: 1 Spule mit 1000 Windungen, 1 Viel-fachmessgerät, 2 Kabel, Funktionsgenerator und Messverstärker mit passenden Kabeln, Magnetfeldsensor, Stativmaterial, Winkelskala

Aufbau:

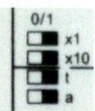

B2

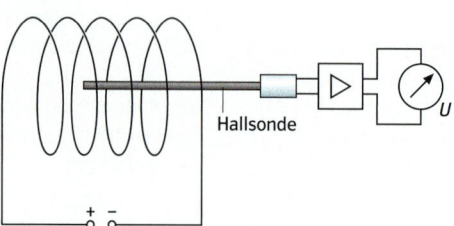

Hallsonde

Versorgungsspannung 12 V AC an Messver-stärker anschließen.

– Funktionsgenerator über sechspoliges Kabel mit dem Messverstärker verbinden, „Gleich-spannung +" einstellen.
– Magnetfeldsensor mit dem Messverstärker verbinden. Mit Hilfe der Miniaturschalter des Messverstärkers gemäß Abbildung **B2** axialen Hallsensor „a" aktivieren und den Verstärkungsfaktor „× 10" einstellen.
– Magnetfeldsensor so positionieren, dass die Hallsonde auf Höhe der Achse der Spule (2,5 cm) liegt und ihre Skala deckungsgleich über der Skala des Skalenblattes liegt, so-dass sich die axiale Hallsonde über der „0" befindet.

Durchführung:
– Die Spule an den Ausgang des Funktions-generators anschließen.
  Amplitude so einstellen, dass ein Spulen-strom der Stromstärke von 100 mA besteht.
– Voltmeter (Bereich 3 V) an den Ausgang des Messverstärkers anschließen.
– Spule ganz über den Magnetfeldsensor schieben, sodass die Mitte der Spule bei $s = 4$ cm liegt (rechter Rand 5 cm, linker Rand 3 cm). Messwert aufnehmen. Spule verschie-ben und für verschiedene Entfernungen s jeweils Messwerte aufnehmen.
– Spule ganz entfernen und die Spannung ohne Feld (Offsetspannung) messen.
Für die Auswertung die Differenz aus gemes-senen Spannungswerten und Offsetspannung mit der Kalibrierung 4 mT/V multiplizieren.

Auswertung: Zeichnen Sie einen s-B-Graphen.

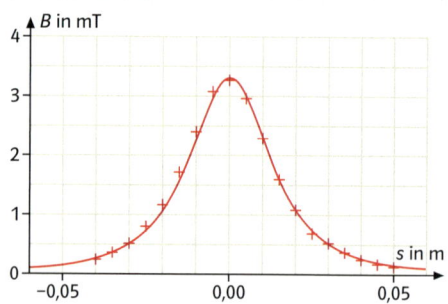

B3 Ein mögliches Messergebnis

A1 ○ Für eine kreisförmige Spule mit dem Radius r gilt (→ **B3**):

$$B(s) = \frac{\mu_0 \cdot n \cdot I}{2} \cdot \frac{r^2}{\sqrt{(r^2 + s^2)^3}}$$

Berechnen Sie mit dem Messwert für $s = 0$ hieraus einen Radius und vergleichen Sie mit den Abmessungen der Spule.

A2 ○ Für eine langgestreckte Spule gilt
$$B = \frac{\mu_0 \cdot I \cdot n}{l}$$

(μ_0 = magnetische Feldkonstante,
n = Windungszahl,
I = Stärke des Spulenstroms,
l = Länge der Spule)
Berechnen Sie hieraus mit den Daten des Experiments B und vergleichen Sie mit dem Messwert für $s = 0$. Deuten Sie das Ergebnis.

A3 ◐ Untersuchen Sie den Zusammenhang zwischen der Stärke des Spulenstroms und der magnetischen Flussdichte in der Spulenmitte. Planen Sie unter Verwendung der Materialien ein geeignetes Experiment. Führen Sie es durch und formulieren Sie eine Formel, die es erlaubt, aus der Stromstärke für diese Spule die Flussdichte zu berechnen.

A4 ◐ Stellen Sie den Graphen der Funktion mit der Gleichung $y = 1/(1 + b \cdot (x - a)^2)$ mit Hilfe eines GTR dar. Vergleichen Sie mit dem s-B-Graphen aus dem Experiment. Untersuchen Sie den Einfluss der Parameter a und b auf die Kurvenform. Versuchen Sie Bilder wie in **B3a–c** zu erzeugen.
Prüfen Sie, ob die Bilder eine reale physikalische Situation beschreiben. Realisieren Sie diese gegebenenfalls mit dem vorliegenden Experimentiermaterial.

A5 ○ Recherchieren Sie unter dem Stichwort „Helmholtz-Spulen". Skizzieren Sie eine solche Anordnung und geben Sie den Zweck an.

A6 ◐ **B1** zeigt das Feldlinienbild einer langgestreckten Spule. Skizzieren Sie den s-B-Graphen, den Sie bei einer solchen Spule bei einem Experiment wie oben erwarten. Begründen Sie Ihre Skizze.

A7 ● In der Tabelle **B4** sind die Messwerte von Versuch 1 in bestimmter Weise eingetragen.
Es soll der Übergang von einer kurzen Spule, wie sie im Experiment verwendet wurde, zu einer langen dargelegt werden. Erläutern Sie die Vorgehensweise.

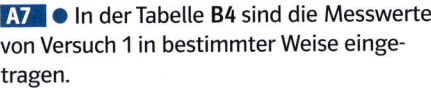

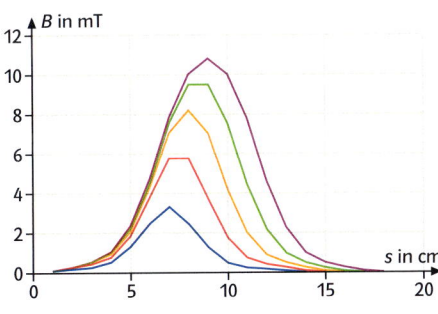

B2

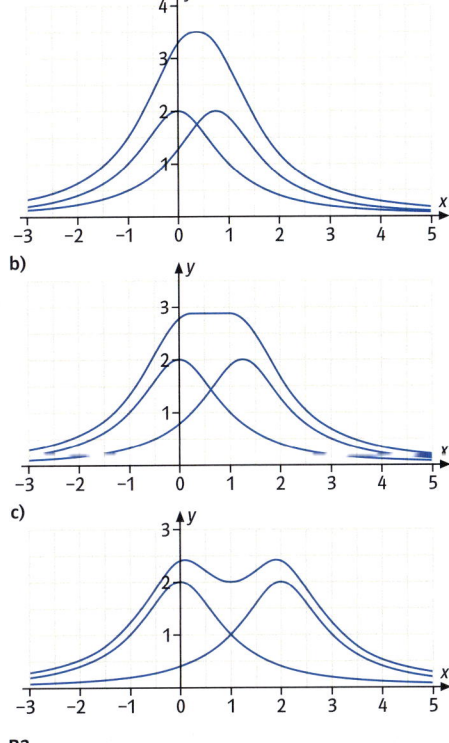

B3

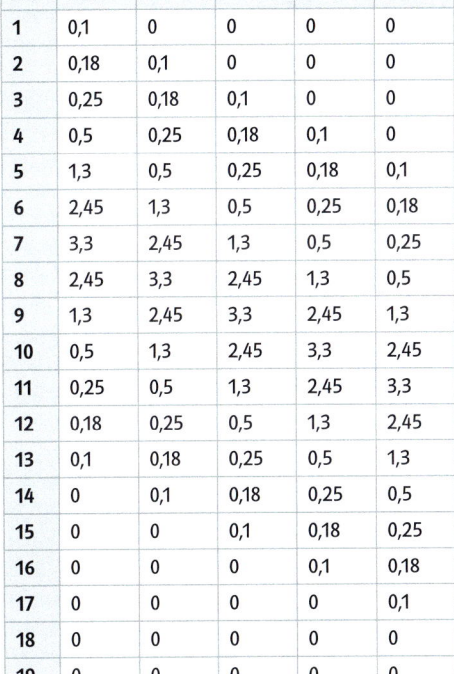

B1

s in cm	B in mT	B in mT	B in mT	B in mT	B in mT
1	0,1	0	0	0	0
2	0,18	0,1	0	0	0
3	0,25	0,18	0,1	0	0
4	0,5	0,25	0,18	0,1	0
5	1,3	0,5	0,25	0,18	0,1
6	2,45	1,3	0,5	0,25	0,18
7	3,3	2,45	1,3	0,5	0,25
8	2,45	3,3	2,45	1,3	0,5
9	1,3	2,45	3,3	2,45	1,3
10	0,5	1,3	2,45	3,3	2,45
11	0,25	0,5	1,3	2,45	3,3
12	0,18	0,25	0,5	1,3	2,45
13	0,1	0,18	0,25	0,5	1,3
14	0	0,1	0,18	0,25	0,5
15	0	0	0,1	0,18	0,25
16	0	0	0	0,1	0,18
17	0	0	0	0	0,1
18	0	0	0	0	0
19	0	0	0	0	0

B4

Materie im magnetischen Feld

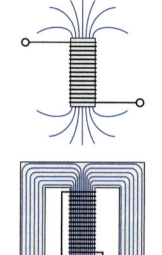

B1 Spule mit offenem und mit geschlossenem Eisenkern

Bringt man in den Innenraum einer langen Spule einen Kern aus beliebigem Material, so kann sich die magnetische Flussdichte B bei gleicher Stromstärke I ändern. Dann gilt

$$B_r = \mu_r \cdot B$$

Der Faktor $\mu_r = B_r/B$ heißt **Permeabilitätszahl** und ist vom Material abhängig.

Permeabilitätszahl	μ_r
Trafoblech	75 000
Supermalloy	$8 \cdot 10^5$
Luft	1,000 004
Aluminium	1,000 02
Platin	1,000 27
Wasser	0,999 991
Kupfer	0,999 990
Gold	0,999 971

Die meisten Stoffe verändern das Magnetfeld nur wenig. Für sie ist $\mu_r \approx 1$. Stoffe, bei denen μ_r geringfügig über 1 liegt, heißen **paramagnetisch**. Sie werden von magnetischen Polen schwach angezogen. Stoffe, bei denen $\mu_r < 1$ ist, heißen **diamagnetisch**. Sie werden von magnetischen Polen schwach abgestoßen.

Bei einem geschlossenen Eisenkern (→B1) liegt μ_r zwischen 1 000 und 5 000, bei Speziallegierungen ist μ_r noch größer. Stoffe mit hoher Permeabilität ($\mu_r \gg 1$) heißen **ferromagnetisch**. Dazu gehören Eisen, Nickel, Cobalt sowie spezielle Legierungen.

Ferromagnetische Stoffe Die Verstärkung des magnetischen Feldes durch ferromagnetische Stoffe lässt sich durch ein Modell atomarer magnetischer Dipole beschreiben. Durch Wechselwirkung untereinander bilden sich winzige Bereiche, in denen die Dipole alle gleich gerichtet sind, die **Weiss'schen Bezirke**. Zunächst sind die Dipole der Bezirke völlig unterschiedlich ausgerichtet (→B2a). Die magnetischen Kräfte der einzelnen Bezirke heben sich im Mittel auf. Der Körper ist nach außen unmagnetisch. Durch ein äußeres Magnetfeld richten sich die Weiss'schen Bezirke aus, der Körper wird selbst zu einem Magneten und verstärkt das Feld der Spule (→B2b).
Das Ausrichten der Weiss'schen Bezirke eines Körpers durch ein Magnetfeld wird als **magnetische Influenz** bezeichnet.

a)

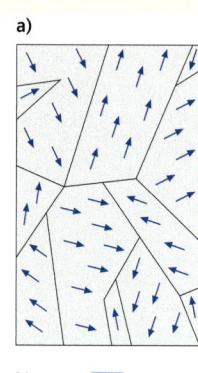

b)

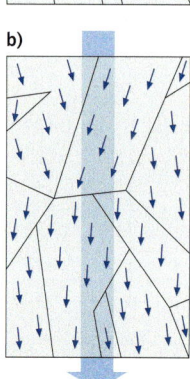

B2 Weiss'sche Bezirke

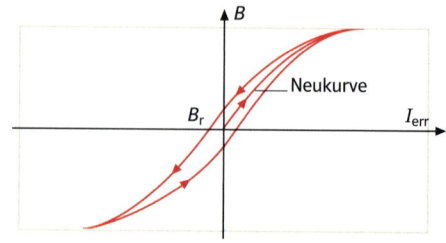

B3 Hysterese bei einer Eisenprobe

B3 gibt die magnetische Flussdichte B des Eisenkerns in einer Spule in Abhängigkeit von der Stromstärke I wieder. Die Kurve folgt zunächst näherungsweise einer Ursprungsgeraden, flacht aber für größere I immer mehr ab, bis sich B kaum noch ändert. Das Eisen ist nun vollständig magnetisiert.
$\mu_r = B_r/B$ ist nicht konstant, d.h., B ist nicht mehr proportional zu I. Wird I wieder bis auf null verringert, so verläuft das Diagramm oberhalb der ersten Kurve. Im Ursprung, bei $I = 0$, bleibt eine Restmagnetisierung, die **Remanenz**. Polt man um und vergrößert den Strom durch die Spule wieder, so bleibt der Betrag der Flussdichte unter dem Wert, der bei unmagnetisiertem Eisen auftritt. Dieses Verhalten heißt **Hysterese** (griechisch: zurückbleiben).

Magnetfelder im Alltag Alle Lebewesen sind ständig dem Magnetfeld der Erde ausgesetzt. Dessen Flussdichte beträgt je nach Region zwischen 40 μT und 70 μT. In MRT-Geräten für die medizinische Diagnostik werden Felder erzeugt, die um den Faktor 10^5 stärker sind. Dies ist vergleichbar mit der Feldstärke in Beschleunigern, durch die geladene Teilchen mit Magneten gelenkt werden.
Beim Betrieb von Haushaltsgeräten, z.B. einem Föhn, entstehen in deren Umgebung Magnetfelder. Die Tabelle gibt die Flussdichte abhängig vom Abstand d an:

d in m	0,03	0,3	1,0
B in μT	6 – 2 000	0,01 – 7	0,01 – 0,3

Magnetische Felder können auf den menschlichen Körper Einfluss nehmen, insbesondere, wenn eine Person einen Herzschrittmacher oder eine Prothese aus Metall trägt. Laut Empfehlungen einer internationalen Kommission gelten Felder mit $B < 100$ μT als unbedenklich. Die Wirkung hängt stark davon ab, ob es sich um statische oder zeitlich veränderliche Felder handelt.

Bestimmung der spezifischen Elektronenmasse

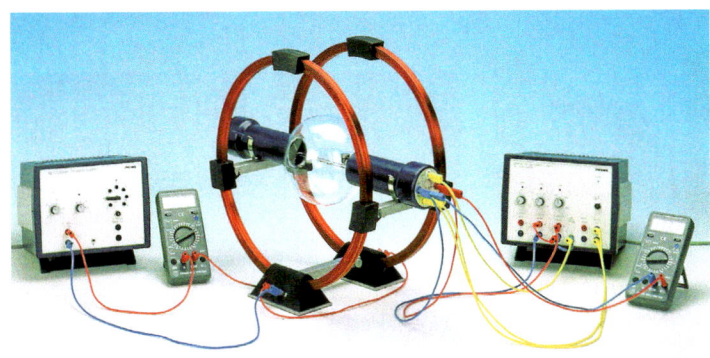

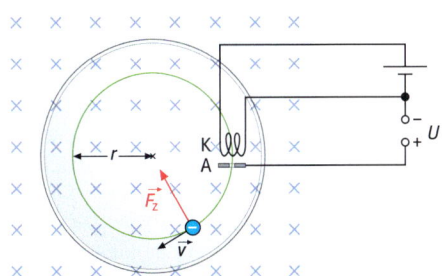

B3 Schematische Darstellung des Versuchsaufbaus (x bedeutet: Richtung der Feldlinien in die Zeichenebene hinein.)

B1 Aufbau des Versuchs zur Bestimmung der Elektronenmasse

Aufgabe: Es soll die Elektronenmasse bestimmt werden, wobei vorausgesetzt wird, dass die Elementarladung e bekannt ist.

Planung: Geladene Teilchen treten mit einem magnetischen Feld in Wechselwirkung: Bei senkrechter Ausrichtung des Magnetfeldes zur Bewegungsrichtung der Elektronen werden diese abgelenkt.
Die Ablenkung lässt sich erklären, wenn man annimmt, dass sich Elektronen wie Körper mit der Masse m verhalten, auf die eine Kraft wirkt. Dieses Verhalten soll zur Bestimmung der Elektronenmasse genutzt werden.

Material: Fadenstrahlrohr, Helmholtz-Spulen-Paar, Spannungsmessgerät, Strommessgerät

Durchführung und Beobachtung: Der Versuch wird entsprechend **B1** aufgebaut. Im Fadenstrahlrohr ist ab einer Beschleunigungsspannung $U_B = 150\,\text{V}$ ein gerades Lichtbündel zu beobachten. Es rührt vom Gas im Kolben her, das durch Wechselwirkung mit schnellen Elektronen zum Leuchten gebracht wird.

Im homogenen Magnetfeld des Helmholtz-Spulen-Paars wird die Spur gekrümmt. Bei hinreichend großer Flussdichte B bildet sich ein leuchtender Kreis ($\rightarrow$**B2**). Der Radius r dieses Kreises wächst mit der Beschleunigungsspannung U_B und mit abnehmender magnetischer Flussdichte B. Die Tabelle zeigt Beispielwerte:

U_B in V	150	200	250	250	250
I_H in A	1,5	1,5	1,5	1,8	2,5
r in cm	4,0	4,8	5,3	4,3	3,0

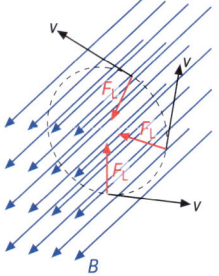

B2 Kreisbahn negativ geladener Körper im Magnetfeld

Auswertung: Um die Elektronen auf einer Kreisbahn zu halten, ist eine Zentripetalkraft F_Z erforderlich. Sie wird in diesem Fall durch die Lorentzkraft F_L gestellt. Aus der Bedingung

$$F_Z = F_L$$

$$\frac{m \cdot v^2}{r} = e \cdot v \cdot B$$

lässt sich durch Messung der Beschleunigungsspannung, der magnetischen Flussdichte und des Kreisbahnradius die Größe e/m_e bestimmen. Es gilt:

$$\frac{e}{m} = \frac{2U_B}{B^2 \cdot r^2}$$

Aus der Größe des Spulenstroms I muss nun unter Verwendung der Angaben aus dem Datenblatt noch die Flussdichte B im Helmholtz-Spulen-Paar bestimmt werden.

Für das genannte Beispiel ergeben sich folgende Werte für die Größe e/m:

U_B in V	150	200	250	250	250
r in cm	4,0	4,8	5,3	4,3	3,0
B in mT	1,00	1,00	1,00	1,25	1,75
e/m in 10^{11} C/kg	1,88	1,74	1,78	1,73	1,81

Der Mittelwert der Messwerte liegt bei $e/m = 1{,}79 \cdot 10^{11}$ C/kg. Mit der Elementarladung $e = 1{,}602 \cdot 10^{-19}$ C ergibt sich die Masse des Elektrons zu $m_e = 8{,}95 \cdot 10^{-31}$ kg.

5.5 Elektronen haben eine Masse

Elektronen kann man selbst mit dem besten Mikroskop nicht sehen. Ihr Vorhandensein ist nur indirekt an ihrer Wirkung erkennbar. So lässt sich auch ihre Masse selbst mit einer besonders empfindlichen Waage nicht bestimmen.

Prinzip der Massenbestimmung

Eine Möglichkeit der Massenbestimmung nutzt die Trägheit eines Körpers mit der Masse m. Die Trägheit äußert sich darin, dass ein Körper seinen Bewegungszustand nur unter Wirkung einer Kraft ändert.

Treten Elektronen mit der Geschwindigkeit v_x senkrecht zu den Feldlinien in ein homogenes elektrisches oder magnetisches Feld ein, so erfahren sie aufgrund der wirkenden Kräfte eine Ablenkung aus ihrer ursprünglichen Bewegungsrichtung. Diese Ablenkung lässt sich analysieren.

B2 Ablenkung eines Elektronenstrahls im Magnetfeld

Ablenkung im elektrischen Feld

Ihre Geschwindigkeit in x-Richtung erhalten die Elektronen beim Durchlaufen der Beschleunigungsspannung U_B. Dabei wird elektrische Energie in Bewegungsenergie überführt:

$$U_B \cdot e = \frac{1}{2} m \cdot v_x^2 \quad \Rightarrow \quad v_x^2 = 2 U_B \cdot \frac{e}{m_e}$$

Elektronen, die mit dieser Geschwindigkeit das elektrische Feld E_y durchlaufen, führen eine Bewegung analog zum waagerechten Wurf aus. Es gilt die Bewegungsgleichung:

$$s_y = \frac{1}{2} a_y \cdot \frac{s_x^2}{v_x^2}$$

Die Beschleunigung in y-Richtung ergibt sich nach $a_y = F_{el}/m = E_y \cdot e/m_e = U_y \cdot e/m_e \cdot d$, wobei d den Plattenabstand bezeichnet. Setzt man v_x^2 ein und ersetzt s_x durch die Plattenlänge L, erhält man

$$s_y = \frac{1}{2} \frac{U_y \cdot e}{d \cdot m_e} \cdot \frac{L^2}{2 U_B \cdot \frac{e}{m_e}} = \frac{L^2}{4 U_B \cdot d} \cdot U_y$$

In dieser Gleichung ist die Masse des Elektrons nicht mehr enthalten, die Ablenkung ist unabhängig von dieser Größe.

Ablenkung im magnetischen Feld

Anders im Fall des Magnetfeldes: Hier werden die Elektronen unter den genannten Bedingungen auf eine Kreisbahn abgelenkt (→B2). Im Fadenstrahlrohr ist die Lorentzkraft die für die Kreisbewegung der Elektronen erforderliche Zentripetalkraft.

$$F_L = e \cdot v \cdot B = \frac{m \cdot v^2}{r} = F_Z$$

Umformungen ergeben:

$$\frac{e}{m} = \frac{v}{B \cdot r}$$

Damit besteht eine Beziehung zwischen der Geschwindigkeit, der Ladung und der Masse von Elektronen.

Quadriert man die Gleichung für e/m und setzt die Beziehung für v_x^2 ein, so erhält man eine neue Gleichung für e/m, die nur noch von direkt messbaren Größen abhängt:

$$\frac{e^2}{m^2} = \frac{2e \cdot U_B}{m \cdot B^2 \cdot r^2} \quad \text{bzw.} \quad \frac{e}{m} = \frac{2 U_B}{B^2 \cdot r^2}$$

Der Quotient e/m heißt **spezifische Ladung** des Elektrons. Der Tabellenwert dafür ist

$$\frac{e}{m} = 1{,}758\,8 \cdot 10^{11} \frac{C}{kg}$$

Mit der Elementarladung $e = 1{,}602 \cdot 10^{-19}\,C$ ergibt sich für die Masse m_e eines Elektrons:

$$m_e = 9{,}109 \cdot 10^{-31}\,kg$$

Elektronen, die senkrecht in ein homogenes Magnetfeld eintreten, werden auf eine Kreisbahn abgelenkt. Aus dem Radius der Kreisbahn lässt sich die Elektronenmasse bestimmen.

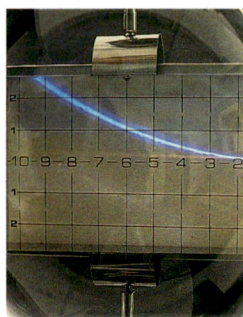
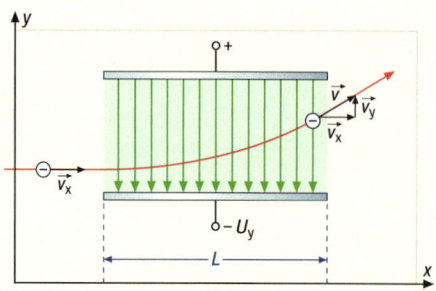

B1 Ablenkung eines Elektronenstrahls im elektrischen Feld

Geladene Teilchen in Feldern

Die magnetische Flasche   Steht das homogene Magnetfeld mit der Flussdichte $\vec{B}$ im Fadenstrahlrohr nicht senkrecht zur Richtung des Elektronenstrahls, so ändert die Lorentzkraft nur die zu $\vec{B}$ senkrechte Komponente von $\vec{v}$. Die Geschwindigkeitskomponente in Feldrichtung bleibt unverändert. Das Elektron beschreibt eine schraubenförmige Bahn.

Im inhomogenen Feld vor einem magnetischen Pol wird die Bahn immer enger. Bei Annäherung an den Pol nimmt die Flussdichte und damit die Zentripetalkraft zu, wodurch der Bahnradius kleiner wird. Neben der Vertikalkomponente $\vec{B_v}$ hat $\vec{B}$ auch eine nach außen gerichtete Horizontalkomponente $\vec{B_h}$ (→**B4**). Dadurch erfahren die Elektronen ständig eine Lorentzkraft vom Pol weg. Deshalb verringert sich zunächst die Neigung ihrer Schraubenbahn, bis sie sich umkehrt und die Bahn wieder vom Pol wegführt (→**B4**).
Dieses Verhalten ist unabhängig von der Art des Magnetpols und dem Vorzeichen der elektrischen Ladung. Zwischen zwei Polen wiederholt sich die Umkehr zum anderen Pol. Die Ladungsträger können den Raum zwischen den Polen nicht verlassen. Sie sind in einer **magnetischen Flasche** eingeschlossen.

Auch das Magnetfeld der Erde wirkt wie eine magnetische Flasche (→**B1**). Die zum Pol abgelenkten Protonen und Elektronen aus dem Sonnenwind regen die Moleküle der Luft zu Leuchterscheinungen an, die sich in etwa 100 km bis 400 km Höhe an den Erdpolen als Polarlicht zeigen (→**S. 113**).

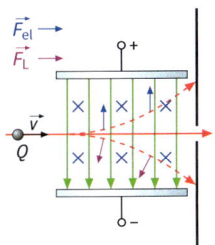

B1 Das Magnetfeld der Erde wirkt als magnetische Flasche.

B2 Überlagerung von E- und B-Feld

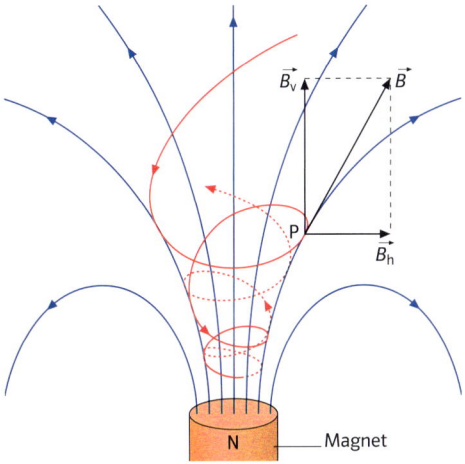

B4 Vor dem Magnetpol kehrt die Bahn um

Gekreuzte Felder   Elektronen, die senkrecht zu den Feldlinien ein homogenes elektrisches Feld durchlaufen, erfahren die Kraft $F_{el} = e \cdot E$. Sie lenkt die Elektronen auf eine Parabelbahn. In einem magnetischen Feld senkrecht zur Bewegungsrichtung der Elektronen wirkt die Lorentzkraft $F_L = e \cdot v \cdot B$. Sie zwingt die Elektronen auf eine Kreisbahn.
Überlagert man E- und B-Feld so, dass die Feldlinien senkrecht zueinander stehen (→**B2**), dann wirken die Kräfte in entgegengesetzte Richtungen. Im Fall $F_{el} = -F_L$ durchlaufen die Elektronen die Felder ohne Ablenkung. Aus $e \cdot E = e \cdot v \cdot B$ folgt $v = E/B$. Durch geeignete Wahl von E und B erreicht man, dass nur Elektronen mit einer bestimmten Geschwindigkeit die Anordnung ohne Ablenkung durchlaufen, sie wirkt als **Geschwindigkeitsfilter**.

Massenspektroskopie   Beim Geschwindigkeitsfilter haben Masse und Ladung der Teilchen keinen Einfluss, das Filter funktioniert daher auch für Ionen.
Ein **Massenspektrograph** besteht aus einem Geschwindigkeitsfilter, hinter dem ein zweites Magnetfeld angeordnet ist (→**B3**). Treten durch die Blende Ionen mit $v = E/B_1$ senkrecht zu den Feldlinien in dieses Magnetfeld ein, wirkt die Lorentzkraft als Zentripetalkraft und es gilt $Q \cdot v \cdot B_2 = m \cdot v^2/r$. Mit $v = E/B_1$ folgt:
$$\frac{Q}{m} = \frac{E}{r \cdot B_1 \cdot B_2}$$

Aus dem Abstand, in dem die Ionen auf den Detektor treffen, lässt sich der Bahnradius r ermitteln. Bei bekanntem E und B kann so die spezifische Ladung Q/m der Ionen bestimmt werden.

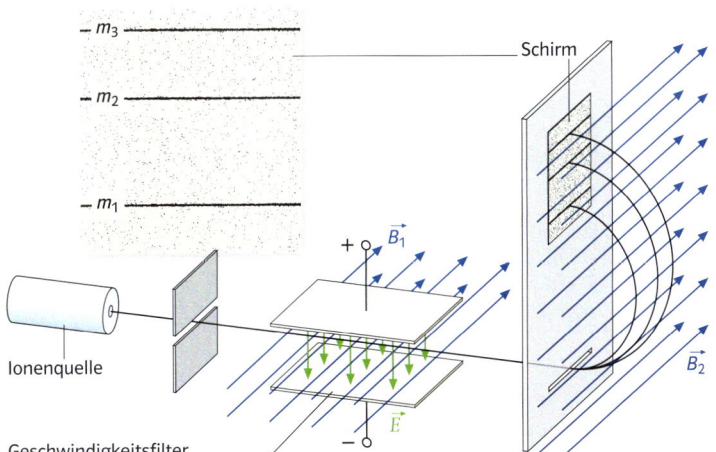

B3 Prinzip des Massenspektrographen; Massenspektrogramm

Zusammenfassung

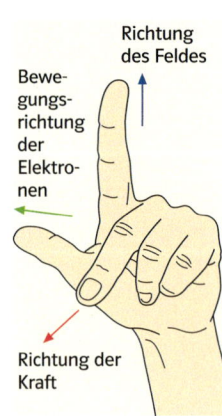

Bewegungsrichtung der Elektronen

Richtung des Feldes

Richtung der Kraft

B1

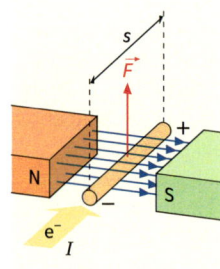

B2

Magnetisches Feld Im Raum um einen Magneten besteht ein magnetisches Feld. Es wird durch Kräfte auf magnetische Dipole oder Magnetnadeln nachgewiesen. Magnetische Felder lassen sich durch Feldlinienbilder veranschaulichen (→B3, B4).

Magnetische Flussdichte bzw. Feldstärke

$B = \dfrac{F}{I \cdot s}$ Einheit: $1\dfrac{N}{Am} = 1\dfrac{Vs}{m^2} = 1\,\text{Tesla}$

F ist die Kraft auf einen stromführenden Leiter (Länge s, Stromstärke I) im magnetischen Feld (→B2). Die Richtung von $\vec{B}$ ist gleich der Feldrichtung und ergibt sich aus der Linke-Hand-Regel (→B1).

Magnetische Flussdichte
– in einer langen, leeren Zylinderspule

$B = \mu_0 \cdot I \cdot \dfrac{n}{l}$

(l: Länge der Spule, n: Windungszahl)

– am geraden Leiter

$B = \mu_0 \cdot \dfrac{I}{2\pi \cdot r}$

(l: Länge des Leiters, r: Abstand vom Leiter)

Magnetische Feldkonstante

$\mu_0 = 1{,}256\,6 \cdot 10^{-6}\,\dfrac{Vs}{Am} = 4\pi \cdot 10^{-7}\,\dfrac{Vs}{Am}$

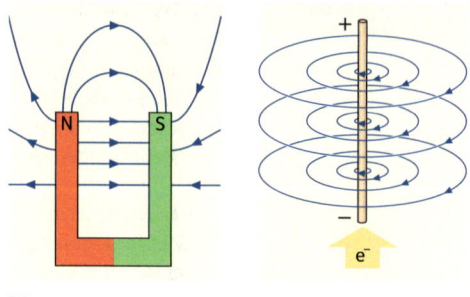

B3   B4

Lorentzkraft

$F = e \cdot v \cdot B \cdot \sin\varphi$ (φ: Winkel zwischen $\vec{v}$, $\vec{B}$)

Die Richtung ergibt sich aus der Linke-Hand-Regel bei Trägern negativer Ladung.

Hall-Spannung

$U_H = v_D \cdot B \cdot b$ (b, d: Breite, Dicke des Hallplättchens, vgl. B5)

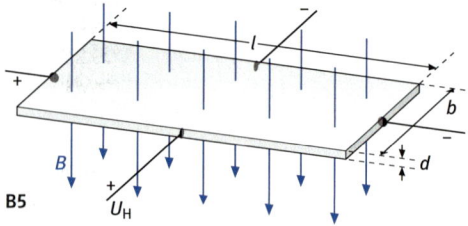

B5

Beispiele

Lorentzkraft Eine Stricknadel mit der Masse m liegt lose auf zwei parallelen Leiterstücken.

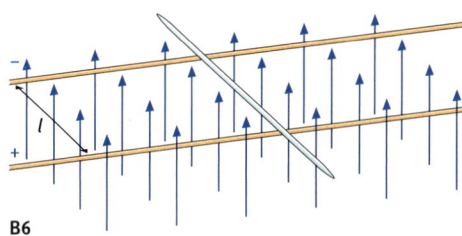

B6

Die Anordnung ist von einem homogenen Magnetfeld durchsetzt. Ermitteln Sie die Kraft und die Beschleunigung, die die Nadel erfährt, wenn in ihr ein Strom der Stärke I besteht. Es sind $m = 10\,\text{g}$, $I = 20\,\text{A}$, $B = 1{,}5\,\dfrac{Vs}{m^2}$, $l = 5{,}0\,\text{cm}$.

Lösung:

$F = B \cdot I \cdot l = 1{,}5\,\dfrac{Vs}{m^2} \cdot 20\,\text{A} \cdot 5{,}0\,\text{cm} = 1{,}5\,\text{N}$

$a = \dfrac{F}{m} = 150\,\dfrac{m}{s^2}$

Heimversuche

Elektromotor Ein starker Magnet an einer Schraube hängt durch die magnetische Kraft an einem Pol einer Batterie. Verbindet man den anderen Pol der Batterie über einen Draht mit dem Magneten, dreht sich dieser schnell um die eigene Achse.
Untersuchen Sie Drehrichtung und Strom bei verschiedenen Berührstellen des Drahtes am Magneten und unterschiedlicher Orientierung der Batterie und des Magneten. Erklären Sie die Wirkungsweise dieses Elektromotors.

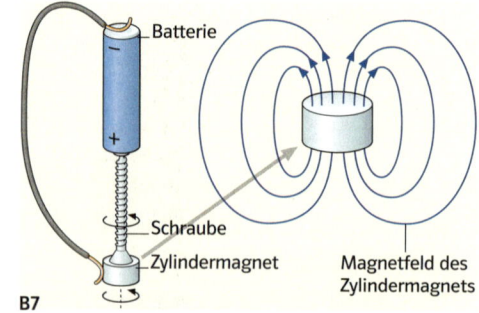

Batterie

Schraube
Zylindermagnet

Magnetfeld des Zylindermagnets

B7

X bedeutet:
Richtung der Feldlinien
senkrecht in die
Zeichenebene hinein.

B1 Zu Aufgabe 2

A1 ◕ Vergleichen Sie die Definition der magnetischen Flussdichte mit der für die elektrische Feldstärke.

A2 ◕ Im Magnetfeld eines Elektromagneten befindet sich ein senkrecht zu den Feldlinien verlaufender Leiter (→**B1**). Er erfährt dort eine von der Stromstärke I und von der Leiterlänge s abhängige Kraft. Erklären Sie anhand der Messtabelle, warum der Quotient $F/(I \cdot s)$ ein Maß für die Flussdichte des Magnetfeldes ist.

I in A	4,0	8,0	12,0	12,0	12,0
s in cm	4,0	4,0	4,0	3,0	2,0
F in N	0,12	0,23	0,35	0,26	0,17

A3 ○ Die Flussdichte des Magnetfeldes der Erde beträgt etwa $5 \cdot 10^{-5}$ T. In Deutschland sind die Feldlinien im Mittel um 67° gegen die Horizontale geneigt. Bestimmen Sie Betrag und Richtung der Lorentzkraft auf eine in Ost-West-Richtung verlaufende 100 m lange Leitung, wenn in ihr ein Gleichstrom von 100 A besteht.

A4 ● Das Feld zwischen den Schenkeln eines Hufeisenmagneten sei homogen. Die Flussdichte wird mit einer 5 cm breiten Leiterschaukel der Masse 3,5 g bestimmt. Gemessen wird die Winkelauslenkung α der Schaukel. Bestimmen Sie aus folgenden Messwerten die magnetische Flussdichte B.

I in A	1,0	2,0	3,0	4,0	5,0
α in Grad	5,0	9,0	13,0	17,0	21,0

A5 ◕ In zwei langen parallel verlaufenden Leitern bestehen Ströme unterschiedlicher Stärke.
a) Haben die Ströme die gleiche Richtung, dann ist eine Kraftwirkung zwischen den Leitern zu beobachten. Erklären Sie die Ursache.
b) Berechnen Sie die magnetische Flussdichte, die der Strom in Leiter 1 am Ort des Leiters 2 erzeugt, wenn $I_1 = 10$ A und $d = 0,1$ m ist.
c) Berechnen Sie die Kraft, die auf den Leiter 2 ($I_2 = 6$ A, Länge $l = 1,5$ m) im magnetischen Feld des Leiters 1 wirkt. Geben Sie die Richtung der Kraft an.
d) Beschreiben Sie die Situation für den Fall, dass die Ströme in den Leitern entgegengesetzt zueinander gerichtet sind.

A6 ◕ a) Ein positiv geladenes Ion trifft auf ein senkrecht zur Bewegungsrichtung weisendes Magnetfeld. Beschreiben Sie seine Bahnkurve, wenn das Magnetfeld homogen ist.
b) Erläutern Sie den Verlauf seiner Bahnkurve im inhomogenen Feld vor dem Pol eines Stabmagneten.

A7 ◕ a) Erläutern Sie den Hall-Effekt.
b) In einer Messreihe wird die Hall-Spannung U_H in Abhängigkeit von der Flussdichte B eines Magnetfeldes gemessen. Die Stromstärke im Leiter beträgt 15 A. Als Leiter wird ein Kupferband verwendet, das 0,04 mm dick, 30 mm breit und 70 mm lang ist.

B in T	0,15	0,32	0,47	0,56	0,64
U_H in µV	4	8	12	14	16

Stellen Sie das Ergebnis grafisch dar und leiten Sie eine Beziehung zwischen U_H und B her.
c) Berechnen Sie die mittlere Geschwindigkeit der Elektronen.

A8 ◕ a) Erläutern Sie anhand einer Skizze das Entstehen der Hall-Spannung an einem Strom führenden Leiterband.
b) Leiten Sie folgende Gleichung für die Hall-Spannung U_H unter Erklärung der benutzten physikalischen Größen her:

$$U_H = v_D \cdot B \cdot b$$

A9 ● Ein Metallzylinder wird mit einer konstanten Winkelgeschwindigkeit ω gedreht. Senkrecht zum Zylindermantel wirkt das homogene Feld eines Hufeisenmagneten. An zwei Punkten seiner Mantellinie befinden sich die Schleifkontakte 1 und 2.
a) Leiten Sie die Beziehung zwischen Winkelgeschwindigkeit ω des Zylinders und der zwischen den Kontakten 1 und 2 messbaren „Hall-Spannung" her.
b) Übertragen Sie die Zeichnung **B2** in Ihr Heft und ergänzen Sie die Magnetfeldlinien und die auftretende Polarität der „Hall-Spannung" bei Elektronenleitung.
c) Der Zylinder macht 50 Umdrehungen in der Sekunde. Die magnetische Flussdichte beträgt $B = 0,5$ T. Berechnen Sie bei einem Abstand der Schleifkontakte $b = 5$ cm die zu erwartende „Hall-Spannung" (Radius des Zylinders: 5 cm).

Hufeisenmagnet Metall-
zylinder

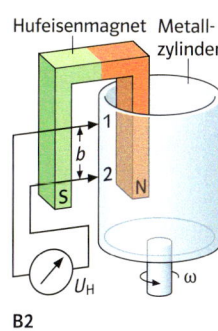

B2

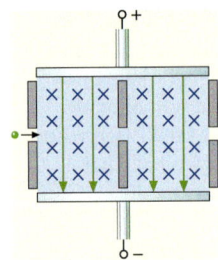

B1 Zu Aufgabe 10 und 11

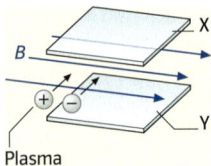

Plasma

B2 Zu Aufgabe 13

A10 ○ In der Anordnung **B1** stehen ein elektrisches und ein magnetisches Feld senkrecht zueinander. Begründen Sie, warum geladene Teilchen diese Anordnung nur durchlaufen können, wenn für ihre Geschwindigkeit $v = E/B$ gilt.

A11 ◒ In der Anordnung **B1** werden für den Fall, dass sich die Kräfte auf die geladenen Teilchen kompensieren, für Elektronen folgende Werte gemessen: $B = 0,40\,\text{mT}$, $U_d = 550\,\text{V}$ und $d = 5,4\,\text{cm}$ Plattenabstand.
a) Berechnen Sie die Geschwindigkeit der Elektronen.
b) Die Beschleunigungsspannung betrug $2,00\,\text{kV}$. Bestimmen Sie damit die spezifische Ladung der Elektronen.

A12 ○ In einem Fadenstrahlrohr wird mit $U_B = 280\,\text{V}$ ein Elektronenstrahl erzeugt. Er tritt senkrecht zu den Feldlinien in ein homogenes Magnetfeld der Flussdichte $B = 1,1\,\text{mT}$ ein. Das Magnetfeld bringt die Elektronen auf eine Kreisbahn von 5,1 cm Radius.
a) Erklären Sie, warum es zu einer Kreisbahn der Elektronen kommt.
b) Bestimmen Sie aus den angegebenen Daten die spezifische Ladung e/m der Elektronen.

A13 ◒ Im **M**agneto-**H**ydro-**D**ynamischen Generator strömt ionisiertes Gas von weit mehr als $1\,000\,°\text{C}$, sogenanntes Plasma, mit Geschwindigkeiten über $1\,000\,\text{m/s}$ durch ein Magnetfeld, dessen Feldlinien senkrecht zur Richtung des Gasstromes weisen (→**B2**). Erklären Sie, weshalb diese Anordnung als Gleichstromgenerator mit den Platten X und Y als Pole verwendet werden kann. Wo ist der Pluspol?

A14 ● Mit dem Zyklotron lassen sich Elementarteilchen mit der Ladung Q und der Masse m auf Geschwindigkeiten bis zu $v = 0,1\,c_0$ beschleunigen. Beschreiben Sie Aufbau und Wirkungsweise eines Zyklotrons (→**B4**).
a) Zeigen Sie, dass für die Dauer T eines Umlaufes unabhängig vom Radius r gilt: $T = 2\,m \cdot \pi/(Q \cdot B)$.
b) Bei $B = 0,4\,\text{T}$ sollen Protonen auf die Geschwindigkeit $v = 0,1\,c_0$ gebracht werden. Bestimmen Sie die nötige Frequenz. Welchen Radius benötigen die Protonen dann bei ihrer Bewegung?

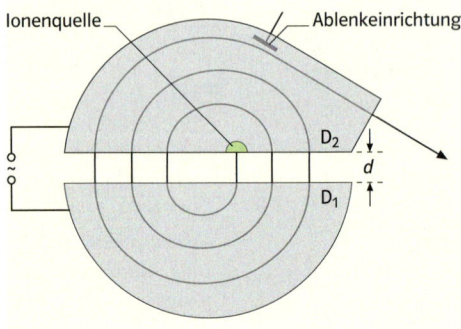

B4 Zyklotron

A15 ● Ein Gemisch aus einfach positiv geladenen Kohlenstoffisotopen ^{12}C und ^{14}C tritt als Strahl in die Anordnung **B3** ein. Der Kondensator mit senkrecht zum E-Feld angeordnetem magnetischen Feld B_1 dient als Geschwindigkeitsfilter. Am Kondensator mit Plattenabstand $d = 2\,\text{cm}$ liegt eine Spannung $U = 700\,\text{V}$ an. Die Flussdichte B_1 soll so eingestellt werden, dass nur Ionen der Geschwindigkeit $v_0 = 2,5 \cdot 10^5\,\text{m/s}$ die Blende passieren können.
a) Geben Sie die Polung der Spannung U an und berechnen Sie die Flussdichte B_1. Begründen Sie, warum diese Anordnung als Geschwindigkeitsfilter für dieselbe Geschwindigkeit für beide Isotope wirkt.
b) Rechts von der Blende wirkt nur das Magnetfeld mit der Flussdichte B_2. Begründen Sie, warum die Ionen zwei Halbkreise unterschiedlicher Radien durchlaufen. Berechnen Sie den Abstand Δx der Punkte, an denen die Ionenstrahlen auf den Schirm auftreffen.
c) Das räumliche Auflösungsvermögen des Detektors ist 2 mm. Berechnen Sie die Feldstärke B_2 und die Radien r_1 und r_2, unter denen die Isotope registriert werden.

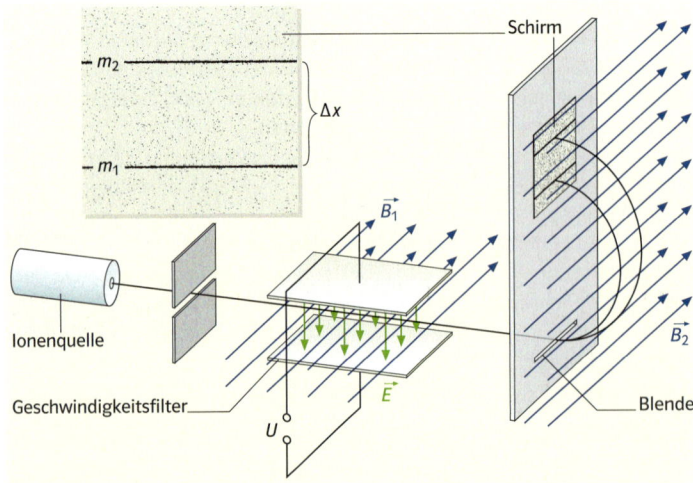

B3 Zu Aufgabe 15

6 Induktion

Wie funktionieren die Bremsen dieses Fahrgeschäfts?

Elektrodynamik

Die Elektrodynamik, die sich mit bewegten elektrischen Ladungen sowie zeitlich veränderlichen elektrischen und magnetischen Feldern beschäftigt, bildet die Grundlage unserer Stromversorgung und vieler technischer Anwendungen.

B1 Volta'sche Säule

Erste elektrische Quellen   Unser heutiges Leben ist ohne Elektrizität nicht mehr vorstellbar – kaum eine technische Anwendung, die nicht direkt oder indirekt auf diese Möglichkeit der Energieversorgung zurückgreift.

Zu Beginn des 19. Jahrhunderts waren elektrisch betriebene Geräte die Ausnahme. Bogenlampen, die ersten elektrischen Lichtquellen, nutzten Volta'sche Säulen als elektrische Quelle (→B1). Auch die Stromversorgung der Telegrafiestationen erfolgte über solche galvanischen Zellen. Für eine Weiterentwicklung der Elektrotechnik waren jedoch stärkere elektrische Quellen nötig, als diese Batterien bzw. elektrochemischen Quellen sie darstellten.

Elektromagnetismus   Wie häufig in der Wissenschaft wurde der Durchbruch durch eine Entdeckung ermöglicht, deren Bedeutung zunächst nicht absehbar war: Nachdem Oersted 1819 die Entstehung von Magnetfeldern durch bewegte Ladung entdeckt hatte, konnte der englische Physiker Faraday im Jahr 1831 die umgekehrte Wirkung finden. Beim Ein- oder Ausschalten eines Elektromagneten stellte er fest, dass an einer etwas entfernt aufgestellten Spule eine Spannung gemessen werden konnte. Aufzeichnungen in seinem Notizbuch berichten davon (→B2).

Auf die Frage nach der Bedeutung seiner Entdeckung soll Faraday einem Politiker ironisch geantwortet haben: „Im Moment weiß ich es noch nicht, aber eines Tages wird man sie besteuern können."

Generatoren   Infolge dieser Entdeckung wurde es möglich, Maschinen zu bauen, die durch mechanischen Antrieb zu elektrischen Quellen wurden, d. h. Generatoren.

Thomas Alva Edison, der Ende des 19. Jahrhunderts die Glühlampe zur Serienreife gebracht hatte, entwickelte ein komplettes elektrisches Energieversorgungssystem. Er hatte sich das Ziel gesetzt, jeden Haushalt mit elektrischem Licht zu versorgen. Dazu errichtete er 1881 das erste Kraftwerk, das sechs Generatoren enthielt. Aufgrund der Leitungsverluste war die Reichweite dieses Kraftwerks allerdings auf wenige hundert Meter begrenzt. Es konnte also lediglich die benachbarten Haushalte versorgen.

Flächendeckende Energieversorgung   Heute werden mit Generatoren (→B3) unter Einsatz verschiedenster Energieträger Spannungen bis zu mehreren tausend Volt und Stromstärken bis zu zehntausend Ampere erzeugt.

B3 Kraftwerksgenerator

Das Problem der Leitungsverluste ließ sich durch den Einsatz von Transformatoren lösen, sodass die elektrische Energie heute über ausgedehnte Stromnetze bis über Ländergrenzen hinweg transportiert werden kann.

Prinzip Induktion   Ausschlaggebend für die beschriebene Entwicklung der Energieversorgung war Faradays Entdeckung der elektromagnetischen Induktion.

Die folgenden Seiten stellen dieses Phänomen anhand von Experimenten nochmals vor und beschreiben seine vielfältigen Anwendungsmöglichkeiten.

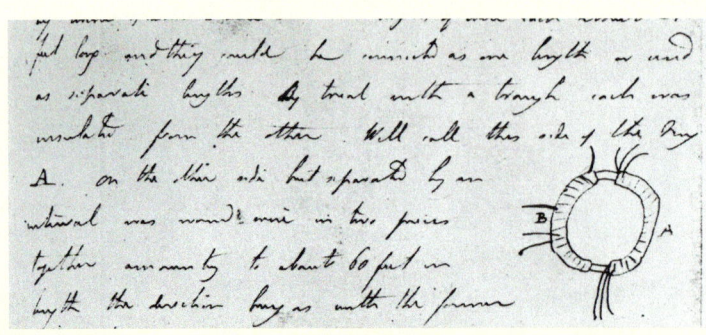

B2 Auszug aus dem Originalmanuskript (28.8.1831) von Michael Faraday

Spannung wird erzeugt

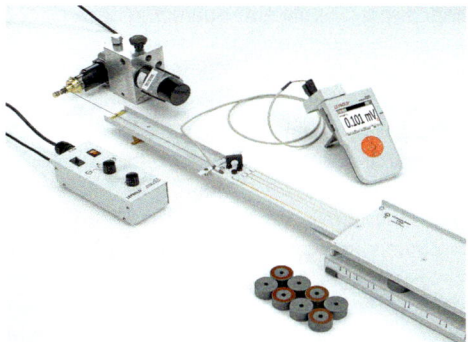

B3 Induktionsgerät

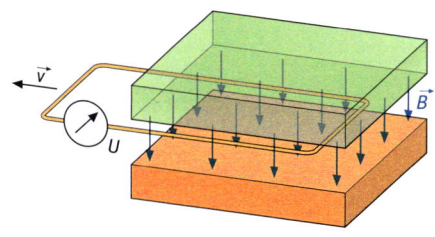

B4 Prinzip der Messung mit dem Induktionsgerät

Aufgabe: Generatoren und Transformatoren sind zentrale Elemente der Energieversorgung. Die zugehörigen physikalischen Grundlagen sollen experimentell geklärt werden.

Planung: Das Generatorprinzip beruht auf der Bewegung von Spulen im Magnetfeld, dabei wird eine Spannung erzeugt. Transformatoren wandeln Spannungen über zwei Spulen, die durch einen Eisenkern verbunden sein können. Faktoren, die die erzeugten Spannungen beeinflussen könnten, sind Geschwindigkeit der Bewegung, Flussdichte des Magnetfeldes sowie Spulenmerkmale wie z.B. die Windungszahl n.

Material: Experimentierspulen mit unterschiedlicher Windungszahl, Magnete, Induktionsgerät mit Anleitung, Messgeräte für Spannung bzw. Stromstärke

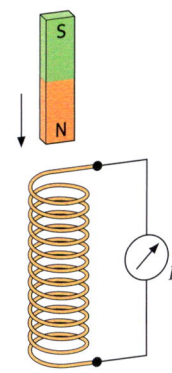

B1

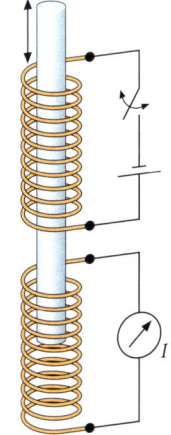

B2

Durchführung: a) Gemäß **B1** wird ein Stabmagnet in eine Spule hinein- und wieder herausbewegt. Windungszahl der Spule, Geschwindigkeit und Orientierung des Magneten werden variiert.
b) Nun wird ein Elektromagnet eingesetzt (→**B2**). Der Magnet wird ein- und ausgeschaltet, der Eisenkern auf und ab bewegt, über die Stromstärke in der Spule des Elektromagneten wird die Flussdichte B verändert.
c) Im Induktionsgerät (→**B3**) wird ein Leiter (Länge l) mit der Geschwindigkeit v senkrecht zu den Feldlinien eines homogenen Magnetfelds bewegt (→**B4**). Das Feld wird durch zylinderförmige Permanentmagnete erzeugt. Die Flussdichte kann durch die Anzahl der eingesetzten Magnete variiert werden. Die Geschwindigkeit wird mit Hilfe einer Lichtschranke ermittelt. Ein Messgerät an den Enden des Leiters misst eine Spannung U.

Beobachtung: a) Bewegt sich der Magnet, wird zwischen den Enden der Spule eine Spannung U gemessen. Ruht er in der Spule, ist $U = 0\,V$. Die Polung von U wechselt, wenn man die Bewegungsrichtung oder die Orientierung des Magneten umkehrt. Der Betrag von U wächst mit der Geschwindigkeit und der Windungszahl.
b) Jede Veränderung ruft eine Spannung U hervor, ohne Veränderung ist $U = 0$. Bei Umkehrung eines Vorgangs (z.B. Ein-/Ausschalten des Magneten) ändert U die Polung. Der Betrag von U wächst, wenn die Größe der Veränderung zu- oder die Zeitdauer abnimmt.
c) Während der Bewegung besteht zwischen den Leiterenden eine Spannung U. Ihre Polung wechselt, wenn die Bewegungsrichtung umgekehrt wird. Der Betrag von U wächst mit v, l und B bzw. der Anzahl der Magnete. Die Tabelle zeigt Messwerte.

v in cm/s	U in mV	U/v
0,63	0,008	0,013
2,44	0,034	0,014
3,81	0,052	0,014
5,2	0,072	0,014
7,08	0,095	0,013
B (n Magnete)	U in mV	U/B
10	0,061	0,0061
8	0,045	0,0056
6	0,033	0,0055
4	0,023	0,0058
l in cm	U in mV	U/l
2	0,036	0,0090
4	0,017	0,0085

Auswertung: In allen drei Fällen ist der Quotient der beteiligten Größen konstant. Das bedeutet $U \sim v$, $U \sim B$ und $U \sim l$. Zusammengefasst folgt $U \sim B \cdot l \cdot v$. Mit $v = \Delta s/\Delta t$ und $\Delta A = l \cdot \Delta s$ ergibt sich: $U \sim B \cdot \Delta A/\Delta t$

6.1 Elektrische Spannung durch Magnetfelder

Oersted entdeckte 1819 die Entstehung von Magnetfeldern durch bewegte Ladung, im Jahr 1831 fand der englische Physiker Faraday die umgekehrte Wirkung: Das Ein- oder Ausschalten eines Elektromagneten ruft in einer zweiten Spule eine Spannung hervor.

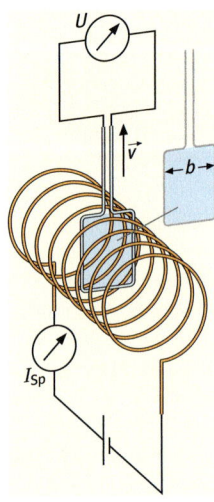

B1 Bewegung erzeugt Spannung.

Induktionsspannung

Der von Faraday entdeckte Effekt wird **Induktion** genannt. In einer Anordnung nach Abbildung **B1** lassen sich verschiedene Aspekte der Induktion untersuchen. Im Inneren einer Feldspule besteht ein homogenes Magnetfeld. Eine zweite Spule, die Induktionsspule, wird senkrecht zu den Feldlinien in die Feldspule eingebracht. An der Induktionsspule lässt sich in folgenden Fällen eine Spannung messen:

1 Die Flussdichte B des Magnetfeldes wird verändert.

2 Die vom Magnetfeld durchsetzte Fläche A der Induktionsspule wird verändert, indem man sie aus der Feldspule heraus bzw. wieder hinein bewegt.

Die Abbildungen **B2** und **B3** zeigen den zeitlichen Verlauf der beschriebenen Veränderungen und die dadurch induzierte Spannung U_{ind}.

Induktion durch Änderung des Feldes

Das Einschalten des Magnetfeldes führt also zu einer Induktionsspannung, ebenso das Ausschalten, allerdings hat die Spannung dann die entgegengesetzte Polung. Jede Änderung von B durch Variation der Stromstärke führt zu einer Induktionsspannung, die nur während dieses Vorgangs besteht. Verläuft die Änderung der magnetischen Flussdichte linear, so ist die induzierte Spannung konstant (→**B2**). Ihr Betrag ist proportional zur Änderungsrate $\Delta B/\Delta t$ sowie zur Windungszahl n der Spule und der Querschnittsfläche A_{S} der Induktionsspule. Damit gilt:

$$|U_{\text{ind}}| = n \cdot \left| A_{\text{S}} \cdot \frac{\Delta B}{\Delta t} \right|$$

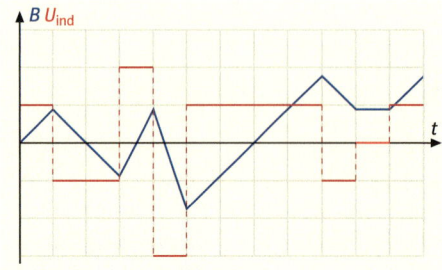

B2 Spannung durch Änderung der magnetischen Flussdichte

Induktion durch Änderung der Fläche

Bewegt man die Induktionsspule mit konstanter Geschwindigkeit aus der Feldspule heraus oder in die Spule hinein, führt das zu einer linearen Änderung der vom Feld durchsetzten Fläche. **B3** zeigt, dass während einer solchen Änderung die Induktionsspannung konstant ist. Ihr Betrag wächst mit der Änderungsrate $\Delta A/\Delta t$ und ist außerdem proportional zur Windungszahl n sowie zur magnetischen Flussdichte B in der Feldspule. Es gilt:

$$|U_{\text{ind}}| = n \cdot \left| B \cdot \frac{\Delta A_{\text{S}}}{\Delta t} \right|$$

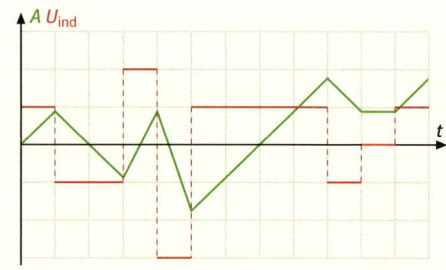

B3 Spannung durch Änderung der durchsetzten Fläche

Bei Induktionsvorgängen ist nur der Flächenanteil A_{s} der Spule wirksam, der senkrecht zur Richtung von B steht. Bei konstanter Flussdichte B führen daher auch Rotation oder Verformung der Leiterschleife zu einer Induktionsspannung (→**B4**).

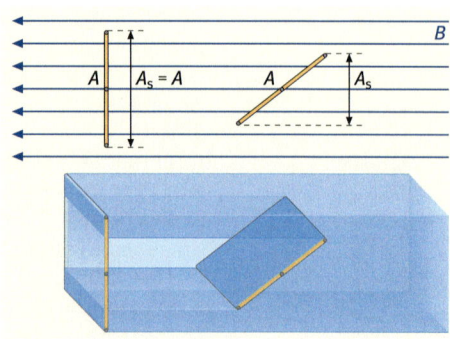

B4 Wirksame Fläche bei gedrehter Leiterschleife

Zwischen den Anschlüssen einer Spule besteht eine Induktionsspannung, solange sich die Flussdichte innerhalb der durchsetzten Fläche ändert oder solange sich die Größe der vom Feld durchsetzten Fläche ändert.

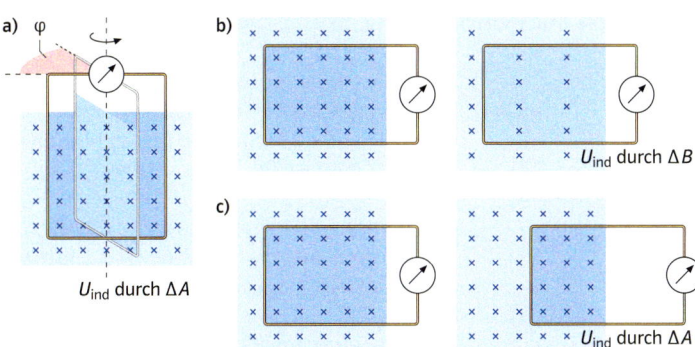

B1 Ursachen einer Induktionsspannung

Der magnetische Fluss

Eine Induktionsspannung entsteht, wenn sich mindestens eine dieser Größen ändert:
– Orientierung zwischen magnetischer Flussdichte B und Spulenfläche (→**B1a**),
– magnetische Flussdichte B (→**B1b**),
– vom Magnetfeld durchsetzte Fläche (→**B1c**).

Stellt man (analog zum elektrischen Feld) die Stärke des Magnetfeldes (bzw. der Flussdichte) durch die Dichte der Feldlinien dar, erkennt man: Bei allen Vorgängen, die eine Induktionsspannung erzeugen, ändert sich die Anzahl der Feldlinien, die die Fläche A_S durchsetzen. Zur Beschreibung wird eine neue Größe eingeführt, die man als **magnetischen Fluss** Φ bezeichnet (→**B2**). Dieser ist definiert als das Produkt aus der magnetischen Flussdichte B und der wirksamen Fläche A_S: $\Phi = B \cdot A_S$.

Die Einheit für den magnetischen Fluss ist 1 Weber (1 Wb). Es ist:
$1\,\text{Wb} = 1\,\text{m}^2 \cdot 1\,\text{T} = 1\,\text{Vs}$

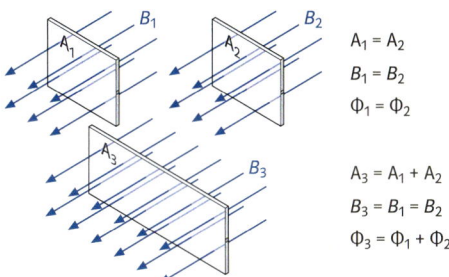

$A_1 = A_2$
$B_1 = B_2$
$\Phi_1 = \Phi_2$

$A_3 = A_1 + A_2$
$B_3 = B_1 = B_2$
$\Phi_3 = \Phi_1 + \Phi_2$

B2 Magnetische Flussdichte und magnetischer Fluss

Die Terme $\Delta B \cdot A_S$ und $B \cdot \Delta A_S$ lassen sich jeweils als Änderung $\Delta\Phi$ des magnetischen Flusses verstehen. Die Formulierung

$$|U_{\text{ind}}| = n \cdot \left| A_S \cdot \frac{\Delta B}{\Delta t} + B \cdot \frac{\Delta A_S}{\Delta t} \right| = n \cdot \left| \frac{\Delta\Phi}{\Delta t} \right|$$

erfasst beide Möglichkeiten und wird als **Induktionsgesetz** bezeichnet. Die Änderungsrate $\Delta\Phi/\Delta t$ entspricht der Steigung des $\Phi(t)$-Graphen.

Rotierende Spule

Bei Rotation einer Spule in einem homogenen Magnetfeld ändert sich der magnetische Fluss nur durch Änderung der wirksamen Fläche. Deren zeitliche Entwicklung kann durch die Kosinuskurve beschrieben werden. Die Steigung der Kurve liefert zu jedem Zeitpunkt die Induktionsspannung (→**B3**).

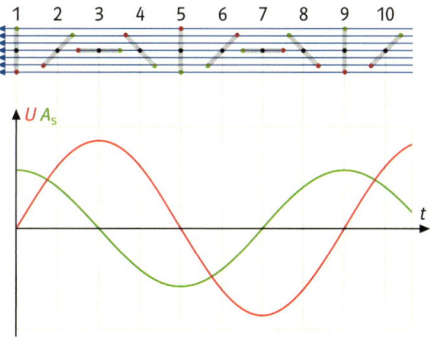

B3

Bei jeder Änderung des magnetischen Flusses Φ durch eine Leiterschleife oder eine Spule tritt eine Induktionsspannung U_{ind} auf:

$$U_{\text{ind}} = n \cdot \frac{\Delta\Phi}{\Delta t}$$

A1 ○ Begründen Sie, dass das t-U-Diagramm der im Magnetfeld rotierenden Spule in **B3** eine Sinuskurve ist. Klären Sie den Einfluss der Winkelgeschwindigkeit auf die Kurve.

Methode

Induktionsspannung und Differenzialrechnung

Die Induktionsspannung $|U_{\text{ind}}| = n \cdot |\Delta\Phi/\Delta t|$ führt im Grenzfall $\Delta t \to 0$ auf $|U_{\text{ind}}| = n \cdot |\dot\Phi|$, wobei der Punkt die Ableitung nach der Zeit bezeichnet. Mit $\Phi = A_S \cdot B$ liefert die Produktregel für die Ableitung von Φ:

$$\dot\Phi = (\dot{A}_S \cdot B) = \dot{A}_S \cdot B + A_S \cdot \dot{B}$$

In dieser Form sind die Sonderfälle, in denen sich entweder nur das Magnetfeld oder nur die wirksame Fläche ändert, enthalten. Denn ist A_S konstant, also $\dot{A}_S = 0$, so wird

$$|U_{\text{ind}}| = n \cdot |A_S \cdot \dot{B}|$$

Ist B konstant, also $\dot{B} = 0$, so wird

$$|U_{\text{ind}}| = n \cdot |\dot{A}_S \cdot B|$$

Induktionsspannung – einen Zusammenhang überprüfen

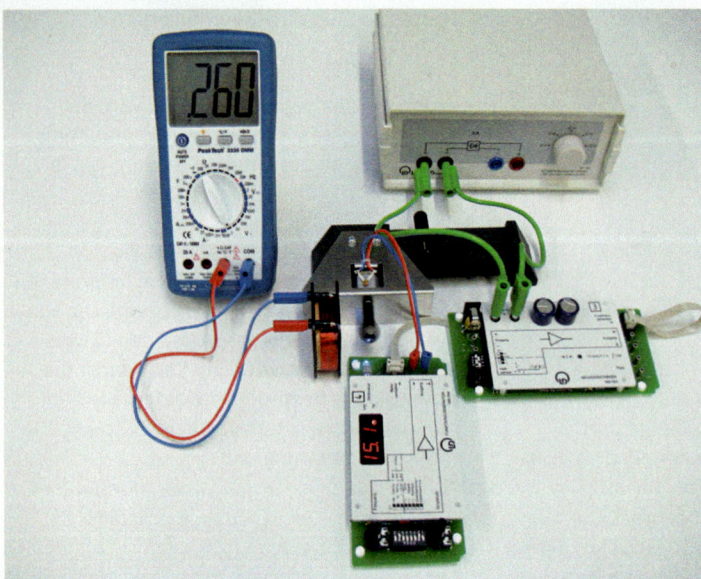

B1 Versuchsaufbau

Aufgabe: Es soll die Erzeugung einer Induktionsspannung durch einen rotierenden Magneten untersucht werden.

Material: Spule mit 1000 Windungen, Vielfachmessgerät, 2 Kabel, Motor mit Magnet, Funktionsgenerator und Messverstärker mit passenden Kabeln, Stativfuß

Aufbau:

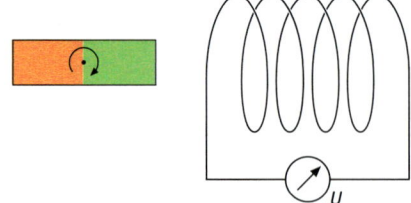

B3 Ein Magnet rotiert vor einer Spule

B2 Ausgerichtete Leuchtdiode

Die Versorgungsspannung 12 V AC wird an den Messverstärker angeschlossen.
Nun verbindet man den Funktionsgenerator über ein 6-poliges Kabel mit dem Messverstärker und stellt am Funktionsgenerator „Gleichspannung+" und die Stroboskop-Frequenz „10 ... 100 Hz" ein.
Dann erfolgt der Anschluss des Motors mit dem Magneten an den Ausgang des Funktionsgenerators.
Das Voltmeter (Bereich 3 V AC) wird an die Spule angeschlossen.

Die Spule wird so positioniert, dass sie neben dem Magneten steht. Der weiße Markierungspunkt dient zur Bestimmung der Drehfrequenz mit dem Stroboskop.

Durchführung: Der Funktionsgenerator wird so ausgerichtet, dass die Stroboskop-Leuchtdiode auf den Markierungspunkt des Magneten weist.
Mit Hilfe des Potentiometers „Amplitude" erhöht man die Motorspannung, bis sich der Motor langsam dreht.
Die Stroboskop-Frequenz wird über das Potentiometer „Frequenz" so eingestellt, dass der Markierungspunkt (scheinbar) steht. Es wird bei hohen Frequenzen begonnen.

Messen Sie für verschiedene Frequenzen die Induktionsspannung.
Führen Sie die Messung bei unveränderter „Amplitudeneinstellung" mehrfach durch. Bestimmen Sie die Drehfrequenz jedes Mal neu.

Auswertung: Zeichnen Sie einen f-U-Graphen (→B4) und geben Sie eine Gleichung an.

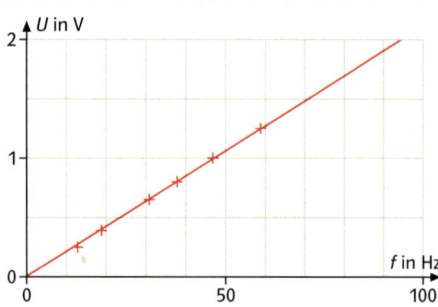

B4 Ein mögliches Versuchsergebnis. Gewinnen Sie aus den Messungen eine Abschätzung für die Messfehler.

A1 ○ Formulieren Sie das Induktionsgesetz und erläutern Sie, inwieweit mit dem Experiment eine Überprüfung möglich ist.

A2 ⊖ Ersetzen Sie den rotierenden Magneten durch eine Spule (1000 Windungen). Schließen Sie diese Spule an den Funktionsgenerator (Ausgang sin) an. Ermitteln Sie die Induktionsspannung in Abhängigkeit von der Frequenz (Bereich 10 – 100 Hz).
a) Begründen Sie die Hypothese „U ist proportional zu f" unter Bezugnahme auf das vorhergehende Ergebnis.
b) Überprüfen Sie die Hypothese anhand der Messergebnisse.

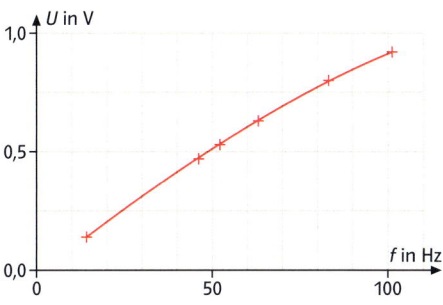

B3 Ein Messergebnis

A3 ⊖ Abbildung **B3** zeigt ein typisches Messergebnis für den letzten Versuch. Die Kurve steigt mit einer leicht abnehmenden Steigung an. Dies führt dazu, dass die lineare Regressionsfunktion nicht durch den Ursprung führt, wie man es erwarten würde. Verwenden Sie folgende Informationen, um die Abweichung aufzuklären.
– U_{ind} ist proportional zu $\Delta B / \Delta t$.
– B ist proportional zur Stärke des Stroms in der erzeugenden Spule.
– Der Widerstand der Feldspule nimmt mit der Frequenz zu.

A4 ⊖ Planen Sie ein Experiment, um die Hypothese „Der Widerstand einer Spule nimmt mit der Frequenz zu" zu überprüfen

A5 ● Abbildung **B1** zeigt einen Versuch, bei dem ein Magnet durch ein Rohr fällt. An dem Rohr sind Spulen angebracht, die in Reihe geschaltet sind. Die Spannung an dieser Reihenschaltung wird gemessen, Abbildung **B4** zeigt die Ergebnisse in einem t-U-Diagramm.

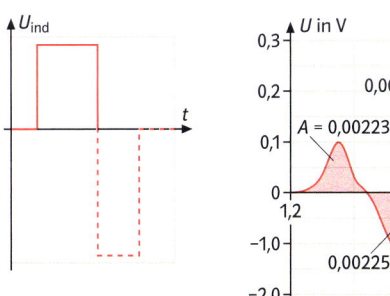

B1 Ein fallender Magnet erzeugt Induktionsspannung.

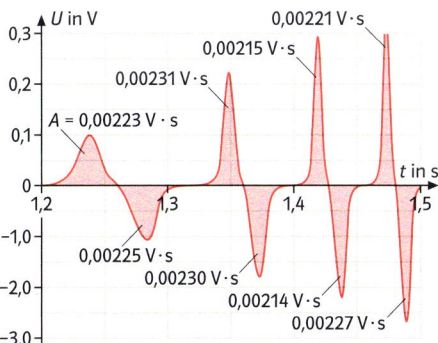

B2 Idealisierte Impulse

B4

a) Skizzieren Sie aufgrund von Abbildung **B4** ein s-U_{ind}-Diagramm des Ablaufs. Vergleichen Sie die beiden Diagramme.
b) Die Einzelimpulse umschließen mit der t-Achse eine Fläche, die entsprechenden Flächeninhalte sind jeweils angegeben. Listen Sie die einzelnen Werte auf und vergleichen Sie sie.
c) Die Impulse sollen idealisiert wie in Abbildung **B2** dargestellt werden. Übertragen Sie den ersten (in **B2** durchgehend gezeichneten) Impuls in ein Diagramm (Breite und Höhe jeweils 2 cm). Zeichnen Sie weitere Impulse mit den Breiten 1,5 cm, 1 cm, 0,5 cm. Ermitteln Sie die jeweils erforderliche Höhe und begründen Sie Ihre Vorgehensweise.
d) Das Experiment kann zur Überprüfung des Induktionsgesetzes genutzt werden. Nehmen Sie zu dieser Aussage Stellung.

A6 ⊖ In **B5** ist das t-I-Diagramm für die Erregerspule angegeben.

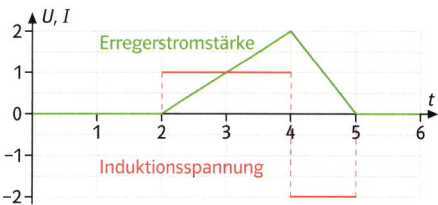

B5 Die Änderung der Erregerstromstärke führt zur Induktionsspannung.

a) Begründen Sie den Verlauf der Kurve für die Induktionsspannung.
b) Skizzieren Sie zu den in Abbildung **B6** gezeigten Verläufen der Erregerstromstärke jeweils die Kurve für die Induktionsspannung.

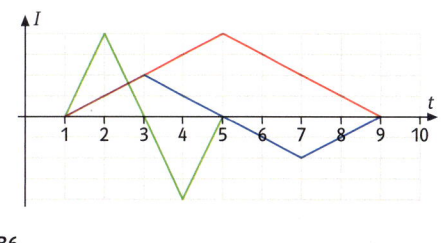

B6

Klärung eines Sachverhalts – die Lenz'sche Regel

Bekanntermaßen wird während der Änderung des magnetischen Flusses in einer Leiterschleife eine Spannung induziert. Deren Polung wechselt, wenn die Änderung in die umkehrte Richtung erfolgt, die Änderungsrate des magnetischen Flusses also das andere Vorzeichen annimmt.
Allerdings ist ohne weiteres keine Aussage über das Vorzeichen der Spannung möglich. Die Physik bietet verschiedene Verfahren zur Lösung des Problems.

Die experimentelle Untersuchung
Versuch: Durch Annähern oder Entfernen eines Stabmagneten wird der magnetische Fluss in einem aufgehängten Aluminiumring geändert. Man beobachtet, dass der Ring der Bewegung folgt (→B1).

Deutung: Die Induktionsspannung führt in dem geschlossenen Ring zu einem Strom, der ein Magnetfeld zur Folge hat. Dieses ist so gepolt, dass dem sich nähernden Nordpol ein Nordpol gegenübersteht, dem sich entfernenden ein Südpol.
Bei einem fest angebrachten Ring wird die für die Induktion verantwortliche Bewegung des Magneten behindert.

Folgerung: Die Induktionsspannung ist so gepolt, dass sie dem verursachenden Vorgang entgegenwirkt.

Argumentation über Ursache und Wirkung
Aus der Position des Magneten betrachtet bewegen sich die Elektronen im Aluminiumring bei Annäherung nach links (→B2). Die Feldlinien des inhomogenen Magnetfeldes des Stabmagneten verlaufen etwa senkrecht zum Ring. In diesem Feld wirkt auf die Elektronen die Lorentzkraft.
Mit der Drei-Finger-Regel kann die Bewegungsrichtung der Elektronen, d.h. die Richtung des Stroms, bestimmt werden.

Betrachtet man den Ring als Elektromagneten, ergibt sich aus der Stromrichtung die eingezeichnete Polung: Dem sich nähernden Nordpol des Magneten steht ein Nordpol gegenüber. Aufgrund der abstoßenden Kräfte zwischen den gleichnamigen Polen wird der Ring mitgenommen bzw. der Magnet gebremst.

a)

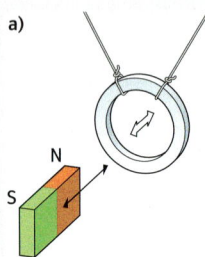

B1 Durch Induktion wirken Kräfte.

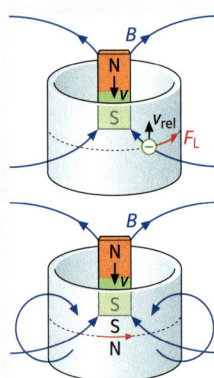

B2 Fallender Magnet, Lorentzkraft und Induktion

Das Prinzipien-Argument
Allen Bereichen und allen Vorgängen liegt das Prinzip der Energieerhaltung zu Grunde. In einem Gedankenversuch soll es auf die Induktion angewandt werden.

Man stelle sich einen Stabmagnet vor, der sich auf einem Wagen einer Spule nähert (→B3). Infolge der Induktion entsteht in der Spule eine Induktionsspannung, die einen Strom hervorruft. Die Spule wird zu einem Magneten.

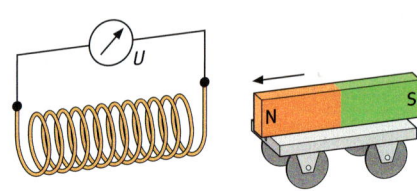

B3

Wenn bei sich näherndem Nordpol an der Spule ein Südpol entstünde, würde der Wagen beschleunigt. Beim Austritt des Magneten aus der Spule würde aufgrund der dann gleichnamigen Polung von Elektromagnet und Stabmagnet Abstoßung auftreten, der Wagen würde erneut beschleunigt. Die Geschwindigkeit des Wagens – und damit seine Bewegungsenergie – stiege an.

Die hier angenommene Richtung des Induktionsstroms bedeutet einen Verstoß gegen den Energieerhaltungssatz und muss deshalb falsch sein.

Schlussfolgerung
Heinrich Lenz (1804 – 1865) hat die Erkenntnisse über die Polung der Induktionsspannung bzw. zur Richtung des Induktionsstromes in der Lenz'schen Regel zusammengefasst: Die Induktionsspannung ist stets so gepolt und der durch sie hervorgerufene Induktionsstrom ist stets so gerichtet, dass sie ihrer Ursache entgegenwirken.

Formal berücksichtigt man die Aussage der Lenz'schen Regel durch ein Minuszeichen in der Formulierung des Induktionsgesetzes:

$$U_{ind} = -n \frac{\Delta \Phi}{\Delta t}$$

Wirbelströme

„Wer ... in einem höheren Leistungs-Level trainieren möchte, sollte auf jeden Fall auf ein Ergometer mit Wirbelstrombremse ... zurückgreifen ..." Aus einem Prospekt für Heimtrainer.

Entstehung von Wirbelströmen   Die Feldlinien eines Elektromagneten durchsetzen einen Aluminiumring (→**B4**). Ändert sich das Magnetfeld und damit der magnetische Fluss durch den Ring, so entsteht in dem geschlossenen Ring durch Induktion ein Strom. Der Ring wird erwärmt. Bei einer Platte anstelle des Rings beobachtet man das Gleiche. Man kann sich den Ring als einen Teil der Platte vorstellen und erhält so die Erklärung für das Phänomen. Auf diese Weise in einem massiven Material hervorgerufene Ströme heißen **Wirbelströme**.

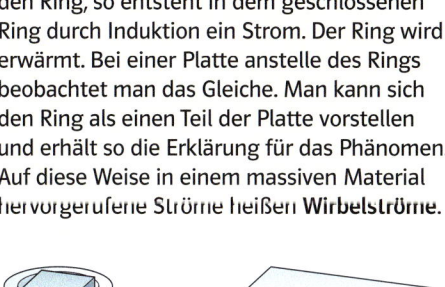

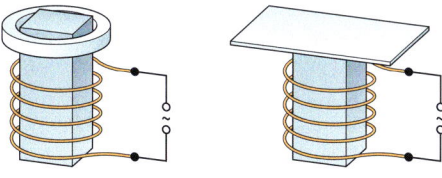

B4 Ring und Platte erwärmen sich im magnetischen Wechselfeld.

Nutzung von Wirbelströmen   Bei Induktionsherden erfolgt die Aufheizung durch Wirbelströme im Topfboden. Spulen im Herd werden mit Wechselstrom betrieben, sodass ein sich ständig änderndes Magnetfeld entsteht. Dieses Verfahren ist energetisch günstig, da nur der Topfboden erhitzt wird.

Den gleichen Zweck der Energieeinsparung verfolgt die Verwendung geblätterter Eisenkerne in Transformatoren. Dünne, voneinander isolierte Bleche verhindern die Ausbildung von Wirbelströmen (→**B3**), der Eisenkern wird nicht nutzlos erhitzt.

Wirbelstrombremse   Der Fluss durch den Ring kann auch durch Variieren der wirksamen Fläche geändert werden (→**B2**). Die Ursache für die Änderung des Flusses ist die Pendelbewegung des Ringes. Aufgrund der Lenz'schen Regel wird sie gebremst.

Mit den gleichen Überlegungen wie oben gilt dies für eine massive Platte anstelle des Ringes. Nach diesem Prinzip lassen sich **verschleißfreie Bremsen** (Wirbelstrombremsen) bauen. Diese Art von Bremsen kommt z. B. in Achterbahnen und Freifalltürmen in Freizeitparks zum Einsatz, aber auch in Bremssystemen für ICE-Züge. In Trainingsgeräten wie Ergometern (→**B1**) wird über Wirbelstrombremsen die Widerstandskraft eingestellt. In hochwertigen Geräten ermöglichen es Mikroprozessoren, diese Kraft nach verschiedenen Parametern zu steuern.

Elektrosmog   Viele Haushaltsgeräte werden mit Wechselstrom betrieben. In ihrer Umgebung gibt es daher magnetische Wechselfelder. Wenn ihre Feldlinien leitfähige Stoffe, z. B. den menschlichen Körper, durchsetzen, entstehen Wirbelströme. Die Wirkungen dieser Ströme auf den Organismus sind noch nicht vollständig erforscht. Da Schädigungen nicht auszuschließen sind, wird als obere Grenze für die magnetische Flussdichte ein Wert von $B = 100\,\mu T$ bei niederfrequenten Feldern empfohlen.

Zur Messung der magnetischen Flussdichte B wird eine Messspule mit der Fläche A und der Windungszahl n verwendet. Wenn B wie beim Wechselstrom zwischen 0 und B_{max} schwankt, ist $\Delta B = B_{max}$ und $\Delta \Phi = A \cdot B_{max}$. Beim technischen Wechselstrom ist $T = 0,02\,s$ bekannt.

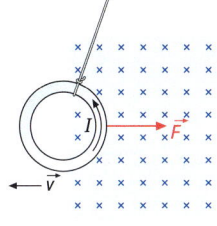

B2 Induktion bremst.

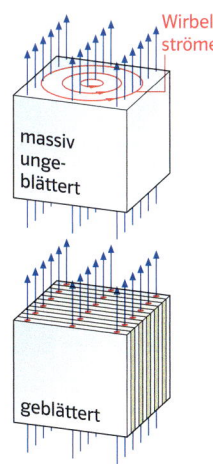

B3 Wirbelströme lassen sich verhindern.

B5 Wirbelströme bremsen den Fall des Fahrgastträgers.

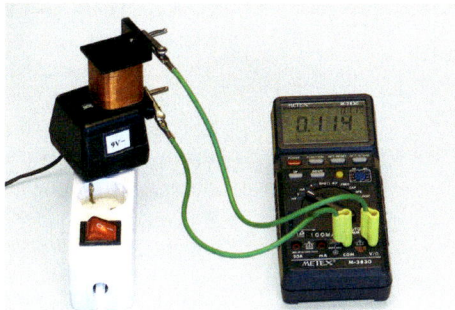

B6 Messung des magnetischen Wechselfeldes

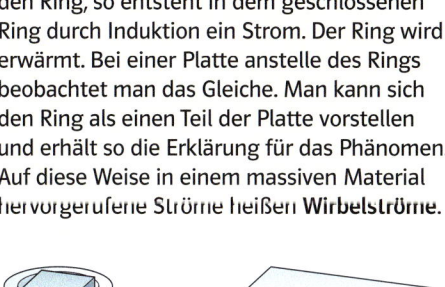

B1 Ergometer mit Wirbelstrombremsen

6.2 Wechselspannung und Wechselstrom

Die Versorgung mit elektrischer Energie erfolgt heute überwiegend durch Wechselstromnetze.

Erzeugen von Wechselspannung

Generatoren zur Erzeugung von Spannung nutzen die Induktion. Eine Spule dreht sich mit der Winkelgeschwindigkeit ω in einem Magnetfeld. Im Fall einer Leiterschleife (→**B2**) ändert sich die wirksame Fläche A_S gemäß

$$A_S(t) = A \cdot \cos(\omega \cdot t).$$

B2

Laut Induktionsgesetz führt das zu einer sinusförmigen Spannung $U(t) = U_{max} \cdot \sin(\omega \cdot t)$. Es ist $\omega = 2\pi/T = 2\pi \cdot f$, wobei T die Umlaufdauer und f die Frequenz der Drehbewegung bezeichnet.
Der zeitliche Verlauf der Spannung lässt sich mittels Interface oder Oszilloskop aufzeichnen.

$$I(t) = \frac{U(t)}{R} = \frac{U_{max}}{R} \cdot \sin(\omega \cdot t) = I_{max} \cdot \sin(\omega \cdot t)$$

Der Zusammenhang erlaubt auch bei höheren Frequenzen eine Aufzeichnung der Stromstärke über die Spannung an einem Widerstand R mit Hilfe eines Oszilloskops (→**B1**).

Messen im Wechselstromkreis

Spannung und Stromstärke ändern in einem Wechselstromkreis mit der Zeit Betrag und Vorzeichen. Es gibt Messgeräte, die für eine Wechselspannung einen konstanten Wert anzeigen. Ein Vergleich von Geräteanzeige und Oszilloskop ergibt: Die Amplitude ist etwa 1,4-mal so groß wie der Anzeigewert. Zwei identische Glühlampen leuchten gleich hell, wenn eine an eine Quelle mit 4 V Gleichspannung, die andere an eine Quelle angeschlossen ist, bei der das Wechselspannungsmessgerät ebenfalls 4 V anzeigt. Das Messgerät stützt sich also auf einen Vergleich des Energieumsatzes. Die Anzeige des Messgerätes für Wechselstrom nennt man den **Effektivwert**.

Wenn der zeitliche Verlauf durch eine Sinusfunktion zu beschreiben ist, gilt

$$U_{max} = \sqrt{2} \cdot U_{eff} \text{ und } I_{max} = \sqrt{2} \cdot I_{eff}$$

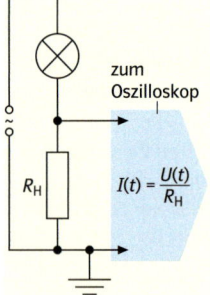

B1 Messung von $I(t)$ über $U(t)$

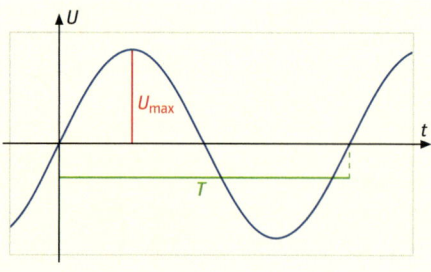

B3 Merkmale einer sinusförmigen Spannung

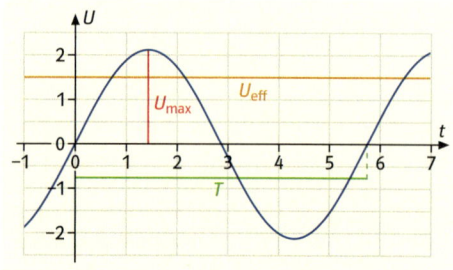

B4 Effektivwert einer Wechselspannung

Wechselspannung und Wechselstrom

Die Sinuskurve ist gekennzeichnet durch den Maximalwert U_{max}, auch Amplitude genannt, sowie die Periodendauer T (→**B3**).

Bei niedriger Frequenz kann ein Drehspulinstrument für Gleichspannung mit Mittenanzeige dem Verlauf einer Wechselspannung folgen. In einem geschlossenen Stromkreis mit einem entsprechenden Messgerät für die Stromstärke stellt man fest, dass die Zeiger von Spannungs- und Stromstärkemessgerät synchron ausschlagen:

Rotiert eine Spule in einem homogenen Magnetfeld der Flussdichte B mit der Frequenz f, also $\omega = 2\pi \cdot f$, so entsteht eine sinusförmige Wechselspannung $U(t) = U_{max} \cdot \sin(\omega \cdot t)$. Der Effektivwert einer Wechselspannung ist die Spannung einer Gleichspannungsquelle, die im gleichen Stromkreis die gleiche Energie pro Zeiteinheit umsetzt.

A1 ● Begründen Sie mit Hilfe des Induktionsgesetzes, dass sich die Amplitude der Spannung bei doppelter Drehfrequenz verdoppelt (→**B3**).

6.3 Selbstinduktion und Transformator

Die ersten Gleichstromkraftwerke im 19. Jahrhundert dienten fast nur dazu, die Städte mit Licht zu versorgen. Der elektrische Widerstand der Übertragungsleitungen verhinderte eine Nutzung elektrischer Energie aus Wasserkraft fern der Städte.

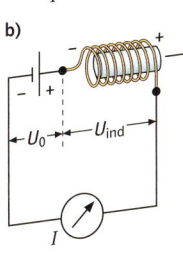

a)

b)

B1

Selbstinduktion

In Abbildung **B1** wird ein Eisenkern in eine Spule hineingeschoben und wieder herausgezogen. Am Messgerät beobachtet man eine Änderung der Stromstärke: Beim Hineinschieben sinkt sie für kurze Zeit, beim Herausziehen steigt sie kurzzeitig an. Bei einer Spule tritt eine Induktionsspannung auf, wenn der magnetische Fluss geändert wird. Die Spule wirkt wie eine zweite Quelle, die in Reihe zur ersten Quelle mit der Spannung U_0 geschaltet ist.

Eine Änderung des Flusses tritt auch auf, wenn man den Stromkreis mit der Stromstärke I unterbricht. Da dieser Vorgang in sehr kurzer Zeit erfolgt, sollte eine hohe Induktionsspannung entstehen. Tatsächlich sind beim Öffnen eines Schalters manchmal Funken zu beobachten, die auf diese Weise erklärt werden können.

Eine Änderung der Stromstärke in der Spule bedeutet eine Änderung der Flussdichte B. An derselben Spule wird dann die Spannung

$$U_{ind} = -n \cdot A \cdot \frac{\Delta B}{\Delta t}$$

induziert. Man spricht von **Selbstinduktion**. Solange B und I zueinander proportional sind, gilt $\Delta B \sim \Delta I$ und damit $U_{ind} \sim \Delta I / \Delta t$. Unter Verwendung des Proportionalitätsfaktors L ergibt sich:

$$U_{ind} = -L \cdot \frac{\Delta I}{\Delta t}$$

L erfasst die Eigenschaften der Spule und wird **Induktivität** genannt. Für eine lange Spule (mit der Windungszahl n, der Länge l, der Querschnittsfläche A und einem Kern aus einem Material mit μ_r) gilt

$$L = \mu_r \cdot \mu_0 \cdot \frac{n^2}{l} \cdot A$$

Anwendung der Induktion im Transformator

Eine Anordnung nach **B2** stellt das Prinzip eines Transformators dar. Zwei Spulen sitzen auf einem gemeinsamen, meist geschlossenen Eisenkern. Weder die Spulen untereinander, noch Spulen und Eisenkern haben eine elektrische Verbindung. An Spule 1, der Primärspule, liegt eine Wechselspannung $U_1(t)$ an. Es entsteht ein magnetischer Fluss $\Phi_1(t)$, der sich kontinuierlich ändert.

Der Eisenkern sorgt dafür, dass es auch in Spule 2 einen Fluss Φ_2 gibt. Bei einem idealen

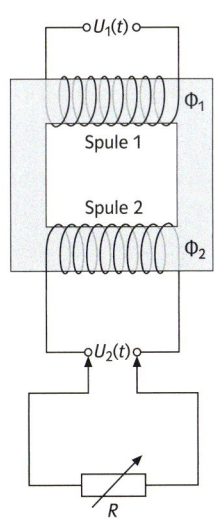

$U_1(t)$

Φ_1

Spule 1

Spule 2

Φ_2

$U_2(t)$

R

B2 Energieübertragung durch magnetischen Fluss: $|\Phi_1| \approx |\Phi_2|$

Transformator gilt $\Phi_2 = \Phi_1 = \Phi$. Die Änderung des magnetischen Flusses ist in beiden Spulen gleich groß. Für die Spannungen gelten nach dem Induktionsgesetz

$$U_1(t) = n_1 \cdot \frac{\Delta \Phi}{\Delta t} \quad \text{und} \quad U_2(t) = n_2 \cdot \frac{\Delta \Phi}{\Delta t}.$$

Wenn der Stromkreis auf der Sekundärseite nicht geschlossen ist, spricht man von einem **unbelasteten Transformator**. Es treten dann keine weiteren Induktionsvorgänge auf und es ergibt sich:

$$\frac{U_1(t)}{U_2(t)} = \frac{n_1}{n_2}$$

Wenn der Stromkreis auf der Sekundärseite geschlossen ist, fließt dort ein Strom I_2 und auch im Primärkreis steigt die Stromstärke I_1. Das muss nach dem Prinzip von der Energieerhaltung so sein. Der Strom in der Sekundärspule führt zu neuen Induktionsprozessen, auf deren genaue Analyse hier verzichtet wird. Messungen zeigen: Mit zunehmender Stromstärke, das bedeutet auch zunehmender Leistung, gilt zunehmend genauer:

$$\frac{I_{2,eff}}{I_{1,eff}} = \frac{n_1}{n_2}$$

Transformatoren spielen eine wichtige Rolle in Übertragungsnetzen. Ihr Wirkungsgrad bei der Energieübertragung erreicht bis zu 99 %.

B3 Umspannwerk zur Spannungstransformation

A1 ○ Ein Transformator in Betrieb fühlt sich warm an. Geben sie mögliche Gründe an.

6.4 Die Spule als Energiespeicher

Beim Unterbrechen eines Stromkreises kann man manchmal am Schalter einen Funken beobachten, der Funke bei der Zündkerze im Motor ist ein Beispiel. Im Funken steckt Energie. Woher kommt sie?

Schaltvorgänge

Mit einem Oszilloskop lässt sich der zeitliche Verlauf der Stromstärke bei Schaltvorgängen beobachten. In der Schaltung nach **B1** wird eine Gleichspannung periodisch ein- und ausgeschaltet. Über den Widerstand R kann man eine Spannung abgreifen, die proportional zur elektrischen Stromstärke durch den Widerstand R ist.

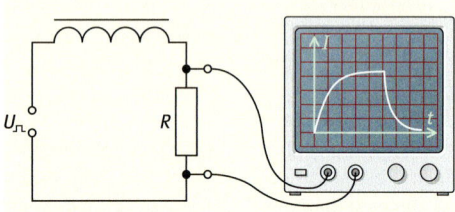

B1 Stromstärke beim Ein- und Ausschalten

Beim Einschalten wächst die Stromstärke langsam bis zu einem Sättigungswert, beim Ausschalten nimmt sie exponentiell ab. Da die Quelle keine Spannung mehr liefert, muss der Antrieb für den elektrischen Strom aus einer anderen Quelle stammen, dem magnetischen Feld der Spule. Eine Spule, in der ein Strom besteht, stellt also wie ein geladener Kondensator einen Energiespeicher dar.

Die Energie im magnetischen Feld

Der Vorgang kann mit Hilfe des Induktionsgesetzes analysiert werden. Sobald der Schalter geöffnet wird, ändert sich der magnetische Fluss in der Spule. Das hat eine Induktionsspannung zur Folge, die im Stromkreis zu einem Strom führt. Magnetische Energie ΔE_{magn} wird also in elektrische ΔE_{el} überführt. Geht man von Energieerhaltung aus, gilt für die Beträge $\Delta E_{el} = \Delta E_{magn}$.

In der Zeitspanne Δt erhält der Widerstand die elektrische Energie $\Delta E_{el} = U_{ind} \cdot I \cdot \Delta t$. Da andererseits $U_{ind} = L \cdot I \cdot \Delta t$ ist, gilt:

$$\Delta E_{magn} = L \cdot \frac{\Delta I}{\Delta t} \cdot I \cdot \Delta t = L \cdot I \cdot \Delta I$$

Hierbei wird für I ein konstanter Wert während der Zeitspanne Δt angenommen. Das Produkt aus den Faktoren $(L \cdot I)$ und ΔI kann als Flächeninhalt gedeutet werden (→**B2**).

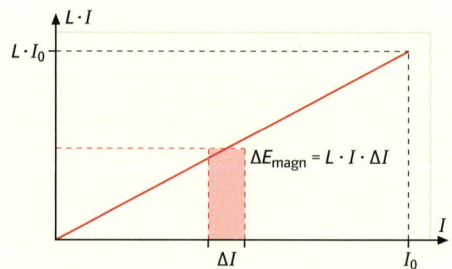

B2 Magnetische Energie als Maß der Fläche

Um die gesamte Energie des Magnetfeldes zu bestimmen, müssen alle Beiträge ΔE_{magn} entsprechend der abnehmenden Stromstärke aufsummiert werden. Bei Verfeinerung durch kleines ΔI ergibt sich die Dreiecksfläche von der maximalen Stromstärke I_0 bis zum Nullpunkt (Ausschaltvorgang):

$$E_{magn} = \frac{1}{2} L \cdot I_0^2$$

Im Versuch nach **B3** wird nach dem Ausschalten durch die Energie des Magnetfeldes ein Motor betrieben, der ein Gewicht anhebt. Mit den Daten lässt sich der Gesamtwirkungsgrad ermitteln. Er ist in diesem Falle sehr gering. Daher wird der Aufbau nicht als Speicher genutzt.

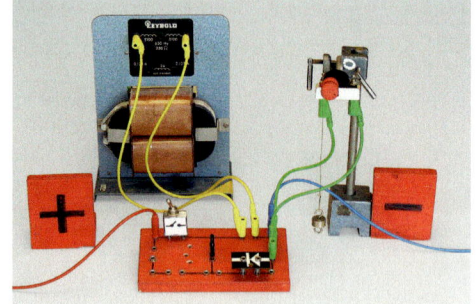

B3 Magnetische Energie wird umgesetzt.

Besteht in einer Spule mit der Induktivität L ein Strom der Stärke I, dann enthält ihr Magnetfeld die Energie $E_{magn} = \frac{1}{2} L \cdot I^2$.

A1 ⊖ In einer Spule (Länge $l = 20\,cm$, Radius $R = 2{,}5\,cm$, $n = 250$ Windungen) besteht ein Strom der Stärke $I = 2{,}5\,A$. Berechnen Sie die Energie des magnetischen Feldes wenn sich
a) kein Kern,
b) ein Eisenkern mit $\mu_r = 200$ in der Spule befindet.

Magnetischer Fluss Das Produkt aus der magnetischen Flussdichte und der senkrecht vom Feld durchsetzten (wirksamen) Fläche einer Leiterschleife bzw. Spule heißt magnetischer Fluss Φ.

Induktion Bei jeder zeitlichen Änderung des magnetischen Flusses durch eine Spule tritt eine Induktionsspannung auf (→**B1**). Es gilt:

$$U_{ind} = -n \cdot \dot{\Phi} = -n \cdot (\dot{A}_S \cdot B + A_S \cdot \dot{B})$$

$$U_{ind} \approx -n \cdot \frac{\Delta\Phi}{\Delta t} = -n \cdot \left(\frac{\Delta A_S}{\Delta t} \cdot B + A_S \cdot \frac{\Delta B}{\Delta t} \right)$$

Spezialfälle:
- rotierende Spule bei konstantem B (→**B1a**):
  $$U_{ind} = n \cdot B \cdot A \cdot \omega \cdot \sin(\omega \cdot t)$$

- A bleibt konstant (→**B1b**):
  $$U_{ind} = -n \cdot A \cdot \frac{\Delta B}{\Delta t}$$

- B bleibt konstant (→**B1c**):
  $$U_{ind} = -n \cdot B \cdot \frac{\Delta A}{\Delta t}$$

Lenz'sche Regel Der durch Induktion hervorgerufene Induktionsstrom ist stets so gerichtet, dass er der Ursache der Induktion entgegenwirkt.

Wirbelströme Ursache dieser Ströme ist eine Änderung des magnetischen Flusses durch einen geschlossenen Ring oder eine Platte aus leitfähigem Material. Wirbelströme erzeugen ihrerseits Magnetfelder, die aufgrund der Lenz'schen Regel ihrer Ursache entgegenwirken.

Selbstinduktion Unterbricht man den Stromkreis einer Spule, ändert sich der magnetische Flussdichte in kurzer Zeit sehr stark. Dadurch können hohe Induktionsspannungen entstehen, man spricht von Selbstinduktion. Es ist

$$\frac{\Delta B}{\Delta t} \sim \frac{\Delta I}{\Delta t} \text{ und damit } U_{ind} = -L \cdot \dot{I} \approx -L \cdot \frac{\Delta I}{\Delta t}$$

Energie des magnetischen Feldes
Das Magnetfeld enthält die Energie

$$E_{magn} = \frac{1}{2} L \cdot I^2$$

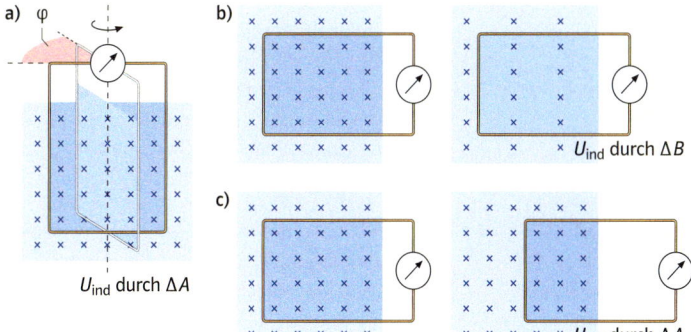

U_{ind} durch ΔA

U_{ind} durch ΔB

U_{ind} durch ΔA

B1 Entstehen einer Induktionsspannung

Materialprüfung Mit der folgenden Versuchsanordnung können Metallrohre auf Risse überprüft werden. Ähnliche Verfahren werden bei der Kontrolle von Pipelines angewendet. An der Spule liegt eine Wechselspannung der Frequenz 100 kHz und konstanter Amplitude U_{eff}. Die Stromstärke I_{eff} wird in Abhängigkeit des Spulenortes x gemessen. Erklären Sie das Versuchsergebnis.

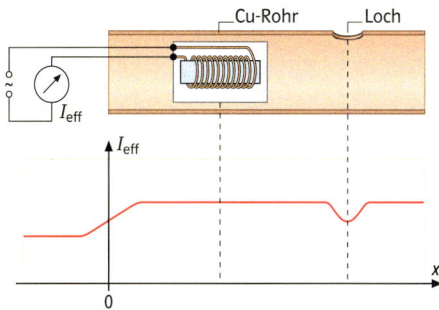

B3

Lösungsskizze: Das veränderliche Magnetfeld der Spule erzeugt einen Wirbelstrom im Kupferrohr. Beschreiben Sie mit Hilfe der Lenz'schen Regel die Richtung des Wirbelstromes. Welchen Einfluss hat dessen Magnetfeld auf das Magnetfeld der Spule?

- Die magnetische Flussdichte in der Spule wird kleiner. Bei gleich bleibender Frequenz des Wechselstroms verkleinert sich auch $\Delta B / \Delta t$.
- Warum verringert sich dadurch die Selbstinduktionsspannung der Spule?
- Die kleinere Induktionsspannung hat eine größere Stromstärke in der Spule zur Folge. Begründen Sie dies.
- An der aufgeschnittenen Stelle wird der Wirbelstrom geschwächt; das magnetische Gegenfeld wird geringer. Die Induktionsspannung an den Enden der Spule steigt wieder und damit sinkt die Stromstärke.

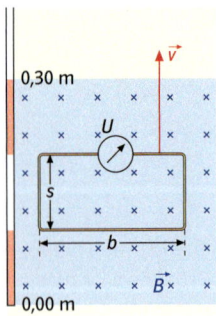

B1

Spule im Magnetfeld Die am Rand abgebildete rechteckige Spule (100 Wdg.) befindet sich in einem homogenen Magnetfeld ($B = 0,2\,T$). Die Feldlinien stehen senkrecht zur Spulenfläche. Die Spule wird mit der konstanten Geschwindigkeit $v = 0,10\,m/s$ aus dem Magnetfeld herausgezogen.

a) Skizzieren Sie ein t-Φ- und ein t-U_{ind}-Diagramm.

b) Ohne Spannungsmessgerät hat die Spule einen Widerstand von $R = 4,0\,\Omega$. Berechnen Sie die Stromstärke in der Spule. Nennen Sie die Bewegungsrichtung der Elektronen und erklären Sie diese.

Lösung: **a)** Siehe Abbildung **B1**

$-\,0 \le t \le 1\,s$: Die Leiterschleife befindet sich vollständig innerhalb des Magnetfeldes, es ist

$$\Phi = 2 \cdot 10^{-1}\,T \cdot 2 \cdot 10^{-2}\,m^2 = 4 \cdot 10^{-3}\,V\,s$$

konstant. Das bedeutet:

$$\Delta\Phi = 0 \;\Rightarrow\; U_{ind} = 0$$

Für $1\,s < t \le 2\,s$: Die vom Magnetfeld durchsetzte Fläche nimmt linear ab.

$$U_{ind} = -\,n \cdot \frac{\Delta\Phi}{\Delta t} = -100 \cdot \frac{-4 \cdot 10^{-3}\,Vs}{1\,s} = 0,4\,V$$

Für $t > 2\,s$: Die Spule befindet sich außerhalb des Magnetfeldes:

$$B = 0 \;\Rightarrow\; U_{ind} = 0$$

b) Nur für $1\,s < t \le 2\,s$ ist $U_{ind} \neq 0$ und damit

$$I = \frac{U_{ind}}{R} = \frac{0,4\,V}{4,0\,\Omega} = 0,1\,A$$

Nach der Lenz'schen Regel ist dieser Strom so orientiert, dass er dem Abnehmen des magnetischen Flusses entgegenwirkt, d.h., die Elektronen bewegen sich im Uhrzeigersinn, um in der Spule ein Magnetfeld aufzubauen, das aus der Zeichenebene heraustritt.

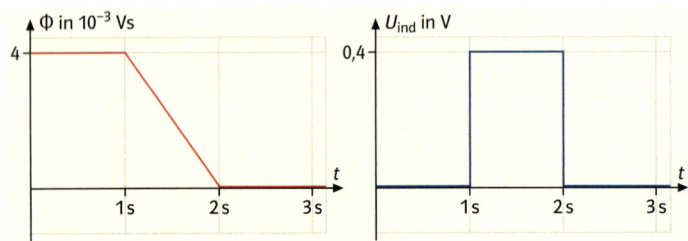

B2

Heimversuche

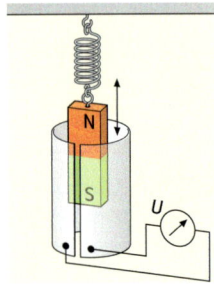

B3

Wirbelstrombremse Hängen Sie einen Magneten an eine weiche Feder. Vergleichen Sie seine vertikale Schwingung in einer Hülse aus Aluminium mit einer Schwingung ohne Hülse. Ersetzen Sie die Hülse durch ein aufgeschlitztes Aluminiumrohr und führen Sie das Experiment erneut durch.

Fernwirkung Lassen Sie eine leere Aluminiumdose auf einem Styroporblock im Waschbecken schwimmen. Beschreiben Sie das Verhalten der Dose, wenn sich knapp darüber ein aufgehängter Hufeisenmagnet dreht.

Energieübertragung Drehen Sie das Rad eines Fahrrades, das einen Dynamo antreibt. Erklären Sie die Abhängigkeit der Helligkeit der Lampe von der Drehgeschwindigkeit des Rades. Führen Sie Ausrollversuche mit leuchtender und herausgedrehter Lampe durch.

Geschwindigkeitsmessung Messen Sie die vom Dynamo erzeugte Spannung U_{eff} bei verschiedenen Drehgeschwindigkeiten. Erläutern Sie die Verwendbarkeit des Dynamos als „Tachometer".

Training

A1 ○ In einem homogenen Magnetfeld der Flussdichte B befindet sich eine Spule. Nennen Sie mehrere Möglichkeiten, wie an der Spule eine Induktionsspannung hervorgerufen werden kann.

A2 ○ Ein gerader $l = 0,20\,m$ langer Leiter wird wie in Abbildung **B4** gezeigt innerhalb eines Magnetfeldes der Flussdichte $B = 0,10\,mT$ mit der Geschwindigkeit $v = 0,1\,m/s$ bewegt. Berechnen Sie die Induktionsspannung zwischen den Enden des Leiters, wenn
a) der Spannungsmesser ruht,
b) sich der Spannungsmesser mitbewegt,
c) der Spannungsmesser ruht und zwei Leiter bewegt werden.

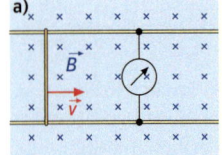
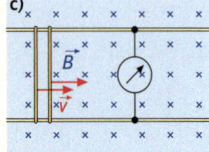

B4

A3 ⊖ Eine geschlossene Leiterschleife wird mit $\vec{v}$ = konstant durch ein Magnetfeld gezogen (→**B3**). Skizzieren Sie die Kräfte auf die Elektronen an den Stellen 1 bis 4, ohne dass ein Strom in der Schleife besteht. Diskutieren Sie Kraftwirkungen an den vier Stellen unter Einbeziehung eines Spulenstroms.

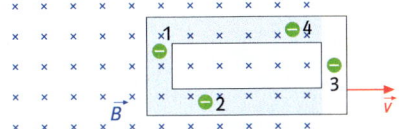

B3

A4 ● Ein gerader l = 0,50 m langer Leiter fällt zum Zeitpunkt t = 0 frei aus der in Abbildung **B1** gezeichneten Stellung in ein homogenes Magnetfeld mit der Flussdichte B = 0,2 mT. Berechnen Sie die Induktionsspannung zwischen den Enden des Leiters beim Eintritt in das Magnetfeld und beim Austritt. Skizzieren Sie ihren zeitlichen Verlauf.

A5 ⊖ Die in Grafik **B4** skizzierten Leiterschleifen werden aus einem Magnetfeld der Flussdichte B = 0,2 mT mit der Geschwindigkeit v = 0,1 m/s gezogen. Berechnen und skizzieren Sie den Verlauf der Induktionsspannung.

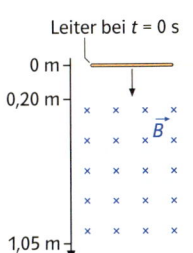

B1 Zu Aufgabe 4

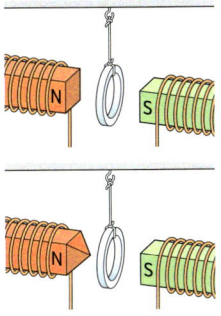

B2 Zu Aufgabe 10

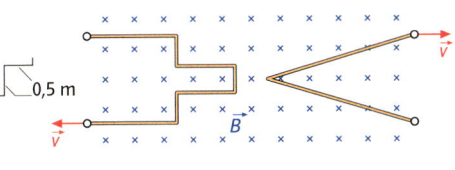

B4

A6 ● Im Innern einer Feldspule (n_1 = 16 000, l = 0,48 m) befindet sich koaxial eine Induktionsspule (n_2 = 2000, A = 28 cm²). Die Stromstärke in der Feldspule wird in 5,0 s gleichmäßig von 0 auf 100 mA erhöht, bleibt 5,0 s auf diesem Wert und sinkt danach innerhalb von 10,0 s wieder gleichmäßig auf 0 ab. Berechnen und skizzieren Sie den zeitlichen Verlauf des magnetischen Flusses und der Induktionsspannung.

A7 ⊖ Die Fläche einer quadratischen Induktionsspule (a = 5,0 cm, n = 100) wird vom homogenen Magnetfeld einer Feldspule senkrecht durchsetzt.
a) Die Induktionsspule wird mit der Geschwindigkeit v = 1,0 cm/s aus dem Magnetfeld gezogen.

Bestimmen Sie die magnetische Flussdichte B, wenn U_{ind} = 0,5 mV beträgt.
b) Bestimmen Sie die zeitliche Änderung der magnetischen Flussdichte, damit bei vollständig eingetauchter Induktionsspule die Induktionsspannung 0,5 mV beträgt.

A8 ○ Ein Stabmagnet fällt mit dem Nordpol nach unten durch einen Metallring. Erklären Sie mit Hilfe der Lenz'schen Regel die Stromrichtung in den wichtigen Phasen.

A9 ○ Eine Spule mit n = 100, A = 20 cm², R = 1,0 Ω wird axial von einem Magnetfeld durchsetzt, das kontinuierlich je Sekunde um 10 mT zunimmt. Berechnen Sie die Stärke des in der Spule induzierten Stroms.

A10 ⊖ Erläutern Sie das Verhalten des in Abbildung **B2** zwischen den Polen der Elektromagnete hängenden Aluminiumrings beim Ein- und Ausschalten des Stromes.

A11 ⊖ **a)** Erklären Sie das verspätete Aufleuchten der Lampe in der Schaltung **B5**.
b) Werden die Anschlüsse bei einer der beiden Spulen vertauscht, so ist beim Einschalten des Stromes kaum eine Verzögerung zu registrieren. Erklären Sie diese Beobachtung.

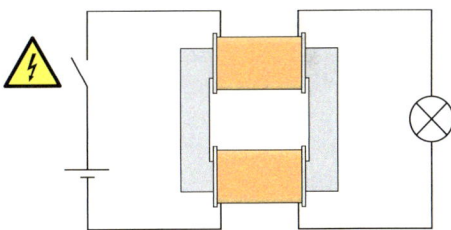

B5

A12 ⊖ Eine Spule der Länge l = 8 cm und der Querschnittsfläche A = 4 cm² hat n = 1000 Windungen. Wird die Spule, die auf einem geschlossenen Eisenkern sitzt, an eine Quelle mit 4 V Gleichspannung angeschlossen, so steigt anfangs die Stromstärke mit 0,1 A/s an. Bestimmen Sie daraus die Induktivität der Spule und die Permeabilitätszahl μ_r des Eisenkerns.

A13 ⊖ **a)** Berechnen Sie die Induktivität L einer Spule mit der Windungszahl n = 8 000, der Länge l = 0,48 m und der Querschnittsfläche A = 48 cm².
b) Mit einem Netzgerät wird eine linear anwachsende Stromstärke von $\Delta I / \Delta t$ = 0,01 A/s erzwungen. Über die erste Spule ist eine zweite mit 1000 Windungen gewickelt.

Berechnen Sie die zwischen den Enden der zweiten Spule anliegende Induktionsspannung.

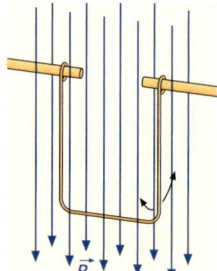

B1 Zu Aufgabe 14

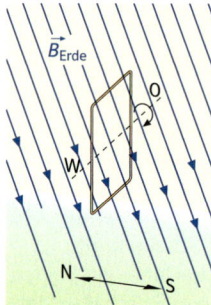

B2 Zu Aufgabe 15

A14 ⊖ Eine Leiterschaukel pendelt in einem homogenen Magnetfeld (→**B1**).
Erläutern Sie den Verlauf der Induktionsspannung anhand eines t-U-Diagramms.

A15 ● Ein aus Kupferdraht bestehender quadratischer Rahmen ($a = 50\,cm$, $n = 10$) wird im Magnetfeld der Erde gedreht (→**B2**). Die Drehachse weist in Ost-West-Richtung. Wird der Rahmen gleichmäßig innerhalb von 1,0 s um 360° gedreht, so entsteht eine sinusförmige Wechselspannung mit dem Scheitelwert $U_{max} = 0{,}70\,mV$.
a) Erläutern Sie, in welcher Stellung des Rahmens die Induktionsspannung maximal ist.
b) Berechnen Sie die magnetische Flussdichte B des Erdmagnetfeldes.
c) Die Enden des Kupferdrahtes werden miteinander verbunden. In welcher Stellung muss zum Drehen keine Kraft, in welcher die größte Kraft ausgeübt werden?

A16 ⊖ a) Skizzieren Sie den Verlauf einer sinusförmigen Wechselspannung ($U_{eff} = 3{,}0\,V$, $f = 50\,Hz$), die mit einem Oszilloskop bei einer Einstellung von 1 ms/cm (x-Ablenkung) und 2 V/cm (y-Ablenkung) gemessen wird.
b) Erklären Sie die Veränderung bei Verdoppelung der Drehfrequenz des Generators.

A17 ● a) Mit einer Anordnung wie in **B4** entdeckte Faraday die Induktion. Beschreiben Sie aufgrund ihrer Kenntnisse über die Induktion den Aufbau und fertigen Sie eine erläuternde Skizze an.
b) Zum Nachweis des Induktionsstromes benutzte Faraday ein Galvanoskop, **B3** zeigt eine moderne Version. Analysieren Sie den Aufbau und geben Sie die Zusammenhänge an, die den Nachweis eines Stromes möglich machen.

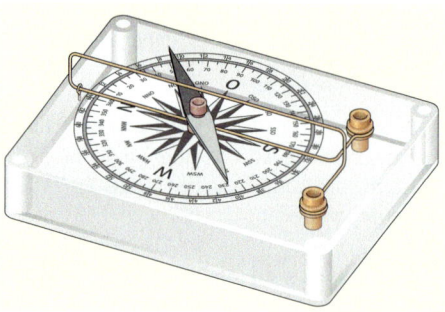

B3

c) Der nachfolgende Text ist ein Auszug aus Faradays Laborbuch. Lesen Sie den Text und markieren Sie im Sinne eines Versuchprotokolls die Teile: Aufbau, Durchführung und Beobachtung.

Have had an iron ring made (soft iron), iron round and 7/8 inch thick, and ring 6 inches in external diameter. Wound many coils of copper wire round one half, the coils being separated by twine and calico – there were 3 lengths of wire each about 24 feet long and they could be connected as one length or used as separate lengths. By trial with a trough each was insulated from the other. Will call this side of the ring A. On the other side but separated by an interval was wound wire in two pieces together amounting to about 60 feet in length, the direction being as with the former coils; this side call B.

Charged a battery of 10 pr. plates 4 inches square. Made the coil on B side one coil and connected its extremities by a copper wire passing to a distance and just over a magnetic needle (3 feet from iron ring). Then connected the ends of one of the pieces on A side with battery: immediately a sensible effect on needle. It oscillated and settled at last in original position. On breaking connection of A side with battery again a disturbance of the needle.

Kattunhülle   Kupferdraht

erster Anschluss von Wicklung A

zweiter Anschluss von Wicklung A

Eisenring

Zwirn

zweiter Anschluss von Wicklung B

erster Anschluss von Wicklung B

B4

7 Schwingungen

Was zeichnet diese Bewegungsform aus?

Schwingung eines Federpendels

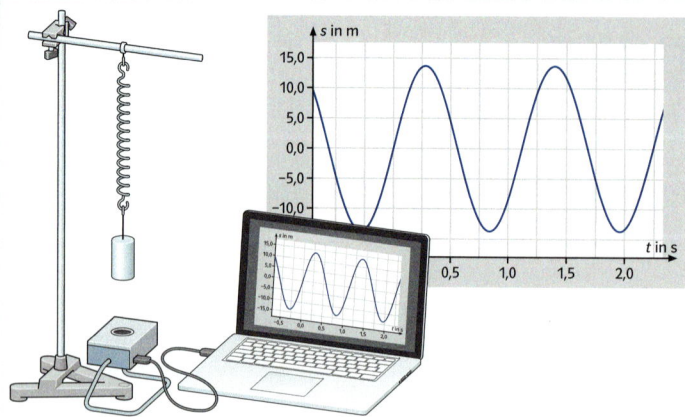

B1 Versuchsaufbau

Für diesen Versuch bietet sich die Aufnahme eines Videos und dessen Auswertung mit einem Videoanalyse-Programm an.

Aufgabe: Untersuchung der Bewegung eines Federpendels

Planung: Bahnkurven und Zeit-Ort-Diagramme liefern Aussagen darüber, wie sich ein Körper bewegt.

Material: Schraubenfeder mit bekannter Federkonstante, Körper mit der Masse m, Ultraschallsensor, Computerinterface mit PC

Durchführung:
a) Gemäß Abbildung **B1** wird der Körper an der Feder aufgehängt. Er befindet sich zunächst in der Ruhelage. Wird der Körper aus dieser Ruhelage ausgelenkt und losgelassen, schwingt er an der Feder auf und ab.
Der Versuch wird wiederholt, mit Hilfe eines Ultraschallsensors und eines Interfaces wird ein Zeit-Ort-Diagramm des Körpers aufgezeichnet (→**B1**).
b) Die Periodendauer T wird mit der Stoppuhr für verschiedene Massen und Federn gemessen.

Beobachtung:
a) Die Bahnkurve des Körpers ist eine Strecke. Diese durchläuft der Körper wiederholt symmetrisch zur Ruhelage.
b) Die Periodendauer T nimmt mit der Masse zu. Eine größere Federkonstante führt zu einer kleineren Periodendauer.

Auswertung: Die Zeit-Ort-Diagramme zeigen die sich wiederholenden Bewegungsabläufe. Es zeigt sich, dass der Körper stets die gleiche Zeitdauer T für eine vollständige Schwingung benötigt. Diese Zeitdauer ist nicht von der anfänglichen Auslenkung abhängig.

Das Diagramm ähnelt einer Sinuskurve. Durch Einbettung in ein Geometrieprogramm ist ein Vergleich möglich (→**B2**). Er zeigt, dass sich das aufgezeichnete Zeit-Ort-Diagramm durch eine Sinusfunktion mit der Gleichung

$$s(t) = A \cdot \sin(b \cdot t)$$

beschreiben lässt. Mit $b = 2\pi/T$ würde sich entsprechend der Beobachtung der Ablauf nach der Zeitdauer T wiederholen.

Beobachtungen über längere Zeit zeigen, dass sich der Bewegungsablauf nie ganz genau wiederholt, die Auslenkung des Körpers nimmt ab, bis die Bewegung schließlich ganz aufhört. Die Sinuskurve beschreibt also den Idealfall. Die Auswertung zeigt aber, dass die reale Situation damit für eine gewisse Zeit gut beschrieben wird. Mit dem Interface-System lassen sich auch das Zeit-Geschwindigkeit-Diagramm sowie das Zeit-Beschleunigung-Diagramm aufzeichnen (→**B3**).

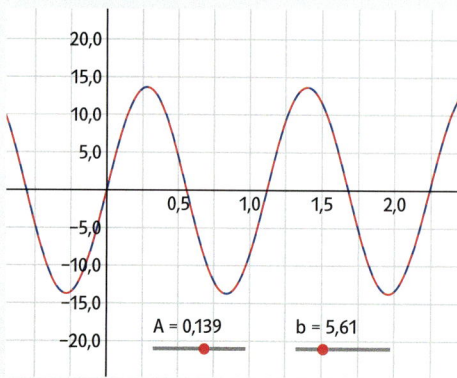

B2 Vergleich mit der Simulation

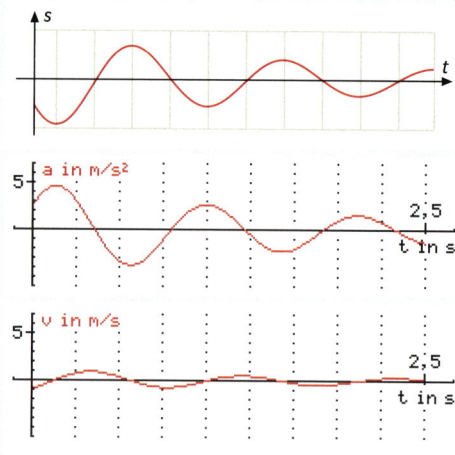

B3 t-s-, t-v- und t-a-Diagramm einer Schwingung

7.1 Merkmale von Schwingungen

In unserer Umwelt beobachten wir häufig Vorgänge, die sich wiederholen, z.B. die Bewegung einer Schaukel oder eines Uhrpendels, eines Bungee-Springers, einer klingenden Gitarrensaite.

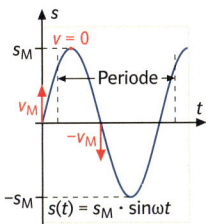

a) Zeit-Weg-Gesetz

$$s(t) = s_M \cdot \sin\omega t$$

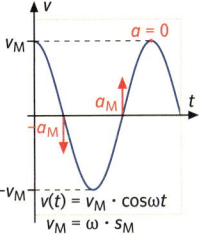

b) Zeit-Geschwindigkeit-Gesetz

$$v(t) = v_M \cdot \cos\omega t$$
$$v_M = \omega \cdot s_M$$

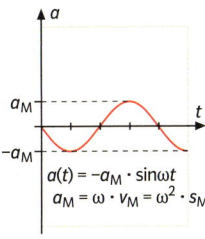

c) Zeit-Beschleunigung-Gesetz

$$a(t) = -a_M \cdot \sin\omega t$$
$$a_M = \omega \cdot v_M = \omega^2 \cdot s_M$$

B1 Bewegungsgesetze

Beschreibung von Schwingungen

Gleichartige Bewegungsabläufe, bei denen sich die Richtung immer wieder umkehrt und die sich nach einer bestimmten Zeit wiederholen, heißen **Schwingungen**. Schwingungsfähige Systeme bezeichnet man als **Oszillatoren**.

B2 zeigt die Aufzeichnung einer Federschwingung, die nach längerer Zeit zur Ruhe kommt. Der Ort, an dem sich der Körper dann befindet, heißt **Ruhelage**. Die momentane Entfernung von der Ruhelage heißt **Auslenkung** oder **Elongation** s. Ihr Maximalwert heißt **Amplitude** s_M. Schwingungen mit abnehmender Amplitude nennt man **gedämpfte Schwingungen**. Ist die Amplitude konstant, spricht man von einer **ungedämpften Schwingung**.

Periodische Bewegungen

Im Experiment lassen sich t-s-, t-v- und t-a-Diagramme eines schwingenden Federpendels aufzeichnen. **B3** zeigt das t-s-Diagramm eines solchen Pendels für die ersten 5 Sekunden. Die Amplitude scheint konstant zu sein, man nimmt das auch für den weiteren Verlauf der Bewegung an.
Eine solche idealisierte Schwingung kann man sich als ständige Wiederholung eines Bewegungsabschnittes, einer **Periode**, vorstellen. Die dafür benötigte Zeitdauer nennt man **Periodendauer** T. Der Quotient $f = \frac{1}{T}$ heißt **Frequenz** und gibt die Anzahl der Perioden in einer Sekunde an.

Zu Ehren von **Heinrich Hertz** (1857–1894) heißt die Einheit der Frequenz 1 Hertz (Hz): $1\,\text{Hz} = 1/\text{s}$. Bewegungen die sich auf diese Weise beschreiben lassen, nennt man **periodische Bewegungen**.

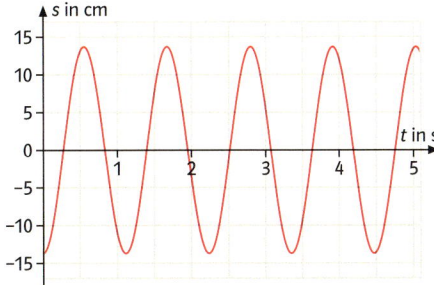

B3 Verlauf einer ungedämpften Schwingung

Die harmonische Schwingung

Das t-s-Diagramm der idealisierten Schwingung eines Federpendels ist eine Sinuskurve, die bei geeigneter Wahl des Koordinatensystems durch den Ursprung verläuft (→**B1a**). Solche Bewegungen heißen **harmonische Schwingungen**. Ihr Graph wird durch die Gleichung

$$s(t) = s_M \cdot \sin(\omega \cdot t)$$

beschrieben. Dabei ist s_M die konstante Amplitude, ω ein Faktor mit der Einheit 1/s, sodass $\omega \cdot t$ ein Zahlenwert ist. Im Bogenmaß kennzeichnet er einen Winkel. Dieser Winkel heißt **Phase** der Schwingung.

Zu Beginn, d.h., für $s(0) = 0$ bewegt sich der Oszillator aufwärts. Nach einer Periode passiert er mit $s(T) = s_M \cdot \sin(\omega \cdot T) = 0$ erneut bei der Aufwärtsbewegung die Ruhelage. Also muss $\omega \cdot T = 2\pi$ sein.
Die Steigung im t-s-Diagramm liefert zu jedem Zeitpunkt die Geschwindigkeit, die Steigung des so gewonnenen t-v-Graphen die Beschleunigung (→**B1b, c**).

Schwingungen, deren t-s-Diagramm durch eine Sinuskurve beschrieben wird, heißen harmonische Schwingungen.
Für harmonische Schwingungen gelten folgende Bewegungsgesetze:

$$s(t) = s_M \cdot \sin(\omega \cdot t) \quad \text{mit} \quad \omega = 2\pi/T$$
$$v(t) = v_M \cdot \cos(\omega \cdot t) \quad \text{mit} \quad v_M = \omega \cdot s_M$$
$$a(t) = -a_M \cdot \sin(\omega \cdot t) \quad \text{mit} \quad a_M = \omega \cdot v_M = \omega^2 \cdot s_M$$

A1 ○ Erklären Sie, was man unter einer harmonischen Schwingung versteht. Geben Sie an, unter welchen Voraussetzungen sie entsteht.

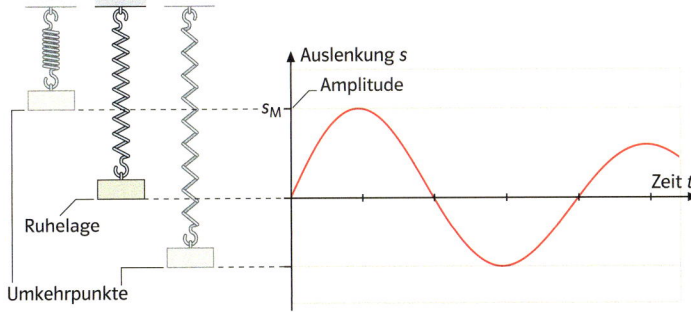

B2 Merkmale einer Schwingung

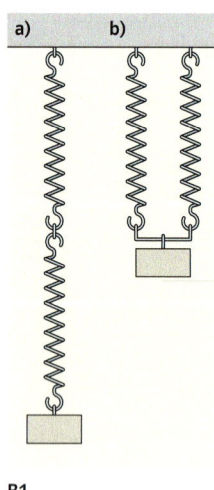

a) b)

B1

Kräfte bei der harmonischen Schwingung

Die Beschleunigung ist bei einer Schwingung nicht konstant. Diese Änderung der Beschleunigung wird durch eine sich ändernde Kraft verursacht. Aus der Grundgleichung der Mechanik folgt für einen harmonischen Oszillator:

$$F(t) = m \cdot a(t) = m \cdot a_M \cdot (-\sin(\omega \cdot t))$$

$$F(t) = -m \cdot \omega^2 \cdot s_M \cdot \sin(\omega \cdot t)$$

Mit dem Zeit-Ort-Gesetz ergibt sich

$$F(t) = -m \cdot \omega^2 \cdot s(t) = -D \cdot s(t) \text{ mit } D = m \cdot \omega^2$$

Dieser Zusammenhang zwischen Kraft und Auslenkung heißt **lineares Kraftgesetz**. Das Minuszeichen drückt aus, dass die Auslenkung und die Kraft entgegengesetzt gerichtet sind. Da die Kraft den Oszillator stets zur Ruhelage hin beschleunigt, nennt man sie **Rückstellkraft**.

Eine harmonische Schwingung zeichnet sich dadurch aus, dass Rückstellkraft und Auslenkung proportional zueinander sind.

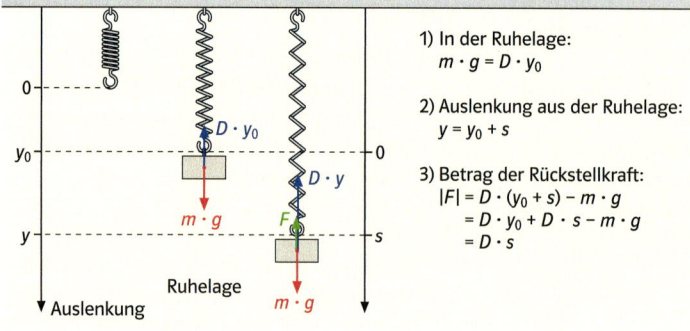

1) In der Ruhelage:
$$m \cdot g = D \cdot y_0$$

2) Auslenkung aus der Ruhelage:
$$y = y_0 + s$$

3) Betrag der Rückstellkraft:
$$|F| = D \cdot (y_0 + s) - m \cdot g$$
$$= D \cdot y_0 + D \cdot s - m \cdot g$$
$$= D \cdot s$$

B2

Aus $D = m \cdot \omega^2$ und $\omega = 2\pi/T$ ergibt sich für die Periodendauer:

$$T = 2\pi\sqrt{\frac{m}{D}}$$

Beispiel: Ein Federpendel wird ausgelenkt (→**B2**). In der Ruhelage hebt die Federkraft die Gewichtskraft des schwingenden Körpers auf. Wird die Feder weiter gedehnt, dann ändert sich nur die Federkraft nach dem Hooke'schen Gesetz $F(t) = -D \cdot s(t)$. Bei einem an einer Feder schwingenden Körper ist der Proportionalitätsfaktor D im linearen Kraftgesetz die Federkonstante. Man kann umgekehrt zeigen, dass aus dem linearen Kaftgesetz das Zeit-Ort-Gesetz folgt.

Bei einer harmonischen Schwingung gilt das lineare Kraftgesetz: Rückstellkraft F und Auslenkung s sind proportional zueinander:
$$F = -D \cdot s$$

Gilt für einen Oszillator das lineare Kraftgesetz, so ergibt sich eine harmonische Schwingung mit der Periodendauer
$$T = 2\pi\sqrt{\frac{m}{D}}.$$

A1 ⊝ In **B1** sind Federn mit der gleichen Federkonstante D in Reihe bzw. parallel geschaltet. Die Federkonstanten der Kombinationen sind $D_1 = D/2$ und $D_2 = 2D$.
a) Begründen Sie diese Werte.
b) Vergleichen Sie die Schwingungsdauern T_1 und T_2 mit der Schwingungsdauer T der einzelnen Feder.

Methode

Lösung der Grundgleichung der Mechanik für den harmonischen Oszillator

Bei einer harmonischen Schwingung verursacht die Rückstellkraft $F = -D \cdot s$ die Beschleunigung des Oszillators. Nach dem Grundgesetz der Mechanik folgt $m \cdot a = F = -D \cdot s$. Auslenkung s, Geschwindigkeit v und Beschleunigung a sind Funktionen der Zeit. Für sie gilt:

$$v(t) = \dot{s}(t) \text{ und } a(t) = \dot{v}(t) = \ddot{s}(t)$$

Damit erhält man die Differenzialgleichung:

$$m \cdot \ddot{s}(t) = -D \cdot s(t) \Leftrightarrow m \cdot \ddot{s}(t) + D \cdot s(t) = 0$$

Gesucht ist eine Funktion, die im Wesentlichen mit ihrer zweiten Ableitung übereinstimmt. Diese Eigenschaft haben die Sinus- bzw. Kosinusfunktionen. Der einfachste Lösungsansatz ist: $s(t) = s_M \cdot \sin(\omega \cdot t)$

Damit erhält man für $v(t)$ und $a(t)$:

$$v(t) = \dot{s}(t) = s_M \cdot \omega \cdot \cos(\omega \cdot t) \text{ und}$$

$$a(t) = \dot{v}(t) = \ddot{s}(t) = -s_M \cdot \omega^2 \cdot \sin(\omega \cdot t)$$

Setzt man dies in die Differenzialgleichung ein, so ergibt sich:

$$(D - m \cdot \omega^2) \cdot s_M \cdot \sin(\omega \cdot t) = 0$$

Damit die Gleichung für alle t erfüllt ist, muss die Differenz in der Klammer null sein. Dies liefert eine Aussage über die Periodendauer T einer harmonischen Schwingung:

$$D = m \cdot \omega^2 \Leftrightarrow \omega = \sqrt{\frac{D}{m}} \Leftrightarrow T = 2\pi\sqrt{\frac{m}{D}}$$

Sie kann experimentell überprüft werden.

Schwingungen in der Zeigerdarstellung

Vergleich von Schwingung und Kreisbewegung

Schwingung und Kreisbewegung sind periodische Bewegungen mit der Periodendauer T. Um sie vergleichen zu können, werden ein Federschwinger und eine vertikal ausgerichtete Kreisscheibe nebeneinander angeordnet. Auf der Kreisscheibe, die mit der Winkelgeschwindigkeit $\omega = 2\pi/T$ rotiert, ist im Abstand r von der Achse ein Korken befestigt. In einer Projektion kann die Bewegung seines Schattens mit der des Körpers an einem Federpendel zur Deckung gebracht werden (→**B1**). Dies führt zur Beschreibung der harmonischen Schwingung durch einen rotierenden Zeiger. Folgende Größen entsprechen einander:

Schwingung	Kreisbewegung
Federpendel	Zeiger $\vec{r}$
Periodendauer T	Umlaufzeit T
Amplitude s_M	Zeigerlänge r
Phasenwinkel $\omega \cdot t$	Winkel $\varphi(t) = \omega \cdot t$
Auslenkung $s(t)$	Projektion des Zeigers

In **B2** bezeichnet „Start" den Ort der Zeigerspitze zum Zeitpunkt $t = 0\,\text{s}$. Die Projektion des Zeigers auf die senkrechte Achse liefert den Punkt D, der sich einer harmonischen Schwingung entsprechend auf und ab bewegt. Um

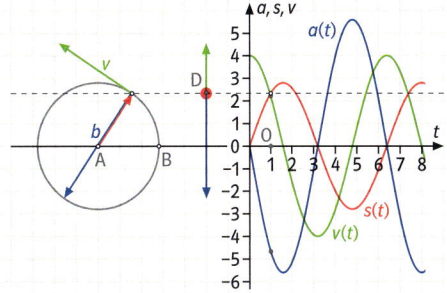

B3 Modellierung einer Schwingung

das zeitliche Nacheinander in ein räumliches Nebeneinander zu überführen, führt man einen Punkt O ein, der sich auf der waagerechten Achse gleichförmig nach rechts bewegt. Seine Geschwindigkeit v kann als Zeitmaßstab gedeutet werden, dann ist $x(O) = v \cdot t$. Der Punkt $P(x(O)/y(D))$ zeichnet das t-s-Diagramm der Schwingung. Man erhält eine Sinuskurve, wenn „Start" in der 3-Uhr-Position liegt und der Zeiger gegen den Uhrzeigersinn rotiert.

B3 zeigt die Darstellung mit einem dynamischen Geometrieprogramm. Es zeigt auch das $v(t)$- und das $a(t)$-Diagramm der Schwingung. Sie entstehen, indem man die senkrechten Projektionen von Bahngeschwindigkeit und Zentripetalbeschleunigung an den Punkt O anhängt.

Die Beträge von Auslenkung, Geschwindigkeit und Beschleunigung ändern sich im Gegensatz zu den Größen der Kreisbewegung mit der Zeit. In der Momentaufnahme des Bildes sind sie entgegengesetzt gerichtet, der Betrag der Geschwindigkeit nimmt ab.

Eine harmonische Schwingung lässt sich also durch einen gleichförmig rotierenden Zeiger beschreiben.

A1 ⊖ Markieren Sie in Abbildung **B3** die Bereiche des „Schnellerwerdens" und des „Langsamerwerdens".

A2 ⊖ Beschreiben Sie die physikalische Situation, die in den Extrempunkten bzw. den Nullstellen vorliegt. Geben Sie die Einheit für die Darstellung der Kurven an. Beurteilen Sie folgende Aussage: „Das Bild zeigt, dass bei dieser Schwingung die Beschleunigung größer ist als die Geschwindigkeit."

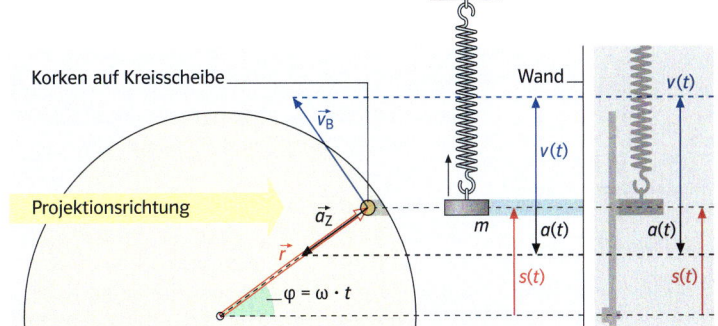

B1 Die Projektion der Kreisbewegung verläuft wie eine Schwingung.

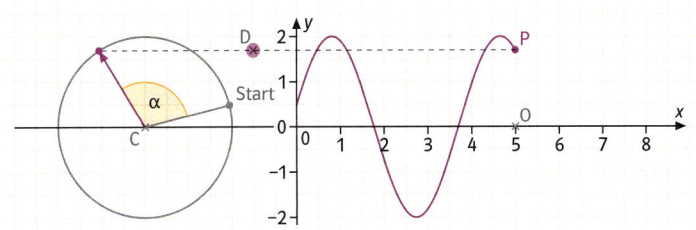

B2 Beschreibung einer Schwingung durch einen rotierenden Zeiger

7.2 Energie von Schwingungen

Harmonische Schwingungen lassen sich mathematisch einfach beschreiben. Viele Schwingungsvorgänge in unserer Umwelt sind aber nicht harmonisch.

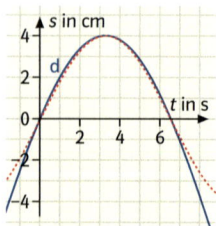

B1 t-s-Diagramme einer harmonischen (rot) und einer nicht harmonischen Schwingung (blau)

Die Federschwingung

Um eine Schwingung anzuregen, muss dem Oszillator Energie zugeführt werden. Dies kann z. B. durch eine Auslenkung des Oszillators aus seiner Ruhelage geschehen. Die zugeführte Energie bleibt bei Vernachlässigung der Reibung erhalten. Bei dem System in **B2** werden die Spannenergie und die Bewegungsenergie des Oszillators periodisch ineinander überführt. Die Gesamtenergie ändert sich nicht, ihr Graph ist eine Parallele zur s-Achse. Der Graph für die Spannenergie ist wegen $E_S(s) = \frac{1}{2}D \cdot s^2$ eine Parabel. Die Bewegungsenergie $E_B(s) = \frac{1}{2}m \cdot v^2(s)$ ergibt sich aus der Differenz $E_B = E_{Ges} - E_S$.

In den Umkehrpunkten ist die Geschwindigkeit und damit die Bewegungsenergie null. Die Gesamtenergie ist dann gegeben durch die maximale Spannenergie:

$$E_{Ges} = E_{S,max} = \frac{1}{2}D \cdot s_M^2$$

In der Ruhelage ist die Spannenergie null, die Bewegungsenergie dagegen maximal und entspricht damit der Gesamtenergie:

$$E_{Ges} = E_{B,max} = \frac{1}{2}m \cdot v_M^2$$

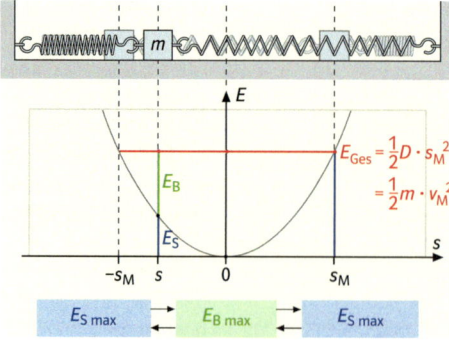

B2 Energieüberführung beim harmonischen Oszillator

Periodische Bewegungen

Harmonische Schwingungen stellen einen Sonderfall unter den periodischen Bewegungen dar. Bei vernachlässigbarer Reibung bewegt sich auch der Wagen in der Mulde hin und her (→**B3**), wobei die Energie zwischen Höhenenergie E_H und Bewegungsenergie E_B wechselt. Für die Höhenenergie gilt nach **B3**:

$$E_H = m \cdot g \cdot h = m \cdot g \cdot s \cdot \sin\alpha$$

Da m, g und α konstant sind, hängt E_H linear von der Elongation s ab.

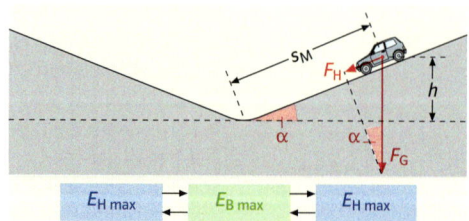

B3 Schwingung eines Wagens in einer Mulde

Für die rücktreibende Kraft F_H ergibt sich $F_H = F_G \cdot \sin\alpha$. Die rücktreibende Kraft hängt nicht von der Elongation s ab, sondern ist konstant. Energiebetrachtung und Kraftbetrachtung zeigen, dass keine harmonische Schwingung vorliegt.
Bei konstanter Beschleunigung lautet das Zeit-Ort-Gesetz $s(t) = \frac{1}{2}a \cdot t^2 + v \cdot t + v_0$, der zugehörige Graph ist eine Parabel. Das Diagramm in **B1** zeigt den Parabelbogen im Vergleich zur Sinuskurve einer harmonischen Schwingung: Fast gleiche t-s-Graphen beschreiben ganz unterschiedliche Bewegungen.

Kraft und Energie

Die Energiezufuhr ΔE zu Beginn der Schwingung erfolgt sowohl beim Federschwinger als auch beim Wagen durch die Wirkung einer Kraft F längs eines Weges Δs. Es gilt $\Delta E = F \cdot \Delta s$. Dies kann als Fläche unter dem $F(s)$-Graphen interpretiert werden und führt beim linearen Kraftgesetz auf $\Delta E = \frac{1}{2}D \cdot s^2$.

Aus $\Delta E = F \cdot \Delta s$ folgt $F = \Delta E / \Delta s$. Der Quotient beschreibt die Steigung im $E(s)$-Diagramm. Für den linearen Verlauf im Beispiel des pendelnden Wagens ergibt sich so die konstante Kraft. Bei der Parabel im Beispiel des Federschwingers ermittelt man die Steigung über die erste Ableitung und erhält das lineare Kraftgesetz. Das lineare Kraftgesetz und der quadratische Zusammenhang zwischen potenzieller Energie und Elongation sind also gleichwertige Kennzeichen einer harmonischen Schwingung.

Bei harmonischen Schwingungen kommt es zu periodischen Energieüberführungen. Die Gesamtenergie ist konstant und wächst quadratisch mit der Amplitude.

A1 ○ Skizzieren Sie für das zweite Beispiel des Wagens die $v(t)$- und $a(t)$-Graphen.

Ermittlung von Periodendauern

Aufgabe: Die Periodendauer ist ein wichtiges Merkmal einer Schwingung. Am Beispiel des Federpendels soll untersucht werden, wie sie mit anderen Parametern zusammenhängt.

Hinweis: Um genauere Ergebnisse zu erhalten, erfolgt die Messung der Periodendauern jeweils über 10 Perioden.

Durchführung: Die Periodendauer ergibt sich aus dem Zusammenspiel von antreibender Kraft (z. B. bestimmt durch die Federkonstante D) und Trägheit (bestimmt durch die Masse m des schwingenden Körpers). Die Messung von T erfolgt in zwei Schritten.

1. Schritt: D = konstant, m wird variiert:

D = 7,7 N/m						
m in kg	0,05	0,10	0,15	0,20	0,25	0,30
$10\,T$ in s	5,2	7,3	8,8	10,1	11,2	12,2
$T/\sqrt{m}$	2,31	2,31	2,27	2,25	2,24	2,23

Die Messpunkte werden in ein m-T-Diagramm eingetragen (→**B1**). Unter der Annahme, dass auch ein Messpunkt im Ursprung liegt, ähnelt eine geeignete Ausgleichskurve dem Graphen einer Wurzelfunktion mit der Gleichung

$$T = k \cdot \sqrt{m}$$

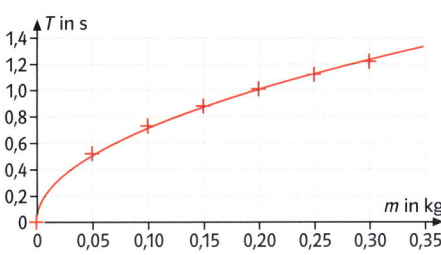

B1 m-T-Diagramm

Eine Kurvenanpassung ergibt $k = 2{,}25$, die Messwerte liefern einen Mittelwert $k = 2{,}27$.

2. Schritt: m = konstant, D wird variiert

m = 0,20 kg			
D in N/m	7,7	3,9	2,6	1,9
$10\,T$ in s	10,1	14,7	16,9	20,1
$T \cdot \sqrt{D}$	2,8	2,9	2,8	2,7

Mit abnehmender Federkonstante D nimmt T zu. Im einfachsten Fall bestünde ein antiproportionaler Zusammenhang, dann müsste T für $D = 1{,}9$ N/m etwa doppelt so groß sein wie für $D = 3{,}9$ N/m. Dies trifft aber nicht zu.

Hier hilft eine Einheitenbetrachtung weiter:

$$\frac{\text{Einheit } m}{\text{Einheit } D} = \frac{\text{kg}}{(\text{kg} \cdot \text{m})/(\text{m} \cdot \text{s}^2)} = \text{s}^2$$

Demnach müsste die Wurzel aus m/D die richtige Einheit Sekunde ergeben, $T \cdot \sqrt{D}$ müsste konstant sein. Da sich beides bestätigt, ist also

$$T = c \cdot \sqrt{\frac{m}{D}}$$

Eine Berechnung der Konstanten aus jeweils drei zusammengehörenden Messwerten z. B. $T = 1{,}01$ s, $m = 0{,}20$ kg und $D = 7{,}7$ N/m ergibt $c = 6{,}27$. Dieser Wert liegt nahe bei 2π, also dem Wert, der sich aus der Theorie ergibt.

A1 ⊖ Ermitteln Sie zur 2. Messung mit irgend einem Ihnen bekannten Verfahren eine Ausgleichskurve. Beschreiben Sie Ihre Vorgehensweise im Sinne einer Anleitung.

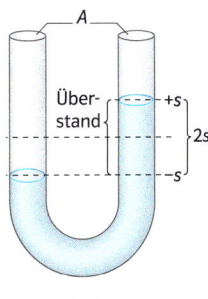

B2 Auslenkung der Wassersäule

Aufgabe: Eine Wassersäule in einem U-Rohr kann eine Schwingung ausführen. Wenn man zeigen kann, dass ein lineares Kraftgesetz gilt, ist T aus der Formel für harmonische Schwingungen zu berechnen. Die Periodendauer dieser Schwingung soll bestimmt werden.

Durchführung: In der Ruhelage stehen die Wassersäulen in den beiden Schenkeln gleich hoch. Die Elongation wird gemäß **B2** gemessen. Es schwingt die gesamte Wassersäule mit der Länge l und der Masse m. Die rücktreibende Kraft entspricht der Gewichtskraft der in **B2** markierten Wassersäule der Länge $2s$.

Bei konstantem Rohrquerschnitt ist

$$m_s = \frac{m}{l} \cdot 2s \quad \text{und} \quad F_R(s) = m_s \cdot g = 2\frac{m}{l} \cdot g \cdot s.$$

Der Ausdruck $D = 2(m \cdot g)/l$ ist konstant, daher gilt für die Schwingung der Wassersäule ein lineares Kraftgesetz. Die Schwingungsdauer berechnet sich entsprechend nach

$$T = 2\pi \cdot \sqrt{\frac{m \cdot l}{2m \cdot g}} = 2\pi \cdot \sqrt{\frac{l}{2g}}$$

A2 ⊖ Vergleichen Sie das Ergebnis für die Wassersäule im U-Rohr mit dem für ein Fadenpendel.

7.3 Das Fadenpendel

Der deutsche Physiker **Wilhelm Bessel** untersuchte 1826 die Abhängigkeit der Fallbeschleunigung g von der geografischen Breite mit Hilfe eines Pendels. Er konnte nachweisen, dass g an der Erdoberfläche vom Äquator zu den Polen hin kontinuierlich zunimmt. Hierzu bestimmte er die Periodendauer des Pendels.

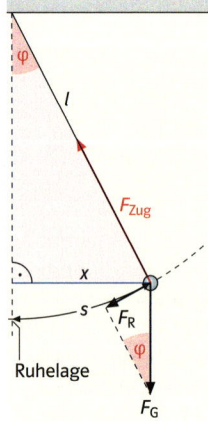

B1 Fadenpendel

Das Fadenpendel

Lenkt man einen an einem Faden hängenden Körper aus seiner Ruhelage aus, so kann er um diese Ruhelage schwingen. Man spricht von einem **Fadenpendel**.

Bei der Schwingung tritt ein periodischer Wechsel zwischen der Höhenenergie und der Bewegungsenergie des Pendelkörpers auf, wobei das Prinzip von der Erhaltung der Energie gilt. Zunächst soll geklärt werden, ob es sich bei dieser Bewegung um eine harmonische Schwingung handelt.

Energetische Betrachtung

Der Pendelkörper der Masse m bewegt sich auf einem Kreisbogen. Der Winkel φ kann als Maß für die Auslenkung verwendet werden (→**B1**). Wird φ im Bogenmaß gemessen, so ist $\varphi = s/l$, wenn l die Länge des Pendels und s die Elongation bezeichnet.

Eine harmonische Schwingung liegt dann vor, wenn die Höhenenergie E_H quadratisch von der Elongation s abhängt. Wie Abbildung **B3** zeigt, gilt:

$$E_H(s) = m \cdot g \cdot h = m \cdot g \cdot l \cdot \left(1 - \cos \tfrac{s}{l}\right)$$

Die genannte Bedingung ist bei einem Fadenpendel nicht erfüllt, es liegt also keine harmonische Schwingung vor.

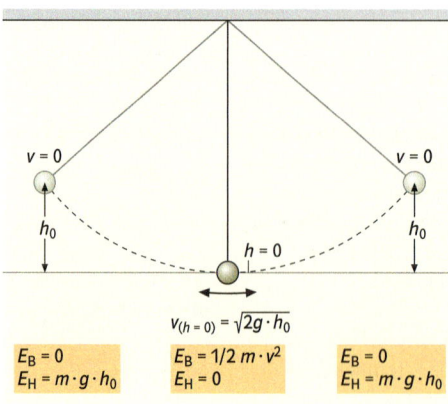

B2 Näherung für kleine Winkel

Betrachtung der Kräfte

Alternativ kann die Überprüfung durch eine Analyse der Kräfte erfolgen. Die rücktreibende Kraft F_R ergibt sich nach **B1** zu:

$$F_R = F_G \cdot \sin\varphi = m \cdot g \cdot \sin\varphi = m \cdot g \cdot \sin\left(\tfrac{s}{l}\right)$$

Es zeigt sich, dass auch das lineare Kraftgesetz nicht erfüllt ist, also keine harmonische Schwingung vorliegt.

Betrachtet man allerdings kleine Winkel, dann kann die Länge s näherungsweise durch x ersetzt werden (→**B1**). Aus $\sin\varphi = x/l$ wird $\sin\varphi = s/l$ und für die rücktreibende Kraft gilt nun (→**B2**):

$$F_R = m \cdot g \cdot \left(\tfrac{s}{l}\right) = \frac{m \cdot g}{l} \cdot s$$

Für kleine Amplituden ist F_R proportional zu s, und das Fadenpendel schwingt harmonisch.

Die Konstante D im Kraftgesetz ergibt sich zu $D = (m \cdot g)/l$. Damit berechnet sich die Periodendauer eines Fadenpendels bei kleinen Amplituden zu

$$T = 2\pi\sqrt{\frac{m}{D}} = 2\pi\sqrt{\frac{l}{g}}$$

Die Periodendauer ist anders als beim Federpendel unabhängig von der Masse des Pendelkörpers. Das liegt daran, dass sich mit der Masse einerseits die hemmende Trägheit, andererseits aber auch die beschleunigende Gewichtskraft ändert.

Da die Periodendauer von der Fallbeschleunigung g am Messort abhängt, eignet sich das Fadenpendel dazu, die Fallbeschleunigung g zu bestimmen.

Ein Fadenpendel schwingt bei kleinen Amplituden harmonisch. Dann gilt für die Periodendauer

$$T = 2\pi\sqrt{\frac{l}{g}}$$

A1 ● Bestimmen Sie die Fallbeschleunigung g mit Hilfe eines Fadenpendels.

A2 ● Stellen Sie verschiedene Methoden zur Untersuchung von g zusammen.

B3 Energieterme beim Fadenpendel

Resonanz

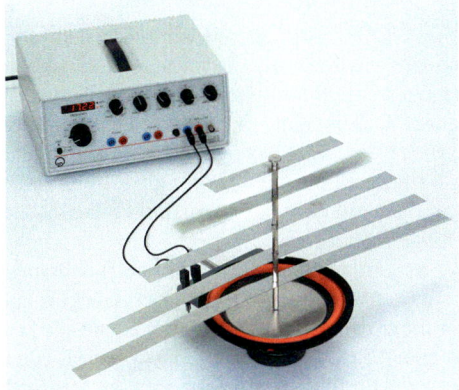

B3 Blattfedern werden zum Schwingen angeregt.

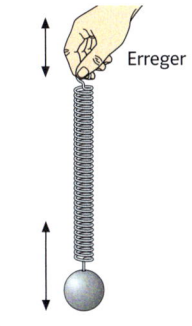

Erreger

B1

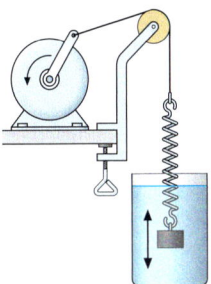

B2

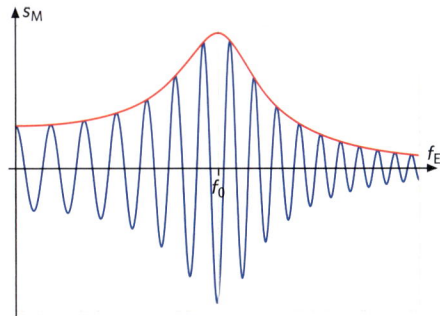

B4 Amplitude bei zunehmender Erregerfrequenz

Aufgabe: Das Resonanzverhalten von Feder-schwingern soll untersucht werden.

Planung: Um Aufschluss über das Resonanz-verhalten eines Oszillators zu erhalten, muss man ihn zu Schwingungen anregen und deren Amplitude beobachten. Dazu koppelt man den Oszillator an einen Erreger mit variabler Frequenz.

Material: Verschiedene Schrauben- oder Blatt-federn, Massestücke, Schwingungserreger

Durchführung:
a) Zunächst wird durch Auf-und-ab-Bewegen der Hand versucht, ein Federpendel zu einer Schwingung mit großer Amplitude anzuregen (→**B1**).
b) In einem weiteren Versuch werden mehrere Blattfedern gleichzeitig mit Hilfe einer Laut-sprechermembran in Schwingung versetzt (→**B3**). Die Frequenz der Membran lässt sich über einen Funktionsgenerator variieren.
c) Gemäß Abbildung **B2** wird ein Federpendel mit einem Erreger verbunden, dessen Frequenz in einem gewissen Intervall automatisch vari-iert. Zur Dämpfung lässt man den Körper in einen wassergefüllten Behälter eintauchen. Die Amplitude wird z. B. mit einem Laserentfer-nungsmesser aufgezeichnet.

Beobachtung:
a) Es gelingt nur bei einer bestimmten Fre-quenz, das Federpendel von Hand zu einer Schwingung mit großer Amplitude anzuregen.
b) Jede der Blattfedern schwingt bei einer bestimmten Erregerfrequenz f_0 mit maximaler Amplitude. Bei kurzen Federn ist f_0 größer als bei langen Federn.

Für manche Federn erhält man mehrere Werte für f_0, dazu gehören dann unterschiedliche Schwingungsbilder.
c) Abbildung **B4** zeigt das t-s-Diagramm in einem Frequenzintervall von 0 bis 10 Hz. Man erkennt in einem gewissen Frequenzbereich große Amplituden. Die rot eingezeichnete einhüllende Kurve hat in diesem Bereich ein Maximum. Dort stimmen die Eigenfrequenz des Federpendels und die Erregerfrequenz überein.

Das Experiment kann auch mit Hilfe eines Smartphones, das über die passende Software verfügt, durchgeführt werden. Abbildung **B5** zeigt eine entsprechend aufgenommene Reso-nanzkurve.

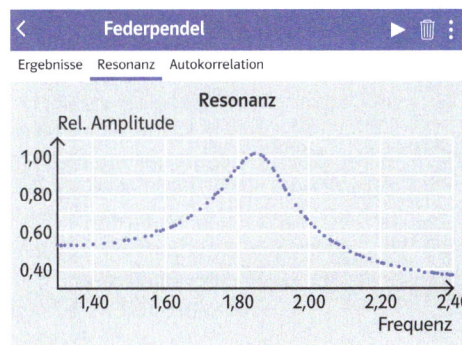

B5 Resonanzkurve, aufgenommen mit einer Smart-phone-App

A1 ◐ Versuchen Sie von Hand mit einem etwa 1 m langen, dünnen Stock verschiedene Schwingungszustände zu erzeugen.

A2 ◐ Recherchieren Sie im Internet unter den Stichworten „Schwingungen" und „Apps" nach Experimenten für das Smartphone.

7.4 Erzwungene Schwingungen

„Innerhalb weniger Minuten konnte ich die Stange zittern fühlen. Allmählich nahm das Zittern an Intensität zu und breitete sich im ganzen großen Stahlgerüst aus." Nikola Tesla über einen Versuch

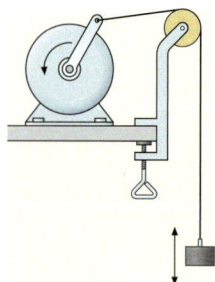

B1 Erzwungene Bewegung

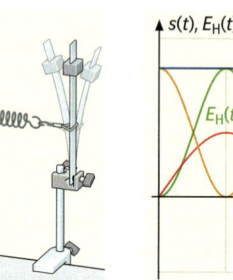

B2 Gekoppelte Blattfedern

Schwingungsenergie

Ein Oszillator, z. B. ein Fadenpendel, schwingt sich selbst überlassen mit einer bestimmten Frequenz, seiner **Eigenfrequenz** f_0. Dies zeigt ein *t-s*-Diagramm (→**B4**).

Die Energie des Oszillators bezeichnet man als **Schwingungsenergie**. Sie wechselt mit der doppelten Frequenz zwischen Höhenenergie und Bewegungsenergie. Die Amplitude entspricht dem Betrag der Schwingungsenergie (→**B4**). Durch Dämpfung nimmt er bei realen Schwingungen mit der Zeit ab.

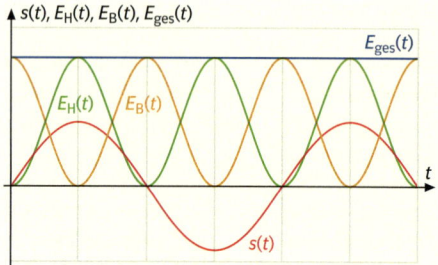

B4 *t-s*-Diagramm, *t-E*-Diagramme eines Fadenpendels

Dagegen bewegt sich ein an einer rotierenden Kurbel aufgehängter Körper auf und ab, solange sich die Kurbel dreht (→**B1**), denn ihm wird periodisch Energie zugeführt. Die Frequenz der Bewegung wird von der Kurbel bestimmt, man nennt sie **Erregerfrequenz** f_E.

Resonanz

Befestigt man an der Kurbel nun ein Federpendel, beginnt dieses durch die periodische Anregung zu schwingen, man spricht von einer **erzwungenen Schwingung**. Wird die Erregerfrequenz bei kleinen Werten beginnend kontinuierlich gesteigert, beobachtet man eine Zunahme der Amplitude bis zu einem Maximalwert und anschließendes Abklingen (→**B5**). Der Maximalwert der Amplitude wird erreicht, wenn die Erregerfrequenz gleich der Eigenfrequenz des Pendels ist, also wenn $f_E = f_0$.

Man spricht dann von **Resonanz**. Im Resonanzfall ist die Energieübertragung vom Erreger auf den Oszillator maximal. Ist dabei der zugeführte Energiebetrag größer als der durch Dämpfung abgeführte, wird die Amplitude sehr groß. Unter Umständen kann das zur Zerstörung des Oszillators führen.

Gekoppelte Schwingungen

B2 zeigt zwei gekoppelte Blattfedern. Beide Federn können schwingen, wobei die Eigenfrequenz jeweils von der Position eines verschiebbaren Massestücks abhängt.

Man hält Feder 2 zunächst fest, während Feder 1 ausgelenkt und dann losgelassen wird. Nun gibt man auch Feder 2 frei. Wenn beide Federn die gleiche Eigenfrequenz besitzen, ergibt sich ein *t-s*-Diagramm wie in **B6**.

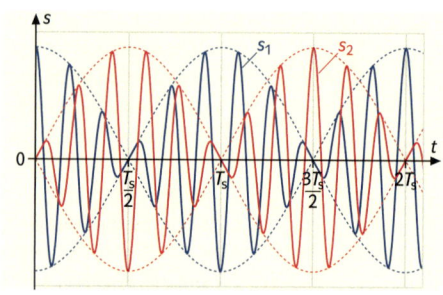

B6 *t-s*-Diagramme gekoppelter Federn

Feder 1 startet mit maximaler Amplitude A_1, während Feder 2 mit einer von null an wachsenden Amplitude zu schwingen beginnt. A_2 wächst bis zum Maximalwert, gleichzeitig nimmt A_1 bis zum Stillstand von Feder 1 ab. Nun vertauschen sich die Rollen der Federn. Mit der Zeit nehmen die maximalen Amplituden der Federn infolge von Dämpfung ab. Der Verlauf der Amplituden zeigt, dass die Energie zwischen den beiden Federn vollständig ausgetauscht wird, es liegt Resonanz vor. Dabei bleibt die Amplitude durch die maximale Amplitude beim Beginn des Austauschs begrenzt.

Erzwungene Schwingungen entstehen durch eine äußere periodisch wirkende Kraft. Stimmen Erregerfrequenz und Eigenfrequenz überein, ist die Energieübertragung maximal, man spricht von Resonanz.

A1 ⊖ Vergleichen Sie das Verhalten der gekoppelten Blattfedern mit dem von Flüssigkeiten in zwei verbundenen Gefäßen (→**B3**).

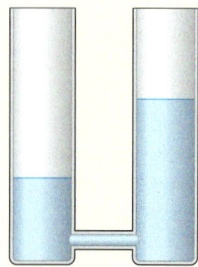

B3 Verbundene Gefäße

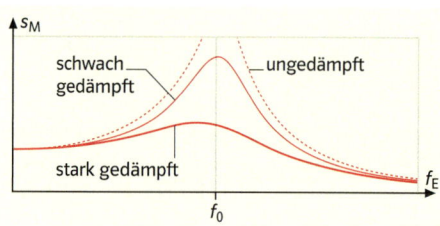

B5 Amplitude bei veränderlicher Erregerfrequenz

7.5 Der elektrische Schwingkreis

In einem schwingungsfähigen System wird periodisch Energie überführt. Es müssen Komponenten beteiligt sein, die auf unterschiedliche Art Energie speichern können.

Elektromagnetische Schwingungen

Durch geeignetes Zusammenschalten von Speichern für die Energie von elektrischen und magnetischen Feldern kann ein schwingungsfähiges elektrisches System entstehen. Abbildung **B1** zeigt ein solches System: Ein Kondensator wird aufgeladen und anschließend durch Umlegen des Schalters in einen Stromkreis mit einer Spule geschaltet. Die Aufzeichnung der Spannung $U(t)$ am Kondensator sowie der Stromstärke $I(t)$ im Kreis zeigt, dass beide Größen periodisch schwanken (→**B3**). Das Diagramm ähnelt z. B. dem bei einer Federschwingung, wobei $U(t)$ und $s(t)$ bzw. $I(t)$ und $v(t)$ einander entsprechen.

Eine solche **elektromagnetische Schwingung** lässt sich wie mechanische Schwingungen durch die Begriffe Amplitude und Periodendauer T bzw. Frequenz f beschreiben.

Die abnehmende Amplitude zeigt, dass die Schwingung gedämpft ist. Ursache ist u.a. der elektrische Widerstand R. Hängt die Periodendauer beim Federpendel von den Parametern D und m ab, bestimmen hier die Eigenschaften von Kondensator und Spule, d.h. die Kapazität C und z.B. die Windungszahl n (→**B2**). Anders als beim Federpendel wirken sich beide Faktoren in gleicher Weise auf die Periodendauer aus: T wächst bzw. fällt mit C und n. Ein Eisenkern in der Spule führt ebenfalls zu größerer Periodendauer.

In der **Induktivität** L fasst man die Spuleneigenschaften zusammen. L hat die Einheit Vs/A, $C = Q/U$ die Einheit As/V. Das Produkt $C \cdot L$ besitzt die Einheit s^2, die Wurzel liefert die Einheit s. In Analogie zur Federschwingung ergibt sich damit für die Periodendauer

$$T = 2\pi\sqrt{L \cdot C}$$

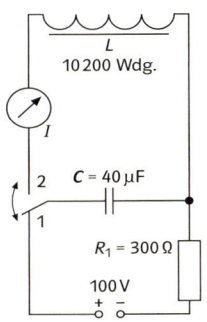

B1 Elektrischer Schwingkreis

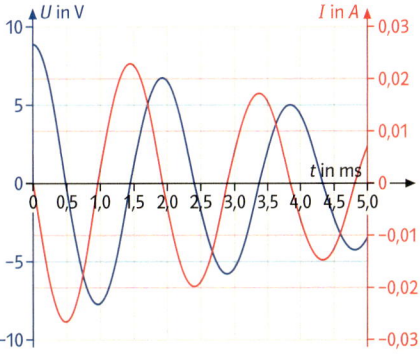

B3 t-U-, t-I-Diagramm eines elektrischen Schwingkreises

Aufgrund des Zusammenhanges $C = Q/U$ kann der $U(t)$-Graph auch als $Q(t)$-Graph gedeutet werden.

Energetische Betrachtung

Beim Federpendel wechselt die Energie periodisch zwischen der Energie der gespannten Feder und der Bewegungsenergie des Pendelkörpers.

Im elektrischen Schwingkreis können der geladene Kondensator und die Spule, in der Strom besteht, als Energiespeicher betrachtet werden. Die Energie wechselt periodisch zwischen der Energie des elektrischen Feldes und der des magnetischen Feldes.

Der Pendelkörper mit der Masse m ändert seinen Zustand periodisch von der Ruhe zur Bewegung. Die Ladung kann im Kondensator ruhen oder den Strom bilden. Es gilt $v = \Delta s/\Delta t$ und analog $I = \Delta Q/\Delta t$, d.h. zwischen analogen Größen bestehen die gleichen mathematischen Zusammenhänge.

Ein elektrischer Schwingkreis besteht aus einer Parallelschaltung von Spule und Kondensator. Nach Energiezufuhr entsteht eine elektromagnetische Schwingung.

A1 ⊖ Skizzieren Sie die t-U-Diagramme für unterschiedliche Widerstände R. Erklären Sie die Unterschiede.

A2 ⊖ Geben Sie an, wie sich die Periodendauer ändert, wenn man zu einem Kondensator in einem Schwingkreis einen zweiten gleicher Kapazität in Reihe schaltet.

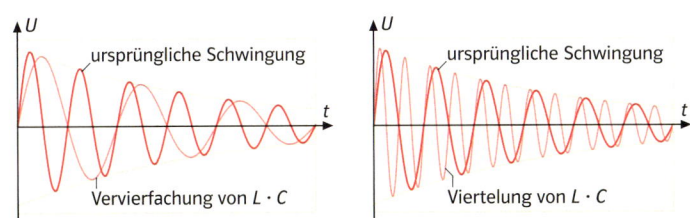

B2 Einfluss von n bzw. L und C auf elektromagnetische Schwingungen

Federschwinger und elektrischer Schwingkreis im Vergleich

Die Gesetzmäßigkeiten zur Beschreibung der Bewegung eines Federschwingers und der Vorgänge im elektrischen Schwingkreis weisen einige Parallelen auf.

Die folgende Tabelle stellt die Abläufe sowie deren mathematische Beschreibung nochmals gegenüber.

$t = 0$	**Kondensator geladen**		**Feder 1 gespannt**	
	Spannung: $\quad U = U_{max}$		Kraft: $\quad F_R = F_{R,max}$	
	Ladung: $\quad Q = Q_{max}$		Elongation: $\quad s = s_{max}$	
	Stromstärke: $\quad I = 0$		Geschwindigkeit: $v = 0$	
	Energie: $\quad E_{el} = \frac{1}{2C} \cdot Q_{max}^2$		Energie: $\quad E_S = \frac{1}{2} D \cdot s_{max}^2$	
$t = \frac{T}{4}$	**Kondensator entladen**		**Federn entspannt**	
	Spannung: $\quad U = 0$		Kraft: $\quad F_R = 0$	
	Ladung: $\quad Q = 0$		Elongation: $\quad s = 0$	
	Stromstärke: $\quad I = I_{max}$		Geschwindigkeit: $v = v_{max}$	
	Energie: $\quad E_{magn} = \frac{1}{2L} \cdot I_{max}^2$		Energie: $\quad E_B = \frac{1}{2} m \cdot v_{max}^2$	
$t = \frac{T}{2}$	**Kondensator umgekehrt geladen**		**Feder 2 gespannt**	
	Spannung: $\quad U = -U_{max}$		Kraft: $\quad F_R = -F_{R,max}$	
	Ladung: $\quad Q = -Q_{max}$		Elongation: $\quad s = -s_{max}$	
	Stromstärke: $\quad I = 0$		Geschwindigkeit: $v = 0$	
	Energie: $\quad E_{el} = \frac{1}{2C} \cdot Q_{max}^2$		Energie: $\quad E_S = \frac{1}{2} D \cdot s_{max}^2$	
$t = \frac{3T}{4}$	**Kondensator entladen**		**Federn entspannt**	
	Spannung: $\quad U = 0$		Kraft: $\quad F_R = 0$	
	Ladung: $\quad Q = 0$		Elongation: $\quad s = 0$	
	Stromstärke: $\quad I = -I_{max}$		Geschwindigkeit: $v = -v_{max}$	
	Energie: $\quad E_{magn} = \frac{1}{2} L \cdot I_{max}^2$		Energie: $\quad E_B = \frac{1}{2} m \cdot v_{max}^2$	
$t = T$	**Kondensator geladen**		**Feder 1 gespannt**	
	Spannung: $\quad U = U_{max}$		Kraft: $\quad F_R = F_{R,max}$	
	Ladung: $\quad Q = Q_{max}$		Elongation: $\quad s = s_{max}$	
	Stromstärke: $\quad I = 0$		Geschwindigkeit: $v = 0$	
	Energie: $\quad E_{el} = \frac{1}{2C} \cdot Q_{max}^2$		Energie: $\quad E_S = \frac{1}{2} D \cdot s_{max}^2$	
Energie	$E_{ges} = \frac{1}{2C} \cdot Q_{max}^2 + \frac{1}{2} L \cdot I_{max}^2 = const$		$E_{ges} = \frac{1}{2} D \cdot s_{max}^2 + \frac{1}{2} m \cdot v_{max}^2 = const$	

Ableiten und $I = \dot{Q}$ liefert: $\quad Q + L \cdot C \cdot \ddot{Q} = 0$

Ableiten und $v = \dot{s}$ liefert: $\quad s + \frac{m}{D} \cdot \ddot{s} = 0$

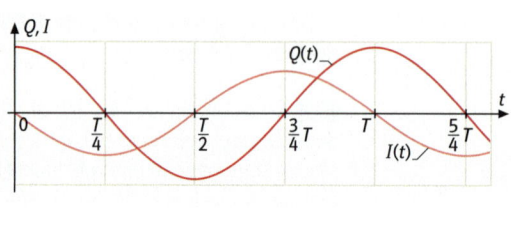

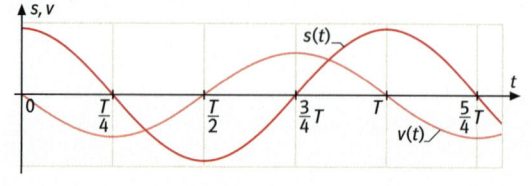

RFID – Identifizierungs-Geräte

In vielen Kaufhäusern werden Waren elektronisch gegen Diebstahl gesichert. In einigen Läden muss niemand mehr Waren einzeln einscannen. Dort wird auch automatisch erfasst, was nachbestellt werden muss. Grundlage ist oft ein sehr einfaches System aus Spule und Kondensator, das z. B. auch in Pistenpässen für Skiläufer verwendet wird, das sogenannte RFID („radio frequency identification device" bzw. „Identifikations-System auf der Grundlage von Radio-Frequenzen").

Grundprinzip eines RFID-Systems Zu einem RFID-System gehören Sicherungsetiketten und ein Scanner (→**B1**, **B2**).

B1 Sicherungsetikett

B2 Warenscanner

Ein einfaches RFID-Sicherungsetikett enthält einen elektrischen Schwingkreis aus einer aufgedruckten Spule und einem Kondensator kleiner Kapazität. Der Scanner erzeugt ein magnetisches Wechselfeld, auf dessen Frequenz die Resonanzfrequenz des Sicherungsetiketts abgestimmt ist.
Eine vereinfachte Darstellung des Aufbaus zeigt **B3**. Links ist der Frequenzgenerator des Scanners mit der Feldspule und einem Stromstärke-Messgerät abgebildet. Der rechte Teil zeigt einen RFID-Chip, der in die Nähe der Feldspule gebracht wird.
Nähert man dem System einen intakten RFID-Chip, steigt die elektrische Stromstärke in der Feldspule des Scanners an (→**B4**).

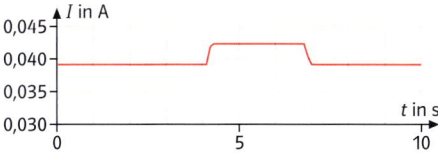

B4 Elektrische Stromstärke in der Feldspule des Scanners bei intaktem RFID-Chip

Auf diese Weise erkennt das System, wenn sich ihr eine Person mit nicht bezahlter Ware nähert: Durch den Anstieg der Stromstärke wird ein Alarm ausgelöst.
Hat ein Kunde die Ware dagegen ordnungsgemäß bezahlt, wird der Kondensator an der Kasse zerstört. Ein solcher Chip bewirkt am Scanner keinen Anstieg der Stromstärke, der Alarm bleibt aus.

Datenübertragung mit RFID Beim Zugang z. B. zu Skipisten möchte man kontaktlos feststellen, ob ein Gast zum Zutritt berechtigt ist. Dazu verwendet man ein erweitertes System: Der Aufbau des RFID-Chips wird ergänzt um eine Stromversorgung, die ihre Energie aus dem Magnetfeld des Scanners bezieht, ein elektronisches Bauteil, das bei Versorgung mit Energie einen Code erzeugen kann, sowie einen steuerbaren Schalter (→**B5**).
Ein solcher Chip erzeugt ein Muster im Verlauf der Stromstärke des Scanner-Stromkreises (→**B6**). An dem spezifischen Muster des übertragenen Codes kann man den Chip vor dem Scanner identifizieren, seine Daten auf einem zentralen Rechner abrufen und so z. B. ein dort abgelegtes Foto des Gastes abrufen.

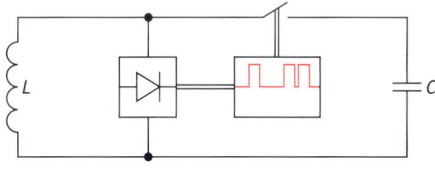

B5 Erweiterte Schaltung eines codierten RFID

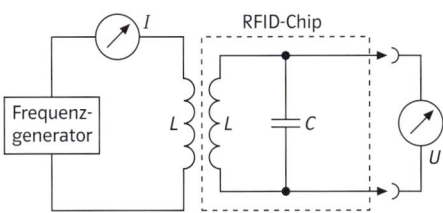

B3 Schaltbild zum Prinzip einer RFID-Anlage

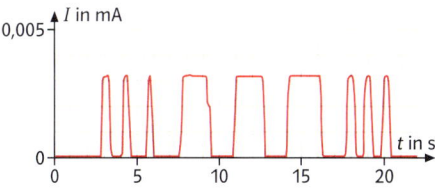

B6

Resonanz im elektrischen Schwingkreis

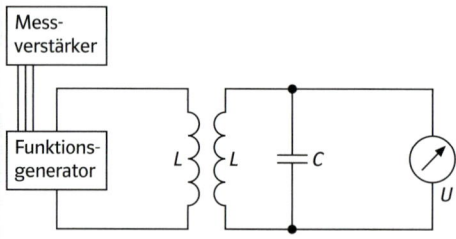

B1 DIP-Schalter

B2 Versuchsaufbau

Aufgabe: Das Resonanzverhalten eines elektrischen Schwingkreises soll untersucht werden, indem man ein Frequenz-Spannung-Diagramm, die sogenannte Resonanzkurve, erstellt.

Geräte: Kondensator 2,2 µF, 2 Spulen, Platinen „Messverstärker" und „Funktionsgenerator", Multimeter, elektrische Quelle (12 V AC)

Aufbau:

B3 Schaltskizze

Durchführung: Mit den DIP-Schaltern (→B1) wird eine Wechselspannung im Bereich von 100 bis 1000 Hz eingestellt. Die Amplitude wird voll aufgedreht.
Zunächst erfolgt eine grobe f-U-Messung, für die die Frequenz in 100-Hz-Schritten erhöht wird. Die Messwerte werden in eine Tabelle eingetragen. Im Bereich um die Resonanzstelle erfolgt anschließend eine genauere Messung.

Auswertung: Aus den Messwerten erstellt man ein f-U-Diagramm und ermittelt daraus die Resonanzfrequenz f_0.

A1 ⊖ Erklären Sie, welche Aufgabe die linke der beiden abgebildeten Spulen (die „Feldspule") hat.

A2 ⊖ Ersetzen Sie den Kondensator durch einen mit der Kapazität $C = 1$ µF und bestimmen Sie erneut die Resonanzfrequenz f_0. Vergleichen Sie Ihr Ergebnis mit der Aussage der Gleichung $f_0 \approx 1/\sqrt{C}$ aus Formelsammlungen.

A3 ⊖ Lassen Sie die Frequenz auf f_0 eingestellt. Schalten Sie das Messgerät nun auf Stromstärke-Messung um und setzen Sie es in eine der Zuleitungen zur Feldspule ein. Öffnen und schließen Sie die Verbindung zum Kondensator mehrmals hintereinander.
Vergleichen Sie Ihre Beobachtung mit den Informationen über RFID-Systeme.
Erklären Sie die Beobachtung, indem Sie die Energiebilanz im Experiment aufstellen.

A4 ⊖ Die vollständige Gleichung für die Resonanzfrequenz eines elektrischen Schwingkreises lautet

$$f_0 = \frac{1}{2\pi\sqrt{L \cdot C}}$$

Darin ist L eine Eigenschaft der Spule, die sogenannte Induktivität. Berechnen Sie L der benutzten Spule und vergleichen Sie den Wert mit der Angabe $L \approx 35$ mH des Herstellers.

7.6 Überlagerung von Schwingungen

Man kann die Vokale a, e, i, o, u in der von einer Stimmgabel vorgegeben Frequenz singen. Trotz dieser Übereinstimmung kann man die Vokale unterscheiden – warum ist das so?

Schwingungsbilder

Wir nehmen die Umwelt über unsere Sinnesorgane wahr. Sie empfangen Signale und setzen sie in Nervenreize um, die vom Gehirn verarbeitet werden. Das Ohr ist der Empfänger für akustische Signale, diese bewirken Schwingungen des Trommelfells. Das kann sich nur auf eine Weise bewegen.

Mit Mikrofon und Oszilloskop lassen sich akustische Signale sichtbar machen. Bei einer angeschlagenen Stimmgabel erscheint eine Sinuskurve, ein in gleicher Tonhöhe auf einer Klarinette gespieltes „A" erzeugt eine recht komplexe Kurve, die aber eine zeitliche Periodizität aufweist (→B3). Die unterschiedlichen Bilder führen dazu, dass die Signale unterschiedlich wahrgenommen werden.

Mit einem Versuch kann die Entstehung der Schwingungsbilder untersucht werden: Ein Pendelkörper, der an einer losen Rolle hängt, wird mit zwei Stativstangen, die als Pendel dienen, zum Schwingen gebracht (→B1). Ein Ultraschallsensor unterhalb des Pendelkörpers zeichnet dessen Bewegung auf. Schwingen die Pendel mit gleicher Frequenz, ergeben sich die Diagramme **B2a** und **B2b** bei gleichphasiger bzw. gegenphasiger Schwingung.

Überlagerung bei gleicher Frequenz

Wenn man davon ausgeht, dass die beiden Pendel im Versuch harmonisch schwingen, dann lassen sich ihre Bewegungen durch folgende Gleichungen beschreiben:

$$s_1(t) = s_{1M} \cdot \sin(2\pi \cdot f_1 \cdot t)$$

$$s_2(t) = s_{2M} \cdot \sin(2\pi \cdot f_2 \cdot t + \Delta\varphi)$$

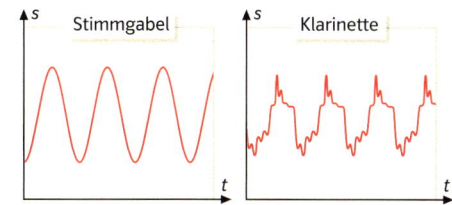

B3 Schwingungsbilder eines Tons, erzeugt von einer Stimmgabel (links), einer Klarinette (rechts)

Für die Elongation des roten Pendelkörpers gilt zu jedem Zeitpunkt $s(t) = s_1(t) + s_2(t)$. Man spricht bei diesem Vorgang von der **Überlagerung der Schwingungen** der beiden Pendel. Das t-s-Diagramm erhält man durch eine Addition der Elongationen zu jedem Zeitpunkt.

Die Abbildungen **B4a – c** zeigen das Ergebnis für $f_1 = f_2$. Die Addition führt in allen Fällen zu einer Sinuskurve, deren Amplitude jeweils von der Phasenverschiebung $\Delta\varphi$ abhängt.
Bei der Überlagerung harmonischer Schwingungen mit gleicher Frequenz bzw. Periodendauer entsteht eine harmonische Schwingung mit der gleichen Frequenz.

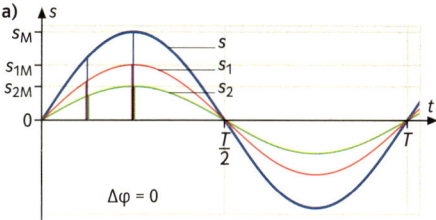

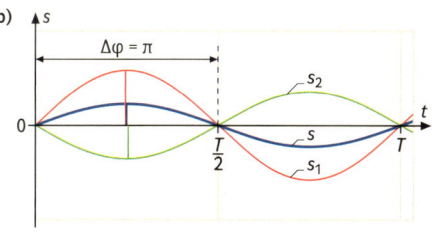

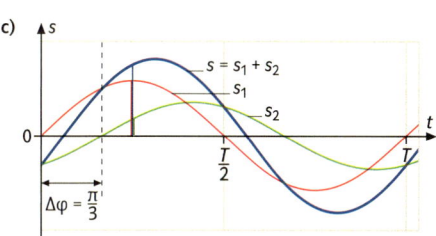

B4 Ergebnis der Überlagerung zweier Schwingungen abhängig von $\Delta\varphi$

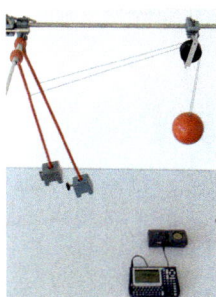

B1 Überlagerung von Pendelschwingungen

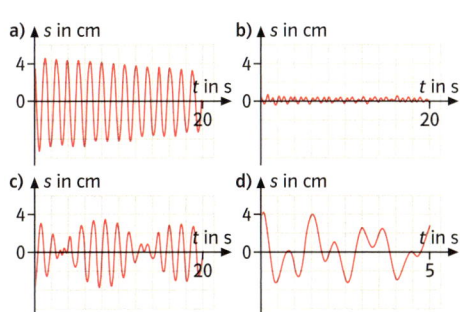

B2 Aufzeichnung der Überlagerung der Pendelschwingungen aus **B1**

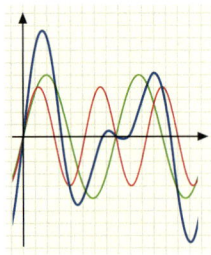

B1 Überlagerung der Schwingungen s_1 (rot) und s_2 (grün)

In einem geeigneten Programm kann man die Funktionsgleichungen $s_1(t)$ und $s_2(t)$ sowie $s(t) = s_1(t) + s_2(t)$ eingeben und untersuchen, wie das Ergebnis von den Parametern abhängt (→B1). Man kann so ein experimentell gefundenes Ergebnis nachbilden und auf diese Weise analysieren.

Überlagerung bei verschiedener Frequenz

Nun betrachtet man Schwingungen, deren Frequenzen f_1 und f_2 sich geringfügig unterscheiden. Bei ihrer Überlagerung entsteht ein Schwingungsbild wie in Abbildung **B4**: Die Amplitude schwankt mit einer Frequenz, die viel kleiner ist als die Frequenz der durch Überlagerung entstandenen Schwingung. Diesen Fall bezeichnet man als **Schwebung**. Die Schwebungsfrequenz beträgt $f_S = |f_1 - f_2|$.

Bei akustischen Signalen äußert sich eine Schwebung durch eine periodisch schwankende Lautstärke des Tones. Sie tritt z. B. beim Stimmen eines Klaviers auf. Nimmt der Klavierstimmer die Schwebung nicht mehr wahr, schwingen Klaviersaite und Stimmgerät mit gleicher Frequenz.

Die Überlagerung von Schwingungen kann zu sehr komplexen Schwingungsbildern führen, die oft trotzdem zeitlich periodisch sind. Dabei spielt das Verhältnis der Frequenzen der beteiligten Schwingungen eine Rolle (→B5).

Darstellung im Zeigermodell

Grundsätzlich lässt sich eine harmonische Schwingung mit Amplitude s_M und Frequenz f durch einen Zeiger mit der Länge s_M beschreiben, der mit der Winkelgeschwindigkeit $\omega = 2\pi \cdot f$ rotiert. Zwei Schwingungen werden entsprechend durch zwei Zeiger dargestellt,

a) $t = t_0$

b) $t = t_0 + \Delta t$

B2

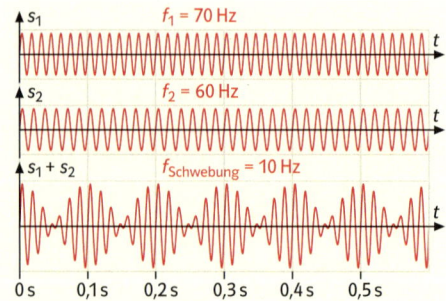

B4 Schwebung durch Überlagerung zweier Schwingungen leicht unterschiedlicher Frequenzen

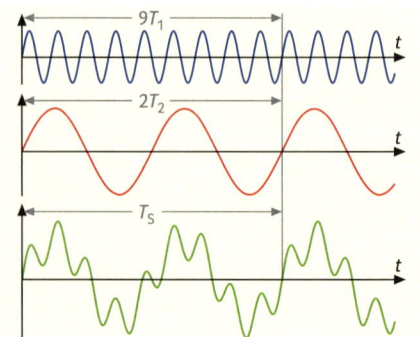

B5 Überlagerung zweier Schwingungen unterschiedlicher Frequenzen

die um einen gemeinsamen Punkt rotieren. Der Pfeil für das Überlagerungsergebnis ist die Vektorsumme der Ausgangspfeile (→B3). Er ändert seine Länge, wenn die beiden Ausgangspfeile mit unterschiedlicher Winkelgeschwindigkeit rotieren. **B2** zeigt diese Situation zu zwei verschiedenen Zeitpunkten.

Überlagern sich zwei beliebige harmonische Schwingungen gleicher Frequenz, so ist das Ergebnis eine harmonische Schwingung gleicher Frequenz.
Die Überlagerung zweier harmonischer Schwingungen mit verschiedener Frequenz ergibt eine nicht harmonische Schwingung.
Bei der Überlagerung zweier harmonischer Schwingungen ist der Zeiger der Überlagerung die Vektorsumme der Einzelzeiger.

A1 ⊖ Bilden Sie die Kurve in **B5** unten mit einem dynamischen Geometrieprogramm nach. Geben Sie dazu zwei Gleichungen $s_1(t)$ und $s_2(t)$ sowie $s(t) = s_1(t) + s_2(t)$ ein. Variieren Sie die Parameter, bis das Ergebnis etwa übereinstimmt. Geben Sie die Schwingungsfrequenzen an.

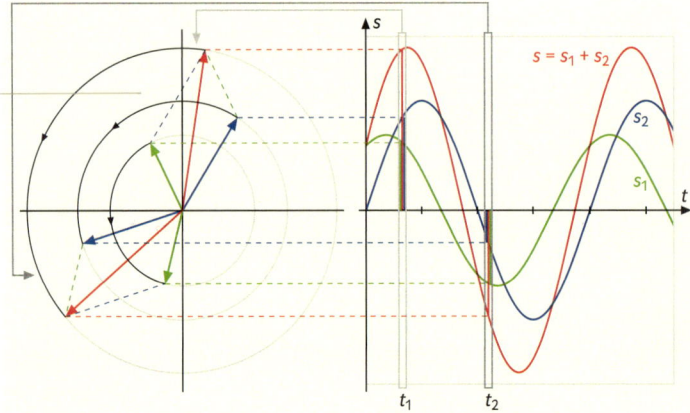

B3 Überlagerung zweier Schwingungen in der Zeigerdarstellung

Gegebene Schwingung

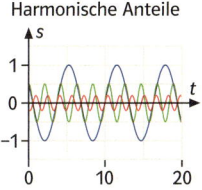

Harmonische Anteile

Amplitude/Frequenz
der zu überlagernden
Schwingungen

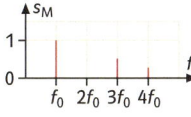

B1 Fourier-Analyse

Synthese und Analyse von Schwingungen

Bei vielen praktischen Vorgängen entstehen neben der harmonischen Grundschwingung (Frequenz f_0) auch sogenannte Oberschwingungen (Frequenzen $f_n = (n + 1) \cdot f_0$) mit unterschiedlichen Amplituden $s_{M,n}$, die sich überlagern (→**B2**).

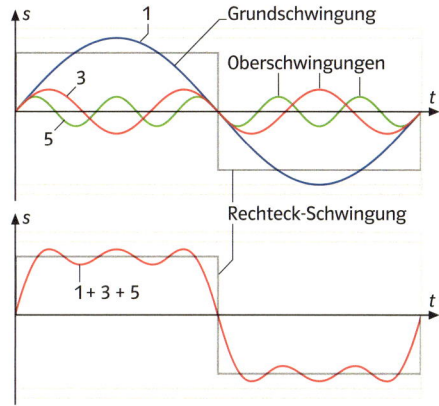

B2 Synthese einer Rechteckschwingung

Von großer praktischer Bedeutung ist auch das umgekehrte Verfahren, bei dem eine gegebene komplexere Schwingung analysiert wird. Die

Grundidee geht auf den französischen Mathematiker **Jean Baptiste Fourier** (1768–1830) zurück. Sie bringt die Bedeutung der harmonischen Schwingungen als Bausteine für beliebige Schwingungsformen zum Ausdruck.

Dabei wird für eine zu untersuchende Schwingung mit der Periode T_0 zunächst eine harmonische Grundschwingung ($f_0 = 1/T_0$) bestimmt. Anschließend werden schrittweise die Amplituden der Oberschwingungen f_n angepasst (→**B1**).
Das Ergebnis dieser Fourier-Analyse stellt man in einem Frequenzspektrum dar, bei dem jeder beteiligten Frequenz die ermittelte Amplitude zugeordnet wird.

A1 ○ Synthese von Schwingungen: Stellen Sie die angegebenen Grund- und Oberschwingungen sowie deren Überlagerung grafisch dar.

a) $s_1(t) = 1{,}2 \sin(2\pi \cdot f_0 \cdot t)$,
$s_2(t) = 0{,}8 \sin(2\pi \cdot 2 f_0 \cdot t)$,
$s_3(t) = 0{,}4 \sin(2\pi \cdot 6 f_0 \cdot t)$ mit $f_0 = 1\,\text{Hz}$

b) $s_1(t) = 2{,}55 \sin(2\pi \cdot f_0 \cdot t)$,
$s_2(t) = 0{,}83 \sin(2\pi \cdot 3 f_0 \cdot t)$,
$s_3(t) = 0{,}51 \sin(2\pi \cdot 5 f_0 \cdot t)$ mit $f_0 = 0{,}5\,\text{Hz}$

Exkurs

Analoge und digitale Daten

a) wertkontinuierlich zeitkontinuierlich

b) wertkontinuierlich zeitdiskret

c) wertdiskret zeitkontinuierlich

d) wertdiskret zeitdiskret

B3

Analoge Signale Bei vielen Vorgängen ändert sich eine physikalische Größe x mit der Zeit. Dies wird durch einen Graphen in einem t-x-Diagramm beschrieben (→**B3a**). Die Kurve verläuft kontinuierlich, d.h., in einem gewissen Intervall sind alle Werte für die Zeit t und die Größe x möglich. Mit modernen Geräten, z.B. Mikrophon und Oszilloskop, lassen sich die Kurven unmittelbar anzeigen. Ein solches Signal heißt analog.

Übergang zu digitalen Daten Eine Bewegung kann man auch durch Messungen mit Uhr und Maßstab untersuchen, man erhält eine Wertetabelle mit diskreten Werten. Die Ausgleichskurve zeichnet dann den idealisierten kontinuierlichen Verlauf nach (→**B3b**). Ein Computer kann grundsätzlich nur mit endlich vielen Werten arbeiten. Diese Werte müssen in einer vom Computer verarbeitbaren digitalen Form vorliegen. Die folgenden Schritte führen von analogen zu digitalen Daten:

1 Digitalisierung: Aus der analogen Kurve werden in bestimmten zeitlichen Intervallen Werte abgelesen. Die Abtastrate, auch Samplingrate genannt, beträgt bei Audio-CDs z.B. 44,1 kHz (→**B3b**).

2 Digitalisierung: Der Wertebereich wird in z.B. 16 gleiche Abschnitte unterteilt, die man sich mit 0; 1; … 15 nummeriert denkt. Jeder analoge Wert fällt in einen dieser Abschnitte, es gibt also nur noch die 16 Messwerte 0 bis 15. Diese lassen sich im Dualsystem mit vierstelligen Dualzahlen ausdrücken (z.B. 2 durch 0010 oder 13 durch 1101). Mit solchen Zahlen arbeitet der Computer.
Ausgehend von einem festen Referenzwert, z.B. 5V wird dem Abschnitt der Spannungswert $5\,\text{V}/16 = 0{,}31\,\text{V}$ zugeordnet: 1101 bedeutet dann $13 \cdot 0{,}31\,\text{V} = 4{,}03\,\text{V}$. Eine höhere Auflösung ist möglich, wenn man mehr Abschnitte wählt z.B. $2^8 = 256$ statt $2^4 = 16$. Dann benötigt man Dualzahlen mit doppelt so vielen Stellen.

Zusammenfassung

Schwingungen Bei einer Schwingung bewegt sich ein Körper von einer Ruhelage ausgehend periodisch zwischen zwei Umkehrpunkten. Die Bewegung lässt sich durch folgende Größen beschreiben:
Auslenkung $s(t)$ ... Abstand zur Ruhelage (auch Elongation)
Amplitude s_M ... maximale Auslenkung
Periodendauer T ... Zeitspanne für eine volle Schwingung
Frequenz f ... Anzahl der Schwingungen pro Sekunde. Es gilt $f = 1/T$, $\omega = 2\pi \cdot f$ heißt Kreisfrequenz.

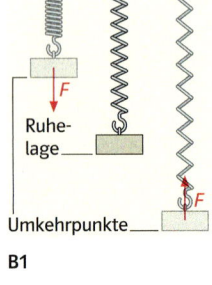

Ruhe-
lage

Umkehrpunkte

B1

Auf den schwingenden Körper wirkt eine Kraft F, die stets zur Ruhelage zeigt (→**B1**).
Bei einer Schwingung wechselt die Energie periodisch zwischen zwei Energieformen, im Fall einer ungedämpften Schwingung ist die Gesamtenergie konstant.

Harmonische Schwingungen Folgende Aussagen kennzeichnen sie:
– $s(t) = s_M \cdot \sin(\omega \cdot t)$, diese Bewegung lässt sich durch einen mit der Winkelgeschwindigkeit ω rotierenden Zeiger beschreiben (→**B2**).
– $F = -D \cdot s$, d.h., die rücktreibende Kraft ist proportional zur Elongation s (lineares Kraftgesetz).

– $E_{Ges} = \frac{1}{2}D \cdot s_M^2$, d.h., die Energie der Schwingung wächst mit dem Quadrat der Amplitude.

Für die Periodendauer gilt:

$T = 2\pi\sqrt{\frac{m}{D}}$ beim Federschwinger und

$T = 2\pi\sqrt{L \cdot C}$ beim elektrischen Schwingkreis.

Überlagerung von Schwingungen Bei einer Überlagerung ist die Elongation der resultierenden Schwingung zu jedem Zeitpunkt die Summe der der Einzel-Elongationen. Der Zeiger für die Überlagerung ist die Vektorsumme der Einzel-Zeiger. Das Ergebnis hängt von der Phasendifferenz der Ausgangsschwingungen ab. Nur wenn diese gleiche Frequenz haben, ergeben zwei harmonische Schwingungen wieder eine harmonische mit gleicher Frequenz.

Erzwungene Schwingung Eine erzwungene Schwingung entsteht, wenn einem schwingungsfähigen System mit der Eigenfrequenz f_0 periodisch Energie mit der Frequenz f_E zugeführt wird. Wenn $f_E = f_0$ ist, liegt Resonanz vor. Die Energieübertragung ist dann maximal, die Amplitude kann sehr groß werden und zur Zerstörung führen.

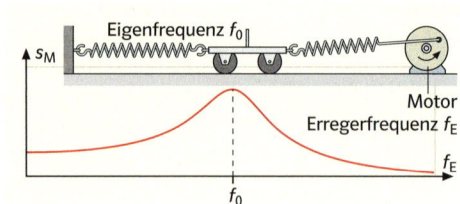

B2 Beschreibung einer Schwingung durch einen rotierenden Zeiger

B3

Beispiele

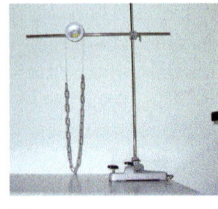

B4

Schwingende Kette Eine Kette der Länge $l = 0,9\,\text{m}$ und der Masse $m = 350\,\text{g}$ wird mit einem Faden an eine Rolle gehängt. Anschließend wird ein Kettenende um ca. 2 cm angehoben und losgelassen.
a) Begründen Sie, warum die Kette nach der Auslenkung eine Schwingung ausführt.
b) Weisen Sie nach, dass diese Schwingung harmonisch ist. Bestimmen Sie die Periodendauer T aus den gegebenen Daten.
c) Vergleicht man die berechneten Werte von T mit denen, die für verschiedene Werte von l und m gemessen wurden, zeigt sich eine systematische Abweichung der Messwerte nach oben.

Eine Hypothese zur Erklärung dieser Abweichung lautet, dass die Rückstellkraft nicht nur die Kette, sondern auch die Rolle beschleunigt. Beurteilen Sie diese Hypothese.

Lösung: a) Nach der Auslenkung ist die Kette auf der einen Seite um die Strecke $2s$ länger als auf der anderen. Durch die Gewichtskraft dieses Kettenteils wird die gesamte Kette Richtung Ruhelage beschleunigt. In der Ruhelage befindet sich die Kette im Kräftegleichgewicht. Da sie eine bestimmte Geschwindigkeit hat, bewegt sie sich aufgrund der Trägheit über die Ruhelage hinaus, sodass nun die Kette auf der anderen Seite länger wird.

Deshalb wiederholen sich die Vorgänge, allerdings in die andere Richtung.

b) Zur Entscheidung muss untersucht werden, ob für die Rückstellkraft ein lineares Kraftgesetz gilt. Die Rückstellkraft ist die Gewichtskraft des auf der einen Seite überstehenden Kettenstücks der Länge $2s$ und der Masse $m_{\ddot{U}}$: $F = m_{\ddot{U}} \cdot g$. Bei einer Kette ist die Masse eines (Teil-)Stücks der Kette proportional zu seiner Länge. Deshalb gilt:
$m_{\ddot{U}}/2s = m/l$ bzw. $m_{\ddot{U}} = m/l \cdot 2s$.
Demnach ist $F = 2g \cdot m/l \cdot s$, d.h., $F \sim s$, wobei F stets entgegen der Auslenkung s gerichtet ist. Es gilt also ein lineares Kraftgesetz mit $D = 2g \cdot m/l$, daher ist die Schwingung harmonisch.

$$T = 2\pi\sqrt{\frac{m}{D}} = 2\pi\sqrt{\frac{l}{2g}} = 1{,}35\,\text{s}.$$

c) In der Formel für die Periodendauer taucht keine Masse auf. Das liegt daran, dass die Masse der Kette einerseits ein Maß für deren Trägheit ist, andererseits über $F = m \cdot g$ die antreibende Gewichtskraft bestimmt. Beide ändern sich im gleichen Verhältnis und die Kettenmasse m kürzt sich in der Formel heraus. Die Masse der Rolle liefert nur einen Beitrag zur Trägheit des Gesamtsystems und nicht zur Gewichtskraft. Die Hypothese leuchtet also ein.

Mit Rollen unterschiedlicher Masse könnte man die Hypothese prüfen: T müsste bei größerer Rollenmasse stärker vom berechneten Wert abweichen. Eine zweite Hypothese lautet: Die Lagerreibung der Rolle führt zu einer Vergrößerung von T.

Heimversuche

Schwingung am Gummifaden Untersuchen Sie experimentell mit Hilfe der Gleichung $T = 2\pi\sqrt{m/D}$ die Konstante D der Schwingung eines vertikal an einem Gummifaden schwingenden Körpers.

Aufzeichnung einer Schwingung Füllen Sie einen Joghurtbecher, in dessen Boden ein kleines Loch gebohrt wurde, mit Sand und hängen Sie den Becher so auf, dass er frei schwingen kann.
a) Untersuchen Sie experimentell, wie sich die Periodendauer der Schwingung im Laufe der Zeit ändert. Erklären Sie das von Ihnen ermittelte Ergebnis.
b) Beobachten Sie die Verteilung des aus dem Becher gelaufenen Sandes.
Begründen Sie theoretisch die beobachtete Verteilung.

Gekoppelte Pendel Hängen Sie zwei gleich schwere Körper an zwei gleiche Gummifäden und stellen Sie so Pendel mit gleicher Frequenz her. Befestigen Sie die Pendel in einigem Abstand an einer federnden, horizontalen Latte. Erläutern Sie Ihre Beobachtungen.

Training

A1 ○ Erläutern Sie anhand eines Beispiels die Begriffe: Dauer einer Periode, Auslenkung, Amplitude, Frequenz, Rückstellkraft und Ruhelage einer Schwingung.

A2 ○ Beschreiben Sie eine Versuchsanordnung zur Aufzeichnung mechanischer Schwingungen.

A3 ◔ Eine Kugel mit der Masse $m = 40\,\text{g}$ befindet sich zwischen zwei gleichen, horizontal angeordneten Federn. Die Kugel wird mit der Kraft $F = 9\,\text{N}$ um die Strecke $s = 18\,\text{cm}$ aus der Ruhelage ausgelenkt und dann losgelassen, sodass sie zu schwingen beginnt (→B2).
a) Berechnen Sie die Federkonstante D.
b) Berechnen Sie die Dauer einer Periode, wenn die Masse der Federn vernachlässigt wird. Wie ändert sie sich, wenn die Masse der Kugel verdoppelt wird?
c) Ermitteln Sie die Geschwindigkeit der Kugel beim Durchgang durch die Ruhelage. Skizzieren Sie ein t-s- und ein t-v-Diagramm hierzu.

A4 ◔ An einer Feder mit der Masse $m_F = 32\,\text{g}$ und der Federkonstanten $D = 5{,}54\,\text{N/m}$ schwingt ein Körper mit der Masse m_K vertikal. Für Körper mit verschiedener Masse wird die Dauer der Periode T bestimmt:

m_K in g	100	75	50	40	32	20	10	6
T in s	0,89	0,78	0,66	0,61	0,54	0,48	0,39	0,32

a) Übertragen Sie die Messwerte in ein m_K-T-Diagramm.
b) Berechnen Sie T unter Vernachlässigung von m_F und tragen Sie die Werte in das m_K-T-Diagramm ein. Vergleichen Sie!
c) Berechnen Sie für alle Messwerte den Korrekturfaktor k, der die Masse der Feder in der Formel $T = 2\pi\sqrt{m/D}$ mit $m = m_K + k \cdot m_F$ berücksichtigt.
d) Berechnen Sie die Periodendauer T_{Korr} unter Verwendung der korrigierten Masse m.

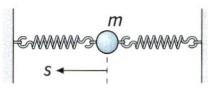

B2 Zu Aufgabe 3

A5 ⊖ Ein Federpendel schwingt harmonisch mit $s_M = 8\,cm$ und $T = 1,4\,s$. Für $t = 0$ ist $s = 0$ und $v = v_M$.
a) Stellen Sie die Gleichungen für $s(t)$, $v(t)$ und $a(t)$ auf. Skizzieren Sie die entsprechenden Diagramme.
b) Bestimmen Sie anhand der grafischen Darstellung s, v und a für die Zeitpunkte 0,1 s; 0,2 s; 0,3 s; 0,5 s.
c) Berechnen Sie v_M und a_M!

A6 ⊖ Die Graphen in **B3** beschreiben zwei gedämpfte Schwingungen.

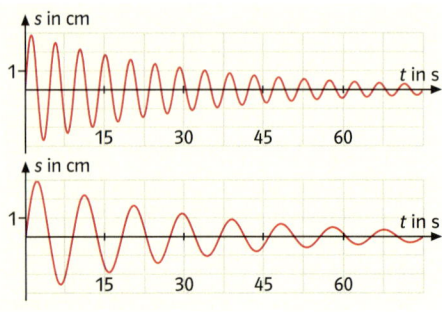

B3

a) Erläutern Sie den Begriff „Dämpfung".
b) Ermitteln Sie aus den Graphen die Periodendauern T.
c) Beschreiben Sie das Abklingen der Amplituden für beide Fälle. Stellen Sie Ihre Aussagen auch anhand der Skizze eines Funktionsgraphen dar.
d) Vergleichen Sie das Abklingen der Amplituden, indem Sie entweder die Differenz oder den Quotienten benachbarter Amplituden betrachten.
e) Stellen Sie für beide Fälle eine Hypothese über den langfristigen Verlauf der Schwingungen auf.

A7 ⊖ Ein Reagenzglas wird mit Sand gefüllt und in einen mit Wasser gefüllten Standzylinder gebracht, sodass es etwa 2 cm aus dem Wasser ragt. Begründen Sie, dass das Reagenzglas eine harmonische Schwingung ausführt, wenn man es durch leichtes Anstoßen aus der Ruhelage bringt.

A8 ○ Erklären Sie, warum ein Fadenpendel nur bei kleinen Amplituden harmonisch schwingt.

A9 ⊖ Berechnen Sie die Länge eines Fadenpendels, das mit gleicher Frequenz wie ein Federpendel der Masse $m = 2\,kg$ und mit der Federkonstanten $D = 100\,N/m$ schwingt.

A10 ⊖ Ein Körper soll unter dem Einfluss einer rücktreibenden Kraft eine periodische Bewegung ausführen.
a) Erörtern Sie Aussage „Die Periodendauer ergibt sich aus der Konkurrenz von rücktreibender Kraft und Trägheit."
b) Vergleichen Sie die Formeln für die Periodendauer bei der Federschwingung und beim Fadenpendel. Begründen Sie den Unterschied hinsichtlich der Masse.

A11 ○ Zwei harmonische Schwingungen derselben Frequenz $f = 50\,Hz$ und den Amplituden $s_{M1} = 2,0\,cm$ und $s_{M2} = 5,0\,cm$ werden mit einem Phasenunterschied von $\pi/6 = 30°$ überlagert. Ermitteln Sie Amplitude und Periode der neuen Schwingung durch grafische Addition von s_1 und s_2. Zeichnen Sie auch ein entsprechendes Zeigerdiagramm.

A12 ○ Zwei harmonische Schwingungen mit gleichen Amplituden $s_{M1} = s_{M2} = 2,5\,cm$ und mit den Frequenzen 4 Hz bzw. 6 Hz werden überlagert. Zum Zeitpunkt $t = 0$ sind beide in gleicher Phase mit der Auslenkung $s_1 = s_2 = 0$. Bestimmen Sie zeichnerisch Amplitude und Periodendauer der resultierenden Schwingung.

A13 ○ Erläutern Sie mit zwei gekoppelten Fadenpendeln (→**B1**) die folgenden Begriffe: Eigenschwingung, erzwungene Schwingung und Resonanz (→**B2**).

A14 ● Verschieden lange Eisenstreifen ragen in eine Spule hinein. Ein Streifen beginnt bei einer bestimmten Frequenz des Wechselstroms zu schwingen (→**B2**). Erklären Sie dies.

A15 ⊖ a) Beschreiben Sie einen elektrischen Schwingkreis.
b) Beschreiben Sie die Energieumsetzungen ohne und mit Dämpfung.
c) Skizzieren Sie den Verlauf von $U(t)$ und $I(t)$.

A16 ⊖ In einem elektrischen Schwingkreis aus Spule und Kondensator beträgt die Kapazität 80 µF. Für die Stromstärke gilt:
$I(t) = 10\,mA \cdot \sin(\pi \cdot 1/s \cdot t)$
Berechnen Sie für den ungedämpften Schwingkreis:
a) Die Induktivität der Spule.
b) Die maximale Spannung am Kondensator.
c) Beschreiben Sie ein weiteres Experiment zur Bestimmung von Induktivität und Ohm'schem Widerstand der Spule.

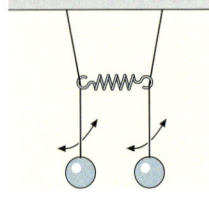

B1 Zu Aufgabe 13

Hz

B2 Zu Aufgabe 14

8 Wellen

Tropfen erzeugen Muster auf der Wasser-oberfläche. Was breitet sich hier aus?

8.1 Entstehung von Wellen

Im Jahr 2015 gelang erstmals der experimentelle Nachweis von Gravitationswellen, die Albert Einstein bereits hundert Jahre zuvor im Rahmen seiner allgemeinen Relativitätstheorie vorhergesagt hatte. Diente bisher vor allem die Untersuchung von Lichtsignalen dazu, Informationen über die Vorgänge im Universum zu sammeln, eröffnen sich durch die Neuentdeckung weitere Möglichkeiten in diesem Bereich.

Ausbreitung von Signalen

Die Signale, die die Interferometer des LIGO (Laser Interferometer Gravitational-Wave Observatory) detektiert haben (→B1), besitzen Ähnlichkeit mit den Aufzeichnungen der Seismographen in Erdbebenwarten (→B2). Das Seismogramm zeigt Schwingungen des Erdbodens in alle Richtungen an. Dieselben Signale werden an verschiedenen Stationen zu verschiedenen Zeiten registriert, sie scheinen sich also mit einer gewissen Geschwindigkeit auszubreiten.

Ein Erdbeben stört einen bis dahin bestehenden Zustand der Erdoberfläche. In ähnlicher Weise erfährt der Zustand des Trommelfells eine Störung, wenn wir ein Geräusch hören. Eine solche Störung, die sich mit einer gewissen Geschwindigkeit im Raum ausbreitet, bezeichnet man als **Welle**.
Die Störung, die das Erdbeben erzeugt, breitet sich in Form einer seismischen Welle aus, die an verschiedenen Messstationen registriert werden kann. Die Ausbreitung eines Geräusches lässt sich durch eine Schallwelle beschreiben. Das Gehör kann sie auch in größerer Entfernung von der Quelle wahrnehmen. Die Störung einer ruhigen Wasseroberfläche kann man über den Sehsinn erfassen, in Abbildung **B3** ist zu sehen, wie sich die Störung in Form einer Wasserwelle ausbreitet.

Die beschriebenen Störungen erzeugen Veränderungen an der Materie im Raum wie z.B. der Erdkruste, der Luft und dem Wasser. Unter dem Einfluss sehr großer Massen kann aber auch der Raum selbst eine Störung erfahren, die sich in Form von Gravitationswellen ausbreitet. Ursache dafür sind astrophysikalische Vorgänge z.B. die Verschmelzung extrem massereicher Schwarzer Löcher. Die damit verbundenen Signale sind allerdings nur sehr schwach und schwer nachzuweisen.

Ein auf der Wasseroberfläche schwimmender Gegenstand wird durch eine Welle nur auf und ab bewegt, dabei ändert er ständig seine Höhenenergie (→B3). Wasserwellen transportieren keine Materie, sondern nur Energie. Gleiches gilt für Schallwellen und seismische Wellen, ebenso wie für Gravitationswellen.

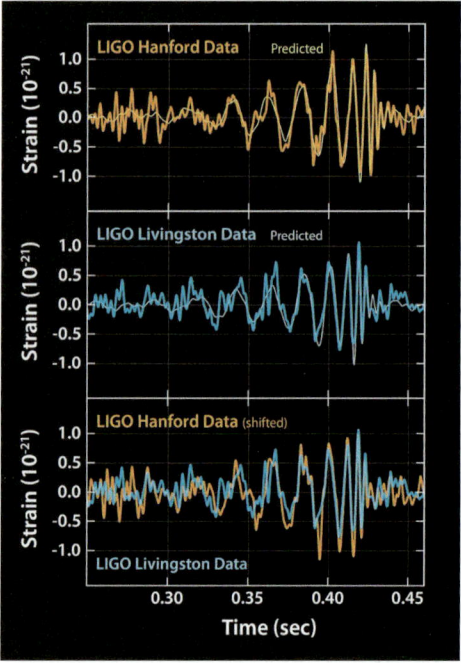

B1 Messdaten von Gravitationswellen

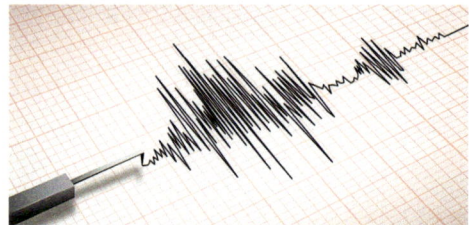

B2 Seismogramm

B3 Ausbreitung einer Wasserwelle

Eine sich im Raum mit einer bestimmten Geschwindigkeit ausbreitende Störung wird als Welle bezeichnet. Wellen transportieren keine Materie, sondern nur Energie.

B1

Mechanische Wellen

Wasserwellen, seismische Wellen und Schall-
wellen gehören zu den **mechanischen Wellen**.
Sie zeichnen sich dadurch aus, dass ihre Aus-
breitung ein Medium erfordert.
Mechanische Wellen treten in vielfachen
Formen auf: als räumliche Wellen wie beim
Schall, als Oberflächenwellen z.B. auf dem
Wasser oder als eindimensionale Wellen auf
einer Feder.

An einer langen weichen Feder lassen sich die
Abläufe beobachten (→B2). Durch eine Störung
an einer Stelle der Feder werden einige der
Windungen aus ihrer Ruhelage bewegt. Weil
diese Windungen an die benachbarten gekoppelt sind, werden auch diese ausgelenkt und
die Störung bewegt sich mit einer bestimmten
Geschwindigkeit entlang der Feder. Die beweglichen Teile des Mediums nennt man auch
Oszillatoren.
Die Störung kann so erfolgen, dass sich die
Oszillatoren senkrecht zur Ausbreitungsrichtung der Welle bewegen (→B2a). Solche Wellen
heißen Querwellen oder **Transversalwellen**.
Bei Längswellen oder **Longitudinalwellen** bewegen sich die Oszillatoren infolge der Störung in Ausbreitungsrichtung der Welle (→B2b).

Wellen können sich nur ausbreiten, wenn
zwischen den Oszillatoren eine Kopplung besteht. Deren Stärke bestimmt die **Ausbreitungsgeschwindigkeit *c*** einer Welle. So beträgt die
Schallgeschwindigkeit in Wasser etwa 1480 m/s,
während sie in Luft bei 340 m/s liegt. Wirkt die
Kopplung auch quer zur Ausbreitungsrichtung,
wie z.B. bei einer Feder, können Querwellen
entstehen. Ist das nicht der Fall, wie z.B. bei
den Teilchen der Luft, können sich nur Längswellen ausbreiten.

Schallwellen

Zur Ausbreitung des Schalls ist ein Medium
erforderlich. Da dieses gasförmig, flüssig oder
fest sein kann, handelt es sich bei Schallwellen
um Längswellen. Eine Kerzenflamme (→B1)
hinter einem Tamburin flackert, wenn das
Instrument angeschlagen wird. Dies zeigt, dass
sich die Luftteilchen bewegen. Die Störung
bewirkt im Medium, in Ausbreitungsrichtung
gesehen, eine Folge von Verdichtungen und
Verdünnungen der Teilchen. Auf diese Weise
entstehen im Vergleich zum ungestörten
Medium Bereiche mit erhöhtem und verringer-
tem Druck (→B3). Diese Druckunterschiede
breiten sich als Längswelle aus. Die Schallgeschwindigkeit nimmt mit steigender Temperatur zu.

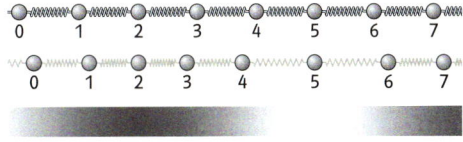

B3 Entstehung einer Schallwelle

Wasserwellen

Unter den mechanischen Wellen bilden die
Wasserwellen einen Sonderfall. Weit vom
Strand entfernt beobachtet man, dass sich ein
Boot auf den Wellen nur auf und ab bewegt. Es
wird kein Wasser transportiert. In hinreichend
tiefem Wasser werden die Wasserteilchen an
der Oberfläche beim Durchgang einer Welle
auf Kreisen bewegt (→ B4). Erreichen die Wellen
den flacheren Strand, treten infolge dieser
Kreisbewegung je nach Wassertiefe verschiedene Effekte auf, es können z.B. Wellenbrecher
entstehen oder die einlaufende Welle ändert
ihre Richtung.

Ausbreitungsrichtung der Welle

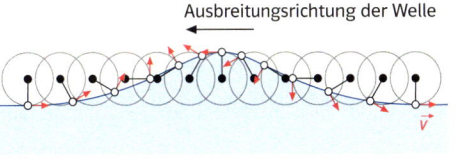

B4

**Mechanische Wellen treten in Form von Trans-
versal- oder Longitudinalwellen auf. Die Ausbreitungsgeschwindigkeit ist vom Medium
abhängig.**

A1 ● Erzeugen Sie auf einer langen Feder
Quer- und Längswellen. Bestimmen Sie deren
Ausbreitungsgeschwindigkeiten.

a)

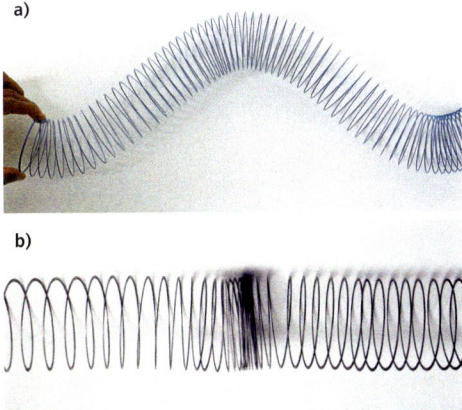

b)

B2 Transversalwelle (a), Longitudinalwelle (b)

8.2 Harmonische Wellen

In der Vielfalt von Erscheinungen eine gemeinsame Struktur zu entdecken und diese auf möglichst einfache Weise zu beschreiben, ist eine bewährte Vorgehensweise in der Physik.

Ein Modell für Wellen

An einer Pendelkette (→B3) lassen sich die Eigenschaften einer Welle untersuchen. Diese Anordnung aus vielen identischen Pendeln, die durch Federn gekoppelt sind, stellt das Ausbreitungsmedium dar. Alle Oszillatoren führen bei kleiner Auslenkung harmonische Schwingungen mit der Periodendauer T bzw. der Frequenz f aus. Eine Störung, also Auslenkung des ersten Oszillators, breitet sich mit einer konstanten Geschwindigkeit c entlang der Pendelkette in x-Richtung aus. Vernachlässigt man die Dämpfung, schwingt jeder Oszillator mit derselben Amplitude s_{max}. Erfolgt die Störung in Ausbreitungsrichtung, entsteht eine Longitudinalwelle (→B3 unten), eine Störung senkrecht zur Ausbreitungsrichtung hat eine Transversalwelle zur Folge (→B3 Mitte).

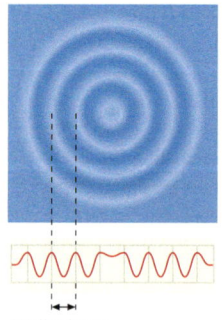

Wellenlänge

B1 Kreiswelle

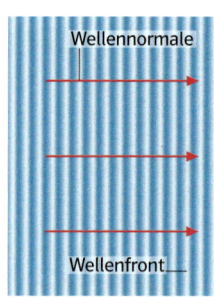

B2 Ebene Welle mit Wellenfront und Wellennormale

Ein einzelnes Pendel beginnt erst dann zu schwingen, wenn die Störung bei ihm angekommen ist. Zwischen den Schwingungen verschiedener Pendel besteht eine Phasenverschiebung $\Delta\varphi$, sodass sich zu jedem Zeitpunkt eine neue Anordnung der Pendelkörper im Raum ergibt. **B3b** und **c** zeigen Momentaufnahmen aller Oszillatoren zu einem Zeitpunkt t. Wird die Welle durch eine Störung in Form einer harmonischen Schwingung verursacht, entsteht eine **harmonische Welle**.

Zeitliche und räumliche Periodizität

Bei der harmonischen Schwingung, die jeder Oszillator der Pendelkette ausführt, handelt es sich um einen zeitlich periodischen Vorgang. Der Ablauf kann in einem Film betrachtet und in einem t-s-Diagramm dargestellt werden. Diese zeitliche Periodizität der Störung führt bei der Ausbreitung zu einer räumlichen Periodizität (→**B1**, **B2**). Das bedeutet, dass der Abstand für je zwei benachbarte Wellenberge gleich ist, wie man gut an den Wasserwellen in **B1** erkennen kann. Diesen Abstand nennt man **Wellenlänge** λ. Die räumliche Periodizität ergibt sich aus der zeitlichen Periodizität der einzelnen Oszillatoren und der konstanten Ausbreitungsgeschwindigkeit c.

Zwei beliebige Oszillatoren schwingen mit einem Phasenunterschied $\Delta\varphi$. Er wird durch die Lage der beiden Oszillatoren zueinander und die Ausbreitungsgeschwindigkeit bestimmt. Alle Oszillatoren, die mit gleicher Phase schwingen, bilden eine Wellenfront, die

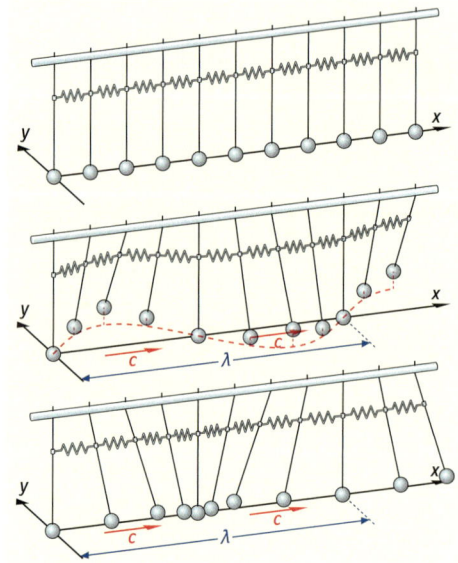

B3 Lineares Modell einer Welle

senkrecht dazu orientierten Wellennormalen zeigen die Ausbreitungsrichtung an. Auf der Wasseroberfläche entstehen so z. B. ebene Wellen (→**B2**) oder Kreiswellen (→**B1**).

Geschwindigkeit und Wellenlänge

In **B4** beginnt Oszillator O_1 zum betrachteten Zeitpunkt zu schwingen, O_2 startet um die Zeitspanne $\Delta t = \Delta s/c$ versetzt. Dies führt zu einem Phasenunterschied $\Delta\varphi = 2\pi \cdot \Delta t/T$. Nach $\Delta t = T$ hat der erste Oszillator eine vollständige Schwingung beendet, während der in der Entfernung Δs liegende Oszillator gerade zu schwingen beginnt. Wegen $\Delta\varphi = 2\pi$ schwingt er synchron zum ersten Oszillator. Es gilt dann $\Delta s = c \cdot T$. Diese Entfernung entspricht der Wellenlänge λ, damit gilt:

$$c = \lambda/T \text{ oder mit } f = 1/T: \ c = \lambda \cdot f$$

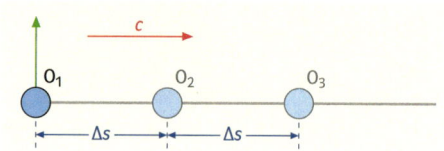

B4

Eine harmonische Welle ist ein zeitlich und räumlich periodischer Vorgang. Frequenz bzw. Periodendauer kennzeichnen die zeitliche, die Wellenlänge die räumliche Periodizität.

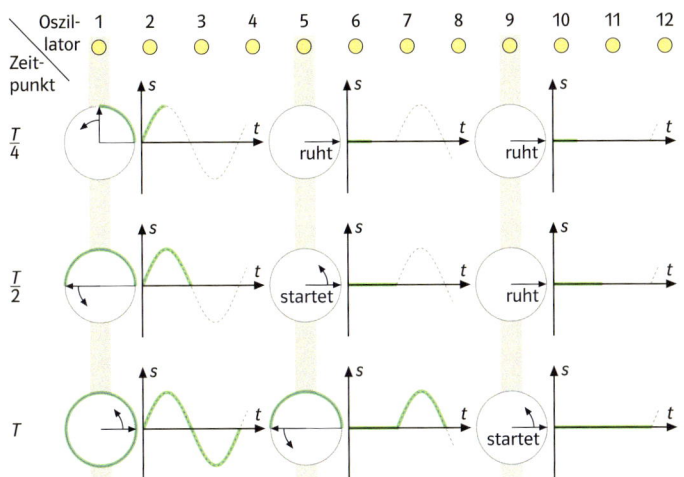

B1 Zeit-Auslenkung-Diagramme einer harmonischen Welle

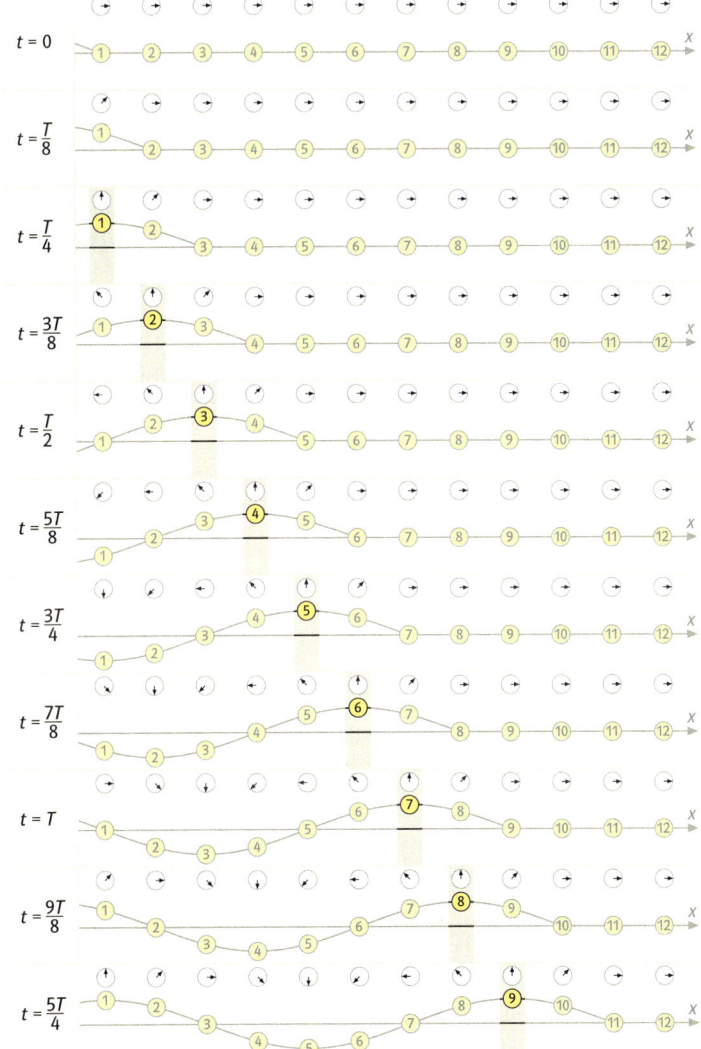

B2 Ort-Auslenkung-Diagramme einer harmonischen Welle

Jeder Oszillator einer harmonischen Welle führt eine harmonische Schwingung aus, die sich durch einen rotierenden Zeiger beschreiben lässt. In **B1** ist jedem Oszillator ein solcher Zeiger zugeordnet. Der jeweilige Zeiger startet dann, wenn die Störung den Oszillator erreicht. Damit laufen die Zeiger aller Oszillatoren einer Welle zeitlich versetzt (→**B1**).

Die Ausbreitung der harmonischen Welle lässt sich mit einer Reihe von Momentaufnahmen verfolgen. **B2** zeigt die Positionen einiger Oszillatoren zu den Zeiten $t = 0$, $t = \frac{1}{8}T$, …
Zum Zeitpunkt $t = 0$ beginnt zunächst der Oszillator O_1 mit einer harmonischen Schwingung. Der zugehörige Zeiger setzt sich in Bewegung. Zum Zeitpunkt $t = \frac{1}{2}T$ erreicht O_1 erstmals wieder die Ruhelage. Der Oszillator O_4 hat sich bereits in Bewegung gesetzt. Seine Position ist durch die Zeigerstellung $\varphi = \frac{1}{4}\pi$ gegeben. Man erkennt: Der Oszillator O_4 bewegt sich gegenüber O_1 mit $\Delta t = \frac{3}{8}T$ zeitversetzt; dem entspricht eine Phasenverschiebung von $\Delta \varphi = \frac{3}{4}\pi$.
Alle Auslenkungen, die der erste Oszillator nacheinander durchläuft, werden von den nebeneinanderliegenden anderen Oszillatoren nach und nach eingenommen. Ihre Positionen ergeben zu jedem Zeitpunkt eine Sinuskurve.

Nachdem der Oszillator O_1 alle Phasen einer Schwingung durchlaufen hat, also nach Ablauf der Dauer T einer Periode, hat sich die Welle so weit ausgebreitet, dass ein weiterer Oszillator O_9 synchron mit ihm zu schwingen beginnt. D.h., O_1 und O_9 haben voneinander den Abstand einer Wellenlänge λ. Nun setzt O_1 seine Bewegung fort und das räumliche Muster der Bewegungszustände breitet sich auf immer mehr Oszillatoren aus.

Die harmonische Welle wird als zeitlich und räumlich periodischer Vorgang durch die Periodendauer bzw. Frequenz und die Wellenlänge beschrieben. Über die Ausbreitungsgeschwindigkeit sind beide Größen miteinander verknüpft.

A1 ⊝ **a)** Zeichnen Sie Oszillatoren im Abstand von 1 cm. Es wird eine harmonische Welle mit $T = 2\,\text{s}$ und $\lambda = 8\,\text{cm}$ erzeugt.
b) Skizzieren Sie für die Oszillatoren Nummer 1, 3 und 9 das t-s-Diagramm.
c) Skizzieren Sie das x-s-Diagramm zu den Zeitpunkten $t = \frac{1}{2}T$, $\frac{3}{4}T$, T, $\frac{3}{2}T$.

Energietransport durch Wellen

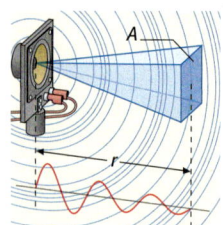

B1 Wellenenergie im Medium

Ein Korken schwimmt auf einer ruhigen Wasseroberfläche. Eine Störung der Oberfläche führt zur Entstehung einer Welle. Deren Wasserberge und -täler breiten sich kreisförmig aus. Erreicht ein Wasserberg den Korken, wird dieser angehoben, d.h., seine Höhenenergie ändert sich. Wellen transportieren also Energie. Mit ihrer Ausbreitung werden immer neue Oszillatoren des Mediums erfasst. Jeder Oszillator nimmt Energie auf und gibt Energie ab (→**B4**).

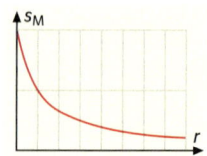

B2 Amplitude bei zunehmendem Abstand zur Quelle

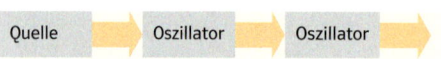

B4 Energietransport durch eine Welle

Bei einer fortlaufenden Wasserwelle bewegt sich ein Korken an einer bestimmten Stelle mit unveränderter Amplitude und Frequenz, d.h., er ändert seine Energie nicht. Er nimmt also in jeder Zeitspanne genauso viel Energie auf, wie er abgibt. Bei einer punktförmigen Störung einer Wasseroberfläche erkennt man, dass in der sich kreisförmig ausbreitenden Welle die Höhe der Wellenberge, also die Amplitude mit der Entfernung von der Quelle abnimmt.

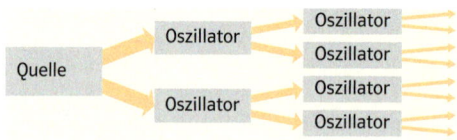

B5 Energie verteilt sich

In Ausbreitungsrichtung gibt jeder Oszillator seine Energie an mehrere Oszillatoren weiter, sodass nach dem Prinzip der Energieerhaltung jeder nur einen entsprechend kleineren Anteil erhält (→**B5**), die Amplitude nimmt daher ab.

Mathematische Beschreibung

In einer harmonischen Welle hat jeder Oszillator die Energie

$$E_{Osz} = E_S + E_B = \tfrac{1}{2} \cdot D \cdot s^2 + \tfrac{1}{2} \cdot m \cdot v^2$$

Im Umkehrpunkt s_M mit $v = 0$ ergibt sich

$$E_{Osz} = \tfrac{1}{2} \cdot D \cdot s_M^2$$

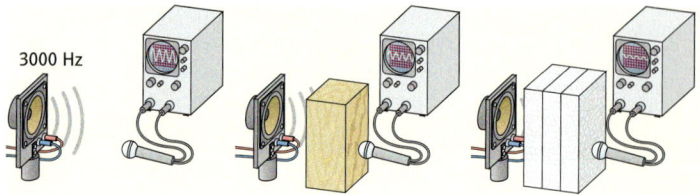

3000 Hz

B3 Energietransport: Prinzip einer Versuchsanordnung

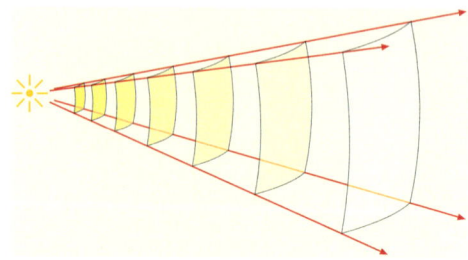

B6 Große Fläche ergibt kleine Intensität.

Mit $\omega^2 = D/m$ und $\omega = 2\pi \cdot f$ folgt

$$E_{Osz} = 2\pi^2 \cdot m \cdot f^2 \cdot s_M^2.$$

Die Gesamtenergie einer Welle ergibt sich als Summe der Energiebeträge aller beteiligten Oszillatoren. Sie ist proportional zum Quadrat von Frequenz und Amplitude.

Eine punktförmige Quelle sendet Wellen in alle Richtungen. Solange Frequenz und Amplitude der Welle konstant bleiben, ändert sich ihre Energie nicht. Dieser Energiebetrag tritt durch eine um die Quelle gedachte Kugeloberfläche hindurch. Die Oberfläche der Kugel nimmt quadratisch mit ihrem Radius r zu ($A = 4\pi \cdot r^2$). Die Energie der Welle, bezogen auf ein Flächenstück A, sinkt daher mit der Entfernung von der Quelle mit $E/A \sim 1/r^2$. Da die Frequenz konstant bleibt, nimmt die Amplitude s_M wegen $E \sim s_M^2$ mit $1/r$ ab (→**B2**).

Bei einer kugelsymmetrischen Welle nimmt die Intensität mit dem Quadrat der Entfernung von der Quelle ab. Für ihre Amplituden in der Entfernung r von der Quelle gilt:

$$\frac{s_{M1}}{s_{M2}} = \frac{r_2}{r_1}$$

A1 ◐ Neben der Verteilung der Energie gibt es einen zweiten Effekt, der sich in einer Abnahme der Amplitude zeigt. Bei jeder Energieübertragung wird ein Teil in thermische Energie überführt.
a) Zeichnen Sie das Energieflussdiagramm aus **B4** für folgende Fälle:
1. Bei jeder Übertragung wird der gleiche Energiebetrag in thermische Energie überführt.
2. Bei jeder Übertragung wird ein bestimmter Prozentsatz der übertragenen Energie in thermische überführt.
b) Diskutieren Sie die „Reichweite" der Welle in diesen beiden Fällen, z.B. mit Hilfe einer Tabellenkalkulation.
c) Untersuchen Sie mit einer geeigneten Anordnung (→**B3**) die Dämpfungseigenschaften verschiedener Materialien für Schallwellen.

Beschreibung von Wellen

Beschreibung durch Sinuskurven   Eine periodische Welle ist ein zeitlich und räumlich periodischer Vorgang. Ihre vollständige Beschreibung im Raum erfordert drei Koordinaten für den Ort eines Oszillators sowie je einen Wert für den Zeitpunkt t und die Elongation s, d.h. ein Koordinatensystem mit fünf Achsen. Das ist in unserem dreidimensionalen Anschauungsraum nicht darstellbar.

Wenn man nur eine lineare Anordnung von Oszillatoren betrachtet, kann ihr Ort jeweils durch eine einzige Koordinate x beschrieben werden. In einem dreidimensionalen Koordinatensystem (→**B1**) kann man dann die Elongation als Funktion $s(x, t)$ mit drei Variablen darstellen. Auf einer Zeichenfläche lässt sich dies nur verzerrt wiedergeben (→**B3**).

In einem $s(t)$-Diagramm wird für einen Oszillator am Ort x das zeitliche Nacheinander in ein räumliches Nebeneinander übersetzt, wie in der Filmaufnahme eines einzelnen Oszillators. Ein $s(x)$-Diagramm beschreibt die Lage aller Oszillatoren zu einem Zeitpunkt t, entsprechend einer Momentaufnahme aller Oszillatoren. Bei einer harmonischen Welle ergeben sich in allen Fällen Sinuskurven, die je nach Wahl von x bzw. t verschoben sind. **B2** zeigt die Kurven für jeweils vier verschiedene Zeitpunkte bzw. Orte.

zum Zeitpunkt $t = 0$ mit einer Auslenkung nach oben beginnt, wird der zeitliche Ablauf der Schwingung durch folgende Gleichung beschrieben:

$$s_1(t) = s_M \cdot \sin\left(\frac{2\pi}{T} \cdot t\right)$$

Betrachtet man Oszillator 5 am Ort x, so wird dieser später von der Schwingung erfasst. Eine ihm zugeordnete Uhr zeigt den Beginn der Bewegung mit $t' = 0$ an, die zugehörige Gleichung lautet:

$$s_5(t) = s_M \cdot \sin\left(\frac{2\pi}{T} \cdot t'\right)$$

Zwischen den Uhren besteht der Zeitunterschied $\Delta t = t - t'$. Durch die endliche Ausbreitungsgeschwindigkeit c der Welle ist Δt umso größer, je größer der Abstand zwischen den Oszillatoren ist. Für eine Strecke x benötigt eine Störung die Zeitspanne

$$\Delta t = \frac{x}{c} = x \cdot \frac{T}{\lambda}$$

An einem beliebigen Ort x ist die Auslenkung zur Zeit $t' = t - \Delta t$

$$s = s_M \cdot \sin\left(\frac{2\pi}{T} \cdot (t - \Delta t)\right)$$

$$= s_M \cdot \sin\left(2\pi \cdot \left(\frac{t}{T} - \frac{\Delta t}{T}\right)\right)$$

$$= s_M \cdot \sin\left(2\pi \cdot \left(\frac{t}{T} - \frac{x}{\lambda}\right)\right)$$

Dies ist die **Wellengleichung der harmonischen Welle**. Sie beschreibt sowohl den zeitlichen Ablauf der Bewegung eines Oszillators am Ort x in der Welle, als auch die räumliche Verteilung aller Auslenkungen für jeden Zeitpunkt t.

B1

s(t)

Filmaufnahme $s(t)$ an festem Ort

s(x)

Momentaufnahme $s(x)$ zum festen Zeitpunkt

B2

Herleitung der Wellengleichung   In einer harmonischen Welle schwingt jeder Oszillator harmonisch. Wenn z. B. die Bewegung des Oszillators 1, der sich am Ort $x = 0$ befindet,

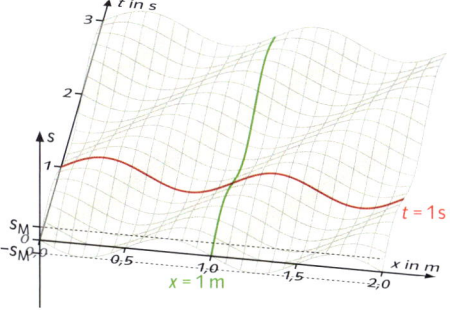

B3

Wellen und Zeiger

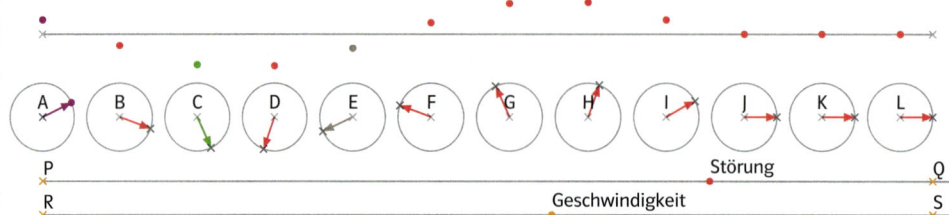

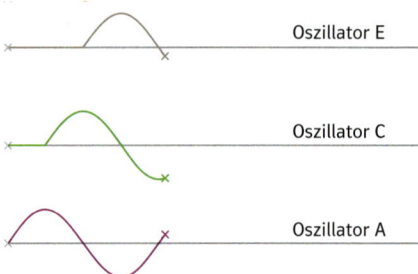

B1 Entstehung einer harmonischen Welle in der Zeigerdarstellung

Mit einem Geometrieprogramm lässt sich die Entstehung einer harmonischen Welle simulieren. Jeder Oszillator einer Pendelkette vollführt die gleiche harmonische Schwingung, dargestellt durch einen Zeiger am Ort des Oszillators. Bei einer von links nach rechts fortschreitenden Störung beginnt die Schwingung umso später, je weiter rechts sich der Oszillator befindet. Die *t-s*-Diagramme für die Oszillatoren A, C und E in **B1** unten zeigen dies.

Die unterschiedliche Stellung benachbarter Zeiger bleibt auch dann erhalten, wenn alle Oszillatoren schwingen. Man kann sich vorstellen, dass alle bei unterschiedlichen Startpositionen beginnen. In **B2** beginnt der Zeiger am Sender bei Start-S, am Empfänger bei Start-E $-t = 0$, d.h., um den Winkel β im Uhrzeigersinn verschoben. Dieser Winkel ergibt sich aus der räumlichen Periodizität.

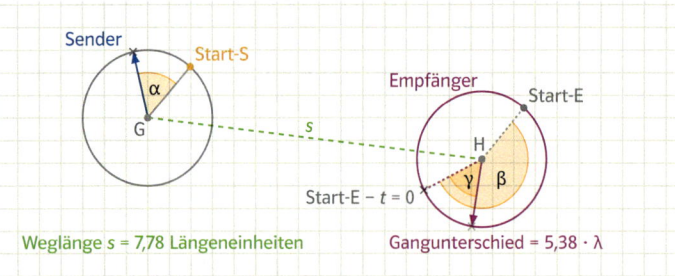

B2 Phasenverschiebung durch Abstand

Die vollständige Beschreibung einer Welle erfordert ein zeitliches und ein räumliches Bild. In **B3** wurden beide mit einem Geometrieprogramm mit Hilfe von Zeigern erzeugt. Die Kurven entstehen nach folgenden Anleitungen. **B3a**: Zeigerkreis auf einen bestimmten Ort bringen, dann Schieberegler für Zeit betätigen. **B3b**: Schieberegler für Zeit auf einen festen Wert stellen, dann Zeigerkreis längs der Ortsachse verschieben.

A1 ◯ In Abbildung **B2** sind α und γ gleich groß. Erläutern Sie dies.

A2 ◯ Beschreiben Sie die Bewegung des Zeigers bei Betätigung des Reglers für die Zeit bzw. bei Verschiebung längs der Ortsachse.

A3 ◯ Skizzieren Sie Bilder, die sich bei veränderten Einstellungen ergeben.

A4 ◯ Recherchieren Sie (z.B. mit „Geogebra – Wellen, Zeiger" o.Ä.) nach vergleichbaren Darstellungen.

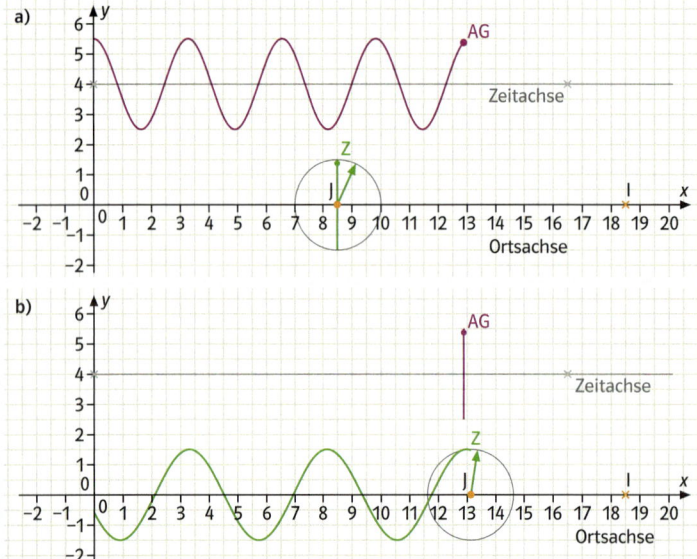

B3 Wellenbilder

Erdbeben und Tsunamis

Die Erdkruste besteht aus mehreren Platten. Sie „schwimmen" auf einer durch die Hitze plastisch gewordenen Schicht des Erdmantels. Konvektionsströme nehmen die Platten bis zu 16 cm pro Jahr mit. In 670 km Tiefe ist der Mantel durch den hohen Druck wieder fest. 70 % der Bebenherde liegen weniger als 70 km tief.

Tsunamis Als Tsunami bezeichnet man Riesenwellen, die in Küstennähe entstehen (→B1). Der Begriff stammt aus dem Japanischen und bedeutet Hafenwelle (tsu = Hafen, nami = Welle). Er wurde von Fischern geprägt, die verwüstete Häfen vorfanden, obwohl sie auf offener See keine hohen Wellen bemerkt hatten. Verursacht wird ein Tsunami durch eine starke Hebung oder Senkung des Meeresbodens, z.B. infolge eines Meerbebens oder des Abrutschens von Kontinentalhängen im Meer (→B3). Anders als bei normalen Meereswellen, die vom Wind verursacht werden und nicht tief ins Wasser reichen, wird bei einem Tsunami die gesamte Wassersäule vom Meeresboden bis zur -oberfläche bewegt. Die Welle breitet sich aus, d.h., die zugeführte Energie wird in alle Richtungen transportiert, wobei sich kaum Wasser in Ausbreitungsrichtung bewegt.

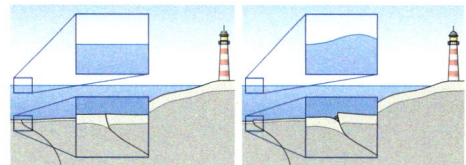

B3 Entstehung eines Tsunamis

Die Ausbreitungsgeschwindigkeit c einer Tsunami-Welle ist von der Wassertiefe h abhängig: $c = \sqrt{g \cdot h}$; d.h. je tiefer das Wasser, desto höher ist die Ausbreitungsgeschwindigkeit. Auf dem offenen Meer ($h \approx 4500$ m) beträgt sie ca. 750 km/h. In Küstennähe nimmt die Wassertiefe ab, deshalb sinkt die Ausbreitungsgeschwindigkeit. Gleichzeitig wächst die Amplitude. Zugleich wird im flachen Wasser die für die Auf- und Abbewegung verfügbare Wassermenge geringer. Energie wird zunehmend in Translationsenergie des Wassers umgesetzt.

Die Ausbreitung von seismischen Wellen

Ein Erdbeben ist die Folge heftiger Störungen in der festen Erdkruste. Dabei entstehen gleichzeitig Längs- und Querwellen, die sich dann durch das stellenweise feste oder flüssige Erdinnere ausbreiten. Da die Elastizität dieser Medien für Stauchung (Längswellen), für Hebung und Senkung (Querwellen) bzw. für eine Kombination mit Drehungen (Scherwellen) unterschiedlich ist, unterscheiden sich die Ausbreitungsgeschwindigkeiten der Wellen in diesen Medien und sie erreichen die Erdoberfläche zu verschiedenen Zeitpunkten. Sie werden nach einem Beben als **Seismogramm** (→**B2**) aufgezeichnet: Zuerst werden Längswellen (Primärwellen) registriert, gefolgt von Querwellen (Sekundärwellen) und von sogenannten Rayleigh-Wellen, die sich – vergleichbar mit den Wellen an der Wasseroberfläche – auf der Erdoberfläche ausbreiten.

Aus Labormessungen mit verschiedenen Wellenformen an entsprechend unter Druck gesetzten Gesteinen kennt man den Zusammenhang mit der Ausbreitungsgeschwindigkeit. Damit kann umgekehrt aus dem Seismogramm auf den Zustand des Erdinneren geschlossen werden. So deutet z.B. das Abbrechen der Sekundärwellen aus einer Tiefe von mehr als 2900 km darauf hin, dass das Erdinnere in diesem Bereich flüssig wird, da Querwellen sich nur in festen Medien ausbreiten können.

B1

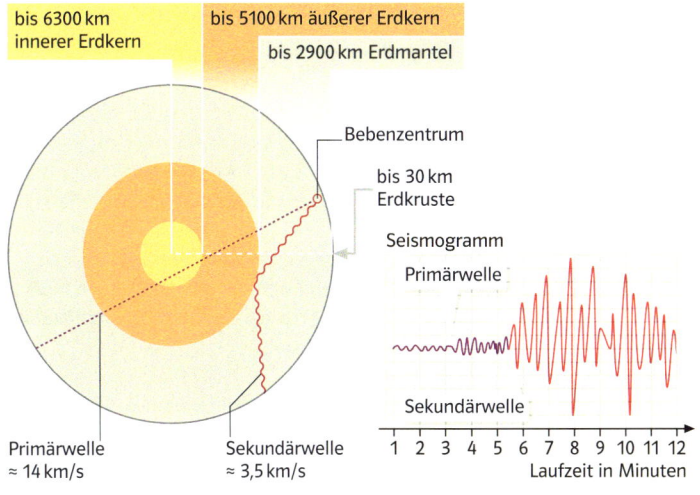

bis 6300 km innerer Erdkern

bis 5100 km äußerer Erdkern

bis 2900 km Erdmantel

Bebenzentrum

bis 30 km Erdkruste

Seismogramm

Primärwelle

Sekundärwelle

1 2 3 4 5 6 7 8 9 10 11 12
Laufzeit in Minuten

Primärwelle ≈ 14 km/s

Sekundärwelle ≈ 3,5 km/s

B2 Erdbebenwellen verraten den inneren Aufbau der Erde.

Beobachten und Erklären eines Alltagsvorgangs – der Dopplereffekt

Ausgangspunkt Alltagsbeobachtung Nähert sich ein Polizeiauto mit eingeschalteter Sirene einem Beobachter, so nimmt dieser einen höheren Ton wahr, als im Fall eines ruhenden bzw. sich entfernenden Polizeiautos. Diese Alltagsbeobachtung lässt sich physikalisch erklären.

Untersuchung in einem Experiment Auf einem kleinen Wagen wird ein tönender Lautsprecher befestigt. Der Wagen bewegt sich zunächst auf ein Mikrofon zu, dann von ihm weg. Bei konstanter Frequenz des vom Lautsprecher erzeugten Tones mit $f = 10\,000\,\text{Hz}$ wird über das Mikrofon im ersten Fall eine Frequenz von $f' = 10\,006\,\text{Hz}$, im zweiten Fall von $f'' = 9\,994\,\text{Hz}$ registriert. Da die Schallquelle mit unveränderter Frequenz sendet, muss ihre Bewegung die beobachtete Frequenzänderung verursachen. Die Frequenzänderung hängt von der Geschwindigkeit ab.

Veranschaulichung im Modell In Abbildung **B2a** wird ein periodisch ins Wasser tauchender Stift nach rechts bewegt. Der Stift erzeugt Wellen. Nähert sich der Stift einem Beobachter, wird eine geringere Wellenlänge beobachtet, entfernt er sich von ihm, nimmt die Wellenlänge zu.

Theoretische Beschreibung Ein Sender S bewege sich mit der Geschwindigkeit v zwischen zwei ruhenden Beobachtern B_1 und B_2 (→**B1a**). Den Beobachter B_1, auf den sich der Sender zubewegt, erreichen aufeinander folgende Wellenfronten in kürzeren Abständen als bei ruhendem Sender.

In jeder Periode bewegt sich S um die Strecke $v \cdot T = v/f$ in Richtung B_1 (mit T: Periodendauer; f: Frequenz der Welle).

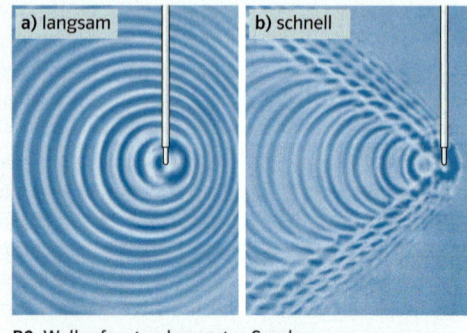

B2 Wellenfronten bewegter Sender

Die nächste Periode beginnt näher an Beobachter B_1. Er beobachtet also gegenüber der ursprünglichen Wellenlänge $\lambda = c/f$ eine um v/f verkürzte Wellenlänge λ':

$$\lambda' = \lambda - \frac{v}{f}$$

Da die Ausbreitungsgeschwindigkeit c konstant bleibt, steigt die Frequenz von f auf f':

$$f' = \frac{c}{\lambda'} = f \cdot \frac{c}{c - v}$$

Für den Fall, dass sich der Sender vom Beobachter entfernt, erhöht sich die Wellenlänge λ'' um die Strecke v/f, also:

$$\lambda'' = \lambda + \frac{v}{f}$$

Daraus ergibt sich eine Frequenzabnahme:

$$f'' = \frac{c}{\lambda''} = f \cdot \frac{c}{c + v}$$

Bei ruhendem Sender und bewegtem Beobachter ergeben sich ähnliche Überlegungen

für Annähern: $f' = f \cdot \dfrac{c + v}{c}$

für Entfernen: $f'' = f \cdot \dfrac{c - v}{c}$

In einem weiteren Versuch (→**B2b**) betrachtet man den Fall, dass sich der Sender mit einer Geschwindigkeit v bewegt, die größer als die Ausbreitungsgeschwindigkeit c der Wellen ist. Es kommt zu einer Überlagerung der Wellenfronten, deren Einhüllende bezeichnet man als **Mach'schen Kegel** (→**B1b**, **B2b**). Er tritt als Bugwelle von Schiffen oder als Überschallknall von Flugzeugen auf.

Frequenzänderungen, die bei bewegten Sendern oder Empfängern von Wellen zu beobachten sind, werden als **Dopplereffekt** bezeichnet.

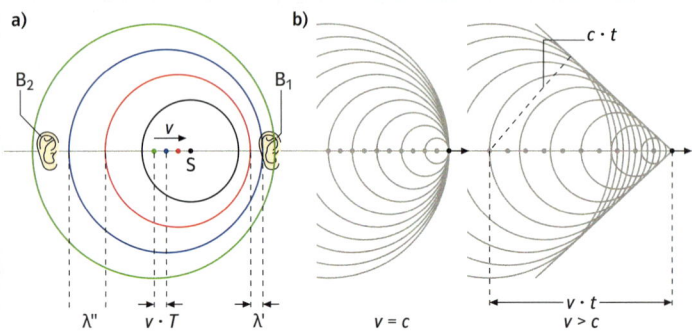

B1 Verschieden schnell bewegte Erreger

8.3 Überlagerung von Wellen

Lärm ist Schall, der lästig ist und deshalb vermieden werden sollte. Lärm kann auch durch Gegen-schall beseitigt werden. Dabei wird von einem kleinen Lautsprecher im Hörschutz zusätzlich Schall erzeugt. Wie kann „Schall plus Schall" Ruhe ergeben?

B1

Ungestörte Überlagerung

Regentropfen erzeugen auf einer Wasserober-fläche ein Muster aus Kreisen, die sich gegen-seitig durchdringen (→B1). Durch die Störung der Wasseroberfläche entstehen Wellen, die sich kreisförmig ausbreiten. Passieren verschie-dene Wellen nacheinander einen bestimmten Ort, registriert man dort jeweils eine Auslen-kung der Wasserteilchen aus ihrer Ruhelage. Treffen zwei Wellen gleichzeitig am selben Ort ein, ergibt sich eine andere Auslenkung, als von einer einzelnen Welle erzeugt. **B3** verdeut-licht dies an einer Folge von Momentaufnah-men zweier Störungen, die sich auf einem Seil aufeinander zu bewegen. Am Ort x, an dem die Störungen aufeinandertreffen, ergibt sich eine Störung mit größerer Amplitude.

Die Überlagerung zweier Wellen entspricht der Vektoraddition von Einzelbewegungen. Man spricht deshalb auch vom Prinzip der ungestörten Überlagerung.

Haben beide Störungen den Ort x passiert, entfernen sie sich mit ursprünglicher Ampli-tude und Geschwindigkeit voneinander. Die Störungen breiten sich nach der Überlagerung also unverändert weiter aus. Auch Wasser-wellen, die einander durchdrungen haben, nehmen wieder die ursprüngliche Gestalt an.

Interferenz

Wie Störungen können sich zwei fortlaufende Wellen überlagern. Im Überlagerungsbereich

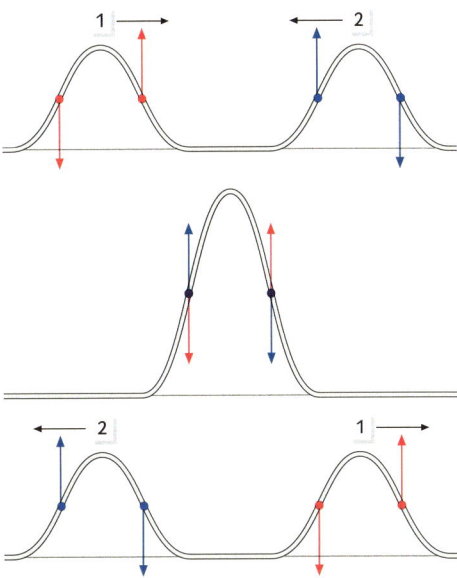

B3 Überlagerung von zwei Störungen auf dem Seil

wird jeder Punkt von beiden Wellen erfasst. Die Auslenkung ergibt sich als Summe der Einzel-auslenkungen beider Wellen. Die Überlagerung mehrerer Wellen bezeichnet man als **Inter-ferenz**.

In Abbildung **B2** ist zu erkennen: Im Punkt P des Überlagerungsbereiches lassen sich beide Schwingungen durch Sinusfunktionen oder zugehörige rotierende Zeiger beschreiben. Hat der Punkt P zu beiden Erregern unterschied-liche Entfernungen, dann beginnen für ihn die Schwingungen zu unterschiedlichen Zeitpunk-ten. Entsprechend rotieren die Zeiger mit einer festen Phasenverschiebung zueinander, die Sinuskurven sind gegeneinander verschoben.

Das Interferenzergebnis an einem Ort hängt davon ab, wie stark die Phasen der beiden interferierenden Wellen gegeneinander ver-schoben sind. Die Verschiebung hängt von der Differenz der Entfernungen zwischen Punkt P und den beiden Erregern ab. Diese Differenz Δl heißt **Gangunterschied**.

Die Überlagerung von Wellen bezeichnet man als Interferenz. Im Überlagerungsbereich addieren sich die Auslenkungen der beteiligten Wellen. Die resultierende Amplitude hängt von der Phasenbeziehung zwischen den Wellen ab.

Die Erreger E_1 und E_2 schwingen in gleicher Phase.

Der Gangunterschied in P bedeutet eine Phasendifferenz $\Delta \varphi$ der Schwingungen.

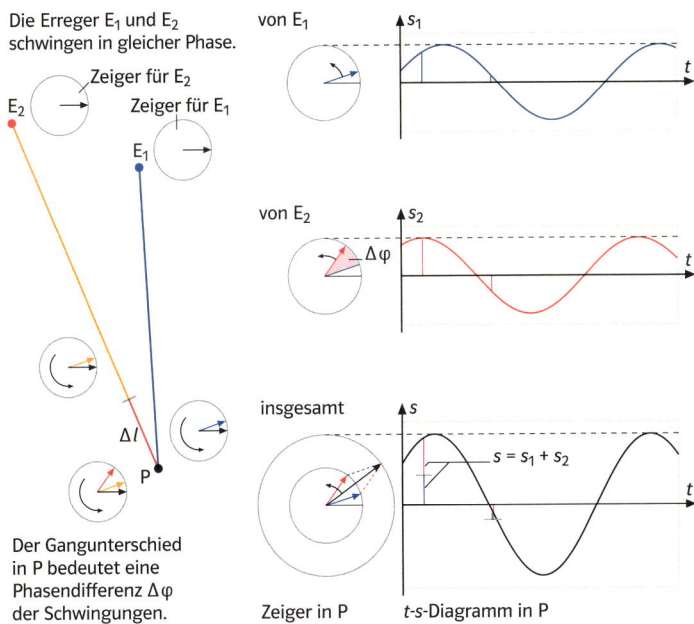

B2 Die Folge von Gangunterschieden der Erreger E_1 und E_2

Allgemein spricht man von

– **Verstärkung** oder **konstruktiver Interferenz**, wenn an einem Ort die Auslenkungen zweier Wellen bei gleichem Vorzeichen zu addieren sind. Bei gleicher Amplitude führt die Interferenz maximal zum doppelten Wert der Amplitude. Als Bedingung hierfür gilt:

$$\Delta l = k \cdot \lambda \quad (\text{mit } k = 0, 1, 2, \dots)$$

– **Schwächung** oder **destruktiver Interferenz**, wenn an einem Ort die Auslenkungen zweier Wellen bei verschiedenem Vorzeichen zu addieren sind. Bei gleicher Amplitude ergibt sich vollständige **Auslöschung**. Es gilt die Bedingung:

$$\Delta l = (2k + 1) \cdot \lambda/2 \quad (\text{mit } k = 0, 1, 2, \dots)$$

Im Fall zweier interferierender Kreiswellen liegen die Punkte mit gleichen Gangunterschieden auf Hyperbeln. Dies lässt sich in der Wellenwanne nachstellen: Zwei Stifte stellen synchron arbeitende Erreger dar. Sie erzeugen Kreiswellen, die sich überlagern. Auf der Wasseroberfläche entsteht ein Muster, das sich zeitlich nicht verändert (→B2). Es verfügt über feste Gebiete ständiger Ruhe, deren Lage und Zahl vom Abstand der beiden Stifte und der Frequenz abhängen.

Bestimmung einer Wellenlänge

Verstärkungen kann man beispielsweise auch in der Umgebung zweier Lautsprecher beobachten, die identische Schallwellen aussenden: Es gibt Orte mit besonders großer Lautstärke. In einem Versuch lässt sich aus dem Abstand dieser Orte die Wellenlänge des ausgesandten Schallsignals bestimmen.

Dazu werden zwei Lautsprecher hintereinander angeordnet, die gleiche Schallwellen aussenden (d.h. Wellen gleicher Frequenz und Amplitude, die in Phase sind). Diese werden von einem Mikrofon empfangen, das mit den Lautsprechern auf nahezu derselben Geraden liegt (→B1). Beim Verschieben eines Lautsprechers auf der Geraden werden vom Mikrofon abwechselnd Maxima und Minima der Lautstärke registriert. Dabei kommt es nicht darauf an, welcher Lautsprecher verschoben wird, entscheidend ist nur die Differenz Δl ihrer Entfernungen zueinander.

Δl ist der Gangunterschied der sich am Ort des Mikrofons überlagernden Wellen. Bei einem

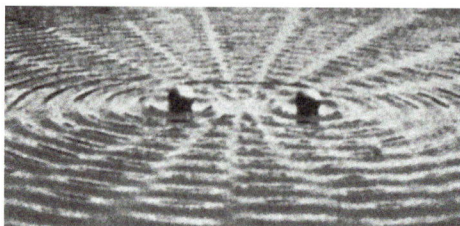

B2 Kreiswellen überlagern sich.

Maximum muss er ein ganzzahliges Vielfaches der Wellenlänge betragen. Beim Übergang zum nächsten Maximum ändert sich Δl um eine Wellenlänge. Bei einer Frequenz von $f = 1000\,\text{Hz}$ wird für den Gangunterschied $\Delta l = 34\,\text{cm}$ gemessen. Entsprechend beträgt die Wellenlänge der ausgesandten Schallwellen $\lambda = 34\,\text{cm}$.

Erzeugen zwei Erreger phasengleich zwei Kreiswellen, beobachtet man maximale Verstärkung bei einem Gangunterschied $\Delta l = k \cdot \lambda$ (mit $k = 0, 1, 2, \dots$), maximale Schwächung bei einem Gangunterschied $\Delta l = (2k + 1) \cdot \lambda/2$ (mit $k = 0, 1, 2, \dots$)

A1 Zeichnen Sie zum Zeitpunkt $t = 10\,T$ eine Momentaufnahme von Kreiswellen, die von zwei Erregern ausgehen. Markieren Sie Wellenberge und Wellentäler unterschiedlich. Ermitteln Sie Bereiche mit Verstärkung bzw. Auslöschung und vergleichen Sie mit Abbildung **B2**.
Begründen Sie den Satz: „Punkte mit gleichem Gangunterschied liegen auf Hyperbeln."

A2 Zwei direkt nebeneinander angeordnete Lautsprecher senden phasengleich Schallwellen gleicher Frequenz aus. In einer Entfernung von 1,5 m befindet sich ein Mikrofon (→**B1**, graue Lautsprecher).
a) Nun verschiebt man den linken Lautsprecher senkrecht zur Verbindungslinie zum Mikrofon nach links. Bei einer Entfernung von 0,75 m registriert das Mikrofon zum ersten Mal ein Minimum in der Lautstärke.
Skizzieren Sie die Anordnung und berechnen Sie die Schallfrequenz (die Schallgeschwindigkeit beträgt 340 m/s).
b) Bei diesem Abstand von 0,75 m wird nun die Frequenz der Schallwellen auf 2000 Hz erhöht. Das Mikrofon wird entlang der Verbindungslinie zum rechten Lautsprecher hin verschoben. Beschreiben Sie die Beobachtungen.

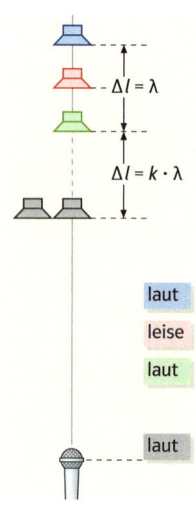

B1 Bestimmung der Wellenlänge von Schallwellen

Interferenz

Summe

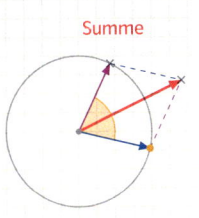

Vektorparallelogramm

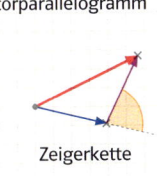

Zeigerkette

B1 Zeiger werden addiert

a)

b)

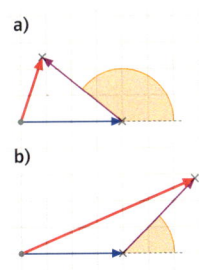

B2 Die Phasen-
verschiebung bestimmt
die Amplitude.

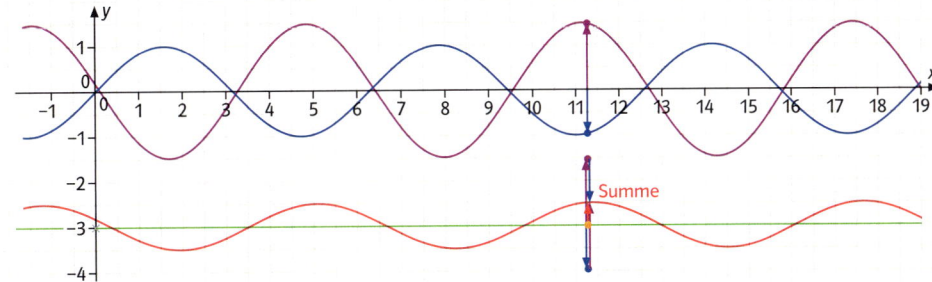

B5 Auslenkungen werden addiert.

Die Situationen bei der Interferenz von Wellen
lassen sich gut mit einem dynamischen Geometrieprogramm verfolgen. Alle Abbildungen
dieser Seite wurden damit erzeugt.

Schwingungen werden überlagert Treffen
zwei Wellen zum gleichen Zeitpunkt bei einem
Oszillator ein, so ist dessen Schwingung die
Überlagerung beider Schwingungen. Das t-s-
Diagramm der resultierenden Schwingung
ergibt sich durch Addition der Auslenkungen
der beteiligten Schwingungen zu jedem Zeitpunkt (→**B5**).
Den dazugehörigen Zeiger erhält man zu jedem
Zeitpunkt durch vektorielle Addition der Zeiger
beider Schwingungen (→**B1**). Das Ergebnis der
Überlagerung zweier Schwingungen hängt von
der Phasenverschiebung ab (→**B2**).

**Gangunterschied, relativer Gangunterschied
und Phasenunterschied** Phasenunterschiede
an einem Beobachtungsort P kommen zustande, wenn die Weglängen der Wellen von ihrem
Ausgangspunkt dahin unterschiedlich sind.
Der **Phasenunterschied** $\Delta\varphi$ ergibt sich aus
dem **Gangunterschied** Δl. Weil der Zeiger pro

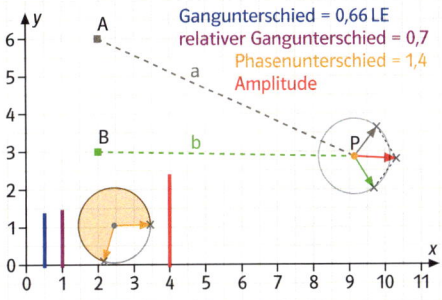

B6 Zeiger an verschiedenen Orten

Wellenlänge einen Winkel von 360° bzw. 2π
beschreibt, wird Δl sinnvoll in Vielfachen der
Wellenlänge beschrieben. Man erhält so den
relativen Gangunterschied Δ. Es gilt:

$$\Delta = \Delta l/\lambda \quad \text{und} \quad \Delta\varphi = \Delta \cdot 2\pi$$

Gangunterschied	$\Delta l = \text{Länge}(b) - \text{Länge}(a)$
relativer Gangunterschied	$\Delta = (\text{Länge}(b) - \text{Länge}(a))/\lambda$
Phasen-unterschied	$\Delta\varphi = (\text{Länge}(b) - \text{Länge}(a)) \cdot \frac{2\pi}{\lambda}$

Unter Verwendung dieser Bedingung lassen
sich in P zwei Zeiger konstruieren. Die vektorielle Addition der beiden Zeiger liefert für
jeden Ort die Amplitude der resultierenden
Schwingung (→**B6**, **B3**). Der Gangunterschied
bzw. der Phasenunterschied zweier Wellen ist
ortsabhängig.
Der Zeiger für die resultierende Schwingung
an einem festen Ort ändert zwar mit der Zeit
seine Richtung, nicht aber seine Länge (→**B4**).

Mit einem Geometrieprogramm lässt sich die
Situation aus **B4** darstellen. Der Punkt P kann
dann beliebig verschoben werden. Untersuchen Sie mit einem solchen Programm die
Umgebung zweier Erreger.

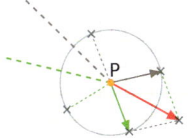 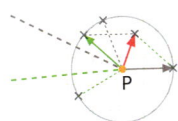 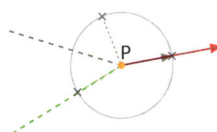

B3 Zeiger an verschiedenen Orten zu einem bestimmten Zeitpunkt

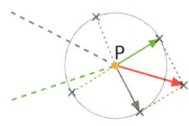 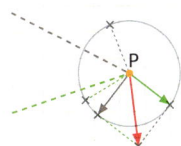 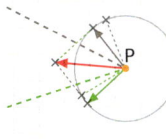

B4 Zeiger zu verschiedenen Zeitpunkten an einem bestimmten Ort

Interferenzmuster

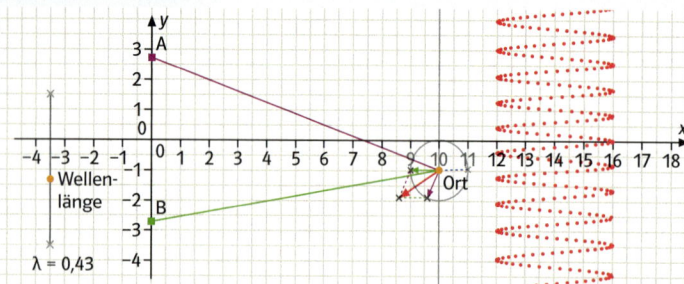

B1 Zeigermodell für zwei Wellenerreger

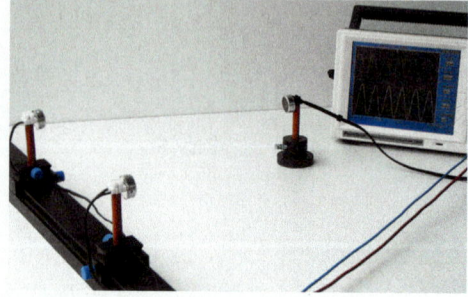

B4 Maxima und Minima werden registriert.

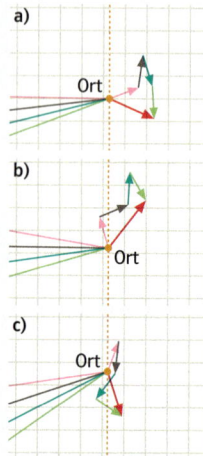

B2 Die resultierende Amplitude an verschiedenen Orten

Zwei Erreger Mit einer geeigneten Anordnung lassen sich in der Umgebung zweier Erreger, z. B. zweier Ultraschallsender (→B4), Maxima und Minima der Intensität registrieren. Mit Zeigern kann die Situation durch ein dynamisches Geometrieprogramm modelliert werden (→B1). Die Zeigeraddition liefert an jedem Ort die dort vorhandene Amplitude aus der Überlagerung der beiden Schwingungen. Das Quadrat der Amplitude ist ein Maß für die dort zu beobachtende Intensität.

In Abbildung **B1** wird der Empfänger längs einer Geraden verschoben. Die rote Kurve zeigt für jeden Ort das Quadrat der aus den Zeigern ermittelten Amplitude.

A1 ⊖ Machen Sie Vorhersagen über Veränderungen der roten Kurve, wenn Wellenlänge oder Erregerabstand variiert werden. Überprüfen sie ihre Vorhersagen mit Hilfe eines geeigneten Programms.

Mehrere Erreger Es sollen wie in Abbildung **B5** vier Erreger betrachtet werden. Dann ergibt sich die resultierende Amplitude durch Addition der Zeiger aller vier Wellen (→B6), das Ergebnis hängt von den Stellungen aller vier Zeiger am Beobachtungsort ab (→B2).

A2 ⊖ Stellen Sie Vermutungen über den Verlauf der Intensitätskurve an. Überprüfen Sie diese mit einem geeigneten Programm.

A3 ● Abbildung **B3** zeigt die Intensitätskurven für die beiden äußeren bzw. die beiden inneren Erreger in Abbildung **B3**. Ordnen Sie die Kurven einem Erregerpaar zu.
Beurteilen Sie die Aussage „Die Intensitätskurve für alle vier Erreger ergibt sich durch Addition der Kurven für je zwei der vier Erreger".

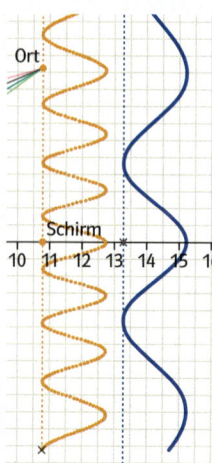

B3 Je zwei Erreger

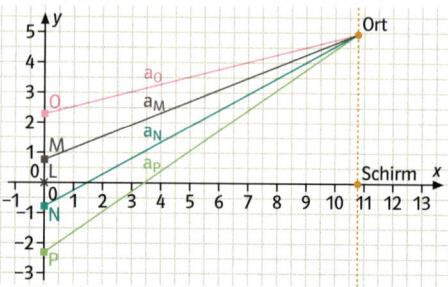

B5 Vier Wellen interferieren.

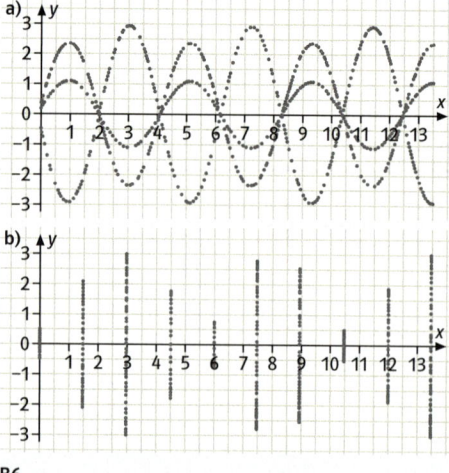

B6

Stehende Wellen Sie entstehen durch Überlagerung zweier Wellen mit entgegengesetzter Ausbreitungsrichtung (→B6a, b).

A4 ● Interpretieren Sie die beiden Darstellungen einer stehenden Welle in Abbildung **B6**. Experimentieren Sie dazu mit einem geeigneten Programm. Betrachten Sie außerdem die Bewegung der Zeiger bei
- Veränderung des Ortes,
- Fortschreiten der Zeit.
Beschreiben und begründen Sie die Unterschiede.

Erzeugung stehender Wellen an einem Gummiband

Aufgabe: Es soll untersucht werden, wie sich ein beidseitig eingespanntes Gummiband verhält, das zum Schwingen angeregt wird.

Material: Gummiband, Stativmaterial, Klemmen, Exzentermotor, Experimentiertisch

Durchführung und Beobachtung: Das Gummiband wird auf beiden Seiten zwischen den Klemmen befestigt. Auf einer Seite, in geringem Abstand zum Bandende, wird der Exzentermotor angebracht (→B1). Wird der Motor in Betrieb gesetzt, bewegt er das Ende des Gummibandes mit kleiner Auslenkung auf und ab. Zunächst wird die Drehfrequenz des Motors klein gewählt und dann langsam erhöht. Man beobachtet, dass sich auf dem Band bei bestimmten Frequenzen Stellen bilden, die

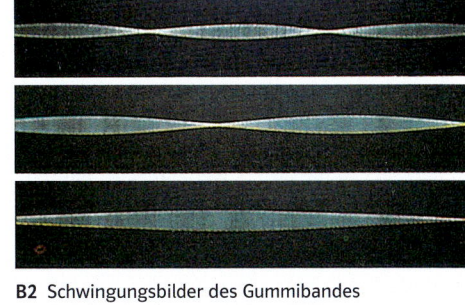

B2 Schwingungsbilder des Gummibandes

nahezu in Ruhe bleiben. Dazwischen erkennt man Bereiche, in denen die Auslenkung des Bandes besonders groß ist (→B2).

Auswertung und Deutung: Der Exzenter erzeugt eine harmonische Störung, die Welle läuft durch das Band und wird am anderen, fest eingespannten Ende reflektiert. Einfallende und reflektierte Welle überlagern sich und bilden unter bestimmten Bedingungen sogenannte stehende Wellen aus. Dies ist immer dann der Fall, wenn sich eine ganzzahlige Anzahl von Schwingungsbäuchen zwischen zwei Schwingungsknoten ausbilden kann. Die Länge L des Bandes muss also einem ganzzahligen Vielfachen der halben Wellenlänge entsprechen: $L = k \cdot \lambda/2$ ($k = 1, 2, \ldots$)

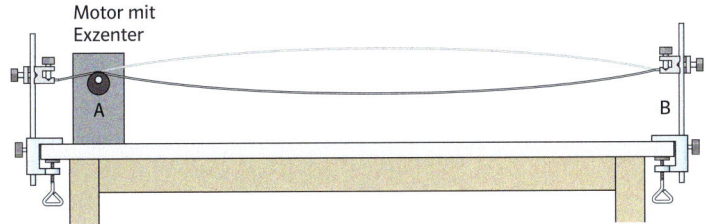

Motor mit Exzenter

A

B

B1 Versuchsaufbau

Erzeugung stehender Wellen im Resonanzrohr

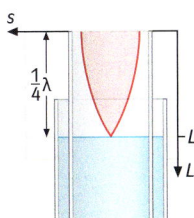

B3 Resonanzrohr

B4 Stehende Welle

s

$\frac{1}{4}\lambda$

L_1

L

Aufgabe: In einem zweiten Versuch soll die Ausbildung stehender Schallwellen in einem Resonanzrohr untersucht werden.

Material: Resonanzrohr, mit Wasser gefüllter Behälter, Stimmgabel

Durchführung: Bei einem Resonanzrohr handelt es sich um ein an beiden Enden offenes Glasrohr. Zunächst taucht man das Rohr tief in einen wassergefüllten Behälter, sodass die verbleibende Luftsäule nur klein ist. Nun schlägt man die Stimmgabel an und hält sie an die obere Öffnung des Glasrohrs. Glasrohr und Stimmgabel werden langsam angehoben, sodass sich die Länge der Luftsäule vergrößert.

Beobachtung und Auswertung: In gewissen Positionen des Glasrohrs wird der Ton der Stimmgabel deutlich lauter. Auf dem Rohr wird dann die Lage des Wasserspiegels markiert bzw. die Höhe L der Luftsäule bestimmt.

Deutung: Mit Hilfe des Lautsprechers oder der Stimmgabel wird die Luft im Glasrohr zum Schwingen angeregt. Schwingt die Luftsäule in Resonanz, wird die ursprüngliche Schwingung verstärkt, was sich in einer größeren Lautstärke äußert.

Anders als im Fall des eingespannten Gummibandes, das zwischen zwei festen Enden schwingt, bildet die Wasseroberfläche für die schwingende Luftsäule ein festes Ende, die obere Öffnung des Glasrohrs bildet ein loses Ende.
Eine stehende Welle kann sich ausbilden, wenn die Länge der Luftsäule einem ungeradzahligen Vielfachen von $\lambda/4$ entspricht (→B3).
$L = (2k - 1) \cdot \lambda/4$ mit $k = 1, 2, \ldots$

A1 ⊝ Erläutern Sie die Unterschiede zwischen den stehenden Wellen, die in den beiden Versuchen auf dieser Seite untersucht werden.

8.4 Stehende Wellen

Bei vielen Musikinstrumenten spielt die Länge der Tonerzeuger eine wesentliche Rolle: Die Länge der Saite bestimmt bei Klavier, Gitarre oder Streichinstrument die Tonhöhe ebenso wie bei der Orgel die Länge der Pfeife.

Überlagerung gegenläufiger Wellen

Schall- und Seilwellen überlagern sich auch, wenn sie entgegengesetzte Ausbreitungsrichtungen haben. Unter bestimmten Bedingungen kann dann Interferenz auftreten: Im Fall der Schallwellen lässt sich z. B. mit einem Mikrofon und zwei Lautsprechern die entstehende Interferenz nachweisen. Dazu stellt man die Lautsprecher, die mit dem gleichen Generator betrieben werden, einander gegenüber. Mit einem Mikrofon registriert man längs der Verbindungslinie abwechselnd Stellen mit niedriger und hoher Lautstärke.

Abbildung **B1** beschreibt das Prinzip der Überlagerung an zwei gegenläufigen Wellen gleicher Amplitude und Frequenz mit einigen Momentaufnahmen:

- Die Amplituden (maximalen Auslenkungen) sind an jedem Ort zeitlich konstant.
- Es gibt Stellen, an denen die Amplitude stets null ist, sie heißen **Knoten**.
- Es gibt Stellen mit stets maximaler Amplitude, sie heißen **Bäuche**.
- Die Entfernung zwischen benachbarten Knoten oder Bäuchen beträgt $\lambda/2$.
- Zwischen zwei benachbarten Knoten schwingen alle Oszillatoren im Gleichtakt. Vor und nach einem Knoten schwingen die Oszillatoren im Gegentakt.

Dieses Interferenzergebnis wird als **stehende Welle** bezeichnet.

Eingesperrte Wellen

Durch die Reflexion einer Welle können zwei gegenläufige Wellen entstehen, die sich überlagern und interferieren. Besonders gut lässt sich dies an Seilwellen beobachten.

Die Abbildung **B2** zeigt die Reflexion einer solchen Seilwelle. Es wird deutlich, dass man dabei unterscheiden muss, ob das reflektierende Ende frei beweglich oder fest eingespannt ist: Bei einem festen Ende wird ein Berg als Tal und ein Tal als Berg reflektiert, es kann sich dort nur ein Knoten ausbilden. Bei einem losen Ende wird ein Berg als Berg und ein Tal als Tal reflektiert, d. h., dort bildet sich ein Bauch aus.

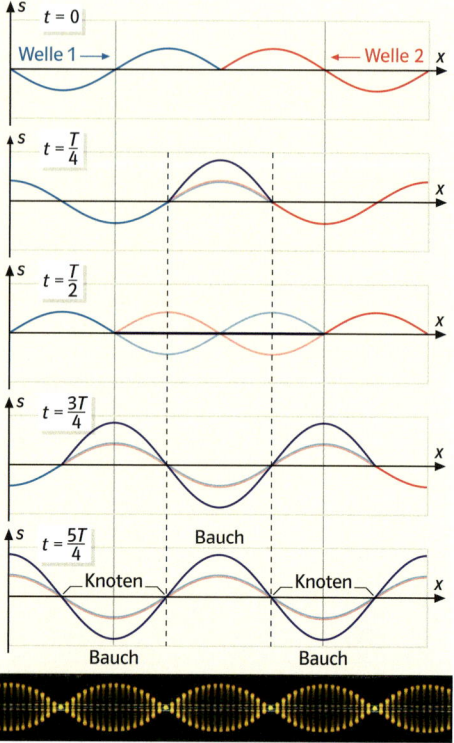

B1 Momentdarstellungen zur Ausbildung stehender Wellen

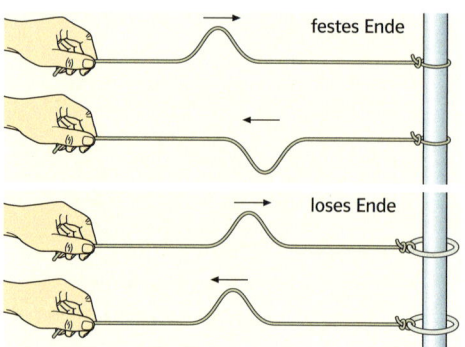

B2 Zur Reflexion von Seilwellen

Bei der Überlagerung gleicher gegenläufiger Wellen ergeben sich stehende Wellen mit Schwingungsknoten und Schwingungsbäuchen.

A1 ○ Ergänzen Sie zur Abbildung **B1** die *x-s*-Diagramme für die Zeitpunkte $t = T/8$ sowie $t = T$.

a) zwei feste Enden

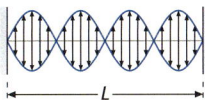

$\longmapsto L \longmapsto$

b) zwei lose Enden

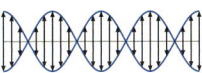

c) verschiedene Enden

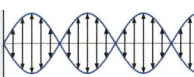

B1 Stehende Wellen durch Reflexion

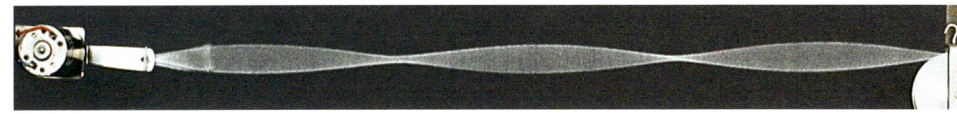

B3 Auf einem eingespannten Gummiband wandern die Auslenkungen nicht mehr.

Ein an beiden Enden eingespanntes Gummiband wird an einem Ende periodisch so ausgelenkt, dass eine harmonische Welle entsteht. Sie wird am anderen Ende reflektiert. Auf dem Gummiband breiten sich zwei gegenläufige Wellen gleicher Frequenz und annähernd gleicher Amplitude aus. Es bildet sich eine stehende Welle, allerdings nur bei ganz bestimmten Frequenzen bzw. Wellenlängen. Abbildung **B3** zeigt eine stehende Welle. Der Abstand zwischen zwei benachbarten Knoten bzw. Bäuchen beträgt λ/2.

Auf einem Gummiband der Länge L mit zwei festen Enden kann sich eine stehende Welle nur ausbilden, wenn die Länge L ein ganzzahliges Vielfaches der halben Wellenlänge beträgt, also muss $L = k \cdot \lambda_k/2$ mit $k = 1, 2, 3 \ldots$ sein. Bei zwei losen Enden entstehen an den Enden Bäuche, Knoten und Bäuche vertauschen also gegenüber festen Enden ihre Positionen. Entsprechend erhält man für zwei verschiedene Enden: $L = (2k - 1) \cdot \lambda_k/4$.
Damit ergeben sich für die Ausbildung stehender Wellen folgende Bedingungen:
Im Fall gleichartiger Reflexionen am Rand gilt

$$\lambda_k = \frac{2L}{k} \text{ mit } k = 1, 2, 3 \ldots,$$

bei verschiedenartigen Reflexionen gilt

$$\lambda_k = \frac{4L}{(2k - 1)} \text{ mit } k = 1, 2, 3 \ldots$$

Die stehende Welle mit der größtmöglichen Wellenlänge ($k = 1$) nennt man **Grundwelle**, die anderen **Oberwellen**. Die Ausbreitungsgeschwindigkeit einer Welle hängt vom Medium ab. Aus $c = \lambda \cdot f$ ergibt sich zu jeder Wellenlänge eine bestimmte Frequenz. Bezeichnet f_1 die Frequenz der Grundwelle, so gilt:
– bei zwei gleichen Enden
$\quad f_k = k \cdot f_1 \text{ mit } k = 1, 2, 3 \ldots$
– bei zwei verschiedenen Enden
$\quad f_k = (2k - 1) \cdot f_1 \text{ mit } k = 1, 2, 3 \ldots$

Dies sind die **Eigenfrequenzen** der Anordnung. Ähnliche Überlegungen gelten auch für stehende Wellen, die durch Schall auf einer Metallplatte erzeugt werden. Die Knoten bilden Linien in der Platte. Befindet sich Sand auf den Platten, sammelt sich dieser auf den Knotenlinien und bildet die Chladni'schen Figuren (→**B4**).

E_S maximal;
$E_B = 0$

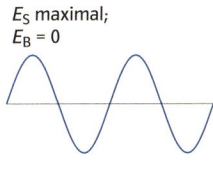

E_S nimmt ab;
E_B nimmt zu

$E_S = 0$;
E_B maximal

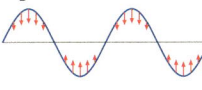

E_S nimmt zu;
E_B nimmt ab

E_S maximal
$E_B = 0$

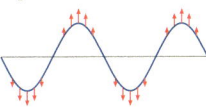

E_S nimmt ab
E_B nimmt zu

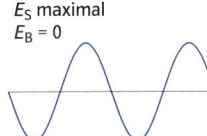

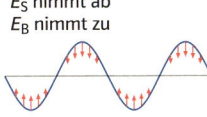

B2 Energie der stehenden Welle

Interferenz und Energie

Eine fortschreitende Welle transportiert Energie. Auch die stehende Welle hat Energie, die zwischen den Knoten als Bewegungsenergie sichtbar wird. Die Gesamtenergie einer stehenden Welle ergibt sich aus der Summe der Bewegungsenergien aller Oszillatoren, wenn diese sich, mit Ausnahme der in den Knotenpunkten ständig ruhenden, gleichzeitig durch die Ruhelage bewegen.

Bei der fortschreitenden Welle tragen Bewegungsenergie und Spannenergie in jedem Zeitpunkt je zur Hälfte zur Gesamtenergie bei. Im Gegensatz dazu ändern sich bei einer stehenden Welle die Anteile von Bewegungsenergie und Spannenergie an der konstanten Gesamtenergie ständig (→**B2**).
So sind z. B. zum Zeitpunkt der maximalen Auslenkung alle Oszillatoren gleichzeitig in Ruhe. Die Gesamtenergie liegt nun als Spannenergie vor. Zum Zeitpunkt, in dem sich alle Oszillatoren durch die Ruhelage bewegen, gibt es nur Bewegungsenergie.

Stehende Wellen entstehen durch Überlagerung zweier gleichartiger gegenläufiger Wellen. Eine stehende Welle transportiert keine Energie.

A1 ⊖ Diskutieren Sie mögliche Zusammenhänge zwischen dem Phänomen Resonanz und den Erkenntnissen über stehende Wellen.

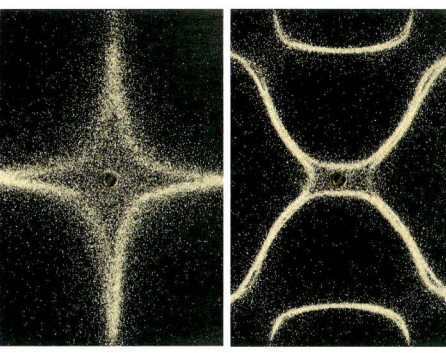

B4 Chladni'sche Figuren für zwei verschiedene Frequenzen

8.5 Das Huygens'sche Prinzip

Von einer Brücke aus lassen sich die „heranrollenden" Wellen eines Sees gut beobachten. Mit gleichen Abständen wechseln sich „Berge" und „Täler" ab. Auch die Pfeiler der Brücke scheinen die Ausbreitung der Wellen nicht aufzuhalten. Erst in der Nähe des Ufers verändern sich die Abstände zwischen den Bergen und Tälern.

Wellenphänomene

Bei Wasserwellen sieht man, wie aufeinanderfolgende Wellenberge und Wellentäler sich fortbewegen. Punkte des gleichen Wellenberges befinden sich alle jederzeit im gleichen Schwingungszustand, gekennzeichnet durch die Phase. Punkte mit gleicher Phase bilden eine Wellenfront.
Bei Wasserwellen mit geraden oder kreisförmigen Wellenfronten ist die Ausbreitungsrichtung stets senkrecht zu den Wellenfronten. Dies erfasst man durch die Wellennormale, eine Senkrechte zur Wellenfront bzw. zu ihrer Tangente.

B1 Wellen auf einem See

Gestörte Wellenausbreitung

Treffen gerade Wasserwellen auf eine breite Öffnung, so werden sie lediglich in ihrer Ausdehnung reduziert. Ausbreitungsrichtung und Wellenlänge bleiben unverändert. Allerdings beobachtet man, dass die Welle auch in den Raum gelangt, der vom Hindernis begrenzt wird. Dort entstehen schwache Wellen mit gebogenen Wellenfronten (→B4).
Die beschriebene Erscheinung bezeichnet man als **Beugung**. Sie ist umso ausgeprägter, je kleiner die Öffnung ist. Hinter einer Öffnung in Größenordnung der Wellenlänge ist stets eine Kreiswelle zu beobachten (→B2). Bei vielen kleinen, gleichartigen und nebeneinanderliegenden Öffnungen überlagern sich alle kreisförmigen Wellen wieder zu der ursprünglichen Welle (→B3).

An einem für sie undurchdringbaren Hindernis werden Wellen **reflektiert**. Die Wellennormalen verhalten sich dabei so wie Lichtstrahlen in der Optik. Eine Wasserwelle ändert ihre Richtung, wenn sie von tiefem in flaches Wasser übergeht, sie wird **gebrochen.**

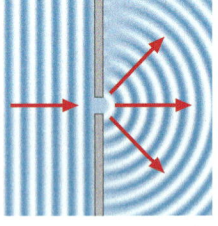

B2 Kreiswelle

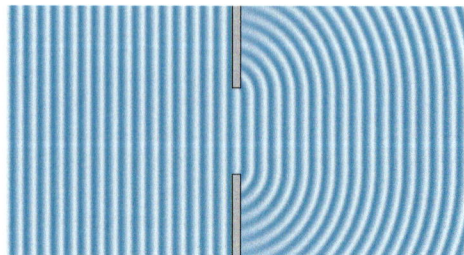

B4 Beugungseffekte bei einer geraden Welle an einer breiten Öffnung

Elementarwellen

Das Zustandekommen der Beugung von Wellen, wie das Entstehen von Wellenfronten überhaupt, kann mit einer Vorstellung erklärt bzw. vorausgesagt werden, die **Christiaan Huygens** (1629 – 1695) formulierte.
Man betrachtet zunächst eine gerade Welle, die auf eine kleine Öffnung trifft (→B2). Dahinter entsteht eine kreisförmige Welle mit gleicher Wellenlänge. Eine hinreichend kleine Öffnung ist Ausgangspunkt einer kreisförmigen Welle. Die Ausbreitung erfolgt radial vom Erregerzentrum weg, d.h., die Wellennormale ist jeweils die Senkrechte zur Tangente an der Wellenfront.

Diese kreisförmigen Wellen werden als **Elementarwellen** bezeichnet, bei räumlicher Ausbreitung sind sie kugelförmig. Elementarwellen sind als Modell zu verstehen. Auf diesen Vorstellungen beruht das **Huygens'sche Prinzip**:

Jeder Punkt einer Wellenfront lässt sich als Ausgangspunkt einer Elementarwelle betrachten. Wellenfronten lassen sich als Einhüllende dieser Elementarwellen darstellen (→B5). Die Elementarwellen haben immer gleiche Frequenz und Wellenlänge wie die Welle, aus der sie entstanden sind oder die sie erzeugen.

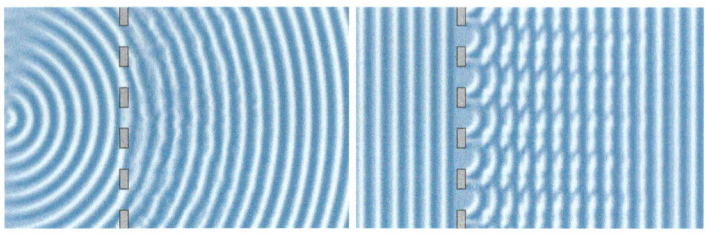

B3 Wellen mit kreisförmigen (links) und geraden (rechts) Wellenfronten dringen durch mehrere kleine Öffnungen hindurch.

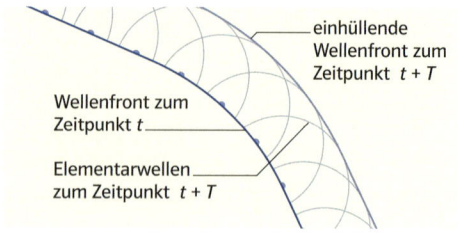

einhüllende Wellenfront zum Zeitpunkt $t + T$

Wellenfront zum Zeitpunkt t

Elementarwellen zum Zeitpunkt $t + T$

B5

Reflexion von Wasserwellen

Wellen, die auf ein Hindernis treffen, ändern ihre Ausbreitungsrichtung, jedoch nicht ihre Wellenlänge. Besonders gut lässt sich das bei geraden Wellenfronten an einer geraden Grenzfläche darstellen (→**B1a**).

Werden die Wellennormalen vor und nach der Reflexion betrachtet, so werden gleiche Winkel zum Lot auf die Grenzfläche gemessen, d.h., es gilt das Reflexionsgesetz: $\alpha = \alpha'$

Abbildung **B2** zeigt die auf das Hindernis zulaufenden Wellenfronten zu verschiedenen Zeiten: Zunächst laufen die Wellenfronten 1, 2 und 3 auf das Hindernis zu. Zum Zeitpunkt $t = T$ gelangt die erste Wellenfront an den Punkt A und erzeugt dort eine Elementarwelle. In der Zeit von T bis $2T$ läuft die Wellenfront 1 weiter bis zum Punkt B und erzeugt zwischen A und B Elementarwellen, die sich unterschiedlich weit ausbreiten. Deren Einhüllende ergibt die Wellenfront 1'.

In der Zeit $2T$ bis $4T$ erzeugen auch die nachfolgenden Wellenfronten zwischen A und B und weiter über C und D Elementarwellen, deren Einhüllende sich jeweils durch die Wellenfronten 2' und 3' beschreiben lassen. Die Abstände zwischen den Wellenfronten sind konstant geblieben.

Brechung von Wasserwellen

Wellen, die auf flaches Wasser treffen, breiten sich nicht mehr ungestört aus. Treffen gerade Wellenfronten auf den Bereich der geringeren Wassertiefe, so wird ihre Wellennormale abgeknickt, sie werden gebrochen. Dabei ist der Abstand zwischen zwei benachbarten Wellenfronten, die Wellenlänge, kleiner geworden (→**B1b**). Allgemein gilt: Wellen werden an der Grenzfläche zwischen zwei Medien gebrochen, wenn diese unterschiedliche Ausbreitungsgeschwindigkeiten für die Wellen besitzen und der Einfallswinkel $\alpha \neq 0$ ist.

Abbildung **B3** zeigt die auf das flachere Wasser zulaufenden Wellenfronten zu verschiedenen Zeiten: Zunächst laufen die Wellenfronten 1, 2 und 3 auf das Hindernis zu. Zum Zeitpunkt $t = T$ gelangt die Wellenfront 1 an den Punkt A und erzeugt dort eine Elementarwelle, die sich im flacheren Wasser langsamer ausbreitet. Daher hat die Kreiswelle eine kleinere Wellenlänge als bei der Reflexion.

In der Zeit von T bis $2T$ gelangt die Wellenfront 1 bis zum Punkt B und erzeugt zwischen A und B Elementarwellen, die sich unterschiedlich weit ausbreiten. Deren Einhüllende ergibt die Wellenfront 1''.

In der Zeit $2T$ bis $4T$ erzeugen auch die nachfolgenden Wellenfronten zwischen A und B und weiter über C und D Elementarwellen, deren Einhüllende sich jeweils durch die Wellenfronten 2'' und 3'' beschreiben lassen. Die Abstände zwischen den Wellenfronten sind konstant, aber kleiner als vor der Störung.

Die Reflexion und die Brechung von Wellen lassen sich mit dem Huygens'schen Prinzip beschreiben. Dabei entsprechen die Wellennormalen den Strahlen beim Reflexionsgesetz bzw. Brechungsgesetz in der Strahlenoptik.

A1 ⬤ Konstruieren Sie unter Anwendung des Huygens'schen Prinzips die Reflexion einer Kreiswelle ($\lambda = 1\,\text{cm}$) an einer ebenen Wand.

B1 Reflexion von Wellen (a), Brechung von Wellen (b)

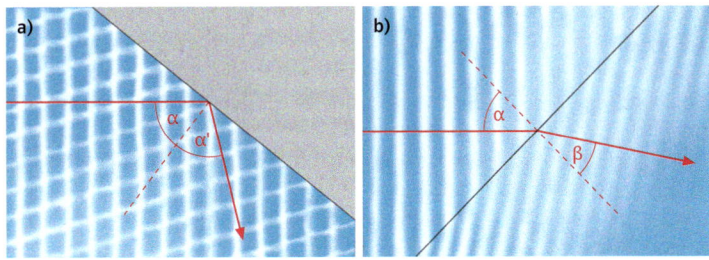

B2 Reflexion von Wellen

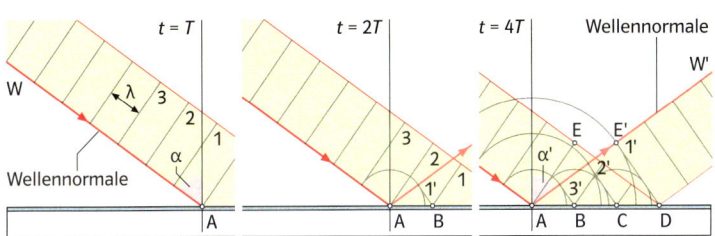

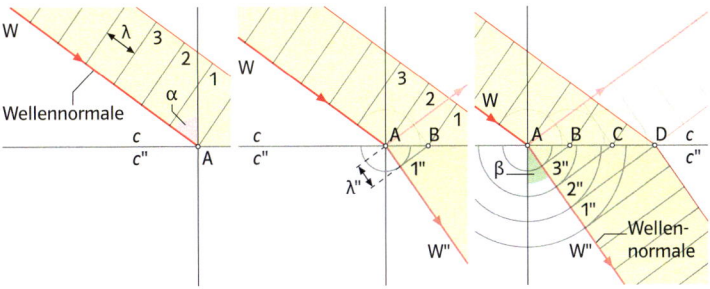

B3 Brechung von Wellen

Versuche mit Ultraschall

B1 Entfernungsmessung mit Ultraschallimpulsen

Aufgabe: Untersuchung der Eigenschaften von Ultraschall

Durchführung:

a) Ein Sonarmeter steht neben einem Ultraschallempfänger vor einer $\Delta s = 37\,cm$ entfernten Kunststoffplatte (→**B1**). Das Diagramm in **B3** zeigt das Signal des Sonarmeters direkt bei der Auslösung und ein zweites nach der Zeitspanne $\Delta t = 21{,}5 \cdot 10^{-5}\,s$. Die Zeitspanne Δt wächst proportional zu Δs.

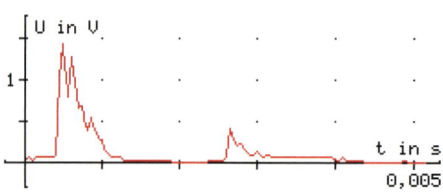

B3 Reflexion im t-U-Diagramm

b) Von einem schräg auf eine glatte Wand gerichteten Ultraschallbündel erhält man am Empfänger maximale Empfangsspannung, wenn Einfallswinkel und Reflexionswinkel gleich sind.

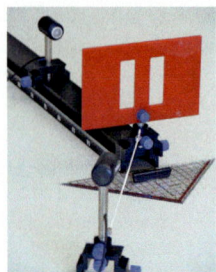

B2 Interferenz bei parallel ausgerichteten Sendern

c) Zwei Sender stehen im Abstand von 10 cm und strahlen Ultraschall ($f = 41\,kHz$) senkrecht zur Verbindungslinie aus. Ein Empfänger ist auf die Mitte der beiden Sender gerichtet und bewegt sich auf einem Kreisbogen um diese Mitte (→**B2**). Die Empfangsspannung zeigt Maxima und Minima symmetrisch zur Mittelsenkrechten der Sender. Die Maxima liegen bei folgenden Winkeln:

Nr.	1	2	3	4	5	6	7
α in °	0	5	10	15	21	25	30

d) Ein Doppelspalt mit einem Spaltabstand $d = 4\,cm$ wird mit Ultraschall der Frequenz $f = 41\,kHz$ bestrahlt. Ein Empfänger ist auf die Mitte der beiden Spalte gerichtet und bewegt sich auf einem Kreisbogen um die Mitte herum (→**B3**).

Die Empfangsspannung zeigt Maxima und Minima symmetrisch zur Mittelsenkrechten der Sender. Die Maxima liegen bei folgenden Winkeln:

Nr.	1	2	3	4
α in °	0	12	25	38

e) Zwei entgegengerichtete Sender strahlen Ultraschall ($f = 41\,kHz$) ab. Ein Empfänger wird längs der Verbindungslinie der beiden Sender bewegt und empfängt Signale von beiden. Man erhält Maxima der Spannung in folgenden Abständen:

Nr.	1	2	3	4	5	6
d in cm	0	0,4	0,8	1,3	1,6	2,1

Auswertung:

a) und **b)** Ultraschall wird an einer Wand reflektiert. Dabei gilt wie in der Optik das Reflexionsgesetz.

Die Schallgeschwindigkeit ergibt sich zu
$v = 2\Delta s / \Delta t = 0{,}74\,m / 21{,}5 \cdot 10^{-4}\,s = 344{,}19\,\frac{m}{s}$.

c) und **d)** Die Messergebnisse „Maxima und Minima symmetrisch zur Mittelsenkrechten" sind bei beiden Versuchen identisch. Das wird verständlich, wenn man jeden der Spalte als einen Sender betrachtet. Beim Empfänger überlagern sich die Signale von beiden Sendern. Die Maxima und Minima lassen sich als Interferenzergebnis deuten. Ultraschall breitet sich also in Wellenform aus. Für Anordnungen wie diese mit zwei Sendern lässt sich mit der Gleichung $\sin\alpha = k \cdot \lambda / d$ ($k = 0, 1\ldots$) aus den Messwerten die Wellenlänge ermitteln:

c) λ in $10^{-4}\,m$	87	87	87	92	87	83
d) λ in $10^{-4}\,m$	83	86	82			

Aus der für Wellen gültigen Gleichung $c = \lambda \cdot f$ ergibt sich die Ausbreitungsgeschwindigkeit

$c = 86 \cdot 10^{-4}\,m \cdot 40 \cdot 10^{3}\frac{1}{s} = 344\,\frac{m}{s}$,

in guter Übereinstimmung mit dem Ergebnis aus **a)** und **b)**.

e) Ausgehend von der Wellenvorstellung lassen sich die Beobachtungen als Interferenzergebnis deuten. Bei gegenläufigen Wellen wie hier muss es sich bei den Maxima um die Bäuche stehender Wellen handeln. Zwei benachbarte haben dann den Abstand $\lambda/2$, als Mittelwert aus den Messwerten ergibt sich

$\lambda = 0{,}8\,cm = 80 \cdot 10^{-4}\,m$.

Deutung: Ultraschall breitet sich also als Welle mit der Geschwindigkeit $c = 344\,m/s$ aus. Die für Wellen gültige Gleichung $c = \lambda \cdot f$ wurde bestätigt. An geeigneten Fläche wird Ultraschall reflektiert. Dabei gilt das Reflexionsgesetz der Optik.

B3 Interferenz am Doppelspalt

8.6 Ultraschall

Ultraschall ist aus der medizinischen Diagnostik nicht mehr wegzudenken. Die ersten Bilder, die Eltern von ihrem Kind sehen, werden oft mit piezoelektrischen Ultraschall-Wandlern aufgenommen.

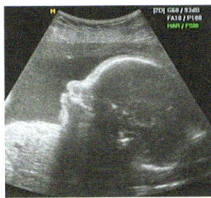

B1 Ultraschallbild eines menschlichen Fetus

Eigenschaften von Ultraschall

Schall oberhalb einer Frequenz von 20 kHz ist für Menschen nicht hörbar und wird als Ultraschall bezeichnet. Brillen lassen sich im Wasserbad, in das Ultraschall eingestrahlt wird, reinigen. Dies zeigt, dass mit Ultraschall Energie transportiert wird. Ultraschall wird bei der Wechselwirkung mit Materie reflektiert und in unterschiedlicher Weise durchgelassen. In geeigneten Anordnungen zeigt Ultraschall Beugung und Interferenz. Alle Effekte nutzt man in vielfältiger Weise, z. B. zur Ortung und in der Ultraschalldiagnostik (→**B1**).

Interferenz bei zwei Erregern

Interferenz kann in einem Punkt beobachtet werden, wenn dort zwei Wellen zusammentreffen. Ein zeitlich stabiles Bild ergibt sich, wenn die Interferenzbedingungen sich nicht ändern. In Abbildung **B2** sind S_1 und S_2 Ultraschallsender, die im Abstand g stehen und in Richtung P senden. Sie sind an den gleichen Generator angeschlossen und senden daher phasengleich. Mit einem Empfänger lassen sich im Abstrahlbereich je nach Position von P Maxima und Minima des Empfangs nachweisen.

Das Interferenzergebnis in einem Punkt P ist grundsätzlich von der Phasenverschiebung abhängig, die sich in P für die Wellen ergibt. Bei der skizzierten Anordnung ist sie allein durch den Unterschied der Entfernungen l_1 und l_2 zwischen den beiden Sendern und P bestimmt. Zwischen Beobachtung in P und dem Gangunterschied $\Delta l = l_2 - l_1$ besteht dann folgender Zusammenhang:

Maximum: $\Delta l = k \cdot \lambda$ $k = 0, 1, 2 \dots$

Minimum: $\Delta l = (2k + 1) \cdot \dfrac{\lambda}{2}$ $k = 0, 1, 2 \dots$

Im Punkt P_0 auf der Mittelsenkrechten zwischen beiden Sendern ist der Gangunterschied $\Delta l = 0$ $(k = 0)$ und der Sender zeigt maximalen Empfang. Bei einer Verschiebung senkrecht zur Mittelsenkrechten wächst der Gangunterschied. Minimaler Empfang zeigt an, dass $\Delta l = \lambda/2$ geworden ist $(k = 0)$, ein erneutes Maximum folgt für $\Delta l = \lambda$. Messen von l_1 und l_2 zur Bestimmung von Δl erlaubt die Bestimmung der Wellenlänge. Wenn sie bekannt ist, lässt sich die Lage von Maxima und Minima vorhersagen.

Wenn entsprechende Messungen günstiger sind, lassen sich l_1 und l_2 und damit Δl auch aus den rechtwinkligen Dreiecken PS_2A und PS_1B berechnen.

In Abbildung **B2** ist $\Delta l = S_2C$. Das Dreieck S_1S_2D hat bei D einen rechten Winkel. Wenn die Entfernung l_p des Punktes P von den Sendern sehr viel größer als der Senderabstand ist, fallen C und D fast zusammen, der Winkel β kann dann durch α ersetzt werden und man erhält für diesen Fall:

$$\Delta l = g \cdot \sin\alpha$$

Maxima sieht man also von der Mitte zwischen den Sendern unter Winkeln α mit

$$\sin\alpha = k \cdot \frac{\lambda}{g} \qquad k = 0, 1, 2 \dots$$

Manchmal ist eine Längenmessung günstiger durchzuführen als eine Winkelmessung. **B2** zeigt den Zusammenhang:

$$\tan\alpha = \frac{a}{l}$$

A1 ⊖ Führen Sie die Berechnung des Gangunterschiedes wie im Text angedeutet anhand der rechtwinkligen Dreiecke durch.

A2 ⊖ Um aus $\sin\alpha = k \cdot \lambda/g$ die Wellenlänge zu bestimmen, muss man k kennen. Beschreiben Sie ein Verfahren, um ohne diese Kenntnis aus einer Anordnung nach Abbildung **B2** die Wellenlänge zu erhalten.

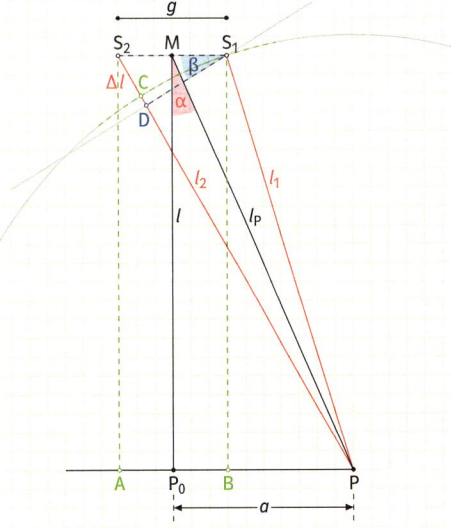

B2 Interferenz bei zwei Sendern

Versuche mit Mikrowellen

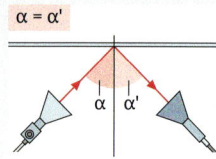

B1 Reflexion

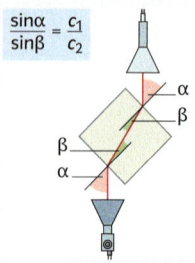

B2 Brechung

Aufgabe: Untersuchung der Eigenschaften von Mikrowellen

Durchführung und Beobachtung:
a) Ein Mikrowellensender wird schräg auf eine Metallplatte gerichtet (→B1a). Man erhält maximalen Empfang, wenn Einfallswinkel und Reflexionswinkel gleich groß sind.
b) Mikrowellensender und -empfänger werden einander gegenübergestellt (→B2), sodass ein deutliches Signal empfangen wird. Nun schiebt man einen Kunstharzblock dazwischen. Für guten Empfang muss man den Empfänger etwas zur Seite verschieben.
c) In der Anordnung nach **B4** sind S und E Sender bzw. Empfänger von Mikrowellen, SP_1 und SP_2 Metallplatten, ST eine Glasplatte, die Mikrowellen z.T. durchlässt und z.T. reflektiert. SP_2 wird in Pfeilrichtung verschoben.

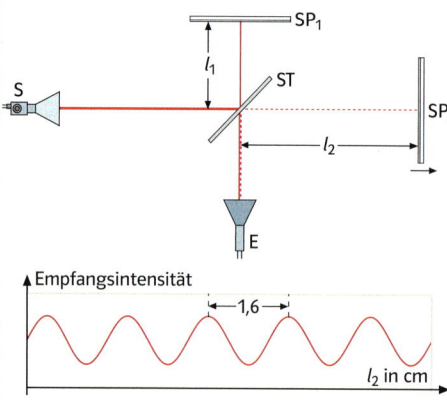

B4 Versuchsanordnung zu c)

Die Empfangsintensität wird in Abhängigkeit von der Verschiebestrecke aufgezeichnet. Man erhält Maxima im Abstand von 1,6 cm.
d) SP_2 wird in ein Gefäß mit Wasser gestellt und im Wasser verschoben. Man beobachtet wieder eine Abfolge von Empfangsmaxima, allerdings bei einem kleineren Abstand.
e) In der Anordnung nach **B5** strahlt ein Sender senkrecht zu einem Metallschirm.

Der Empfänger wird auf der Linie Sender–Schirm verschoben. Man registriert in Abständen von 1,6 cm abwechselnd Stellen maximalen (B) und minimalen (K) Empfangs (→B2).

Auswertung:
a) und b) Mikrowellen werden an Metallplatten reflektiert und beim Durchgang durch ein anderes Medium gebrochen. Sie verhalten sich wie Licht in vergleichbarer Situation.
c) Maxima und Minima der Empfangsintensität lassen sich als Interferenzphänomen deuten. Von S ausgehende Wellen erreichen E auf zwei Wegen: S–ST–SP_1–ST–E sowie S–ST–SP_2–ST–E. Dies führt zu einem Gangunterschied bei E. Das Interferenzergebnis hängt vom Betrag dieses Gangunterschiedes ab. Eine Verschiebung von SP_2 ändert den Gangunterschied und damit das Interferenzergebnis.
Von einem Maximum zum nächsten muss der Gangunterschied um λ zugenommen haben. Die Messkurve liefert dafür $\Delta l_2 = 1,6$ cm. Da der Gangunterschied um $2 \cdot \Delta l_2$ zugenommen hat, ergibt sich $\lambda = 3,2$ cm.
d) Der kleinere Abstand lässt auf eine geringere Wellenlänge schließen. Da die Verschiebung im Wasser erfolgte, ist die Wellenlänge in diesem Medium entscheidend. Sie ist mit der Ausbreitungsgeschwindigkeit über $c = \lambda \cdot f$ verknüpft. Die Ausbreitungsgeschwindigkeit einer Welle wird durch das Medium bestimmt. Da die Frequenz des Senders gleich bleibt, muss c für Wasser kleiner sein als für Luft.
e) Es überlagern sich die ausgesandte und die gegenläufige reflektierte Welle zu einer stehenden Welle mit Bäuchen (B) und Knoten (K) (→B3). Der Knotenabstand von 1,6 cm muss dann gleich der halben Wellenlänge $\lambda/2$ sein. Dies liefert $\lambda = 3,2$ cm.
Mit einer Sendefrequenz $f = 9,4 \cdot 10^9$ Hz ergibt sich für die Ausbreitungsgeschwindigkeit der Welle $c = 0,032$ m $\cdot\ 9,4 \cdot 10^9$ Hz $= 3 \cdot 10^8 \frac{m}{s}$, das entspricht der Lichtgeschwindigkeit.

Deutung: Mikrowellen breiten sich in Luft mit Lichtgeschwindigkeit aus. An geeigneten Flächen werden sie reflektiert und beim Übergang in ein anderes Medium gebrochen. Dabei gelten das Reflexionsgesetz und das Brechungsgesetz der Optik.

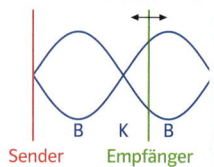

B3

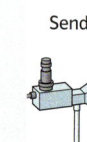  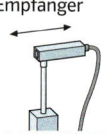

B5 Reflexion an einem Metallschirm

8.7 Elektromagnetische Wellen

Die weltweite Vernetzung von Computern bietet die Möglichkeit, viele Systeme z.B. im Haus aus der Ferne zu überwachen und zu steuern. Der Austausch der notwendigen Signale erfolgt mittels elektromagnetischer Wellen.

Elektromagnetische Strahlung

Elektromagnetische Wellen, man spricht auch von **elektromagnetischer Strahlung**, beruhen auf dem Zusammenwirken elektrischer und magnetischer Felder. Ein Sender für diese Wellen enthält einen elektromagnetischen Schwingkreis, der die Frequenz bestimmt.

Elektromagnetische Wellen benötigen anders als mechanische Wellen keinen Träger, sie breiten sich wie Licht auch im Weltraum aus. Ihre Ausbreitungsgeschwindigkeit im Vakuum beträgt $c = 299\,792\,458$ m/s. Dieser Wert wurde 1983 als eine Konstante festgelegt und hängt über die Gleichung $c = 1/\sqrt{\varepsilon_0 \cdot \mu_0}$ mit den elektromagnetischen Feldkonstanten zusammen.
Elektromagnetische Wellen überdecken Frequenzen im Bereich von $3 \cdot 10^3$ Hz bis $3 \cdot 10^{23}$ Hz. Sie durchdringen viele Materialien und können z.B. in Glasfaserkabeln geleitet werden. In Materie ist ihre Geschwindigkeit kleiner als im Vakuum, so beträgt sie in Glasfaserkabeln etwa 2/3 der Geschwindigkeit im Vakuum.
Durch Metalle lassen sich elektromagnetische Wellen abschirmen, an metallischen Oberflächen werden sie reflektiert.

Elektromagnetische Wellen zeigen alle Eigenschaften, die man von mechanischen Wellen, z.B. auch Ultraschall, kennt: Reflexion, Brechung und Interferenz.

B2 zeigt einen Versuch, bei dem ein Mikrowellen-Empfänger um seine Längsachse gedreht wird. Bei einem Winkel von 90° ist kein Signal mehr zu empfangen, erst bei einer Drehung um 180° wird wieder die volle Signalstärke registriert. Derselbe Versuch mit Ultraschall führt zu einem anderen Ergebnis. Dies weist darauf hin, dass es sich bei Mikrowellen um Querwellen handelt, während beim Schall Längswellen vorliegen.

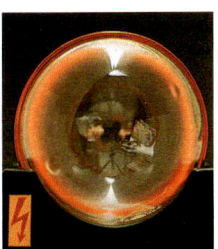

James Clerk Maxwell
(1831 – 1879)

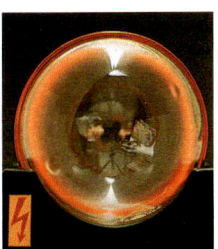

B1 Ein magnetisches Wechselfeld bewirkt ein elektrisches Wirbelfeld.

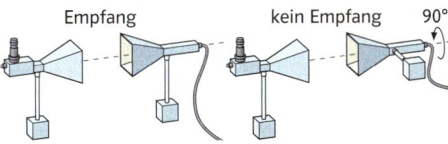

Empfang   kein Empfang   90°

B2 Versuch zur Richtungsabhängigkeit des Empfangs

Die Maxwell'sche Theorie

James Clerk Maxwell (1831 – 1879) sagte 1864 die Existenz elektromagnetischer Wellen voraus. Erst im Jahr 1886 gelang **Heinrich Hertz** (1857 – 1894) der experimentelle Nachweis dafür. Maxwell vertiefte das Induktionsgesetz und stellte sich vor, das keine Leiterschleife notwendig ist (→**B3**).

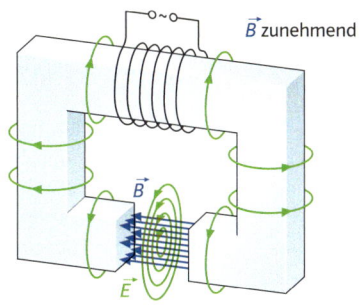

$\vec{B}$ zunehmend

$\vec{B}$

$\vec{E}$

B3 Jedes zeitlich veränderliche Magnetfeld bedingt ein elektrisches Feld mit geschlossenen Feldlinien.

Er ging weiter davon aus, dass sich im Schwingkreis nicht nur um den Strom in den Leitungen ein Magnetfeld bildet, sondern auch um das elektrische Feld im Kondensator (→**B4**).

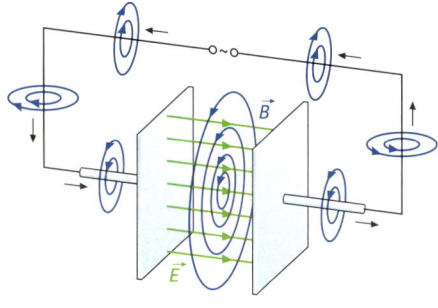

$\vec{B}$

$\vec{E}$

B4 Jedes zeitlich veränderliche elektrische Feld bedingt ein Magnetfeld mit kreisförmigen Feldlinien.

Die Verknüpfung beider Aussagen führt zu der Vorstellung in **B5**: E-Feld und B-Feld bedingen sich und greifen so in den Raum hinaus.

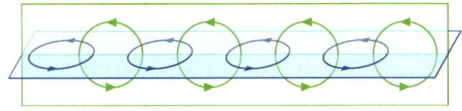

B5 Ausbreitung elektromagnetischer Wellen

Wellen im Alltag

B1 Radar: Antenne und Bildschirm

Positionsbestimmungen Wellen werden von Hindernissen zurückgeworfen. Aus der Laufzeit für den Hin- und Rückweg und der bekannten Ausbreitungsgeschwindigkeit kann die Entfernung vom Sender des Signals ermittelt werden.

Beim Echolot verwendet man Schallwellen, beim Radar (**Ra**dio **D**etecting **a**nd **R**anging) elektromagnetische Wellen mit Frequenzen um 10^8 Hz. Solche Wellen lassen sich mit einer speziellen Röhre, dem Klystron erzeugen. Es wird im Brennpunkt eines metallischen Hohlspiegels angebracht.

Diese Antenne sendet kurze Impulse (Wellenzüge) in eine bestimmte Richtung. Beim Panorama-Radar wird aus der reinen Entfernungsbestimmung eine Positionsbestimmung. Die Antenne rotiert und entsprechend ihrer Richtung wird ein Elektronenstrahl von der Mitte eines Bildschirmes zum Rand gelenkt. Der Elektronenstrahl startet in der Mitte zusammen mit dem Radarimpuls, das empfangene Signal erzeugt an der Stelle, die der Elektronenstrahl dann gerade erreicht hat, einen hellen Fleck. Dieser leuchtet so lange nach, bis die Antenne die Richtung aufs Neue abtastet (→**B1**). Eine unterlegte Karte zeigt dann den Ort. Seit der ersten Mondlandung 1969 steht auf dem Mond ein Reflektor. Mittels eines Laserimpulses kann nach der Radarmethode die Mondentfernung auf etwa 3 cm genau gemessen werden.

Geschwindigkeitsmessung „Die Autobahnpolizei Köln setzt bei Radarkontrollen das Radargerät Multanova 6 F ein. Die Radarmessung beruht auf dem sogenannten **Dopplereffekt**". (Aus dem Internet)

„Mit Hilfe der Dopplersonografie können wir den Blutfluss in den mütterlichen (gebärmutter-

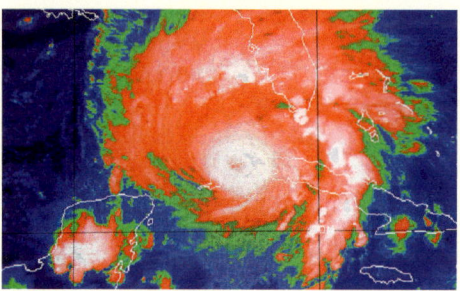

B2 Wetterradarbild

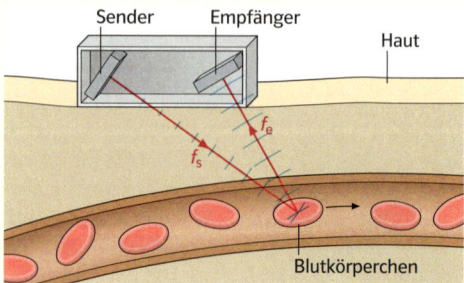

B3 Geschwindigkeitsmessung mit dem Dopplereffekt

nahen) und kindlichen Gefäßen untersuchen." (Aus der Informationsbroschüre eines Krankenhauses)

Die beiden Notizen weisen auf vielfältige Anwendungen eines physikalischen Effektes in alltäglichen Situationen hin. In Abbildung **B3** ist das Prinzip gezeigt, es gilt entsprechend für den Einsatz im Straßenverkehr.
Bei der Positionsbestimmung wurde nur die Ausbreitungsgeschwindigkeit als Wellenmerkmal genutzt, beim Dopplerradar werden Schlüsse aus der Frequenz gezogen. Das dritte Merkmal, die Amplitude, wird z. B. beim **Wetterradar** auch ausgewertet (→**B2**). Diese Möglichkeit folgt aus dem unterschiedlichen Reflexionsvermögen verschiedener Oberflächen.

A1 ⊖ Schreiben Sie kurze Messanweisungen zur Bestimmung einer Entfernung bzw. zur Ermittlung einer Geschwindigkeit mit Hilfe von Radar. Beide Anweisungen beginnen mit: „Sende eine Radarwelle …"

Die Geschwindigkeit ergibt sich aus einer Frequenzverschiebung $\Delta f = f_e - f_s$. Dabei gehört f_s zur ausgesandten, f_e zur empfangenen Welle. Die gesuchte Geschwindigkeit v ergibt sich mit der Ausbreitungsgeschwindigkeit c der Welle aus

$$v = \frac{\Delta f \cdot c}{2 f_s}$$

Im Zuge der Herleitung aus den Gesetzen zum Dopplereffekt ergibt sich zunächst

$$f_e = f_s \cdot \frac{c + v}{c - v}$$

A2 ⊖ Leiten Sie die letzte Formel her. Beachten Sie dabei, dass das fahrende Auto einmal als bewegter Empfänger und dann als bewegter Sender fungiert. Zur Ermittlung von Δf kann schließlich zur Vereinfachung $v \ll c$ angenommen werden.

Wellen Eine Störung, die sich mit einer gewissen Geschwindigkeit im Raum ausbreitet bezeichnet man als Welle. Erfolgt die Störung senkrecht zur Ausbreitungsrichtung der Welle, spricht man von Quer- oder Transversalwellen, erfolgt sie in Ausbreitungsrichtung, entstehen Längs- oder Longitudinalwellen.

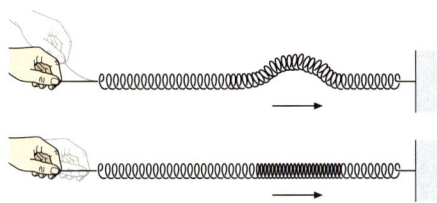

Harmonische Wellen Eine harmonische Welle entsteht durch eine Störung in Form einer harmonischen Schwingung. Sie ist ein zeitlich

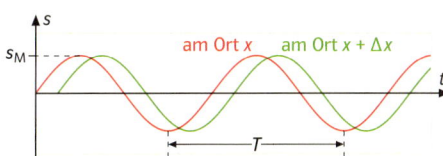

und räumlich

periodischer Vorgang, beschrieben durch die Periodendauer und die Wellenlänge. Ihre Ausbreitungsgeschwindigkeit beträgt:

$$c = \frac{\lambda}{T} = \lambda \cdot f$$

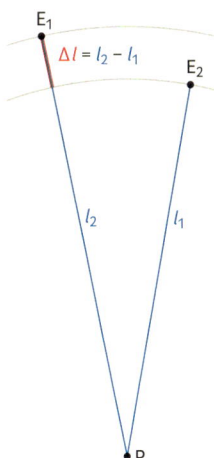

B1 Gangunterschied zweier Wellen

Harmonische Wellen sind als Anordnung harmonisch schwingender Oszillatoren aufzufassen. Die Wellengleichung lautet:

$$s(x, t) = s_M \cdot \sin\left(2\pi \cdot \left(\frac{t}{T} - \frac{x}{\lambda}\right)\right)$$

Die Schwingung der Oszillatoren kann durch rotierende Zeiger beschrieben werden.

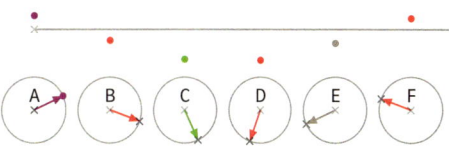

B2 Zeigerdarstellung für die einzelnen Oszillatoren

Interferenz von Wellen Bei Interferenz addieren sich die Auslenkungen.

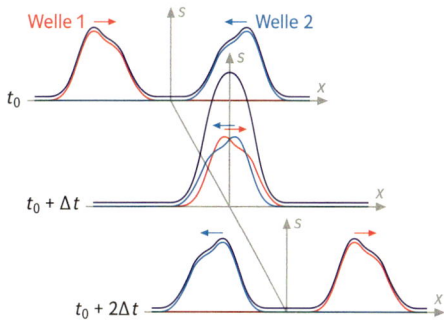

Das Interferenzergebnis am Ort P hängt vom Phasenunterschied $\Delta \varphi$ der Wellen ab.

Maximale Verstärkung: $\Delta \varphi = k \cdot 2\pi$
Maximale Abschwächung: $\Delta \varphi = (2k + 1) \cdot \pi$

Der Phasenunterschied $\Delta \varphi$ ergibt sich aus dem Gangunterschied Δl: $\Delta \varphi = 2\pi \cdot \Delta l / \lambda$
Maximale Verstärkung: $\Delta l = k \cdot \lambda$
Maximale Abschwächung: $\Delta l = (2k + 1) \cdot \lambda / 2$

Interferenz Abbildung **B3** zeigt zwei Rohrbögen. Der untere passt in den oberen und ist verschiebbar. Über einen Lautsprecher wird ein Schallsignal mit konstanter Frequenz zugeführt. Dieses wird von einem Mikrofon aufgenommen und mit einem Oszilloskop sichtbar gemacht, **B2** zeigt das Oszillogramm. Der untere Bogen wird verschoben.

Beobachtung: Bei der Verschiebung schwankt die Amplitude zwischen minimalen und maximalen Werten. Zwischen zwei Minima muss der untere Rohrbogen um $s = 3\,\text{cm}$ verschoben werden.

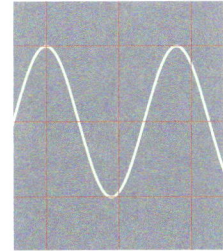

Timebase 0,1 ms/cm

B2

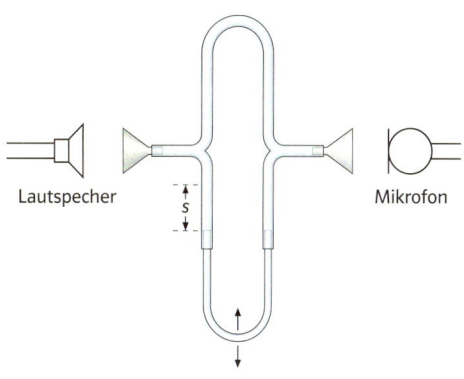

B3

a) Begründen Sie die Beobachtung.
b) Bestimmen Sie aus den Messdaten die Wellenlänge und die Schallgeschwindigkeit.

Lösung: a) Die zu beobachtenden Maxima und Minima sind die Folge von Interferenz. Die Schallwellen erreichen das Mikrofon auf zwei verschiedenen Wegen. Die Änderung der Länge eines der Wege führt zu einer kontinuierlichen Änderung des Gangunterschiedes Δl am Beobachtungsort, bei ungeradzahligen Vielfachen von $\lambda/2$ ergibt sich ein Minimum, bei geradzahligen ein Maximum.
b) Δl ändert sich um $2 \cdot 3\,\text{cm} = 6\,\text{cm}$. Weil man von einem Minimum ausgehend den Gangunterschied soweit geändert hat, dass ein benachbartes Minimum registriert wird, beträgt die Änderung gerade eine Wellenlänge. Also gilt: $\lambda = 6\,\text{cm} = 0,06\,\text{m}$.
Aus dem Oszillogramm ergibt sich als Periodendauer:

$$T = 1,8\,\text{cm} \cdot 0,1\,\tfrac{\text{ms}}{\text{cm}} = 0,18\,\text{ms} = 0,18 \cdot 10^{-3}\,\text{s}.$$

Aus $c = \lambda/T$ ergibt sich die Schallgeschwindigkeit zu $333\,\text{m/s}$.

Lineare Wellen Gleichartige Oszillatoren sind zu einer Kette zusammengekoppelt. Zum Zeitpunkt $t = 0$ wird das Gleichgewicht mit einer Auslenkung des ersten Oszillators nach unten gestört. Die Störung breitet sich mit der Geschwindigkeit $v = 5\,\text{m/s}$ nach rechts auf die anderen Oszillatoren aus. Die Dauer der Periode der harmonischen Schwingung eines Oszillators ist $T = 0,8\,\text{s}$, die Amplitude $s_M = 20\,\text{cm}$.

a) Zeichnen Sie ein Momentbild der harmonischen Welle zum Zeitpunkt $t = 2,0\,\text{s}$!
b) Zeichnen Sie den t-s-Graphen der harmonischen Schwingung des Oszillators bei $x = 2\,\text{m}$ für $0 \leq t \leq 2,4\,\text{s}$.

c) Die Wellengleichung lautet hier:

$$s(x, t) = (-0,2\,\text{m}) \cdot \sin\left[2\pi \cdot \left(\frac{t}{T} - \frac{x}{\lambda}\right)\right]$$

Begründen Sie das Minuszeichen. Berechnen Sie $s(1,2\,\text{m}\,|\,2,0\,\text{s})$. Vergleichen Sie das Ergebnis mit Ihrer Zeichnung.

Lösung: a) In $2\,\text{s}$ hat sich die Störung $10\,\text{m}$ nach rechts ausgebreitet. Der Oszillator bei $x = 10\,\text{m}$ beginnt bei $t = 2\,\text{s}$ gerade mit der Auslenkung nach unten, in $2\,\text{s}$ sind $2,5$ Schwingungen des ersten Oszillators vergangen, auf die Strecke $10\,\text{m}$ entfallen also $2,5$ Perioden, d.h., es ist $\lambda = 4\,\text{m}$.

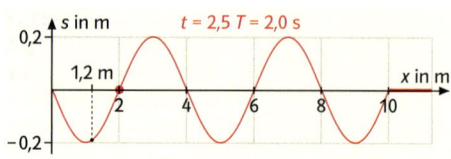

b) Nach dem Start der Störung bei $t = 0\,\text{s}$ vergehen $0,4\,\text{s}$, bis der Oszillator bei $x = 2\,\text{m}$ mit einer Auslenkung nach unten zu schwingen beginnt. Bis zum Zeitpunkt $t = 2,4\,\text{s}$ führt er dann $2,5$ volle Schwingungen mit der Amplitude $s_M = 20\,\text{cm}$ aus.

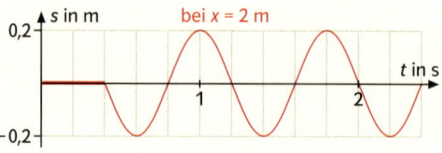

c) Das Minuszeichen ergibt sich wegen der anfangs negativen Auslenkung.
Für $s(1,2\,\text{m}\,|\,2,0\,\text{s})$ erhält man:

$$s = (-0,2\,\text{m}) \cdot \sin\left[2\pi \cdot \left(\frac{2,0}{0,8} - \frac{1,2}{4}\right)\right] = -0,19\,\text{m}$$

Das x-s-Diagramm für a) bestätigt diesen Wert, da es gerade für $t = 2,5\,T = 2\,\text{s}$ gilt.

Stehende Seilwelle Befestigen Sie ein langes Seil an einem Ende. Schwingen Sie das horizontal gespannte Seil am anderen Ende mit einer Hand auf und ab. Versuchen Sie Knoten und Bäuche zu erzeugen. Bestimmen Sie die Frequenz der Schwingung Ihrer Hand, bei der das gelingt.

Interferenz von Kreiswellen Kopieren Sie das am Ende dieses Buches wiedergegebene Muster mit Kreisbögen auf zwei Transparentfolien. Interpretieren Sie damit ein Wellen-

modell und demonstrieren Sie durch etwas versetztes Aufeinanderlegen, wie es zu Interferenzen von Wellen kommen kann.

Interferenz ebener Wellen Schneiden Sie aus zwei Pappstreifen Momentbilder zweier harmonischer Wellen mit gleicher Wellenlänge und gleicher Amplitude aus. Binden Sie die Pappstücke an zwei gleich langen Fäden an zwei Punkten fest. Untersuchen Sie mit diesem Modell das Interferenzergebnis an verschiedenen Punkten des Raumes.

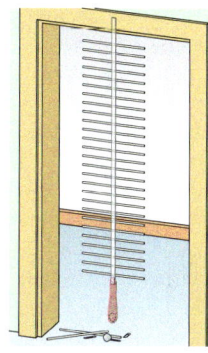

B1 Zu Versuch 4

Wellenmaschine Bauen Sie sich eine Wellenmaschine. Sie benötigen 1 Rolle Klebefilm, 20 Strohhalme, Büroklammern, 1 Apfelsinennetz, Kieselsteine, um die am Rand abgebildete Versuchsanordnung zu erhalten.

Hängen Sie die Wellenmaschine in einem Türrahmen auf und spannen Sie sie z.B. mit einem Kieselstein im Apfelsinennetz.

a) Lenken Sie den untersten Strohhalm kurz aus. Beschreiben Sie Ihre Beobachtung.

b) Messen Sie die Ausbreitungsgeschwindigkeit der Störung. Verändern Sie auch das angehängte Gewicht und messen Sie erneut die Ausbreitungsgeschwindigkeit. Befestigen Sie an den Enden der Strohhalme Büroklammern und messen Sie die Ausbreitungsgeschwindigkeiten.

c) Deuten Sie Ihre Beobachtungen und Messungen.

Auffinden von Störsendern Testen Sie mit einem tragbaren Radiogerät die Funkentstörung von Alltagsgeräten: Staubsauger, Föhn, Rasenmäher, Mopedmotor, Bootsmotor …
Stellen Sie das Radio vorher so ein, dass kein Sender zu hören ist.

Begründen Sie, warum einige Geräte im Radio wahrzunehmen sind, andere nicht. Verändern Sie die Drehzahl der Motoren und beschreiben Sie Ihre Wahrnehmungen.

Training

A1 ○ Nennen Sie Bedingungen für das Entstehen einer Welle.

A2 ○ Erläutern Sie Unterschiede zwischen Seilwellen und Schallwellen.

A3 ○ Bei Erdbeben werden sowohl Längs- als auch Querwellen beobachtet. Deuten Sie die Beobachtung, dass durch tiefere Erdschichten nur Längswellen gelangen.

A4 ◒ Auf einem Seil sind Punkte im Abstand von jeweils 1 cm markiert. Der Punkt P_1 am Ort $x = 0$ beginnt zum Zeitpunkt $t = 0$ eine harmonische Schwingung quer zum Seil. Nach $t = 1{,}5$ s erreicht er die maximale Auslenkung $s_M = 2{,}0$ cm, gleichzeitig beginnt P_4 sich zu bewegen.
Zeichnen Sie die Auslenkung des Seils nach $t = 3$ s, $3{,}5$ s und 13 s. Bestimmen Sie Frequenz und Ausbreitungsgeschwindigkeit der Welle.

A5 ◒ Eine harmonische Welle (Wellenlänge $\lambda = 16$ cm, Amplitude $s_M = 2$ cm) breitet sich mit der Geschwindigkeit $c = 1{,}6$ m/s längs der positiven x-Achse ab $t = 0$ vom Ursprung her aus. Der Oszillator am Ort $x = 0$ bewege sich dabei zunächst nach oben.
a) Berechnen Sie die Frequenz der Welle.
b) Zeichnen Sie im Bereich $0 \leq x \leq \lambda$ den Zustand der Welle zum Zeitpunkt $t = T/4$.
c) Zeichnen Sie die Auslenkung des Oszillators an der Stelle $x = 12$ cm für den Zeitraum $0 \leq t \leq T$ ($0{,}01$ s $\hat{=}$ 1 cm).

A6 ◒ In der Nähe einer tönenden Stimmgabel wird ein Mikrofon aufgehängt und mit einem Oszilloskop wird das t-s-Diagramm der Stimmgabel wiedergegeben. Bewegt man das Mikrofon in Richtung der Stimmgabel hin und her, so werden die Abstände der Amplituden auf dem Oszilloskop größer und kleiner. Begründen Sie diese Erscheinung.

A7 ◒ Eine Stimmgabel, die mit $f = 440$ Hz schwingt, wird mit dem Arm in $0{,}5$ s um $1{,}0$ m vorwärts und dann wieder zurück bewegt. Berechnen Sie die Frequenzen, mit der ein in Vorwärtsrichtung befindlicher Beobachter sie in der Zeitspanne von 1 s hört.

A8 ◒ Ein Zug fährt mit der Geschwindigkeit $v = 20$ m/s in einem Tunnel und pfeift mit der Frequenz $f = 500$ Hz.
a) Berechnen Sie die Frequenz des Signals, die ein Streckenposten vor dem Zug wahrnimmt.
b) Bestimmen Sie die Frequenz des von der Tunnelwand reflektierten Signals, die die Fahrgäste bzw. der Streckenposten wahrnehmen.

A9 ◒ Interpretieren Sie die Aufnahme von der Luftströmung am Pfeil.

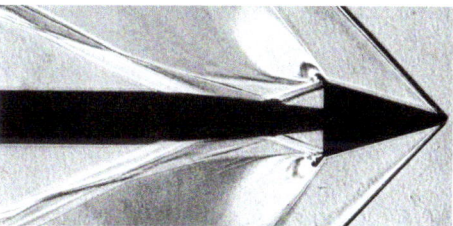

A10 ◒ Zeichnen Sie die ersten drei möglichen stehenden Wellen für eine Luftsäule von 40 cm Länge
a) mit zwei gleichen,
b) mit zwei verschiedenen Enden.
Berechnen Sie die Frequenz der Schallwelle. Die Schallgeschwindigkeit betrage 340 m/s.

A11 ◔ Zwei Wellen laufen in gleicher Richtung eine Saite entlang. Sie stimmen in der Frequenz $f = 100\,Hz$, der Amplitude $s_M = 2\,cm$ und der Wellenlänge $\lambda = 2\,cm$ überein.
Ermitteln Sie die Amplitude der resultierenden Welle für den Fall, dass der Gangunterschied zwischen den Wellen $\Delta l = \lambda/6$ bzw. $\Delta l = 3/8\,\lambda$ beträgt.

A12 ◔ Auf einem Seil ergeben sich bei den aufeinanderfolgenden Frequenzen 75 Hz, 125 Hz, 175 Hz stehende Wellen. Untersuchen Sie mit Hilfe der Frequenzverhältnisse, ob das Seil an einem oder an beiden Enden fest eingespannt ist.
Berechnen Sie die Grundfrequenz und die größte Wellenlänge für eine stehende Welle auf dem Seil.

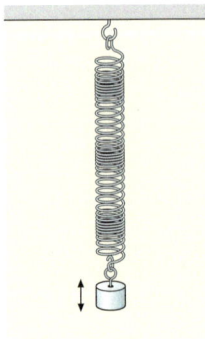

B1 Zu Aufgabe 13

A13 ◔ Eine Schraubenfeder ist senkrecht gespannt und wird am unteren Ende periodisch gestört. Bei einer bestimmten Frequenz entsteht ein Bild wie in Abbildung **B1**.
a) Beschreiben Sie das Bild.
b) Begründen Sie physikalisch das Entstehen dieser Erscheinung.
c) Erläutern Sie Ihre Erwartungen, wenn die Frequenz der Störung erhöht bzw. verringert wird.

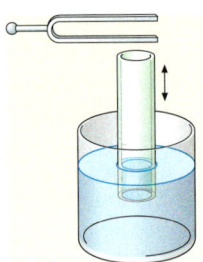

B2 Zu Aufgabe 14

A14 ◔ Eine Glasröhre taucht in Wasser (→**B2**). Durch Heben und Senken kann die Länge der Luftsäule verändert werden. Über dem offenen Ende befindet sich eine Stimmgabel, die mit der Frequenz $f = 440\,Hz$ schwingt. Bei einer bestimmten Länge l_0 der Luftsäule wird die Lautstärke deutlich erhöht. Das geschieht wieder bei der Länge $l_1 = 3\,l_0$.
a) Erklären Sie diese Erscheinung.
b) Aus diesem Versuch soll die Schallgeschwindigkeit bestimmt werden. Erläutern Sie die notwendigen Messungen.
c) Berechnen Sie l_0 und l_1 bei der Schallgeschwindigkeit 340 m/s.

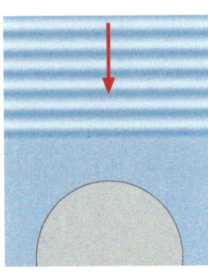

B3 Zu Aufgabe 19

A15 ◔ Eine Orgelpfeife liefert beim Anblasen einen bestimmten Ton. Der Ton ist höher, wenn anstelle von Luft Erdgas in der Pfeife ist. Erläutern Sie Ihre Schlussfolgerung aus dieser Beobachtung.

A16 ◔ Schall ist eine Wellenerscheinung. Wellen zeigen Interferenz. Erläutern Sie, warum sich zwischen zwei Lautsprecherboxen einer Hi-Fi-Anlage keine Bereiche finden, in denen minimale Lautstärke herrscht.

A17 ● Von zwei 4 cm voneinander entfernten Zentren E_1 und E_2 breiten sich phasengleich Wellen mit der Ausbreitungsgeschwindigkeit $v = 0,5\,m/s$ und der Wellenlänge $\lambda = 2\,cm$ kreisförmig aus. Die Amplituden beider Wellen sind gleich.
a) Zeichnen Sie ein Momentbild beider Wellen 0,2 s nach dem Start aus den Zentren.
Markieren Sie in diesem Bild Punkte mit Auslöschung und die, an denen maximale Verstärkung stattfindet.
b) Verbinden Sie durch Linien Punkte mit dem Gangunterschied $\Delta l = 0, \lambda/2, \lambda, 3\lambda/2, 2\lambda$. Geben Sie die Bedeutung dieser Linien an.
c) Ermitteln Sie bei diesem Versuch die Anzahl der Linien mit Auslöschung bzw. maximaler Verstärkung. Erläutern Sie Möglichkeiten zur Änderung dieser Zahl.
d) Im Abstand $x = 5\,cm$ von den Zentren wird senkrecht zu deren Mittelsenkrechten eine Gerade g gezogen.
Bestimmen Sie den Bereich beiderseits der Mittelsenkrechten, in dem man auf der Geraden g Auslöschung bzw. Verstärkung beobachten kann.
e) Ein Punkt P auf g hat 1 cm Abstand zur Mittelsenkrechten. Ermitteln Sie im Punkt P den Gangunterschied der von E_1 und E_2 ausgehenden Wellen.
Zeichnen Sie die t-s-Diagramme für beide harmonische Schwingungen im Punkt P. Bestimmen Sie daraus die Amplitude der resultierenden Schwingung.

A18 ◔ Konstruieren Sie mit Hilfe des Huygens'schen Prinzips die Brechung von ebenen Wellen für folgende Situation:
– Winkel zwischen Wellennormale der einfallenden Welle und dem Lot: 30°
– Ausbreitungsgeschwindigkeiten $c_1 = 3,0\,cm/s$, $c_2 = 1,5\,cm/s$.

A19 ◔ Eine Welle mit parallelen Wellenfronten trifft auf ein kreisförmiges Hindernis (→**B3**). Konstruieren Sie mit Hilfe des Huygens'schen Prinzips die reflektierten Wellenfronten.

A20 ● Es wird berichtet, dass in den Anfängen des Rundfunks findige Bastler ihre Gartenlauben in der Nähe von Sendern beleuchteten, indem sie Glühlampen an Empfangsantennen anschlossen.
Erläutern Sie die Funktionsweise dieser „Basteleien". Nennen Sie einen Grund für das gesetzliche Verbot dieser Aktivitäten.

9 Wellenmodell des Lichtes

Licht zeigt manchmal ein Verhalten, das mit dem Strahlenmodell nicht zu erklären ist.

Untersuchung von Licht am Doppelspalt

B1 Versuchsaufbau

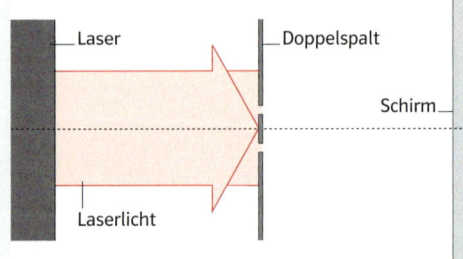

B2 Schematische Darstellung

Aufgabe: Mit diesem Versuch soll nachgewiesen werden, dass Licht Welleneigenschaften besitzt.

Material: Optische Bank mit Reitern, monochromatische Lichtquelle (He-Ne-Laser, Laserpointer mit grüner Laserdiode), Halter mit Doppelspalt oder Doppelspaltdia, Leinwand (z. B. Wand des Physikraums)

Durchführung: Der Halter mit dem Doppelspalt wird auf der optischen Bank befestigt. Der Laser und die optische Bank werden so angeordnet, dass das Laserlicht senkrecht auf die beiden schmalen Spalte, die den Abstand g zueinander haben, fällt. Auf einer Leinwand, deren Entfernung l vom Doppelspalt groß im Vergleich zum Spaltabstand g ist, werden die Erscheinungen des Doppelspaltes beobachtet.

Das Experiment wird ein zweites Mal durchgeführt, dabei wird ein Laser anderer Lichtfarbe verwendet.

Beobachtung: Auf der Leinwand erkennt man helle und dunkle Bereiche, die symmetrisch um einen zentralen Fleck angeordnet sind (→B3a).

Führt man den Versuch mit Laserlicht anderer Farbe durch, ergibt sich dasselbe Muster. Allerdings verändern sich die Abstände zwischen den hellen und den dunklen Bereichen (→B3b).

Deutung: Nach dem Strahlenmodell für die Ausbreitung des Lichtes wäre zu erwarten, dass auf dem Schirm zwei scharf begrenzte Striche erscheinen. Das Muster, das sich im Experiment ergibt, weist dagegen Ähnlichkeit mit dem Interferenzbild zweier sich ausbreitender kreisförmiger Wasserwellen auf: Dort, wo die beiden Wellen gleichphasig sind, treten Maxima auf. Wo sie gegenphasig stehen, beobachtet man Minima.

Übertragen auf das hier durchgeführte Experiment könnten die hellen Bereiche durch eine Verstärkung von einfallenden Lichtwellen entstehen, die dunklen Bereiche durch gegenseitige Auslöschung.

Das Experiment liefert also Hinweise darauf, dass Licht ein Phänomen mit Welleneigenschaften ist, dem eine Wellenlänge und eine Frequenz zugeordnet werden können. Die unterschiedlichen Abbildungen für rotes und grünes Licht lassen vermuten, dass diese Kenngrößen mit der Farbe zusammenhängen.

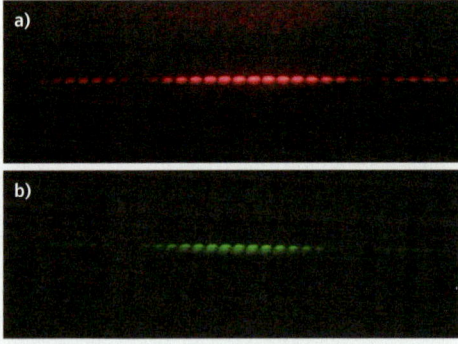

B3 Abbildung des Doppelspaltes bei Beleuchtung mit rotem (a) und mit grünem Laserlicht (b).

9.1 Interferenzen am Doppelspalt

Der Engländer **Thomas Young** beobachtete 1801 als Erster eine Interferenz von Licht an einem Doppelspalt. Diese Erscheinung stützte das Wellenmodell des Lichtes, das im Jahre 1678 von **Christiaan Huygens** zur Erklärung der Lichtausbreitung vorgeschlagen worden war.

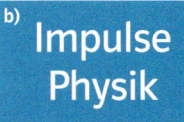

Lochdurchmesser 0,6 mm

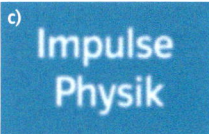

Lochdurchmesser 0,35 mm

Lochdurchmesser 0,15 mm

B1 Lochkamerabilder

Das Strahlenmodell des Lichtes zeigt Grenzen

Eine kleine Lichtquelle erzeugt von Gegenständen scharf begrenzte Schattenbilder. Mit Hilfe der Vorstellung, die Ausbreitung von Licht könne mit Strahlen beschrieben werden, lässt sich das begründen und es gelingt z.B., aus ihr gesetzmäßige Zusammenhänge zwischen Bildgrößen und Bildentfernungen abzuleiten. Auch die Beobachtung, dass mit der Lochkamera Bilder erzeugt werden, lässt sich erklären und man gewinnt die Aussage, dass für ein klares Bild ein möglichst kleines Loch günstig ist. Die Bildfolge **B1** scheint dem zu widersprechen. Die Vorstellung, Licht breite sich analog zu Wasser wie eine Welle aus, lässt eine Erklärung zu.

Diese Wellentheorie des Lichtes erklärt, weshalb sich das Licht hinter feinen Öffnungen wie in **B1** unten nicht nur geradlinig ausbreitet, sondern auch in Bereiche eindringt, die nach der Vorstellung von Lichtstrahlen im Schattenraum liegen. Diese Erscheinung, die man bereits bei Versuchen mit Wasserwellen beobachtet hat, heißt **Beugung**.

Auch die am Doppelspalt entstehenden hellen und dunklen Bereiche lassen sich analog zum Verhalten von Wasserwellen erklären. Nach der Vorstellung von Christiaan Huygens kann jeder Punkt einer Wellenfront als Ausgangspunkt einer neuen Welle mit gleicher Frequenz und gleicher Phase betrachtet werden. Diese Wellen heißen **Huygens'sche Elementarwellen**. Bei ebenen Wellen (z.B. Wasserwellen) sind ihre Wellenfronten Halbkreise, im Raum Halbkugeln.

Entstehung des Musters am Doppelspalt

Kleine Öffnungen kann man sich als Ausgangspunkte von Elementarwellen vorstellen, die sich am Beobachtungsschirm überlagern. Die Elementarwellen, die von derselben Wellenfront stammen, haben bei der Entstehung gleiche Phase.

Von zwei Öffnungen aus ergeben sich zu allen Punkten, die außerhalb der Mittelsenkrechten zwischen den Öffnungen liegen, verschiedene Entfernungen. Der Unterschied, gemessen in Wellenlängen, heißt **Gangunterschied** Δl. Gangunterschiede führen zu Phasenunterschieden. Beträgt der Gangunterschied im Punkt P zum Beispiel eine halbe Wellenlänge, so sind in diesem Punkt beide Wellen ständig gegenphasig und sie schwächen sich. Beträgt der Gangunterschied dagegen eine Wellenlänge, verstärken sich die Wellen zu jedem Zeitpunkt. Nach dieser Vorstellung lassen sich Beobachtungen bei Licht, das durch feine Öffnungen gelangt, mit Welleneigenschaften erklären. Durch Verstärkung entstehen helle Bereiche, durch Abschwächung dunkle. Da sich die geometrische Anordnung mit der Zeit nicht ändert, ergibt sich eine zeitlich stabile Verteilung heller und dunkler Bereiche, das **Interferenzmuster** (→**B2b**). Licht zeigt Interferenz. Licht kann daher als Phänomen mit Welleneigenschaften beschrieben werden, das sich durch eine bestimmte Wellenlänge λ bzw. Frequenz f auszeichnet.

Bedingungen für Verstärkung und Auslöschung

Für Licht sind die Öffnungen eines Doppelspaltes Ausgangspunkte von Elementarwellen. Analog zur Interferenz von Wasserwellen gelten folgende Bedingungen: Ist ihr Gangunterschied zum Punkt P auf dem Schirm null oder ein Vielfaches der Wellenlänge, also $\Delta l = 0$ oder $\Delta l = \lambda, 2\lambda, 3\lambda \ldots$, dann verstärken sich die Lichtwellen. Ist dagegen der Gangunterschied ein ungeradzahliges Vielfaches von $\lambda/2$, also $\Delta l = \lambda/2, 3\lambda/2, 5\lambda/2 \ldots$, dann löschen sich die Wellen aus.

Licht, das auf kleine Öffnungen trifft, kann Interferenz zeigen.

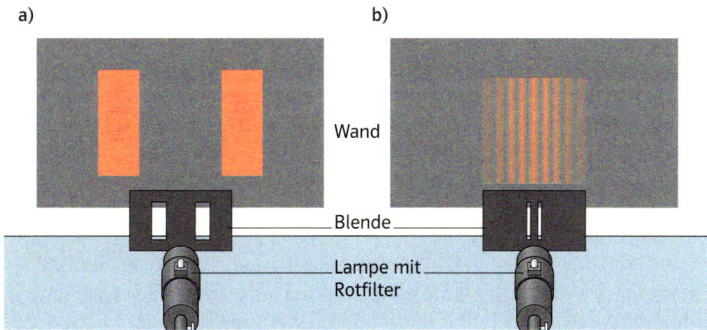

B2 Beleuchtung eines Doppelspalts mit einfarbigem Licht: Große Öffnungen ergeben ein scharfes Schattenbild (a). Kleine Öffnungen führen zu hellen Streifen (b).

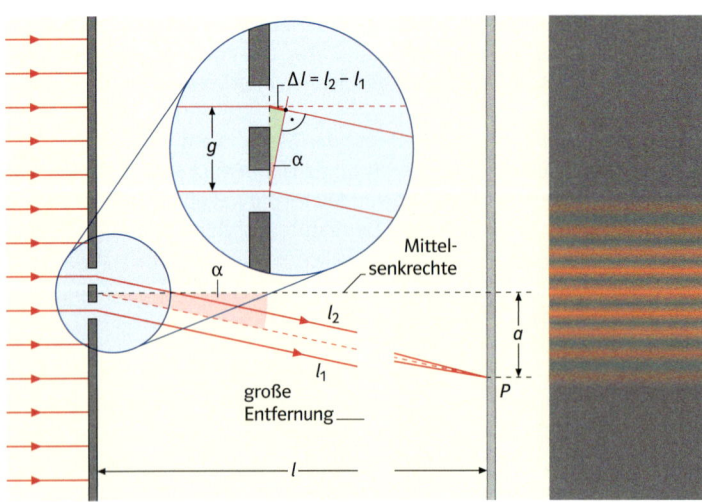

B1 Interferenz von Lichtwellen am Doppelspalt

Auch Δl kann nicht direkt bestimmt werden. Allerdings lassen sich der Abstand eines Maximums zum Hauptmaximum (a_k) und der Abstand des Doppelspalts von der Leinwand (l) gut messen. Der Spaltabstand g ist bekannt. Damit ergibt sich für den Winkel:

$$\alpha_k = \arctan\left(\frac{a_k}{l}\right)$$

und für die gesuchte Wellenlänge λ:

$$\lambda = g \cdot \frac{\sin\alpha_k}{k} \quad \text{bzw.} \quad \lambda = \frac{g \cdot \sin\left(\arctan\frac{a_k}{l}\right)}{k}$$

Das Doppelspaltexperiment mit einem Helium-Neon-Laser habe folgende Messwerte ergeben:
- Spaltabstand: $g = 0{,}5\,\text{mm} = 0{,}5 \cdot 10^{-3}\,\text{m}$
- Abstand des Maximums 5. Ordnung zum Hauptmaximum: $a_5 = 2{,}5\,\text{cm} = 2{,}5 \cdot 10^{-2}\,\text{m}$
- Abstand des Doppelspalts von der Leinwand: $l = 3{,}95\,\text{m}$

Daraus ergibt sich die Wellenlänge des Laserlichts zu:

$$\lambda = \frac{0{,}5 \cdot 10^{-3}\,\text{m}}{3{,}95\,\text{m}} \cdot \frac{2{,}5 \cdot 10^{-2}\,\text{m}}{5} \approx 633\,\text{nm}$$

Interferenz in der Zeigerdarstellung

Wie bei mechanischen Wellen lässt sich auch das Verhalten von Licht im Zeigermodell darstellen. Interferenz kann nur auftreten, wenn mindestens zwei Pfade von der Quelle zum Detektor existieren. In **B1** werden die von den Spalten ausgehenden Wellen durch die Zeiger Z_1 und Z_2 dargestellt. An den Spaltöffnungen sind sie gleich gerichtet. Am Punkt P des Schirms stehen sie in der Regel nicht mehr gleichphasig, weil die zugehörigen Längen l_1 und l_2 verschieden sind. An verschiedenen Orten des Schirms treten Zeigerstellungen wie in **B2** auf. **B2a** kennzeichnet ein Maximum: konstruktive Interferenz. In **B2b** hat sich der Zeiger Z_2 weiter gedreht als Z_1, da l_2 länger ist als l_1. Man beobachtet abgeschwächte Helligkeit, der zugehörige Ort liegt weiter unten auf dem Schirm. **B2c** zeigt ein Minimum, **B2d** einen Ort mittlerer Helligkeit.

A1 ○ Bei Verwendung eines grünen Laserpointers ergeben sich folgende Messwerte: $l = 3{,}95\,\text{m}$; $a_6 = 2{,}5\,\text{cm}$; $g = 0{,}5\,\text{mm}$. Berechnen Sie die Wellenlänge des grünen Lichtes.

A2 ◓ Die Abbildungen **B2 a–d** zeigen das Interferenzergebnis für jeweils zwei Wellen mit unterschiedlicher Phasenbeziehung in der Zeigerdarstellung. Geben Sie für jede Abbildung den zugehörigen Gangunterschied Δl und den Phasenunterschied $\Delta\varphi$ an.

An welchen Punkten welche Bedingung erfüllt ist, hängt von der Geometrie ab (→**B1**). Der Winkel α beschreibt die Richtung zum Punkt P. Ist der Abstand l zwischen Blende und Schirm groß gegenüber den Abständen a auf dem Schirm und sind die Abstände a groß gegenüber dem Abstand g der Spalte, so hat das gefärbte Dreieck in der Vergrößerung in Grafik **B1** näherungsweise einen rechten Winkel. Sein spitzer Winkel ist näherungsweise gleich dem Winkel α. Es gilt:

$$\sin\alpha = \frac{\Delta l}{g}$$

Maximale Verstärkung ergibt sich für einen Gangunterschied $\Delta l = k \cdot \lambda$, sodass die Bedingung für **Helligkeitsmaxima** lautet:

$$k \cdot \lambda = g \cdot \sin\alpha \quad \text{mit} \quad k = 0, 1, 2, 3, \ldots$$

Das Maximum für $k = 0$ erscheint unter dem Winkel $\alpha = 0$, es ist etwas heller und wird daher **Hauptmaximum** genannt.

Interferenz lässt sich nur bei Wellenvorgängen beobachten und auch nur, wenn sich Wellen gleicher Frequenz und fester Phasenbeziehung überlagern. Solche Wellen heißen **kohärent**. Diese Bedingung lässt sich erfüllen, wenn man Licht der gleichen Quelle auf verschiedene Pfade lenkt und dann wieder zusammenführt.

Bestimmung der Lichtwellenlänge

Mit obiger Gleichung lässt sich die Wellenlänge λ bestimmen. Da sich der Winkel α nicht messen lässt, muss er aus messbaren und bekannten Größen bestimmt werden. Wegen der Ähnlichkeit der Dreiecke in **B1** gilt sowohl

$$\sin\alpha_k = \frac{\Delta l}{g}, \quad \text{als auch} \quad \tan\alpha_k = \frac{a_k}{l}.$$

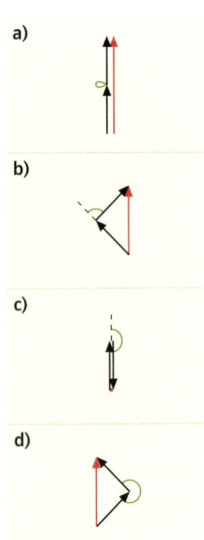

B2 Darstellung von Interferenz im Zeigermodell

9.2 Modelle des Lichtes

Das Modell der Lichtstrahlen wurde mit großem Erfolg bei der Entwicklung von Spiegeln, Brillen, Mikroskopen und Fernrohren eingesetzt. Erscheinungen wie die Interferenz lassen sich damit jedoch nicht verstehen, wohl aber mit dem Modell der Lichtwellen.

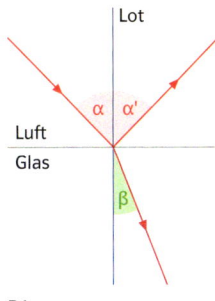

B1

Reflexion im Wellenmodell

Licht, das auf eine Glasoberfläche trifft, wird reflektiert und gebrochen (→**B1**).
Die Richtungsänderung kann im Strahlenmodell durch das Reflexionsgesetz

Einfallswinkel α = Reflexionswinkel α'

vorhergesagt werden. Dies lässt sich auch im Wellenmodell erklären.

Abbildung **B3** zeigt eine Welle, die schräg auf eine Grenzfläche trifft. Jeder Punkt, der von der Welle erfasst wird, ist als Ausgangspunkt einer Huygens'schen Elementarwelle aufzufassen. Erreicht die Wellenfront W den Punkt A, so erzeugt sie dort eine Elementarwelle.
Im Fortschreiten erfasst die Wellenfront jeden Punkt der Strecke $\overline{AC}$ und löst dort weitere Elementarwellen aus. Diese überlagern sich zu einer neuen Wellenfront W_1.

Wenn W in der Zeitspanne Δt vom Punkt B aus den Punkt C erreicht hat, ist W_1 von Punkt A aus bei D_1 angekommen (→**B3**). Weil sich W und W_1 im gleichen Medium bewegen, sind ihre Geschwindigkeiten gleich, sie schreiten mit c_1 fort. BC und $\overline{AD_1}$ sind gleich lang, die rechtwinkligen Dreiecke ACB und ACD_1 kongruent. Der Winkel α zwischen Lot und Wellennormale der einlaufenden Welle ist gleich dem Winkel α' zwischen der Wellennormalen der reflektierten Welle und dem Lot. Beide Wellennormalen und das Lot liegen in einer Ebene. Dies ist das Reflexionsgesetz.

Brechung im Wellenmodell

Das Wellenmodell erklärt auch die Brechung des Lichtes. Eine Welle, die unter dem Winkel α auf die Grenzfläche zwischen zwei Stoffen trifft, erreicht mit der Wellenfront W zunächst den Punkt A der Grenzfläche (→**B4**). Weiter bis

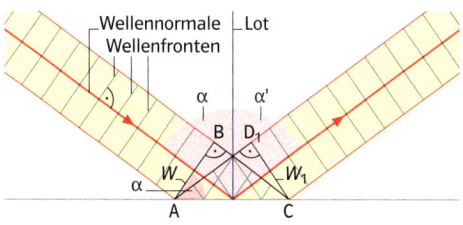

B3 Reflexion im Wellenmodell

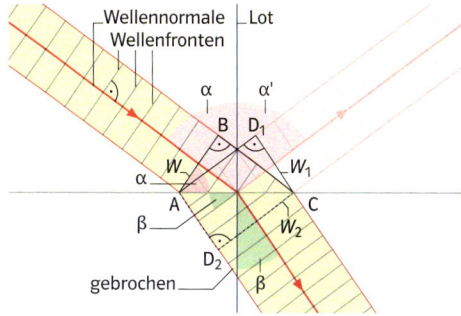

B4 Brechung im Wellenmodell

zum Punkt C benötigt sie die Zeitspanne Δt. Im anderen Stoff werden ebenfalls Elementarwellen ausgelöst. Da angenommen wird, dass dieser Stoff optisch dichter ist, breiten sich die Elementarwellen dort mit kleinerer Geschwindigkeit aus. In derselben Zeitspanne Δt erreicht die Wellenfront W_2 nur den Punkt D_2.
Die Strecke $\overline{AD_2} = c_2 \cdot \Delta t$ ist kürzer als die Strecke $\overline{BC} = c_1 \cdot \Delta t$. Es ändert sich die Richtung der Wellennormalen und damit die Ausbreitungsrichtung der Welle. Die Dreiecke $\overline{ACB}$ und $\overline{ACD_2}$ liefern:

$$\frac{\sin \alpha}{\sin \beta} = \frac{\frac{c_1 \cdot \Delta t}{\overline{AC}}}{\frac{c_2 \cdot \Delta t}{\overline{AC}}} = \frac{c_1}{c_2} = \frac{n_2}{n_1} = n_{1,2}$$

Dies ist das Brechungsgesetz (n_1, n_2 und $n_{1,2}$ sind die **Brechzahlen** der beiden Medien bzw. des Stoffpaares). Beim Übergang aus dem Vakuum mit c_0 = 299 792 458 m/s erhält man n_2 als Brechzahl des 2. Mediums, da n_{Vak} = 1 gesetzt wird.

Die Gesetze zur Reflexion und Brechung von Licht an Grenzflächen lassen sich mit dem Wellenmodell des Lichtes herleiten.

A1 ◔ Führen Sie analog zu **B4** die Konstruktion der Brechung auch für eine größer werdende Geschwindigkeit aus.

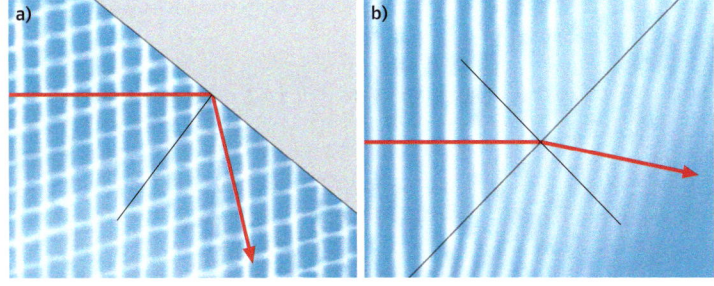

B2 Reflexion (a) und Brechung (b) von Wasserwellen

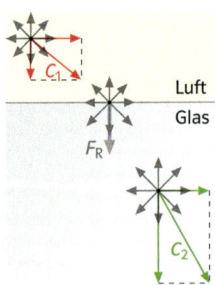

B1 Brechung nach Newton

Korpuskeltheorie

Für Newton bestand Licht aus Korpuskeln, die sich in einem Strahl mit großer Geschwindigkeit bewegen. An einem Hindernis werden sie wie Billardkugeln entsprechend dem Gesetz Einfallswinkel = Reflexionswinkel reflektiert. In einem Medium erfahren Korpuskeln Kräfte. In einem einheitlichen Medium sind diese in alle Richtungen gleich groß, die resultierende Kraft ist null, die Korpuskeln bewegen sich gleichförmig mit der Geschwindigkeit c_1. In einem anderen Medium haben die Kräfte einen anderen Betrag. In der Nähe einer Grenzfläche gibt es daher eine von Null verschiedene resultierende Kraft F_R, die eine Beschleunigung senkrecht zur Grenzfläche bewirkt. Eine Richtungsänderung und eine größere Geschwindigkeit c_2 sind die Folgen (→**B1**). Auch die Korpuskeltheorie begründet also die Brechung und stützt sie wie die Wellentheorie auf eine Änderung der Ausbreitungsgeschwindigkeit beim Übergang in ein anderes Medium.

Die Bedeutung der Lichtgeschwindigkeit

Beim Übergang von Luft nach Glas beobachtet man eine Brechung zum Lot hin. Damit diese Beobachtung zutreffend erfasst wird, müssen beide Theorien eine Annahme machen:
Wellentheorie: In Glas ist die Ausbreitungsgeschwindigkeit kleiner als in Luft.
Korpuskeltheorie: In Glas ist die Ausbreitungsgeschwindigkeit größer als in Luft.
Messungen der Lichtgeschwindigkeit würden zwingend dazu führen, eine der beiden Theorien für das Licht zu verwerfen.

Bei der Brechung weißen Lichtes beobachtet man Farberscheinungen, besonders gut beim Prisma (→**B2**). Die farbigen Anteile des Prismenspektrums zeigen eine unterschiedliche Brechung. So ist z.B. bei Glas oder Wasser die Brechzahl n für blaues Licht größer als die für rotes, blaues Licht wird im Prisma stärker gebrochen als rotes. Im Rahmen der Wellenvorstellung muss die Ausbreitungsgeschwindigkeiten für Lichtwellen unterschiedlicher Farbe im Glas oder im Wasser verschieden groß sein (→**B3**). Diese Erscheinung heißt **Dispersion**.

B2 Farbe am Prisma

	Blau	Grün	Rot
c_{Glas} in 10^8 m/s	1,971	1,981	1,989
n_{Glas}	1,521	1,513	1,507
c_{Wasser} in 10^8 m/s	2,236	2,246	2,256
n_{Wasser}	1,341	1,335	1,329

B3 Farbe und Lichtgeschwindigkeit in Glas und Wasser

Optische Linsen

Die Wirkung optischer Linsen beruht auf der im Vergleich zur Luft geringeren Ausbreitungsgeschwindigkeit des Lichtes innerhalb der Linse. Für Wasserwellen lässt sich dies durch Bereiche mit flacherem Wasser nachbilden. Bei **Sammellinsen** (→**B4**) wird die Lichtausbreitung im mittleren Teil länger als am Rand verzögert. Teile einer Wellenfront in der Linsenmitte bleiben hinter denen am Linsenrand zurück; Wellennormalen, die vor der Linse parallel zur optischen Achse gerichtet sind, weisen hinter der Linse auf einen Punkt, den Brennpunkt. Sein Abstand zur Linsenmitte heißt **Brennweite f**.

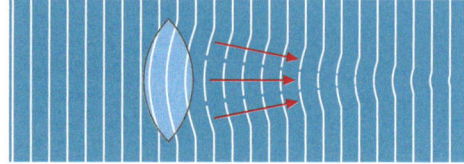

B4

Erzeugt man an einem geeigneten Ort P auf der einen Seite der Sammellinse Kreiswellen, so kann man auf der anderen Seite Kreiswellen beobachten, die von einem Ort P′ auf dieser Linsenseite kommen. Entsprechend wird Licht, das von P ausgeht, im Bildpunkt P′ konzentriert, bevor es sich von dort im Raum verteilt. Dieser Vorgang der Lichtbündelung auf P′ heißt auch Abbildung von P nach P′. Die meisten Linsenanwendungen beruhen auf dieser Funktion.

Mit dem Wellenmodell lassen sich alle mit dem Strahlenmodell formulierbaren Gesetze herleiten. Es deutet darüber hinaus weitere Phänomene und umfasst somit das Strahlenmodell.
Bedeutsam ist dabei die unterschiedliche Lichtgeschwindigkeit in verschiedenen Medien.

A1 ○ Licht fällt von Luft unter einem Winkel von 60° auf Glas (c_{Glas} = 1,75 · 10^8 m/s). Berechnen Sie den Brechungswinkel β.

A2 ◒ Beim Übergang von Glas nach Luft erfolgt keine Brechung mehr, wenn der Einfallswinkel einen gewissen Wert überschreitet. Begründen Sie dies anhand des Brechungsgesetzes. Berechnen Sie den Grenzwinkel für den Übergang von Glas nach Luft.

A3 ◒ Erklären Sie das Phänomen „Totalreflexion".

Bestimmung der Lichtgeschwindigkeit nach Foucault

Aufgabe: Es soll die Lichtgeschwindigkeit nach dem Verfahren von Foucault und Michelson bestimmt werden.

Material: Lichtquelle, Spalt, Glasplatte, Drehspiegel, Linse, Spiegel, Schirm

Durchführung und Beobachtung: Der Versuch wird entsprechend Abbildung **B2** aufgebaut. Durch Beleuchtung des Spaltes wird ein schmales Lichtbündel erzeugt. Dieses dringt durch die Glasplatte H und trifft auf den Drehspiegel D. Von dort wird das Licht auf den Spiegel R reflektiert, der so eingestellt ist, dass das Licht auf demselben Weg zum Drehspiegel und weiter zur Glasplatte zurück läuft. Eine Linse sorgt für eine klare und ortsfeste Abbildung des Spalts auf dem Schirm. Die Glasplatte H lenkt einen Teil des Lichtbündels zu einem Punkt A auf dem Schirm S (→**B1**, **B2**).

Nun wird der Drehspiegel in schnelle Drehung versetzt. Man bestimmt die Drehfrequenz des Motors, indem man das Motorengeräusch auf die Frequenz einer 440-Hz-Stimmgabel abstimmt. Man beobachtet, dass sich das Bild des Spaltes auf dem Schirm S um die Strecke Δx verschiebt.

Auswertung: Rotiert der Drehspiegel, so trifft das Licht diesen nach der Reflexion am Spiegel R in einer veränderten Position wieder an, da das Licht die Zeitspanne Δt benötigt, um die Strecke zwischen R und D zurückzulegen. Hat sich der Spiegel um den Winkel $\Delta \alpha$ gedreht, so verlässt das Licht den Drehspiegel in einer

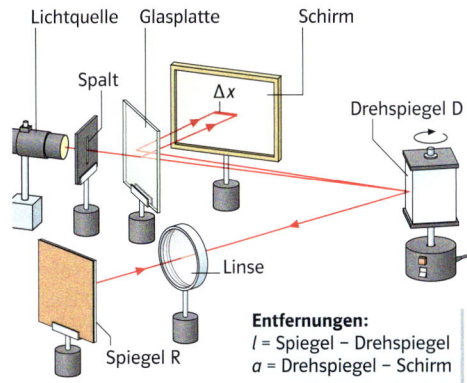

Entfernungen:
l = Spiegel – Drehspiegel
a = Drehspiegel – Schirm

B2

Richtung, die sich von der ursprünglichen Richtung des Lichtes um den Winkel $2 \cdot \Delta \alpha$ unterscheidet. Das Licht fällt jetzt auch auf eine andere Stelle der Glasplatte H und erreicht den Schirm S nun im Punkt B.

Dreht sich z. B. der Spiegel D mit der Frequenz $f = 440 \frac{1}{s}$ und bewegt sich das Licht auf der Strecke $l = 10\,m$ hin und zurück, so misst man in einer Entfernung $a = 4\,m$ den Abstand $\Delta x = 1{,}5\,mm$ zwischen A und B. Die vom Licht für den Weg $2l$ benötigte Zeitspanne Δt kann aus der Geometrie der Anordnung berechnet werden (→**B1**). Es ist:

$$\tan(2\Delta \alpha) = \frac{\Delta x}{a}$$

Für kleine Winkel gilt im Bogenmaß:

$$2\Delta \alpha \approx \frac{\Delta x}{a}$$

Damit ist $\Delta \alpha \approx \frac{\Delta x}{2a}$ und wegen

$$\frac{\Delta \alpha}{\Delta t} = \omega = 2\pi \cdot f$$

folgt für Δt:

$$\Delta t = \frac{\Delta \alpha}{2\pi \cdot f} \approx \frac{1{,}9 \cdot 10^{-4}}{2\pi \cdot 440 \frac{1}{s}} \approx 6{,}8 \cdot 10^{-8}\,s$$

Ergebnis: Die Ausbreitungsgeschwindigkeit des Lichtes ergibt sich daraus zu:

$$c = \frac{2l}{\Delta t} \approx \frac{20\,m}{6{,}8 \cdot 10^{-8}\,s} \approx 2{,}9 \cdot 10^{8} \frac{m}{s}$$

Dieser Wert wurde bei einer Ausbreitung in Luft gemessen.

A1 ○ Vergleichen Sie die Laufzeit von Schall und Licht über eine Strecke von 10 km. Begründen Sie damit eine Methode, die Entfernung eines Gewitters abzuschätzen.

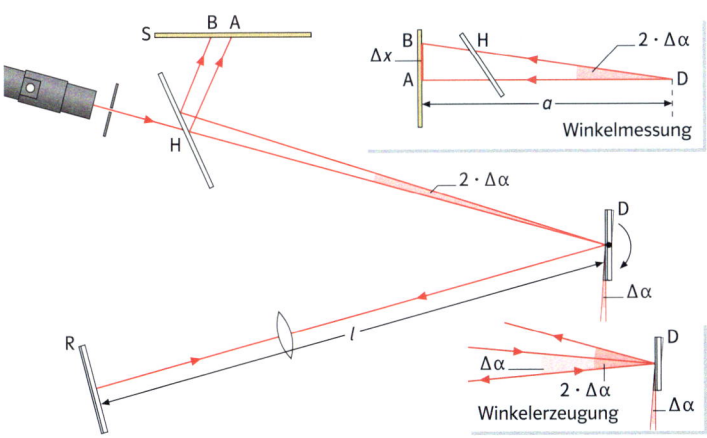

B1 Strahlengang zur Messung der Lichtgeschwindigkeit

9.3 Die Geschwindigkeit des Lichtes

„Das Meter (m) ist die Länge der Strecke, die Licht im Vakuum innerhalb einer 299 792 458stel Sekunde durchläuft." (Festlegung der 17. Generalkonferenz für Maße und Gewichte 1983)

Die Messung der Lichtgeschwindigkeit

Zu den Alltagserfahrungen gehört es, dass es gleichzeitig überall in einem Raum hell wird, wenn man eine Lampe einschaltet. Zugleich gehört es zum Allgemeinwissen, dass Licht eine Geschwindigkeit hat, also für seine Ausbreitung Zeit benötigt. Der scheinbare Widerspruch weist darauf hin, dass die Lichtgeschwindigkeit sehr groß sein muss. Für ihre Messung gemäß $c = \Delta s / \Delta t$ benötigt man also entweder große Strecken oder schnelle Uhren.

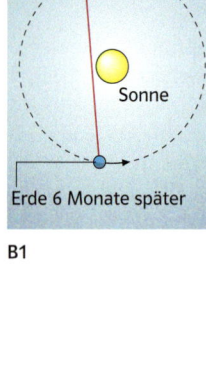

„aufgehende" Io mit Jupiter

Erde

Sonne

Erde 6 Monate später

B1

Bei astronomischen Beobachtungen des Jupiter stellte **Olaf Römer** (1644 – 1710) fest, dass Unterschiede, die im Laufe des Jahres für die Aufgangszeiten des Jupitermondes Io zu beobachten waren, auf den um den Erdbahndurchmesser verlängerten Lichtweg zurückzuführen sind. Aus diesen Daten errechnete Christiaan Huygens die Ausbreitungsgeschwindigkeit von Licht zu $c = 220\,000\,\text{km/s}$ (→**B1**).

Mit modernen Hilfsmitteln lassen sich Zeitspannen im Bereich von Nanosekunden bestimmen. Zur Messung der Lichtgeschwindigkeit genügen dann Messstrecken von wenigen Metern. Für eine Strecke $\Delta s = 15\,\text{m}$ beträgt z.B. die Zeitspanne zwischen dem Aussenden eines Lichtblitzes und dem Empfang durch eine Fotodiode $\Delta t = 50\,\text{ns}$. Dies ergibt für die **Ausbreitungsgeschwindigkeit des Lichtes** in Luft

$$c = \frac{\Delta s}{\Delta t} = \frac{15\,\text{m}}{5{,}0 \cdot 10^{-8}\,\text{s}} = 3{,}0 \cdot 10^8 \frac{\text{m}}{\text{s}}$$

Verläuft der Lichtweg in Glas, so ergibt sich mit $\Delta s = 6\,\text{m}$ und $\Delta t = 30\,\text{ns}$ eine kleinere Geschwindigkeit $c = 2{,}0 \cdot 10^8\,\text{m/s}$.

1859 entwickelte Leon Foucault eine Methode, bei der ein Lichtstrahl von einem rotierenden Drehspiegel abgelenkt wird. Die Ausbreitungsgeschwindigkeit c des Lichtes ergibt sich in diesem Versuch zu:

$$c = \frac{2l}{\Delta t} \approx \frac{20\,\text{m}}{6{,}8 \cdot 10^{-8}\,\text{s}} \approx 2{,}9 \cdot 10^8 \frac{\text{m}}{\text{s}}$$

Dieser Wert wurde bei einer Ausbreitung in Luft gemessen. Verläuft der Lichtweg in anderen Stoffen wie Glas oder Wasser, so ergibt sich eine deutlich kleinere Geschwindigkeit (→**B2**). Den größten Wert, der sich kaum von dem in Luft unterscheidet, misst man für die **Lichtgeschwindigkeit c_0** im **Vakuum**:

$$c_0 = 299\,792\,458 \frac{\text{m}}{\text{s}}$$

Dieselbe Ausbreitungsgeschwindigkeit haben auch die Radiowellen beim Rundfunk, Fernsehen oder Radar.

Lichtgeschwindigkeit, Zeit und Strecke

In seiner 1905 veröffentlichten Arbeit zur speziellen Relativitätstheorie postulierte **Albert Einstein**, dass die Geschwindigkeit eine Lichtsignals die Obergrenze für alle Bewegungen darstellt. Diese Obergrenze ist in den letzten Jahrzehnten wiederholt mit großer Präzision gemessen worden. Jede Veränderung im Messergebnis führte zu Änderungen bei den Festlegungen für die Einheit Länge. Denn „1 Meter" und „1 Sekunde" sind über die Lichtgeschwindigkeit miteinander verknüpft.

1983 legte man daher den Wert der Lichtgeschwindigkeit auf exakt $c_0 = 299\,792\,458\,\text{m/s}$ fest. Gleichzeitig wurde die Zeiteinheit 1s durch eine bestimmte Anzahl von atomaren Schwingungen festgelegt.

1s ist das 9 192 631 770-fache der Periodendauer einer Welle, die das Caesiumisotop $^{133}_{55}\text{Cs}$ bei einer bestimmten Energieänderung in seiner Elektronenhülle aussendet. Damit ergibt sich die Einheit der Länge als Strecke, die das Licht im Vakuum im 299 792 458sten Teil einer Sekunde zurücklegt.

Heute dienen Messungen der Zeiteinheit der Aktualisierung der Länge des Meters.

Stoff	Lichtgeschwindigkeit
Diamant	$c_{\text{Diamant}} = 1{,}2 \cdot 10^8\,\text{m/s}$
Glas	$c_{\text{Glas}} = 1{,}9 \cdot 10^8\,\text{m/s}$
Quarz	$c_{\text{Quarz}} = 2{,}0 \cdot 10^8\,\text{m/s}$
Plexiglas	$c_{\text{Plexiglas}} = 2{,}0 \cdot 10^8\,\text{m/s}$
Glycerin	$c_{\text{Glycerin}} = 2{,}1 \cdot 10^8\,\text{m/s}$
Wasser	$c_{\text{Wasser}} = 2{,}2 \cdot 10^8\,\text{m/s}$
Luft	$c_{\text{Luft}} = 3{,}0 \cdot 10^8\,\text{m/s}$

B2 Ausbreitungsgeschwindigkeiten von Licht in verschiedenen Medien

Licht und Radiowellen breiten sich im Vakuum mit derselben Geschwindigkeit c_0 aus, sie beträgt rund $3 \cdot 10^8\,\text{m/s}$.

9.4 Übergang vom Doppelspalt zum optischen Gitter

Durch Bestimmung der Wellenlänge von Licht kann man Rückschlüsse auf die Substanzen ziehen, die dieses Licht aussenden. Für diesen Zweck sind sogenannte optische Gitter besser geeignet als Doppelspalte. Gute Gitter haben auf einem Millimeter etwa 1000 identische Spalte in jeweils gleichem Abstand. Die ersten solcher Gitter wurden von Hand mit Diamanten in Glasplatten geritzt.

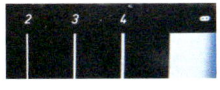

B1

B2

Einfluss der Spaltzahl

Spezielle Dias, die über verschiedene Spaltanordnungen (Doppel-, Dreifach-, Vierfachspalt sowie Gitter mit 100 Spalten) verfügen, zeigen, wie sich eine zunehmend große Anzahl von Spalten auswirkt. Wenn man die Spaltanordnungen der Reihe nach mit dem Licht eines Lasers beleuchtet, erhält man auf einem Schirm die in **B2** gezeigten Muster.

Man erkennt, dass die Maxima jeweils an den gleichen Stellen liegen. Sie werden mit zunehmender Spaltzahl heller. Die Minima zwischen den Maxima werden breiter, es treten darin Zwischenmaxima auf, die beim Doppelspalt in **B2** nicht zu sehen waren.

Lage der Maxima

B2 zeigt, dass die Lage der Maxima bei zunehmender Spaltzahl unverändert bleibt. Wenn das Licht aus zwei benachbarten Spalten am Schirm gleichphasig auftrifft, dann ist auch das Licht aus jedem weiteren Spalt dazu gleichphasig. Es trägt also zu einem Maximum am selben Punkt P bei.

Die für den Doppelspalt erarbeitete Gleichung $k \cdot \lambda = g \cdot \sin\alpha$ gilt auch für Gitter. Den Abstand zweier Spaltmitten voneinander nennt man **Gitterkonstante g**.

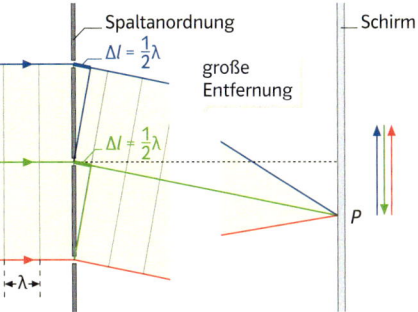

B4 An der Stelle des Doppelspalt-Minimums führt nun ein weiterer Summand zu verbleibender Helligkeit.

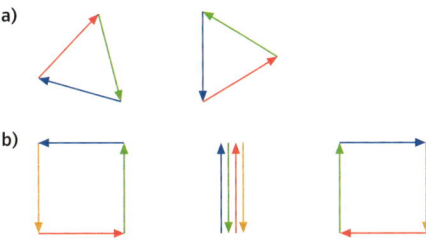

B5 Gangunterschiede von $\lambda/3$ bzw. $2\lambda/3$ führen beim Dreifachspalt zur Auslöschung (a). Drei Möglichkeiten, das Licht aus einem Vierfachspalt auszulöschen (b).

Bei drei Spalten gibt es zwei, bei vier Spalten drei Möglichkeiten als resultierende Amplitude null (also Auslöschung) zu erhalten (→**B5**).

Wenn man sehr viele Gitterspalte beleuchtet, gibt es sehr viele dunkle Stellen. Die Maxima erscheinen dadurch deutlich schmaler. Zusätzlich werden sie extrem viel heller, da die Intensität des Lichtes mit dem Quadrat der Amplitude wächst. Hinter einem Gitter mit 100 anstelle von 2 Spaltöffnungen wäre jedes Maximum $2500 = 50^2$ mal so hell.

Gitter erzeugen umso hellere und schärfere Interferenzmuster, je mehr Gitterspalte beleuchtet werden.

A1 ⬤ Gitter für die Untersuchung der Spektren von Sternen haben einerseits eine kleine Gitterkonstante, andererseits sind sie sehr breit. Begründen Sie den Sinn der beiden Maßnahmen.

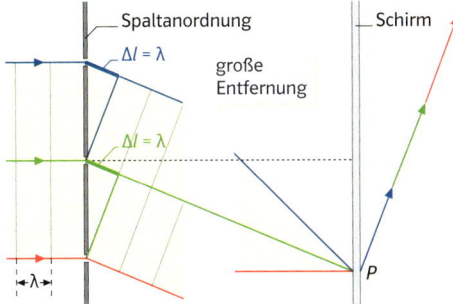

B3 Maximum beim Dreifachspalt: Der Gangunterschied zwischen je zwei Spalten ist gleich groß; alle Summanden sind gleichphasig.

Betrachtung der Minima

Beim Doppelspalt liegt ein Minimum dort, wo die beiden Lichtwege zu Gegenphasigkeit führen (→**B4**). Beleuchtet man mehr als zwei Spaltöffnungen, müssen mehr Lichtwege in die Berechnung einbezogen werden.

Bestimmung der Wellenlänge von Licht

B4

Aufgabe: Bestimmung der Wellenlänge des Lichts einer grünen LED mit Hilfe eines optischen Gitters.

Material: Netzgerät, 2 Kabel, optische Bank, 3 Reiter, 3 Blendenhalter, LED grün, Beleuchtungsspalt, 2 Linsen auf Reiter f = 50 mm und f = 100 mm, Gitter (500 Str./mm, d.h., g = 0,002 mm), Schirm, Lineal oder Maßband, Blatt Papier, Klebeband

Aufbau:

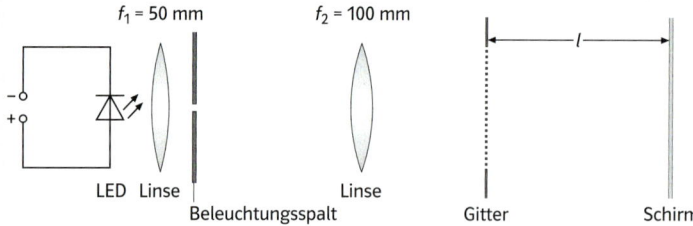

f_1 = 50 mm f_2 = 100 mm

LED Linse

Beleuchtungsspalt   Linse   Gitter   Schirm

B1 Versuchsanordnung

l = 10,0 cm
$2a_{grün}$ = 9,0 cm
$2a_{min}$ = 7,5 cm
$2a_{max}$ = 10,1 cm

B2 Mögliche Messwerte zum Versuch

– Der Raum sollte etwas abgedunkelt werden.
– Die LED wird an das Netzgerät angeschlossen (12 V Gleichspannung, Polung beachten).
– Der Spalt wird so aufgestellt, dass er gut ausgeleuchtet ist.
– Mit der Linse (f = 100 mm) wird der Spalt scharf auf den Schirm abgebildet. Beginnend mit einem Mindestabstand von 100 mm zum Spalt wird sie dazu passend verschoben.
– Das Gitter wird so zwischen Linse und Schirm aufgestellt, dass mindestens ein Maximum auf jeder Seite des Hauptmaximums zu erkennen ist.

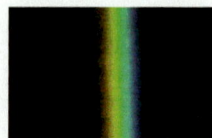

B3 Spektrum der grünen LED

Durchführung:

1 Berschreiben Sie das Aussehen des Interferenzbildes genau.

2 Messen Sie den Abstand l vom Gitter zum Schirm und den Abstand $2a$ der beiden grünen Interferenzmaxima erster Ordnung.

3 Falls die Maxima 1. Ordnung ausgedehnt sind, messen Sie auch ihren minimalen und maximalen Abstand ($2a_{min}$, $2a_{max}$).

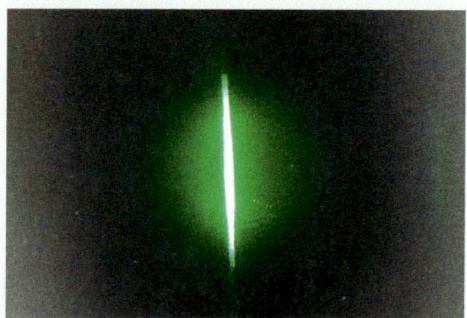

B5 Schirmbild nach dem Justieren

Beobachtung: An den Rändern des Maximums 1. Ordnung sind weitere Farben zu sehen: zur Mitte hin blau und violett (→**B3**), nach außen hin deutlich schwächer gelb, orange und rot. Dies zeigt, dass das Licht der grünen LED nicht monochromatisch ist, also verschiedene Wellenlängen beinhaltet.

Auswertung: Berechnen Sie mit der Formel $\lambda = g \cdot \arctan(a/l)$ die Wellenlänge des Lichts. Mögliche Messwerte sind in Tabelle **B2** angegeben. Für das grüne Maximum ergibt sich λ = 557 nm.
Die Interferenzmaxima sind ausgedehnt. Man erhält λ_{max} = 620 nm, λ_{min} = 470 nm, Mittelwert λ = 545 nm. Diese Ergebnisse stimmen mit der Beobachtung überein, denn 620 nm liegt im roten und 470 nm im blauen Bereich des Spektrums.

A1 ⊖ Beurteilen Sie die Messergebnisse. Vergleichen Sie sie dazu mit Literaturwerten.

Analyse des Versuchsaufbaus LED: In diesem Versuch ist die LED die Lichtquelle, deren Wellenlänge bestimmt werden soll. Das Auge hat den Eindruck von grünem Licht, doch das Experiment zeigt, dass Grün lediglich die Farbe größter Intensität ist.

Kondensorlinse f_1: Damit überhaupt Interferenz möglich ist, muss das Licht der LED kohärent sein. Dazu trägt die Kondensorlinse bei. Sie sammelt das Licht der LED und macht es parallel.

Beleuchtungsspalt: Genau genommen ist der Spalt bei Interferenzversuchen mit LEDs (und Lasern) nicht erforderlich. Dies begründet sich durch die atomaren Prozesse, die das Licht erzeugen. Bei Experimenten mit anderen Lichtquellen (z. B. der Halogenlampe), dient der Beleuchtungsspalt dazu, die Kohärenz des Lichtes zu verbessern. Der Spalt engt den Ort, von dem aus das Licht emittiert wird, nahezu auf einen Punkt ein.

Abbildungslinse: Führen Sie den Versuch erneut aus, jedoch diesmal ohne Abbildungslinse. Vergleichen Sie die Ergebnisse und schließen Sie daraus auf die Funktion der Linse.

Lösung: Das Interferenzbild sieht jetzt wie in **B1** aus. Die Maxima sind unscharf und sehr breit. Andere Farben als Grün sind nicht mehr zu erkennen. Die Messergebnisse werden ungenau. Die Abbildungslinse bildet den Spalt auf dem Schirm ab. Jeder Lichtpunkt wird auf genau einen Ort des Schirms abgebildet.

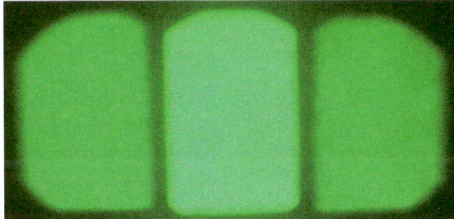

B1 Interferenzbild ohne Linse

Gitter: Die Lichtwellen müssen von unterschiedlichen Gitterspalten verschieden lange Wege bis zum Schirm zurücklegen. Auf dem Schirm überlagern sich diese Wellen, die dann einen Gangunterschied aufweisen. Je nach Größe des Gangunterschiedes kommt es zu konstruktiver oder destruktiver Interferenz.

Schirm: Auf dem Schirm ist das Interferenzbild zu sehen.

In diesem Versuch wird ein reelles Bild auf dem Schirm beobachtet. Man spricht auch von der **objektiven Methode**. Bei der **subjektiven Methode** wird die Netzhaut als Schirm verwendet und die LED ohne Linsen mit dem Gitter betrachtet (Achtung: nicht direkt in die LED sehen, aus größerer Entfernung beobachten!).

A1 ⊖ Nach dem Aufbau des Versuches sieht das LED-Spektrum wie in **B2** aus. Geben Sie mögliche Ursachen und Verbesserungsvorschläge an.

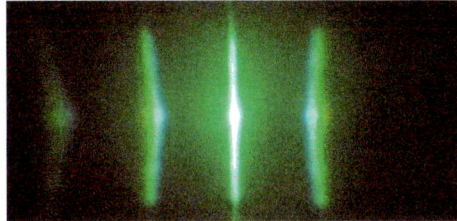

B2 Spektrum bei ungünstigem Aufbau

A2 ⊖ Wiederholen Sie das Ursprungsexperiment, um die Wellenlänge anderer LEDs zu bestimmen. Nutzen Sie dabei die gewonnenen Erkenntnisse für möglichst genaue Messungen.

A3 ⊖ Das Interferenzbild soll nicht auf dem Schirm, sondern auf der Wand beobachtet werden. Beschreiben Sie, was zu beachten ist, um ein optimales Interferenzbild an der Wand zu erhalten.

A4 ● Wiederholen Sie das Ursprungsexperiment mit einer weiß strahlenden Halogenleuchte. Bestimmen Sie die längste und die kürzeste Wellenlänge des sichtbaren Spektrums. Vergleichen Sie ihr Ergebnis mit Literaturangaben.

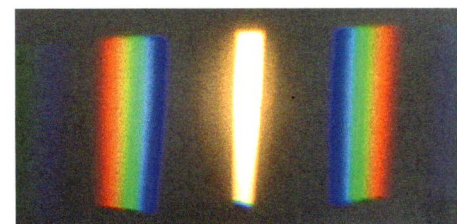

B3 Spektrum zu **A4**

Licht und Zeiger

Zu sehr vielen Fragestellungen aus der Physik des Lichts gibt es geeignete Programme, die auf dynamischen Geometriesystemen beruhen. Man findet sie im Internet z. B. unter den Suchbegriffen „Oberstufe Physik Zeiger".

Beobachtung von Interferenz
Licht zeigt Interferenz, wenn es von zwei Quellen ausgehend an einem Beobachtungsort zusammentrifft. Muster sind nur dann zu beobachten, wenn der Abstand g der beiden Quellen und die Wellenlänge von vergleichbarer Größenordnung sind (→**B4**; Programm zum Doppelspalt).

Weit entfernter Beobachtungsort
Die Wellenlänge von Licht ist sehr klein. Entsprechend muss der Abstand der Quellen klein sein, wenn man Interferenz beobachten will. Die Entfernung zum Beobachtungsort ist dann sehr viel größer als der Abstand der beiden Erreger: Ein Gangunterschied durch Messung beider Strecken ist nur schwer zu ermitteln. Betrachtet man die Strahlen von den Erregern als parallel, lässt sich der Gangunterschied am Start bestimmen (→**B1**).

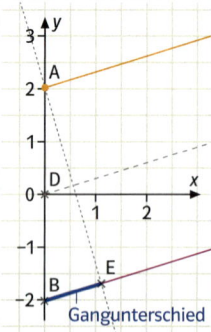

B1 Der Gangunterschied entsteht beim Start.

A1 ○ Untersuchen Sie mit einem Programm zu zwei Sendern die Lage von Maxima und Minima abhängig von Wellenlänge und Erregerabstand. Prüfen Sie, ob immer Maxima und Minima auftreten.

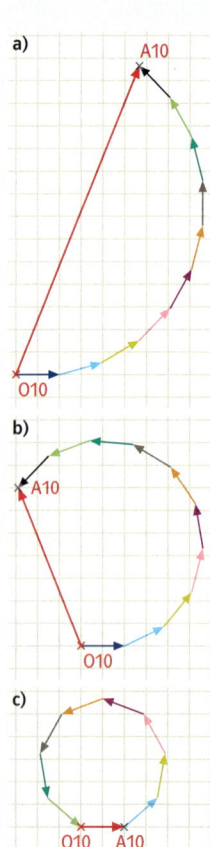

B2 Amplitude bei 10 Erregern

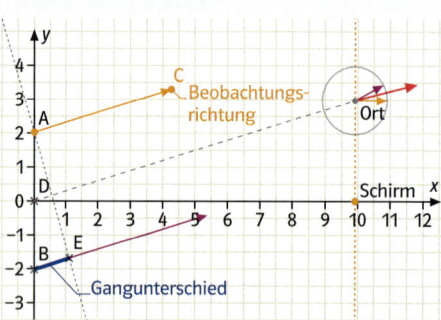

B3 Modell für Doppelspalt beim Licht

Vielstrahlinterferenz
Für Untersuchungen von Licht verwendet man häufig optische Gitter. Im Modell betrachtet man die Geraden von den Spalten zum Beobachtungsort wiederum als parallel. Dann ergibt sich der Gangunterschied für benachbarte Spalte wie in **B3** dargestellt. In **B5** sind A und B benachbarte Spalte. Der Gangunterschied ist wegen des gleichen Spaltabstandes für alle benachbarten Spalte gleich.

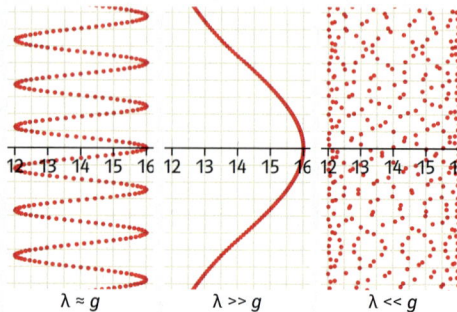

$\lambda \approx g$ $\lambda \gg g$ $\lambda \ll g$

B4 Passende Abmessungen liefern Interferenzmuster.

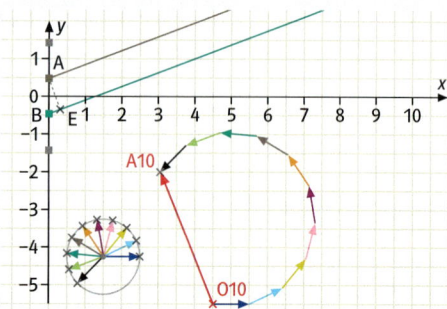

B5 Modell für viele Spalte mit gleichem Abstand

B5 zeigt Zeiger für 10 aufeinander folgende Spalte zu einem Zeitpunkt. Wegen des jeweils gleichen Gangunterschiedes sind die Winkel zwischen zwei aufeinander folgenden Zeigern gleich groß. Zur Ermittlung der Amplitude am Beobachtungsort müssen alle 10 Zeiger vektoriell addiert werden. **B2** zeigt mögliche Ergebnisse.

A2 ○ Skizzieren Sie wie in **B5** eine Zeigerkette für den Fall eines Maximums und den eines Minimums. Überprüfen Sie ihre Skizzen mit einem Programm zum Mehrfachspalt.

A3 ○ Suchen Sie mit einem Programm zum Mehrfachspalt die Lage der Maxima und markieren Sie sie auf einem Papier. Wiederholen Sie für andere Wellenlängen. Begründen Sie so die Verwendung des Gitters zur Wellenlängenbestimmung.

A4 ○ Untersuchen Sie mit einem Programm zum Mehrfachspalt (bei fest eingestellter Wellenlänge), wie sich das Interferenzmuster verändert, wenn man die Anzahl der Spaltöffnungen vergrößert. Vergleichen Sie jeweils mit dem Doppelspalt. Erläutern Sie auf dieser Grundlage die Vorzüge eines Gitters für die Wellenlängenbestimmung.

9.5 Interferometer

Im September 2015 gelang es zum ersten Mal, Gravitationswellen experimentell nachzuweisen. Bei dem verwendeten Experimentiergerät LIGO handelt es sich um ein Michelson-Interferometer.

Das Michelson-Interferometer

In der Grafik **B3** ist der Strahlenverlauf bei einem Michelson-Interferometer dargestellt. Hier wird ein Lichtbündel, das von einem Laser ausgeht, durch einen Strahlteiler, z. B. eine dünne Glasplatte, in zwei Bündel geteilt. Die Teilbündel werden mit Hilfe von Spiegeln über die zwei verschiedenen Wege L-T-S_1-T und L-T-S_2-T auf dem Schirm wieder zusammengeführt ($\rightarrow$**B3**). Die Teilbündel überlagern sich zwischen T und dem Schirm.

Albert Abraham Michelson (1852 – 1931)

Wenn man zunächst von einem sehr engen Bündel parallelen Lichtes ausgeht, ist auf dem Schirm je nach Länge der beiden Wege Licht zwischen maximaler Helligkeit und Dunkelheit zu erwarten.
Bei maximaler Helligkeit muss der Gangunterschied ein ganzzahliges Vielfaches der Wellenlänge des verwendeten Lichtes sein. Wenn man von dieser Position ausgehend einen der Spiegel verschiebt, sodass Dunkelheit auf dem Schirm zu beobachten ist, muss sich der Gangunterschied um $\lambda/2$ verändert haben. Bis zum Erscheinen des nächsten Helligkeitsmaximums muss die Änderung des Gangunterschiedes λ betragen. Weil die Wege zwischen T und S_1 bzw. S_2 jeweils doppelt durchlaufen werden, betragen die zugehörigen Spiegelverschiebungen nur $\lambda/4$ bzw. $\lambda/2$.

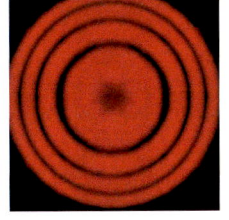

B1 Interferenzmuster beim Interferometer

Aus Spiegelverschiebungen ist so die Wellenlänge bestimmbar. Wenn man dabei nicht nur auf den Wechsel von Hell und Dunkel achtet, sondern auch Zwischenwerte misst, kann man Verschiebungen von kleinen Bruchteilen der Wellenlänge ermitteln. Die Bedingung „enges

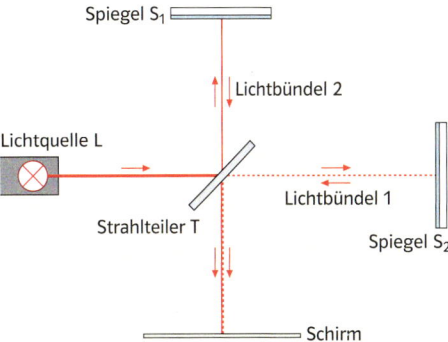

B3 Strahlengang im Michelson-Interferometer

Bündel parallelen Lichtes" ist allerdings kaum zu erfüllen. Man sieht daher in Experimenten ringförmige Muster ($\rightarrow$**B1**).

Ein Beobachter am Ort des Schirms sieht Bilder L_1'' und L_2'' der Lichtquelle infolge der verschiedenen Reflexionen ($\rightarrow$**B2**). Von diesen virtuellen Lichtquellen ausgehend ergibt sich für jeden Punkt P auf dem Schirm der Gangunterschied $\Delta l = \overline{PL_2''} - \overline{PL_1''}$.
Jedes Bild der Lichtquelle entsendet Licht in alle Richtungen. Der Strahlteiler blendet daraus je einen Lichtkegel aus. Bei kegelförmigen Lichtbündeln ist Δl für alle Punkte auf einem Kreis um den Punkt, in dem die Gerade durch L_1'' und L_2'' auf den Schirm trifft, gleich. Dies erklärt die kreisförmigen Interferenzfiguren.

Für ein Interferenzergebnis in einem Punkt sind Phasenunterschiede maßgeblich. Diese ergeben sich aus Gangunterschieden. Dabei ist deren Länge in Vielfachen der Wellenlänge entscheidend.
In Interferometern sind die Lichtwege räumlich so weit voneinander getrennt, dass beide Wege durch unterschiedliches Material geführt werden können. Daraus resultierende Änderungen der Interferenzfigur zeigen, dass Licht in verschiedenen Materialien verschiedene Wellenlängen hat.

Mit einem Michelson-Interferometer lässt sich die Wellenlänge von Licht in verschiedenen Materialien bestimmen.

A1 $\ominus$ Drücken Sie die Konstante n im Brechungsgesetz durch Wellenlängen aus. Skizzieren Sie eine Möglichkeit, n mit Hilfe eines Interferometers zu bestimmen.

L_1' : Spiegelung von L an T
L_1'' : Spiegelung von L_1' an S_1
L_2' : Spiegelung von L an S_2
L_2'' : Spiegelung von L_2' an T

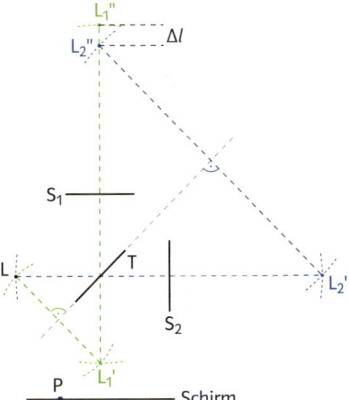

B2 Konstruktion der virtuellen Lichtquellen beim Michelson-Interferometer

Interferometer selbst gebaut

Um Interferenzexperimente mit Licht durchführen zu können, sind nicht unbedingt komplizierte Laboraufbauten notwendig. Mit handelsüblichen roten oder grünen Laserpointern, einem Blatt Papier als Schirm, Spiegelfolie (Alufolie ist nicht geeignet), Mikroskopie-Objektträgern und Knete (→B1, B2) lässt sich einer der wichtigsten Interferometertypen selber bauen.

B1 Spiegelfolie auf Glasplatten

Michelson-Interferometer Das Interferometer wird gemäß **B3** aufgebaut. Die Laserpointer können zur Stabilisierung auf Knetmasse oder in Stativklemmen befestigt werden. Der Objektträger im Zentrum dient als Strahlteiler. In technischen Geräten wird hierfür eine spezielle Glasplatte verwendet, die einen viel größeren Lichtanteil reflektieren kann.

Um das Interferenzbild erzeugen zu können, müssen die Komponenten genau justiert werden. Bei Bedarf kann das Interferenzmuster durch ein Okular aufgeweitet werden.

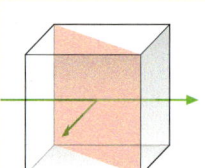

B2 Objektträger als Strahlteiler

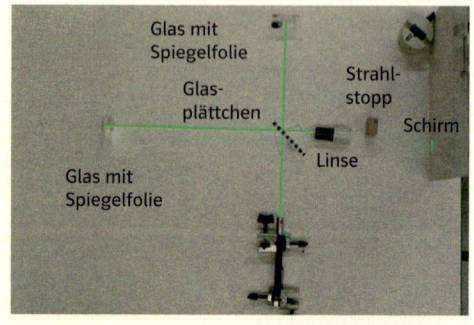

B3 Versuchsaufbau zum Michelson-Interferometer

A1 ● **a)** Erläutern Sie die Funktionsweise eines Michelson-Interferometers.
b) Mit dem Michelson-Interferometer lassen sich auch Messungen an lichtdurchlässigen Proben durchführen, die man in einen der Lichtwege des Interferometers bringt. Der einfachste Probekörper ist die durch eine Flamme erhitzte Luft. Das Muster „wandert" dann um einige Streifen weiter. Begründen Sie diese Beobachtung. (Hinweis: Nutzen Sie Ihre Kenntnisse aus der Optik über Brechung und Brechungsindex bzw. Brechzahl!)

Licht am Strahlteiler

Wichtiges Element eines Interferometers ist der Strahlteiler. Strahlteiler sind speziell für eine Wellenlänge gefertigt und trennen das einfallende Lichtbündel in ein reflektiertes und ein transmittiertes Teilbündel. Das reflektierte Licht ist gegenüber dem transmittierten phasenverschoben.

B5 zeigt einen Modellversuch mit Ultraschall an parallelen teilreflektierenden Schichten. Ein computergestütztes Messgerät misst die Phasendifferenz $\Delta\varphi$ zwischen den Schwingungen der Mikrofone und stellt sie dar.

B5c zeigt, dass sich $\Delta\varphi$ mit zunehmendem Abstand der Schichten periodisch ändert. Durch Reflexion an mehreren Schichten lässt sich die Phasenverschiebung einstellen. Optische Strahlteiler bestehen oft aus zwei Glasprismen, die mit einer mehrfach teilreflektierenden Schicht aus Spezialöl verbunden sind (→B4). Sie lassen sich so fertigen, dass sie unabhängig von der Einbaurichtung gleich gut reflektieren, kein Licht absorbieren und eine Phasenverschiebung von $\Delta\varphi = 90°$ zeigen.

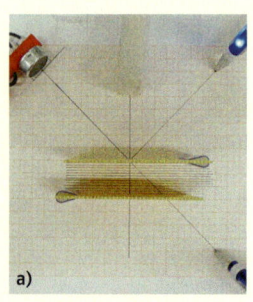

B4 Ansicht eines Strahlteiler-Würfels

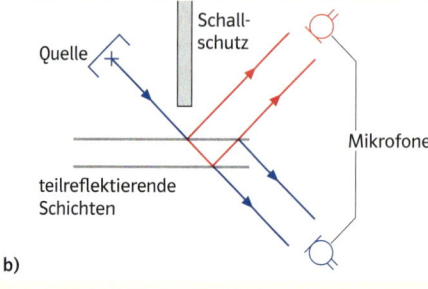

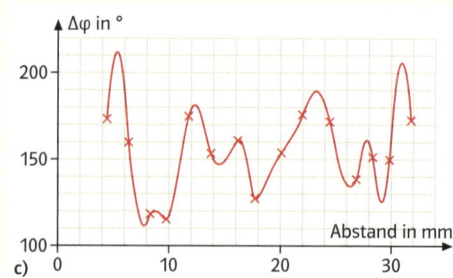

B5

Streuung

B1 Blauer Himmel über der Erde (oben), schwarzer Himmel über dem Mond (Mitte), Farben beim Sonnenuntergang (unten)

Rayleigh-Streuung

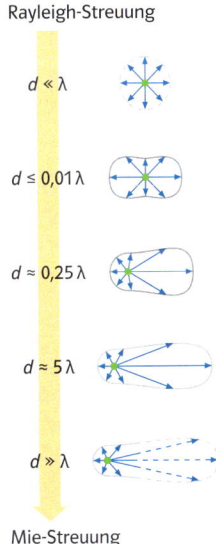

Mie-Streuung

B2

„Das höchstenergische Licht, wie das der Sonne, ..., ist blendend und farblos ... Dieses Licht aber durch ein auch nur wenig trübes Mittel gesehen, erscheint uns gelb. Nimmt die Trübe eines solchen Mittels zu, oder wird seine Tiefe vermehrt, so sehen wir das Licht nach und nach eine gelbrote Farbe annehmen, die sich endlich bis zum Rubinroten steigert." (aus Goethes: „Farbenlehre")

Himmelsfarben An einem sonnigen klaren Sommertag sieht man den Himmel blau. Die Sonne ist zur direkten Beobachtung viel zu hell, aber in Abbildung **B1** oben erscheint sie weiß. Astronauten auf dem Mond sehen stets einen schwarzen Himmel (→**B1**, Mitte). Die Erde erscheint vom Mond aus ebenfalls blau und heißt deswegen auch der blaue Planet. Morgen- und Abendrot wie in **B1** unten zeigen eindrucksvolle Farberscheinungen. Dabei hat sich außer der Position der Sonne bezüglich des Beobachters nichts geändert.

Deutungen ergeben sich aus dem Umstand, dass der Mond im Gegensatz zur Erde keine Atmosphäre hat. Im Vakuum gelangt Licht nur auf dem geraden Weg von der Quelle ins Auge, man sieht nur die Quelle oder nichts. Ein Spiegel würde das Licht umlenken. Der Beobachter geht vom geradlinigen Verlauf des Lichtes aus und würde ein virtuelles Bild der Quelle sehen, sofern Licht von allen Punkten der Quelle auf den Spiegel trifft. Wechselwirkungen mit den verschiedenen Materieteilchen in der Atmosphäre lenken das Licht ebenfalls um, sodass es aus verschiedenen Raumrichtungen zum Beobachter gelangt. Die Ablenkung eines Objektes, hier des Lichtes, durch ein anderes lokales Objekt, hier Teilchen der Atmosphäre, nennt man **Streuung**. In diesem Fall erscheint auch die Umgebung des Objektes hell.

Im Physikraum kann man die Streuung erst beobachten, wenn man z. B. Rauch in den Lichtweg bringt. Die Streuung hängt von der Teilchengröße ab. Die mit der Streuung verbundenen Farberscheinungen zeigen, dass die Streuung auch von der Wellenlänge abhängt.

Himmelsblau und Abendrot Für das Verständnis der Himmelsfarben sind zwei Streuprozesse wichtig, die sich im Verhältnis zwischen Teilchendurchmesser d und Wellenlänge λ unterscheiden. Beide wurden nach ihren Entdeckern benannt:

Rayleigh-Streuung: Sie gilt für $d < \lambda$, die Streuung ist wellenlängenabhängig, kurzwelliges Licht wird am stärksten gestreut.

Mie-Streuung: Sie gilt für $d > \lambda$ und ist nahezu unabhängig von der Wellenlänge.

In Abbildung **B2** zeigt die Pfeillänge die Intensität des gestreuten Lichtes in verschiedenen Richtungen an.

Abbildung **B3** zeigt: Bei hochstehender Sonne durchläuft das Licht auf dem direkten Weg zum Betrachter nur eine dünne Schicht. Die Streuung wirkt sich nicht wesentlich aus, man sieht das weiße Sonnenlicht. Bei Licht in anderen Richtungen wird der kurzwellige Anteil am stärksten gestreut, sodass blaues Licht den Betrachter erreicht.

Bei tiefstehender Sonne ist der direkte Weg zum Beobachter lang. Der blaue Anteil wird seitlich gestreut und der Beobachter sieht den rötlichen Rest. Dass der Himmel nicht violett erscheint, liegt daran, dass die Intensität des Sonnenlichtes und die Empfindlichkeit des Auges hier gering sind.

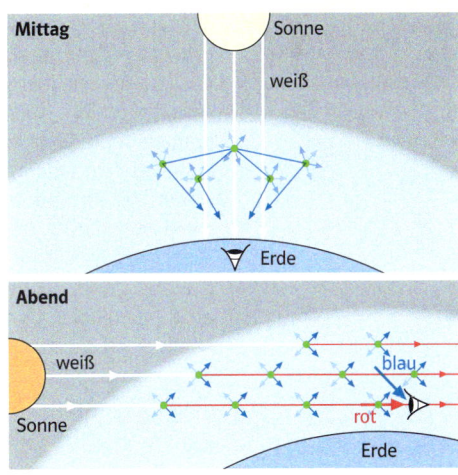

B3

A1 ● Neben der Streuung gibt es andere physikalische Effekte, die zur Entstehung von Farberscheinungen führen.
Stellen Sie diese in einer Übersicht zusammen. Finden Sie heraus, inwiefern diese bei optischen Erscheinungen in der Atmosphäre eine Rolle spielen.

Farberscheinungen dünner Schichten

Eine Seifenblase ist durchsichtig, kann aber in bunten Farben schillern. **Isaac Newton** vermutete, dass die Farberscheinung von der Dicke der Seifenhaut abhängt. Er legte eine schwach gewölbte Linse auf eine Glasplatte und konnte farbige Ringe beobachten. Man bezeichnet sie als Newton'sche Ringe.

Interferenz reflektierter Wellen Interferenzerscheinungen treten nicht nur bei optischen Gittern, schmalen Hindernissen oder scharfen Kanten auf. Die schillernden Farben eines Pfaus (→**B3**), die Farben eines Ölfilmes auf einer Wasseroberfläche oder die von Seifenblasen beruhen ebenfalls auf diesem physikalischen Phänomen.
Sie treten überall dort auf, wo Licht in mindestens zwei kohärente Anteile aufgespalten wird und diese Anteile, nachdem sie geringfügig voneinander abweichende Wege zurückgelegt haben, miteinander interferieren.

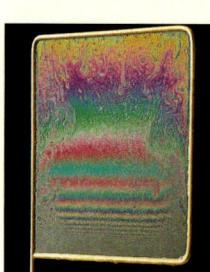

Am Beispiel einer dünnen Seifenhaut lässt sich die Farberscheinung erklären (→**B1**). Das Licht trifft auf die (Seifen-) Wasserschicht und ein Teil davon, etwa 10 %, wird reflektiert. 90 % dringen in das Wasser ein und gelangen an die hintere Grenzfläche der Schicht. Hier werden wieder 10 % des auftreffenden Lichtes, also 9 % vom ursprünglichen Licht, reflektiert. Der Rest verlässt die Schicht an der Rückseite. Für den reflektierten Teil wiederholt sich die Aufspaltung an der Vorderseite usw. (→**B2**).

B1 Farben einer Seifenhaut

Das an der Vorderseite reflektierte Licht wird vom Licht, das aus dem Wasser zurückkommt, überlagert. Dieses hat bei senkrechtem Auftreffen einen um $\Delta l = 2d$ längeren Weg zurückgelegt (→**B2**). Denselben Wegunterschied hat auch die durchgehende Welle gegenüber dem im Wasser doppelt reflektierten Anteil. Es

B3

kommt zu Interferenzen. Die Anteile weiterer Reflexionen können vernachlässigt werden. Da das Wasser im Laufe der Zeit nach unten sinkt, wird die Haut der Seifenblase oben dünner als unten. Je nach Dicke und Wellenlänge verstärken oder schwächen sich die beiden Lichtanteile. Bei Beleuchtung mit weißem Licht wird an einer bestimmten Stelle Licht einer Wellenlänge ausgelöscht. Dies Licht fehlt im Spektrum des Restes. Es bilden sich Mischfarben. Insgesamt zeigt sich, dass es sich bei den Farben dünner Schichten um ein Interferenzphänomen handelt.

Bei Beleuchtung mit einfarbigem Licht, z.B. einer Natriumdampflampe, sieht man keine verschiedenen Farben, sondern helle und dunkle Streifen. An einer Stelle, an der die Seifenhaut im durchgehenden Licht hell erscheint, ist sie im reflektierten Licht dunkel. Das ist ein Widerspruch zu der Überlegung nach der Darstellung in Abbildung **B2**, wonach der Wegunterschied der interferierenden Wellen sowohl im reflektierten wie im durchgehenden Teil gleich groß ist. Die Seifenhaut müsste, von beiden Seiten aus betrachtet, gleich hell oder gleich dunkel erscheinen. Der Widerspruch löst sich, wenn man davon ausgeht, dass sich wie bei der Reflexion einer Seilwelle am festen Ende auch bei der Reflexion von Licht die Phase sprunghaft ändern kann.

Übertragen auf Lichtwellen bedeutet eine Reflexion am festen Ende die Reflexion an der Grenzfläche von einem Stoff mit kleinerer zu einem mit größerer Brechzahl. Bei Lichtwellen tritt bei Reflexion an der Grenzfläche zu einem Stoff mit höherer Brechzahl ein Phasensprung von π auf.

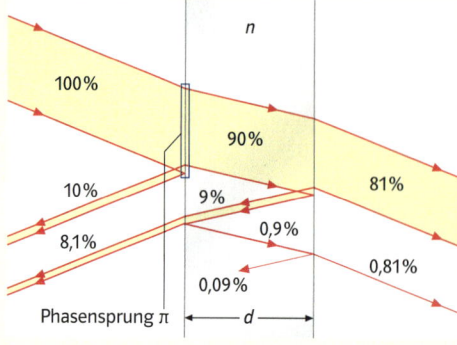

B2 Interferenz an dünner Schicht

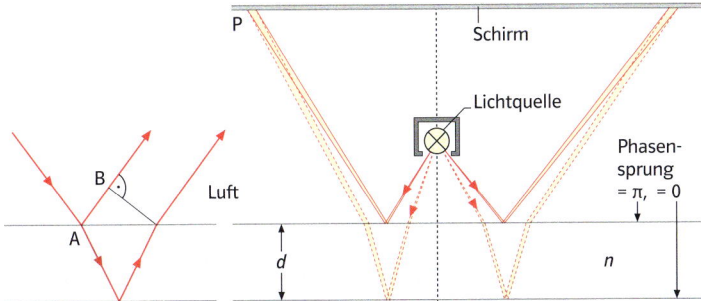

B1 Zum Gangunterschied bei Reflexion in dünner Schicht

Bei der Berechnung des Gangunterschiedes muss die Wellenlänge des Lichtes λ_S im Material der dünnen Schicht verwendet werden. Ein Zusammenhang mit der Wellenlänge λ in Luft ist durch die Brechzahl n der Schicht gegeben. Es ist $\lambda = n \cdot \lambda_S$. Nun muss noch der Phasensprung an der vorderen Grenzfläche berücksichtigt werden. Damit ergibt sich für Licht, das senkrecht auf eine dünne Schicht eines optisch dichteren Stoffes trifft: Im reflektierten Licht treten Minima bei

$$\Delta l = 2d = k \cdot \lambda_S$$

und Maxima bei

$$\Delta l = 2d = \frac{1}{2}(2k + 1) \cdot \lambda_S \text{ auf.}$$

Bei einem Einfallswinkel größer als 0° muss zur Berechnung des Gangunterschiedes die Strecke $\overline{AB}$ zusätzlich berücksichtigt werden (→**B1**). Der Gangunterschied ändert sich mit dem Einfallswinkel. Deshalb schillern dünne Schichten wie z.B. Ölfilme mit der kleinsten Veränderung des Betrachtungswinkels.

Die Entspiegelung von Glas   Bei Brillen oder Objektiven möchte man Doppelbilder infolge Mehrfachreflexionen vermeiden. Deshalb werden die Glasoberflächen entspiegelt. Das geschieht durch eine dünne aufgedampfte Schicht eines durchsichtigen Stoffes, der eine kleinere Brechzahl als das Glas hat. Für senkrecht einfallendes Licht entsteht bei der Dicke $d = \lambda/4$ ein Minimum für das reflektierte Licht. Die Auslöschung erfolgt theoretisch nur für diese eine Wellenlänge; in der Praxis schwächt man damit den grünen Wellenlängenbereich für Durchlicht erheblich. Man kann dies testen. Dazu betrachtet man das Spiegelbild einer Kerzenflamme in einem entspiegelten Brillenglas. Es entstehen zwei Spiegelbilder.

B2 Spiegelbilder in einer entspiegelten Brille

Das hintere erscheint rötlicher, da das grüne Licht an der dunklen Schicht geschwächt wurde.

Die Glimmerfolie   Trifft Licht einer Natriumdampflampe auf eine Glimmerfolie, so sieht man gelbe und schwarze Streifen im reflektierten Licht. Diese Interferenz entsteht, weil Glimmerfolien aus sehr dünnen Schichten konstanter Dicke bestehen. Die von der Lichtquelle ausgesandten Wellen können auf verschiedenen Wegen von der Schicht zum Punkt P auf den Schirm gelangen. Die Gangunterschiede hängen neben der Schichtdicke d auch vom Einfallswinkel ab. Bei konstanter Schichtdicke ergeben sich gleiche Gangunterschiede für alle Orte P auf einem Kreis.

Bestimmung der Brechzahl   Bei Dünnschichtinterferenzen spielen die Brechzahlen der beteiligten Stoffe eine Rolle. Ihr Einfluss auf die Wellenlänge des Lichtes lässt sich mit dem Versuchsaufbau zur Beugung von Licht am Gitter untersuchen. Dazu setzt man zwischen Gitter und Schirm bündig eine transparente Wanne, in die man die brechende Substanz (z.B. Wasser) füllt.

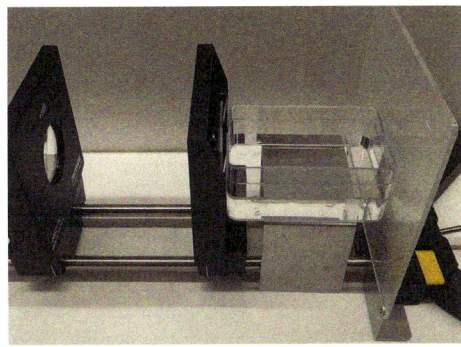

B3 Versuchsaufbau

A1 ◉ Führen Sie den Versuch von S. 204 mit der Anordnung in **B3** durch.
a) Beschreiben Sie die Unterschiede zwischen den Interferenzmustern bei leerer und bei wasserbefüllter Wanne.
b) Ermitteln Sie für beide Fälle einen Messwert für die Wellenlänge des grünen Lichts. Überprüfen Sie die Angabe, für Wasser betrage $n = 1,3$.
c) Die Frequenz des Lichtes ändert sich bei der Brechung nicht. Begründen Sie, dass das Versuchsergebnis auch bedeutet: Licht breitet sich in Wasser 1,3-mal langsamer aus als in Luft.

Holografie

Holografie (altgriechisch: holo = ganz, graphein = schreiben) ist eine räumliche, fotografische Wiedergabe von beleuchteten Gegenständen. Hologramme begegnen uns in der Werbung und in der Kunst. Sie finden Anwendung in der Werkstoffprüfung und bei Modellnachbildungen.
Alle Bilder setzen sich aus Bildpunkten zusammen. Je kleiner diese Punkte sind, desto klarer und genauer erscheint das Bild. Hologramme sind „eingefrorene" Lichtwellen, die bei Beleuchtung Bilder erzeugen, die dem direkten Blick auf den ursprünglichen Gegenstand entsprechen. 1948 beschrieb Dennis Gabor ein entsprechendes Verfahren. Zur Erklärung werde der einfachste Fall angenommen, dass der Gegenstand ein Punkt ist.

B1 Hologramm und virtuelles Bild

Aufnahme des Hologramms

Ein beleuchteter Punkt erzeugt eine Kugelwelle, die **Objektwelle**. Zusätzlich wird eine ebene Welle gleicher Wellenlänge und Amplitude erzeugt, die **Referenzwelle**. Sie interferiert mit der Objektwelle. Objekt- und Referenzwelle belichten mit ihrem Interferenzmuster eine Fotoplatte. Erreicht die Referenzwelle z.B. im Zeitpunkt t_0 die Platte mit einem Wellental, so löschen sich in allen Punkten, in denen dieses auf einen Wellenberg der Objektwelle trifft, beide Wellen gegenseitig aus. Die Auslöschung bleibt in diesen Punkten wegen der gleich bleibenden Phasenlage auch bei nachfolgenden Wellenfronten bestehen. Entsprechend kommt es auch zu Punkten maximaler Verstärkung. Dazwischen liegen kontinuierliche Übergänge. Alle Punkte, in denen die Elementarwellen des Objektes gleiche Phase haben, schwärzen die Fotoplatte gleich stark. Bei gleicher Amplitude von Objekt- und Referenzwelle bleiben die Stellen der Minima ungeschwärzt. Sonst erfolgt eine Schwärzung, die durch die Amplituden-

differenz bestimmt wird. Die belichtete Fotoplatte enthält alle Informationen über Phasenbeziehungen und Amplituden der Objektwelle am Ort der Fotoplatte. Während der Aufnahme darf sich das Interferenzmuster nicht ändern. Dies ist nur bei hinreichender Kohärenz von Objekt- und Referenzwelle erreichbar. Deshalb erzeugt man beide Wellen durch Teilung eines aufgeweiteten Laserlichtbündels. Der Versuchsaufbau muss so stabil sein, dass erschütterungsbedingte Verschiebungen während der Belichtung viel kleiner als die benutzte Wellenlänge sind.
Das Muster auf der entwickelten Fotoplatte heißt **Hologramm**. Es wirkt wie ein Gitter.

Wiedergabe eines Hologramms

Durchstrahlt man ein Hologramm mit der Referenzwelle, so entstehen an den Orten früherer Minima Elementarwellen maximaler Amplitude. Die früheren Maxima bilden Hindernisse. In Richtungen, in denen bei der Aufnahme die Objektwelle weiterlief, überlagern sich die erzeugten Elementarwellen und bilden die neue Objektwelle. Blickt man dieser Welle durch das Hologramm entgegen, so scheint die rekonstruierte Welle genau aus der Richtung zu kommen, in der sich bei der Aufnahme das Objekt befand. Man sieht ein **virtuelles Bild** des Punktes.
Räumliche Gegenstände bestehen aus vielen Punkten, die alle auf der Fotoplatte ihre eigenen Interferenzringe erzeugen. Die rekonstruierte Objektwelle zeigt den Gegenstand räumlich und perspektivisch. Bei Änderung der Blickrichtung sieht man ein verändertes Interferenzmuster und damit eine andere Perspektive.
Hologramme lassen sich auch mit reflektiertem Licht erzeugen (Reflexionshologramm). Sie findet man bei Bildern und Postkarten.

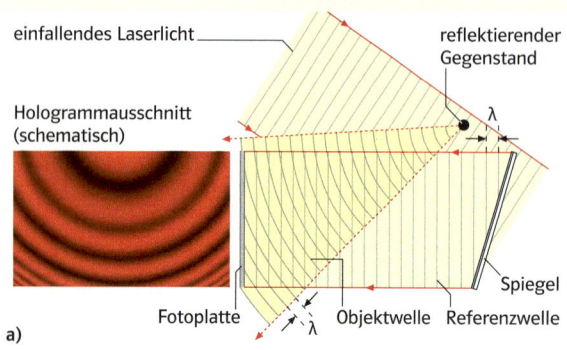

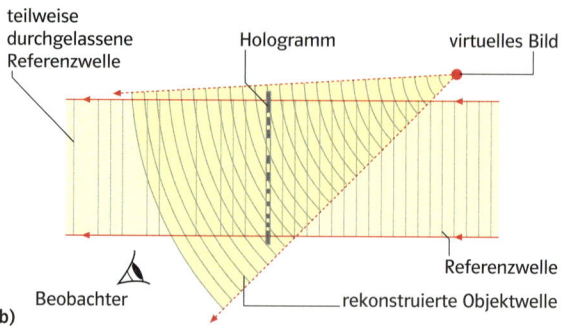

B2 Aufnahme eines Hologramms (Prinzip) (a); Wiedergabe eines Hologramms (Prinzip) (b)

Untersuchung der Polarisation von Licht

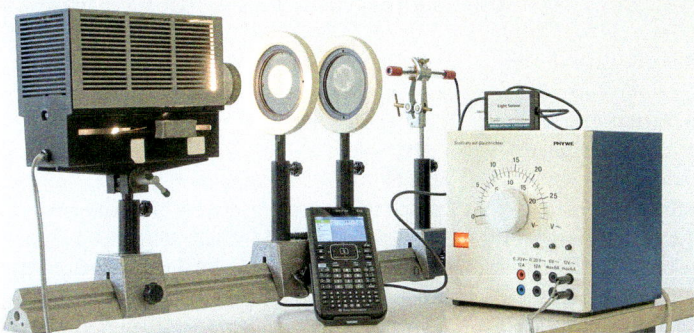

B1 Versuchsaufbau mit Lichtsensor

Aufgabe: Untersuchung der Welleneigenschaften des Lichts

Material: Optische Bank mit Reitern, zwei Polarisatoren, Leinwand, Lichtsensor mit Datenerfassungssystem (z. B. ein GTR mit Messwerterfassungssystem), Quelle für weißes, unpolarisiertes Licht mit Betriebsgerät, die ein paralleles Lichtbündel erzeugt (z. B. Halogen-Lampe)

Durchführung: Die beiden Polarisatoren werden in geringem Abstand hintereinander in den Strahlengang der Lampe gestellt. Sie sind zunächst gleich ausgerichtet, d. h., die aufgedruckten Pfeile stehen parallel zueinander.
a) Nun wird der vordere und anschließend der hintere Polarisator langsam um 360° gedreht (→B2). Man beobachtet die Helligkeit des Lichtflecks auf der Leinwand.
b) Die Leinwand wird gegen einen Lichtsensor mit Datenerfassungssystem ausgetauscht (→B1). Der hintere Polarisator wird in 10°-Schritten um insgesamt 180° gedreht, dabei misst man die Helligkeit des Lichtkreises in Abhängigkeit vom Winkel α zwischen den beiden Polarisatoren.

Beobachtung und Messung: a) Beim Drehen der Polarisatoren ist deutlich eine Helligkeitsänderung des Lichtflecks auf der Leinwand zu erkennen. Wenn die beiden 90°, bzw. 270° gegeneinander verdreht sind, ist kein Lichtfleck mehr erkennbar.

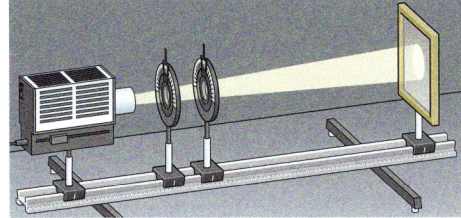

B4 Schematischer Versuchsaufbau mit Leinwand

Beträgt der Winkel zwischen den Polarisatoren 0° bzw. 180°, ist der Lichtfleck am hellsten.
b) Beim Drehen des zweiten Polarisators in 10°-Schritten nimmt die Helligkeit bis zu einem Winkel von 90° immer weiter ab, bis der Fleck komplett verschwindet. Wird der Polarisator weiter gedreht, nimmt die Helligkeit wieder bis auf ein Maximum bei 180° zu (→B3, B5).

Deutung: Man betrachtet zum Vergleich einen Versuch mit Mikrowellen: Ein Sender und ein Empfänger stehen sich in gleicher Ausrichtung gegenüber. Nun wird der Mikrowellen-Empfänger um seine Längsachse gedreht. Bei einem Winkel von 90° ist kein Signal mehr zu empfangen, erst bei einer Drehung um 180° wird wieder die volle Signalstärke registriert. Dies weist darauf hin, dass es sich bei Mikrowellen um Querwellen handelt.

Das Verhalten der Mikrowellen vergleicht man mit dem von Licht, das auf Polarisatoren trifft: Ein erster Polarisator prägt dem Licht eine neue Schwingungsebene auf. Das so veränderte Licht kann einen zweiten, senkrecht dazu orientierten Polarisator nicht mehr passieren. Die Polarisation von Licht kann durch die Annahme erklärt werden, dass sich Licht wie eine Querwelle ausbreitet.

B2 Polarisatoren in unterschiedlichen Orientierungen

Hinweis: Bei der Auswertung der Messung ist davon auszugehen, dass der Wert bei 90° nur von der Umgebungshelligkeit herrührt. Um diesen Wert werden die Messdaten bereinigt, um nur die von Lampe und Filtern erzeugten Helligkeitswerte zu erhalten.

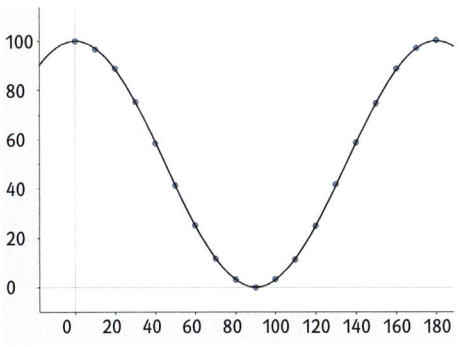

B5 Diagramm der winkelabhängigen Helligkeit

Winkel in °	0	10	20	30	40	50	60	70	80	90
Helligkeit in %	99,6	96,3	88,5	74,9	58	41,1	25	11,7	3	0
Winkel in °	100	110	120	130	140	150	160	170	180	–
Helligkeit in %	3,2	11,4	24,9	41,6	58,4	74,5	88,4	96,6	100	–

B3 Relative Helligkeit bei unterschiedlicher Orientierung der Polarisatoren

9.6 Polarisation des Lichtes

Da sich Licht wie eine Welle ausbreitet und die Lichtgeschwindigkeit mit der Ausbreitungsgeschwindigkeit elektromagnetischer Wellen übereinstimmt, ist zu vermuten, dass Licht ebenfalls eine elektromagnetische Welle ist. Es müsste daher auch Eigenschaften einer Querwelle haben.

Die Lichtausbreitung wird durch Querwellen beschrieben

Huygens stellte sich die Elementarwellen des Lichtes als Längswellen vor. Diese Vorstellung konnte 100 Jahre lang experimentell nicht überprüft werden. 1808 beobachtete man erstmals, dass das unter einem Einfallswinkel von 56,5° an einer Glasscheibe reflektierte Licht beim Auftreffen auf eine zweite Glasscheibe unter demselben Einfallswinkel sich je nach Orientierung der zweiten Scheibe zur ersten bis zur völligen Dunkelheit abschwächen lässt (→B1). Das von der ersten Scheibe reflektierte Licht zeigt eine besondere Ausrichtung senkrecht zur Ausbreitung. Diese Eigenschaft des Lichtes nennt man **Polarisation**.

Die Polarisation des Lichtes lässt sich mit bestimmten Kunststofffolien, **Polarisatoren**, demonstrieren. Tritt Licht durch zwei solche aufeinander liegende Folien mit gleicher Richtung der aufgedruckten Pfeile, so nimmt die Helligkeit kaum ab. Werden die Folien gegeneinander verdreht, dann wird das durchgelassene Licht schwächer, bis es bei senkrecht orientierten Pfeilen verschwindet (→B2, S. 213). Ähnliches beobachtet man bei elektromagnetischen Wellen, die auf ein Gitter aus Metallstäben treffen. Daraus folgert man, dass die

Polarisation von Licht durch die Annahme, dass sich Licht wie eine Querwelle ausbreitet, erklärt werden kann.

An einer Glasplatte reflektiertes Licht wird immer stärker polarisiert, bis es bei einem Einfallswinkel von 56,5° vollständig polarisiert ist. Dieser Winkel heißt **Polarisationswinkel** α_P. Misst man den Polarisationswinkel und den zugehörigen Brechungswinkel β_P verschiedener durchsichtiger Stoffe, so findet man einen Zusammenhang zwischen den beiden Größen: Von durchsichtigen Stoffen reflektiertes Licht ist vollständig polarisiert, wenn die Ausbreitungsrichtungen von reflektiertem und gebrochenem Licht senkrecht aufeinander stehen:

$$\beta_P = 90° - \alpha_P$$

Aus dem Brechungsgesetz kann der Polarisationswinkel berechnet werden:

$$n = \sin\alpha_P/\sin\beta_P = \sin\alpha_P/\sin(90° - \alpha_P)$$
$$= \sin\alpha_P/\cos\alpha_P = \tan\alpha_P$$

Die bisherigen Ergebnisse zur Ausbreitungsgeschwindigkeit, Interferenz und Polarisation des Lichtes lassen vermuten, dass es durch elektromagnetische Wellen beschrieben werden kann: Man stellt sich vor, dass der Vektor für die elektrische Feldstärke der Lichtwelle stets senkrecht zur Ausbreitungsrichtung schwingt. Bei polarisiertem Licht schwingt er sogar nur in einer festen Ebene (→B2).

Treffen polarisierte Lichtwellen auf Glas, so werden die Elektronen an der Glasoberfläche zu Schwingungen angeregt. Die schwingenden Elektronen strahlen wieder Wellen ab und erzeugen die reflektierte und die gebrochene Welle. Ist die Welle parallel zur Einfallsebene polarisiert, so schwingen die Elektronen an der Glasoberfläche in derselben Ebene (→B3). Die Intensität der reflektierten Welle ist dann sehr gering, weil die Feldstärke nur den Teil im Glas, der senkrecht zu ihrer Ausbreitungsrichtung schwingt, übernehmen kann. In der Einfallsebene polarisiertes Licht wird also nicht reflektiert, wenn die Richtungen für gebrochene und reflektierte Welle senkrecht stehen.

Licht lässt sich als elektromagnetische Welle auffassen.

a)

S1 ∥ S2

56,5°

Licht polarisiert

56,5°

Licht nicht polarisiert

1

b)

S1 ⊥ S2

keine Reflexion mehr

56,5°

Licht polarisiert

56,5°

Licht nicht polarisiert

2

B1 Licht zeigt Polarisation: S1 parallel zu S2 (a); S1 senkrecht zu S2 (b)

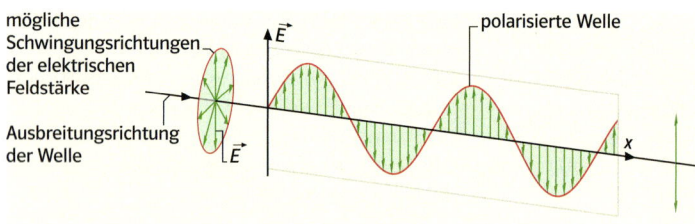

mögliche Schwingungsrichtungen der elektrischen Feldstärke

Ausbreitungsrichtung der Welle

$\vec{E}$

$\vec{E}$

polarisierte Welle

x

B2 Schwingungen in Lichtwellen

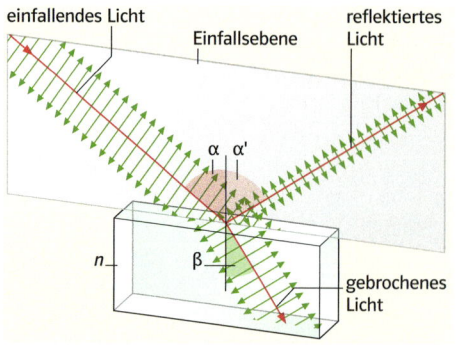

einfallendes Licht

Einfallsebene

reflektiertes Licht

α α'

n

β

gebrochenes Licht

B3 Lichtwelle bei Reflexion und Brechung

Hypothesen formulieren und überprüfen

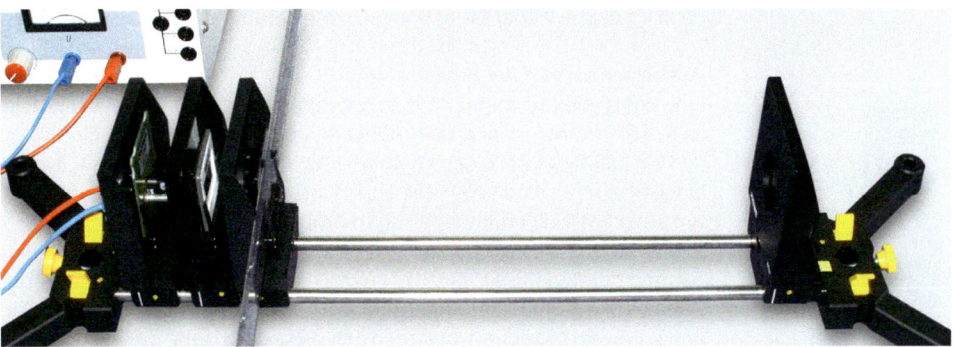

Aufgabe: Überprüfen Sie die Hypothese, dass auch im Alltag verwendete Kunststoffe die Polarisationsrichtung von Licht beeinflussen.

Definiton: Unter einer Hypothese versteht man eine vermutete Gesetzmäßigkeit oder einen vermuteten Zusammenhang. Eine Hypothese kann man durch Beispiele stützen, aber selbst durch sehr viele Beispiele nicht beweisen. Ein einziges Gegenbeispiel reicht aber aus, um die Hypothese zu verwerfen.

Material: Netzgerät, Kabel, LED weiß, optische Bank, 4 Reiter (2 mit Winkelskala), 4 Blendenhalter, 2 Polarisationsfolien, Kunststoff-Lineal

Aufbau:

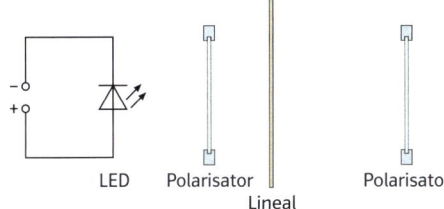

LED · Polarisator · Lineal · Polarisator

– Der erste Polarisator wird so eingestellt, dass die Winkelskala 0° zeigt.
– Das Lineal wird aus dem Strahlengang genommen und man schaut in Richtung LED durch den zweiten Polarisator. Steht dessen Skala auch auf 0°, sollte deutliche Helligkeit zu sehen sein, bei 90° sollte die Helligkeit nahezu verschwinden.

Durchführung:
1 Stellen Sie die Polarisatoren so ein, dass die beobachtete Helligkeit minimal ist. Notieren Sie die Differenz der beiden Winkelanzeigen. Bringen Sie dann das Lineal in den Strahlengang und notieren Sie Ihre Beobachtungen.
2 Verändern Sie die Winkeleinstellung des zweiten Polarisators. Notieren Sie wieder die Differenz der beiden Winkelanzeigen für minimale Helligkeit mit Lineal.
3 Beginnen Sie erneut bei 1, verschieben Sie dazu das Lineal etwas zur Seite.
4 Verfahren Sie erneut so, biegen Sie das Lineal aber etwas.

Beobachtung: Die Beobachtungen können unterschiedlich ausfallen. Ein Beispiel:
Zu 1: Der zweite Polarisator steht bei 95° gegen den Uhrzeigersinn. Nach Einbringen des Lineals erhöht sich die sichtbare Lichtintensität deutlich. Das Licht ist grünlich.
Zu 2: Abbildung **B1** zeigt die Veränderung beim Drehen des zweiten Polarisators.
Zu 3: Durch Verschieben des Lineals verändern sich ebenfalls Intensität und Farbe des vom zweiten Polarisator durchgelassenen Lichts.

Auswertung: Das Experiment hat die Hypothese unterstützt: Ein Kunststoff-Lineal ändert offenbar die Polarisationsrichtung des Lichtes.

A1 ● Überprüfen Sie die Hypothese, dass die Veränderung der Polarisationsrichtung durch das Lineal auch von der Wellenlänge des benutzten Lichtes abhängt.

  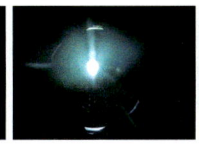 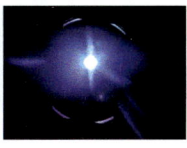

B1a) −95°   b) −74°   c) +2°   d) +90°   e) +105°

9.7 Röntgenstrahlung

1895 entdeckte **Wilhelm Conrad Röntgen** (1845–1923) eine unsichtbare, durchdringende Strahlung, die bestimmte Stoffe zum Leuchten anregt. Ihre Natur konnte lange nicht geklärt werden, denn sie zeigte weder Beugung noch Interferenz an optischen Gittern.

Das Verhalten von Röntgenstrahlung

Eine Röntgenröhre besteht aus einem luftleeren Glaskolben, in den eine Glühkathode und ein kleiner Metallblock als Anode (A) eingeschmolzen sind (→B1). Die Spannung zwischen Kathode und Anode liegt bei Schulgeräten um 30 kV und reicht bei medizinischen Geräten bis etwa 100 kV. Die im elektrischen Feld beschleunigten Elektronen treffen auf die Anode, wo sie abgebremst werden. Bei dieser Energieumsetzung entsteht unsichtbare Röntgenstrahlung.

B1 Röntgenröhre

Bestimmte fluoreszierende Stoffe können durch Röntgenstrahlung zum Leuchten angeregt werden. Röntgenstrahlung kann Fotomaterial schwärzen und Stoffe durchdringen. Die Stoffe absorbieren einen Teil der Strahlung, je höher die Ordnungszahl des Stoffes, desto größer der absorbierte Anteil. Diese Eigenschaft macht Röntgenstrahlung zu einem wichtigen Hilfsmittel in der Diagnostik. Sie breitet sich geradlinig aus. Röntgenstrahlung ionisiert Luft und alle anderen Gase.

Da Röntgenstrahlung keine messbare Beugung und Interferenz an optischen Gittern zeigt, untersuchte **Max von Laue** 1912 Röntgenstrahlung an den wesentlich kleineren Gittern, die die Atome in Kristallen bilden. Es gelang ihm nachzuweisen, dass sich die Ausbreitung der Röntgenstrahlung durch Wellen beschreiben lässt. Diese Wellen lassen an jedem Atom Elementarwellen entstehen. Wird die abgelenkte Strahlung für verschiedene Auftreffwinkel gemessen, so ist eine merkliche Intensität nur bei Winkeln, die sich nach dem Reflexionsgesetz ergeben, festzustellen.

Bei der Reflexion von Mikrowellen an einem Stapel Glasplatten, die für die Wellen teildurch-

lässig sind, zeigt sich der gleiche Effekt. Das Reflexionsgesetz zeigt sich dabei nur für ganz bestimmte Einfalls- bzw. Reflexionswinkel. Für sie gilt die **Bragg-Bedingung**:

$$2a \cdot \sin\vartheta_k = k \cdot \lambda, \quad k = 1, 2 \ldots$$

Dabei bezeichnet a den Abstand der Ebenen und λ die Wellenlänge. Der Winkel ϑ_k heißt **Glanzwinkel**, weil der Kristall in dieser Richtung „glänzt" (→B3).

Wellenlänge der Röntgenstrahlung

In einem Kristall sind die Bausteine (Atome, Moleküle oder Ionen) regelmäßig angeordnet. Jede Ebene, die periodisch mit Bausteinen besetzt ist, heißt Netzebene. Bei einem Kaliumbromid-Kristall haben die Netzebenen einen Abstand von $a = 329{,}5$ pm. Intensitäten lassen sich für $5° < \vartheta < 45°$ nachweisen. Mit der Bragg-Bedingung errechnet man für $k = 1$ erforderliche Wellenlängen von 57,4 pm bis 466,0 pm.

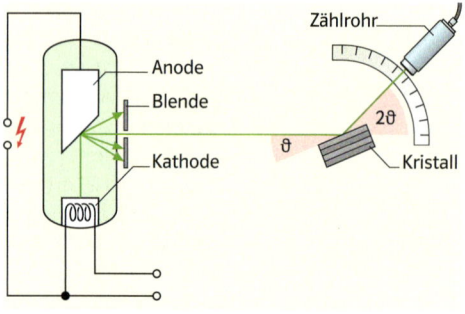

B4 Interferenzen mit Röntgenstrahlung

Nun richtet man die Strahlung einer Röntgenröhre auf einen drehbar gelagerten Kaliumbromid-Kristall. Die vom Kristall reflektierte Strahlung wird mit einem Zählrohr gemessen. Für jeden Winkel ϑ zwischen dem schmalen einfallenden Bündel und der Kristalloberfläche wird mit dem Zählrohr unter dem Winkel 2ϑ detektiert (→B4).

A1 ○ Betrachten Sie die Röntgenaufnahme der Hand (→B2).
Beschreiben Sie einen Modellkörper, für den eine entsprechende Aufnahme mit Licht möglich wäre.

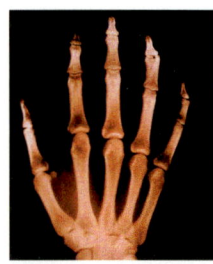

B2

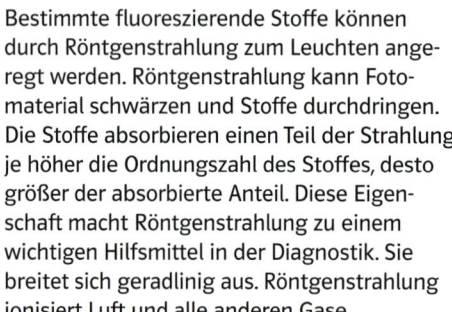

B3 Bragg-Reflexion an mehreren Schichten

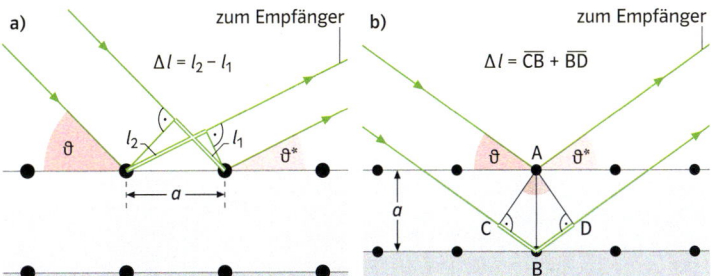

B1 Beugung an Punkten einer Netzebene (a); benachbarter Netzebenen (b)

B3 Reflexion von Röntgenstrahlung

Mit einem Nickelfilter erzeugt die Röntgenröhre eine Strahlung, die bei den Winkeln 13,5°, 28° und 44,5° Intensitätsmaxima zeigt (→**B2**). Nimmt man an, dass $\vartheta_1 = 13{,}5°$ ist, so folgt mit $k = 1$ aus der Bragg-Bedingung eine Wellenlänge von $\lambda = 154\,\text{pm}$.

Da $\sin(28°) = 2 \cdot \sin(13{,}5°)$ und $\sin(44{,}5°) = 3 \cdot \sin(13{,}5°)$ ist, gehören die anderen Winkel zu den Maxima 2. bzw. 3. Ordnung mit der gleichen Wellenlänge.

Weitere Untersuchungen bestätigen, dass sich Röntgenstrahlung wie Licht verhält. Sie lässt sich also ebenfalls durch elektromagnetische Wellen beschreiben, wobei die Wellenlänge extrem klein ist.

Trifft Röntgenstrahlung auf einen Kristall, dann lassen sich bestimmte, von der Kristallstruktur abhängige Interferenzmaxima beobachten. Ein solches Interferenzmuster beobachtete **Max von Laue** (1879–1960). Er ging vom Wellencharakter der Röntgenstrahlung aus und schloss daraus auf die Kristallstruktur. 1914 erhielt er dafür den Nobelpreis für Physik.

Eine Herleitung der Bragg-Bedingung

Es sollen parallele Wellen mit geraden Fronten auf ein regelmäßiges Gitter treffen. Zur Vereinfachung sollen alle Gitterpunkte denselben konstanten Abstand a haben und nur Netzebenen betrachtet werden, die parallel zur Oberfläche und senkrecht zur Zeichenebene liegen (→**B1a**).

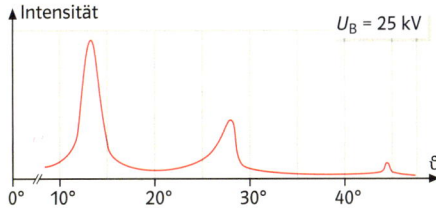

B2 Gemessene Intensitätsverteilung

Die Wellen werden am Gitter gebeugt. Nach dem Huygens'schen Prinzip gehen von den Gitterpunkten Elementarwellen aus, die sich überlagern und in den Richtungen verstärken, in denen die Gangunterschiede ganzzahlige Vielfache der Wellenlänge betragen. **B1a** veranschaulicht den resultierenden Gangunterschied Δl für benachbarte Punkte einer Netzebene. Verstärkung ergibt sich für:

$$\Delta l = k \cdot \lambda \quad \text{mit} \quad k = 0, 1, 2 \ldots,$$

wobei die höheren Ordnungen von deutlich schwächerer Intensität sind. Von allen Verstärkungen ist diejenige maximal, für die $\vartheta = \vartheta^*$ gilt, weil dann die beiden Längen l_1 und l_2 gleich groß sind.

Wellen, die an hintereinander liegenden Netzebenen reflektiert werden (→**B1b**), verstärken sich, wenn zusätzlich zur Bedingung $\vartheta = \vartheta^*$ der längere Weg im Gitter die Bedingung

$$\Delta l = k \cdot \lambda \quad \text{mit} \quad k = 0, 1, 2 \ldots$$

erfüllt. Die Abbildung **B1b** liefert hierfür

$$\Delta l = 2a \cdot \sin\vartheta_k.$$

Im Drehkristall-Verfahren nach Bragg lassen sich Maxima beobachten, wenn Einfalls- und Reflexionswinkel gleich sind und dabei spezielle Werte haben, für die gilt:

$$2a \cdot \sin\vartheta_k = k \cdot \lambda \quad \text{mit} \quad k = 0, 1, 2 \ldots$$

Hiermit kann die Wellenlänge von Röntgenstrahlung bestimmt werden.

Die Ausbreitung von Röntgenstrahlung lässt sich durch Wellen beschreiben, deren Wellenlänge im Bereich atomarer Abstände in Kristallen liegt.

A1 ○ Begründen Sie, warum Interferenzexperimente an Kristallstrukturen kleinere Wellenlängen erfordern, als Lichtwellen sie besitzen.

9.8 Das Spektrum elektromagnetischer Strahlung

1889 veröffentlichte **Heinrich Hertz** (1857–1894) einen Vortrag unter dem Titel „Über die Beziehungen zwischen Licht und Elektrizität". Es gelang ihm nachzuweisen, dass elektrisch erzeugte elektromagnetische Wellen die gleichen Eigenschaften wie Licht besitzen und sich lediglich in ihrer Wellenlänge unterscheiden.

Thermische Strahlung

Geschmolzenes Eisen strahlt gelblich weiß (→**B2**). Beim Abkühlen wird es zunächst hellrot, dann dunkelrot. Selbst bei nicht leuchtendem Eisen stellt ein Strahlungsmesser weiterhin eine von der Temperatur bestimmte Strahlung fest, die der Mensch als „Wärme" empfindet.

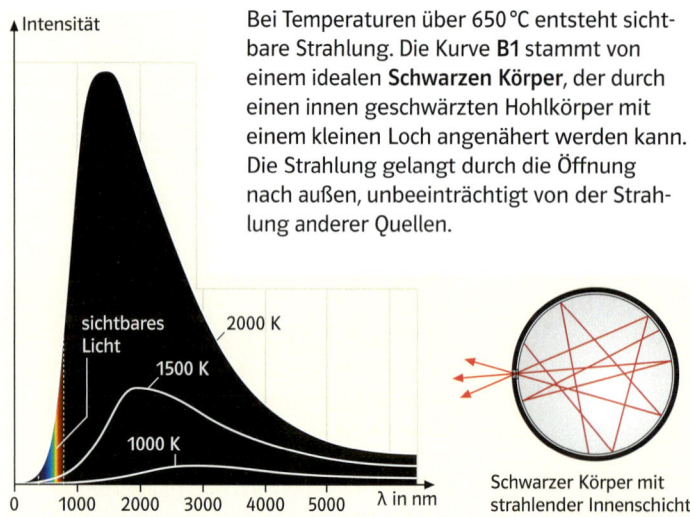

B2 Geschmolzenes Eisen

Das Diagramm, das Energie abhängig von λ zeigt, heißt Energiespektrum.

Versuche zeigen, dass sich diese thermische Strahlung („Wärmestrahlung") vom sichtbaren Licht nur durch eine größere Wellenlänge unterscheidet. Sie heißt deshalb **infrarote Strahlung** (IR). Infrarotstrahlung wird ständig von allen Körpern ausgesandt. Fast immer besteht sie aus Wellen unterschiedlicher Wellenlängen. Die mittlere Wellenlänge hängt von der Temperatur ab.

Bei Temperaturen über 650 °C entsteht sichtbare Strahlung. Die Kurve **B1** stammt von einem idealen **Schwarzen Körper**, der durch einen innen geschwärzten Hohlkörper mit einem kleinen Loch angenähert werden kann. Die Strahlung gelangt durch die Öffnung nach außen, unbeeinträchtigt von der Strahlung anderer Quellen.

B1 Energiespektren bei unterschiedlichen Temperaturen

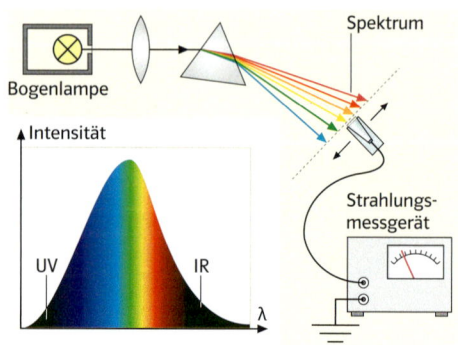

B3 Spektrum einer Bogenlampe

Bewegt man den Spalt eines Strahlungsmessgeräts über das Spektrum einer Bogenlampe, so kann man die Intensität messen, mit der ein kleiner Wellenlängenbereich zur Erwärmung einer geschwärzten Fläche im Strahlungsmessgerät beiträgt (→**B3**). Hier zeigt sich, dass außerhalb des Bereichs des roten Lichts Strahlungsenergie vorhanden ist. Die Bogenlampe emittiert also auch Strahlung im infraroten Bereich.

Betrachtet man das Spektrum einer Bogenlampe auf einem Fluoreszenzschirm, zeigen sich neben dem blauen Licht helle Teile, die sonst nicht sichtbar sind. Versuche mit dieser **ultravioletten Strahlung** (UV) zeigen, dass sie sich ebenfalls wie elektromagnetische Wellen ausbreitet. Sie setzt das Spektrum der sichtbaren Strahlung für kürzere Wellenlängen fort.

UV-Strahlung ist ionisierend: Wird die Luft zwischen geladenen Kondensatorplatten dieser Strahlung ausgesetzt, so entladen sie sich. UV-Strahlung erzeugt in der Luft Stickstoffmonooxid und Ozon, beides Schadstoffe für Umwelt und Gesundheit. UV-Strahlung zerstört viele Farben und Bakterien und führt bei längerer Einwirkung zu Hautkrebs, von normalem Glas wird sie absorbiert.

A1 ● Auf Packungen mit Sonnenschutzmitteln wird ein Sonnenschutzfaktor angegeben. Klären Sie seine Bedeutung und genaue Definition. Skizzieren Sie eine Möglichkeit, die Wirkung von Sonnenschutzmitteln physikalisch zu untersuchen.

Bereich	Bezeichnung	Frequenz/Wellenlänge in Hz = 1/s	in m	Erzeugung (Herkunft)
Radiowellen		$3 \cdot 10^3$	10^5	
	Langwellen (LW)	$3 \cdot 10^4$	10^4	
		$3 \cdot 10^5$	10^3	**Synchrotron-Strahlung**
	Mittelwellen (MW)	$3 \cdot 10^6$	10^2	beschleunigte, geladene Teilchen in Feldern
	Kurzwellen (KW)	$3 \cdot 10^7$	10^1	
	Ultrakurzwellen (UKW)	$3 \cdot 10^8$	1	
Mikrowellen	Dezimeterwellen (Radar)	$3 \cdot 10^9$	10^{-1}	**Elektrischer Schwingkreis**
	Zentimeterwellen	$3 \cdot 10^{10}$	10^{-2}	
	Mikrowellen	$3 \cdot 10^{11}$	10^{-3}	Weltall ($T \approx 2,7$ K)
Lichtartige Strahlung	fernes Infrarot	$3 \cdot 10^{12}$	10^{-4}	**Thermische Strahlung**
	nahes Infrarot	$3 \cdot 10^{13}$	10^{-5}	
		$3 \cdot 10^{14}$	10^{-6}	Sonne ($T \approx 6\,000$ K)
	sichtbares Licht			
	Ultraviolett	$3 \cdot 10^{15}$	10^{-7}	Weiße Zwerge ($T \approx 27\,000$ K)
		$3 \cdot 10^{16}$	10^{-8}	
Röntgenstrahlung	weiche Röntgenstrahlung	$3 \cdot 10^{17}$	10^{-9}	Röntgenröhren Bremsstrahlung
		$3 \cdot 10^{18}$	10^{-10}	
	harte Röntgenstrahlung	$3 \cdot 10^{19}$	10^{-11}	**Strahlung bei Kernreaktionen**
Kosmische Strahlung	γ-Strahlung	$3 \cdot 10^{20}$	10^{-12}	Erzeugung und Vernichtung von Elementarteilchen
		$3 \cdot 10^{21}$	10^{-13}	Zerstrahlung von Materie in Sternen
	Höhenstrahlung	$3 \cdot 10^{22}$	10^{-14}	
		$3 \cdot 10^{23}$	10^{-15}	

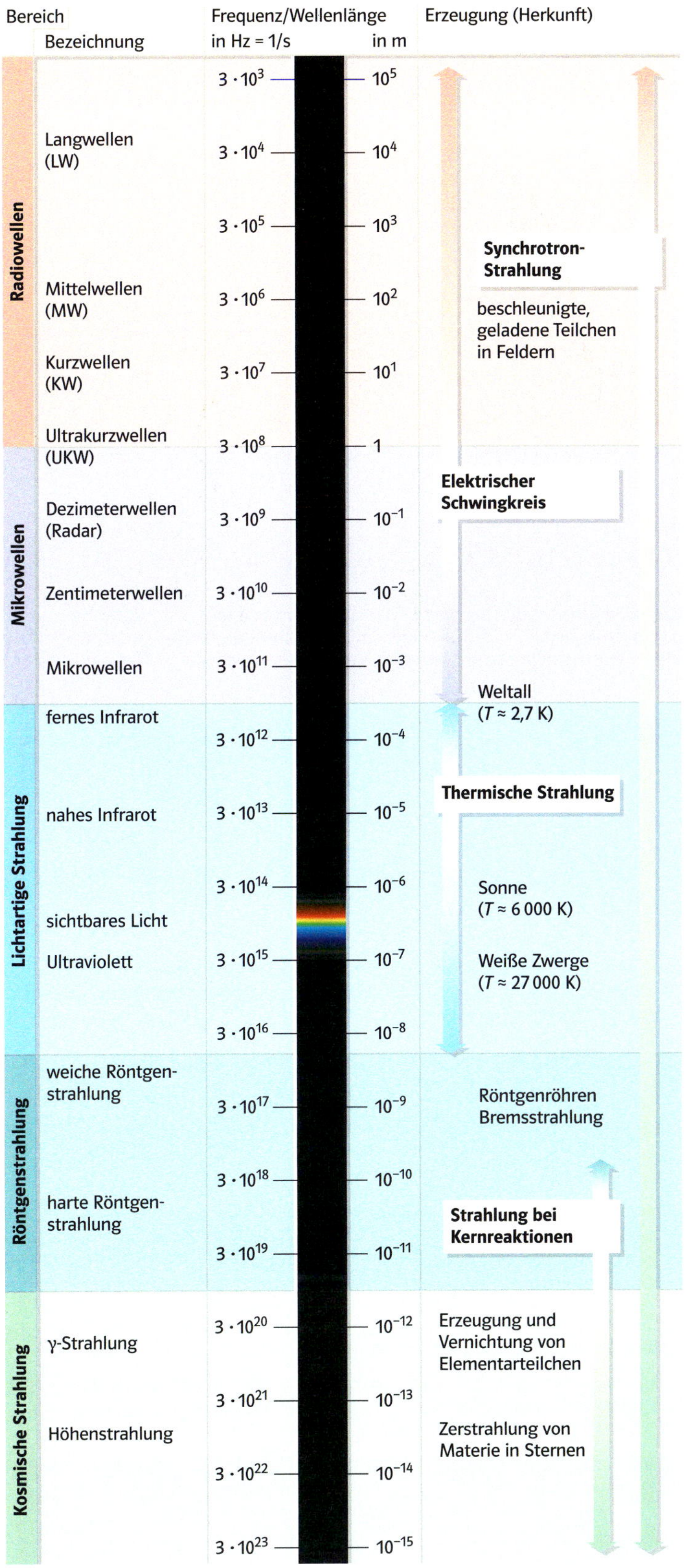

B1 Bereiche elektromagnetischer Wellen im Spektrum

Das Spektrum elektromagnetischer Strahlung

Verschiedenartig erzeugte Strahlungen wie Licht, Mikro- und Radiowellen oder Röntgenstrahlung weisen in Experimenten gleichartige Eigenschaften auf: Ihr Verhalten lässt sich mit Querwellen beschreiben, die sich mit Lichtgeschwindigkeit im Vakuum ausbreiten. Unterschiedlich erzeugte Strahlungen mit gleicher Wellenlänge verhalten sich völlig identisch. Damit ergibt sich: Die elektromagnetische Welle ist ein einheitliches Modell zur Beschreibung unterschiedlicher Phänomene. Die so beobachtbaren elektromagnetischen Wellen umfassen einen Bereich von $\lambda = 10^5$ m bis $\lambda = 10^{-15}$ m. Man spricht vom **Spektrum der elektromagnetischen Wellen** (→B1).

Die Sonne ist eine sehr starke Quelle elektromagnetischer Strahlung unterschiedlicher Wellenlängen (→B2). Die Strahlung ihrer Oberfläche entspricht der eines Schwarzen Körpers mit einer Temperatur von 5600 °C.
Auf die Erde trifft Strahlung mit einer Leistung von $1,7 \cdot 10^{17}$ Ws. Der Quotient aus der Strahlungsleistung und der Querschnittsfläche der Erde heißt **Solarkonstante** $S = 1,37 \cdot 10^3$ W/m^2 der Sonnenstrahlung. Wegen der bei bestimmten Wellenlängen absorbierenden Lufthülle stehen am Erdboden bei senkrechtem Lichteinfall nur etwa 10^3 W/m^2 zur Verfügung.
Zum Vergleich: Die gesamte Menschheit setzt heute pro Sekunde etwa 10^{13} J, also etwa $1/10\,000$ der in dieser Zeit eintreffenden Sonnenenergie um.

A1 ⊖ Das für die Wahrnehmung der Umwelt wichtige sichtbare Spektrum ist nur ein kleiner Ausschnitt aus dem gesamten elektromagnetischen Spektrum. Stellen Sie für andere physikalische Größen, z. B. Länge, Masse, Geschwindigkeit usw. größte und kleinste Werte zusammen und setzen Sie sie in Beziehung zu dem Bereich, der der menschlichen Erfahrung unmittelbar zugänglich ist.

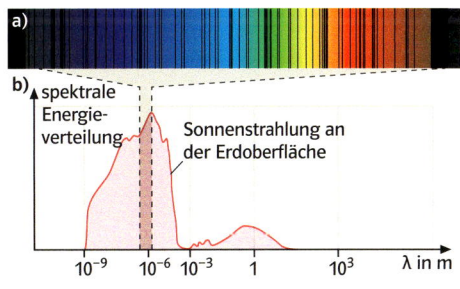

B2 Spektrum und Energieverteilung des Sonnenlichtes

Analogien von mechanischen Wellen und Licht

Wellen sind ein in vielen Gebieten der Physik auftretendes Phänomen, nicht immer besitzen sie übereinstimmende Eigenschaften. Die Tabelle stellt Eigenschaften von mechanischen Wellen und Licht gegenüber.

	Mechanische Welle	Licht
Ausbreitung	Mechanische Wellen, z.B. Schallwellen, benötigen zur Ausbreitung ein Medium. Die Schallgeschwindigkeit beträgt in Luft etwa 340 m/s. Sie hängt von der Temperatur ab.	Licht benötigt zur Ausbreitung kein Medium. Im Vakuum beträgt die Lichtgeschwindigkeit etwa $3 \cdot 10^8$ m/s.
Wellenlänge	Sowohl für mechanische Wellen als auch für Licht kann man Wellenlängen bestimmen. Für hörbaren Schall liegen sie z.B. im Bereich von etwa 3 cm bis 3 m. Sichtbares Licht umfasst Wellenlängen von etwa 350 nm bis 750 nm. Alle Wellenarten lassen sich in der Zeigerdarstellung beschreiben.	
Beugung und Interferenz	Sowohl Wasser- und Schallwellen als auch Licht erfahren an schmalen Öffnungen Beugung gemäß dem Huygens'schen Prinzip. Sie können außerdem zur Interferenz gebracht werden. Die zugehörigen Berechnungen lassen sich mit Sinusfunktionen oder in der Zeigerdarstellung ausführen.	
Polarisation	Es gibt verschiedene Arten mechanischer Wellen, die sich hinsichtlich ihrer Polarisierbarkeit unterscheiden. Schall beispielsweise breitet sich in Luft als longitudinale Welle aus und ist daher nicht polarisierbar.	Licht lässt sich polarisieren, es kann daher als transversale Welle aufgefasst werden.
Energietransport	Mechanische Wellen und Licht übertragen Energie. Die je Zeiteinheit und je Fläche übertragene Energie nennt man Intensität. Für alle Wellenerscheinungen gilt, dass die Intensität mit dem Quadrat der Amplitude wächst. In der Zeigerdarstellung ergibt sich die Amplitude durch Addition der an der Interferenz beteiligten Zeiger. Während Mikrofone die Amplitude messen, registrieren Detektoren für Licht immer die Intensität. Daher muss bei Licht die Länge des resultierenden Zeigers noch quadriert werden.	
Reflexion	Sowohl mechanische Wellen als auch Licht können reflektiert werden. Reflektoren, in die keine Strahlung eindringen kann (sogenannte feste Enden) bewirken Phasensprünge um 180°. Unabhängig vom Phasensprung kann Reflexion zur Entstehung stehender Wellen führen.	

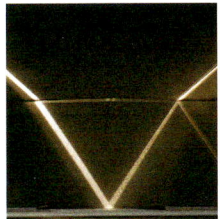

B1 Brechung und Reflexion von Licht

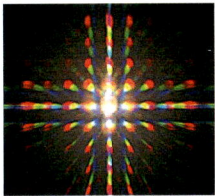

B2 Interferenz von Licht an einem Kreuzgitter

Licht im Strahlenmodell Im Strahlenmodell lassen sich Reflexion und Brechung des Lichtes sowie Schattenbilder und die Abbildung mit Linsen erklären. Da für die Brechung gilt

$$\frac{\sin\alpha}{\sin\beta} = \frac{n_2}{n_1} = \frac{c_1}{c_2}$$

spielt auch hier die Lichtgeschwindigkeit c eine wichtige Rolle. Im Vakuum beträgt sie

$$c_{\text{Vakuum}} = 299\ 792\ 458\ \tfrac{m}{s}.$$

In brechenden Substanzen ist sie bis zu zweimal kleiner.

Licht im Wellenmodell Das Wellenmodell des Lichtes umfasst das Strahlenmodell vollständig und erweitert es.

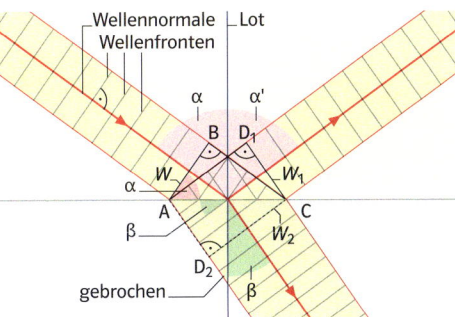

B3 Das Wellenmodell beinhaltet das Strahlenmodell

Im Wellenmodell kann man **Interferenzeffekte** erklären, dies ist im Strahlenmodell nicht möglich.

Die Wellenlänge des sichtbaren Lichtes liegt im Bereich von 350 nm bis 700 nm. Man kann sie messen, indem man dem Licht mindestens zwei Lichtwege zur Verfügung stellt. Im besonders einfachen Fall von **Doppelspalt** und **Gitter** gilt die Gleichung

$$n \cdot \lambda = g \cdot \sin\alpha.$$

Diese Gleichung erlaubt die Bestimmung der **Wellenlänge** von Licht. Bei bekannter Wellenlänge ist auch die Ausmessung von Spaltanordnungen möglich.
Voraussetzung für die Gültigkeit der Gleichung ist, dass die Wellenlänge kleiner als die Gitterkonstante g ist.

Interferenz setzt voraus, dass das Licht **kohärent** ist, d.h. am Ort des Gitters zu jeder Zeit die gleiche Phasendifferenz aufweist.

Weißes Licht wird an Gittern nach Farben zerlegt. Je größer die Wellenlänge ist, desto größer ist der Winkel, unter dem die zugehörigen Interferenzmaxima auftreten. Gekreuzte Gitter erzeugen gekreuzte Interferenzmuster (→**B2**).

Mit einem **Michelson-Interferometer** kann man sehr kleine Längenänderungen bis zu Bruchteilen der Wellenlänge des Lichtes messen, aber auch Veränderungen der Lichtgeschwindigkeit erfassen, die sich aus dem Einbringen brechender Substanzen in das Interferometer ergeben. **B4** zeigt die Veränderung der gemessenen Intensität am Ausgang eines Michelson-Interferometers, dargestellt über der Verschiebung eines der beiden Endspiegel.

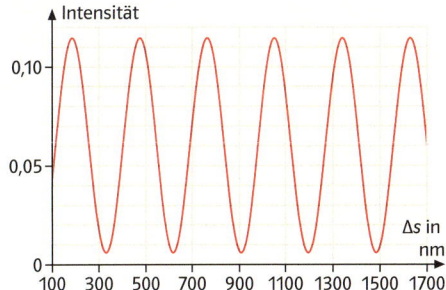

B4 Interferenz von Licht im Interferometer

Wie im Interferometer wird Licht auch an **dünnen Schichten** mehrfach reflektiert. Das führt zu den Farberscheinungen an Ölfilmen oder Seifenblasen.

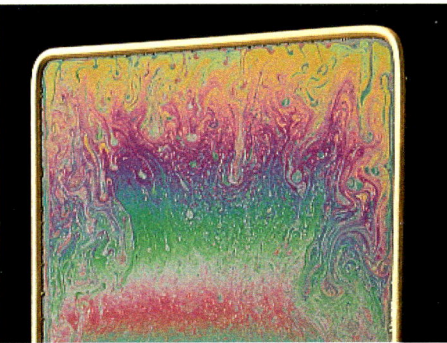

B5 Farberscheinungen an einer Seifenhaut

Eine wichtige Eigenschaft des Lichtes, die im Wellenmodell gut verstanden werden kann, ist die **Polarisation**.

B1 Farben der CD

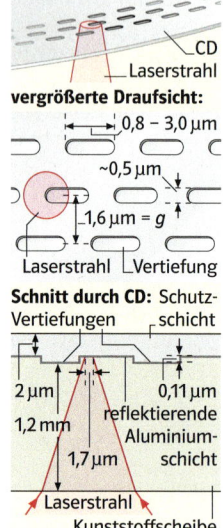

B2 Aufbau einer CD

Aufbau einer CD-ROM **a)** Begründen Sie die Farberscheinungen einer CD, die man im reflektierten Tageslicht sieht (→**B1**).
b) Bei Beleuchtung mit einer roten LED sieht man auf dem Schirm scharf ausgeprägte Maxima (→**B3**). Nutzen Sie diese Beobachtung um den Abstand g der Spuren zu ermitteln (→**B2**). Geben Sie die in der Anordnung zu messenden Größen und die notwendigen Beziehungen zur Berechnung von g an.
c) Zur Bestimmung von g muss die Wellenlänge des LED-Lichtes bekannt sein. Beschreiben Sie ein Experiment zu ihrer Bestimmung.

B3 Experiment zur Interferenz an einer CD

Lösung: a) Die CD ist mit einem optischen Gitter vergleichbar. Der Abstand der Spuren entspricht der Gitterkonstanten g. Sie und die Beobachtungsrichtung α_k bestimmen den Gangunterschied Δl_k. Maxima ergeben sich für $\Delta l_k = k \cdot \lambda$. Für verschiedene Wellenlängen liegen die Maxima an verschiedenen Stellen. Die Wellenlänge kennzeichnet im einheitlichen Medium die Farbe, sodass die im Tageslicht enthaltenen Spektralfarben an unterschiedlichen Stellen ihre Maxima haben.
b) Das Licht einer LED hat eine bestimmte Wellenlänge (z.B. $\lambda = 650$ nm), daher gibt es wie beim Gitter ausgeprägte Maxima. Für das erste gilt: $\Delta l_1 = g \cdot \sin\alpha_1$ und $\Delta l = \lambda$. Zur Bestimmung des Winkels α_1 misst man die Entfernung l zum Schirm und die Entfernung a_1 des 1. Maximums vom zentralen Maximum. Bis auf die gesuchte Größe g sind dann alle Daten bekannt, falls λ gegeben.
c) Zur Bestimmung der Wellenlänge empfiehlt sich ein optisches Gitter mit bekannter Gitterkonstante. Man ersetzt die CD durch das Gitter und bringt Schirm und LED auf verschiedenen Seiten des Gitters an. Abbildung **B4** zeigt eine Anordnung zur subjektiven Beobachtung. Man sieht Interferenzmaxima neben der Quelle. Die Winkel sind die gleichen wie auf der Seite des Schirms.

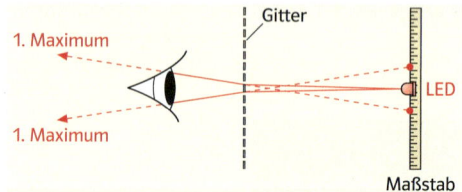

B4 Beobachtung der Interferenz

Interferenz am Luftkeil Zwischen zwei planparallele Glasplatten wird an einer Seite Aluminiumfolie gelegt, sodass zwischen ihnen ein Luftkeil entsteht. Wird er mit rotem Licht ($\lambda = 600$ nm) beleuchtet, so lassen sich im reflektierten Licht zwischen Keilspitze und Folie 30 helle und 30 dunkle Interferenzstreifen (ohne den Bereich an der Keilspitze) abzählen.

a) Erklären Sie die Entstehung von Interferenz.
b) Begründen Sie, dass die Minima konstanten Abstand voneinander haben.
c) Berechnen Sie die Dicke der Folie.

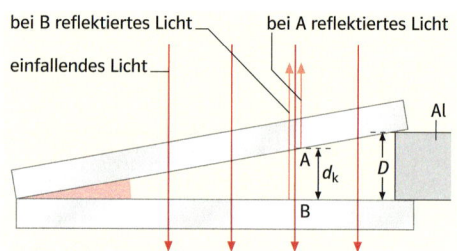

Lösung: a) Da der Keilwinkel ε sehr klein ist, trifft das Licht beide Glasplatten fast senkrecht. Lichtbrechung braucht daher nicht berücksichtigt zu werden. Interferenz entsteht durch Licht, das an den Grenzflächen des Luftkeils reflektiert wird. Dies ist Licht, das z.B. in den Punkten A und B reflektiert wurde.
b) Der Gangunterschied Δl der Wellen muss bei einem Minimum ein ungerades Vielfaches von $\lambda/2$ sein. Wegen des Phasensprungs bei B gilt mit d_k als Schichtdicke am k-ten Minimum:

$$\Delta l = 2\,d_k + \frac{\lambda}{2} = (2k+1) \cdot \frac{\lambda}{2} \quad \text{bzw.} \quad d_k = k \cdot \frac{\lambda}{2}$$

Zum nächsten Minimum muss sich die Dicke der Luftschicht um $\lambda/2$ erhöhen. Weil die Dicke linear mit der Entfernung von der Keilspitze wächst, ist der Abstand der Minima konstant.
c) Die Dicke der Folie entspricht der Schichtdicke d_{30} des letzten Interferenzminimums:

$$D = d_{30} = \frac{30 \cdot 600\,\text{nm}}{2} = 9\,\mu\text{m}$$

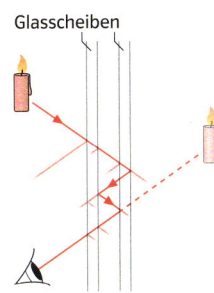

Glasscheiben

B1 Zu Versuch 4

Licht am Einfachspalt   Beleuchten Sie mit einer hellen Lampe eine Nähnadel, die auf einem dunklen Untergrund liegt. Blicken Sie aus etwa 3 m Abstand durch einen von zwei Pappstreifen gebildeten, engen Spalt auf die Nadel.
a) Beschreiben und erklären Sie Ihre Beobachtungen bei langsamem Verengen und Aufweiten des Spaltes.
b) Nähern Sie sich langsam der Nadel. Wie ändert sich das Beugungsbild bei konstanter Spaltbreite? Erklären Sie dies!

Nadel als Einfachspalt   Beleuchten Sie eine etwa 1,5 m entfernte Nadel und betrachten Sie diese indirekt über eine als „Spiegel" dicht an das Auge gehaltene CD.
a) Deuten Sie das Gesehene.
b) Entwickeln Sie ein Verfahren, um die Spurendichte auf der CD zu bestimmen.

Farbige Spiegelbilder   Beobachten Sie eine Kerzenflamme im reflektierten Licht einer entspiegelten Brille. Was fällt Ihnen an der Farbe der Spiegelbilder auf?

Mehrfache Reflexion   Stellen Sie eine brennende Kerze vor eine nachtschwarze Fensterscheibe (Zwei-Scheiben-Isolierverglasung) und beobachten Sie schräg von der Seite die Spiegelbilder (→B1).
Außer zwei doppelten Bildern ist mindestens ein weiteres, schwächeres, von farbigen Streifen durchzogenes Bild zu erkennen. Die Streifen ändern sich mit der Blickrichtung des Beobachters.

Führen Sie den Versuch durch und erklären Sie die Streifen mit Hilfe einer Abbildung **B1**. Vernachlässigen Sie die Brechung im Glas.

A1 ○ Nennen Sie Erscheinungen, bei denen die Beschreibung der Lichtausbreitung mit Hilfe des Lichtstrahlenmodells versagt.

A2 ◑ Gelbes Licht der Wellenlänge 580 nm trifft auf einen Doppelspalt. Auf einem 2,00 m entfernten Schirm lassen sich helle und dunkle Streifen beobachten.
a) Erklären Sie die Beobachtung.
b) Begründen Sie, dass der Abstand der Streifen näherungsweise konstant ist.
c) 8 dunkle und 8 helle Streifen nehmen insgesamt eine Breite von 2 cm ein. Ermitteln Sie den Abstand der Spaltmitten.
d) Diskutieren Sie Veränderungen des Schirmbildes, wenn man den Spaltabstand vergrößert.

A3 ◑ Licht trifft senkrecht auf einen Doppelspalt (Spaltabstand g = 0,4 mm). Die Spalte seien so eng, dass sie als Zentren von Elementarwellen anzusehen sind. Auf einem l = 1,80 m entfernten Schirm wird Interferenz beobachtet, wobei die Maxima einen Abstand von a = 2,5 mm haben. Zeigen Sie, dass mit der Näherung $\sin\alpha = \tan\alpha$ für kleine Winkel $\lambda = g \cdot a/l$ ist. Berechnen Sie die Wellenlänge.

A4 ● Die Umlaufdauer des Jupitermondes Io beträgt T = 42,5 h. Die Erde bewegt sich mit v_E = 30 km/s um die Sonne. Während eines Jahres werden unterschiedliche Zeitpunkte für dieselbe Stellung von Io gemessen. Die maximale Signalverspätung bei zwei aufeinanderfolgenden Umläufen beträgt 15 s (→B2). Berechnen Sie die Lichtgeschwindigkeit c.

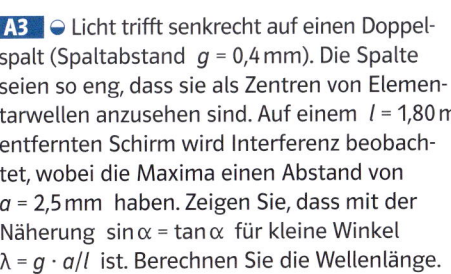

B2 Zu Aufgabe 4

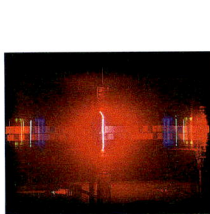

B3 Zu Aufgabe 9

A5 ● Licht einer Quecksilberdampflampe wird mit Gitter und Prisma untersucht. Beschreiben Sie die erforderlichen Versuchsanordnungen und die Ursachen für die Farbentstehung. Worin unterscheiden sich die entstehenden Spektren? Begründen Sie die Unterschiede.

A6 ◑ Auf ein Gitter mit g = 4 · 10^{-5} m fällt weißes Licht mit Wellenlängen zwischen 400 nm und 780 nm.
a) Berechnen Sie die Winkel für Maxima der 1., 2. und 3. Ordnung. Von welchem Winkel an werden sich Spektren verschiedener Ordnung überlagern?
b) Berechnen Sie den Abstand der Spektren 1. Ordnung gegenüber dem Hauptmaximum auf einem 3 m entfernten Schirm.

A7 ◑ Paralleles Laserlicht mit λ = 632 nm trifft auf einen Doppelspalt. Auf einem 5 m entfernten Schirm liegen die Minima 1. Ordnung 6,3 cm auseinander.
a) Bestimmen Sie den Spaltabstand.
b) Bei welcher Wellenlänge würden die Minima 7 cm auseinander liegen?

A8 ◑ Eine Rasierklinge wird mit dem Licht einer Natriumdampflampe beleuchtet. Der Schatten zeigt am Rand helle und dunkle Streifen.
a) Erklären Sie deren Entstehung.
b) Warum sind diese Streifen bei Verwendung einer Glühlampe nicht zu erkennen?

A9 ◑ In der Lichtquelle in **B3** leuchtet Wasserstoff. Interpretieren Sie die Versuchsaufnahme.

A10 ◓ Abbildung **B1** zeigt das Interferenzmuster von Laserlicht, das auf zwei gekreuzte Gitter trifft.
a) Deuten Sie das Schirmbild.
b) Berechnen Sie die Gitterkonstanten, wenn der Abstand Gitter – Schirm $l = 3\,m$ und $\lambda = 632\,nm$ beträgt.

A11 ○ Erläutern Sie das Zustandekommen der Kreuzgitteraufnahme in **B2**, die mit weißem Licht gemacht wurde.

A12 ◓ Die folgende Abbildung zeigt das Interferenzmuster eines rotierenden Kreuzgitters.

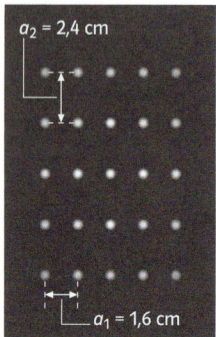

B1 Zu Aufgabe 10

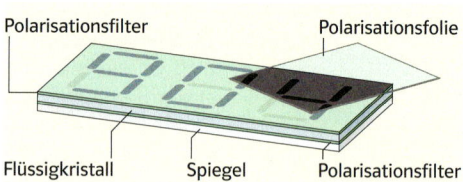

B3 Interferenzbild eines rotierenden Kreuzgitters

a) Erklären Sie, wie die Rotation zu diesem Interferenzmuster führt.
b) Stellen Sie eine Hypothese darüber auf, welches Muster man erhalten würde, wenn man ein normales Strichgitter rotieren ließe.

B2 Zu Aufgabe 11

A13 ◓ Aus einem Satelliten in 250 km Höhe werden Fotos von der Erde gemacht. Berechnen Sie den Durchmesser eines Objektivs, das Gegenstände mit 1 m Durchmesser noch auflösen kann ($\lambda = 750\,nm$).

A14 ◓ **a)** Insekten wie Bienen orientieren sich mit Hilfe einer typischen Welleneigenschaft des Lichtes. Beschreiben Sie diese Fähigkeit genauer.
b) Im Vergleich zum Auge ist das Ohr ein Breitbandempfänger. Erläutern Sie diese Aussage.

A15 ● Eine im rechteckigen Rahmen senkrecht aufgestellte Seifenhaut werde mit rotem Licht ($\lambda = 650\,nm$) beleuchtet.
a) Beschreiben Sie die im reflektierten Licht beobachtbaren Erscheinungen bei langsam herabsinkender Lösung.
b) Geben Sie an, bei welcher Schichtdicke sich oben im reflektierten Licht zum letzten Mal maximale Helligkeit zeigt ($n_W = 4/3$).
c) Erklären Sie, warum die Farben bei Beleuchtung mit weißem Licht zum unteren Rand der Seifenhaut immer blasser werden, bis sie schließlich in Weiß übergehen.

A16 ● Ein Luftkeil (Keillänge $l_0 = 15\,cm$, Endstärke der Luftschicht $D = 1,5\,\mu m$) wird mit Licht der Wellenlängen $\lambda_1 = 400\,nm$, $\lambda_2 = 500\,nm$, $\lambda_3 = 600\,nm$ beleuchtet. Zeichnen Sie den Keil mit übertrieben großem Keilwinkel und kennzeichnen Sie für die verschiedenen Wellenlängen die Stellen der Minima im reflektierten Licht.

A17 ○ Diskutieren Sie einen möglichen Blendschutz, wenn Scheinwerfer und Frontscheiben bei Autos mit Polarisationsfiltern versehen werden. Begründen Sie Ihre Antwort.

A18 ◓ Sicherheitsglas für Frontscheiben von Autos steht unter innerer Spannung. Bei blauem Himmel sind manchmal farbige Muster zu erkennen. Erklären Sie diese Beobachtung.

A19 ◓ Bei LCD-Anzeigen kann die Polarisationsebene von Segmenten durch eine elektrische Spannung gedreht werden. Deuten Sie die folgende Darstellung.

Polarisationsfilter   Polarisationsfolie

Flüssigkristall   Spiegel   Polarisationsfilter

A20 ◓ Röntgenstrahlung der Wellenlänge $\lambda = 154\,pm$ trifft auf einen Lithiumfluoridkristall. Der kleinste Winkel, bei dem eine Bragg-Reflexion beobachtet wird, ist der Glanzwinkel $\vartheta = 22,5°$.
Leiten Sie die Bragg-Beziehung her und bestimmen Sie den Abstand der Netzebenen des Kristalls.

A21 ○ **a)** Geben Sie an, welche Eigenschaften der Röntgenstrahlung mit denen des Lichtes identisch sind.
b) Stellen Sie eine Hypothese darüber auf, weshalb man mit Röntgenstrahlung auf eine regelmäßige Struktur von Materie schließen kann.

10 Quantenobjekte

Quantenobjekte – Wellen oder Teilchen?
Keines von beiden!

Unsere Alltagserfahrung stützt sich auf Dinge von „menschlichem Maß". In sehr kleinen Dimensionen verhalten sich Dinge oft anders, als unsere Erfahrung sagt. Die Quantenphysik befasst sich mit einigen solcher Phänomene.

Doppelspalt-Experimente

Eine wichtige Rolle in der Beschreibung der Quantenphysik spielen Doppelspalt-Experimente. Der amerikanische Nobelpreisträger **Richard Feynman** meinte dazu: *„In Wirklichkeit enthält das Doppelspalt-Experiment das einzige Geheimnis. Wir können dieses Geheimnis nicht aufdecken, indem wir erklären, wie es funktioniert. Wir können nur berichten, wie es funktioniert, und indem wir dies tun, erörtern wir die grundlegenden Eigentümlichkeiten der ganzen Quantenphysik."*

Doppelspalt-Experimente werden z. B. mit Wasserwellen, Ultraschall und Licht durchgeführt, um Interferenz herbeizuführen und auch Wellenlängen zu bestimmen. Allen Experimenten ist gemeinsam, dass eine undurchlässige Wand mit zwei Löchern oder Spalten versehen wird. Auf einem Schirm oder mit einem geeigneten Detektor lassen sich dann Interferenzmuster beobachten, die je nach Verfahren wie in **B1** aussehen könnten.

Seit etwa 50 Jahren werden Doppelspalt-Experimente auch mit Elektronen, Neutronen und großen Molekülen durchgeführt.

Mit Elektronen: Claus Jönsson ließ im Jahr 1960 Elektronen durch einen sehr feinen Doppelspalt hindurchtreten. Die Ergebnisse zeigt die Abbildung **B2**.

Mit Neutronen: Man lässt Neutronen auf eine Anordnung aus zwei absorbierenden Glasstücken fallen. Zwischen den Kanten dieser Stücke wird ein feiner Draht aus Bor gespannt, der links und rechts von sich je einen Spalt offen lässt (→**B4**). In fünf Metern Entfernung vom Doppelspalt erhält man das Muster aus **B5**.

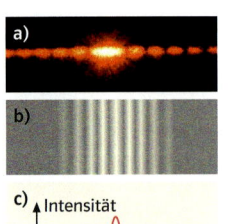

B1 Interferenzmuster einer punktförmigen Lichtquelle (a), ausgedehnten Lichtquelle (b), Ultraschallquelle (c)

B2 Interferenz von Elektronen am Doppelspalt (Spaltabstand 2,0 µm; Abstand Doppelspalt-Detektor 35,0 cm)

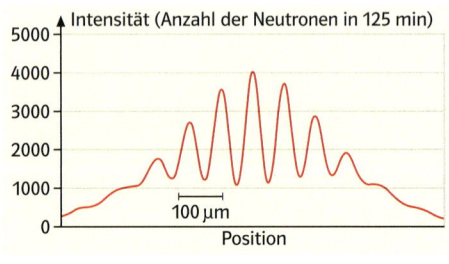

B5

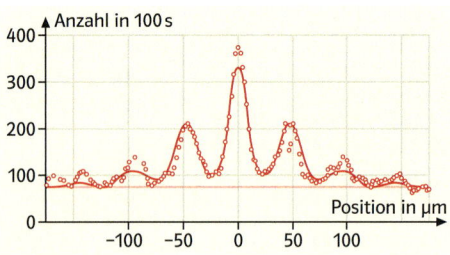

B6 Abstand Doppelspalt-Detektor: 1,25 m; Abstand der Spaltmitten: 100 nm

Mit großen Molekülen: Eines der ersten Experimente mit großen Molekülen wurde mit Fullerenen durchgeführt. Das sind Moleküle, die aus 60 Kohlenstoffatomen bestehen (→**B3**). Mit diesen Molekülen erhielt man Interferenzmuster wie in **B6**:

Hinter einem Doppelspalt beobachtet man bei Elektronen, Neutronen und sogar bei großen Molekülen ähnliche Muster wie bei Wellenerscheinungen: Es treten Maxima und Minima der Intensität auf, die symmetrisch zur Mitte liegen.
Objekte, die vergleichbare Erscheinungen zeigen, nennt man **Quantenobjekte**.

In allen Experimenten mit Quantenobjekten ergeben sich die beobachteten Muster auch für den Fall, dass immer nur ein Quantenobjekt zur Zeit die Apparatur durchläuft. Die beobachtbaren Muster bauen sich über lange Zeit aus Einzelereignissen schrittweise auf.

Quantenobjekte sind Objekte, die sowohl zählbare Einzelereignisse auslösen als auch Interferenz zeigen.

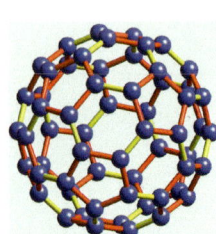

B3 Fullerenmolekül

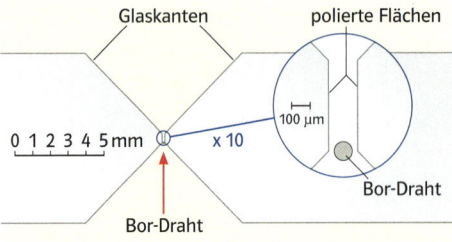

B4 Breite der Spaltöffnungen etwa 22 µm, Abstand der Spaltmitten ca. 130 µm

A1 ⊖ Vergleichen Sie die Bedingungen für Interferenz bei Quantenobjekten und Wellen, insbesondere für den Fall geringer Intensität.

Interferenz von Elektronen an einer Graphitpulverschicht

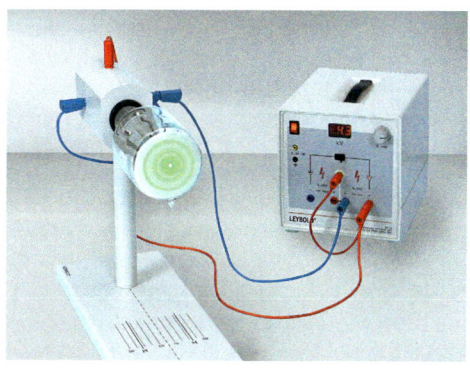

B2 Versuchsaufbau

Kathode Wehnelt- Anode
zylinder

U_H

$-$ $+$
U_B

Heizspannung   Graphitpulver   Leuchtschirm

B4 Aufbau der Elektronenbeugungsröhre

Licht

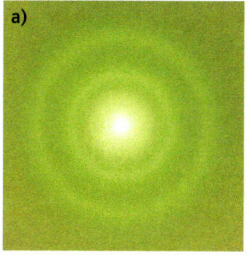

B1 Interferenzmuster von Licht hinter einem rotierenden Kreuzgitter

Aufgabe: Untersuchung des Musters, das ein Elektronenstrahl nach Durchlaufen einer Graphitpulverschicht auf einem Leuchtschirm erzeugt.

Material: Elektronenbeugungsröhre bestehend aus einem evakuierten Glaskolben, Heizdraht, Wehneltzylinder, Lochanode, Graphitpulverschicht und Leuchtschirm; elektrische Quelle; Spannungsmessgerät; Magnet

Durchführung: Man erhitzt den Heizdraht über eine Heizspannung U_H und legt zwischen der Glühkathode (negativ) und der Lochanode (positiv) eine Beschleunigungsspannung U_B an. Nun wird der Wehneltzylinder mit dem negativen Pol der elektrischen Quelle verbunden. Es entsteht ein Elektronenstrahl. Dieser trifft auf eine Graphitpulverschicht, die aus vielen kleinen regellos angeordneten Graphitkristallen besteht. Auf dem Leuchtschirm wird ein Muster sichtbar, das sich abhängig von der Beschleunigungsspannung U_B verändert. Im Anschluss an diesen Grundversuch wird ein Magnet in die Nähe des Leuchtschirms gehalten, wobei man auf Veränderungen des Musters achtet.

Beobachtung und Messung: Auf dem Leuchtschirm erscheinen konzentrische Kreise (→B3a).

Ihre Durchmesser nehmen ab, wenn die Beschleunigungsspannung U_B erhöht wird. Man notiert die Werte für die Durchmesser der sichtbaren Ringe in Abhängigkeit von der Beschleunigungsspannung (→B3b). Die Tabelle B3c zeigt Beispielwerte.
Nähert man dem Schirm einen Magneten, weicht die Ringstruktur zur Seite aus und wird etwas verzerrt.

Ergebnis: Man beobachtet ein Aufleuchten des Schirms, genau wie es von Elektronen auf dem Schirm von Oszilloskopen oder in Ablenkröhren hervorgerufen wird.
Die Leuchterscheinung besteht aus mehreren Ringen, ähnlich dem Interferenzmuster, das Licht hinter einem rotierenden Kreuzgitter erzeugt (→B1). Man könnte zunächst annehmen, dass es sich um ein reines Lichtphänomen handelt. Das wird allerdings dadurch widerlegt, dass ein Magnet das Muster verschieben kann. Die Ringstruktur muss also durch Elektronen erzeugt worden sein.

Wenn man das auftretende Muster als Interferenzmuster deutet, muss man Elektronen zu den Quantenobjekten rechnen. Diesen lässt sich eine Wellenlänge zuordnen, die offenbar von der beschleunigenden Spannung abhängig ist.

a)

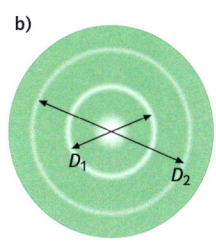

b)

D_1 D_2

c)

U_B in kV	D_1 in cm	D_2 in cm
3,0	2,9	4,9
3,5	2,6	4,6
4,0	2,5	4,2
4,5	2,3	4,0
5,0	2,2	3,8
5,5	2,0	3,5

B3 Ringmuster auf dem Leuchtschirm (a), zu messende Ringdurchmesser (b), Messwerte (c)

Mathematische Beschreibung der Elektronenbeugung

Die Vorgänge bei der Interferenz von Elektronen an Graphit lassen sich auf zwei Arten beschreiben. Beiden Betrachtungen liegt zugrunde, dass Graphitpulver aus regellos nebeneinander liegenden Kristalliten besteht, in denen die Kohlenstoff-Atome in Sechsecken angeordnet sind (→**B1**). Die molekulare Struktur bedingt dabei zwei Gitterkonstanten.

Bragg-Reflexion In der Bragg'schen Deutung ist jeder Graphit-Kristallit aus Netzebenen mit den Abständen $a_1 = 0,123\,nm$ bzw. $a_2 = 0,213\,nm$ aufgebaut.
Für Interferenz muss die Bragg-Bedingung $2 \cdot a \cdot \sin\vartheta = k \cdot \lambda$ mit $k = 0, 1, 2 \ldots$ erfüllt sein. Dabei bezeichnet a die Gitterkonstante, k die Ordnung des Interferenzmaximums und ϑ den sogenannten Glanzwinkel, unter dem ein Maximum beobachtet wird.
Durch Umformen erhält man die Wellenlänge λ:
Aus $\tan 2\vartheta = R/l$ ergibt sich $2\vartheta = \arctan(R/l)$ und durch Einsetzen der Bragg-Gleichung somit

$$\lambda = 2 \cdot a \cdot \sin\left(\tfrac{1}{2}\arctan\tfrac{R}{l}\right).$$

Die Messwerte in Tabelle **B3** ergeben bei festem U_B für D_1 und D_2 die gleichen Werte für λ, wenn man annimmt, dass beide zur gleichen Interferenzordnung $k = 1$ gehören. Der Ring mit dem Durchmesser D_2 bildet nicht das zweite Maximum, sondern er ist das erste Maximum für die kleinere der beiden Gitterkonstanten.

Interferenz an ebenen Kreuzgittern Hier betrachtet man die einzelnen Graphit-Kristallite als nahezu ebene Gebilde. Elektronen, die auf diese Kristallite treffen, können das Innere eines Kohlenstoff-Rings durchdringen – ähnlich wie sie durch die Spalte eines Gitters treten. Aufgrund der zwei Gitterkonstanten des Graphits wirkt jeder Kristallit wie eine gekreuzte Anordnung zweier Gitter mit den Konstanten $a_1 = 0,123\,nm$ bzw. $a_2 = 0,213\,nm$, an der die Elektronen um den Winkel α gebeugt werden. Da im Kristallpulver alle Lagen des Kreuzgitters vertreten sind, entsteht ein Ring.

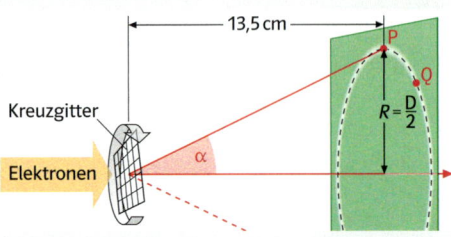

B2 Interferenz von Elektronen an einem Kreuzgitter

Ein Interferenzring entsteht unter der Bedingung $a \cdot \sin\alpha = k \cdot \lambda$ mit $k = 0, 1, 2 \ldots$ (α: Winkel, unter dem ein Maximum erscheint). Aus $\tan\alpha = R/l$ ergibt sich $\alpha = \arctan(R/l)$, eingesetzt in die vom Doppelspalt bekannte Gleichung führt zur $\lambda = a \cdot \sin(\arctan(R/l))$.

Die Messwerte in Tabelle **B3** ergeben bei festem U_B für D_1 und D_2 die gleichen Werte für die Wellenlänge λ, wenn man annimmt, dass beide zur gleichen Interferenzordnung ($k = 1$) gehören. Der Ring mit dem Durchmesser D_2 bildet nicht das zweite Maximum, sondern er ist das erste Maximum für die kleinere der beiden Gitterkonstanten.

U_B in kV	3,0	3,5	4,0	4,5	5,0
D_1 in cm	2,9	2,6	2,5	2,3	2,2
λ in 10^{-12} m	23	21	20	18	17
D_2 in cm	4,9	4,6	4,2	4,0	3,8
λ in 10^{-12} m	22	21	19	18	17

B3 Bestimmung der Wellenlänge

A1 ⊝ Berechnen Sie für beide Gitterkonstanten den Radius für den Interferenzring der 2. Ordnung. Begründen Sie, dass man die Ringe der 1. Ordnung und der 2. Ordnung für die beiden Gitterkonstanten durch eine Messung mit einem Lineal unterscheiden könnte.

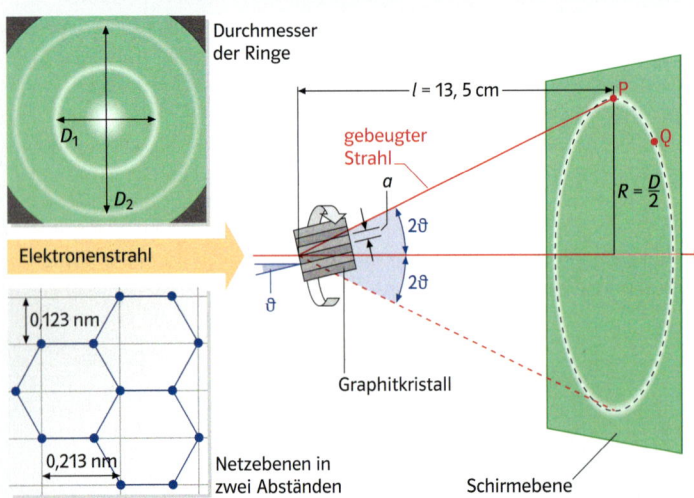

B1 Interferenz von Elektronen an einem Graphitkristall. Dreht man den Kristall um die Achse der einfallenden Elektronen, so liegt das Maximum nicht in P, sondern z. B. in Q. Im Kristallpulver des Graphits sind alle Lagen vertreten, sodass ein Ring entsteht.

10.2 Interferenz von Quantenobjekten

Aus experimentellen Beobachtungen konnte man schließen, dass die Wellenlänge interferierender Elektronen von der Beschleunigungsspannung in der Elektronenröhre bzw. dem Impuls der Elektronen abhängt.

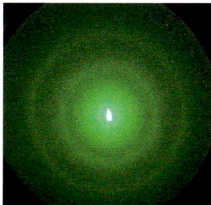

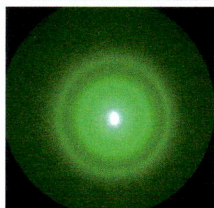

B1 Interferenzringe bei verschiedenen Beschleunigungsspannungen

DeBroglie-Gleichung

Schon im Jahr 1924, also lange vor dem ersten Experiment, hatte **Louis deBroglie** einen Zusammenhang zwischen dem Impuls und der Wellenlänge interferierender Elektronen vermutet: Er postulierte aufgrund theoretischer Überlegungen, dass für Quantenobjekte, die Masse besitzen, die Gleichung $\lambda = h/p$ gelten soll, man diesen also eine Wellenlänge zuordnen kann. Dabei ist h die sogenannte Planck'sche Konstante und p der Impuls der Quantenobjekte, dessen Betrag man nach $p = m \cdot v$ berechnen kann.

Mit dem Experiment zur Elektronenbeugung lässt sich deBroglies Vermutung überprüfen. Aus der Bewegungsenergie der Elektronen

$$E_B = \frac{1}{2} m \cdot v^2 = U_B \cdot e \text{ folgt: } v^2 = 2 U_B \cdot \frac{e}{m}$$

Der Impuls der Elektronen in Richtung des Graphitkristalls beträgt also:

$$p = m \cdot v = \sqrt{2 U_B \cdot e \cdot m}$$

Mit steigenden Werten für p sinken die Werte für λ. Das Produkt $\lambda \cdot p$ ist in guter Näherung konstant (→**B2**). Dies bestätigt die Vermutung deBroglies, dass λ und p antiproportional sind.

Das Experiment der Elektronenbeugung zeigt, dass sich Quantenobjekte zur Interferenz bringen lassen, indem man sie auf einen Kristall oder ein Gitter lenkt. Die Interferenzmuster passen zu einer Wellenlänge $\lambda = h/p$.

Deutung der Interferenzmuster

Sowohl bei Beugungsexperimenten mit Elektronen als auch mit Neutronen, Fullerenen und vielen weiteren Quantenobjekten treten Interferenzmuster auf.
Diese Muster lassen sich vorhersagen, wenn man den Versuchsaufbau und den Impuls der Quantenobjekte kennt.

Die Interferenzmuster bauen sich aber immer aus einzelnen Zählereignissen auf. Dabei erhält man gleich aussehende Muster unabhängig davon, ob man
- sehr viele gleichartig vorbereitete Quantenobjekte auf einmal aussendet (→**B3a**),
- viele einzelne Quantenobjekte nacheinander aussendet (→**B3c**)
- oder an vielen Orten der Welt gleichartige Experimente mit jeweils nur einem einzigen Quantenobjekt macht und die Messergebnisse anschließend übereinander legt.

In diesen Mustern ist nicht vorhersagbar, wo ein Quantenobjekt nachgewiesen werden wird. Man kann aber ziemlich sicher sagen, wo es nicht nachgewiesen wird: In einem Minimum des Musters ist die Nachweiswahrscheinlichkeit sehr gering.
Sehr viele Experimente mit einer Fülle verschiedener Quantenobjekte unterstützen diese sogenannte **stochastische Deutung** der Quantenphysik. Ungeklärt ist, wieso sich einzelne, unteilbare Objekte „nach mathematischen Beschreibungen richten", die im Bereich der Wellenlehre gewonnen wurden.

Man kann Interferenz beobachten, wenn Quantenobjekte auf Kristalle oder Gitter gelenkt werden. Die Muster passen zu einer Wellenlänge $\lambda = h/p$.
Quantenobjekte können gezählt werden. In Interferenzexperimenten treten sie ungeteilt auf. Über Ereignisse mit Quantenobjekten sind nur Wahrscheinlichkeitsaussagen möglich. Das Interferenzmuster stellt die Häufigkeitsverteilung bei der Registrierung von Einzelereignissen dar.

A1 ⊖ Berechnen Sie aus den Angaben zum Neutronen-Experiment die Geschwindigkeit der Neutronen.

U_B in kV	p in 10^{-23} Ns
3,0	3,0
3,5	3,2
4,0	3,4
4,5	3,6
5,0	3,8

λ in 10^{-12} m	$\lambda \cdot p$ in 10^{-34} Ns · m
23	6,9
21	6,7
20	6,8
18	6,5
17	6,5

B2 Ausgewertete Messergebnisse

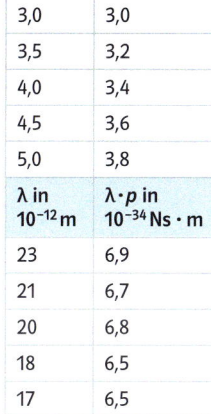

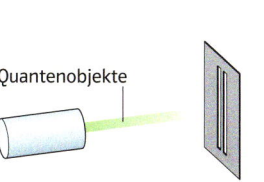

Quantenobjekte

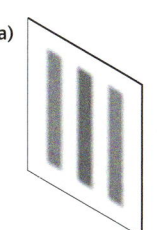
a)

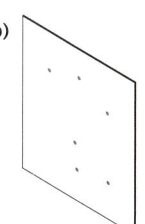
b)

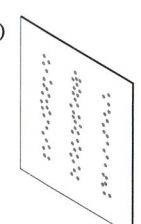
c)

B3 Quantenobjekte am Doppelspalt: Interferenzmuster bei hoher Intensität der Quelle (a), Einzelereignisse bei reduzierter Intensität (b), Interferenzmuster bei langer Belichtung und reduzierter Intensität (c)

10.3 Photonen – Quantenobjekte des Lichtes

Im Jahr 1900 war es **Max Planck** gelungen, das Spektrum eines schwarzen Strahlers theoretisch zu begründen. Entscheidend war seine Annahme, dass die Emission von Licht in gewissen Energieportionen erfolgt.

Max Planck (1858 – 1947)

Energie in Portionen

Für die Beträge dieser Energieportionen sollte nach Planck die Gleichung $E = h \cdot f$ gelten, wobei f die Frequenz des Lichtes ist. Die Konstante h wurde Planck'sche Konstante benannt und hat den Wert $h \approx 6{,}626 \cdot 10^{-34}$ Js.

In einer Interpretation von Plancks theoretischer Entdeckung formulierte **Albert Einstein** 1905 eine Deutung des lichtelektrischen Effekts. Dieser bezeichnet das Herauslösen von Elektronen aus Metalloberflächen durch Licht. Dabei benutzte Einstein den Begriff des „Energiequants". Seit 1926 bezeichnet man die Energiequanten des Lichts als **Photonen**.

Albert Einstein
(1879 – 1955)

Verschiedene Experimente, mit denen man die Existenz von Quantenobjekten des Lichtes, also von Photonen, nachweisen wollte, wurden durchgeführt. Sie erwiesen sich alle als nicht stichhaltig, da sie immer auch andere Deutungen zuließen. Erst mit deutlich ausgereifter Experimentiertechnik gelingt es seit Ende des 20. Jahrhunderts, einzelne Photonen zu erzeugen und mit ihnen zu experimentieren.

Experimente am Strahlteiler

Es gibt heute spezielle Lichtquellen, die einzelne Photonen aussenden, z. B. geeignete Kristalle oder Quantum Dots. Sehr empfindliche Detektoren können den extrem geringen Energiebetrag, den ein Photon überträgt, in einen Zählimpuls umsetzen. Das in **B1** gezeigte Experiment legt nahe, dass Photonen einzelne Objekte sind, die statistisch verteilt die beiden Detektoren ansprechen lassen.
Geeignete Detektoren zeigen die Energie eines Ereignisses durch die Impulshöhe an. Experimente mit solchen Detektoren und Photonen aus einer Einzelphotonen-Quelle zeigen, dass alle Impulse gleiche Höhen aufweisen. Die Messwerte passen zur Gleichung $E = h \cdot f$.

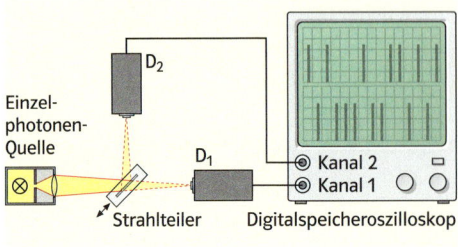

B1 Nachweis einzelner Photonen

Niemals beobachtet man halb hohe Impulse und nur sehr selten treten gleichzeitig an beiden Detektoren Zählereignisse auf. Dies unterstützt folgende Aussagen:
– Photonen können gezählt werden.
– Photonen treten immer ungeteilt auf.

Mit Hilfe eines speziellen Detektors wurde untersucht, ob an einem Doppelspalt auch bei Verwendung von Einzelphotonen Interferenz auftritt. **B2a – c** zeigt von oben nach unten die Anzeige des Detektors bei zunehmender Belichtungszeit. In **B2d** ist zusätzlich die Häufigkeitsverteilung für die untere Aufnahme dargestellt.

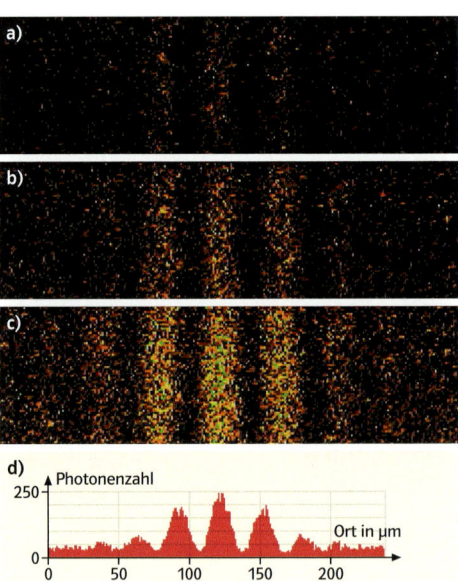

B2

Obwohl sich das Interferenzmuster mit einem Verfahren vorhersagen lässt, das für Wellen entwickelt wurde und dabei der Begriff Wellenlänge benutzt wird, verhalten sich Photonen an Strahlteiler oder Doppelspalt nicht wie eine Welle. Wellen teilen sich an einem Doppelspalt oder Strahlteiler und erzeugen immer an beiden Detektoren gleichzeitig Impulse. Glühlampen oder auch stark abgeschwächtes Laserlicht liefern keine Einzelphotonen und sind daher für die beschriebenen Experimente nicht geeignet.

Experimente mit Licht aus geeigneten Quellen lassen sich mit der Photonenvorstellung deuten.

Bei Experimenten mit einzelnen Photonen am Strahlteiler haben sich die Photonen als unteilbar erwiesen. Das wirft die Frage auf, wie Unteilbarkeit und Interferenz vereinbar sind.

Das Mach-Zehnder-Interferometer

Ein spezielles Interferometer, das Mach-Zehnder-Interferometer, kann bei der Beantwortung dieser Frage helfen: Einzelphotonen gelangen aus einer Quelle auf einen Strahlteiler ST_1, anders als Lichtbündel teilen sie sich hier jedoch nicht. Durch den weiteren Aufbau entstehen je zwei Lichtwege zu den Detektoren D_{oben} und D_{rechts} (→B3).

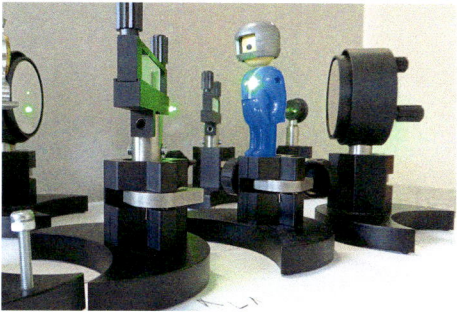

B4 Blockieren des unteren Pfades durch einen Gegenstand im Lichtweg

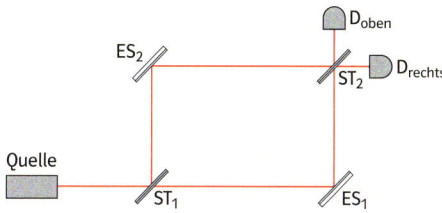

B3 Lichtwege im Mach-Zehnder-Interferometer

B1 Interferenzmuster an beliebigem Detektor bei aufgeweitetem Laserlicht

Die Endspiegel ES_1 und ES_2 werden so eingestellt, dass die Lichtwege zu einem Detektor dort genau übereinander liegen. Wenn man als Modell für die Detektoren Schirme benutzt und aufgeweitetes Laserlicht verwendet, entstehen auf dem Schirm Interferenzmuster wie in B1. Stammte das Licht aus einer Einzelphotonen-Quelle, würden sie sich ebenso schrittweise aus einzelnen Zählereignissen aufbauen wie im Doppelspalt-Experiment.

Um das Auftreten von Maxima und Minima zu deuten, muss man davon ausgehen, dass beide Lichtwege zu einem Detektor zur Interferenz beigetragen haben. Im Falle eines unteilbaren Quantenobjektes führt dies zu der Aussage: Ein einzelnes Quantenobjekt befindet sich in einem Interferenzexperiment in einer Superposition verschiedener Möglichkeiten.

Markierung von Photonen

In dieser Situation stellt sich die Frage, ob nicht doch in Erfahrung zu bringen ist, welchen Weg ein einzelnes Photon von der Quelle zum Detektor genommen hat. Aufschluss darüber könnte ein sogenanntes Welcher-Weg-Experiment geben (→B4). Es lässt sich realisieren, indem man z.B. einen der beiden Lichtwege blockiert. Auf keinem der Schirme ist dann noch ein Interferenzmuster sichtbar (→B2). Das wäre auch so, wenn man einzelne Photonen verwenden würde. Man sagt auch:

B2 Schirmbild bei Kenntnis des Lichtweges

Interferenz (und daher die Möglichkeit, die Wellenlänge zu bestimmen) und Kenntnis des Weges sind zueinander **komplementär**.

Die Beobachtung scheint merkwürdig, denn Photonen, die nun in den Minima registriert werden, haben sicher nicht den blockierten Pfad genommen, sie wären absorbiert worden. Woher sollten die Photonen „wissen können", dass ein Pfad blockiert ist? Hier ist zu bedenken, dass für jedes einzelne Photon nur noch ein Lichtweg zu jedem Schirm existiert. Es befindet sich also nicht mehr in einer Superposition zweier Möglichkeiten. Damit entfällt die Voraussetzung für Interferenz.

Besonders gut lässt sich das an den Stellen auf dem Schirm beobachten, an denen erst Interferenzminima auftraten. Aufgrund der destruktiven Interferenz war die Nachweiswahrscheinlichkeit für ein Photon dort null. Fällt die Interferenz weg, können auch hier Photonen nachgewiesen werden, was den Rückschluss auf eine Blockade erlaubt. Dies ist ein Aspekt der sogenannten **Nicht-Lokalität**. Sie besagt, dass der gesamte Versuchsaufbau über das Ergebnis von Experimenten mit Quantenobjekten bestimmt. Eine Wechselwirkung zwischen Aufbau und Quantenobjekt gibt es nicht.

Quantenobjekte zeigen nur dann Interferenz, wenn sie sich in einer Superposition verschiedener Möglichkeiten befinden. Die möglichen Pfade müssen ununterscheidbar sein. Das Ergebnis von Versuchen mit Quantenobjekten wird vom gesamten Aufbau bestimmt.

A1 ⊖ Beschreiben Sie die Funktionsweise und den Zweck eines Mach-Zehnder-Interferometers.

Polarisation und Welcher-Weg-Information

Sendet man Licht durch eine Anordnung aus zwei Polarisatoren (→B1), so beobachtet man auf einem Schirm, dass die Helligkeit von der Differenz zwischen den eingestellten Winkeln der Polarisatoren abhängt.

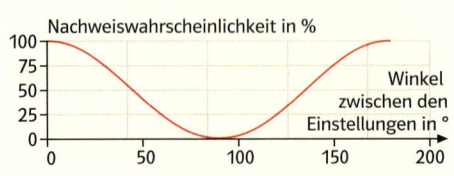

B3 Nachweiswahrscheinlichkeit für ein Photon, abhängig von der Winkeldifferenz zwischen zwei Polarisatoren

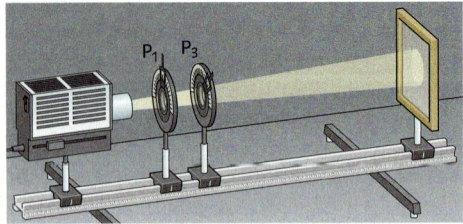

B1 Polarisation und Helligkeit

Sind beide Polarisatoren orthogonal zueinander eingestellt, verschwindet die Lichterscheinung auf dem Schirm. Wenn man die Einstellrichtung des Polarisators P_1 als 0° bezeichnet, muss man den Polarisator P_3 also auf 90° drehen, um die Helligkeit auszulöschen.

In **B2** wird ein weiterer Polarisator P_2 eingefügt, der auf 45° eingestellt wurde. Nun verschwindet die Helligkeit nicht mehr bei der 90°-Einstellung von P_3, sondern bei 135° oder –45°. In beiden Fällen beträgt die Winkeldifferenz 90°. Diese Einstellung, bei der kein Licht durchgelassen wird, heißt **orthogonal**. Aus dem Verschwinden der Helligkeit und der Stellung von P_3 kann man auf die Stellung von P_2 schließen.

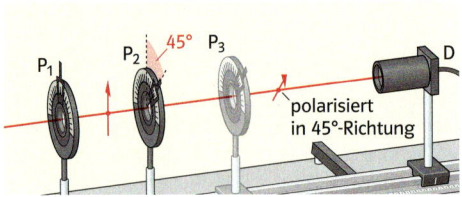

B2 Messaufbau mit drei Polarisatoren

Polarisationsexperimente gelingen auch an einzelnen Photonen. Ist P_1 in einem solchen Experiment auf 0° eingestellt, so ergeben Messungen am Detektor die in **B3** dargestellte Winkelabhängigkeit der Nachweiswahrscheinlichkeit.
Man sagt auch: Durch den ersten Polarisator werden Photonen auf eine Polarisations-Richtung präpariert. Mit dem zweiten Polarisator lässt sich diese Präparation messen.
Wenn kein Photon durchgelassen wird, steht der zweite Polarisator orthogonal zu der Richtung, in der das Photon präpariert wurde. Das kann man nutzen, um Welcher-Weg-Informati-

on zu gewinnen. In einem Mach-Zehnder-Interferometer präpariert man Licht an der Quelle auf die Polarisation 0°. Nun fügt man in beide Lichtwege einen Polarisator ein (→B4), einer wird z. B. auf – 45° eingestellt, der andere dann auf + 45°, sodass die beiden Richtungen orthogonal zueinander stehen.

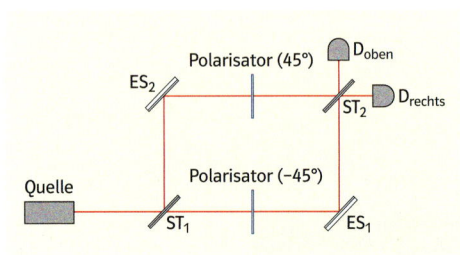

B4 Interferometer mit Polarisatoren – die Photonen werden unterschiedlich polarisiert.

Jetzt kann man mit einem weiteren Polarisator vor einem Detektor die Polarisation jedes Photons messen. Dadurch erfährt man, auf welchem der beiden Lichtwege es zum Detektor gelangt ist.
Das Experiment zeigt, dass auf einem Schirm keine Minima mehr auftreten, so, als hätte man einen Lichtweg blockiert. Anders als bei einer Blockade lässt sich das Photon hier aber mit gleicher Wahrscheinlichkeit auf jedem der beiden Lichtwege nachweisen.

Setzt man vor den Detektor einen weiteren Polarisator in der Einstellung 0°, kann man wieder Maxima und Minima unterscheiden. Dieser letzte Polarisator präpariert beide denkbaren Polarisationen mit der gleichen Wahrscheinlichkeit wieder auf 0°, sodass keine Welcher-Weg-Information mehr „lesbar" ist. Diesen Polarisator nennt man manchmal „Quantenradierer". Die Beobachtungen unterstützen die allgemein gültige Aussage:

Solange in einem Interferenzexperiment im Prinzip entscheidbar ist, auf welchem Weg ein Ereignis eingetreten ist, ist Interferenz nicht zu erkennen.

Zeiger in der Quantenphysik

Der Zeigerformalismus Auch für Quantenobjekte lassen sich Interferenzmuster vorhersagen. So genannte Welcher-Weg-Experimente zeigen, dass dazu die Superposition verschiedener Möglichkeiten für das Eintreten eines Ereignisses entscheidend ist. Die Zeigerdarstellung liefert ein gutes Hilfsmittel zur mathematischen Beschreibung.

Mit Zeigern können Schwingungen, Wellen und Quantenphänomene beschrieben werden. In der Quantenphysik muss man allerdings gewohnte anschauliche Vorstellungen durch abstraktere ersetzen. Die Tabelle zeigt die Entsprechungen.

Licht	Quantenobjekte
Der Lichtstrahl kennzeichnet den Weg des Lichtes.	Die geometrisch mögliche Verbindung von Quelle zu Detektor wird durch geradlinige Verbindungen dargestellt.
Der Zeiger veranschaulicht die Ausbreitung der Welle.	Der Zeiger ist eine Rechengröße.
Am Schirm werden alle Zeiger addiert.	Die Zeiger werden nur addiert, wenn die zugehörigen Möglichkeiten nicht unterscheidbar sind.
Das Quadrat der Zeigerlänge misst die Intensität.	Das Quadrat der Zeigerlänge ist ein Maß für die Nachweiswahrscheinlichkeit.

Anwendungsbeispiel Der Zeigerformalismus soll am Beispiel des Mach-Zehnder-Interferometers (→**B1**) dargestellt werden. Um eine Vorhersage über die Ergebnisse an einem Detektor zu treffen, geht man vereinfachend in den folgenden Schritten vor:

1 Der Versuchsaufbau wird mit geradlinigen Verbindungen von der Quelle zum Detektor gezeichnet. Die Pfade stehen stellvertretend für alle denkmöglichen Verbindungen. Die Längen sollten einem Vielfachen der Wellenlänge entsprechen, bewährt hat sich z.B. $\lambda = 1\,cm$.

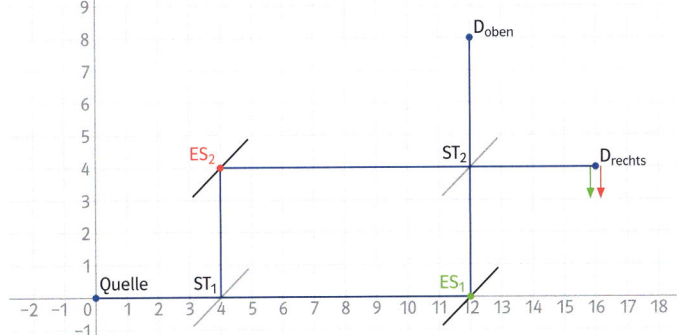

B1 Mach-Zehnder-Interferometer

2 Jedem möglichen Pfad zum Detektor wird ein Zeiger zugeordnet. Gesucht ist die Stellung dieser Zeiger am Ort des Detektors. Man startet an der Quelle mit horizontal nach rechts stehenden Zeigern. Nach jeweils einer Wellenlänge längs eines Pfades hat sich der Zeiger einmal im Uhrzeigersinn gedreht.

3 An Spiegeln oder Strahlteilern sind Phasensprünge zu berücksichtigen:
– Reflexion an einem ebenen Spiegel führt zu einer halben Umdrehung des Zeigers (Phasensprung um 180°).
– Reflexion an einem Strahlteiler bewirkt eine Drehung von 90° gegen den Uhrzeigersinn.
– Transmission an einem Strahlteilerwürfel bewirkt keinen Phasensprung.

4 Am Ende aller Pfade zu einem Detektor werden die Zeiger addiert. Das Quadrat der resultierenden Zeigerlänge ist ein Maß für die Nachweiswahrscheinlichkeit eines Quantenobjekts am betrachteten Detektor.

Beispiel: Bestimmung der Nachweiswahrscheinlichkeit für einzelne Photonen am Detektor D_{rechts} (→**B1**, Annahme: $\lambda = 1\,cm$).

1 und **2** Aufgrund der Länge des Pfades Quelle – ES_1 – D_{rechts} von 24 cm erhält man eine ganze Zahl von Umdrehungen, ohne Phasensprünge stünde der grüne Zeiger am Detektor D_{rechts} in der waagerechten Ausgangsstellung.

3 Wegen der beiden Reflexionen muss der Zeiger um 180° + 90° = 270° zurückgedreht werden. Er ist also nach unten gerichtet. Die gleiche Zeigerstellung erhält man auf dem Pfad Quelle – ES_2 – D_{rechts} für den roten Zeiger.

4 Beide Zeiger stehen parallel (gleichphasig) (→**B1**). Die Nachweiswahrscheinlichkeit ist hier also maximal.

A1 ⊖ Ermitteln Sie die Zeigerstellungen für die beiden möglichen Pfade zu dem anderen Detektor D_{oben}. Beurteilen Sie die Aussage: „An einem der Detektoren wird niemals ein Photon nachgewiesen, am anderen jedes".

A2 ⊖ Das am Strahlteiler reflektierte Licht erfahre eine Phasenverschiebung von 180°. Untersuchen Sie, wie sich das Ergebnis in **B1** ändert. Begründen Sie, warum das Ergebnis bei dieser Annahme nicht zutreffen kann.

10.5 Die Unbestimmtheitsrelation

In der klassischen Mechanik beschreibt man auf der Grundlage von gegenwärtigem Ort, gegenwärtigem Impuls und wirkender Kraft die Bewegung aller Objekte des Universums bis in die Zukunft hinein.

Unbestimmtheit von Ort und Impuls

Auf der Suche nach einer angemessenen Beschreibung der Elektronen in der Atomhülle erkannte **Werner Heisenberg** 1927, dass eine Grundüberzeugung der Physik auf Quantenobjekte nicht anwendbar ist: Für Quantenobjekte ist es nicht möglich, gleichzeitig beliebig genaue Aussagen über Ort und Impuls (bzw., wegen der deBroglie-Gleichung über Ort und Wellenlänge) zu machen. Dass dabei die Komplementarität nicht ein Entweder-oder bedeutet, sondern Übergänge zulässt, soll ein Gedankenexperiment mit Photonen verdeutlichen.

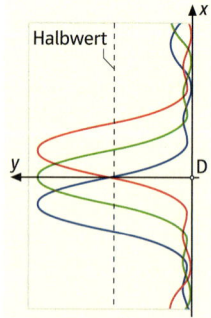

B1 Nachweiswahrscheinlichkeiten für Photonen unterschiedlicher Wellenlängen

Eine Quelle sendet nacheinander einzelne Photonen aus, die eine sehr genau einheitliche Wellenlänge aufweisen. Nach der deBroglie-Relation besitzen diese Photonen dann auch alle den gleichen Impuls $p = h/\lambda$. Diesen Impuls kann man messen, indem man die Wellenlänge misst.

Die Beschreibung der Situation in der Zeigerdarstellung sagt ein Interferenzmuster vorher, das als Nachweiswahrscheinlichkeit für die einzelnen Photonen gedeutet werden kann (→**B2**). Niemand weiß, an welchem Ort des Schirms ein einzelnes Photon nachgewiesen werden wird. Für eine effiziente Messung ist es allerdings am sinnvollsten, einen Detektor ins Zentrum des ersten Maximums zu bringen, denn dort ist die Nachweiswahrscheinlichkeit am größten.

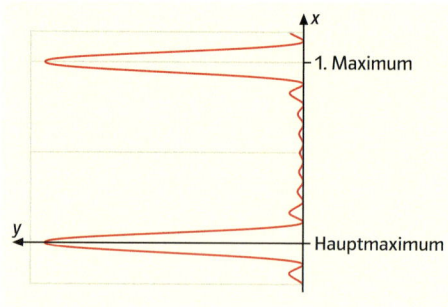

B2 Interferenzmuster von monochromatischem Licht, erzeugt an einem Neunfach-Spalt

Wenn der Detektor ein Photon registriert, kann man aus der Position des Detektors mit der bekannten Gleichung $\lambda = d \cdot \sin\alpha$ die Wellenlänge und mit der deBroglie-Gleichung den zugehörigen Impuls berechnen.

Das Ergebnis ist aber nicht sicher. Ein einzelner registrierter Treffer könnte ebenso gut zu anderen Wellenlängen passen: **B1** stellt in grüner Farbe die erwartete Nachweiswahrscheinlichkeit für ein Photon mit der Wellenlänge 1000 nm dar. Auch ein Photon geringerer Wellenlänge (blaue Kurve, $\lambda = 950$ nm) könnte den Detektor ansprechen lassen. Gleiches gilt für ein Photon zur roten Kurve ($\lambda = 1050$ nm), dessen Wellenlänge etwas größer ist.

Im Gedankenexperiment ergibt sich aus dieser Überlegung ein Intervall für Wellenlängen, die mit dem Zählereignis vereinbar sind. Über die Breite eines solchen Intervalls lassen sich verschiedene Vereinbarungen treffen. Hier sollen die Grenzen dadurch festgelegt werden, dass die Nachweiswahrscheinlichkeit auf die Hälfte des Maximalwerts gesunken ist. Das auf diese Weise bestimmte Intervall umfasst Wellenlängen von $\lambda_{min} = 950$ nm bis $\lambda_{max} = 1050$ nm. Für die zugehörigen Impulse erhält man:

$$p_{max} = 6,97 \cdot 10^{-28} \tfrac{kg \cdot m}{s} \text{ und}$$

$$p_{min} = 6,31 \cdot 10^{-28} \tfrac{kg \cdot m}{s}.$$

Deren Differenz $\Delta p = 0,66 \cdot 10^{-28} \tfrac{kg \cdot m}{s}$ nennt man **Unbestimmtheit** der Messgröße Impuls.

Wenn man ein Gitter verwendet, an dem schrittweise immer mehr Spalte geöffnet werden, bemerkt man, dass mit zunehmender Spaltzahl die Maxima schärfer werden. Die Unbestimmtheit Δp für den Impuls wird also kleiner (→**B3**). Gleichzeitig ermöglicht die Zahl der geöffneten Spalte eine Aussage über den Ort des Photons: Mit zunehmender Spaltzahl steigt die Unbestimmtheit des Ortes Δx. Man erkennt, dass mit steigender Unbestimmtheit des Ortes Δx die Unbestimmtheit für den Impuls Δp sinkt. Es ergibt sich:

$$\Delta p \cdot \Delta x \approx \text{konstant.}$$

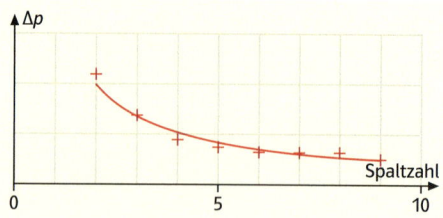

B3 Zusammenhang zwischen Δx und Δp

Das ist die Aussage der **Heisenberg'schen Unbestimmtheitsrelation.** Sie wird meist in der Form

$$\Delta p \cdot \Delta x \geq \frac{h}{4\pi}$$

angegeben. Für den Term auf der rechten Seite gibt es unterschiedliche Darstellungen, je nach Festlegung der zulässigen Abweichung (→**B1**, S. 234).

Unabhängig von der speziellen Gestaltung des Experiments gilt immer: Eine gleichzeitige Messung von Ort und Impuls an einem einzelnen Quantenobjekt ist niemals genauer möglich, als durch die Unbestimmtheitsrelation festgelegt.
Die Unbestimmtheitsrelation ergibt sich in der Zeigerdarstellung allein aus der Beschreibung des Experiments und den Regeln für die Bestimmung der Nachweiswahrscheinlichkeit für Quantenobjekte. Zur Erklärung ist es nicht erforderlich, über einen mechanischen Einfluss der Spaltanordnung auf das Photon zu sprechen.

Alle angeführten Argumente beruhen auf der Annahme von einzelnen Photonen. Registriert man viele Photonen nacheinander oder – z. B. aus einem Laser – gleichzeitig, treten die Maxima der Verteilungen messbar und nicht nur als Vorhersagen über Wahrscheinlichkeiten hervor. An einer solchen Verteilung mit klaren Maxima kann man die Wellenlänge sehr viel genauer bestimmen, als die Unbestimmtheitsrelation es zulässt. Die so erzielten Werte machen aber nur Aussagen über Mittelwerte, nicht jedoch über ein einzelnes Objekt.

Unbestimmtheit von Energie und Zeit

Es gibt weitere Paare von Größen, die über eine Unbestimmtheitsrelation miteinander verknüpft sind. Solche Paare nennt man **komplementär.**

Sehr oft benutzt wird die Unbestimmtheitsrelation zwischen Energie und Zeit:

$$\Delta E \cdot \Delta t \geq h$$

Die Gültigkeit dieser Gleichung wird an einem Beispiel aus der Akustik verständlich: Um die Frequenz f einer Schwingung zu bestimmen, zählt man die Anzahl der Schwingungen während eines festgelegten Beobachtungsintervalls. Ist dieses Beobachtungsintervall gerade $\Delta t = 1\,$s, kann man die Frequenz auf 1 Hz genau angeben. Misst man zehnmal so lange, kann man die Frequenz auf 0,1 Hz genau angeben.

Diese Überlegung legt die Beziehung $\Delta f \cdot \Delta t \geq 1$ nahe. Multiplikation mit h ergibt

$$h \cdot \Delta f \cdot \Delta t = \Delta E \cdot \Delta t \geq h.$$

Die Unbestimmtheitsrelation zwischen Energie und Zeit kann man sehr gut am Spektrum eines Femtosekunden-Lasers beobachten. Die Austrittsöffnung für das Licht eines solchen Lasers wird periodisch nur für sehr kurze Zeitspannen $\Delta t \approx 5\,$fs $= 5 \cdot 10^{-15}\,$s geöffnet. Die Unbestimmtheitsrelation erzwingt nun, dass das Spektrum des ausgesandten Lichts sehr breit sein muss.

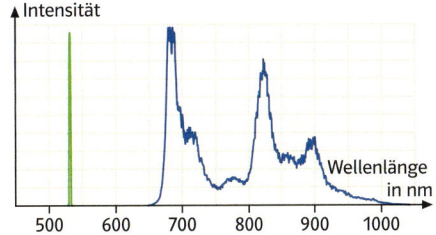

B1 Spektren eines Femtosekunden-Lasers (Pulsdauer 5 fs) und eines kontinuierlich strahlenden Lasers (grün)

Zum Vergleich ist in **B1** außerdem das Spektrum eines kontinuierlich grün strahlenden Laserpointers (λ = 532 nm) dargestellt. Bei diesem Lasertyp ist Δt sehr viel größer als beim Femtosekunden-Laser. Daher ist das Spektrum mit $\Delta \lambda \approx 5\,$nm sehr viel schmaler.

Das Produkt der Unbestimmtheiten zweier zueinander komplementärer Größen, die im gleichen Experiment gemessen werden, kann nie kleiner werden, als durch die untere Grenze $\frac{h}{4\pi}$ festlegt ist.

A1 ☉ Mit dem Experimentierkasten zur Optik für das Abitur können Sie die Auswirkungen der Unbestimmtheitsrelation an Mehrfachspalten selbst beobachten.
Betrachten Sie dazu das Licht der grünen LED aus ca. 2 m Entfernung, indem Sie durch die Spalte auf dem Beugungsobjekt blicken. Dieses Objekt müssen Sie dazu möglichst dicht vor ihr Auge bringen. Auf dem Objekt finden Sie nebeneinander einen Doppelspalt, einen Dreifachspalt und einen Vierfachspalt. Beschreiben Sie Ihre Beobachtungen. Erklären Sie den Zusammenhang Ihrer Beobachtungen mit der Unbestimmtheitsrelation.

A2 ☉ Begründen Sie die sehr große Breite des Spektrums des vom Femtosekunden-Laser ausgesandten Lichtes in Abbildung **B1**.

Der Fotoeffekt

Aufgabe: Messung der Energie von Photonen

Material: Vakuum-Fotozelle (mit Drahtring und Caesiumschicht), elektrische Quelle, Messgeräte für Stromstärke und Spannung, Quecksilberdampflampe, verschiedene Farbfilter

Durchführung: Vor einer Vakuum-Fotozelle wird eine Quecksilberdampflampe positioniert. Zwischen die Lampe und die Fotozelle bringt man einen Farbfilter ein (→B1).
a) Nun bestrahlt man die Fotozelle mit dem Licht der Quecksilberdampflampe.
b) Anschließend legt man eine Spannung an die Fotozelle an, wobei der Drahtring mit dem Minuspol, die Caesiumschicht über das Strommessgerät mit dem Pluspol verbunden ist.

Nun erhöht man die Spannung U_G der elektrischen Quelle. Da die Stromstärke abnimmt, bezeichnet man U_G als Gegenspannung. Bei einem bestimmten maximalen Wert $U_{G,max}$ wird kein Strom mehr gemessen.
Man wiederholt den Versuch für verschiedene Lichtwellenlängen bzw. -frequenzen, indem man andere Filter in den Strahlengang ein-

bringt. Die Frequenz des Lichtes und die maximale Gegenspannung $U_{G,max}$, bei der die Stromstärke null wird, werden notiert. Anschließend wird dieser Versuch für verschiedene Lichtintensitäten einer bestimmten Frequenz wiederholt.

Beobachtung: Wenn Licht auf die Fotozelle fällt, setzt ein Strom ein. Beim Anlegen der Gegenspannung U_G nimmt die elektrische Stromstärke ab. Je höher die Spannung ist, desto geringer ist die Stromstärke. Ab einer bestimmten Gegenspannung $U_{G,max}$ besteht kein Strom mehr.
Bei höheren Frequenzen des Lichtes ergibt sich ein größerer Wert für $U_{G,max}$.

Die Variation der Beleuchtungsintensität zeigt, dass die Stromstärke I von dieser Größe abhängt, nicht jedoch der Wert der maximalen Gegenspannung $U_{G,max}$. Man misst beispielsweise folgende Werte:

f in 10^{14} Hz	5,19	5,49	6,88	7,41
$U_{G,max}$ in V	0,40	0,55	1,05	1,35

Deutung: Das Licht löst aus der Caesiumschicht Elektronen aus, die zunächst zum Drahtring gelangen und als elektrischer Strom nachgewiesen werden können. Verbindet man den Ring mit dem negativen Pol der Spannungsquelle und die Caesiumschicht mit dem positiven Pol, nimmt die Stromstärke mit steigender Spannung ab. Die Elektronen werden durch die angelegte Gegenspannung U_G in ihrer Bewegung behindert, immer weniger gelangen zum Drahtring.
Ab einer Gegenspannung $U_{G,max}$ setzt der Strom ganz aus. Die Elektronen werden so stark abgebremst, dass sie den Drahtring nicht mehr erreichen. Da sich $U_{G,max}$ mit der Lichtfrequenz ändert, scheint die Bewegungsenergie der Elektronen mit dieser Frequenz zusammenzuhängen.

A1 ● Stellen Sie die Messwerte in einem f-U_G-Diagramm dar. Beschreiben Sie dessen Aussage mit eigenen Worten, indem Sie auf die Bewegungsenergie der Elektronen eingehen. Stellen Sie eine Hypothese darüber auf, wie sich die Bestrahlung der Caesiumschicht mit Licht der Wellenlänge 1000 nm auswirken würde.

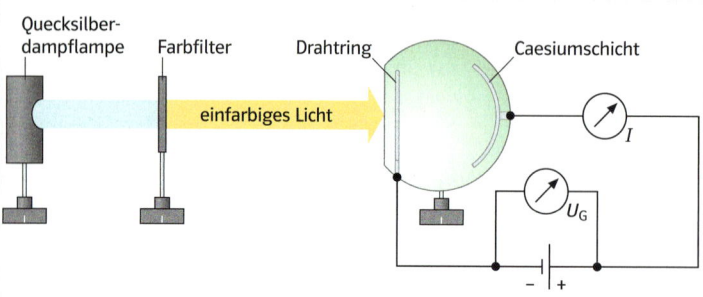

Quecksilber-
dampflampe Farbfilter   Drahtring   Caesiumschicht

einfarbiges Licht

I

U_G

– +

B1 Versuchsaufbau

10.6 Licht löst Elektronen aus

Wilhelm Hallwachs beobachtete 1888, dass Licht geladene Metallplatten entladen kann. In den „Annalen der Physik" schrieb **Albert Einstein** 1905 zu diesem Thema: *„Die Beobachtungen (bei nichtelektrischen Erscheinungen) sprechen eher dafür, dass Licht Energie in Portionen zur Verfügung stellt."*

B1 In Lichtschranken löst Licht elektrische Impulse aus, Solarzellen wandeln Energie des Lichts in elektrische Energie um. Beide Prozesse beruhen auf dem Fotoeffekt.

Der Fotoeffekt

Wird eine negativ geladene Metallplatte mit Licht bestrahlt, so können damit aus ihr Elektronen herausgelöst werden. Dieser Effekt ist nur zu beobachten, wenn die Frequenz des Lichtes oberhalb einer vom Metall abhängigen Grenzfrequenz liegt. Dieses lichtelektrische Phänomen wird **Fotoeffekt** genannt.

Ist die Frequenz des Lichtes, mit dem die Metallplatte bestrahlt wird, kleiner als die Grenzfrequenz, dann lassen sich weder mit besonders hellem Licht (also großer Beleuchtungsstärke) noch durch lange Beleuchtungsdauer Elektronen auslösen. Bei Licht, dessen Frequenz größer als die Grenzfrequenz ist, setzt der Fotoeffekt jedoch sofort mit der Beleuchtung ein.
Albert Einstein gelang es, diese Beobachtung zu erklären, er erhielt dafür den Nobelpreis.

Energiebilanz beim Fotoeffekt

In der Fotozelle werden Elektronen durch die Energie E_L des Lichtes der Quecksilberdampflampe aus der Caesiumschicht herausgelöst. Sie bewegen sich von dieser Metallschicht zum gegenüberliegenden Drahtring (→B2). Nun verbindet man den Drahtring mit dem Minuspol und die Metallschicht mit dem Pluspol einer elektrischen Quelle und legt eine Gegenspannung U_G an. Obwohl sie vom elektrischen Feld zwischen Caesiumschicht und Ring abgebremst werden, erreichen weiterhin Elektronen den Ring, denn man misst einen Strom I.

Um zum Drahtring zu gelangen, müssen die Elektronen nach Verlassen der Metallschicht so viel Bewegungsenergie E_B haben, dass sie das abbremsende Feld überwinden können. Die Energie, die man benötigt um ein ruhendes Elektron mit der Ladung e von der positiv geladenen Caesiumschicht zum negativ geladenen Ring zu befördern, hängt von der angelegten Gegenspannung U_G ab. Je größer die Spannung ist, desto größer ist die erforderliche elektrische Energie. Sie berechnet sie nach der Gleichung: $E_{el} = e \cdot U_G$
Bei einer Gegenspannung U_G können die Elektronen den Ring also nur erreichen, wenn für ihre Bewegungsenergie gilt: $E_B \geq e \cdot U_G$

Wird die Spannung U_G erhöht, nimmt die Stärke des Elektronenstromes ab, bis sie bei $U_{G,max}$ null ist (→B3). Bei dieser maximalen Gegenspannung reicht auch die Bewegungsenergie der schnellsten Elektronen nicht aus, um zum Ring zu gelangen. Es gilt:

$$E_{B,max} = e \cdot U_{G,max}$$

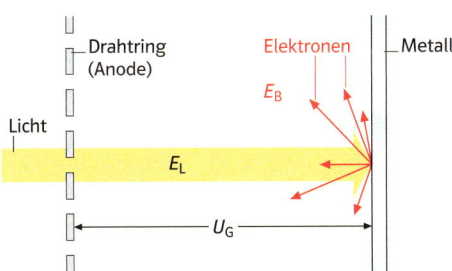

B2 Zum Fotoeffekt

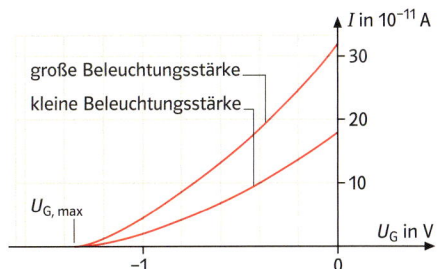

B3 Stromstärke bei Gegenspannung

Die Graphen treffen sich alle in einem Punkt der U_G-Achse. Diese maximale Gegenspannung und somit auch die Grenzenergie sind also von der Beleuchtungsstärke unabhängig.

Licht und die Planck'sche Konstante

Wird die Caesiumschicht in der Fotozelle mit jeweils einfarbigem Licht verschiedener Frequenzen bestrahlt, so ergeben sich aus der Messung von $U_{G,max}$ folgende Ergebnisse für die Bewegungsenergie der Elektronen:

f in 10^{14} Hz	5,19	5,49	6,88	7,41
$U_{G,max}$ in V	0,40	0,55	1,05	1,35
$E_{B,max}$ in 10^{-19} J	0,64	0,88	1,68	2,16

Die beim Fotoeffekt auf ein ausgelöstes Elektron übertragene Energie wächst also mit der Frequenz des Lichtes.

Eine ähnliche Beobachtung macht man, wenn die Caesiumschicht in der Fotozelle durch eine Schicht aus einem anderen Metall ersetzt wird. Das Diagramm in **B2** zeigt die Messwerte für verschiedene Metalle. Es ergibt sich jeweils eine Gerade. Die Schnittpunkte mit der waagerechten Achse liefern die Grenzfrequenzen f_{Grenz} des Lichtes für das jeweilige Metall, bei der Fotoeffekt einsetzt. Alle Geraden laufen parallel, ihre Steigungen sind gleich und damit vom Material unabhängig. Es ist:

$$\Delta E_{B,max} \sim \Delta f$$

Die Steigung wird mit h bezeichnet und heißt Planck'sche Konstante.

$$h = \frac{\Delta E_{B,max}}{\Delta f} \approx 6{,}6 \cdot 10^{-34} \text{ Js}$$

Ein genauerer Wert ist: $h = 6{,}626 \cdot 10^{-34}$ Js

Diese Konstante wurde 1899 von dem deutschen Physiker **Max Planck** (1858–1947) bei der Untersuchung der thermischen Strahlung entdeckt. Die Geraden im f-E-Diagramm lassen sich mit der Planck'schen Konstanten durch folgende Gleichung beschreiben:

$$E_{B,max} = h \cdot f - h \cdot f_{Grenz}$$

Einstein'sche Photonentheorie

Der Fotoeffekt wurde von **Albert Einstein** (1879–1955) im Jahr 1905 folgendermaßen gedeutet:
Lichtquellen senden Energie in Portionen vom Betrag $E_{Ph} = h \cdot f$ aus. Seit 1926 nennt man diese Energieportionen **Photonen**.

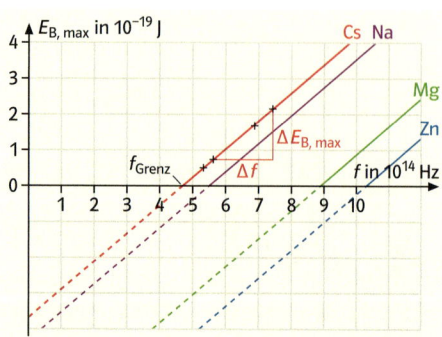

B2 $E_{B,max}$ bei verschiedenen Metallen

Nach dieser Vorstellung lassen sich die Beobachtungen im Experiment erklären: Die Photonen dringen in das Metall ein und geben ihre gesamte Energie an die Elektronen in der Oberfläche des Metalls ab. Danach existieren sie nicht mehr. Die einfachste Vorstellung ist, dass jedes Photon seine Energie einem Elektron als Bewegungsenergie überträgt. Ist die Energie E_{Ph} groß genug, kann das Elektron das Metall verlassen.

Dabei muss es, um sich vom Metall zu lösen, Arbeit verrichten, deren Betrag E_A charakteristisch für das Metall ist, man bezeichnet sie als **Austrittsarbeit** (→B1).
Außerhalb des Metalls beträgt die Bewegungsenergie des Elektrons daher nur noch:

$$E_B = E_{Ph} - E_A$$

Ist dieser Rest an Bewegungsenergie groß genug, können einige Elektronen gegen das abbremsende Feld die Ringanode erreichen. Erst bei der Spannung $U_{G,max}$ reicht auch die Energie der schnellsten Elektronen dafür nicht aus, der Strom setzt aus (→B3, Bereich A). Ändert man die Polung der Spannung zwischen der Metallkathode (jetzt negativ) und dem Drahtring (jetzt positiv), beobachtet man, dass die Stromstärke mit der Spannung U

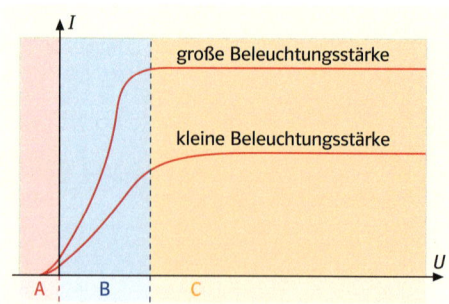

B3 Zusammenhänge beim Fotoeffekt

B1 Elektronenbewegung bei Gegenspannung

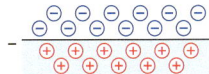

elektrische
Kraft auf
Elektron

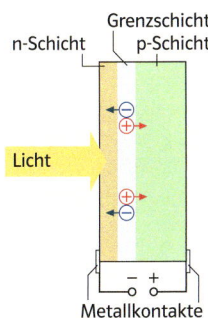

B1 Elektronenwolke

n-Schicht

Grenzschicht
p-Schicht

Licht

Metallkontakte

B2 Solarzelle

ansteigt, bis eine Sättigungsstromstärke I_{max} erreicht ist (vorangehende Seite, **B3**, Bereich B). Nach Auslösen der Elektronen bleibt das Metall positiv zurück. Elektronen fallen z. T. zurück, sie bilden eine Wolke um die Kathode (→**B1**). Mit zunehmender Spannung erreichen immer mehr Elektronen aus dieser Wolke die Metallschicht. Überschreitet U einen bestimmten Wert, erreichen alle pro Zeiteinheit freigesetzten Elektronen die Metallschicht, die Stromstärke kann nicht mehr gesteigert werden (vorangehende Seite, **B3**, Bereich C).

Wählt man eine größere Beleuchtungsstärke, bleibt die Grenzspannung $U_{G,max}$ unverändert, aber in allen Bereichen ist die Stromstärke höher: $U_{G,max}$ wird von der Energie der Photonen bestimmt und die ist allein durch die Frequenz gegeben. Höhere Beleuchtungsstärke bedeutet eine größere Photonenzahl. Damit werden mehr Elektronen ausgelöst und die Stromstärke wird größer.

Innerer Fotoeffekt

Wird ein Halbleiter mit Licht geeigneter Frequenz bestrahlt, lösen sich Elektronen aus ihrer Bindung an feste Atome, nicht aber aus dem

Kristall. Die Leitfähigkeit des Halbleiters nimmt zu. Man spricht vom **inneren Fotoeffekt**. Dieser Effekt wird bei Fotowiderständen, Fotodioden und Solarzellen genutzt (→**B2**).

Licht kann Elektronen aus einer Metalloberfläche lösen. Dies bezeichnet man als Fotoeffekt. Die Frequenz des Lichtes muss oberhalb einer vom Metall abhängigen Grenzfrequenz liegen. Die Energie des Lichtes wird vom Metall in Portionen vom Betrag $E = h \cdot f$ absorbiert.

A1 ⊖ Beim inversen Fotoeffekt setzt der Strom bei einer von der Frequenz f des Lichtes abhängigen Spannung U_S ein. Elektrische Energie $E_{el} = Q \cdot U_S$ wird in Lichtenergie umgesetzt. Messungen zeigen einen Zusammenhang zwischen U_S und f:

f in 10^{14} Hz	3,16	4,62	5,08	5,73	6,38	7,50
U_S in V	1,10	1,70	1,90	2,10	2,40	2,90

Erstellen Sie das zughörige f-U_S-Diagramm und bestimmen Sie die Steigung des Graphen. Geben Sie deren Bedeutung an.

Exkurs

Geschichte des Fotoeffekts

Der deutsche Physiker **Heinrich Hertz** (1857– 1894) führte im Jahr 1886 Versuche zur Funkenentladung zwischen elektrisch geladenen und geerdeten Elektroden durch. Dabei beobachtete er, dass Funken längere Strecken zurücklegten, wenn zur gleichen Zeit ein zweiter Funke zwischen einem benachbarten Elektrodenpaar übersprang.
Hertz führte diesen Effekt auf den Einfluss des Lichtes zurück, das der zweite Funke erzeugte.

Wilhelm Hallwachs (1859–1922), ein Schüler von Hertz, führte dessen Untersuchungen mit experimentellen Mitteln fort. Mit dem nach ihm benannten Hallwachs-Versuch zeigte er, dass sich eine negativ geladene Zinkplatte bei direkter Beleuchtung mit dem Licht einer Quecksilberdampflampe entlud. Dieser Effekt trat jedoch nicht auf, wenn eine Glasplatte in den Lichtweg gehalten wurde. Hallwachs konnte durch seine Untersuchungen den ultravioletten Anteil des einfallenden Lichtes als Ursache für die Entladung identifizieren. Eine genaue

Wilhelm Hallwachs
(1859–1922)

Deutung des Effekts war ihm allerdings nicht möglich. Das Elektron war zu dieser Zeit noch unbekannt und es gab keine Theorie über die Wechselwirkung von Licht mit Materie.

Bis zu der Erkenntnis, dass es sich bei den im Hallwachs-Versuch freigesetzten Ladungsträgern um Elektronen handelt, vergingen noch 12 Jahre. Und erst weitere drei Jahre später, 1902, fand man heraus, dass die Energie der ausgelösten Elektronen durch die Frequenz des einfallenden Lichts und das Material der beleuchteten Schicht bestimmt wurden, nicht aber durch die Beleuchtungsintensität.

1905 führte Albert Einstein die Beobachtungen zum Fotoeffekt dann in seiner Lichtquantenhypothese zusammen: Die Energie eines Lichtstrahls besteht demnach „aus einer endlichen Zahl von in Raumpunkten lokalisierten Energiequanten, welche sich bewegen, ohne sich zu teilen und nur als Ganzes absorbiert und erzeugt werden können."

Leuchtdioden als Photonenquelle

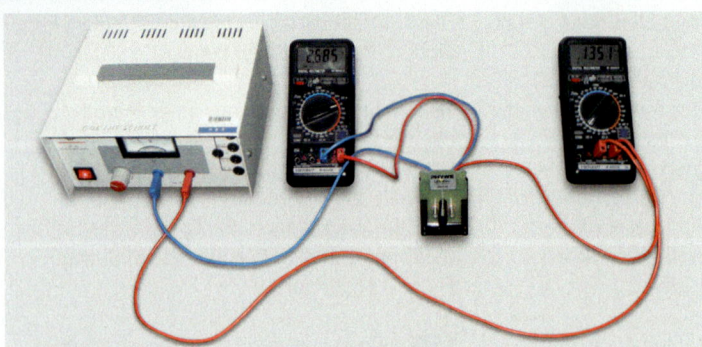

B1 Versuchsaufbau

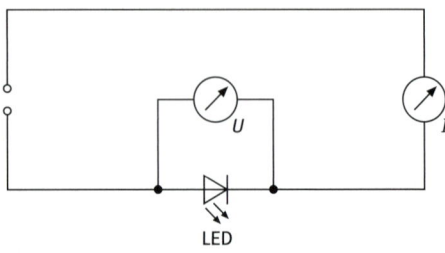

B2 Schaltbild zum Versuchsaufbau

Aufgabe: Die Gleichung $E = h \cdot f$ soll mit Hilfe von Leuchtdioden überprüft werden.

Material: Netzgerät, 2 Multimeter, 5 Kabel, Blendenhalter, verschiedene LEDs

Planung: LEDs senden nur bei Betrieb in Durchlassrichtung (p-dotierter Teil am Pluspol) Licht aus. Zwischen den Enden der LED kann man dabei eine Spannung messen, aus der sich nach $E_{el} = e \cdot U$ die Energie berechnen lässt, die einzelne Elektronen in der Diode abgeben.

Wenn man annimmt, dass diese Energie jeweils genau ein Photon der Energie $E = h \cdot f$ erzeugt, wird verständlich, dass die LED erst bei Erreichen einer Einsetzspannung zu leuchten beginnt: Jedes Elektron muss mindestens so viel Energie übertragen können, wie das Photon trägt. Erst wenn $E_{el} \geq h \cdot f$ erfüllt ist, kann die LED leuchten, erst dann beginnt ein merklicher Strom zu fließen. Wenn die Spannung größer ist als die Einsetzspannung, kann jedes Elektron Energie auch in Photonen kürzerer Wellenlänge oder thermische Energie der Leiterbahnen umsetzen.
Es ist daher sinnvoll, die Spannung zu bestimmen, bei der gerade ein merklicher Strom besteht und diese mit der Frequenz der langwelligsten (energieärmsten) Photonen zu vergleichen, die im Spektrum der LED auftreten.

Durchführung: Bauen Sie den Versuch nach den Abbildungen **B1** und **B2** auf. Verfahren Sie für jede der LEDs folgendermaßen:

1 Regeln Sie die Spannung der Quelle sehr langsam hoch und beobachten Sie dabei die Anzeige des Stromstärke-Messgeräts.

2 Notieren Sie die Einsetzspannung. Diese ist erreicht, wenn gerade ein Strom der Stärke 0,01 mA besteht.

3 Bestimmen Sie in einem geeigneten Versuchsaufbau für jede LED die größte Wellenlänge im sichtbaren Spektrum. Wegen Streulicht in der Mattscheibe darf die LED nicht mit voller Helligkeit leuchten. Stellen Sie die Spannung an der LED so ein, dass Sie das Spektrum gerade gut erkennen können.

4 Notieren Sie Ihre Messergebnisse:

Farbe	rot	gelb	grün	blau	UV
U_{ein} in V					
λ in nm					

Auswertung: Fertigen Sie auf der Grundlage der Messergebnisse ein Frequenz-Energie-Diagramm an. Überprüfen Sie auf dessen Grundlage, ob die Gleichung $E = h \cdot f$ auch für die Erzeugung von Licht in LEDs gilt. Schätzen Sie dazu auch die Messunsicherheiten in Ihrem Experiment ab.

Beispiel-Diagramm:

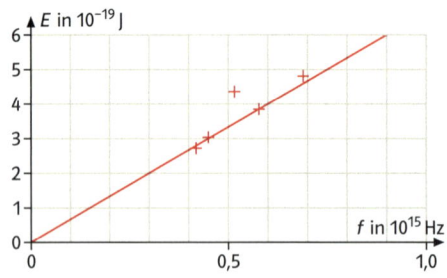

A1 ⊖ Überprüfen Sie, ob die Daten für eine IR-LED ($U_{ein} \approx 0,91$ V, $\lambda \approx 920$ nm) zu Ihren Ergebnissen passen.

Untersuchung von Röntgenstrahlung

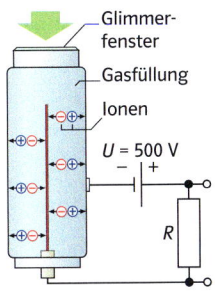

B1 Zählrohr

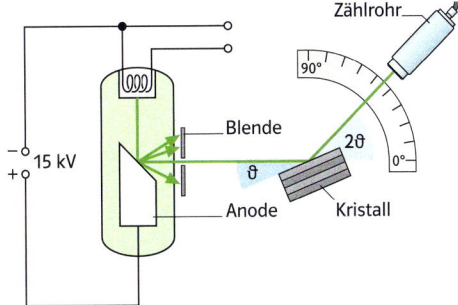

B3 Schematischer Aufbau des Röntgengeräts

Aufgabe: Aufnahme eines Röntgenspektrums

Material: Röntgengerät, Geiger-Müller-Zählrohr, Zählgerät, Lithiumfluorid-Kristall

Durchführung: Zunächst wird das Zählrohr an das Zählgerät angeschlossen. Für eine Zeitspanne $\Delta t = 1\,\text{min}$ misst man die Strahlung der Umgebung. Die Messung wird mehrfach wiederholt. Den Mittelwert aus dieser Messreihe bezeichnet man als Nullrate.

Nun setzt man das Zählrohr sowie den Lithiumfluorid-Kristall in die Halterungen des Röntgengerätes ein. Regelt man die Beschleunigungsspannung U_B hoch, sendet die Röhre Röntgenstrahlung aus. Diese Strahlung wird unter einem Winkel ϑ (beginnend bei $\vartheta = 0$) auf den Lithiumfluorid-Kristall gelenkt. Das Zählrohr registriert die am Kristall reflektierte Strahlung. Kristall

und Zählrohr sind im Sinne der Bragg-Bedingung so angeordnet, dass die Strahlung unter dem Winkel $2\,\vartheta$ detektiert wird (→**B3**).

Beobachtung und Messung: Man misst für eine konstante Beschleunigungsspannung $U_B = 15\,\text{kV}$ die Zählrate in Abhängigkeit vom Winkel. Zunächst liegen die Werte im Bereich der Nullrate, ab einem Grenzwinkel $\vartheta_{\text{Grenz}} = 11°$ nimmt die Zählrate jedoch deutlich zu (→**B2**). Es schließt sich ein kontinuierliches Spektrum an. Mit zunehmender Beschleunigungsspannung U_B verschiebt sich der Winkel ϑ_{Grenz} zu kleineren Werten (→**B2**).

Auswertung: Beim Lithiumfluorid-Kristall ist der Netzebenenabstand $a = 201\,\text{pm}$ bekannt. Über die Bragg-Bedingung $2\,a \cdot \sin\vartheta = k \cdot \lambda$ kann aus dem Winkel ϑ die Wellenlänge der reflektierten Strahlung bestimmt werden.

Für $\vartheta_{\text{Grenz}} = 11,2°$ und $k = 1$ ergibt sich eine Wellenlänge $\lambda_{\text{Grenz}} = 78,3\,\text{pm}$. Da zu einem größeren Winkel ϑ eine größere Wellenlänge λ gehört, ist λ_{Grenz} die kleinste Wellenlänge der Strahlung.
Die Tabelle **B2** gibt Werte für weitere Messungen an. Sie enthält außerdem die Elektronenenergie E_{Elektron}, die Grenzfrequenz f_{Grenz} sowie den Quotienten aus diesen Größen $E_{\text{Elektron}}/f_{\text{Grenz}}$.

Ergebnis: Die Röntgenröhre erzeugt ein kontinuierliches Strahlungsspektrum mit einer kurzwelligen Grenze, die abhängig von der Beschleunigungsspannung U_B ist.
Durch eine weitere Auswertung der Ergebnisse erhält man wie beim Fotoeffekt im Rahmen der Messgenauigkeit den Zusammenhang:

$$\frac{E_{\text{Elektron}}}{f_{\text{Grenz}}} = 6,8 \cdot 10^{-34}\,\text{Js} \approx h$$

Dies deutet darauf hin, dass die Energie zwischen Materie und Röntgenstrahlung quantisiert übertragen wird.

A1 ● a) Bei einer Beschleunigungsspannung $U_B = 28\,\text{kV}$ misst man einen Grenzwinkel ϑ_{Grenz} von 6,4°. Berechnen Sie die Energie der Elektronen, die Grenzfrequenz, die Grenzwellenlänge und den Quotienten aus Energie und Frequenz.
b) Zeichnen sie ein f_{Grenz}-E_{Elektron}-Diagramm. Ermitteln Sie aus der Steigung der Ausgleichsgeraden eine Näherung für die Planck'sche Konstante h.

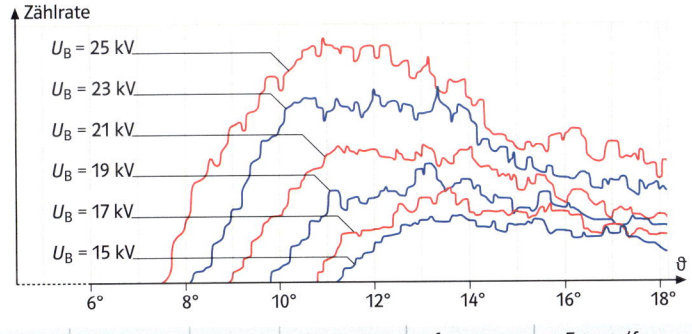

U_B in kV	E_{Elektron} in 10^{-15} J	ϑ_{Grenz} in °	λ_{Grenz} in 10^{-12} m	f_{Grenz} in 10^{18} Hz	$E_{\text{Elektron}}/f_{\text{Grenz}}$ in 10^{-34} Js
15	2,40	11,2	78,3	3,83	6,27
17	2,72	10,8	75,5	3,97	6,85
19	3,04	9,8	68,6	4,37	6,96
21	3,36	8,9	62,3	4,82	6,97
23	3,68	8,1	56,8	5,28	6,97
25	4,00	7,5	52,6	5,70	7,02

B2 Messergebnisse (Werte um Nullrate korrigiert)

10.7 Röntgenstrahlung

„... in Anerkennung der außergewöhnlichen Verdienste, die er sich durch die Entdeckung der bemerkenswerten Strahlen ..." (Anlässlich der Nobelpreisverleihung an Conrad Röntgen, 1901). Der Begriff „Strahlen" weist auf die Vorstellung einer Art Licht hin.

Photonen der Röntgenstrahlung

Die Ausbreitung von Röntgenstrahlung lässt sich durch elektromagnetische Wellen mit $\lambda \leq 10^{-9}\,\text{m}$ beschreiben. Diese Wellenlängen sind zu klein, um an optischen Gittern Interferenz zu zeigen.

Trifft Röntgenstrahlung auf einen geeigneten Kristall, so bilden sich auf einem Schirm Muster, die denen bei der Beugung von Elektronen an Graphit ähnlich sind (→B2). Röntgenstrahlung zeigt Interferenz. Aus dem Muster lässt sich eine Wellenlänge bestimmen.

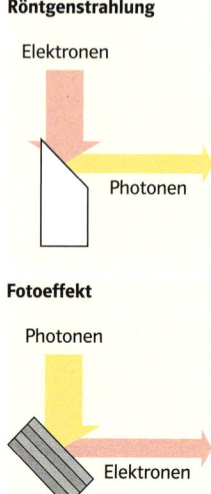

Röntgenstrahlung

Elektronen

Photonen

Fotoeffekt

Photonen

Elektronen

B1 Energieübertragung bei Elektronen und Photonen

Mit einem Zählrohr wie in der Grafik **B3**, S. 294 lässt sich Röntgenstrahlung nachweisen: Sie erzeugt Ionen im Füllgas. Beim Entladen der Ionen an den Elektroden entstehen in unregelmäßiger Folge einzelne elektrische Impulse, die gezählt werden können. Nach einem registrierten Impuls kann der Zeitpunkt des nächsten nicht vorhergesagt werden. Dies weist auf einen statistischen Charakter der Energieübertragung hin. Wie beim Licht spricht man auch hier von Photonen.

Die beobachteten Muster in Abbildung **B2** entstehen erst mit einer Vielzahl von Zählereignissen. Eine hohe Zählrate in Beobachtungsrichtung bzw. stark belichtete Stellen eines Filmes bedeuten eine große Nachweiswahrscheinlichkeit der Photonen.

Die Planck'sche Konstante verknüpft Energie und Frequenz.

Röntgenstrahlung und Energie

Im Experiment bestimmt man durch Reflexion an einem Kristall die Wellenlänge der Strahlung, die eine Röntgenröhre aussendet. Man findet ein kontinuierliches Strahlungsspektrum, das eine Grenzfrequenz aufweist. Diese ist abhängig von der Spannung U_B an der Röntgenröhre.

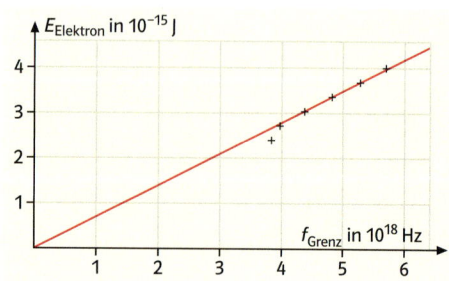

B3 Energie und Grenzfrequenz bei Röntgenstrahlung

Die Strahlung der Röntgenröhre entsteht dadurch, dass die im elektrischen Feld zwischen Glühkathode und Anode auf hohe Geschwindigkeit beschleunigten Elektronen im Anodenmaterial abgebremst werden. Dabei wird ihre Energie $E_{\text{Elektron}} = e \cdot U_B$ ganz oder teilweise in Energie eines oder mehrerer Photonen umgesetzt.

Wie beim Fotoeffekt weisen die Beobachtungen auf einen Zusammenhang zwischen der Energie und der Frequenz hin (→**B3**). Der Quotient $E_{\text{Elektron}}/f_{\text{Grenz}}$ hat im Rahmen der Messgenauigkeit denselben Wert wie die vom Fotoeffekt bekannte **Planck'sche Konstante h**:

$$\frac{E_{\text{Elektron}}}{f_{\text{Grenz}}} = 6{,}8 \cdot 10^{-34}\,\text{Js} \approx h$$

Beim Fotoeffekt übertragen Photonen Energie auf Elektronen. Bei der Erzeugung von Röntgenstrahlung übertragen Elektronen Energie auf die entstehenden Photonen (→**B3**). Die meisten Elektronen erzeugen mit ihrer Energie nicht nur ein, sondern stufenweise mehrere Photonen. Es entstehen somit auch Photonen, die nur einen Teil der maximalen Energie der Elektronen haben. Deshalb gilt:

$E_{\text{Photon}} \leq E_{\text{Elektron}}$ bzw.

$h \cdot f \leq e \cdot U_B$, daraus folgt: $f \leq \dfrac{e \cdot U_B}{h} = f_{\text{Grenz}}$

Diese Ungleichung erklärt das beobachtete kontinuierliche Spektrum einer Röntgenstrahlung sowie dessen Grenze.

Die von abgebremsten Elektronen erzeugte Röntgenstrahlung tritt in Energiequanten bzw. Photonen auf.

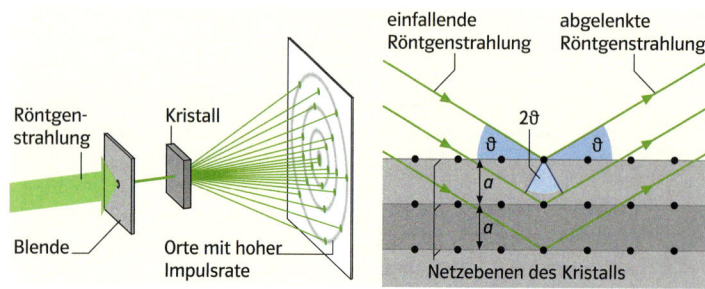

Röntgenstrahlung

Kristall

einfallende Röntgenstrahlung

abgelenkte Röntgenstrahlung

2ϑ

ϑ · ϑ

a

a

Blende

Orte mit hoher Impulsrate

Netzebenen des Kristalls

B2 Röntgenstrahlung, die auf den Kristall trifft, zeigt Interferenz.

10.8 Verschränkung

Im Jahr 1935, als die Quantenphysik in ihren Grundzügen ausformuliert war, stellten Einstein, Podolsky und Rosen in einem Aufsatz die Unbestimmtheitsrelation infrage. Sie beschrieben ein Gedankenexperiment, mit dem man ihrer Ansicht nach Ort und Impuls gleichzeitig beliebig genau messen könnte.

Der Grundgedanke

Experimente mit einzelnen Photonen am Doppel- bzw. Mehrfachspalt zeigen, dass sich anhand des Interferenzmusters die Wellenlänge und damit der Impuls der Photonen bestimmen lässt – und zwar umso präziser, je weniger genau bekannt ist, wo das Photon die Spaltanordnung durchquert hat. Es gibt Lichtquellen, die Paare von Photonen mit gleichem Impulsbetrag in verschiedene, aber zusammenhängende Richtungen aussenden. Einstein, Podolsky und Rosen argumentierten, dass in einem solchen Experiment an einem der Partner Wellenlänge bzw. Impuls präzise gemessen werden könnte und gleichzeitig am anderen Partner der Ort mit beliebiger Präzision. Ein derartiges Experiment ist seit einigen Jahren durchführbar.

Die Zweiphotonen-Quelle

Paare von Photonen mit identischem Impulsbetrag und korrelierten Richtungen werden oft durch Bestrahlen eines Kristalls mit dem Licht eines UV-Lasers erzeugt. Solche Photonen-Paare nennt man **verschränkt**. Die Abbildungen **B2a** und **b** zeigen das Prinzip eines solchen Experimentes: Ein geeigneter Kristall wird mit Laserlicht der Wellenlänge 405 nm bestrahlt. Dadurch werden verschränkte Photonenpaare mit einer Wellenlänge von 810 nm erzeugt, die den Kristall in Pfeilrichtung verlassen.

Mit einem Spektrometer lässt sich das Licht nachweisen: Im Spektrum erscheint ein schwacher Peak bei der doppelten Wellenlänge des eingestrahlten Lichtes (→**B3**).

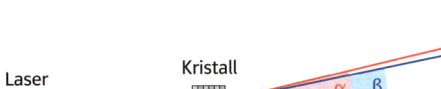

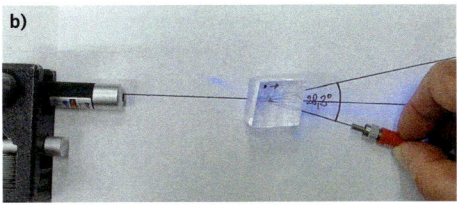

B2 Prinzip der Erzeugung verschränkter Photonenpaare (a), experimentelle Umsetzung (b)

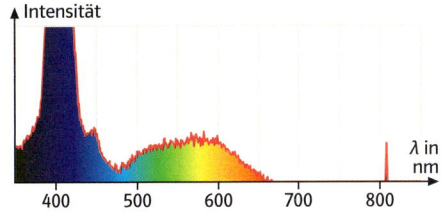

B3 Spektrale Verteilung des registrierten Lichts

Die verschränkten Photonen verlassen den Kristall gleichzeitig unter entgegengesetzt gleichem Winkel gegenüber der Einfallsrichtung des UV-Lichtes. Beide Photonen besitzen dieselbe Wellenlänge, die etwa der doppelten Wellenlänge des einfallenden Lichtes entspricht. Zusammen haben sie also ungefähr die Energie des eingestrahlten Photons übernommen. Da in die Energiebilanz z. B. auch Atome im Kristall einbezogen werden müssen, variieren Wellenlänge und Winkelbetrag aufeinander folgender Paare in einem schmalen Intervall.

Das Experiment

In einem Experiment, das 1998 in Innsbruck durchgeführt wurde, wurden zwei Doppelspalte und zwei Detektoren benutzt (→**B1**). Im unteren Zweig misst man die Wellenlänge der Photonen, indem man das Interferenzmuster hinter dem Doppelspalt mit dem zugehörigen Detektor schrittweise abtastet.

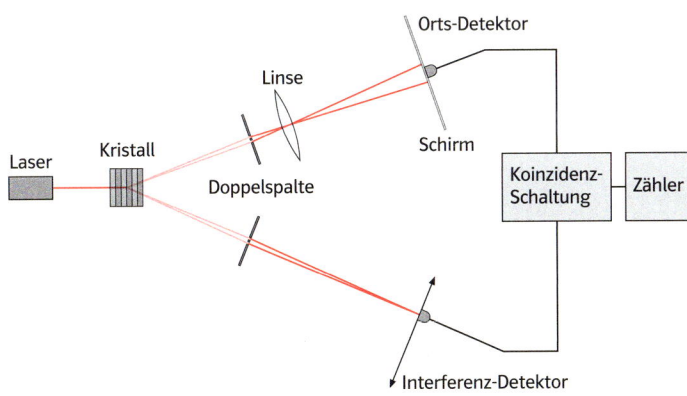

B1 Verschränkte Photonen an Doppelspalten

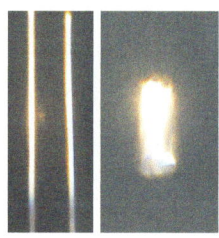

B1

Dieses Muster baut sich aus vielen nacheinander registrierten Ereignissen auf. Der Detektor im unteren Zweig wird Interferenzdetektor genannt.

Die nach oben abgestrahlten Photonen werden ebenfalls auf einen Doppelspalt geschickt (→B1, vorangehende Seite). Wichtiger zusätzlicher Bestandteil im oberen Weg des Experiments ist eine Linse. Sie ermöglicht eine Ortsmessung an dem nach oben abgestrahlten Photon. Mit der Linse lässt sich der Doppelspalt scharf auf die Eintrittsöffnung des Detektors abbilden. Die Eintrittsöffnung ist dabei viel kleiner als die Breite eines der Spaltbilder. Setzt man den Detektor in das Bild genau eines Spaltes, entspricht dies einer Ortsmessung (→B1, links). Verschiebt man die Linse etwas, verschwimmen die beiden Spalt-Bilder zu einem unscharfen Fleck (→B1, rechts). Eine Ortsmessung ist bei dieser Einstellung nicht möglich.
Die beiden Detektoren werden in einer Koinzidenzschaltung betrieben. Dadurch wird sichergestellt, dass nur Zählereignisse beachtet werden, an denen beide Photonen eines Paares beteiligt sind.

Im ersten Teil des Experiments arbeitet man mit unscharfer Einstellung des Spaltbildes im oberen Zweig, also ohne Ortsmessung. Man verschiebt den unteren Detektor langsam durch das erwartete Interferenzmuster und trägt die jeweils in einem Zeitintervall gemessene Anzahl von Koinzidenzereignissen über dem Ort auf. Im Ergebnis erhält man ein Interferenzmuster wie in B2. Aus dem Interferenzmuster kann man die Wellenlänge und damit den Impuls der Photonen bestimmen.

Stellt man nun in einem zweiten Schritt die Linse im oberen Zweig des Experiments so ein, dass die Abbildung scharf wird, kann man dort festlegen, durch welchen Spalt die zu messenden Photonen kommen sollen.

Eine Wiederholung der Messung unter dieser neuen Bedingung ergibt keine Interferenz mehr, die Anzahl registrierter Koinzidenzen ist nahezu nicht mehr vom Ort abhängig. Eine Ortsmessung im oberen Zweig macht eine Wellenlängenmessung unmöglich.

Weiterführende Experimente mit auf andere Weise verschränkten Photonenpaaren zeigen, dass das beobachtete Verhalten auch auftritt, wenn man die beiden Detektoren sehr weit voneinander entfernt aufstellt.

Fazit

Das Experiment widerspricht der Hypothese von Einstein, Podolsky und Rosen: Ort und Impuls bleiben auch bei Paaren verschränkter Photonen komplementäre Größen.

Oft wird die Frage diskutiert, woher das Photon im unteren Pfad wissen kann, dass im oberen Pfad eine Ortsmessung vorgenommen wurde. Durch theoretische Überlegungen wurde gezeigt, dass sich Messergebnisse nur korrekt vorhersagen lassen, wenn man jedes Photonenpaar als eine Einheit auffasst.
Die Photonen eines Paars dürfen nicht als Einzelobjekte betrachtet werden. Verschränkte Photonen nennt man daher „nicht separabel". Im Laufe der Erforschung vergleichbarer Experimente erwies sich die Auffassung, es gebe irgendeine Art von Informationsaustausch zwischen den beiden Photonen eines Paars, als nicht haltbar. Es gibt keine verborgene Wirkung zwischen dem Verschieben der Linse im oberen Zweig und dem Entstehen eines Interferenzmusters im unteren.

Auch hier gilt: Die Wahrscheinlichkeits-Verteilung von Ergebnissen in quantenphysikalischen Experimenten ist durch den gesamten Versuchsaufbau und die Eigenschaften der Quantenobjekte festgelegt. Ändert man den Versuchsaufbau, ändert sich die Wahrscheinlichkeits-Verteilung. Die Auswirkungen einer solchen Änderung betreffen den gesamten Versuch. Auch in diesem Zusammenhang spricht man von **Nicht-Lokalität.**

Seit einigen Jahren nutzt man verschränkte Photonen zur Realisierung abhörsicherer Datenübertragungen auf Lichtleitern.

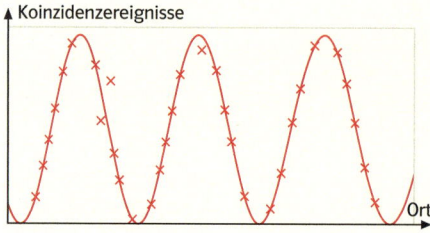

B2 Prinzipielle Gestalt eines Interferenzmusters bei fehlender Ortsinformation

Darstellung der Verschränkung

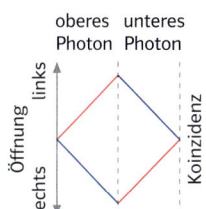

B1 Wahrscheinlichkeits-Baum für das Experiment mit verschränkten Photonen

Das Baumdiagramm Um die Verschränkung erklären zu können, ist eine geeignete mathematische Beschreibung erforderlich, die man als „Superposition von Produktzuständen" bezeichnet. Dazu werden die für ein Experiment denkbaren Möglichkeiten zunächst in einem Baumdiagramm dargestellt.

Das Baumdiagramm wird zweistufig angelegt, indem man jedem der beiden Photonen eine Stufe zuordnet. Auf jeder Stufe gibt es zwei Alternativen („Äste"): Lichtweg durch Spaltöffnung links oder Lichtweg durch Spaltöffnung rechts (→**B1**). Das ist so, weil die beiden Photonen eines Paares in entgegengesetzt gleichen Winkeln zur Einfallsrichtung des Lichtes ausgesandt werden. Bei dem hier betrachteten Aufbau bedeutet das, dass die beiden Photonen eines Paares immer durch „entgegengesetzt gelegene" Spaltöffnungen gehen.

Ein Zählereignis wird registriert, wenn die Bedingung „OberesPhotonLinks UND UnteresPhotonRechts ODER OberesPhotonRechts UND UnteresPhotonLinks" erfüllt ist. In der Quantenphysik bedeutet eine ODER-Verknüpfung, dass das System in einer Superposition zweier Denkmöglichkeiten ist.

Wie in der Stochastik wird eine UND-Verknüpfung in eine Multiplikation der Wahrscheinlichkeiten längs eines Pfades umgesetzt. Eine ODER-Verknüpfung fordert Addition der Ergebnisse an den Enden der beteiligten Pfade. Beides zusammen erklärt, warum man verschränkte Zustände als „Superposition von Produktzuständen" bezeichnet.

Superposition ist die Voraussetzung für Interferenz: Nur solange ein Baum mehr als einen Ast besitzt, kann Interferenz auftreten. Das ist im eben beschriebenen Verschränkungs-Experiment der Fall: Für ein Paar von Photonen gibt es zwei denkmögliche Pfade.

Scharfe Abbildung z.B. der linken Spaltöffnung im oberen Strahl auf die Öffnung des Ortsdetektors legt fest, dass man nur mit Photonenpaaren arbeitet, für die man weiß, welche Öffnung sie durchquert haben. Unter dieser Annahme ist die Wahrscheinlichkeitsamplitude für den rechten Spalt im oberen Zweig null. Im Baum (→**B1**) fällt in diesem Fall der gesamte untere Pfad, beginnend mit „Oberes Photon durch die rechte Öffnung" weg. Daher führt die Umsetzung der UND-Verknüpfung nun auf eine Multiplikation mit Null. Diese lässt das gesamte Produkt verschwinden. Nur ein Pfad bleibt übrig. Interferenz kann daher nicht mehr auftreten.

Eine Modellierung mit einem dynamischen Geometrie-Programm kann dieses Verhalten verdeutlichen. Dazu ordnet man den Ästen im Baum anstelle einer Wahrscheinlichkeit jeweils einen Zeiger (Wahrscheinlichkeits-Amplitude) zu. Danach wird längs eines Pfades multipliziert. Beide Produkte werden addiert, das Ergebnis danach quadriert.
B2a zeigt den Fall, dass sich die Spaltöffnungen im oberen Ast nicht unterscheiden lassen, wenn diese wegen der unscharfen Abbildung verschwimmen. Im unteren Ast entsteht dann Interferenz (blaue Kurve, erzeugt durch virtuelles Verschieben des Detektors im Interferenzmuster). In **B2b** ist der Detektor auf die linke Öffnung des oberen Spalts eingestellt, die Verteilung der Nachweiswahrscheinlichkeit zeigt keine Interferenz (blaue Strecke rechts unten), da auch im unteren Lichtweg die grün gezeichnete Alternative entfällt.

Das Ergebnis der Modellierung stimmt also mit den Beobachtungen in Experimenten überein.

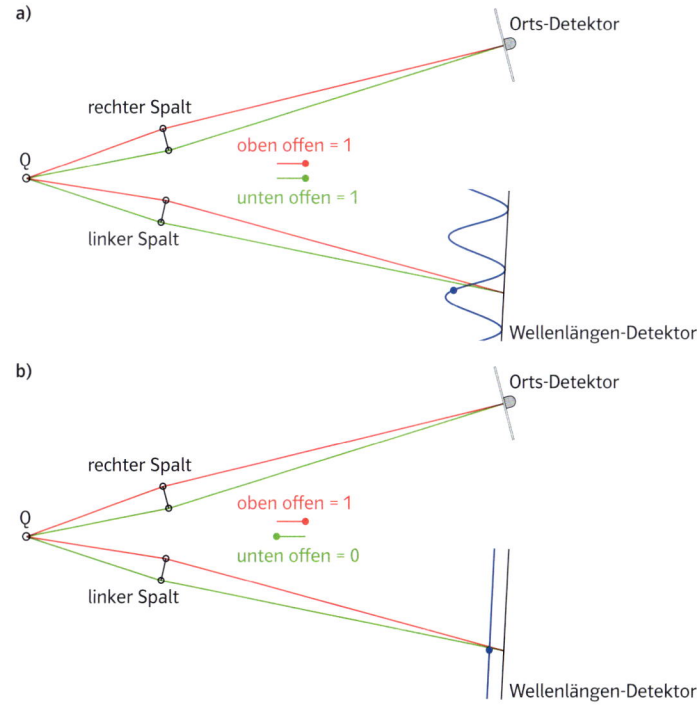

B2 Modellierung

Quantenobjekte sind unteilbar und werden stets als Ganze detektiert. Sie können in Superposition gebracht werden und haben in diesem Zustand keinen Ort mehr. Sie richten sich dann aber nach den von der Wellentheorie vorhergesagten Interferenzmustern.

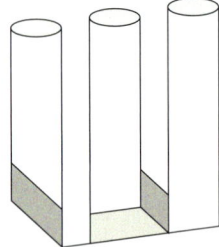

Halten Sie ein Stück Papier über das obige Bild. Verdecken Sie jeweils den oberen oder den unteren Teil des Bildes. Stellen Sie Beziehungen zu Ihren Kenntnissen über Quantenobjekte her.

Das Grundproblem

Aussagen der Quantentheorie sind äußerst präzise, so stimmen z. B. beim magnetischen Moment eines Elektrons theoretisch ermittelter und gemessener Wert in den ersten 7 Ziffern überein.

Dennoch formuliert **Richard Feynman**, der 1965 den Nobelpreis für seine Beiträge zur Quantenelektrodynamik erhielt: *„... ich denke, ich kann davon ausgehen, dass niemand die Quantenmechanik versteht."*

Kopenhagener Deutung

Eine Interpretation der Beobachtungen an Quantenobjekten liefert die Kopenhagener Deutung. Sie wurde bis zum Jahr 1927 von Niels Bohr und Werner Heisenberg im Rahmen ihrer gemeinsamen Arbeit in der dänischen Hauptstadt formuliert.

Die Gesetze der klassischen Physik gelten als deterministisch: Kennt man den Anfangszustand eines Systems und die wirkenden Gesetzmäßigkeiten, lässt sich der zeitliche Verlauf der Systemzustände genau vorhersagen. Eine abweichende Entwicklung eines klassischen Systems führt man in der Regel auf eine fehlerhafte Messapparatur oder die Unzulänglichkeit des Experimentators zurück. Für quantenphysikalische Ereignisse gelten nach der Kopenhagener Deutung andere Grundsätze: Demnach ist es prinzipiell nicht möglich, solche Ereignisse eindeutig vorherzusagen, sondern es können nur Wahrscheinlichkeitsaussagen über die zugehörigen Messgrößen getroffen werden.

Nach Bohr ist die klassische Physik auch für die Quantenphysik von großer Bedeutung: So dienen z. B. Begriffe aus der klassischen Physik zur Beschreibung von quantenphysikalischen Phänomenen, da Messgrößen und Apparaturen nur mit diesen Begriffen zu beschreiben sind. Außerdem schrieb er der Messapparatur eine neue Bedeutung zu: Sie hat bei der Untersuchung von Quantenphänomenen nicht die Rolle eines unbeteiligten passiven Beobachters, sondern steht mit dem untersuchten Quantenobjekt in Wechselwirkung. Quantenobjekt und Messapparatur sind untrennbar miteinander verbunden. Bei einer Messung muss daher stets das Gesamtsystem, bestehend aus Quantenobjekt und Messapparatur, betrachtet werden. Dieses System weist eine Eigenschaft auf (z. B. die Position eines Teilchens). Da die Messung einer anderen Eigenschaft, z. B. des Impulses, eine andere Messapparatur erfordert, lassen sich zwei Größen nicht gleichzeitig messen, sondern sind zueinander komplementär.

Bohr vertrat die Ansicht, dass Quantenobjekte keine real existierenden Objekte seien. Der quantenmechanische Formalismus war für ihn lediglich ein Mittel, um die relative Häufigkeit von Messereignissen zu bestimmen. Diese wird als einziges reales Element betrachtet.

Nach Heisenberg enthielt die Quantenphysik durchaus realistische und auch subjektive Elemente. Das bedeutet, dass der Beobachter den Zustand eines Quantenobjektes verändert, indem er eine Messung an ihm vornimmt. *„Wenn wir beschreiben wollen, was in einem Atomvorgang geschieht, müssen wir davon ausgehen, dass das Wort „geschieht" sich nur auf die Beobachtung beziehen kann, nicht auf die Situation zwischen zwei Beobachtungen."* In diesem Sinne ist auch nach Heisenberg die gleichzeitige exakte Bestimmung zweier Messgrößen an einem Quantenobjekt ausgeschlossen.

A1 ● Im Zusammenhang mit Quantenobjekten wird häufig die Frage nach der Realität gestellt: Existieren Quantenobjekte unabhängig von den Menschen und ihren Beobachtungen? Diskutieren Sie diese Frage und beziehen Sie dabei das folgende Bild mit ein.

Quantenobjekte   Diese Objekte sind dadurch gekennzeichnet, dass sie in **Zwei-Wege-Experimenten** zur Interferenz gebracht werden können.

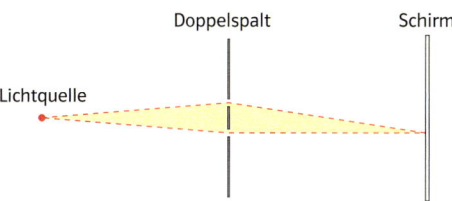

B1 Die Superposition zweier möglicher Pfade führt zu Interferenz.

Quantenobjekte lassen sich einzeln nachweisen. Sie erweisen sich an Doppelspalten oder Strahlteilern als unteilbar, in einem Experiment wie in **B2** treten z. B. nie gleichzeitig Zählereignisse an beiden Detektoren auf.

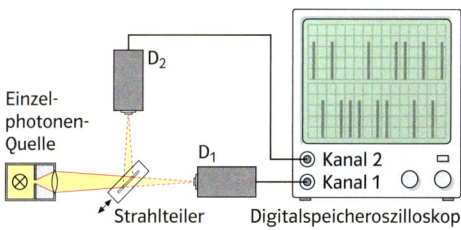

B2

Quantenobjekten kann man eine **Wellenlänge** zuweisen, sodass sich für einen bestimmten Aufbau das Interferenzmuster vorhersagen lässt.

Interferenz von Quantenobjekten   Entscheidend für das Auftreten von **Interferenz** ist, dass sich die Quantenobjekte in einer **Superposition** mehrerer denkmöglicher Pfade befinden. Es darf nicht nachvollziehbar sein, welchen der Pfade ein einzelnes Quantenobjekt genutzt hat. Interferenz tritt bereits dann auf, wenn jeweils nur ein einzelnes Quantenobjekt zur Zeit die Apparatur durchläuft.

Interferenzmuster liefern für Quantenobjekte eine Aussage über die **Nachweiswahrscheinlichkeit** für ein einzelnes Quantenobjekt am Schirm. In der Zeigerdarstellung wird diese durch das Quadrat der Zeigerlänge ermittelt.

Messungen an Quantenobjekten   Für einzelne Quantenobjekte ist die experimentelle Bestimmung der Wellenlänge aus einem Interferenzmuster umso genauer möglich, je weniger genau der Ort bestimmt werden kann, an dem das Quantenobjekt die Spaltanordnung durchquert.

Anders formuliert sinkt die Unbestimmtheit für den Impuls Δp, wenn die Unbestimmtheit des Ortes Δx steigt. Dies besagt die **Heisenberg'sche Unbestimmtheitsrelation**

$$\Delta p \cdot \Delta x \geq \frac{h}{4\pi}$$

Größen, die wie Impuls und Ort über die Unbestimmtheitsrelation verknüpft sind, werden als **komplementär** bezeichnet. Energie und Zeit sind ebenfalls komplementär zueinander, hier gilt:

$$\Delta E \cdot \Delta t \geq \frac{h}{4\pi}$$

Wege bzw. Bahnen lassen sich für einzelne Quantenobjekte nicht vorhersagen. **Welcher-Weg-Experimente**, z. B. im Mach-Zehnder-Interferometer, weisen auf die Nichtlokalität der Quantenphysik hin: Der gesamte Versuchsaufbau bestimmt über das Versuchsergebnis. Eine Wechselwirkung zwischen Quantenobjekt und Versuchsaufbau tritt nicht auf.

Verschränkung   Paare von Quantenobjekten können in den Zustand der Verschränkung gebracht werden. Sie bilden dann eine Einheit, in der durch den Zustand eines der Partner auch der Zustand des anderen festgelegt ist.

Photonen   Die Quantenobjekte des Lichtes bezeichnet man als Photonen. Sie lassen sich als Energieportionen vom Betrag $E_{Ph} = h \cdot f$ deuten, wobei h die Planck'sche Konstante bezeichnet.
Eine Aussage über die Geschwindigkeit, mit der sich einzelne Photonen ausbreiten, ist nicht möglich. Ihnen kann keine Bahn zugeschrieben werden.

Licht aus alltäglichen Lichtquellen zeigt ebenso Interferenz wie Licht aus Einzelphotonen-Quellen. Seine Zusammensetzung aus unteilbaren Quantenobjekten lässt sich aber in Experimenten nicht nachweisen.

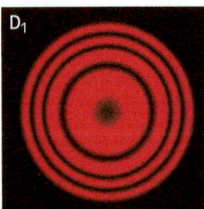

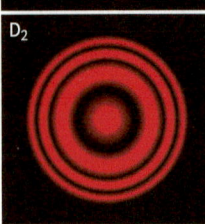

B1 Geringfügig aufgeweitete Interferenzmuster

Das Mach-Zehnder-Interferometer Abbildung **B2** zeigt ein Mach-Zehnder-Interferometer. L ist eine Lichtquelle (Laser), D$_1$ und D$_2$ sind Detektoren bzw. Schirme.

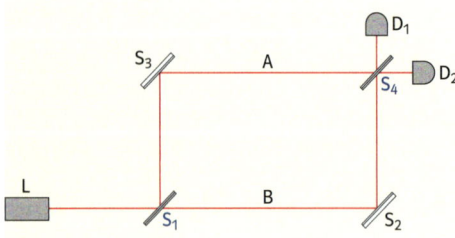

B2

a) Auf den Schirmen beobachtet man Muster wie in **B1**. Erklären Sie, warum das Zentrum des einen Ringsystems hell, das des anderen dunkel erscheint.
b) An vielen verschiedenen Orten wird in völlig identischen Anordnungen jeweils ein Photon auf einem Schirm registriert.

Stellen Sie eine Hypothese darüber auf, welches Bild sich beim Übereinanderlegen aller Schirme ergibt.
c) Machen Sie Aussagen darüber, welchen Weg ein einzelnes Photon nimmt.

Lösung: a) Die Zentren der beiden Bilder gehören zu den idealisierten Lichtwegen aus der Aufbauzeichnung **B2**. Die identischen Längen führen zusammen mit den Phasensprüngen an den Spiegeln dazu, dass im oberen Detektor destruktive Interferenz auftritt, im rechten konstruktive Interferenz.
b) Einzelereignisse sind nicht vorhersagbar. Bei vielen Ergebnissen ergibt sich das Interferenzmuster aus a).
c) Für Quantenobjekte sind Wegaussagen nicht möglich. Es gibt nur Wahrscheinlichkeitsaussagen für die Registrierung in einem der Detektoren. Dafür müssen alle denkbaren Wegmöglichkeiten berücksichtigt werden.

B3 Zu Aufgabe 4

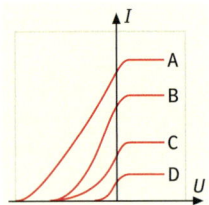

B4 Zu Aufgabe 3

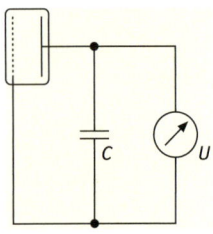

B5 Zu Aufgabe 6

A1 ○ Lässt man Elektronen gleicher Geschwindigkeit und Richtung durch einen feinen Doppelspalt treten, so entsteht ein Streifenmuster, wie es bei der Interferenz von Licht zu beobachten ist. Beschreiben Sie, welche Vorstellung über Elektronen sich daraus ergibt.

A2 ○ In einer Elektronenbeugungsröhre wird ein Elektronenstrahl auf eine Graphitschicht gelenkt. Auf dem Schirm erzeugen die Elektronen Kreisringe, deren Radien sich über die Beschleunigungsspannung U_B verändern lassen.
a) Erläutern Sie das Zustandekommen der Ringe. Welche Hypothese über die Natur der Elektronen wird dabei gemacht?
b) Geben Sie an, welche Naturkonstante sich aus den Messwerten ergibt.
c) Erklären Sie, was man unter der De-Broglie-Wellenlänge der Elektronen versteht. Erläutern Sie, weshalb man erst bei vielen Elektronen gleicher Energie auf diese Vorstellung kommt.

A3 ◒ **a)** Eine Fotozelle wird belichtet. Geben Sie eine Schaltung an, mit der die Werte für das Diagramm **B4** aufgenommen werden können.
b) Erklären Sie den Verlauf des Graphen A sowie Gemeinsamkeiten bzw. Unterschiede zu den anderen Graphen unter der Annahme, dass stets nur Licht einer Wellenlänge verwendet wurde.

A4 ◒ Auf der am Rand abgebildeten Briefmarke wird der Fotoeffekt dargestellt. Geben Sie an, wo die Elektronen die größte Energie erhalten. Begründen Sie Ihre Antwort.

A5 ◒ Auf die Kathode einer Fotozelle fällt Licht der Wellenlänge $\lambda = 436$ nm. Die Arbeit ΔE zum Auslösen von Elektronen aus dieser Kathode betrage $3,0 \cdot 10^{-19}$ J. Berechnen Sie die Grenzfrequenz und die maximale Bewegungsenergie der ausgelösten Elektronen. Erklären Sie, warum die Bewegungsenergie der Elektronen bei Licht mit doppelter Frequenz nicht doppelt so groß ist.

A6 ◒ Parallel zu einer Fotozelle ist ein Kondensator geschaltet (→**B5**): Wird die Fotozelle mit Licht einer Wellenlänge beleuchtet, so stellt sich am Kondensator C eine zeitlich konstante Endspannung ein. Man misst folgende Werte:

Wellenlänge des Lichts in nm			
546	434	405	366
Endspannung am Kondensator in V			
0,27	0,81	1,02	1,35

a) Erklären Sie das Versuchsergebnis.
b) Stellen Sie den Zusammenhang zwischen Lichtfrequenz und Spannung grafisch dar und bestimmen Sie die Konstante *h*, die Grenzfrequenz und die Austrittsarbeit.

c) Nennen Sie die Veränderungen im Versuchsablauf, die Sie erwarten, wenn man
- die Lichtintensität verkleinert.
- den Kondensator durch einen mit größerer Kapazität ersetzt.

A7 ○ Die Tabelle gibt die zum Herauslösen eines Elektrons erforderliche Energie ΔE bei verschiedenen Materialien an:

Metall	Cs	Rb	Ba	Mg	Zn	Ag	Pt
ΔE in 10^{-19} J	3,04	3,36	4,01	5,93	6,89	7,53	10,09

a) Berechnen Sie jeweils die zum Fotoeffekt erforderlichen Grenzwellenlängen.
b) Rubidium wird mit Licht der Wellenlänge λ = 436 nm beleuchtet. Berechnen Sie die Geschwindigkeit der schnellsten der herausgelösten Elektronen.
c) Berechnen Sie die Wellenlänge des Lichtes, mit dem Platin beleuchtet werden muss, damit Elektronen mit einer maximalen Bewegungsenergie von 1,602 · 10^{-19} J austreten können.
d) Geben Sie die Spannung U_G an, bei der beim Beleuchten der Mg-Kathode einer Fotozelle mit Licht der Wellenlänge λ = 302 nm keine Elektronen mehr zur Anode gelangen.

A8 ○ **a)** Berechnen Sie die maximale Spannung, die man messen kann, wenn eine Kaliumplatte mit Licht der Wellenlänge λ = 350 nm bestrahlt wird. Die Austrittsarbeit für Kalium beträgt ΔE = 3,6 · 10^{-19} J.
b) Die Kaliumplatte hat eine Fläche von 1,0 cm^2. Die Bestrahlungsstärke beträgt 2,0 W/m^2. Man misst einen Fotostrom von 1,4 · 10^{-11} A. Berechnen Sie die Anzahl der pro Sekunde auftreffenden Photonen und der ausgelösten Elektronen. Vergleichen Sie die Werte und deuten Sie das Ergebnis.

A9 ○ Licht der Wellenlänge λ = 500 nm trifft auf eine Metalloberfläche und es werden Elektronen mit einer Maximalgeschwindigkeit von 6,0 · 10^5 ms^{-1} ausgelöst.
a) Berechnen Sie die notwendige Energie zum Herauslösen der Elektronen aus dem Metall und geben Sie die Grenzfrequenz für dieses Metall an.
b) Erklären Sie, warum man von der maximalen Geschwindigkeit spricht.

A10 ○ Ein Lichtblitz transportiert bei einer Wellenlänge von λ = 510 nm die Energie 2,5 · 10^{-17} J. Berechnen Sie, aus wie vielen Photonen er besteht.

A11 ○ Der Mensch kann Licht der Wellenlänge λ = 600 nm gerade noch mit bloßem Auge wahrnehmen, wenn es in den Sehzellen der Netzhaut eine Energie von mindestens 2 · 10^{-18} J umsetzt. Geben Sie an, um wie viele Photonen es sich mindestens handeln muss.

A12 ○ Die Kathode einer Fotozelle wird mit Licht konstanter Intensität und bestimmter Frequenz f bestrahlt. Die Abbildung **B1** am Rand zeigt den Zusammenhang zwischen Stromstärke I und Spannung U_G.
a) Erklären Sie, weshalb sich bei diesem Kurvenverlauf auf eine Geschwindigkeitsverteilung der Fotoelektronen schließen lässt.
b) Bei genauer Beobachtung stellt man fest, dass bei sehr kurzwelligem Licht hoher Intensität und weiter zunehmender Spannung in negativer Richtung die Stromstärke etwas ansteigt und schließlich einen konstanten Wert erreicht. Erklären Sie dieses Verhalten.
c) Beschreiben Sie, wie sich die Anfangsgeschwindigkeit der Elektronen ändert, wenn das Licht durch einen Schirm auf die halbe Intensität abgedunkelt wird.

A13 ○ Erläutern Sie, wodurch sich die „Unsicherheit" eines klassischen Messergebnisses von der „Unbestimmtheit" von Vorhersagen für Quantenobjekte unterscheidet.

A14 ○ Berücksichtigt man die Heisenberg'sche Unbestimmtheitsrelation, so kann man bei einem Fußball gleichzeitig von einem genau bestimmten Ort und einer bekannten Geschwindigkeit sprechen. Beim Elektron ist das nicht der Fall. Erläutern Sie Hintergründe und Grenzen dieser Aussage.

A15 ○ Ein Elektron und ein Ball der Masse 150 g bewegen sich jeweils mit der Geschwindigkeit 220 ms^{-1}, die mit 0,065 % unbestimmt ist. Geben Sie an, wie groß dann für beide Objekte die zu erwartende Unbestimmtheit ist, wenn man den Ort möglichst genau messen will.

A16 ○ Die Unbestimmtheit der Ortsangabe für ein Elektron sei Δx = 1,6 · 10^{-8} m. Berechnen Sie, mit welcher Genauigkeit sich dann die Geschwindigkeit des Elektrons höchstens bestimmen lässt.

A17 ○ Kommentieren Sie die Aussage: „Je größer die Masse eines Körpers ist, desto genauer kann seine Ortsveränderung angegeben werden." unter Bezug auf die Heisenberg'sche Unbestimmtheitsrelation.

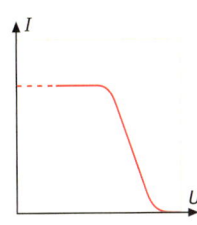

B1 Zu Aufgabe 12

A18 ⊖ **a)** Formen Sie die Unbestimmtheitsrelation für Energie und Zeit: $\overline{\Delta E} \cdot \overline{\Delta t} \geq h/4\pi$ so um, dass eine Unbestimmtheit der Frequenz $\overline{\Delta f}$ von Lichtwellen angegeben wird.
b) Geben Sie die Unbestimmtheiten $\overline{\Delta f}$ und $\overline{\Delta \lambda}$ für Licht mit der Wellenlänge $\lambda = 600\,\text{nm}$ an, wenn die Lichtaussendung eine Unbestimmtheit von $\Delta t = 10^{-8}\,\text{s}$ hat.

A19 ⊖ Die beiden Spalte eines Doppelspaltes seien mit drehbaren Polarisationsfiltern abgedeckt (→**B3**). Je nach Stellung der Filter ist Interferenz zu beobachten oder nicht. Begründen Sie dies und kennzeichnen Sie die Fälle mit Interferenz.

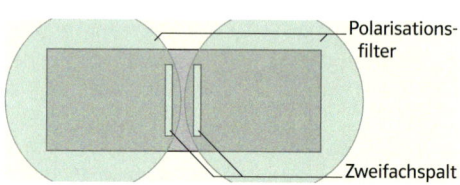

B3 Zu Aufgabe 19

Polarisationsfilter

Zweifachspalt

A20 ⊖ **a)** Bei Interferenzexperimenten mit Fullerenen sorgt man dafür, dass möglichst alle Fullerene die gleiche Geschwindigkeit haben. Begründen Sie diese Notwendigkeit.
Im Folgenden wird ein Gedankenversuch beschrieben: Fullerene werden auf einen Dreifachspalt gelenkt. Dahinter befindet sich an einer Stelle ein Detektor, der einzelne Fullerene registrieren kann.
b) Beschreiben Sie anhand geeigneter Skizzen ein Verfahren, die Nachweiswahrscheinlichkeit am Ort des Detektors zu ermitteln.
c) Bei hoher Intensität oder langer Versuchsdauer ergibt sich insgesamt ein für den Dreifachspalt typisches Interferenzmuster. Nehmen Sie an, es könne eindeutig festgestellt werden, wenn ein Fulleren durch den mittleren Spalt geht. Beschreiben und begründen Sie Veränderungen im Interferenzmuster.

A21 ⊖ Es wird mit 100 Photonen und einem Zweifachspalt experimentiert.
a) 100 Experimentatoren schicken je ein Photon auf je eine Spaltanordnung und markieren den Auftreffort auf einem Schirm. Inwieweit ist eine Vorhersage möglich?
b) In einem Experiment werden alle 100 Photonen auf eine Spaltanordnung geschickt. Machen Sie eine Aussage über das Schirmbild.
c) Die Auftrefforte aus a) werden alle auf einen Schirm übertragen. Vergleichen Sie mit dem Ergebnis aus b).

A22 ○ Erklären Sie die Funktionsweise der in Abbildung **B1** gezeigten Röntgenröhre.

A23 ⊖ Zwischen Kathode und Anode einer Röntgenröhre liegt die Spannung $5 \cdot 10^4\,\text{V}$. Die Anodenstromstärke ist $I = 20\,\text{mA}$. Nur 0,1 % der zugeführten Energie wird in Röntgenstrahlung umgesetzt.
a) Berechnen Sie die maximale Frequenz der entstehenden Röntgenstrahlung.
b) Geben Sie an, welche Energie die Röntgenstrahlung hat und was mit dem anderen Teil der zugeführten Energie geschieht.

A24 ⊖ **a)** Berechnen Sie die Spannung, mit der eine Röntgenröhre betrieben werden muss, wenn die Röntgenstrahlung die Wellenlänge 66 pm enthalten soll.
b) Geben Sie an, wie ein NaCl-Kristall ($a = 282\,\text{pm}$) in den Strahlengang gebracht werden muss, damit die Wellenlänge 71 pm „ausgefiltert" wird.
c) Unter welcher Voraussetzung sind weitere Wellenlängen im reflektierten Strahl vorhanden? Um welche Wellenlängen handelt es sich?

A25 ○ Beschreiben Sie, wie Sie Grenzfrequenz und Intensität einer an einem Lithiumfluorid-Kristall reflektierten Röntgenstrahlung bestimmen können.

A26 ⊖ Die Abbildung **B2** zeigt den Verlauf der Intensität (Zählrate) von Röntgenstrahlung für verschiedene Spannungen U_B.
Beschreiben Sie, wie die Röntgenstrahlung entsteht und weshalb es zu jeder Spannung eine Grenzwellenlänge gibt.

A27 ⊖ Röntgenstrahlung wird unter 120° an einem Graphitkristall gestreut und nach dem Bragg'schen Verfahren untersucht (→**B4**).
a) Erklären Sie, weshalb man zwei Maxima misst.
b) Bestimmen Sie die Planck'sche Konstante h unter der Annahme, dass die Wellenlänge der Röntgenstrahlung $\lambda = 48 \cdot 10^{-12}\,\text{m}$ beträgt.

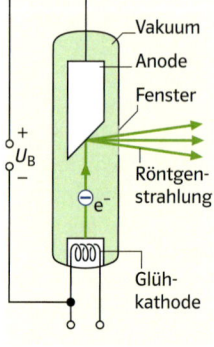

Vakuum
Anode
Fenster

$+$
U_B
$-$

Röntgenstrahlung

e^-

Glühkathode

B1

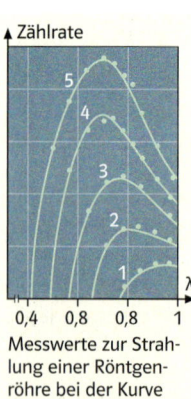

Zählrate

5
4
3
2
1

λ

0,4   0,8   0,8   1

Messwerte zur Strahlung einer Röntgenröhre bei der Kurve
1 für $U_\text{B} = 17\,\text{kV}$
2 für $U_\text{B} = 19\,\text{kV}$
3 für $U_\text{B} = 22\,\text{kV}$
4 für $U_\text{B} = 25\,\text{kV}$
5 für $U_\text{B} = 30\,\text{kV}$

B2

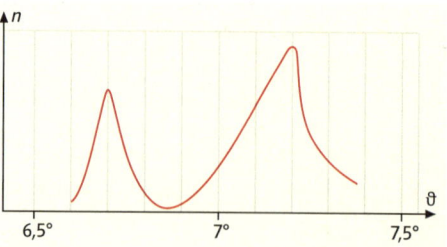

n

6,5°   7°   7,5°

ϑ

B4

11 Atomphysik

Stoffe können nach Energiezufuhr Licht aussenden. Wie entstehen die Farben?

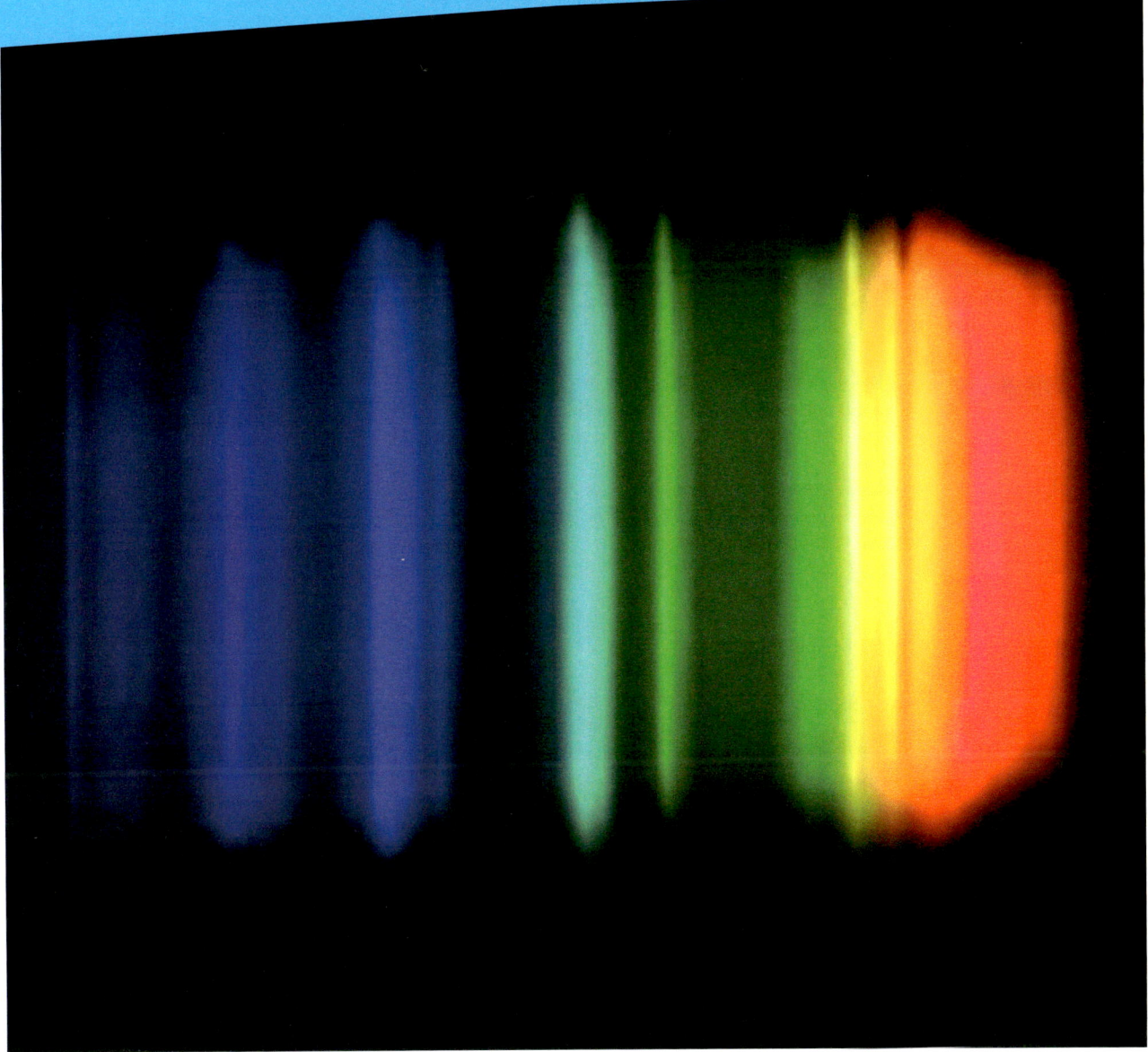

Ernest Rutherford untersuchte Atome, indem er verschiedene Proben der gerade entdeckten, energiereichen α-Strahlung aussetzte. Erste Versuche lieferten keine Ergebnisse. Trotzdem beauftragte er seinen Assistenten **Ernest Marsden** mit der Fortsetzung der Untersuchung: „Ich erwarte zwar nicht, dass aus Ihren Experimenten etwas Vernünftiges herauskommt, aber passen Sie trotzdem auf, vielleicht finden Sie etwas Neues!"

Die Schreibweise $^{12}_{6}C$ gibt an, dass es sich um ein Kohlenstoffatom mit 6 Protonen und 12 Kernbausteinen handelt, d.h., der Atomkern enthält $12 - 6 = 6$ Neutronen.

Ernest Rutherford
(1871–1937)

B1 Ölfleck auf einer Wasseroberfläche

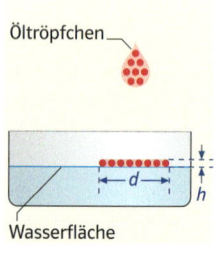

B2 Dünnste Schicht an Ölmolekülen

Masse von Atomen

In der Antike entwickelten die griechischen Gelehrten **Leukipp** und **Demokrit** die Vorstellung vom Aufbau der Welt aus kleinsten, nicht weiter teilbaren Teilchen (griech. átomos = unteilbar).

Dalton griff diese Vorstellung im 18. Jahrhundert wieder auf. Die Erhaltung der Masse und die Konstanz der Massenverhältnisse bei chemischen Reaktionen deutete er mit der Vorstellung, dass die Materie aus Atomen besteht und dass alle Atome eines chemischen Elementes gleich sind. Nach dieser Hypothese bestehen alle stofflich einheitlichen Körper aus einer abzählbaren Anzahl gleicher Teilchen, den **Atomen** oder **Molekülen**.

Die **Stoffmenge** n eines Körpers ist durch die Zahl der in ihm enthaltenen, gleichartigen Teilchen festgelegt. Nach der Definition enthält ein Körper mit der Stoffmenge $n = 1\,mol$ so viele Teilchen, wie 12 g Kohlenstoff der Sorte $^{12}_{6}C$ Atome enthält. Messungen der Teilchenzahl ergeben einen Wert von $6{,}0220 \cdot 10^{23}$ Teilchen pro Mol. Daraus wurde die Größe $N_A = 6{,}0220 \cdot 10^{23}\,mol^{-1}$ abgeleitet, sie heißt **Avogadro'sche Konstante**.

Die Masse von Atomen wird in der Einheit 1u als $\frac{1}{12}$ der Masse eines Kohlenstoffatoms $^{12}_{6}C$ angegeben. Es gilt:

$1u = 1{,}660\,540\,2 \cdot 10^{-27}\,kg$

Größe von Atomen

Mit dem „Ölfleckversuch" lassen sich Anzahl und Größe von Ölmolekülen abschätzen. Dazu wird ein Öl-Leichtbenzin-Gemisch tropfenweise mit einer Pipette auf eine Wasseroberfläche gegeben. Die Wasseroberfläche wurde zuvor mit Schwefelpulver bestreut. Es bildet sich ein Fleck, der sich beim Verdunsten des Benzins etwas verkleinert (→B1). Das verbliebene Öl bildet auf dem Wasser eine dünne Schicht, deren Fläche sich bei vorsichtigem Rühren nicht verändert. Man kann annehmen, dass die Schicht aus einer einzigen Lage von Ölmolekülen besteht (→B2).

Aus dem Volumen des Öls und der Fläche des Ölflecks kann man die Schichtdicke und damit eine Näherung für den Durchmesser der Ölmoleküle bestimmen. Das Ergebnis bestätigt folgende Abschätzung: Der Durchmesser von Molekülen beträgt einige Nanometer, d.h., in einem Kubikzentimeter eines Stoffes befinden sich ca. 10^{21} Moleküle.

Thomson'sches Atommodell

1896 hatte J. J. Thomson **Elektronen** als Bestandteil von Atomen erkannt. Da Atome nach außen neutral sind, müssen sie neben den Elektronen mit ihrer negativen Ladung auch eine positive Ladung enthalten.
Thomson stellte sich die Atome als kompakte Kugeln vor, in denen die positive Ladung gleichmäßig verteilt ist. Die Elektronen sollten in diesen Kugeln wie Rosinen in einem Kuchen verteilt sein.

Ein Modellversuch zum Thomson'schen Atommodell zeigt, dass sich mehrere Körper bei anziehenden und abstoßenden Kräften nicht beliebig anordnen (→B3): Ein Wassergefäß befindet sich im Magnetfeld einer Spule. Es stellt die positive Ladung im Atom dar. Magnetisierte Stecknadeln schwimmen, mit dem gleichen Pol in Korkscheiben gesteckt, auf dem Wasser. Sie stellen die sich gegenseitig abstoßenden Elektronen im Atom dar. Die Magnetnadeln verteilen sich in dem verfügbaren Raum so, dass ihre potenzielle Energie minimal ist.

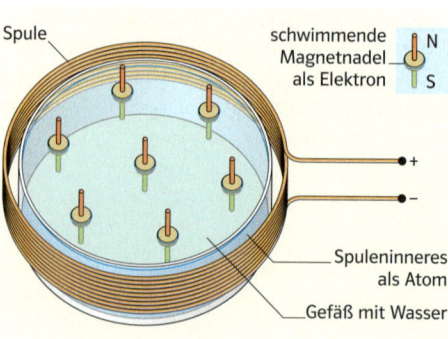

B3 Modell zum Thomson'schen Atommodell

Der Streuversuch von Rutherford

1910 wurde im Labor des englischen Physikers **Ernest Rutherford** durchdringende α-Strahlung, die von Radiumpräparaten ausgesendet wurde, in einem Vakuumgefäß auf 400 nm dicke Goldfolien gerichtet. α-Strahlung besteht aus Helium-Atomkernen. Auf einem Fluoreszenzschirm kann man die α-Teilchen als Lichtblitze nachweisen (→**B1**).

Nach der Thomson'schen Atomvorstellung müsste die Materie in der Goldfolie gleichmäßig verteilt sein. Da die α-Teilchen eine hohe Bewegungsenergie besitzen, sollten sie in den Folienatomen nur in seltenen Fällen stecken bleiben, die Mehrzahl sollte sie etwas abgebremst geradeaus durchdringen. Eine Richtungsänderung war nach dem Thomson'schen Modell nicht zu erwarten.
Im Experiment durchdringt der größte Teil der α-Strahlung die Folie wie erwartet, allerdings wird ein Bruchteil auch abgelenkt und sogar zurückgestreut (→**B2**).
Die Verteilung der gestreuten Heliumkerne zeigt, dass sie sich dem Streukörper auf 10^{-14} m nähern.

Rutherford soll dazu gesagt haben: „Es war so unglaublich, wie wenn jemand eine 15-Zoll-Granate auf ein Stück Papier gefeuert hätte und dann von zurückprallenden Geschossteilen selbst getroffen worden wäre."

Das Kern-Hülle-Modell

Die Versuchsergebnisse deutete Rutherford 1911 als Wechselwirkung von positiv geladenen Heliumkernen, aus denen die α-Strahlung besteht, mit einem Teil im Atom, der fast die gesamte Masse und die positive Ladung des Atoms auf kleinem Raum vereinigt. Daraus ergibt sich das folgende **Kern-Hülle-Modell** des Atoms: Die Masse und die positive Ladung eines Atoms sind in einem kleinen Raumbereich, dem **Atomkern**, konzentriert. Den Kern umgibt eine **Hülle** aus Elektronen.

Rutherford gelang es, aus dem Anteil der genau rückwärts gestreuten Heliumkerne eine Größenordnung für den Kerndurchmesser von $d \approx 10^{-14}$ m zu ermitteln.
Rückwärtsstreuung bedeutet nach dem Impulssatz, dass der Streukörper eine größere Masse als die Heliumkerne hat.

Der positiv geladene Atomkern vereinigt fast die gesamte Masse des Atoms in sich. Er ist von einer Hülle aus Elektronen umgeben.

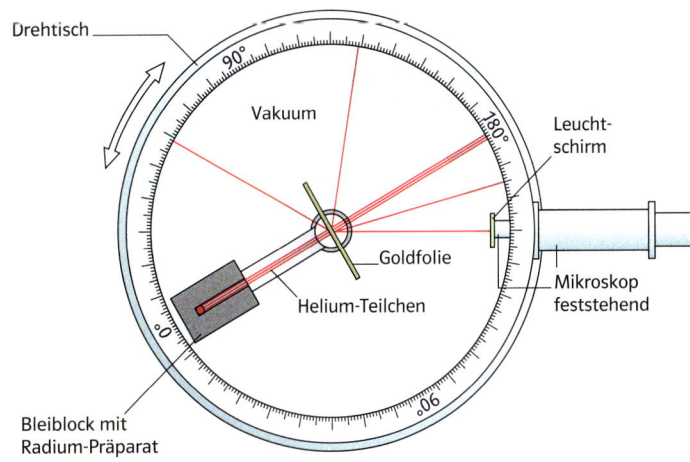

B1 Versuchsanordnung nach Rutherford

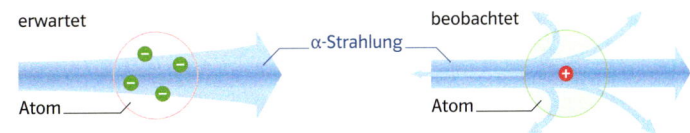

B2 α-Strahlung wird von Atomen gestreut.

A1 ⊖ Aus Öl und Leichtbenzin wird eine Mischung im Verhältnis 1:1000 hergestellt. 78 Tropfen ergeben 1 cm³ der Mischung, mit der der Ölfleckversuch durchgeführt wird. Es ergeben sich die Werte in Tabelle **B4**. Bestimmen Sie zunächst die Menge des Öls in den Tropfen und daraus die Schichtdicke des Ölflecks. Schätzen Sie den Durchmesser von Molekülen ab.

A2 ○ Simulieren Sie den Rutherford'schen Streuversuch, indem Sie einen Tischtennisball (α-Teilchen) gegen eine regelmäßige Anordnung von Murmeln (Goldatomkerne) rollen lassen (→**B3**). Variieren Sie Abstand und Anordnung der Murmeln. Ersetzen Sie den Tischtennisball durch eine Murmel.
Vergleichen Sie Ihre Beobachtungen mit den Rutherford'schen Ergebnissen.

Tropfenanzahl	Fläche in cm²
1	78
2	157
3	235

B4 Ergebnisse des Ölfleckversuchs

B3 Modellversuch zum Rutherford-Experiment

Theorie der Rutherford-Streuung

Problem Streuversuche sind eine wichtige experimentelle Untersuchungsmethode in der Atom-, Kern- und Elementarteilchenphysik. Dabei wird ein Strahl von Teilchen auf Zielteilchen („targets") gerichtet und dort abgelenkt. Die Wechselwirkung erfolgt auf kleinem Raum in sehr kurzer Zeit, sodass eine direkte Beobachtung nicht möglich ist. Messbar sind nur die Zustände der Streuteilchen weit entfernt vor der Wechselwirkung und die Zustände weit entfernt nach der Wechselwirkung, deren statistische Verteilung man beobachtet. Gleichzeitig versucht man, die Vorgänge bei der Wechselwirkung theoretisch zu erfassen. Aus dem Vergleich mit den statistischen experimentellen Daten lassen sich dann Rückschlüsse auf die Art der Wechselwirkung ziehen. Viele Wechselwirkungen der Elementarteilchenphysik sind dabei so kompliziert, dass theoretische Analysen nur numerisch möglich sind.

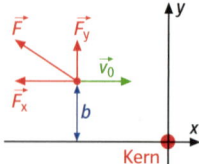

B1 Koordinatensystem und Kräftezerlegung

Modellbildung Beim Rutherford'schen Streuversuch werden α-Teilchen mit Ladung $q = 2e$ und Bewegungsenergie E_B im elektrischen Feld des Target-Atomkerns mit Ladung Q abgelenkt. Es handelt sich um ein Zentripetalkraft-Problem, das sich analog zur Bewegung im Gravitationsfeld modellieren lässt (→B3). Abbildung **B1** zeigt das verwendete Koordinatensystem und die Kräftezerlegung. Da die Kräfte bei der Streuung abstoßend sind, treten keine geschlossenen Kurven auf.

Neben der Bewegungsenergie beeinflusst der Streuparameter b die Bahnkurve: Dies ist der Abstand, in der das Streuteilchen ohne Wechselwirkung am Target vorbeifliegen würde, also die y-Koordinate des Streuteilchens weit vor dem Target. Jedes einlaufende Streuteilchen ist durch E_B und b bestimmt.

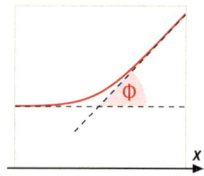

B2 Streuwinkel

Hinweise Die Kraft zwischen zwei geladenen Kugeln heißt Coulombkraft, für sie gilt:

$$F_{el} = \frac{1}{4\pi \cdot \varepsilon_0} \cdot \frac{q \cdot Q}{r^2}$$

Da diese Kraft nur in geringer Entfernung zum Kern wirkt, wählt man z.B.
`x_min = -2E-13m, x_max = 2E - 13m` und als Schrittweite `dx = 5E - 22m`.

Zur Darstellung der Bahn trägt man die x- und y-Werte der Lösung gegeneinander auf. Für die Beschleunigung gilt:

$$a_x = \frac{F_{el}}{m} \cdot \frac{x}{r}; \quad a_y = \frac{F_{el}}{m} \cdot \frac{y}{r}$$

Die Richtung der Bahn nach der Streuung weit weg vom Streuzentrum kann man eindeutig durch den Streuwinkel Φ beschreiben. Dabei ist Φ der Winkel der Asymptoten, an die sich die Bahnkurve nach der Streuung annähert gegenüber der Anfangsrichtung (→B2).

A1 ◐ Simulieren Sie die Bahnkurven für verschiedene Werte des Streuparameters b (→B4). Werten Sie die Diagramme aus, indem Sie zu jeder Bahn den Streuwinkel Φ bestimmen. Tragen Sie Φ gegen b grafisch auf.

A2 ● Im Experiment treten in einem Strahl aus α-Teilchen alle Streuparameter b gleich wahrscheinlich auf. Diskutieren Sie mit Hilfe Ihres b-Φ-Diagramms, welche Verteilung der Zustände Sie erwarten.

A3 ● Informieren Sie sich über den Abstand der Goldatome und die Schichtdicke der im Experiment verwendeten Folien. Schätzen Sie damit ab, ob damit zu rechnen ist, dass die α-Teilchen von mehreren Goldatomen abgelenkt werden.

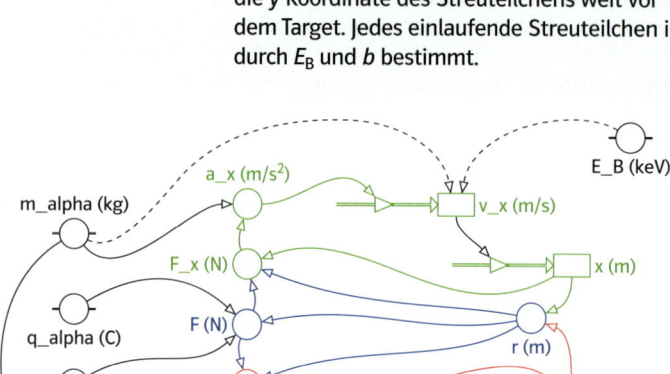

B3 Wirkungsgefüge zur Rutherford-Streuung

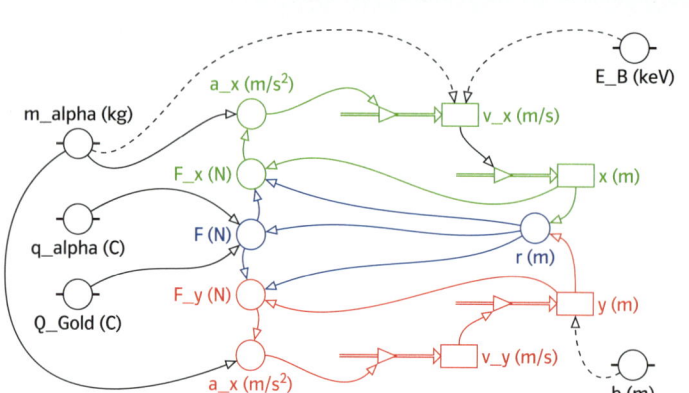

B4 Bahnkurven der Rutherford-Streuung

Der Franck-Hertz-Versuch

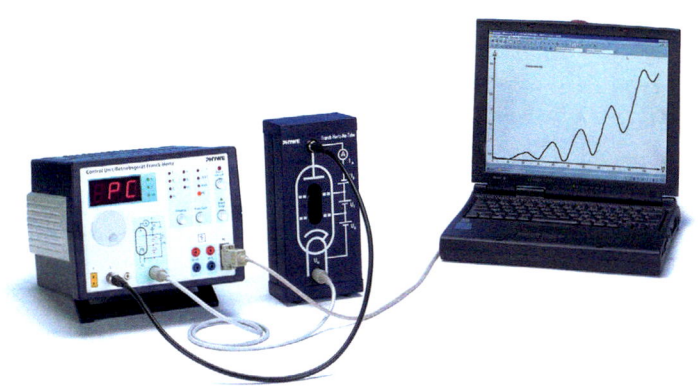

B1 Aufbau des Franck-Hertz-Versuchs

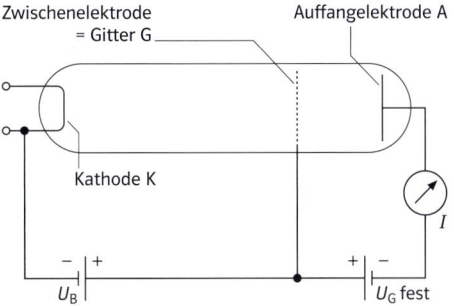

B2 Schaltplan zum Versuch

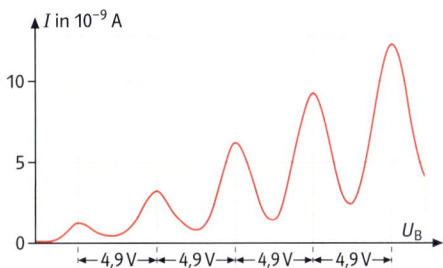

B3 U_B-I-Graph

Aufgabe: Es soll die Wechselwirkung beschleunigter Elektronen mit Quecksilberatomen untersucht werden.

Material: Elektronenröhre, die einen Tropfen Quecksilber enthält und drei Elektroden besitzt (Kathode K, Gitter G, Auffangelektrode A); Spannungsquelle; Stromstärkemessgerät; Heizgerät für die Röhre; Spannungsmessgerät

Durchführung: Die Röhre wird zunächst im Heizgerät erhitzt, um das Quecksilber zu verdampfen. Zwischen Kathode K und Gitter G, das als Zwischenelektrode dient, wird eine Beschleunigungsspannung U_B angelegt. Auch zwischen Gitter G und Auffangelektrode A wird eine Spannung angelegt, aufgrund ihrer zu U_B umgekehrten Polung bezeichnet man sie als Gegenspannung U_G (→**B2**). Sie bremst die zunächst beschleunigten Elektronen wieder ab. Elektronen mit ausreichend hoher Geschwindigkeit erreichen die Auffangelektrode und werden dort als Strom registriert.

Für die Messung wird die Spannung U_G konstant gehalten, die Beschleunigungsspannung U_B dagegen variiert. Man zeichnet die Stromstärke I zwischen Gitter G und Elektrode A in Abhängigkeit von der Beschleunigungsspannung U_B auf und stellt sie in einem U_B-I-Diagramm dar (→**B3**).

Beobachtung und Messung: Die Stromstärke nimmt bei steigender Beschleunigungsspannung zu. Dies geschieht jedoch nur bis zu einem bestimmten Wert, danach fällt die Stromstärke deutlich ab.

Bei weiterer Erhöhung der beschleunigenden Spannung steigt die Stromstärke erneut auf ein Maximum, um dann wieder abzufallen. Der Abstand der Maxima beträgt jeweils 4,9 V. Der Verlauf des Graphen ist in Abbildung **B3** zu erkennen.

Deutung: Auf dem Weg zwischen Kathode und Gitter scheint es zwischen den Elektronen und den Quecksilberatomen zu Wechselwirkungen zu kommen: Einige der Elektronen geben dabei Energie an Quecksilberatome ab. An der Abnahme der elektrischen Stromstärke zeigt sich, dass diese Elektronen das Gegenfeld nicht mehr überwinden können.

Wenn die beschleunigende Spannung erhöht wird, können die Elektronen auf der Strecke zwischen dem Ort der Wechselwirkung und dem Gitter erneut Energie aufnehmen. Ist der Betrag der aufgenommenen Energie ausreichend groß, können die Elektronen das Gegenfeld doch überwinden. Dies zeigt sich daran, dass die Stromstärke wieder ansteigt.

Die Regelmäßigkeit der Minima und Maxima im Verlauf der Stromstärke weist darauf hin, dass die Elektronen nur ganz bestimmte Energieportionen an die Quecksilberatome abgeben können.

11.2 Anregung und Ionisation von Atomen

1914 untersuchten **James Franck** und **Gustav Hertz** die Zusammenhänge zwischen der zur Ionisation eines Atoms erforderlichen Energie und dem Atomradius. Sie fanden Gesetzmäßigkeiten bei Energieumsetzungen mit Atomen, für die sie 1925 den Nobelpreis erhielten.

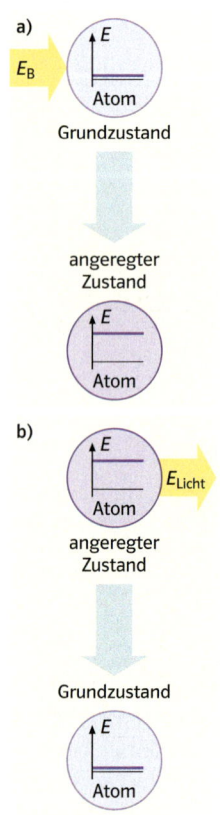

B1 Energieaufnahme (a), Energieabgabe (b)

Franck-Hertz-Versuch

In einem evakuierten Glaskolben (→**B2**, vorangehende Seite) werden Elektronen an der Glühkathode K freigesetzt und im elektrischen Feld zwischen K und G beschleunigt. Elektronen, die durch das Gitter gelangen, werden im Gegenfeld zwischen G und A abgebremst. Besitzen die Elektronen genügend Bewegungsenergie, erreichen sie die Auffangelektrode A. Man misst einen Strom, der mit zunehmender Beschleunigungsspannung steigt.

Ionisation und Anregung von Atomen

Befindet sich im Glaskolben gasförmiges Quecksilber, wechselwirken die Elektronen mit den Atomen des Gases.
Elektronen, die die Auffangelektrode A erreichen und den Strom zwischen G und A erzeugen, haben mindestens die Energie $E = e \cdot U_G$. Für $U_B > U_G$ sollten alle Elektronen zur Auffangelektrode gelangen. Bei der gasgefüllten Röhre ist das aber nicht der Fall. Zunächst steigt die Stromstärke mit wachsender Beschleunigungsspannung U_B, dann aber durchläuft die Stromstärke mehrere Minima und Maxima. Daher müssen Elektronen durch Wechselwirkung mit Atomen Energie abgeben können, ohne die Atome zu ionisieren.

Atome, die ohne Ionisation Energie aufgenommen haben, sind **angeregt**. Die Spannungsdifferenz zwischen benachbarten Maxima ist konstant, für Quecksilber beträgt sie jeweils

4,9 V. Die Energie der Elektronen steigt entsprechend um $4,9 \text{ eV} \approx 7,85 \cdot 10^{-19}$ J.

Die Energie, die die Elektronen an die Atome in der Röhre abgeben können, ist abhängig vom verwendeten Gas. Wenn die Elektronen beim Durchlaufen der Beschleunigungsspannung mindestens diese Energie aufgenommen haben, können sie den für das Atom charakteristischen Energiebetrag übertragen.

Mit steigender Spannung U_B erreichen die Elektronen den für eine Anregung erforderlichen Energiebetrag früher auf ihrem Weg zum Gitter. Sie werden dann im Feld erneut beschleunigt, sodass sie weitere Male mit den Atomen wechselwirken können. In der Röhre entstehen leuchtende Schichten (→**B2**).

Die Gasatome scheinen ihre Energie in Form von Licht wieder abzugeben (→**B1**). Die Leuchterscheinungen sind an der zur Kathode hin weisenden Seite scharf begrenzt, auf der anderen Seite werden sie kontinuierlich schwächer. Das deutet darauf hin, dass kein Elektron Energie an ein Gasatom abgeben kann, bevor es die erforderliche Energie erreicht hat. Da Elektronen aber im Gegensatz zu Photonen Energie auch teilweise abgeben können, finden Anregungen auch durch Elektronen mit höherer Energie statt.

Atome nehmen nur ganz bestimmte Portionen an Energie auf. Der Betrag ist von der Atomsorte abhängig.
Atome können nur ganz bestimmte Anregungszustände einnehmen.
Atome können durch Wechselwirkung mit Elektronen ionisiert werden. Dazu ist eine bestimmte Ionisierungsenergie erforderlich.

A1 ● a) Beschreiben Sie die physikalischen Vorgänge, die zur Abfolge der Bilder in **B2** führt. Ordnen Sie diese Bilder in den Verlauf des Graphen **B3** auf der vorangehenden Seite ein.
b) Erstellen Sie eine Hypothese zu der Beobachtung, dass die Stromstärke nie vollständig auf null zurückgeht.

Kathode K   Zwischenelektrode G Auffangelektrode A

U_B U_G

Zunehmende Beschleunigungsspannung U_B

B2 Elektronen erreichen die Energie zur Anregung mit zunehmender Spannung U_B auf immer kürzeren Strecken.

Untersuchung des Lichtes verschiedener Spektralröhren

Aufgabe: Mit einem optischen Gitter soll das von angeregten Gasatomen emittierte Licht untersucht werden.

Material: Spektralröhren (Elektronenröhren mit unterschiedlicher Gasfüllung, z.B. Wasserstoff, Natrium, Quecksilber), Draht, elektrische Quelle, optisches Gitter, Maßstab, Stativmaterial

Durchführung: Eine Spektralröhre wird mit Hilfe des Stativmaterials mittig vor dem Maßstab befestigt und an die elektrische Quelle angeschlossen. Das Gitter befindet sich vor der Röhre (→B2). Man betrachtet nun durch das Gitter das Licht, das die Spektralröhre aussendet. Bewegliche Zeiger am Maßstab ermöglichen es, die Position von Interferenzmaxima zu markieren. In gleicher Weise verfährt man mit den anderen Spektralröhren.
Im Anschluss verbindet man den Draht mit der Quelle und bringt ihn zum Glühen. Das Licht wird wiederum durch das Gitter betrachtet.

Beobachtung: Für jede der Spektralröhren entsteht ein symmetrisches Interferenzmuster zu beiden Seiten der Lichtquelle. Das Muster

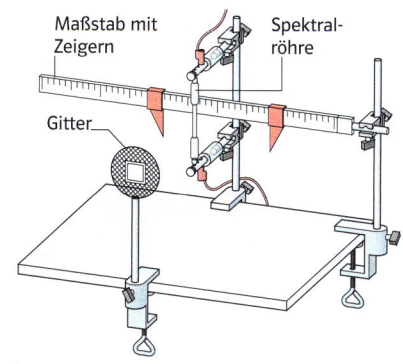

B2 Versuchsaufbau

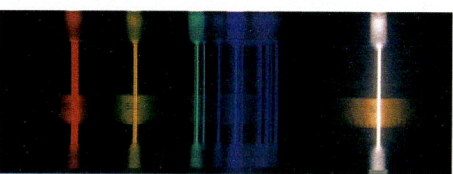

B3 Durch das Gitter erzeugtes Interferenzmuster

besteht aus getrennten farbigen Linien (→B3), wobei die Anzahl, Farbe und Lage der Linien vom jeweiligen Gas abhängen.
Beim Glühdraht erkennt man zunächst nur rotes Licht. Mit steigender Temperatur treten die Farben Orange, Gelb, Grün und Blau hinzu, wobei ein ununterbrochenes Band entsteht.

Deutung: Während ein glühender Draht Licht über einen ununterbrochenen Frequenzbereich aussendet, emittieren angeregte Gasatome jeweils Licht bestimmter Frequenzen (→B1). Die Atome scheinen nur bestimmte Energieportionen abgeben zu können.

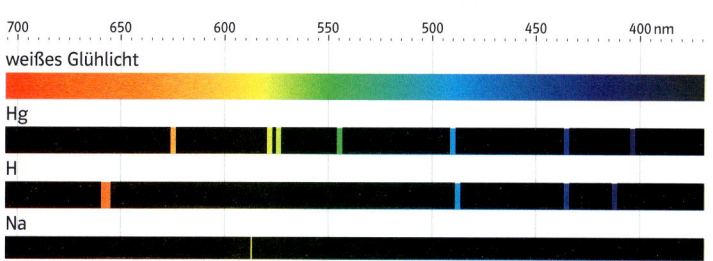

B1 Spektren der verschiedenen Gase

Untersuchung des Sonnenlichtes

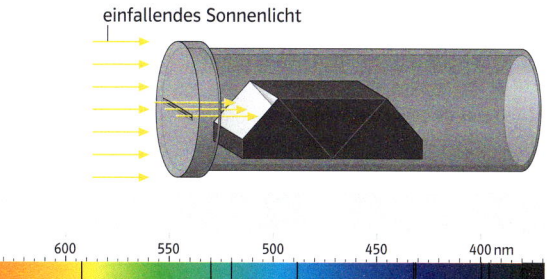

B4 Spektrum des Sonnenlichts

Aufgabe: Untersuchung des Sonnenlichtes

Material: Pappröhre, Geradsichtprisma

Durchführung: Das Geradsichtprisma wird in die Pappröhre gesteckt. Ein Ende der Röhre wird bis auf einen schmalen Spalt verschlossen und ins Licht gehalten (**Achtung:** Nicht direkt auf die Sonne richten!).

Beobachtung: Das einfallende Sonnenlicht wird in ein Farbband aufgefächert. Höher auflösende Spektrometer erzeugen ein Farbband, das einzelne dunkle Linien enthält (→B4).

„Senden nicht alle festen Körper, wenn man sie auf eine bestimmte Temperatur erhitzt, Licht aus und leuchten? Und entsteht diese Lichtemission nicht infolge der Schwingungsbewegung ihrer Teilchen?" schrieb Newton 1704. Eine definitive Antwort auf diese Fragen konnte man erst rund 200 Jahre später geben.

Emission von Licht

Ein Stoff leuchtet, wenn ihm Energie zugeführt wird, die er in Form von Licht abgeben kann (→B1). Dieses Aussenden von Licht nennt man **Emission**. So leuchtet ein Glühdraht bei ausreichender Stromstärke durch die Zufuhr elektrischer Energie.

Mit einem Gitter oder auch einem Prisma kann man Licht in seine Bestandteile zerlegen: Man erhält so ein **Spektrum**.

Bei glühenden festen Körpern wie dem Draht, aber auch anderen festen oder flüssigen Körpern ändert sich die Farbe bei weiterer Energiezufuhr von Dunkelrot bei niedriger bis zu

Blauweiß bei hoher Temperatur. So treten die anderen Farben zum Spektrum hinzu und es entsteht ein ununterbrochenes Farbband. Dieses Spektrum bezeichnet man als **kontinuierliches Spektrum**.

Auch angeregte Gase, wie die in den Spektralröhren, emittieren Licht. Dessen Farbe ist von der Gasart abhängig. Man erkennt im Spektrum einzelne schmale, voneinander getrennte Farbbereiche.
Ihre Anzahl und Anordnung ist vom verwendeten Gas abhängig. Dabei tritt auch Emission außerhalb des sichtbaren Bereichs im Infrarot oder Ultraviolett auf. Bei Untersuchungen werden oft linienförmige Lichtquellen (z.B.

B1 Emission und Absorption von Licht

Experiment

Flammenuntersuchungen

Aufgabe: Man untersucht das Licht, das verschiedene Salzproben emittieren, die in eine Brennerflamme gehalten werden.

Material: Gasbrenner, verschiedene Salzproben (z.B. Kochsalz, verschiedene Alkali- und Erdalkalimetallsalze), Natriumdampflampe (Na), Quecksilberdampflampe (Hg)

Durchführung: Mit dem Brenner erzeugt man eine nichtleuchtende Flamme.
a) Mit einem Löffel werden die verschiedenen Salze nacheinander in die Flamme gehalten.
b) Man beleuchtet die Brennerflamme mit beiden Lampen. Anschließend wird der Löffel mit Natriumsalz in die Flamme gehalten und die Anordnung erneut mit dem Licht der Na- und Hg-Dampflampen beleuchtet. Man beobachtet die Schattenbilder der Flamme.

Beobachtung: a) Bringt man die Salze in die Brennerflamme, so leuchtet die Flamme farbig (Kochsalz: intensiv gelb, Kaliumsalze: rötlich, Lithiumsalze: karminrot, →B2).

b) Die durch das Natriumsalz gelb gefärbte Flamme kann man beim Beleuchten mit der Hg-Dampflampe im Schattenbild nicht sehen. Bei Verwendung der Na-Dampflampe ist dagegen ein Schatten der Flamme zu erkennen (→B3). Beleuchtet man die reine Flamme mit den Lampen, erkennt man in beiden Fällen keinen Schatten.

Deutung: Verschiedene Salze färben eine nichtleuchtende Flamme in verschiedenen Farben. Beleuchtet man eine gefärbte Flamme mit gleichem Licht, entsteht ein Schatten der Flamme.

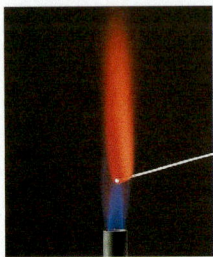

B2 Charakteristische karminrote Flammenfärbung mit Lithiumsalz und hellgelbe Färbung mit Natriumsalz

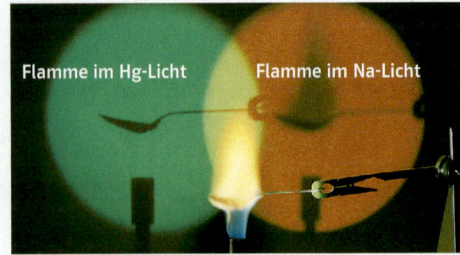

Flamme im Hg-Licht   Flamme im Na-Licht

B3 Na-Licht erzeugt Schatten der Flamme.

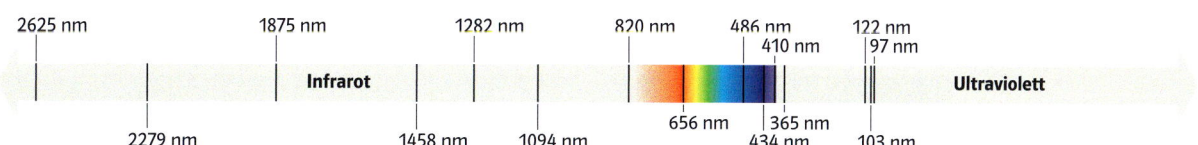

2625 nm · 2279 nm · 1875 nm · 1458 nm · 1282 nm · 1094 nm · 820 nm · 656 nm · 486 nm · 410 nm · 434 nm · 365 nm · 122 nm · 97 nm · 103 nm

Infrarot

Ultraviolett

B1 Das Linienspektrum von Wasserstoff enthält auch Linien im infraroten und ultravioletten Bereich.

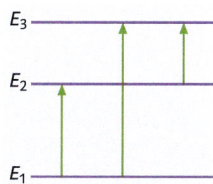

B2 Absorption

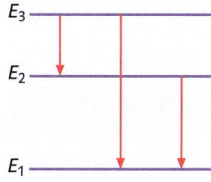

B3 Emission

beleuchtete Spalte) als Lichtquellen benutzt, um die ohnehin schmalen Farbbereiche scharf zu Linien zu begrenzen.

Ein solches **Linienspektrum** (→B1) bezeichnet man auch als **diskretes Spektrum**. Diskret (von lat. discretus = getrennt) bezeichnet im Gegensatz zu kontinuierlich eine räumliche oder zeitliche Trennung von Objekten oder Ereignissen.

Absorption von Licht

Durchleuchtet man ein Gas mit weißem Licht, so fehlen im Spektrum anschließend die Wellenlängenanteile, die das Gas absorbiert hat: Es handelt sich daher um ein **Absorptionsspektrum**.
Betrachtet man das Spektrum des Sonnenlichts, zeigt sich auch hier, dass Wellenlängen fehlen: Licht bestimmter Wellenlängen wird von den Gasen der Sonnen- und Erdatmosphäre absorbiert. Nach ihrem Entdecker heißen diese Spektrallinien **Fraunhofer'sche Linien**.

Sowohl das Emissions- als auch das Absorptionsspektrum leuchtender Gase ist ein Linienspektrum im Gegensatz zum kontinuierlichen Spektrum eines glühenden Festkörpers (→B4). Diese Linienspektren sind für die leuchtenden Gase charakteristisch. In der Spektralanalyse nutzt man sie, um unbekannte Substanzen mit Hilfe von Vergleichsspektren zu identifizieren.

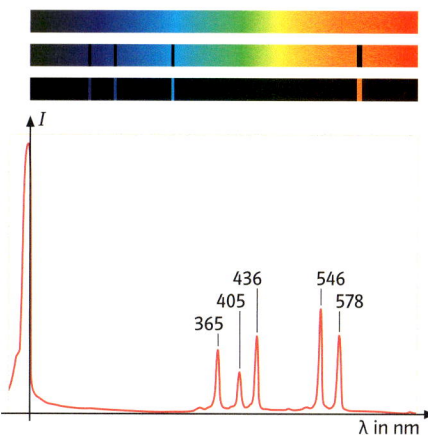

B4 Verschiedene Spektralmessungen

Dabei verwendet man häufig eine Intensitätsmessung der Spektralverteilung anstelle der Darstellung als Farbstreifen mit Linien (→B4).

Energieniveaus im Atom

Der Franck-Hertz-Versuch und die diskreten Spektren von Gasen zeigen, dass Atome ganz bestimmte Energiebeträge aufnehmen oder abgeben können. Da die Gesamtenergie auch bei atomaren Vorgängen erhalten bleibt, bedeutet dies, dass Atome und Moleküle nur bestimmte Energiezustände annehmen können, die man als **Energieniveaus** bezeichnet.

Jeder Wechsel des Atoms von einem Energieniveau in ein anderes ist mit der Aufnahme (Absorption, →B2) oder der Abgabe (Emission, →B3) von Energie verbunden. Deren Betrag ergibt sich als Differenz der Energiewerte der zugehörigen Niveaus. Bei einem Übergang von Niveau 3 zu Niveau 2 wird z. B. die Energie $\Delta E = E_3 - E_2$ frei. Die Vielzahl der Linien im Spektrum von Gasen lässt vermuten, dass es in diesen Atomen eine große Zahl an möglichen Energieniveaus geben muss.

Emission und Absorption bei Flammen

Wie bei der Spektralanalyse leuchtet die Flamme in bestimmten, für die Salze charakteristischen Farben. Hier wird den Atomen durch die Verbrennung Energie zugeführt. Mit dieser Energie gelangen die Atome auf ein höheres Energieniveau. Nach kurzer Zeit geben sie die Energie wieder ab, was in Form von Licht entsprechender Wellenlänge geschieht. Da die Energieniveaus abhängig von dem jeweiligen Stoff sind, leuchtet die Flamme für die verschiedenen Salze in verschiedenen Farben.

In Lichtquellen wird ein Stoff durch Zufuhr von Energie zur Emission von Licht veranlasst.
Das Emissionsspektrum glühender fester und flüssiger Körper ist kontinuierlich, das leuchtender Gase besteht aus Linien.
Atome und Moleküle können nur bestimmte Energiezustände bzw. Energieniveaus annehmen.

Spektralanalyse in der Astronomie

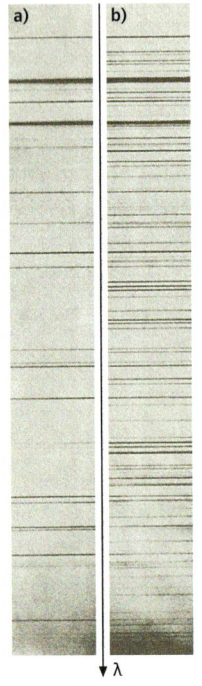

a) **b)**

↓ λ

B1 Sonnenspektrum mit Fraunhofer-Linien bei trockenem (a) und bei feuchtem (b) Wetter

Durchdringt das Licht einer Lichtquelle mit kontinuierlichem Spektrum Bereiche mit zunächst unbekannten Substanzen, so absorbieren diese Substanzen die für sie bzw. ihre Energieniveaus charakteristischen Energien. Dem kontinuierlichen Spektrum werden hierdurch dunkle Linien aufgeprägt. In der Astronomie nutzt man dies, um Stoffe von Sternen nachzuweisen. Der deutsche Physiker **Joseph Fraunhofer** (1787–1826) entdeckte 1814 als Erster dunkle Linien im Sonnenspektrum (→**B3**).

Ein Problem ist dabei die Vielzahl der Linien, die bei der Absorption entstehen. Fraunhofer veröffentlichte 1819 ein Verzeichnis mit 567 (!) **Absorptionslinien** im Sonnenspektrum. Fraunhofer konnte damals die Linien verschiedenen Elementen zuordnen, die das Sonnenlicht bereits auf der Sonne absorbieren. Bis heute wurden auf diese Weise 57 irdische Elemente im Sonnenspektrum nachgewiesen.

1868 wurde durch die Deutung einiger Fraunhofer'schen Linien Helium als neues Element im Sonnenspektrum entdeckt. Es erhielt seinen Namen von „helios" (griech. Sonne). Die Absorptionslinien können ihre Ursache aller-

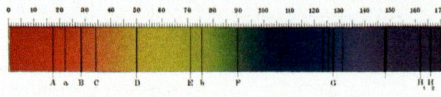

B3

dings sowohl in der Sonnen- als auch in der Erdatmosphäre haben, was die Zuordnung erschwert (→**B1**). Heute sind 22 000 Linien im Bereich von 1,2 meV (fernes Infrarot) bis 4,22 eV (Ultraviolett) bekannt.
Die entsprechenden Energiewerte lassen sich mit sehr großer Genauigkeit angeben. Weder auf der Sonne noch auf anderen Sternen wurden bisher andere Elemente entdeckt als die auf der Erde bekannten.

Die Abbildung **B2** zeigt das Negativ des Absorptionsspektrums eines Sterns und als Vergleichsspektrum ein im Labor erzeugtes Emissionsspektrum. Durch Zuordnen der Liniengruppen lassen sich Elemente identifizieren. Die Linien des Sternspektrums sind breit und nicht gleichmäßig. Die Helligkeit der Linien ist als Kurve in beliebigen Einheiten aufgetragen. Sie zeigt für jede Linie ein bestimmtes Profil.

Der genaue Verlauf der Kurve hängt von den Bedingungen ab, unter denen sich die absorbierenden Substanzen bzw. Atomsorten befinden und die Linien verursachen. Durch Vergleich mit Kurven aus theoretischen Annahmen lassen sich Aussagen, z. B. über die Häufigkeit des betreffenden Atoms, den Druck, die Temperatur, die Schwerebeschleunigung etc. gewinnen.

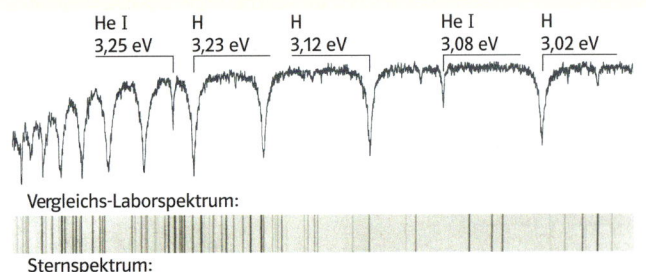

He I 3,25 eV   H 3,23 eV   H 3,12 eV   He I 3,08 eV   H 3,02 eV

Vergleichs-Laborspektrum:

Sternspektrum:

B2 Analyse des Absorptionsspektrums von ν Orionis B3V

11.4 Untersuchung von Wasserstoff

Der Gymnasiallehrer **Johann Jakob Balmer** machte eine grundlegende Entdeckung. Er schrieb: *„Der Wasserstoff ... scheint mehr als irgendein anderer Körper dazu berufen, der Forschung über das Wesen der Materie und über ihre Eigenschaften neue Bahnen zu eröffnen. Und da sind es besonders die numerischen Verhältnisse der Wellenlängen der ersten vier Wasserstofflinien, welche die Aufmerksamkeit reizen und fesseln."*

B1 Spektrum von Wasserstoff

In ihrer ursprünglichen Form lautet die von Balmer gefundene Formel:

$\lambda = C \cdot \dfrac{m^2}{m^2 - 4}$

$C = 364{,}55 \, \text{nm}$

$m = 3, 4, 5, 6$

Das Wasserstoffspektrum

Wenn man in einer speziellen Lampe (Balmerlampe) Wasserstoff zum Leuchten bringt und das ausgesandte Licht mit einem Gitter untersucht, ergibt sich ein Linienspektrum (→**B1**).

Die Wellenlängen der Spektrallinien ergeben sich zu:

rot (λ_α)	grün (λ_β)	blau (λ_γ)	violett (λ_δ)
656,2 nm	486,1 nm	434,0 nm	410,1 nm

Balmer fand 1885 eine Formel, welche die Wellenlängen der Spektrallinien beim Wasserstoff zu berechnen gestattet. Sie erwies sich als eine wichtige Basis zum Verständnis des Atoms.
Er hatte bemerkt, dass sich beim Wasserstoff die Quotienten der Wellenlängen als Quotienten natürlicher Zahlen darstellen lassen, z.B.: $\lambda_\alpha / \lambda_\delta = 8 : 5$. Die ersten vier Werte seiner Formel gaben die Messwerte richtig wieder.

In moderner Notation gibt die von Balmer gefundene Formel die Frequenzen des Wasserstoffspektrums an:

$f = f_{\text{Ry}} \cdot \left(\dfrac{1}{m^2} - \dfrac{1}{n^2} \right)$ mit $m, n \in \mathbb{N}$ und $m < n$

$f_{\text{Ry}} = 3{,}2888 \cdot 10^{15} \, \text{Hz}$ heißt **Rydberg-Frequenz**. Für $m = 2$ und $n = 3, 4, 5, 6$ lassen sich mit der Beziehung $\lambda = c/f$ die Wellenlängen der sichtbaren Spektrallinien des Wasserstoffs berechnen. Die Serie dieser Linien heißt nach ihrem Entdecker **Balmer-Serie**.

Für $n \to \infty$ ergibt sich die größtmögliche Frequenz der Serie, die **Seriengrenze**. Die Formel erlaubte die gezielte Suche nach weiteren, nicht sichtbaren Serien von Spektrallinien beim Wasserstoff (→**B2**).

Das negative Vorzeichen folgt aus der Vereinbarung, dass das Elektron bei Ionisierung, d.h. in „unendlicher" Entfernung vom Kern, die Energie null haben soll.

Man fand für verschiedene Werte von m die folgenden Serien:

$m = 1$: Lyman-Serie (1906), Ultraviolett,
$m = 3$: Paschen-Serie (1908), Infrarot,
$m = 4$: Brackett-Serie (1922), Infrarot,
$m = 5$: Pfund-Serie (1924), Infrarot.

Die Formel sagt nichts über die physikalische Bedeutung von m und n aus. Licht besteht aus Photonen der Energie $E = h \cdot f$. Damit lässt sich die Energie der Photonen für das vom Wasserstoff ausgesandte Licht angeben:

$E_{\text{Photon}} = h \cdot f_{\text{Ry}} \cdot \left(\dfrac{1}{m^2} - \dfrac{1}{n^2} \right)$

Da $h \cdot f_{\text{Ry}} = 6{,}63 \cdot 10^{-34} \, \text{Js} \cdot 3{,}29 \cdot 10^{15} \, \text{s}^{-1} = 21{,}8 \cdot 10^{-19} \, \text{J} \approx 13{,}6 \, \text{eV}$ ist, ergibt sich:

$E_{\text{Photon}} = 13{,}6 \, \text{eV} \cdot \left(\dfrac{1}{m^2} - \dfrac{1}{n^2} \right)$

Diese Energie wird vom Atom abgegeben, wenn Licht emittiert wird. Das Atom wechselt also von einem Zustand höherer Energie auf einen niedrigerer Energie. Die einzelnen Zustände heißen **Energieniveaus** (→**B3**). Die Terme $13{,}6 \, \text{eV} \cdot 1/n^2$ und $13{,}6 \, \text{eV} \cdot 1/m^2$ können als mögliche Energieniveaus gedeutet werden.

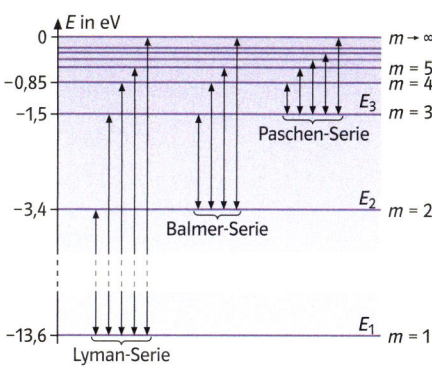

B3 Energieniveaus des Wasserstoffatoms

Die Formel $f = f_{\text{Ry}} \cdot (1/m^2 - 1/n^2)$ beschreibt die Spektren des Wasserstoffs. Dabei ist $m, n \in \mathbb{N}$ und $m < n$.
Die Energieniveaus des Wasserstoffatoms berechnen sich zu $E_n = E_1 \cdot 1/n^2$, wobei $n \geq 2$ und $E_1 = -13{,}6 \, \text{eV}$ ist.

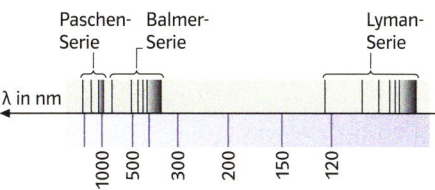

B2 Serien im Wasserstoffspektrum

Leistungen und Grenzen des Bohr'schen Atommodells

Bohr'sches Atommodell Ernest Rutherford hatte ein Atommodell entwickelt, das aus einem sehr kleinen Kern bestand, der von negativer Ladung, von Elektronen, umgeben sein sollte. Dieses Modell lieferte keine Aussage darüber, wie die positive Ladung vorzustellen sei und wie dieses Gebilde einerseits stabil sein und andererseits Energie als Licht abstrahlen sollte. Die Elektronen konnten nicht ruhen, denn dann müssten sie sofort in den Kern fallen. Würden sich dagegen die Elektronen wie Planeten um den Kern bewegen, dann müssten sie wegen der Zentripetalbeschleunigung ständig Energie abstrahlen.

Niels Bohr entwickelte das Modell von Rutherford weiter, sodass es die Energieniveaus im Wasserstoffatom richtig beschrieb. Bohr folgte einer mechanischen Vorstellung und nutzte zusätzlich die von Planck und Einstein entwickelte Quantelung der Energie bei Atomen.

1913 veröffentlichte er die folgenden **Postulate**:

1. Elektronen mit der Masse m_e kreisen mit der Geschwindigkeit v_n im Abstand r_n strahlungsfrei um den Atomkern, wenn

$$m_e \cdot v_n \cdot 2\pi \cdot r_n = n \cdot h \text{ mit } n = 1, 2, 3, \dots \text{ ist.}$$

h ist die Planck'sche Konstante.

2. Gehört zu einer äußeren Bahn die Energie E_n und zu einer inneren die Energie E_m, dann wird die Energiedifferenz $E_n - E_m$ beim Übergang eines Elektrons von der äußeren zur inneren Bahn als Photon abgegeben. Es gilt:

$$h \cdot f = E_n - E_m = \Delta E$$

Die Energieniveaus des Wasserstoffatoms werden in diesem Modell durch die Energie des Elektrons auf bestimmten als strahlungsfrei angenommenen Bahnen in der Atomhülle beschrieben.

Wie revolutionär diese Vorstellungen waren, zeigt ein Brief von Rutherford an Bohr, mit dem er 1913 das Manuskript mit den oben skizzierten Überlegungen noch vor deren Veröffentlichung kommentiert: „… aber die Mischung der Planck'schen Ideen mit der alten Mechanik macht es sehr schwierig, eine physikalische Vorstellung zu gewinnen, was die Grundlage des Ganzen ist … wie entscheidet ein Elektron, welche Frequenz es ausstrahlt, wenn es von einem stationären Zustand in den anderen übergeht? Es scheint mir, dass sie

annehmen müssen, dass das Elektron vorher weiß, wo es Halt machen muss."

Ungeachtet dieser Verständnisprobleme, die auch von Bohr selbst sehr deutlich formuliert wurden, überzeugte aber im Laufe der Jahre die Übereinstimmung zwischen Messung und Rechnung. Ebenso überzeugte, dass es gelang, auf dieser Basis Spektren wasserstoffähnlicher Elemente, also solcher mit einem Außenelektron, zu berechnen. Mit zunehmend komplizierteren Annahmen, wie z. B. elliptischen Bahnen und Mitbewegung des Kerns, konnten auch die Veränderungen gedeutet werden, die sich ergeben, wenn man leuchtende Atome z. B. im Magnetfeld untersucht.

In Sternspektren wurden zahlreiche Linien der Balmer-Serie gefunden, die sich im Labor nicht erzeugen ließen, Rechnung und Messung stimmten bemerkenswert gut überein. Jedoch: Die Theorie versagte schon bei der Anwendung auf das Heliumatom. Es gelang auch nicht, die Intensitätsunterschiede der Spektrallinien zu verstehen. Schließlich war sehr schnell klar, dass das von dieser Theorie geforderte scheibenförmige Modell der Realität widersprach.

Dieser durchaus unbefriedigende Zustand endete erst, als de Broglie im Jahr 1924 die Einstein'sche Idee des Photons auf das Elektron anwendete und es als Quantenobjekt beschrieb. Zusammen mit der Unbestimmtheitsrelation, nach der komplementäre Größen wie Ort und Impuls nie gleichzeitig beliebig genau festliegen, waren neue Denkwege und Theorien eröffnet. Die klassischen Vorstellungen von Teilchen und Teilchenbahnen mussten aufgegeben werden. Die zunächst nur mit Befremden aufgenommenen Quantenvorstellungen erwiesen sich als zentral bedeutend.

Es bleibt die erstaunliche Leistung, dass Bohr zum ersten Mal die Quantenvorstellungen von Planck und Einstein erfolgreich mit klassischen Vorstellungen von Elektronenbahnen zu einem Modell des Wasserstoffatoms verband, das quantitativ korrekte Vorhersagen gestattete. Es bleibt das Problem, dass wir heute wissen, dass die klassischen Vorstellungen über Ort und Zeit auf Quantenobjekte nicht anwendbar sind.

A1 ○ Berechnen Sie die Energie, die man dem Elektron eines Wasserstoff-Atoms zuführen muss, damit es vom Niveau E_1 in das Niveau E_2 übergehen kann.

Aus der Theorie des Elektromagnetismus folgt: Beschleunigte Elektronen geben Energie in Form elektromagnetischer Strahlung ab.

Niels Bohr (1885–1962)

Für die Energieniveaus beim Bohr'schen Atommodell folgt aus dem 1. Postulat:

$$E_n = -\frac{1}{8} \frac{m_e \cdot e^4}{\varepsilon_0^2 \cdot h^2} \cdot \frac{1}{n^2}$$

$$= -13{,}6\,\text{eV} \cdot \frac{1}{n^2}$$

11.5 Das Modell des Potenzialtopfs

Eine Bahnkurve, mit der man in der klassischen Mechanik Bewegungen beschreibt, lässt sich für Elektronen nicht angeben: Dies schließt auch die Kreisbahnvorstellung des Bohr'schen Atommodells aus. Eine geeignete Beschreibung muss sowohl den Wahrscheinlichkeitscharakter als auch die Interferenzfähigkeit des Quantenobjekts Elektron berücksichtigen.

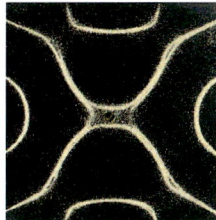

B1 „Chladni'sche Figuren" auf Glasplatte

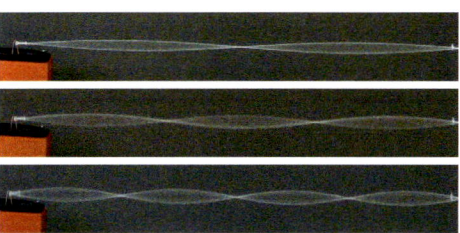

B4 Schwingendes Gummiseil

Da die Gesamtenergie des Elektrons nie unendlich werden kann, kann es den Potenzialtopf nie verlassen. Außerhalb der Strecke L (also für $x < 0$ oder $x > L$) gilt $\Psi(x) = 0$, da hier die Wahrscheinlichkeitsdichte des Elektrons verschwinden muss.

Stehende Wellen

Ein Gummiseil wird an beiden Enden fest eingespannt und an einem Ende angeregt. Es zeigt sich, dass sich bei bestimmten Anregungsfrequenzen stehende Wellen ausbilden. Wenn man die Anregungsfrequenz vergrößert, bilden sich mehr Knoten auf dem Seil (→**B4**). Stehende Wellen können sich aber nicht nur in einer Dimension ausbilden, auch auf Flächen lassen sich Schwingungsbäuche und -knoten erzeugen. Dazu wird z. B. eine Seite einer quadratischen Glasplatte, die mit Sand bestreut ist, mit einem Geigenbogen in Schwingungen versetzt. Je nach Anregung bilden sich Muster, weil der Sand sich an den Stellen sammelt, an denen die Platte nicht schwingt (→**B1**).

Elektronen in Atomen

Ein Atommodell, das die Erkenntnisse der Quantenphysik berücksichtigt, muss das Verhalten von Elektronen in Atomen beschreiben, ohne die Vorstellung einer „Elektronenbahn" zu benutzen. Dies ist nur möglich, wenn man die Elektronen im Atom als Quantenobjekte mit Hilfe ihrer Zustandsfunktion $\Psi(x, t)$ beschreibt. Für die Wellenlänge von Ψ gilt die De-Broglie-Beziehung $\lambda = h/p$.
Die Amplitude von Ψ hat keine direkte physikalische Bedeutung, sondern beschreibt den Zustand des Quantenobjekts Elektron.

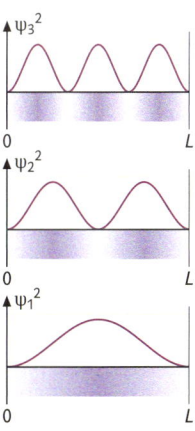

B2 Zustandsfunktionen im Bereich der Länge L

$\Psi^2(x) \cdot \Delta x$ gibt die Wahrscheinlichkeit an, das Elektron in einem Intervall der Länge Δx in der Umgebung des Ortes x zu finden. $\Psi^2(x)$ ist also eine Wahrscheinlichkeit pro Länge und wird deshalb als **Wahrscheinlichkeitsdichte** des Elektrons bezeichnet. In drei Dimensionen tritt an die Stelle der Streckenlänge Δx das Volumen ΔV.

Wenn man die Zustandsfunktion Ψ durch eine klassische Welle beschreibt, lässt man sich von der folgenden Vorstellung leiten: Innerhalb des Potenzialtopfs bildet $\Psi(x)$ stehende Wellen mit ortsabhängiger sinusförmiger Amplitude (→**B2**), wie ein Gummiseil, das auf einer Länge L zwischen zwei festen Enden eingespannt ist. Dabei muss sich stets eine ganzzahlige Anzahl von halben Wellenlängen λ_n ausbilden. Es gilt:

$$L = n \cdot \frac{\lambda_n}{2} \implies \lambda_n = \frac{2L}{n} \text{ mit } n \in \mathbb{N}$$

Diese diskreten Wellenlängen führen mit der De-Broglie-Beziehung $p = h/\lambda$ zu diskreten Werten für den Impuls:

$$p_n = \frac{h}{\lambda_n} = \frac{n \cdot h}{2L} \text{ mit } n \in \mathbb{N}$$

Daraus folgen als mögliche, diskrete Werte der Bewegungsenergie:

$$E_B = \frac{p_n^2}{2m_e} = \frac{h^2 \cdot n^2}{8m_e \cdot L^2} \text{ mit } n \in \mathbb{N}$$

Die Wahrscheinlichkeitsdichte $\Psi_n^2(x)$ für ein Elektron im Potenzialtopf ist zeitunabhängig (→**B3**).

Potenzialtopf

Die Elektronen in der Atomhülle können sich nicht völlig frei bewegen, sondern sind auf den kugelförmigen Aufenthaltsbereich des Atomdurchmessers eingeschränkt. Man spricht daher auch von **gebundenen Elektronen**. Solche gebundenen Elektronen zeigen besondere Eigenschaften, die man in einem einfachen Modell untersuchen kann. Dazu wird ein Elektron betrachtet, das sich nur auf einer Strecke der Länge L befindet. Man erreicht diese Einschränkung des Aufenthaltsbereiches durch eine entsprechende Wahl der potenziellen Energie: Innerhalb des Bereiches gilt $E_{pot} = 0$, während außerhalb eine unendlich große potenzielle Energie angenommen wird. Man spricht auch anschaulich von einem Potenzialtopf.

B3 Wahrscheinlichkeitsdichte für ein Elektron im Bereich der Länge L

A1 ⬤ Führen Sie die Umformungen des letzten Abschnitts schrittweise durch, erläutern Sie dabei jeden einzelnen Rechenschritt.

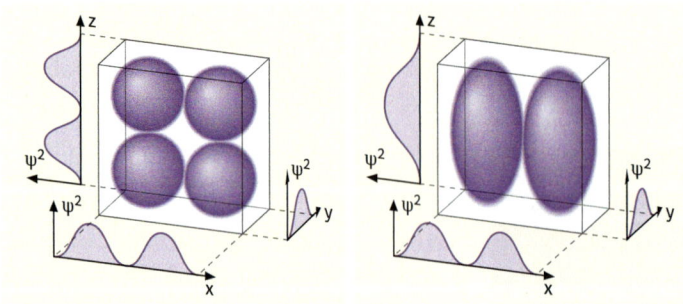

B1 Orbitale im dreidimensionalen Potenzialtopf

E

2, 2, 1	2, 1, 2	1, 2, 2
2, 1, 1	1, 2, 1	1, 1, 2
1, 1, 1		

B2 Energieniveaus und Entartung

Eigenschaften gebundener Elektronen

Im Potenzialtopf kann das Elektron nur bestimmte Energiewerte E_n annehmen. Solche diskreten Energieniveaus erwarten wir aufgrund der Ergebnisse des Franck-Hertz-Versuchs und der Linienspektren leuchtender Gase auch für Atome und Moleküle. Tatsächlich zeigen kompliziertere Modellrechnungen, dass die Bindung eines Elektrons auf einen begrenzten Raumbereich immer zu diskreten Energieniveaus E_n führt.

Zu jedem Energieniveau E_n gehört eine zeitunabhängige Zustandsfunktion Ψ_n, die eine stehende Welle bildet und als **gebundener Zustand** des Elektrons bezeichnet wird. Die entsprechende Wahrscheinlichkeitsdichte $\Psi_n^2(x)$ enthält alle Informationen über den Ort des gebundenen Elektrons, die quantenphysikalisch möglich sind. $\Psi^2(x)$ ersetzt die Bahnkurve der klassischen Mechanik durch eine stochastische Beschreibung. Für die Energie E_n des gebundenen Elektrons ergeben sich dagegen exakte, diskrete Werte, wobei die Energie E_n mit der Anzahl der Knoten der Zustandsfunktion wächst. Im Gegensatz zur Elektronenbahn ist die Energie also nicht unbestimmt. Sowohl das Energieniveau als auch die Zustandsfunktion des Elektrons sind durch die **Quantenzahl** n eindeutig bestimmt.

Der **Grundzustand** Ψ_1 hat keine (inneren) Knoten und besitzt die niedrigste Energie $E_1 = h^2/(8\,m_e \cdot L^2)$, die jedoch niemals null wird. Für $L \to 0$ wird diese **Nullpunktsenergie** unendlich groß. Es erfordert also eine unendlich große Energie, um ein Elektron an einem Ort beliebig genau zu lokalisieren, indem man es in einen Potenzialtopf einschließt und diesen verkleinert.

Das Ergebnis entspricht der Heisenberg'schen Unbestimmtheitsrelation $\overline{\Delta x} \cdot \overline{\Delta p_x} \geq h/4\pi$: Eine exakte Ortsbestimmung $\overline{\Delta x} \to 0$ führt zu einer unendlichen Impulsunschärfe $\overline{\Delta p_x} \to \infty$.

Das Elektron kann also einen beliebig großen Impuls haben. Die Bewegungsenergie $E = p^2/2\,m$ ist deshalb ebenfalls unbegrenzt, wie es sich aus der Nullpunktsenergie des Potenzialtopfs für $L \to 0$ ergibt.

Dreidimensionaler Potenzialtopf

Atome sind räumlich ausgedehnt: Eine sinnvolle Verbesserung des Modells vom eindimensionalen Potenzialtopf besteht darin, ein Elektron auf einen quaderförmigen Bereich mit den Abmessungen L_1, L_2, L_3 zu beschränken. Die Zustandsfunktion bildet dann eine stehende Welle im Raum und für jede Raumrichtung gilt die Bedingung:

$$L_i = n_i \cdot \frac{\lambda_i}{2} \quad \text{mit } i = 1, 2, 3$$

Daraus folgt für die Impulskomponenten:

$$p_i = \frac{h_i}{\lambda_i} = \frac{h \cdot n_i}{2L_i} \quad \text{mit } i = 1, 2, 3$$

Für die Gesamtenergie E erhält man:

$$E = \frac{p^2}{2m_e} = \frac{p_1^2 + p_2^2 + p_3^2}{2m_e} = \frac{h^2}{8m_e} \cdot \left(\frac{n_1^2}{L_1^2} + \frac{n_2^2}{L_2^2} + \frac{n_3^2}{L_3^2} \right)$$

Die drei Quantenzahlen (n_1, n_2, n_3) legen den Zustand des Elektrons vollständig fest. Die Energieniveaus lassen sich in einem **Termschema** darstellen, in das man auch **Energieübergänge** einzeichnen kann, wie sie bei Absorption- und Emissionsvorgängen auftreten. Für einen würfelförmigen Bereich $L = L_1 = L_2 = L_3$ können verschiedene Zustände die gleiche Energie haben (→**B2**). Dieses Phänomen nennt man **Entartung**. Es tritt bei gebundenen Quantenobjekten immer dann auf, wenn das System Symmetrien aufweist.

Elektronenorbitale

Die räumliche Verteilung der Wahrscheinlichkeitsdichte $\Psi^2(x, y, z)$ des Elektrons heißt **Orbital** des Elektrons. Jedes Orbital lässt sich durch Knotenflächen charakterisieren, an denen $\Psi^2(x, y, z) = 0$ gilt. Orbitale werden häufig anschaulich dargestellt, indem man eine Fläche skizziert, auf der die Wahrscheinlichkeitsdichte einen bestimmten, konstanten Wert hat. Die Abbildung **B1** zeigt auf diese Art die Orbitale mit den Quantenzahlen (2, 1, 2) und (2, 1, 1) im dreidimensionalen Potenzialtopf.

In einem Potenzialtopf ist die Energie für ein Elektron quantisiert und sein Aufenthaltsbereich ist auf Orbitale beschränkt.

A1 ⊖ Vergleichen Sie mechanische stehende Wellen mit den gebundenen Zuständen eines Elektrons in einem Potenzialtopf.

Elektronen im eindimensionalen Potenzialtopf – Zeigerdarstellung

Elektronen sind Quantenobjekte, das bedeutet, dass man ihnen keine Bahnkurven zuordnen darf. Stattdessen kann man die Nachweiswahrscheinlichkeit für Elektronen mit dem Zeigermodell beschreiben.

Voraussetzungen für eine Modellierung

In Atomen sind die Elektronen in der Atomhülle gebunden. Das bedeutet, dass ihr Aufenthaltsbereich auf einen Raumbereich um den Atomkern begrenzt ist. In einem vereinfachten Modell stellt man sich die Atomhülle eindimensional und nur aus einem Elektron bestehend vor (→B1). Ein geeigneter Detektor kann das Elektron nur im Bereich zwischen den Rändern des Atoms nachweisen, an diesen beiden Rändern wird die Nachweiswahrscheinlichkeit null sein.

Zur Beschreibung eines Elektrons, das in einem eindimensionalen Atom eingeschlossen ist, benötigt man mindestens zwei Zeigerketten. Man weiß nicht, von welcher der beiden möglichen Seiten das Elektron in das Atom gelangt ist. Daher muss man die Nachweiswahrscheinlichkeit durch eine Superposition von Zeigern für die beiden denkbaren Verbindungen zum Detektor bestimmen (Quelle liegt links bzw. Quelle liegt rechts). Da die Nachweiswahrscheinlichkeit an den Rändern null sein muss, steht für die beiden Zeigerketten fest, dass die Zeiger an den Rändern des Modellatoms gegenphasig stehen müssen. Dies nennt man die Randbedingung.

Um die Konsequenzen dieser Voraussetzungen im Modell zu überprüfen, kann man z.B. ein 16 cm langes Atom zeichnen und eine Wellenlänge von 8 cm festlegen. Dann beginnt man z.B. am linken Rand des Atoms mit beliebigen Zeigerstellungen, deren einzige Bedingung die Gegenphasigkeit ist.

Da die beiden Zeiger für die beiden denkmöglichen Verbindungen zum Detektor stehen, kann man von hier ausgehend die Zeigerstellungen an jedem beliebigen Ort eines Detektors zwischen den Rändern des Atoms ermitteln. Die Zeiger stehen für entgegengesetzte Richtungen. Daher sind auch die Drehrichtungen entgegengesetzt. Um die Nachweiswahrscheinlichkeit zu bestimmen, werden die beiden Zeiger an jedem Ort addiert und die resultierende Länge quadriert.

Für die genannten Werte von Länge und Wellenlänge entsteht folgende Vorhersage für die Nachweiswahrscheinlichkeit (→B3):

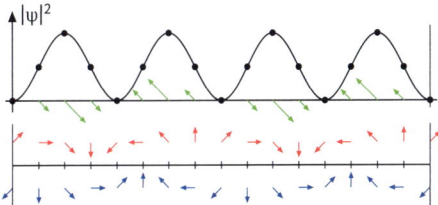

B3 Die beiden Zeigerketten wurden summiert und die Nachweiswahrscheinlichkeit $|\Psi|^2$ über dem Ort des Detektors dargestellt.

Wie auf der vorhergehenden Seite kann man auch hier die erlaubten Werte für die Gesamtenergie des Elektrons berechnen. Es ergeben sich die gleichen Energiebeträge.

A1 a) Bestätigen Sie durch vergleichbare Zeichnungen wie **B3**, dass auch die hypothetischen Wellenlängen 32 cm und 16 cm die Randbedingung an beiden Rändern erfüllen.
b) Untersuchen Sie, weshalb die Wellenlänge 12 cm die Randbedingung nicht erfüllt.
c) Erklären Sie in der Zeigerdarstellung, warum die Verteilung der Nachweiswahrscheinlichkeit sich mit zunehmender Zeit nicht ändert.

A2 a) Erkunden Sie mit Hilfe eines geeigneten Geometrieprogramms erlaubte Kombinationen von Länge und Wellenlänge.
b) Erklären Sie die Bedingung $n \cdot \lambda/2 = L$ (mit L: Länge des eindimensionalen Modell-Atoms).

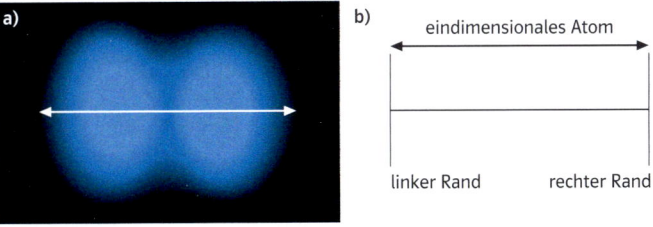

B1 Verteilung der gemessenen Nachweiswahrscheinlichkeit für ein Elektron im C-Atom (a); eindimensionales Modell des Atoms (b)

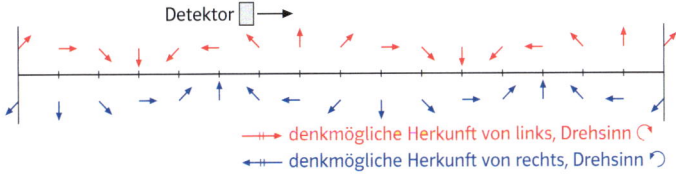

B2 Darstellung des eindimensionalen Atoms mit Zeigerketten für die beiden denkbaren Verbindungen zum Detektor (rot: Quelle links, blau: Quelle rechts)

11.6 Schrödingergleichung und Wasserstoffatom

„Woher haben wir diese Gleichung? Nirgendwoher: Es ist unmöglich, sie aus irgendetwas Bekanntem herzuleiten. Sie ist Schrödingers Kopf entsprungen." (Richard Phillips Feynman)

Verbessertes Wasserstoff-Atommodell

Gebundene Elektronen können nur bestimmte Energieniveaus annehmen, die durch Quantenzahlen charakterisiert werden. Potenzialtöpfe, die den Aufenthalt des Elektrons auf quaderförmige Bereiche einschränken, liefern für die Energieniveaus die Beziehung $E_n \sim n^2$. Die Spektraluntersuchungen legen für das Wasserstoffatom jedoch die Beziehung $E_n \sim 1/n^2$ nahe. Ein Atommodell, dessen quantitative Ergebnisse mit den Messungen übereinstimmen, muss berücksichtigen, dass das Elektron im Wasserstoffatom durch die Coulombkraft zwischen Kern und Elektron gebunden ist. Diese Bindung beschreibt man durch die potenzielle Coulombenergie des Elektrons im Abstand x vom Mittelpunkt des Atomkerns:

$$E_{pot}(x) = -\frac{e^2}{4\pi \cdot \varepsilon_0} \cdot \frac{1}{x}$$

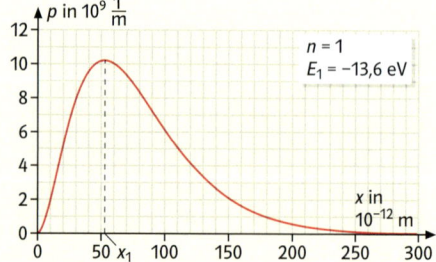

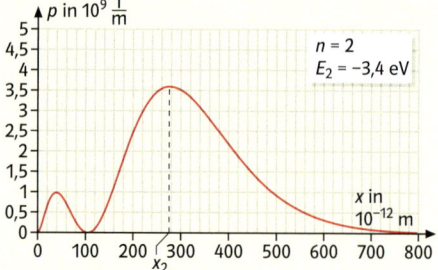

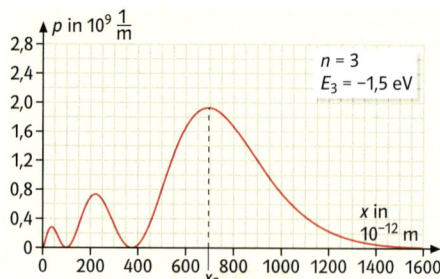

B2 Wahrscheinlichkeitsdichten im Wasserstoffatom

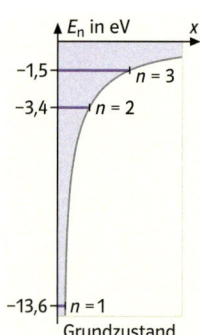

B1 Potenzial im Wasserstoffatom

Der Verlauf beschreibt einen Potenzialtopf. Weil x nicht kleiner werden kann als der Kernradius, weist er keine unendlich hohen Wände auf. Für $x \to \infty$ werden sie immer flacher ($\to$**B1**). Der Aufenthaltsbereich des Elektrons ist also nicht durch eine feste Grenze eingeschränkt. Allerdings hält es sich nur mit sehr geringer Wahrscheinlichkeit sehr weit vom Kern entfernt auf. Die Zustandsfunktion $\Psi(x)$ und mit ihr die Wahrscheinlichkeitsdichte $\Psi^2(x)$ muss deshalb für sehr große x gegen null streben. Der exakte Verlauf der Zustandsfunktion hängt von der potenziellen Energie ab und lässt sich mit Hilfe einer Differenzialgleichung bestimmen, die 1926 von Erwin Schrödinger entwickelt wurde. Wenn man annimmt, dass die Zustandsfunktion nur vom Kernabstand x abhängt, ergibt sich ein eindimensionales Problem, für das die Schrödingergleichung lautet:

$$\Psi''(x) + \frac{8\pi^2 \cdot m}{h^2}\left[E - E_{pot}(x)\right] \cdot \Psi(x) = 0$$

Diese Gleichung lässt sich mit analytischen Methoden lösen, aber auch mit Modellbildungssystemen behandeln. Dabei zeigt sich, dass nur für bestimmte, diskrete Werte der Energie E Lösungen auftreten, die die Bedingung $\Psi(x) \to 0$ für $x \to \infty$ erfüllen. Beim Wasserstoffatom gehören also zu gebundenen Elektronenzuständen diskrete Energieniveaus, die man nach steigender Energie mit einer Quantenzahl n nummeriert.

Dabei gilt:

$$E_n = -13{,}6\,\text{eV} \cdot \frac{1}{n^2} \text{ mit } n \in \mathbb{N}$$

Die Wahrscheinlichkeitsdichte $p(x) = \Psi_n^2(x)$ des n-ten Elektronenzustands weist jeweils ein Maximum bei einem Abstand x_n auf ($\to$**B2**). Bei diesen Kernabständen ist das Elektron im Zustand n am wahrscheinlichsten anzutreffen. Mit zunehmender Energie wächst also der wahrscheinlichste Abstand des Elektrons vom Kern.

A1 ○ Zeigen Sie, dass $\Psi(x) = x \cdot e^{-x/x_1}$ eine Lösung der Schrödingergleichung ist. Bestimmen Sie x_1 und damit die Gesamtenergie E aus der Gleichung. Zeichnen Sie Ψ und begründen Sie, dass es sich um die Grundzustandsfunktion handeln muss.

$$x_1 = \frac{\varepsilon_0 \cdot h^2}{\pi \cdot m \cdot e^2}i; \quad E_1 = -\frac{1}{8}\frac{e^4 \cdot m}{\varepsilon_0^2\,h^2}$$

Schrödingergleichung und Modellbildung

Die Wasserstoffatom-Schrödingergleichung

$$\Psi''(x) = -C \left(E + k \cdot \frac{1}{x} \right) \cdot \Psi(x)$$

mit den Abkürzungen $k = -1,44 \cdot 10^{-9}\,\text{eVm}$ und

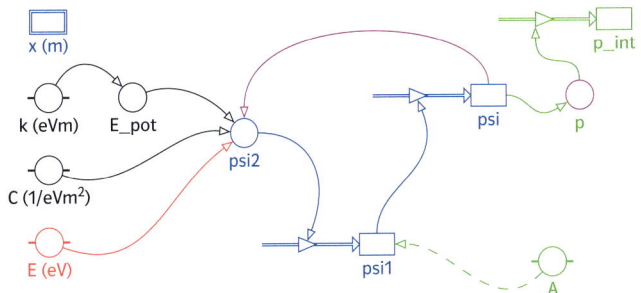

B1 Wirkungsgefüge zur Lösung der Schrödingergleichung

$C = 2,62 \cdot 10^{19} \cdot 1/\text{eV}\,\text{m}^2$ lässt sich mit Modellbildungssystemen lösen ($\rightarrow$**B1**). Ψ, Ψ', Ψ'' werden im Modellbildungssystem mit `psi`, `psi1` und `psi2` bezeichnet. Dabei gilt für die Variable `psi2 = -C * (E - E_pot) * psi`. Als Startwerte wurden `x = 1E - 15` (Kernradius) und `psi = 0` gewählt, für die Schrittweite empfiehlt sich `dx = 1E - 14`. In der Variablen `p = psi * psi` wird die Wahrscheinlichkeitsdichte bestimmt, die in `p_int` aufintegriert wird. Der Startwert `A` von `psi1` wird so bestimmt, dass sich eine auf 1 normierte Wahrscheinlichkeitsdichte ergibt.

Das Modell wird für verschiedene Werte von E gestartet, bis sich eine Lösung mit $\Psi \rightarrow 0$ für $x \rightarrow \infty$ ergibt.

Orbitale und Quantenzahlen
Bei der exakten Lösung der Schrödingergleichung für das Wasserstoffatom muss man beachten, dass das Atom ein räumliches Gebilde ist, während die bisher betrachteten Lösungen nur vom Kernabstand x abhängen und daher eindimensional sind. Man kann sich die zugehörigen Aufenthaltswahrscheinlichkeiten als rotationssymmetrische, kugelförmige Elektronenorbitale im Raum vorstellen, die

man auch als s-Orbitale bezeichnet ($\rightarrow$**B2**). Neben den rotationssymmetrischen s-Orbitalen treten weitere Orbitale auf, die kompliziertere Symmetrien aufweisen. Diese Orbitale lassen sich gut durch ihre Knotenebenen charakterisieren, auf denen sich das Elektron niemals aufhalten kann, weil dort die Zustandsfunktion verschwindet. So haben z.B. die p-Orbitale stets eine Knotenebene ($\rightarrow$**B3**).

Die vollständige Lösung der Schrödingergleichung in drei Dimensionen zeigt, dass man alle Zustandsfunktionen des Wasserstoffatoms durch drei Quantenzahlen charakterisieren kann:
n = **Hauptquantenzahl**. Es ist $n \in \mathbb{N}$.
Sie kennzeichnet das Energieniveau des Elektrons und heißt deshalb auch Energiequantenzahl.
l = **Nebenquantenzahl** oder Bahndrehimpulsquantenzahl. Es ist $l \in \{0, 1, 2 \ldots n - 1\}$.
Sie gibt die Anzahl der Knotenebenen an, das heißt, $l = 0$ kennzeichnet s-Orbitale, $l = 1$ gilt für p-Orbitale, $l = 2$ für d-Orbitale usw.
m_l = **Orientierungsquantenzahl** oder Magnetquantenzahl. Es ist $m_l \in \{-l \ldots -1, 0, 1 \ldots l\}$.
Sie unterscheidet Zustände mit gleichem n und l nach der Orientierung ihrer Rotationssymmetrie.

Das Termschema in der Darstellung **B4** zeigt, dass die Energieniveaus des Wasserstoffatoms entartet sind: Sie hängen nur von der Hauptquantenzahl n ab. Zu einem Energieniveau gehören also mehrere Elektronenzustände oder Orbitale.

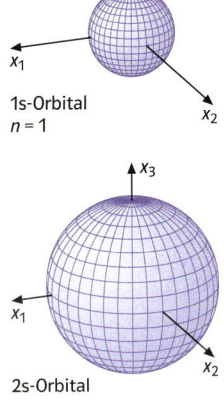

1s-Orbital
$n = 1$

2s-Orbital
$n = 2$

B2 s-Orbitale ($l = 0$)

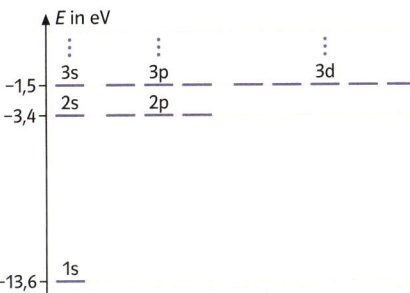

B4 Termschema des Wasserstoffatoms

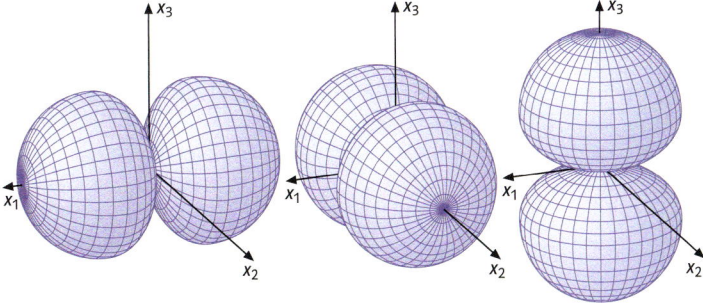

B3 2p-Orbitale ($l = 1$)

Atome mit mehreren Elektronen

Im Unterschied zum Wasserstoffatom enthält die Hülle aller anderen Atome mehrere Elektronen. Die Zahl der negativen Elektronen entspricht dabei der Zahl Z der positiven Protonen im Kern, sodass das Atom insgesamt elektrisch neutral ist. Man bezeichnet Z als **Ordnungszahl** des Elements.

Die Elektronen eines Atoms beeinflussen sich gegenseitig, der Quantenzustand jedes einzelnen Elektrons lässt sich jedoch nach wie vor näherungsweise durch die Werte der drei **Quantenzahlen** beschreiben:

- die **Hauptquantenzahl** $n \in \mathbb{N}$.
- die **Nebenquantenzahl** l mit $l = 0, 1, 2 \ldots$ $n - 1$.
- die **Orientierungsquantenzahl** m_l mit $-l \leq m \leq +l$.

Wolfgang Pauli
(1900–1958)

Daneben weist das Elektron noch eine innere Eigenschaft auf, die sich in seinem Verhalten im Magnetfeld zeigt: Hier nimmt das Elektron stets eine von zwei möglichen Einstellungen ein, die man als Spinzustände bezeichnet. Man charakterisiert diese Eigenschaft durch die **Spinquantenzahl** s, die die Werte $+\frac{1}{2}$ oder $-\frac{1}{2}$ annehmen kann. Die Orbitale der Atomhülle werden durch diese Spinquantenzahl nicht wesentlich beeinflusst.

Im Grundzustand befinden sich alle Elektronen eines Atoms in möglichst niedrigen Energieniveaus, die möglichst kleinen Beträgen der Quantenzahlen entsprechen. Allerdings ist es nicht möglich, dass sich alle Elektronen im 1s-Niveau aufhalten. Dies hängt mit einer

Eigenschaft der Elektronen zusammen, die **Wolfgang Pauli** (1900–1958) formulierte: Alle Elektronen eines Atoms unterscheiden sich in mindestens einer Quantenzahl (Pauli-Prinzip 1925).

Dabei ist auch die Spinquantenzahl zu berücksichtigen. In jedem Orbital, das durch die drei Quantenzahlen n, l, m_l festgelegt ist, können sich also zwei Elektronen mit verschiedenem Spin befinden.
Die zwei Elektronen des niedrigsten Niveaus ($n = 1$) werden somit durch folgende Zahlen beschrieben:

$n = 1$, $l = 0$, $m_l = 0$, $s = \frac{1}{2}$ und
$n = 1$, $l = 0$, $m_l = 0$, $s = -\frac{1}{2}$.

Der Einfluss der Elektronen untereinander führt dazu, dass verschiedene Zustände, die im Wasserstoffatom gleiche Energien haben, nun unterschiedliche Energien aufweisen: Die **Entartung** der Wasserstoffniveaus wird bei höheren Elementen aufgehoben. Man spricht dabei von der Feinstruktur der Atomhülle. Dies ist z. B. im Termschema des Natriumatoms (→**B1**) zu sehen: Dargestellt sind hier die Energieniveaus ab $n = 3$. Dabei liegen die Energien der s, p, d, …-Orbitale bei gleicher Hauptquantenzahl n nicht mehr auf gleicher Energiehöhe. Die Energiedifferenzen können bei großen Werten von n größer als die Unterschiede allein nach der Hauptquantenzahl sein. So liegt beim Natriumatom das ($n = 3 \mid l = 2$)-Niveau energetisch höher als das ($n = 4 \mid l = 0$)-Niveau.

Die Elektronen in einem Atom können mit einer bestimmten Wahrscheinlichkeit von einem Zustand in einen anderen übergehen. Für manche denkbaren Übergänge ist diese **Übergangswahrscheinlichkeit** null, d. h., diese Übergänge sind verboten.
Das Termschema **B1** zeigt einige erlaubte Übergänge im Natriumatom. Die Energiedifferenz zwischen den beiden Zuständen wird bei den Übergängen emittiert oder absorbiert, indem das Atom Photonen der entsprechenden Frequenzen emittiert oder absorbiert.
Die Intensität der so entstehenden Spektrallinien hängt sowohl von den Übergangswahrscheinlichkeiten als auch von den Aufenthaltswahrscheinlichkeiten in den Anfangs- und Endzuständen ab.

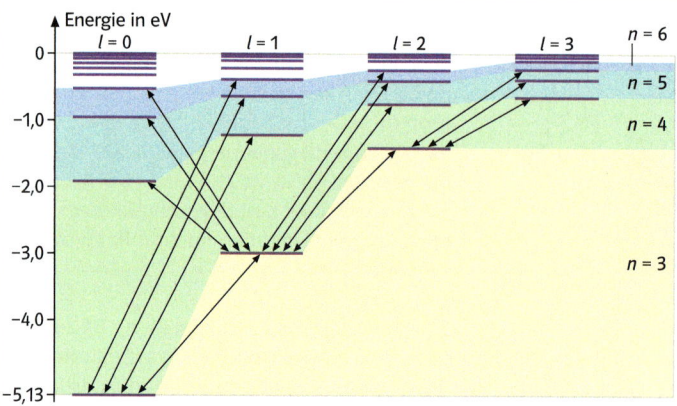

B1 Energieniveaus im Natriumatom

Ordnung im Periodensystem

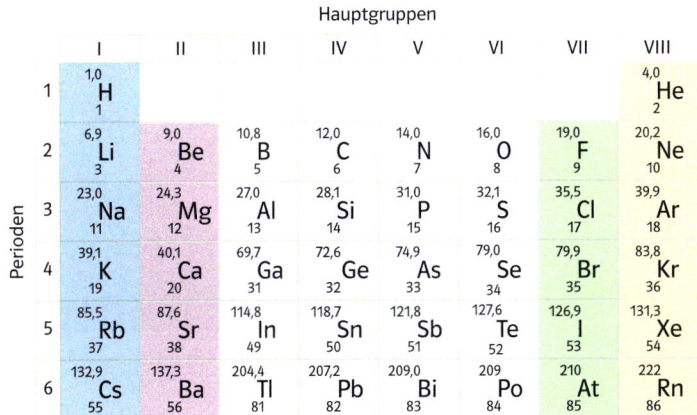

Hauptgruppen

B1 Hauptgruppen des Periodensystems: Die über dem Elementsymbol stehende Zahl gibt die Atommasse in u an, die untere Zahl ist seine Ordnungszahl im System.

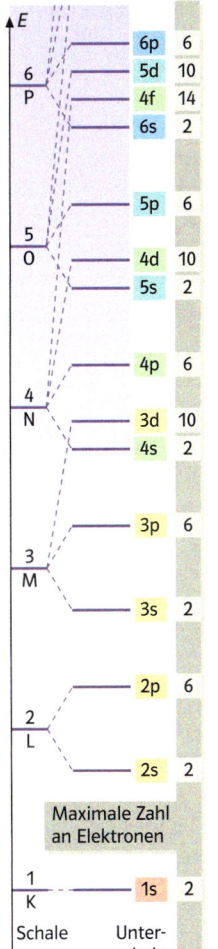

B2 Energieniveaus und Schalen

reits Elemente mit $n = 4$, da es Energieniveaus zu $n = 3$ gibt, die teilweise höher als solche zu $n = 4$ liegen (→**B2**). Dementsprechend werden zunächst nicht alle Niveaus zu $n = 3$ besetzt, sondern mit Kalium und Calcium beginnt bereits der Aufbau von Elementen aus der 4. Periode. Für noch größere n ergibt sich eine fortschreitende Verzahnung der Niveaus.
Alle Zustände mit der gleichen Quantenzahl n bilden eine **Schale**. Jede Kombination von Quantenzahlen beschreibt einen möglichen Zustand eines Elektrons im Atom.

Atome können **ionisiert** werden, indem ein Elektron oder mehrere aus der Hülle entfernt werden. Die Ionisationsenergie lässt sich messen. Die Grafik in **B3** gibt die Energie zur Erzeugung eines einfach ionisierten Atoms in Abhängigkeit von der Ordnungszahl an. Es ist eine Periodizität zu erkennen, die der Wiederkehr chemischer Eigenschaften entspricht. Das chemische Verhalten wird also durch die am wenigsten fest an den Kern gebundenen Elektronen, die **Valenzelektronen**, bestimmt. Mit zunehmender Kernladung steigt die Anziehungskraft auf die Elektronen, die Ionisationsenergie müsste zunehmen, aber bei Na mit der Ordnungszahl 11 ist sie viel niedriger als bei Neon mit der Ordnungszahl 10. Der Grund ist, dass sich bei Na das 11. Elektron auf einem höheren Energieniveau befindet als das 10. von Ne, sodass es sich leichter vom Atom ablösen lässt.

Die auffallend ähnlichen Eigenschaften vieler chemischer Elemente veranlasste L. Meyer und D. Mendelejew 1870 dazu, ein System aufzustellen, das die wiederkehrenden Eigenschaften zeigt. Dabei stehen die Atome nacheinander mit steigender Ordnungszahl und untereinander in **Gruppen** mit ähnlichen chemischen Eigenschaften. Die sich dabei ergebenden Zeilen bezeichnet man als **Perioden** (→**B1**). Diese experimentellen Ergebnisse lassen sich über den quantenmechanischen Aufbau der Atomhülle begründen, wenn man beachtet, dass die Elektronen der Atomhülle mit zunehmender Ordnungszahl des Atoms die Quantenzustände nach dem Prinzip der minimalen Energie besetzen.

Im niedrigsten Niveau (dem 1s-Orbital mit $n = 1$) können maximal zwei Elektronen untergebracht werden, dem entsprechen die Elemente H und He der ersten Periode.
Für $n = 2$ ergeben sich 8 mögliche Zustände, dem entsprechen die 8 Elemente Li bis Ne der 2. Periode. Mit $n = 3$ sollte die 3. Periode 18 Elemente enthalten, sie besteht aber ebenfalls nur aus 8 Elementen. Danach folgen be-

Die Struktur der Atomhülle entscheidet also über die chemischen Eigenschaften eines Elements, da sie den Energiezustand der Valenzelektronen bestimmt. Dies kann man z. B. bei den aufeinanderfolgenden Elementen Lithium ($Z = 3$) und Beryllium ($Z = 4$) erkennen. Die Ionisationsenergie für ein erstes Elektron ist bei Beryllium etwas höher als bei Lithium (→**B3**). Für das zweite Elektron ist die Ionisationsenergie bei Be ähnlich (18,21 eV), bei Li ist sie dagegen viel größer (75,64 eV).
Bei beiden Elementen befinden sich zwei Elektronen in der tiefsten 1s-Schale, alle weiteren in der zweiten, 2s-Schale. Bei Lithium muss das zweite Elektron also bereits aus dem energetisch tieferen Niveau gelöst werden, was die höhere Ionisationsenergie erklärt. Bei Beryllium werden beide Elektronen aus der energetisch höheren Schale gelöst, was die vergleichbaren Ionisationsenergien erklärt.

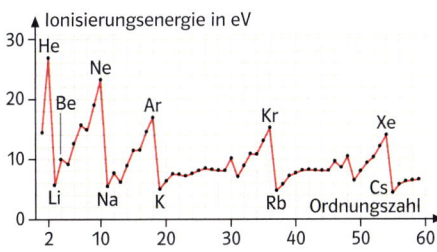

B3 Energie zur Ablösung des ersten Elektrons

Aufnahme von Röntgenspektren

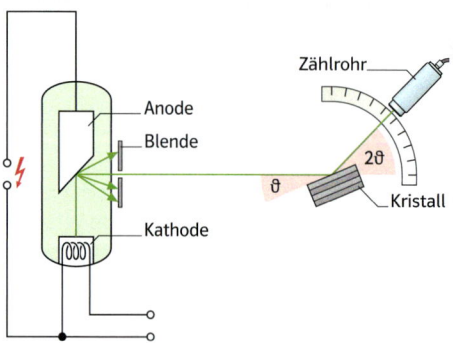

B2 Versuchsaufbau schematisch

B3 Beugung von Röntgenstrahlung

Aufgabe: Durch Beugung an einem räumlichen Gitter soll die Frequenzverteilung der von einer Röntgenröhre emittierten Strahlung bestimmt werden.
Darüber hinaus wird untersucht, welchen Einfluss fein zerriebenes Kaliumbromidpulver vor der Austrittsblende des Strahlers auf diese Verteilung hat.

Material: Röntgenröhre mit Kupferanode, drehbar gelagerter Lithiumfluorid-Kristall (Netzebenenabstand $a = 201\,pm$), Zählrohr, Stativmaterial mit Winkelmesser, Probe mit fein zerriebenem Kaliumbromid

Durchführung: Bei der Röntgenröhre handelt es sich um eine spezielle Elektronenröhre. Sie besteht aus einem evakuierten Glaskolben, in dem sich eine Kathode und eine Anode befinden. Die aus der Glühkathode austretenden Elektronen werden bei sehr hoher Spannung beschleunigt und erzeugen durch Wechselwirkung mit dem Anodenmaterial Strahlung, die sehr viel energiereicher als die des sichtbaren Lichts ist.

Man positioniert Röntgenröhre, Lithiumfluoridkristall und Zählrohr so, dass der Winkel ϑ, unter dem die Röntgenstrahlung auf die Oberfläche des Kristalls fällt, variiert werden kann. Die Zählrate n des Zählrohrs wird unter dem Winkel 2ϑ gegenüber der Richtung der einfallenden Strahlung gemessen. Der Winkel ϑ wird in 1°-Schritten von 5° bis 30° erhöht. Die Beschleunigungsspannung beträgt 30 kV.

Es werden zwei weitere Messreihen für Winkel zwischen 7° und 17° aufgenommen. Die erste Messung erfolgt wie zuvor, für die zweite Messung wird fein zerriebenes Kaliumbromid vor die Austrittsblende des Strahlers gebracht.

Messung: Es ergeben sich die winkelabhängigen Zählraten aus Abbildung **B4** mit einem weiten Bereich erhöhter Zählrate und einem Maximum zwischen 10° und 11°. Zusätzlich gibt es zwei eng begrenzte Zählratenspitzen bei größeren Winkeln zwischen 20° und 25°.

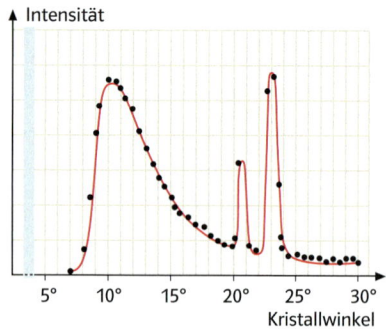

B4 Spektrum der Röntgenstrahlung, $U_B = 30\,kV$

Deutung: Für die Beugung von Wellen an räumlichen Gittern gilt die Bragg-Bedingung:
$2 \cdot a \cdot \sin\vartheta_k = k \cdot \lambda$ mit $k = 0, 1, 2, \ldots$ Aus der im Experiment bestimmten winkelabhängigen Intensitätsverteilung kann man somit auf die Wellenlängen- bzw. Frequenzverteilung der von der Röntgenröhre emittierten Strahlung schließen.

Das Spektrum scheint aus zwei Anteilen zu bestehen: einem kontinuierlichen und einem diskreten Anteil. Die diskreten Linien kommen durch den Übergang von Elektronen in der Atomhülle zustande.
Die beiden diskreten Linien, die im Spektrum erkennbar sind, bezeichnet man als K_α-Linie (rechts) bzw. K_β-Linie (links).

ϑ in °	n in min⁻¹	n' in min⁻¹
7	248	78
8	268	66
9	927	150
10	2394	237
11	4137	381
12	6681	599
12,5	6033	621
13	5493	1005
13,5	5391	1371
14	4896	1239
15	3885	876
16	3138	636
17	2577	434

B1 Wertetabelle
(n: Messung ohne Probe; n': Messung mit KBr-Probe)

Die Spektrallinien im sichtbaren Bereich geben Aufschluss über Energieverhältnisse im äußeren Bereich der Atomhülle, die unsichtbare Röntgenstrahlung informiert über ihren inneren Bereich.

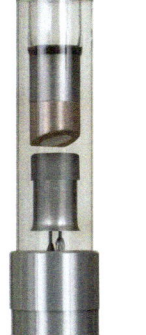

B1 Röntgenröhre

Eigenschaften von Röntgenstrahlung

Röntgenstrahlung lässt sich wie Licht als elektromagnetische Welle mit Wellenlängen von 10^{-8} m bis 10^{-14} m beschreiben. Sie wurde 1895 von **Conrad Röntgen** entdeckt.
Erzeugen kann man sie z. B. mit einer Röntgenröhre. Sie besteht aus einem luftleeren Glaskolben, in den eine Glühkathode und ein kleiner Metallblock als Anode (A) eingeschmolzen sind (→**B1**). Die Spannung zwischen Kathode und Anode liegt zwischen 30 kV und 100 kV.

Röntgenstrahlung breitet sich geradlinig aus. Sie ist sehr energiereich und kann bestimmte Stoffe zum Aussenden von Licht anregen, Gase ionisieren, Bilder auf fotografischem Material erzeugen sowie Körper durchdringen.

Interferenz mit Röntgenstrahlung

Lässt man Röntgenstrahlung auf einen Kristall treffen, werden die Wellen an den Netzebenen gebeugt und interferieren. Für Maxima, die unter den Winkeln ϑ_k zwischen Strahlungsrichtung und Netzebene beobachtet werden, gilt die **Bragg-Bedingung**:

$$2a \cdot \sin\vartheta_k = k \cdot \lambda, \quad k = 1, 2, \ldots$$

Dabei bezeichnet a den Abstand der Ebenen und λ die Wellenlänge.

Das Röntgenspektrum

Untersucht man so die Intensität der Röntgenstrahlung, erhält man ein Spektrum (→**B3**). Auffällig sind einige eng begrenzte Bereiche hoher Intensität. Die im elektrischen Feld der Röhre beschleunigten Elektronen treffen auf die Anode, wo sie mit den Atomen des Anodenmaterials wechselwirken und ihre Energie abgeben. Der größte Teil wird als Schwingungs-

energie an die Gitteratome übertragen. Ein anderer Teil wird von den Atomen absorbiert und als elektromagnetische Strahlung diskreter Wellenlängen abgegeben, dies ist die **charakteristische Strahlung**. Manche Elektronen werden im elektrischen Feld der Atomkerne des Anodenmaterials abgebremst. Dabei wird die Bewegungsenergie der Elektronen in Röntgenstrahlung überführt. Diese Strahlung nennt man **Bremsstrahlung**. Im Röntgenspektrum sind beide Anteile erkennbar.

Deutung des Röntgenspektrums

Wenn die in der Röntgenröhre beschleunigten Elektronen mit dem Anodenmaterial wechselwirken, dann kann ihre Energie $e \cdot U$ in einem einmaligen Prozess in die Energie $h \cdot f_{grenz} = h \cdot c/\lambda_{grenz}$ überführt werden. Dieser Prozess führt zur kurzwelligen Grenze des Röntgenspektrums, in Abbildung **B3** liegt sie bei etwa 40 pm. Kleinere Wellenlängen sind bei gleicher Beschleunigungsspannung nicht möglich, da das Elektron höchstens seine gesamte Energie auf einmal abgeben kann.

Ist die Energie der Elektronen groß genug, können sie ihre Energie ganz oder teilweise auf gebundene Elektronen übertragen. Diese werden aus der Hülle herausgelöst. An ihre Stelle treten nun Elektronen aus höheren Niveaus. Dabei emittieren sie Strahlung, deren Energie der Differenz der beiden Energieniveaus entspricht.

Diese Strahlung ist als charakteristische Strahlung zu beobachten. Sie hängt vom Anodenmaterial ab, da die Atome verschiedener Stoffe auch unterschiedliche Energieniveaus besitzen. Das charakteristische Röntgenspektrum von Kupfer enthält Linien mit den Wellenlängen 139 pm und 155 pm. Das entspricht Energiedifferenzen von etwa 8,9 keV und 8,0 keV.

Die für das Anodenmaterial charakteristische Röntgenstrahlung entsteht, wenn die niedrigsten Energieniveaus im Atom frei sind und dann durch andere Elektronen der Atomhülle besetzt werden.

A1 ⊖ Analysieren Sie das Diagramm **B2**. Diskutieren Sie die möglichen Rückschlüsse, die sich aus den Messdaten auf die verwendete Röntgenröhre ziehen lassen.

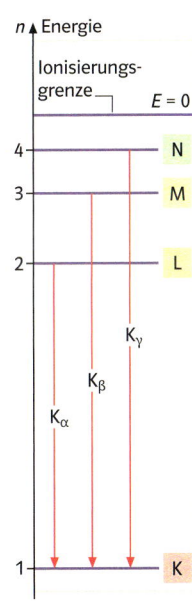

B2 Übergänge im Kupferatom (nicht maßstäblich); die Bezeichnung mit K, L, M, … ist historisch bedingt.

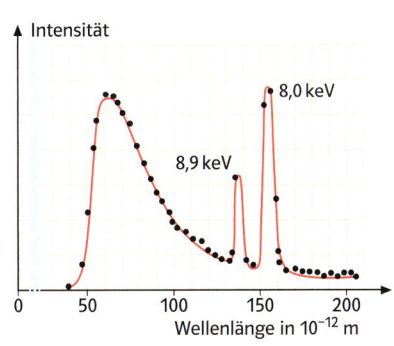

B3 Röntgenspektrum einer Kupferanode

Absorption von Röntgenstrahlung

Röntgenstrahlung kann Materie durchdringen. Ein Vergleich der Zählraten n vor einer Probe und n' hinter einer Probe zeigt, dass ein Teil der Strahlung absorbiert wird. Der Quotient $T = n'/n$ beschreibt den Anteil der durchgelassenen, $A = 1 - T$ den Anteil der absorbierten Strahlung. Grafik B2 zeigt für eine Probe mit Kaliumbromid, dass die Absorption von der Frequenz bzw. der Energie der Röntgenstrahlung abhängt.

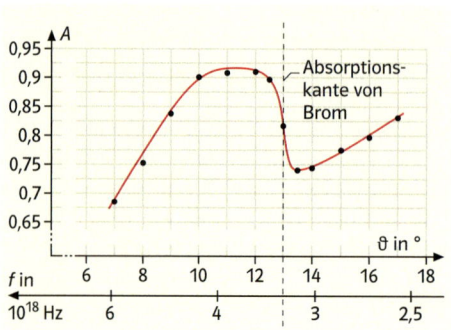

B2 Absorption $A = 1 - T$ bei Kaliumbromid

Auffallend ist die sprunghafte Änderung der Absorption bei $f = 3,3 \cdot 10^{18}$ Hz, entsprechend einer Energie der Strahlung von $E = 2,19 \cdot 10^{-15}$ J = 13,7 keV. Man spricht von einer **Absorptionskante**.

Ihre Lage ist unabhängig von der Spannung U_B, mit der man die Elektronen in der Röntgenröhre beschleunigt, sie ändert sich jedoch mit dem Absorbermaterial. Die Grafik B3 zeigt die Energien der Absorptionskanten bei anderen Elementen.

Element	Cu	Br	Zr	Ag	Sn	Te	I
Z	29	35	40	47	50	52	53
E in keV	8,1	13,7	18,3	25,9	30,5	32,3	35,0

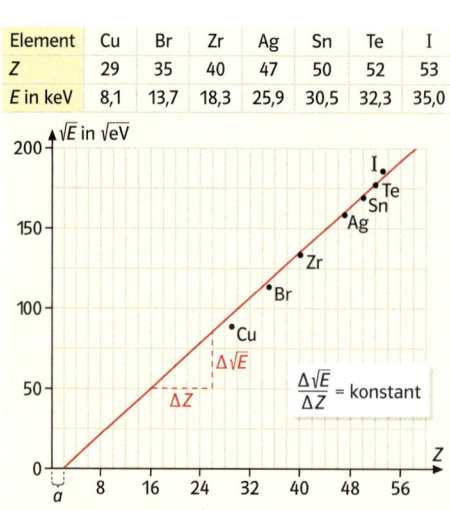

B3 Energie der Absorptionskante bei Übergängen aus dem Grundniveau in Abhängigkeit von der Ordnungszahl Z

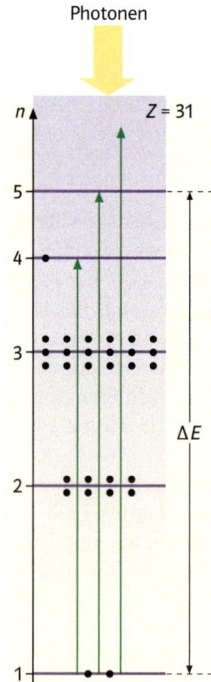

B1 Elektronen besetzen durch Absorption ein höheres Energieniveau.

Henry **Moseley** (1887–1915) entdeckte einen linearen Zusammenhang zwischen Ordnungszahl Z und Wurzel aus der Energie der Röntgenstrahlung an der Absorptionskante. Er fand:

$$\sqrt{E} = \sqrt{13{,}6\,\text{eV}} \cdot (Z - a) \quad \text{mit} \quad a \approx 2$$

Mit diesem Moseley'schen Gesetz lässt sich die Ladung von Atomkernen als Z-faches der Elementarladung bestimmen und somit der Aufbau des Periodensystems der Elemente nach der Ordnungszahl Z bestätigen.

Das Entstehen der Absorptionskante lässt sich erklären, wenn man annimmt, dass Photonen mit der Energie, die der Absorptionskante entspricht, von den Atomen absorbiert werden. Sie werden dadurch angeregt, d.h., Elektronen aus niedrigen Energieniveaus besetzen höhere Zustände (→B1). Die größte Energie, die absorbiert werden kann, betrifft Elektronen aus dem Grundniveau mit $n = 1$.

In Atomen mit mehreren Elektronen befinden sich maximal zwei Elektronen im Energieniveau mit $n = 1$. Auf diese inneren Elektronen ist der Einfluss der Ladungen im Kern sehr viel größer als auf alle anderen Elektronen der Hülle.

Näherungsweise lassen sich daher die Überlegungen aus dem Wasserstoffatom auf die inneren Elektronen übertragen. Für die Energiezustände beim Wasserstoffatom gilt:
$E_n = -13,6\,\text{eV}/n^2$

Beim Heliumion He$^+$, das ebenfalls ein Elektron enthält, jedoch bei einer doppelt so großen Ladung des Kerns, sind die Energiebeträge alle viermal so groß wie für die entsprechenden Niveaus beim Wasserstoff.

Allgemein gilt für die Energiezustände von Ionen mit nur einem Elektron und der Ordnungszahl Z:

$$E_n = -13,6\,\text{eV} \cdot \frac{Z^2}{n^2}$$

Die weiteren Elektronen reduzieren die Wirkung der Ladung des Kerns. Dies drückt man durch eine Konstante a aus, um die man die Kernladungszahl verkleinert. Messwerte liefern für die Konstante z. B. $a \approx 2$ bei Übergängen aus dem Grundniveau $n = 1$ (→B3).

Ein Elektron emittiert oder absorbiert beim Übergang zwischen den Niveaus m und n den Energiebetrag

$$\Delta E = 13,6\,\text{eV} \cdot (Z - a)^2 \cdot \left(\frac{1}{m^2} - \frac{1}{n^2}\right)$$

11.8 Farbstoffe

Die Industrie entwickelte in den letzten Jahrzehnten zunehmend grelle und nachleuchtende Farbstoffe. Sie finden nicht nur aus modischen Gründen viele Benutzer, durch ihre Eigenschaften eignen sie sich beispielsweise auch zur Herstellung besonders effizienter Lichtquellen wie Leuchtstoff- oder LED-Lampen.

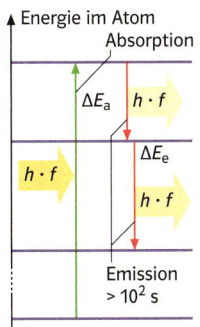

B1 Phosphoreszenz

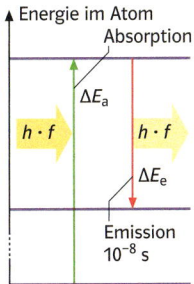

B2 Fluoreszenz

Absorption und Emission von Licht

Weißes Licht, das Körper beleuchtet, lässt diese meist farbig erscheinen. Das emittierte farbige Licht ist charakteristisch für den Stoff des Körpers. Licht mit der Frequenz f, das z.B. auf Natriumdampf trifft, kann nur dann **absorbiert** werden, wenn $h \cdot f = \Delta E$ einer möglichen Energiedifferenz der Energieniveaus von Natrium entspricht. Diese Energie wird vom Natrium innerhalb von 10^{-8} s wieder als Licht gleicher Frequenz abgestrahlt. Man spricht von **spontaner Emission**.

Fluoreszenz

Bei spontaner Emission kann auch ein kleinerer als der absorbierte Energiebetrag wieder ausgesandt werden. Dazu muss allerdings im Atom ein entsprechend freies Energieniveau zur Verfügung stehen (→**B2**). Das emittierte Licht ist dann langwelliger als das absorbierte. Man spricht von **Fluoreszenz**.

Fluoreszenz beobachtet man, wenn man eine Küvette mit in Wasser gelöstem Fluorescein mit weißem Licht beleuchtet. Während das durchgehende Licht rötlich erscheint (→**B3**), strahlt die Lösung grünliches Licht ab. Absorption und Emission erfolgen also bei unterschiedlichen Wellenlängen.

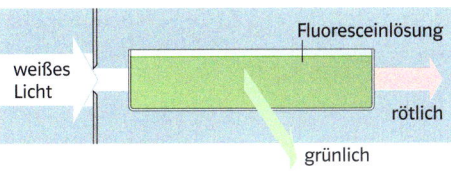

B3 Absorption und Streuung

Phosphoreszenz

Die Emission kann auch verzögert und in mehreren Stufen erfolgen. Die Stoffe leuchten dann noch längere Zeit nach der Absorption (→**B1**). Diesen Effekt nennt man **Phosphoreszenz**. Sie kann nicht nur durch Lichteinfall, sondern auch durch chemische Prozesse im Körper hervorgerufen werden. Auf Phosphoreszenz basiert z.B. die Lichtemission von „Lightsticks". Dabei handelt es sich um Kunststoffröhrchen, in denen Flüssigfarbstoffe durch chemische Reaktionen farbig leuchten. Bestrahlt man die Lightsticks mit einer UV-Lampe, so beginnen die Lightsticks in der Farbe zu

B4 „Lightsticks" unter einer UV-Lampe

leuchten, die auch bei der chemischen Reaktion entsteht (→**B4**). Bei Beleuchtung mit Glühlampenlicht leuchten nur die roten, grünen und gelben Sticks sehr schwach rötlich, jedoch nicht der blaue Stick.

Farbstoffe

Moleküle von **Farbstoffen** bestehen oft aus langen C-H-Ketten, die als nahezu eindimensionale Potenzialtöpfe für Elektronen aufgefasst werden können (→**B5**).

Farbstoffmolekül

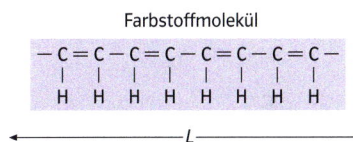

Aufenthaltsbereich der Elektronen

B5 Strukturformel eines Farbstoff-Moleküls

Mit der Länge der Moleküle ändert sich die Länge L ihres Aufenthaltsbereiches. Diese hat unmittelbare Auswirkungen auf die Wechselwirkung des Moleküls mit Licht. Die Frequenzen von absorbiertem bzw. emittiertem Licht lassen sich in guter Übereinstimmung mit Messungen an ausgerichteten Molekülen auf der Basis des linearen, eindimensionalen Atommodells berechnen (→**B5**). Auch hier gilt:

Absorption und Emission von Licht erfolgt bei Frequenzen f, die sich aus Differenzen von Energieniveaus ergeben. Für ein lineares Molekül der Länge L gilt:

$$f = \frac{1}{h} \cdot (E_n - E_m) \quad \text{mit} \quad E_n = \frac{h^2}{8 \, m_e \cdot L^2} \cdot n^2$$

A1 ◐ Erläutern Sie das unterschiedliche Verhalten der „Lightsticks" bei der Beleuchtung mit UV- bzw. Glühlampenlicht.

11.9 Laser

Laser kommen in Druckern, Scanner-Kassen und Blue-Ray-Geräten ebenso zum Einsatz wie als Schneidegeräte in der Medizin und der Metallverarbeitung und als Messgerät oder Informationsübermittler in der Nachrichtentechnik, bei der Landvermessung und im Umweltschutz.

Aufbau eines Helium-Neon-Lasers

Öffnet man das Gehäuse eines Helium-Neon-Lasers, erkennt man eine schmale, langgestreckte Gasentladungsröhre, die an beiden Seiten mit einem Spiegel abgeschlossen ist (→B3). Diese Anordnung wird als **optischer Resonator** bezeichnet.

Das vom Laser ausgesandte Licht ist stark gebündelt, allerdings gibt der Resonator auch seitlich Licht ab. Erzeugt man sowohl von diesem als auch vom Laserlicht mittels eines Gitters ein Spektrum, zeigt sich: Das Spektrum des seitlich ausgesandten Lichtes enthält viele Spektrallinien (→B1). Diese gehören zu Übergängen in Helium- und Neonatomen. Diese beiden Gase werden im Laser zum Leuchten gebracht. Das intensive und nahezu monochromatische Laserlicht geht vom Neon aus. Es wird entlang der Achse der Gasentladungsröhre ausgesandt. An seiner Entstehung sind mehrere Prozesse beteiligt.

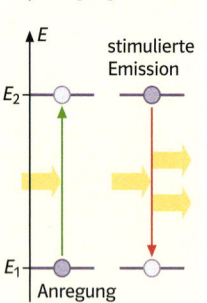

B1

Besetzungsumkehr und stimulierte Emission

Die Bezeichnung Laser ist eine Abkürzung für „light amplification by stimulated emission of radiation" und beschreibt in Kürze das zugrunde liegende Prinzip.

Durch ein elektrisches Feld beschleunigte Elektronen wechselwirken mit Helium-Atomen und versetzen sie in einen angeregten Zustand E_1 (→B4). Helium-Atome in diesem Zustand können ihre Energie nur durch Stöße wieder abgeben, nicht aber durch Lichtaussendung. Für den Laserprozess erwünscht ist eine Energieabgabe durch Stöße an Neon-Atome. Zwischen den beteiligten Niveaus besteht ein geringer Energieunterschied, der aber durch Bewegungsenergie ausgeglichen wird.

Befinden sich durch die Anregung mehr Neon-Atome im Zustand E_4 als im Zustand E_3 oder E_2,

spricht man von einer **Besetzungsumkehr** zwischen einem energetisch hohen und einem energetisch niedrigen Zustand.

Besetzungsumkehr ist die Voraussetzung für die Entstehung von Laserlicht. Denn wenn nun Licht passender Frequenz ein solches angeregtes Atom passiert, entsteht durch den Vorgang der stimulierten Emission eine in Frequenz, Wellenlänge, Polarisation und Ausbreitungsrichtung identische Kopie des anregenden Photons (→B2). Dieses bleibt dabei erhalten. Die Möglichkeit zu stimulierter Emission wurde 1924 erstmalig von Bose und Einstein beschrieben. Sie erkannten, dass die Wahrscheinlichkeit dafür, ein Photon in einem bestimmten Zustand zu finden, mit der Anzahl bereits vorhandener gleichartiger Photonen ansteigt.

Die beiden Spiegel an den Enden des Resonators sorgen dafür, dass ausreichend viele erwünschte Photonen im Resonator existieren. So kann mit jedem Umlauf die Anzahl gleichartiger Photonen weiter erhöht werden. Einer der beiden Spiegel ist teildurchlässig, sodass ein kleiner Teil (etwa 1%) der Photonen den Resonator verlassen kann: das Laserlicht.

Allein mit Hilfe von Licht ist es nicht möglich, eine Besetzungsumkehr in den Neon-Atomen zu bewirken. Die zur Anregung benötigten Photonen müssten dieselbe Frequenz haben, wie die Photonen, die zur Auslösung der stimulierten Emission erforderlich sind. Die Wahrscheinlichkeit ein Atom anzuregen wäre dann genauso groß wie die Wahrscheinlichkeit, es

B2 Spontane und stimulierte Emission

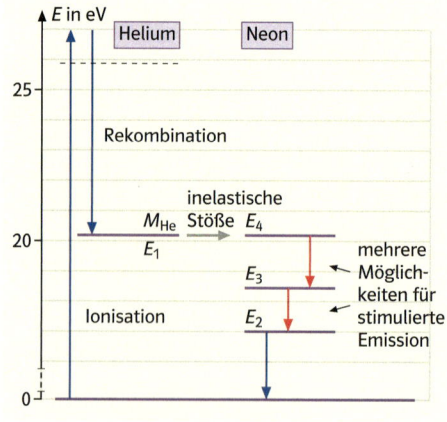

B3 Aufbau eines He-Ne-Lasers

B4 Energieübergänge im He-Ne-Laser

zur stimulierten Emission zu bringen. Dieses Problem umgeht man, indem man den Weg über die Helium-Atome nimmt.

Frequenzselektion im Resonator

Da Neon nicht nur das erwünschte rote Licht aussendet, muss sichergestellt werden, dass die Neon-Atome nur durch Licht der erwünschten Frequenz zu stimulierter Emission angeregt werden. Man erreicht dies durch eine geeignete Beschichtung eines der beiden Spiegel im Resonator. Sie besteht aus mehreren dünnen Schichten und reflektiert daher nur Licht einer bestimmten Frequenz.

Durch Verstärkung dieses Lichtes über die stimulierte Emission nimmt in Richtung der Röhrenachse die Zahl der Photonen exponentiell zu. Laserlicht ist aus diesem Grund in besonderem Maße kohärent.

Licht mit anderen Ausbreitungsrichtungen wird nicht verstärkt. Daher registriert man seitlich des Resonators Licht aller Frequenzen, die zu Helium und Neon passen.

Laserdioden

Laserdioden sind die am weitesten verbreiteten Laser. Der Laserprozess findet hier direkt im Halbleiter-Kristall statt. Die als Voraussetzung für stimulierte Emission erforderliche Besetzungsumkehr liegt bereits vor, weil in einer stromführenden Diode die Niveaus im

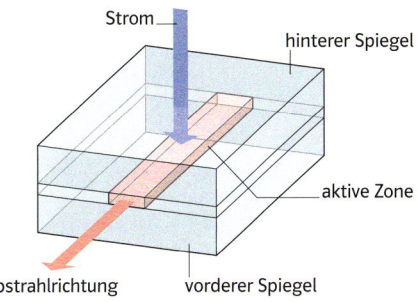

B1 Prinzip einer Laserdiode

n-dotierten Bereich energetisch höher liegen als die im p-dotierten Bereich.

Durch Polieren der beiden Endflächen des Kristalls erzeugt man einen Resonator, sodass die erwünschten Photonen lange genug im Kristall verbleiben, um in ausreichendem Maß stimulierte Emission bewirken zu können.

In handelsüblichen Laserdioden verzichtet man auf Interferenzfilter. Daher enthält das Licht aus Laserdioden viele verschiedene, dicht benachbarte Wellenlängen, ihr Spektrum ist breiter als das eines Gaslasers.

Die Entstehung von Laserlicht wird durch Besetzungsumkehr in einer geeigneten Substanz ermöglicht. Dort ist stimulierte Emission von Licht möglich, falls das erwünschte Licht infolge wiederholter Reflexionen lange genug im Resonator verbleibt.

Exkurs

B2

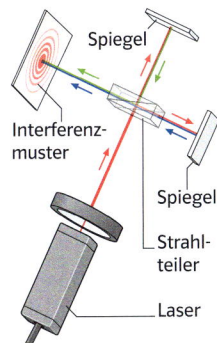

B3 Interferometer

Laser in Wissenschaft und Technik

Anwendungen in der Technik   Laserpointer, Abtast-Laser in CD- und DVD-Spielern, aber auch technische Laser in Umwelttechnik und der Medizin, z.B. für Operationen an der Hornhaut des Auges, oder der Metalltechnik zum Schneiden von Stahlplatten: Laser werden heute an sehr vielen Stellen unseres Alltags und in der Technik eingesetzt. Laserlicht bzw. ein Laserstrahl kann je nach Anwendung sehr kleine (z.B. CD-Spieler) bis extrem hohe Leistungen pro bestrahlter Fläche (z.B. zum Schneiden dicker Stahlplatten) besitzen.

> ⚠ **ACHTUNG Laserlicht ist sehr intensiv. Nie in den Strahl blicken!**

Anwendungen in der Wissenschaft   Laserlicht wird auch in Interferometern verwendet. Trifft das Licht nach zwei verschiedenen Lichtwegen wieder zusammen, so lässt sich ein

B4 Laser als Schneidwerkzeug

Interferenzmuster erkennen. Veränderungen in der Länge eines der Wege führen zu Veränderungen des Interferenzmusters. Mit Hilfe dieser Veränderungen lassen sich auch sehr kleine Längenänderungen nachweisen, die unterhalb einer Wellenlänge des Lichtes liegen.

Aus der Brockhaus-Enzyklopädie: „Die eigentlichen Träger der Materie (Teilchen) sind dynamische Zentren, die nur einen verschwindend kleinen Raum einnehmen. Der räumliche Hauptanteil der makrophysikalisch repräsentierten Materie ist ‚leer' im Sinne der naiven Anschauung, jedoch erfüllt von intensiven Kraftwirkungen."

B2 Kristalline Festkörper

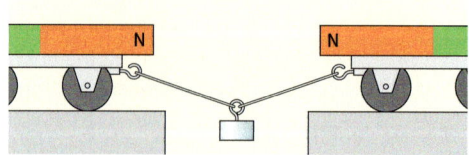

B3 Gleichgewicht zwischen abstoßenden und anziehenden Kräften

Der Aufbau von Festkörpern

Festkörper haben bestimmte Formen. Viele von ihnen bestehen aus Kristallen (→**B2**). Die Kristallform bleibt auch bei Bruchstücken erhalten.
Man schließt daraus, dass die Atome in Kristallen, anders als in Flüssigkeiten und Gasen, über große Bereiche im Körper hinweg regelmäßig an festen Plätzen angeordnet sind.
Eine solche Anordnung bezeichnet man als **Gitter**.

Ähnlich wie zwei Wagen, die sich in einem bestimmten Abstand in Ruhe befinden, wenn zwischen ihnen gleichzeitig anziehende und abstoßende Kräfte wirken, lässt sich das Gleichgewicht innerhalb atomarer Anordnungen verdeutlichen (→**B3**).

Bei einem H_2^+-Ion, das aus zwei Protonen und einem Elektron besteht, wird die abstoßende Kraft von den beiden Protonen, die anziehende Kraft durch die Wechselwirkung des Elektrons mit diesen Protonen verursacht (→**B1a**).
Die Summe der Kräfte im Ion hat den Betrag null, wenn sich die Protonen im Abstand r_0 befinden.

Bindungsarten

Diese Idee vom Gleichgewicht lässt sich auf alle gebundenen Zustände übertragen. In **Metallen** geben die Atome die am schwächsten an den Kern gebundenen Elektronen ab. Diese sind nun nicht mehr einzelnen Atomen zuzuordnen, sondern dem ganzen Kristall. Die sich gegenseitig abstoßenden Atomrümpfe werden durch diese gemeinsamen Elektronen zusammengehalten. Dadurch entsteht die **metallische Bindung**. Die Struktur eines **Metallgitters** (→**B1b**), in dem sehr viele Elektronen im Gitter leicht beweglich sind, bedingt die gute elektrische Leitfähigkeit der Metalle.

In einem Wassermolekül bilden Elektronen verschiedener Atome ein gemeinsames Orbital. Zwischen den positiven Kernen, die sich abstoßen, entsteht aufgrund der Wahrscheinlichkeitsdichte dieser Elektronenzustände eine negative Ladungsdichte, die die Kerne elektrostatisch anzieht und zur **kovalenten Bindung** führt. Diese Bindung erfolgt auch bei gleichen Atomen, z. B. Kohlenstoffatomen bei Graphit (→**B1c**).

Manche Moleküle, wie z. B. Wasser- oder Ammoniakmoleküle, sind elektrische Dipole. Diese Teilchen können sich durch eine Dipol-Dipol-Wechselwirkung aneinander lagern. Es entstehen **Molekülgitter**, die beim Erstarren stabil sind (→**B1b**).

Wasserstoffgas besteht aus H_2-Molekülen; bei geeigneter Energiezufuhr wird es einfach ionisiert.

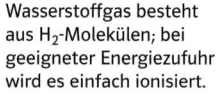

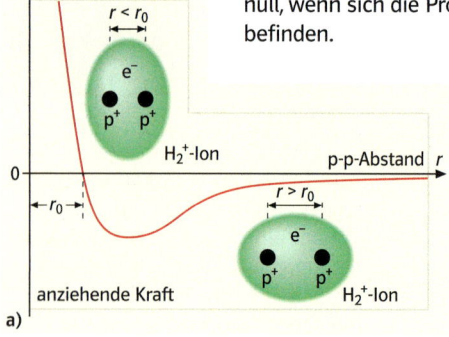

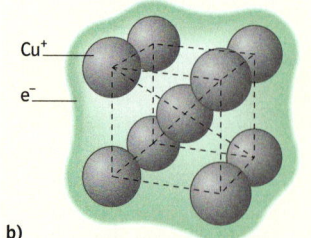

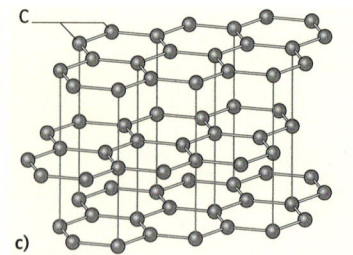

B1 Gleichgewicht der Protonen im Ion H_2^+ (a), Metallgitter (b), Graphitgitter (c)

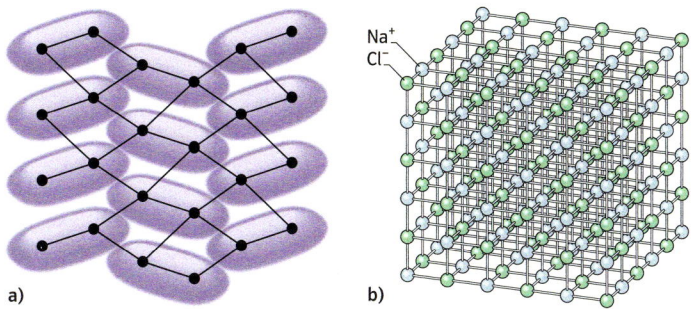

a)

b)

B1 Molekülgitter vom Kunststoff (a), Ionengitter (b)

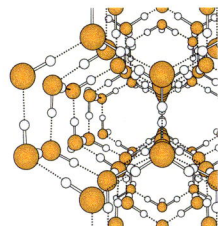

B2 Molekülgitter beim Wassereis

In **Kunststoffen** bilden die Moleküle lange Ketten. Zwischen einzelnen Abschnitten dieser Moleküle können ebenfalls anziehende und abstoßende Kräfte auftreten, sodass sie sich in kleinen Bereichen zu regelmäßigen Strukturen anordnen (→**B1a**).

Bei der Bildung von Natriumchlorid geben die Natriumatome jeweils ein Elektron an ein Chloratom ab. Die so entstehenden Ionen ordnen sich in großer Zahl zu einem **Ionengitter** an, man spricht von **Ionenbindung** (→**B1b**). Bei starkem Erhitzen oder beim Lösen in Wasser werden die Ionen des Natriumchlorids beweglich, sodass sie einen elektrischen Strom bilden können.

Elektronen in Festkörpern

Aus dem elektrischen Leitungsverhalten kristalliner Festkörper kann auf die Struktur der Bindungen zwischen den Gitterbausteinen geschlossen werden.

Die Elektronen eines einzelnen Atoms befinden sich im elektrischen Feld des Atomkerns. Da sie auf kleinem Raum an den Kern gebunden sind, können sie sich dort nur mit diskreten, gequantelten Werten ihrer Energie aufhalten. Dies wird durch ein Schema aus Energieniveaus dargestellt (→**B3a**). Der Aufenthaltsbereich eines Elektrons hängt von seiner Energie und der Stärke des elektrischen Feldes ab.

Rücken zwei Atome eng zusammen, so spalten sich die Niveaus der Elektronen infolge der Wechselwirkung auf. Zudem können gemeinsame obere Energieniveaus entstehen. Elektronen in oberen Niveaus können nicht mehr einem Atom zugeordnet werden (→**B3b**). Befinden sich drei oder mehr gleiche Atome nahe beieinander, dann setzt sich die Aufspaltung der Energieniveaus fort. In einem Kristall liegen sehr viele Atome nebeneinander. Dicht benachbarte Energieniveaus bilden zusammen ein **Energieband** (→**B3c**). Hat ein Elektron z.B. die Energie vom oberen Energieband E_3, dann lässt es sich nicht mehr einem einzelnen Atom zuordnen. Energien, die zwischen den Bändern liegen, können von den Elektronen des Kristalls nicht angenommen werden. Sie bilden **verbotene Bereiche**.

Die Energieniveaus in einem Band liegen so dicht, dass man von einem kontinuierlichen Energiebereich spricht. Die Zahl der Elektronen in diesem Bereich wird durch die Maximalzahlen für die einzelnen Energieniveaus begrenzt. Sind sie erreicht, so ist das Energieband vollständig besetzt. Entsprechend spricht man von einem unvollständig besetzten oder leeren Energieband. Ist ein höheres, allen Atomen gemeinsames Energieband unvollständig besetzt, so können Elektronen aus diesem oder tiefer liegenden Bändern Energie von einem äußeren Feld aufnehmen und sich innerhalb des Kristalls bewegen.

Das oberste vollständig besetzte Band heißt **Valenzband**, das nächsthöhere, nicht mehr voll besetzte Band heißt **Leitungsband**. Besetzung und Abstände der Bänder entscheiden über die elektrischen Eigenschaften des Körpers.

Festkörper mit kovalenter, metallischer oder ionischer Bindung der Atome bestehen aus regelmäßig aufgebauten Bezirken, den Kristallen. Aufgrund des geringen Abstands spalten sich die Energieniveaus der Atome auf und bilden Energiebänder.

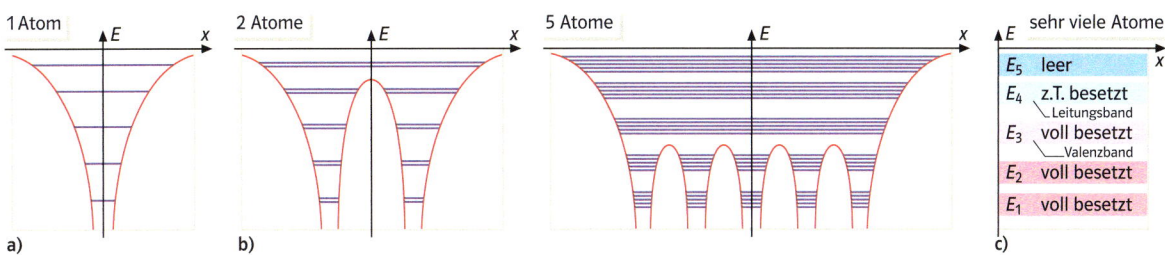

B3 Energieniveaus (a); Aufspaltung der Niveaus mit der Anzahl der Atome (b); Energiebänder (c)

Fremdstoffe in reinem Silicium bewirken ab einem Verhältnis von einem Fremdatom auf 10^5 Silicium-Atome deutliche Veränderungen seiner elektrischen Leitfähigkeit.

Reine Halbleiter

Im Vergleich zu Metallen haben die sogenannten **Halbleiter** Germanium (Ge) und Silicium (Si) einen sehr großen spezifischen Widerstand, der jedoch mit steigender Temperatur abnimmt. Der spezifische Widerstand hängt von der Dichte und der Beweglichkeit der Ladungsträger in einem Stoff ab. Bei Halbleitern ist die Beweglichkeit der Ladungsträger zwar größer als bei Metallen, die Dichte ist jedoch um mehrere Größenordnungen kleiner. Erhöht man die Temperatur, so nimmt die Beweglichkeit der Ladungsträger bei Halbleitern wie bei Metallen ab.

Da die Ladungsträgerdichte bei Metallen von der Temperatur unabhängig ist, nimmt der spezifische Widerstand zu. Die Abnahme des spezifischen Widerstandes mit steigender Temperatur bei Halbleitern lässt dagegen darauf schließen, dass die Ladungsträgerdichte hier so stark zunimmt, dass dieser Effekt gegenüber der Beweglichkeitsabnahme überwiegt. Es muss also gelten, dass Energiezufuhr bei Halbleitern die Dichte der beweglichen Ladungsträger erhöht.

Bei tiefen Temperaturen sind fast alle Elektronen fest an die Gitteratome gebunden. Bei Energiezufuhr werden zusätzlich Elektronen frei und stehen dem Ladungstransport in einem äußeren elektrischen Feld zur Verfügung.

Jedes Elektron hinterlässt eine **Elektronenfehlstelle**. Dieser vorher neutrale Bereich wirkt wie eine positive Ladung im Kristallgitter. Eine Fehlstelle kann durch ein Elektron eines Nachbaratoms besetzt werden. Auf diese Weise scheinen Fehlstellen mit positiver Ladung im Kristall zu wandern. Im elektrischen Feld wandern Elektronen und Fehlstellen in entgegengesetzter Richtung. Dies bezeichnet man als **Eigenleitung**.

Dotierte Halbleiter

Durch Fremdatome im Halbleiter kann sich der Widerstand stark ändern. Durch gezielten Einbau von Fremdatomen, das **Dotieren**, wird entweder die Zahl der beweglichen Elektronen oder die Zahl der Elektronenfehlstellen erhöht. Man spricht von **n-** oder von **p-Leitung**. Das n bedeutet zusätzliche bewegliche negative Elektronen, das p zusätzliche bewegliche positive Fehlstellen.

Ein Versuch wie in **B2** abgebildet zeigt, wie sich die Widerstände reiner und dotierter Halbleiter unterscheiden. Bei gleicher Temperatur ist der spezifische Widerstand bei einem reinen Halbleiter größer als bei einem dotierten. Der Widerstand reiner Halbleiter sinkt deutlich, wenn die Temperatur steigt. Bei dotierten Halbleitern ist der Einfluss der Temperatur gering.

Werden in einen Silicium- oder Germaniumkristall Fremdatome mit 5 Elektronen im obersten Energieniveau eingebaut, die etwa so groß wie die Kristallatome sind, so bleibt pro Fremdatom ein Elektron ungebunden, es entsteht ein n-Leiter. Entsprechend erzeugt ein Fremdatom mit 3 Elektronen im obersten Energieniveau einen p-Leiter (→**B1**). Dabei genügt bereits ein Fremdatom auf ca. 10^5 Halbleiteratome, um die Leitfähigkeit stark zu erhöhen.

In Halbleitern wird durch Energiezufuhr die Dichte der beweglichen Ladungsträger erhöht. Durch Dotieren, also den Einbau von Fremdatomen, werden zusätzlich bewegliche Elektronen oder Elektronenfehlstellen erzeugt.

Spezifischer Widerstand	
bei 0 °C	
Ge	$1{,}4 \cdot 10^6 \frac{\Omega \cdot mm^2}{m}$
Si	$3{,}3 \cdot 10^5 \frac{\Omega \cdot mm^2}{m}$
bei 20 °C	
Ge	$0{,}4 \cdot 10^6 \frac{\Omega \cdot mm^2}{m}$
Si	$2 \cdot 10^5 \frac{\Omega \cdot mm^2}{m}$

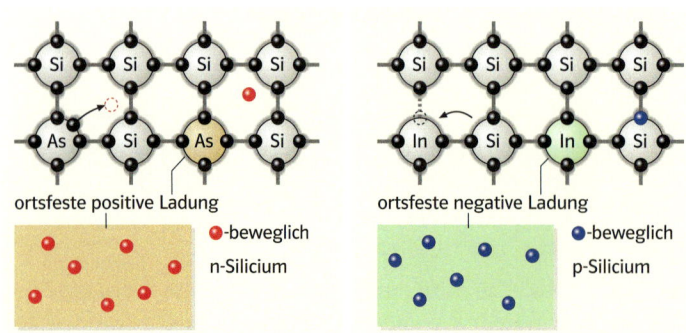

B1 Entstehen von n- und p-Leitern bei Silicium

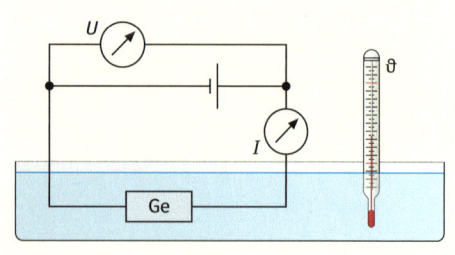

B2 Messung des Widerstands unterschiedlicher Halbleiter bei verschiedenen Temperaturen

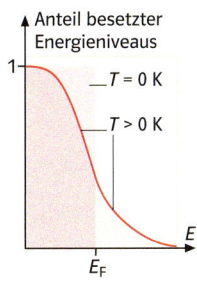

B1 Fermi-Energie E_F

Metalle im Bändermodell

Die gute Leitfähigkeit vieler Metalle kann im Bändermodell gedeutet werden.

Das energetisch höchste Band, das Elektronen enthält, ist in Metallen nicht vollständig besetzt. Es stehen freie Energieniveaus zur Verfügung, die sich von besetzten Energieniveaus nur um beliebig kleine Energiebeträge unterscheiden. Dadurch ist es möglich, auch geringste Energiebeträge auf die beweglichen Elektronen zu übertragen (→B2 links).

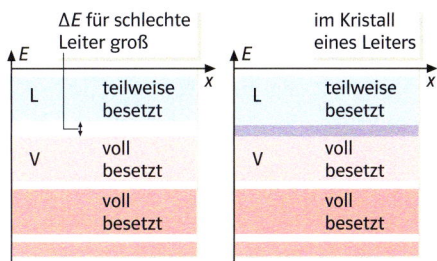

B2 Leitungsband (L) und Valenzband (V)

Oft verbreitern sich die Energieniveaus im Kristall so stark, dass sich ein leeres und ein vollbesetztes Band überlagern. Dann werden wesentlich mehr Elektronen im Kristall frei beweglich (→B2 rechts).

Halbleiter im Bändermodell

Bei 0 K ist das Leitungsband von Halbleitern unbesetzt. Es liegt weniger als 3 eV über dem vollbesetzten obersten Band, dem Valenzband. Die innere Energie bei Zimmertemperatur reicht bereits aus, um einigen Elektronen Energie für den Übergang vom Valenzband zum Leitungsband zu geben und so einen elektrischen Strom im Halbleiter zu ermöglichen. Mit zunehmender Temperatur gelangen immer mehr Elektronen ins Leitungsband, die Leitfähigkeit nimmt zu (→B3). Durch Dotieren mit Fremdatomen lassen sich für den Halbleiter zusätzliche Energieniveaus zwischen diesen Bändern schaffen. Werden in einen Ge- oder

Si-Kristall Atome der fünften Hauptgruppe, wie z. B. Phosphor oder Arsen eingebaut, so entstehen dicht unterhalb des Leitungsbandes zusätzliche Niveaus. Die thermische Energie bei Zimmertemperatur reicht nun aus, um allen Elektronen aus diesen Niveaus den Übergang in das Leitungsband zu ermöglichen. Die ortsfesten positiven Ladungen bleiben unverändert (→B4).

Durch den Einbau von Atomen der dritten Hauptgruppe, wie z. B. Bor oder Indium, entstehen dicht oberhalb des Valenzbandes zusätzliche Niveaus. Bei Zimmertemperatur werden diese Niveaus von Elektronen aus dem Valenzband vollständig besetzt. Diese Elektronen sind daher ortsfest an die Fremdatome gebunden, während die im Valenzband entstandenen Fehlstellen im Kristall beweglich sind (→B5).

Bei einer Temperatur von 0 K würden sich alle Elektronen im tiefsten Energiezustand befinden. Aufgrund des Pauli-Prinzips ist dies nicht möglich. Es werden alle Energiezustände vom niedrigsten Niveau ausgehend besetzt. Die höchste dabei vorkommende Energie der Elektronen ist für jeden Stoff charakteristisch, sie heißt **Fermi-Energie** (→B1). Bei höherer Temperatur gibt es stets Elektronen mit Energien oberhalb der Fermi-Energie.

Die Dotierung zum n-Leiter schafft zusätzliche Niveaus dicht unterhalb des Leitungsbandes. Die Dotierung zum p-Leiter schafft zusätzliche Niveaus dicht oberhalb des Valenzbandes.

A1 ⊖ Skizzieren Sie qualitativ die Temperaturabhängigkeit der Ladungsträgerdichte und -beweglichkeit in Metallen, Halbleitern und dotierten Halbleitern. Erläutern Sie anhand dieser Diagramme die unterschiedliche Temperaturabhängigkeit der Leitfähigkeiten dieser Materialien.

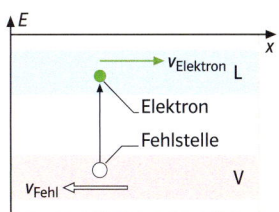

B3 Eigenleitung durch Elektronen und Fehlstellen

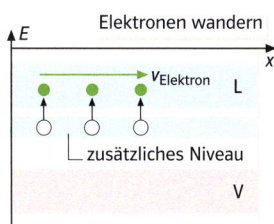

B4 n-Dotierung: Elektronen erhöhen die Leitfähigkeit.

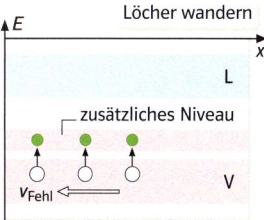

B5 p-Dotierung: Fehlstellen erhöhen die Leitfähigkeit.

In den letzten Jahren haben sich Leuchtdioden zu den am weitesten verbreiteten Lichtquellen entwickelt. In einer Leuchtdiode stecken viele Aspekte aus der Atom- und Quantenphysik.

Leuchtdioden im Bändermodell

Bei genauerer Untersuchung zeigen Leuchtdioden Unterschiede zu anderen Lichtquellen. Oberflächlich betrachtet scheint das von ihnen ausgesandte Licht monochromatisch zu sein. Im Vergleich zum Licht einer Spektrallampe erkennt man aber, dass diese Vermutung nicht zutrifft.

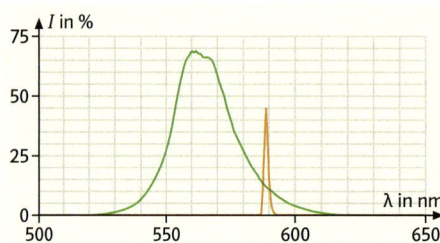

B2 Monochromatisches Spektrum einer Natrium-Dampflampe (a) und einer grün leuchtenden LED (b)

In beiden Lichtquellen entsteht das Licht durch Energieübergänge von Elektronen. In einer Dampflampe finden diese Übergänge zwischen diskreten Energieniveaus statt. Gemäß der Gleichung $\Delta E = E_2 - E_1 = h \cdot f = h \cdot c/\lambda$ führen diskrete Energieübergänge zu scharfen Spektrallinien. Bei Natrium ist im sichtbaren Bereich nur eine solche Linie mit dem typischen orangefarbigen Licht vorhanden (→**B2**).

Da Leuchtdioden aus Festkörpern bestehen, besitzen sie anstelle der diskreten Energieniveaus Energiebänder. Im Bändermodell stellt man die Vorgänge in einer leuchtenden LED wie in **B3** gezeigt dar.
Da zwischen den Enden der Diode eine Spannung anliegt, können Elektronen vom n-dotierten Bereich in den p-dotierten Bereich der LED fließen. Am n-p-Übergang wechseln sie vom Leitungsband L ins Valenzband V und geben die Energiedifferenz zwischen den Bändern ab: Die LED sendet Photonen aus.

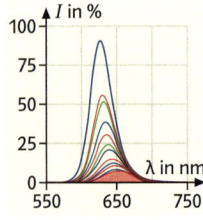

B1 Spektren einer rot strahlenden LED. Die Graphen entstehen mit steigender Temperatur von oben nach unten.

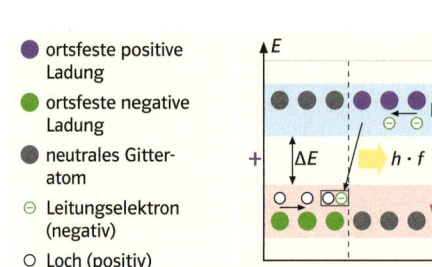

- ● ortsfeste positive Ladung
- ● ortsfeste negative Ladung
- ● neutrales Gitteratom
- ⊖ Leitungselektron (negativ)
- ○ Loch (positiv)

B3 p-n-Übergang für leuchtende LED im Bändermodell

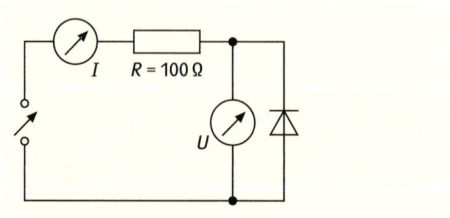

B4 Schaltung zur Abschätzung der am n-p-Übergang abgegebenen Energie ΔE

Mit einer einfachen Schaltung kann man die Energieabgabe ΔE auch elektrisch nachweisen (→**B4**). Wegen der Gleichung $\Delta E = e \cdot U$ ist die in **B4** gemessene Spannung ein Maß für die je Elektron zwischen den Enden der Diode abgegebene Energie.

Die bisherigen Überlegungen führen zu der Annahme, dass auch eine LED eine scharfe Spektrallinie zeigen sollte. Das ist aber nicht der Fall. Nicht nur Zustände an der Oberkante des Valenzbandes bzw. der Unterkante des Leitungsbandes sind besetzt. In beiden Bändern müssen wegen des Pauli-Prinzips sehr viel mehr Zustände besetzt sein. In diesem Sinne deutet das rechte Ende des Spektrums der LED bei etwa 620 nm auf den kleinsten Energieübergang hin, während die Wellenlänge von etwa 520 nm zum größtmöglichen Übergang gehört (→**B2**).

A1 ⊖ a) Berechnen Sie aufgrund der Messwerte in **B1** die kleinstmögliche sowie die größtmögliche Energiedifferenz ΔE für die grüne LED in eV.
b) Schätzen Sie auf dieser Grundlage die Breite des Leitungsbandes in eV ab.
c) Das Spektrum der LED kann als eine Wahrscheinlichkeitsverteilung gedeutet werden. Formulieren Sie eine Beschreibung des Spektrums als Wahrscheinlichkeitsaussage.

A2 ⊖ Wenn man eine LED stark erhitzt (z.B. mit einem Heißluftgebläse), so erhält man die Folge von Spektren in Abbildung **B1**.

a) Beschreiben Sie die Veränderungen der Spektren in **B1**, die bei steigender Temperatur auftreten.
b) Stellen Sie eine Hypothese auf über Gründe für die Veränderungen. Beziehen Sie sich dabei auf das Bändermodell in **B2**.

Potenzialtopfmodell   In einem Atom befinden sich Elektronen in einem begrenzten Bereich um den Kern.
Außerhalb dieses Bereichs ist die Nachweiswahrscheinlichkeit null. Dies kann durch das Modell eines eindimensionalen Potenzialtopfes mit unendlich hohen Wänden beschrieben werden.

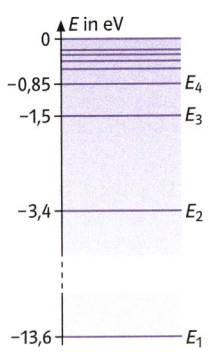

B1

Farbstoffmoleküle entsprechen etwa diesem Modell (→B3). Die Betrachtung des Elektrons als Quantenobjekt liefert Verteilungen der Nachweiswahrscheinlichkeit innerhalb des Bereichs.

Energiezustände eines Atoms   Elektronen können im Atom nur bestimmte diskrete Energiewerte E_n annehmen (→B1).
Es gilt für den Potenzialtopf

$$E_B = \frac{h^2 \cdot n^2}{8\, m_e \cdot L^2} \text{ mit } n \in \mathbb{N}$$

und für das Wasserstoffatom

$$E_n = E_1 \cdot \frac{1}{n^2} \text{ wobei } n > 2 \text{ und } E_1 = -13{,}6\,\text{eV ist.}$$

Aufnahme und Abgabe von Energie   Emission bzw. Absorption von Energiebeträgen ΔE erfolgen, wenn ein Elektron von einem Niveau E_m auf ein Niveau E_n wechselt.

Dies führt bei Emission und Absorption zu diskreten Spektren, die für den Stoff charakteristisch sind (→B2, B5).

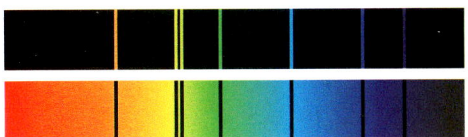

B2 Emissions- und Absorptionsspektrum

Farbstoffmolekül

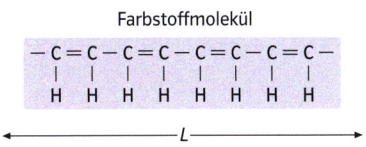

B3 Farbstoff-Molekül

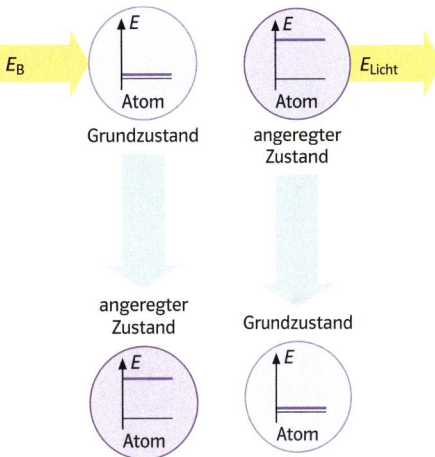

B4 Aufnahme von Energie durch Absorption (a), Abgabe durch Emission (b)

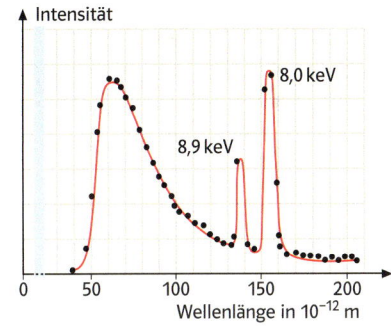

B5 Röntgenspektrum einer Kupferanode

Absorption in einem Farbstoff   Farbstoffmoleküle, die aus einer Kette aus C-Atomen aufgebaut sind, lassen sich durch das Modell des Potenzialtopfs beschreiben (vgl. B3). Der Verlauf der potenziellen Energie kann durch einen „Topf" der Länge $L = 1{,}1\,\text{nm}$ angenähert werden, in dessen Bereich sich die (Valenz-)Elektronen nahezu frei bewegen können.

a) Begründen Sie, dass für die Energie der Elektronen nur diskrete Werte möglich sind. Berechnen Sie diese Werte.

b) Der Farbstoff wird mit dem Licht einer Quelle, die ein kontinuierliches Spektrum aussendet, beleuchtet. Erklären Sie qualitativ die Absorptionsvorgänge im Farbstoff.
Das durch den Farbstoff hindurchgetretene Licht wird spektral untersucht. Beschreiben Sie das dabei entstehende Spektrum.
c) Die Absorption, die zum Übergang von $n = 4$ zu $n = 5$ gehört, ist maximal. Berechnen Sie die Wellenlänge des bei diesem Übergang absorbierten Lichts.

Lösungsentwurf: a) Die den Elektronen zugeordnete Zustandsfunktion Ψ muss an den Rändern Knoten aufweisen. Daher gilt:
$L = \lambda/2 \cdot n$ ($n \in$ N). Also: $\lambda = 2L/n$
Wegen $\lambda = h/p$ erhält man für die Elektronen diskrete Impulswerte und damit diskrete Energiewerte:

$$E_n = n^2 \cdot \frac{h^2}{8\,m_e \cdot L^2}$$

b) Aus dem kontinuierlichen Spektrum werden Photonen passender Energie aufgenommen. Diese fehlen im durchgehenden Licht.
Man beobachtet demnach ein kontinuierliches Spektrum mit einigen, diskreten schwarzen Linien (Absorptionsspektrum).

c) Für den Übergang von $n = 4$ zu $n = 5$ müssen die Elektronen den Energiebetrag $\Delta E = E_5 - E_4$ aufnehmen, der gleich der Energie $h \cdot f$ des absorbierten Photons ist.
Aus $\Delta E = h \cdot f$ erhält man $\lambda = 440\,\text{nm}$ (blau). Beim Durchgang durch den Farbstoff wird blaues Licht absorbiert. Der Farbstoff erscheint also gelb (Komplementärfarbe des absorbierten Lichts).

Spektrum und Emission von Strahlung

a) Das Spektrum einer Leuchtstofflampe ist ein kontinuierliches Spektrum, bei dem sich einige farbige Linien verstärkt abheben. Erläutern Sie, wie die Linien zustande kommen.

b) Eine Natriumflamme (NaCl in Bunsenbrennerflamme) wird mit einer Natriumdampflampe und mit einer Quecksilberdampflampe beleuchtet.
Erklären Sie, warum die Flamme auf dem Schirm einmal als Schatten sichtbar wird und einmal nicht (→B2).

c) $E_\infty - E_1$ beträgt für Wasserstoff 13,60 eV (→B1). Erläutern Sie diese Angabe.

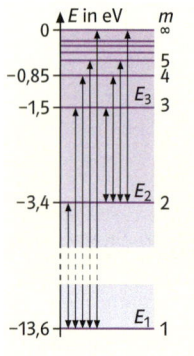

B1 Übergänge im Wasserstoffatom

d) Berechnen Sie die Wellenlänge der Strahlung, die ausgesendet wird, wenn ein Elektron von E_4 nach E_2 übergeht.

e) Wasserstoffatome sollen durch Bestrahlung mit Licht der Wellenlänge 110 nm ionisiert werden. Überprüfen Sie, ob das möglich ist.

Lösungsentwurf: a) In einer Leuchtstofflampe befindet sich Quecksilberdampf, der Strahlung aussendet. Die verstärkten farbigen Linien sind Emissionslinien von Quecksilber.

b) Gase können Licht der Frequenzen absorbieren, die im Emissionsspektrum vorhanden sind. Das bedeutet: Die Natriumflamme absorbiert das gelbe Licht der Natriumdampflampe. Das Gas befindet sich im angeregten Zustand. Bei Rückkehr in den Grundzustand wird das gelbe Licht wieder ausgesendet, aber nach allen Seiten, sodass das Licht in der ursprünglichen Richtung geschwächt wird. Dadurch erscheint die Flamme auf dem Schirm als Schatten.
Erfolgt die Beleuchtung der Natriumflamme mit dem Licht der Hg-Dampflampe, dann tritt keine Absorption im Bereich des sichtbaren Lichts auf. Daher ist die Flamme für dieses Licht „durchsichtig".

c) Die Energiedifferenz $E_\infty - E_1$ entspricht der Ionisierungsenergie. Diese Energie reicht aus, damit ein Elektron, das sich zunächst im Grundzustand befindet, das Atom gerade verlassen kann.

d) Mit $\Delta E = h \cdot f$ und $f = c/\lambda$ ergibt sich:

$$\lambda = \frac{h \cdot c}{\Delta E} = \frac{6{,}626 \cdot 10^{-34}\,\text{Js} \cdot 3 \cdot 10^8\,\frac{\text{m}}{\text{s}}}{-0{,}92\,\text{eV} + 3{,}45\,\text{eV}} = 490\,\text{nm}$$

Es wird blaues Licht der Wellenlänge 490 nm ausgesendet.

e) Aus $E_\infty - E_1 = 13{,}60\,\text{eV}$ kann die Frequenz f_g der Strahlung berechnet werden, die mindestens einfallen muss, damit Ionisation erfolgt. Diese wird mit der Frequenz des einfallenden Lichtes verglichen. Es ergibt sich:

$$f_g = \frac{\Delta E}{h} \quad \text{zu} \quad 3{,}29 \cdot 10^{15}\,\text{Hz}$$

Die Frequenz der einfallenden Strahlung beträgt $f = c/\lambda = 2{,}7 \cdot 10^{15}\,\text{Hz}$.
Da $f < f_g$ ist, können Wasserstoffatome durch Licht der Wellenlänge 110 nm nicht ionisiert werden.

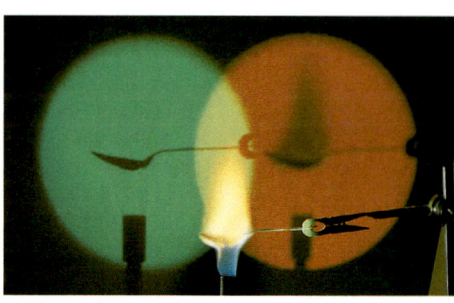

B2 Na-Licht erzeugt Schatten der Flamme.

A1 ○ Mit jedem Atemzug werden etwa 4 l Luft durch die Lungen transportiert. Kann es sein, dass sich in diesem Augenblick ein Stickstoffmolekül in Ihren Lungen befindet, das sich bereits vor 2000 Jahren in den Lungen eines Menschen befand?
Nehmen Sie an, dass in der Zwischenzeit eine völlige Durchmischung mit der gesamten Atmosphäre stattgefunden hat (es sei $m_{Erdatmosphäre} \approx 5,3 \cdot 10^{18}$ kg).

A2 ○ Gold lässt sich in dünne, etwa 1/1000 mm dicke Plättchen hämmern, bis es grün durchscheinend wird (→**B1**). Jede weitere Verdünnung führt zu weißen Stellen, Rissen. Schätzen Sie daraus die Größe der Goldatome ab.

Riss

Sonnenscheibe durch Goldfolie betrachtet

B1 Zu Aufgabe 2

A3 ○ Nennen Sie die Folgerungen, die Dalton aus den nach ihm benannten Experimenten zog.

A4 ○ a) Begründen Sie, weshalb Rutherford aus der Streuung der Heliumkerne in der α-Strahlung schließen konnte, dass die Materie in der damit beschossenen Goldfolie nicht kontinuierlich verteilt ist. Weshalb musste die Folie dünn sein?
b) Der Anteil der zurückgestreuten Heliumkerne gegenüber den einfallenden ist extrem klein, nur etwa 1:1 Million. Deuten Sie dies!

A5 ○ Die Vorstellungen über Atome sind stets modellhaft. Geben Sie Phänomene an, bei denen das Kugelmodell, in dem Atome harte, undifferenzierte Materieportionen sind, nicht mehr anwendbar sind.

A6 ○ In Abbildung **B2** sind einige Energieniveaus für Wasserstoff wiedergegeben.
a) Berechnen Sie die Wellenlängen des Lichtes, das bei den mit Pfeilen markierten Übergängen emittiert wird.
b) Erklären Sie anhand der Rechnungen zur Teilfrage a), warum Wasserstoff im Zustand $n = 1$ für sichtbares Licht durchlässig ist.
c) Einem Wasserstoffatom im Grundzustand wird die Energie $21,7 \cdot 10^{-19}$ J (= 13,6 eV) zugeführt. Nennen Sie die Folgen.

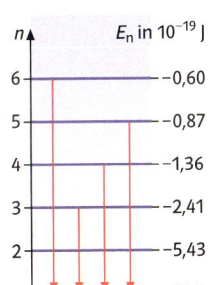

n E_n in 10^{-19} J

6	−0,60
5	−0,87
4	−1,36
3	−2,41
2	−5,43
1	−21,7

B2 Zu Aufgabe 6

A7 ○ Führt man den Franck-Hertz-Versuch mit Helium statt mit Quecksilber durch, so ergibt sich das Diagramm **B3**:
a) Berechnen Sie die Bewegungsenergie, die die Elektronen haben, wenn es zum ersten Mal zu einer Wechselwirkung mit Energieabgabe an die Heliumatome kommt.

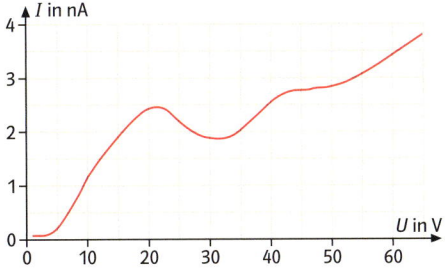

B3 Zu Aufgabe 7

b) Skizzieren Sie den Verlauf im U-I-Diagramm, der sich ergäbe, wenn kein Gas in der Röhre wäre.

A8 ● Eine mit Wasserstoff gefüllte Gasröhre wird zum Leuchten gebracht und durch ein Gitter betrachtet. Neben der Röhre befindet sich ein Maßstab (→**B4**). Blickt man durch das Gitter, so sind auf dem Maßstab paarweise symmetrisch zur Mitte farbige Linien zu sehen. Die Messwerte sind: Entfernung Röhre – Gitter: $l = 0,6$ m;
Gitterkonstante: 570 Öffnungen pro mm;
Abstände der Linien auf dem Maßstab:
$a_\alpha = 0,242$ m, $a_\beta = 0,173$ m,
$a_\gamma = 0,153$ m, $a_\delta = 0,144$ m
a) Ermitteln Sie für die gegebenen Messwerte Wellenlänge, Frequenz und Energie der zugehörigen Photonen.
b) Geben Sie weitere mögliche Photonenenergien an.
c) 1885 veröffentlichte Johann Balmer eine Vermutung über den Zusammenhang zwischen den Frequenzen des von Wasserstoff emittierten Lichtes. Sie lässt sich wie folgt schreiben:

$$f = f_{Ry} \cdot \left(\frac{1}{2^2} - \frac{1}{n^2} \right) \text{ mit } n = 3, 4, 5, 6$$

Zeigen Sie, dass die Frequenzen bei a) mit dieser Formel für $f_{Ry} = 3,289 \cdot 10^{15}$ Hz richtig wiedergegeben werden.

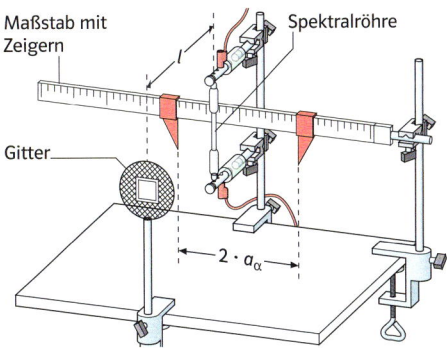

Maßstab mit Zeigern   Spektralröhre

Gitter

$2 \cdot a_\alpha$

B4 Zu Aufgabe 8

A9 ● Licht einer Natriumdampflampe (λ = 589 nm) trifft auf eine mit Kochsalz gefärbte Flamme.
a) Beschreiben Sie die Beobachtungen.
b) Berechnen Sie eine mögliche Energiedifferenz für das Na-Atom.
c) Beschreiben Sie die Änderungen, wenn anstelle der Natriumdampflampe eine Quecksilberdampflampe verwendet wird. Begründen Sie die Änderungen.

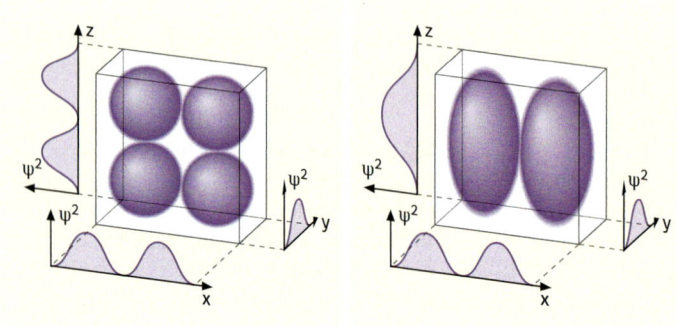

A10 ⊜ Die Abbildung zeigt verschiedene Zustände für ein Elektron, das in einem dreidimensionalen Raumbereich eingeschlossen ist.
a) Bestimmen Sie die zu den durch Ψ^2 gekennzeichneten Zuständen gehörenden Quantenzahlen n_x in x-Richtung, n_y in y-Richtung und n_z in z-Richtung.
b) Der Raumbereich für das Elektron habe die Abmessungen $L_x = 10^{-10}$ m, $L_y = 2 \cdot 10^{-10}$ m und $L_z = 3 \cdot 10^{-10}$ m.
Bestimmen Sie die Energien, die zu den räumlichen Quantenzuständen (1, 1, 1), (1, 2, 1), (1, 1, 2) und (3, 1, 2) gehören.

A11 ⊜ a) Erläutern Sie, weshalb man die mit dem eindimensionalen, linearen Atommodell gewonnenen Werte der Energieniveaus verfeinern muss, wenn sie für das H-Atom angepasst werden.
b) Nennen Sie die Bedeutung der Quantenzahlen n, l, m_l und s.
c) Erläutern Sie den Begriff Orbital.

A12 ● a) Bestimmen Sie die maximale Anzahl der Elektronen in einem Atom mit den Quantenzahlen $n = 6$ und $l = 3$.
b) Berechnen Sie die Anzahl der verschiedenen Energieniveaus, wenn $n = 4$ ist.

A13 ○ Berechnen Sie die Energie, die einem Wasserstoffatom mindestens zugeführt werden muss, damit die Linie H_β emittiert werden kann.

A14 ● Am 4.9.1950 schrieb M. Born im Rahmen eines Briefwechsels über quantenmechanische Aussagen an A. Einstein:
„ ... Daß Ψ den ‚Zustand' eines Systems beschreibt, ist nur eine Redeweise wie im gewöhnlichen Leben: ‚Meine Lebenserwartung (als Mensch von 67 Jahren) ist 4,3 Jahre.' Auch eine Aussage über ein einzelnes System, aber sinnlos im empirischen Sinne. Denn gemeint ist natürlich: Nimm eine Gesamtheit von Individuen, jedes 67 Jahre alt, und zähle, welcher Prozentsatz eine gegebene Zeit lebt. In dieser Weise habe ich die Deutung von $|\Psi|^2$ immer aufgefaßt ..."
(PS: A. Einstein hat diese Interpretation von quantenmechanischen Aussagen nie akzeptiert.)
a) Setzen Sie die Aussage Borns in Beziehung zur Bestimmung von Kernabständen für Elektronen im H-Atom.
b) Geben Sie eine Definition der Ψ-Funktion auf der Grundlage der Born'schen Aussage.
c) Geben Sie an, welche Folgerungen sich für Messungen an Quantenobjekten ergeben.

A15 ⊜ Die Elemente lassen sich im Periodensystem systematisch nach ihren chemischen Eigenschaften anordnen. Geben Sie an, welchen atomaren Eigenschaften diese Zuordnungen entsprechen.

A16 ⊜ a) Erläutern Sie, was man unter dem Pauli-Prinzip und was man unter einem besetzten Energieniveau versteht.
b) Entwickeln Sie eine Formel für die Maximalzahl von Elektronen in den Schalen.

A17 ● Erklären Sie, warum die Schalen für die Energiezustände der Elektronen eines Atoms mit einer höheren Ordnungszahl nicht kontinuierlich vom Grundzustand an aufgefüllt sind.

A18 ● Geben Sie für jedes Elektron eines Boratoms alle Quantenzahlen an.

A19 ⊜ Stark erhitzte feste Körper und Flüssigkeiten leuchten. Ihr Spektrum zeigt gegenüber dem von heißen Gasen ein kontinuierliches Spektrum. Erklären Sie diese Unterschiede.

A20 ○ a) Vergleichen Sie die Entstehung von Emissionsspektren und Absorptionsspektren.
b) Beschreiben Sie die wesentlichen Eigenschaften eines Linienspektrums.

A21 ⊜ Das Spektrum von Natriumdampf zeigt bei 589 nm eine gelbe Linie. Stellen Sie dar, was sich über das Entstehen dieser Linie aussagen lässt und welche energetische Umsetzung im Atom hierbei angenommen wird.

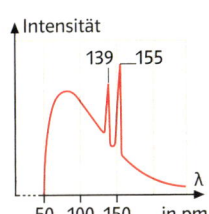

B1 Zu Aufgabe 30

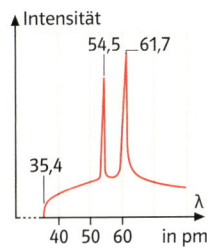

B2 Zu Aufgabe 31

A22 ⊜ a) Erläutern Sie die Möglichkeiten zur Analyse chemischer Elemente anhand von Spektren.
b) Diskutieren Sie, wie man Kenntnisse über die Zusammensetzung von Sternen erlangen kann.

A23 ⊜ Natriumatome können durch Elektronen der Energie 2,11 eV angeregt werden.
a) Erläutern Sie den Begriff „Anregung".
b) Berechnen Sie die Wellenlänge des nach Anregung ausgesandten Lichtes.
c) Beschreiben Sie die Beobachtung, wenn weißes Licht duch einen mit Natriumdampf gefüllten Kolben geschickt wird.

A24 ○ Atomarer Wasserstoff wird in den Zustand $n = 4$ angeregt. Berechnen Sie die Frequenzen der Linien im Emissionsspektrum, wenn das Atom wieder in den Grundzustand übergeht.

A25 ○ Beim Wasserstoffspektrum unterscheidet man verschiedene Serien von Linien. Erklären Sie die Entstehung dieser Serien.

A26 ⊜ Absorptionsspektren von Hämoglobin zeigen Unterschiede. Körpereigene Reduktionsmittel versagen bei CO-Vergiftung. Diskutieren Sie damit die Möglichkeit der Kriminaltechnik, einen unnatürlichen Tod nachzuweisen.

Röntgenlinien:
K_α gehört zur Energiedifferenz der Niveaus mit $n = 1$ und $n = 2$; K_β entspricht der Differenz zwischen $n = 1$ und $n = 3$; L_α entspricht der Differenz zwischen $n = 2$ und $n = 3$.

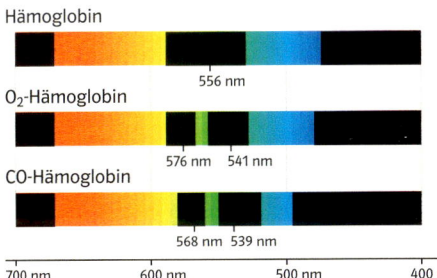

A27 ⊜ a) Beschreiben Sie Vorgänge, bei denen Röntgenstrahlung entsteht.
b) Beurteilen Sie, ob mit Wasserstoff ein Röntgenspektrum erzeugt werden kann.

A28 ⊜ Die Untersuchung von Röntgenspektren zeigt, dass die Emission von Röntgenstrahlung auf zwei verschiedenen Effekten beruht.

Beschreiben Sie das Spektrum und die Entstehung der beiden Teile.

A29 ○ Für eine K_α-Linie misst man die Wellenlänge 145 pm. Berechnen Sie die Energie der zugehörigen Photonen.

A30 ⊜ Abbildung **B1** gibt idealisiert das Spektrum der Röntgenstrahlung einer Röhre mit Kupferanode wieder.
a) Erklären Sie den Verlauf der Intensitätskurve.
b) Erläutern Sie den Einfluss einer Änderung des Anodenmaterials bzw. der Beschleunigungsspannung auf das Spektrum.

A31 ⊜ Auf dem Rand ist die Intensität der K-Serie einer Röntgenstrahlung in Abhängigkeit von der Wellenlänge aufgetragen (→**B2**).
a) Berechnen Sie die Beschleunigungsspannung der Elektronen in der Röhre.
b) Berechnen Sie die Energien für die K_α- und die K_β-Linie.
c) Bestimmen Sie die Wellenlänge der L_α-Linie.

A32 ● a) Treffen schnelle Elektronen auf Kupfer, so wird eine K_β-Linie mit $\lambda_{K\beta} = 139$ pm beobachtet. Erklären Sie!
b) Schätzen Sie die Abschirmzahl a aus der K_β-Linie des Kupfers ab.
c) Prüfen Sie durch Rechnung, ob eine Beschleunigungsspannung von 50 kV ausreicht, um die K_β-Linie von Kupfer anzuregen.

A33 ● a) Moseley bestimmte die Wellenlängen der Linien im Röntgenspektrum von etwa 40 Elementen. Stellen Sie mit den Daten der Tabelle die Quadratwurzel der Frequenz der K_α-Linie in Abhängigkeit zur Ordnungszahl Z der Elemente in einem Koordinatensystem dar.

Element	Ordnungszahl	$\lambda_{K\alpha}$ in 10^{-10} m
Calcium	20	3,357
Titan	22	2,766
Vanadium	23	2,521
Chrom	24	2,295
Mangan	25	2,117
Eisen	26	1,945
Cobalt	27	1,794
Nickel	28	1,664
Kupfer	29	1,548
Zink	30	1,446

b) Aus dem Graphen kann man entnehmen, dass $\sqrt{f_{K\alpha}} = A \cdot (Z - a)$ ist, mit A als Konstante. Bestimmen Sie A.

c) Zeigen Sie, dass $A = 0,5 \cdot \sqrt{3R \cdot c}$ ist, wobei c die Lichtgeschwindigkeit und $R = f_{Ry}/c = 1,097 \cdot 10^7\,\text{m}^{-1}$ die Rydberg-Konstante ist. (Hinweis: Setzen Sie in der Formel von Moseley für ΔE die Werte der K_α-Linie für n_1 und n_2 ein.)

d) Von verschiedenen Elementen wurden die Wellenlängen der K_β-Linien experimentell bestimmt (Angaben in $10^{-10}\,\text{m}$):

Element	Ca	Ti	Cr	Fe	Ni	Cu
$\lambda_{K\beta}$	3,08	2,50	2,08	1,75	1,50	1,39

Ermitteln Sie daraus die Wellenlängen der K_β-Linie für Scandium und Cobalt mit Hilfe einer grafischen Darstellung.

A34 ⊖ Im Folgenden sind einige Energieniveaus eines Metalles und das Spektrum der Röntgenstrahlung wiedergegeben, die dieses Metall als Auffangmaterial in einer Röntgenröhre aussendet.

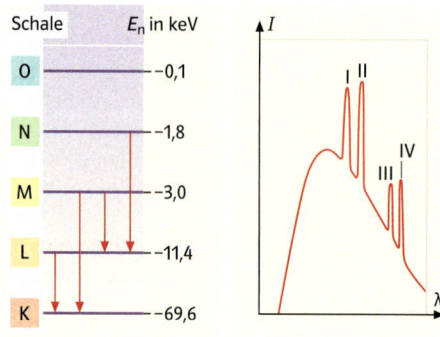

a) Stellen Sie eine Zuordnung zwischen beiden Bildern her.
b) Berechnen Sie die kleinste und die größte Wellenlänge, die in diesem charakteristischen Spektrum auftritt.
c) Berechnen Sie den Wert, den die Beschleunigungsspannung mindestens haben muss, damit die energiereichste Linie dieses charakteristischen Spektrums emittiert werden kann.

A35 ○ Beschreiben Sie, wie es zur Fluoreszenz bzw. zur Phosphoreszenz kommt.
Begründen Sie, weshalb sich beide Erscheinungen nur mit Hilfe diskreter Energieniveaus in Atomen erklären lassen.

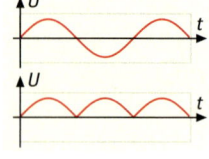

B1 Zu Aufgabe 42c

A36 ○ Erläutern Sie den Unterschied zwischen stimulierter Emission und spontaner Emission bei einem Laser.

A37 ⊖ Bei handelsüblichen Gaslasern sind an den Enden Spiegel angebracht, von denen einer halbdurchlässig ist. Nennen Sie den Effekt, der sich damit erreichen lässt.

A38 ⊖ Ein Luftlaser wird mit Neon gefüllt. Beschreiben Sie, welche Auswirkungen das auf die Leuchterscheinung hat.

A39 ○ Wird an einen p-Leiter eine Spannung angelegt, so werden die Löcher vom negativen Anschluss her mit Elektronen aufgefüllt. Begründen Sie, dass die Ladungsträgerdichte n_+ der Löcher dennoch konstant bleibt.

A40 ○ Bei manchen Halbleitern (Fotowiderständen) nimmt der Widerstand mit der Beleuchtungsstärke ab. Begründen Sie das.

A41 ⊖ Befinden sich die Enden eines Halbleiter-Plättchens auf unterschiedlicher Temperatur, so kann zwischen den Enden eine Spannung gemessen werden. Begründen Sie diese Beobachtung.

A42 ⊖ **a)** Erklären Sie die Wirkungsweise eines p-n-Überganges.
b) Welche Wirkung auf den p-n-Übergang hat eine Erhöhung der Temperatur?
c) Entwickeln Sie eine Schaltung, mit der aus einer Wechselspannung eine pulsierende Gleichspannung erzeugt werden kann (→B1).

A43 ⊖ **a)** Was versteht man unter der Fermi-Energie eines Halbleiters?
b) Skizzieren Sie das Valenz- und das Leitungsband für einen p-n-Übergang.
c) Erklären Sie im Bändermodell die Auswirkungen einer Durchlass- und einer Sperrspannung auf den p-n-Übergang.

A44 ○ Erläutern Sie mit Hilfe des Bändermodells, wie es zur Lichtentstehung kommt.

A45 ⊖ Für Leuchtdioden gilt, dass der Abstand zwischen Valenz- und Leiterband ΔE der Energie der emittierten Photonen entspricht. Analysieren Sie, welche Konsequenzen sich daraus für die Bandstruktur am p-n-Übergang ergeben.

12 Kernphysik

Wozu dient dieses Wasserbecken?

12.1 Atomkerne

Ernest Rutherford (1871–1937) ließ im Experiment α-Strahlung auf eine nur etwa 100 Atome dicke Goldfolie treffen, um Näheres über die Struktur dieser Atome zu erfahren. Der Versuch führte zu der Vorstellung, dass Atomkerne im Vergleich zur Atomhülle sehr klein und positiv geladen sind.

Aufbau des Atomkerns

Zu Beginn des 20. Jahrhunderts entwickelte sich folgende Vorstellung vom Atom: Ein positiv geladener Atomkern ist von einer Hülle aus Elektronen umgeben. Die Ladung des Atomkerns hat den gleichen Betrag wie die Ladung aller Elektronen in der Hülle zusammen. Der Durchmesser der Hülle beträgt etwa 10^{-10} m. 1911 führte Rutherford ein Experiment durch, bei dem α-Strahlung auf eine dünne Goldfolie gelenkt wurde. Es ergab, dass Atomkerne einen Durchmesser von nur etwa 10^{-14} m haben. Rutherfords Vorstellung, der Kern bestehe aus Wasserstoffkernen, den **Protonen**, führte zu Schwierigkeiten, die sich erst 1934 mit der Entdeckung des **Neutrons** lösen ließen.

Wegen der im Verhältnis viel kleineren Masse der Elektronen (→**B3**) ist die Masse des Atoms fast vollständig im Atomkern vereinigt. Die Masse von Atomen oder von deren Bestandteilen wird oft in der **atomaren Masseneinheit** 1 u = 1,660 540 2 · 10^{-27} kg angegeben.

Elemente und Isotope

Ein chemisches Element besteht aus Atomen, deren Atomkerne alle gleiche Ladung, also die gleiche Anzahl Z an Protonen haben. Nicht alle Kerne eines Elements haben jedoch dieselbe Masse. Atome mit gleicher Protonenzahl Z, aber unterschiedlicher Masse sind **Isotope** eines Elements.
Die Atome unterscheiden sich chemisch nicht voneinander, wohl aber durch die Anzahl N der Neutronen im Kern.
Für ein Isotop des Elements X ergibt sich aus der Summe $A = Z + N$ die **Massenzahl A** seines Atomkerns. Man kennzeichnet die jeweilige Kernsorte, das **Nuklid**, durch die Schreibweise: $^{A}_{Z}X$.

Zur Schreibweise von Isotopen: Für das Uranisotop mit 92 Protonen und 146 Neutronen schreibt man $^{238}_{92}U$ oder kürzer U-238.

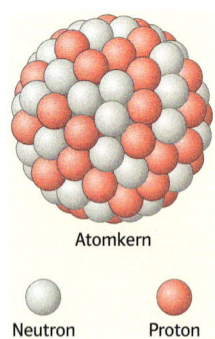

B1 Aufbau eines Atomkerns

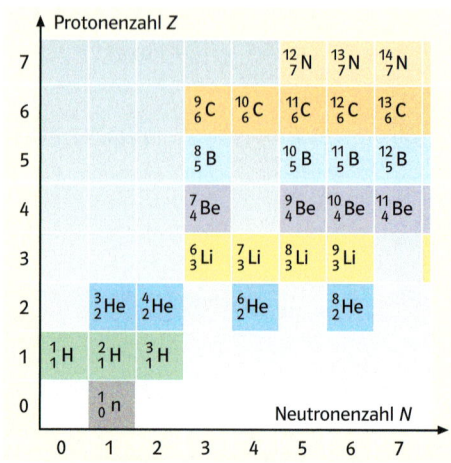

B4 Anfang einer Isotopentafel

Kernkräfte

Die positiv geladenen Protonen stoßen sich im Kern gegenseitig ab. Damit der Kern stabil bleibt, müssen zwischen den Kernbausteinen, die man als **Nukleonen** bezeichnet, sehr starke anziehende Kräfte existieren. Diese Kernkräfte haben jedoch nur eine sehr kleine Reichweite in der Größenordnung von 10^{-15} m. Sie zeigen außerhalb des Kerns keine Wirkung. Bei den geringen Abständen der Protonen im Kern (ebenfalls im Bereich von 10^{-15} m), übertrifft die Wirkung der Kernkraft die abstoßende elektrische Kraft um ein Vielfaches.

Atome bestehen aus Elektronen in der Atomhülle und Protonen sowie Neutronen im Atomkern. Im neutralen Atom ist die Zahl von Elektronen und Protonen gleich.

Zwischen den Nukleonen im Kern wirken anziehende Kernkräfte mit sehr kurzer Reichweite.

A1 ○ Erläutern Sie den in **B4** gezeigten Ausschnitt der Isotopentafel.

B2

Zum Vergleich: Könnte man den Atomkern auf die Größe eines Erdnusskerns vergrößern, so hätte das Atom den Durchmesser eines Fußballfeldes.

Bestandteil des Atoms	Formelzeichen	Masse in kg	Masse in u	Ladung in C
Proton	1 p	1,672 623 1 · 10^{-27}	1,007 276 47	+ 1,602 177 33 · 10^{-19}
Neutron	1 n	1,674 928 6 · 10^{-27}	1,008 664 90	0
Elektron	1 e	9,109 389 7 · 10^{-31}	0,000 548 58	− 1,602 177 33 · 10^{-19}

B3 Proton und Neutron heißen auch Nukleonen, das Elektron gehört zu den Leptonen.

12.2 Strahlung radioaktiver Stoffe

Im Jahr 1896 entdeckte der französische Physiker **Henri Becquerel** zufällig, dass ein uranhaltiger Stein lichtdicht verschlossene Fotoplatten schwärzt.

Entdeckung der Radioaktivität

Zusammen mit **Marie** und **Pierre Curie** (→B2) fand Becquerel heraus, dass nicht nur Uran, sondern auch die dabei erst entdeckten Elemente Radium und Polonium ständig eine für das menschliche Auge unsichtbare Strahlung aussenden. Ihr Entstehen lässt sich durch keine Maßnahme beeinflussen oder verhindern. Marie Curie bezeichnete die beobachtete Eigenschaft der Stoffe als **Radioaktivität**. Die von diesen Stoffen ausgesandte Strahlung wird häufig auch **radioaktive Strahlung** genannt. Schon kurz nach ihrer Entdeckung wurde festgestellt, dass die Strahlung aus unterschiedlichen Komponenten besteht.

B1 Von uranhaltigem Gestein belichtete Fotoplatte

Merkmale der Strahlung radioaktiver Stoffe

Wird ein radioaktives Präparat zwischen die Platten eines geladenen Kondensators gebracht, entlädt sich dieser sehr schnell. Die Strahlung ionisiert die Moleküle der Luft, die entstandenen Ionen und Elektronen bewegen sich zu den jeweils entgegengesetzt geladenen Platten und entladen diese. Bei der Ionisation werden Elektronen aus der Atomhülle herausgelöst. Dies erfordert Energie, die von der Strahlung übertragen wird. Aufgrund dieser Eigenschaften bezeichnet man die Strahlung radioaktiver Stoffe als **ionisierende Strahlung**.

Strahlungsarten

Ernest Rutherford war einer der ersten, der die Strahlung radioaktiver Präparate in Magnetfeldern untersuchte. Es zeigte sich, dass die

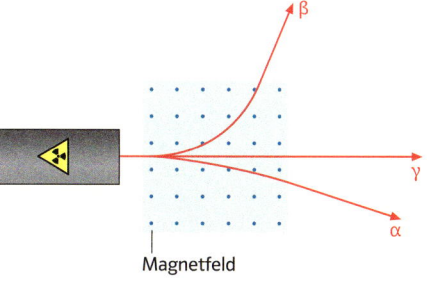

B3 Die Strahlung des Präparates enthält drei verschiedene Komponenten.

Strahlung drei Komponenten enthielt, diese wurden nach den ersten Buchstaben des griechischen Alphabets benannt (→B3).

Die **α-Strahlung** wird durch ein Magnetfeld wie ein positiv geladener Körper abgelenkt. Befindet sich in einem abgeschlossenen Glasgefäß längere Zeit ein Präparat, das α-Strahlung aussendet, so lässt sich im Gefäß Helium nachweisen. Zusammen mit der Ablenkung der α-Strahlung im Magnetfeld kam man zu dem Ergebnis, dass α-Strahlung aus positiv geladenen Heliumkernen besteht.

Die **β⁻-Strahlung** wird durch ein Magnetfeld wie ein elektrisch negativ geladener Körper abgelenkt. Die spezifische Ladung Q/m dieser Körper stimmt mit der spezifischen Ladung von Elektronen überein.

Die dritte Komponente der Strahlung, die **γ-Strahlung**, wird von Magnetfeldern nicht abgelenkt. Es handelt sich um eine sehr kurzwellige Photonenstrahlung.

Radioaktivität bezeichnet die Eigenschaft bestimmter Stoffe, ionisierende Strahlung auszusenden.
Es lassen sich drei Strahlungskomponenten unterscheiden: α-Strahlung besteht aus positiv geladenen Heliumkernen, β⁻-Strahlung aus Elektronen hoher Geschwindigkeit und γ-Strahlung aus energiereichen Photonen.

A1 ⊖ Im technischen und medizinischen Bereich gibt es zwei weitere relevante Strahlungsarten, die Neutronen- sowie die Schwerionen-Strahlung. Informieren Sie sich über Entstehung, Eigenschaften und Einsatzbereiche dieser Strahlungsarten.

B2 Pierre und Marie Curie im Labor um 1900

12.3 Nachweis der Radioaktivität mit dem Geiger-Müller-Zählrohr

Messungen der Radioaktivität beruhen meist auf der ionisierenden Wirkung ihrer Strahlung. Mit dem Geiger-Müller-Zählrohr lassen sich einzelne Ereignisse feststellen. Deren Zählung erlaubt Aussagen über die Intensität der Strahlung.

Das Geiger-Müller-Zählrohr

In einem zylindrischen Metallrohr, das mit einem Edelgas (z.B. Argon) gefüllt ist, befindet sich in der Längsachse ein Metalldraht (→B1). Zwischen Draht und Gehäuse liegt eine Spannung von bis zu 500 V an. Vorne ist das Zählrohr durch ein dünnes Glimmerfenster verschlossen, durch das Strahlung in das Zählrohr eintreten kann.

Die Strahlung ionisiert zunächst einige Atome des Edelgases. Die frei gewordenen Elektronen werden zum positiv geladenen Draht hin beschleunigt. Dabei nimmt ihre Bewegungsenergie rasch zu und sie ionisieren weitere Atome.

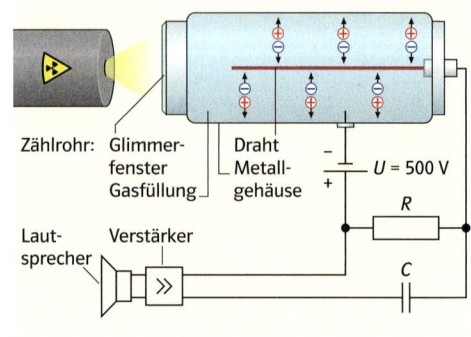

B1 Prinzip des Geiger-Müller-Zählrohrs

Experiment

Das Geiger-Müller-Zählrohr

Aufgabe: Es soll erkundet werden, wie ein Geiger-Müller-Zählrohr sachgerecht einzusetzen ist.

Material: Geiger-Müller-Zählrohre verschiedener Bauarten (soweit vorhanden), Zählgerät, radioaktives Präparat, Stoppuhr

Durchführung: a) Ohne Präparat in der Nähe des Zählrohrs werden über mehrere Minuten Impulse gezählt.
Das Experiment wird am gleichen Ort mit einem anderen Zählrohr wiederholt, danach an einem anderen Ort.
b) Nun wird das Präparat in mehrere unterschiedliche Positionen zum Zählrohr gebracht, und es wird wieder über die gleiche Zeitspanne gemessen.

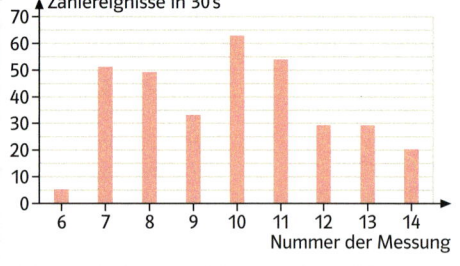

B3 Histogramm der gemessenen Zählereignisse für viele Messungen von je 30 s Dauer

Beobachtungen: a) Es treten Impulse in unregelmäßiger Folge auf. Die Gesamtzahl der Impulse je Messvorgang ist um einen Mittelwert zufällig verteilt (→B3). Mittelwert und Verteilung hängen vom Zählrohr und ggf. von der Umgebung ab. Auf einer Arbeitsplatte aus Granit ist der Mittelwert beispielsweise deutlich höher als auf einer Arbeitsplatte aus Holz.
b) Die Anwesenheit eines Präparates erhöht die gemessenen Mittelwerte, die Verteilung der Zählimpulse um diese ist weiter zufällig. Die gemessenen Werte hängen stark vom Abstand zum Präparat und noch stärker von der gegenseitigen Positionierung von Zählrohr und Präparat ab.

Ergebnis: Für aussagekräftige Messungen mit dem Geiger-Müller-Zählrohr muss man über längere Zeit messen. Vergleichbar sind Messungen nur, wenn man unter identischen Bedingungen misst.

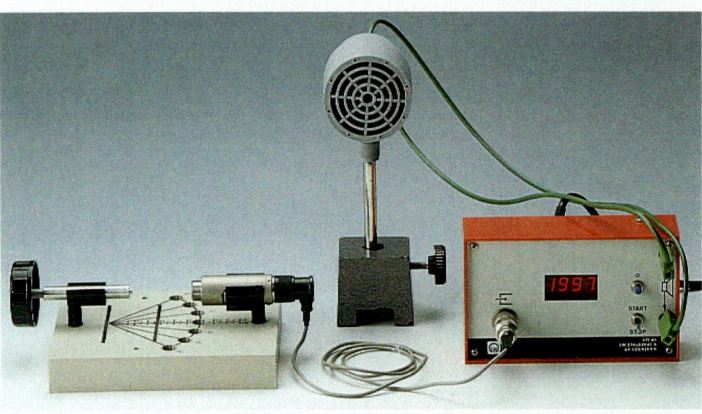

B2 Versuchsaufbau zur Strahlungsmessung mit dem Geiger-Müller-Zählrohr

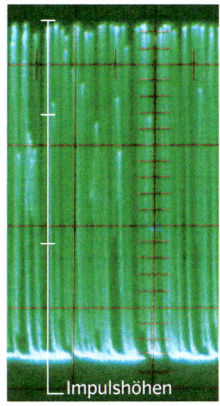

Impulshöhen

B1

Die Anzahl der Ladungsträger wächst lawinenartig an. Die Folge ist ein Stromstoß mit einem Spannungsimpuls am Widerstand. Mit einem Zählgerät können die Spannungsimpulse nachgewiesen werden. Schließt man anstelle des Zählgeräts ein Oszilloskop an, kann man bei jedem Ereignis einen scharfen Nadelimpuls erkennen (→**B1**).

Da die Ionen träger sind als die Elektronen, entsteht um den Draht herum ein Bereich mit positiver Ladung, der nahezu feldfrei ist. Für eine gewisse Zeit wird die lawinenartige Erzeugung von Elektronen und Ionen gestoppt. Nach dem Spannungsimpuls dauert es also einige Zeit, bis das Zählrohr wieder Strahlung registrieren kann. Diese Zeitspanne heißt **Totzeit** des Zählrohres.

Zählrate und Nulleffekt

Ionisierende Strahlung löst im Zählrohr einzelne Impulse in unregelmäßiger Folge aus. Es ist nicht vorhersagbar, wann der nächste Impuls kommt.
Unterschiedliche radioaktive Präparate lösen in gleichen Zeitspannen Δt eine unterschiedliche Anzahl Z von Impulsen aus. Die Anzahl der

Impulse pro Zeiteinheit $Z/\Delta t = z$ bezeichnet man als **Zählrate**, sie ist ein Maß für die Intensität der Strahlung. Sie hängt u.a. vom Abstand zwischen Zählrohr und Präparat ab.

Ein Zählrohr registriert auch ohne Anwesenheit eines radioaktiven Präparates in unregelmäßigen Zeitabständen Impulse. Ursache dieser Ereignisse sind die ionisierende Strahlung aus dem Weltall, sowie die natürliche und die von Menschenhand künstlich hervorgerufene Radioaktivität der Erde. Man nennt dies den **Nulleffekt**. Die zugehörige Zählrate heißt **Nullrate**. Sie muss bei jeder Bestimmung der Zählrate eines radioaktiven Präparates berücksichtigt werden.

Ionisierende Strahlung löst im Geiger-Müller-Zählrohr eine Gasentladung aus, die zu einem Spannungsimpuls führt. Das Auftreten eines einzelnen Impulses ist nicht vorhersagbar, für einen Stoff kann aber eine Anzahl von Impulsen pro Zeiteinheit angegeben werden.

A1 ○ Erklären Sie, warum es sehr lange Messzeiten erfordert, wenn man schwach strahlende radioaktive Stoffe erkennen will.

Methode

Zählstatistik

Wiederholte Messungen einer Größe schwanken, trotz aller Sorgfalt und bester Messgeräte, um einen Mittelwert. Ein einzelner Messwert, wie etwa die Schülerzahl an einem Dienstag in der Mensa, stimmt nur ab und zu mit ihm überein. Man führt dies darauf zurück, dass die Mensabelegung ein stochastischer Prozess ist.

Impulse	Häufigkeit
0	4
1	17
2	39
3	54
4	59
5	49
6	36
7	20
8	11
9	5
10	2
11	1
12	0

B2

Impulse Z, die unter stets gleichen Bedingungen gemessen werden, schwanken um einen Mittelwert $\bar{Z}$. Das Ergebnis einer Einzelmessung stimmt nur selten mit diesem Mittelwert überein. Die Entstehung ionisierender Strahlung ist ebenfalls ein stochastischer Prozess. Solche zufälligen Schwankungen sind ein Merkmal der Radioaktivität. Mit der Wahrscheinlichkeitsrechnung sind Aussagen über die Güte der Messergebnisse möglich. Ein Maß für die Streuung der Messwerte ist die Standardabweichung σ. Für sie gilt näherungsweise $\sigma \approx \sqrt{\bar{Z}}$. Der Zusammenhang gilt umso genauer, je häufiger man die Zählrate bestimmt hat. Nach der Theorie liegen bei längerer Messdauer 68 % der Messwerte im Intervall $[\bar{Z} - \sigma;\ \bar{Z} + \sigma]$.

Die relative Messunsicherheit lässt sich durch
$$\frac{\sigma}{\bar{Z}} = \frac{\sqrt{\bar{Z}}}{\bar{Z}} = \frac{1}{\sqrt{\bar{Z}}}$$
abschätzen. Bei einer mittleren Anzahl der Impulse von $\bar{Z} = 100$ beträgt die Unsicherheit 10 %, bei einer mittleren Anzahl von $\bar{Z} = 10\,000$ dagegen nur noch 1 %.
Je größer die Messdauer und damit die Anzahl der Impulse ist, umso größer ist die Wahrscheinlichkeit, dass die Einzelmessung eine gute Annäherung an den Mittelwert ergibt.

A2 ○ Tabelle **B2** zeigt die Häufigkeit der mit einem Zählrohr während 5 s registrierten Impulse Z an einem radioaktiven Präparat.
a) Berechnen Sie die relativen Häufigkeiten der Impulse und stellen Sie das Ergebnis als Histogramm grafisch dar.
b) Berechnen Sie $\bar{Z}$ und σ. Übertragen Sie die Werte in das Diagramm. Überprüfen Sie die 68 %-Regel.
c) Messen Sie mit einem Zählrohr mehrmals die Nullrate und werten Sie die Ergebnisse entsprechend aus.

Detektoren

Radioaktivität macht sich durch eine unsichtbare, durchdringende und oft schädigende Strahlung bemerkbar. Ihre Anwendung ist daher mit Risiken verbunden. Um diese Risiken abschätzen zu können, sind physikalische Nachweismethoden erforderlich. Wie beim Geiger-Müller-Zählrohr wird in verschiedenen Nachweisgeräten die ionisierende Eigenschaft der Strahlung genutzt.

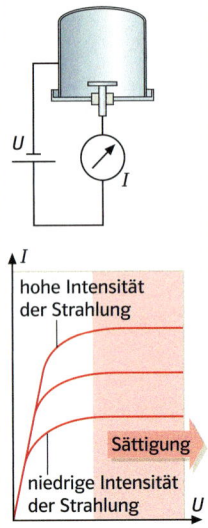

B1 Ionisationskammer

Ionisationskammer Die Ionisationskammer ist eine Metallkammer, bei der zwischen Gehäuse und radioaktivem Präparat ein elektrisches Feld besteht (→**B1**). Die von der Strahlung erzeugten Ionen werden vom Feld beschleunigt. Bei geringer Feldstärke können die Ladungsträger teilweise rekombinieren, bevor sie die Gehäusewand erreichen. Bei hinreichend großer Feldstärke tragen alle von der Strahlung erzeugten Ionen zum Strom bei. Die Stromstärke erreicht einen Sättigungswert. Der Sättigungswert der Stromstärke in einer Ionisationskammer ist ein Maß für die ionisierende Wirkung der Strahlung.

Nebelkammer Die von **Charles Wilson** 1911 entwickelte Kammer nutzt die Tatsache, dass Ionen in der Luft Kondensationskeime für Nebeltröpfchen sein können. Eine Nebelkammer muss zunächst staubfrei sein. Durch ein elektrisches Feld zwischen Deckel und Boden werden alle bis dahin vorhandenen Ionen entfernt. In der Kammer befindet sich mit Wasser- oder Alkoholdampf gesättigte Luft. Bei einer Drucksenkung müsste der Dampf kondensieren, da die Aufnahmefähigkeit der Luft für Wasser mit dem Druck sinkt. Eine kleine, rasch durchgeführte Drucksenkung führt jedoch wegen fehlender Keime nicht gleich zur Kondensation, sondern zu einem übersättigten Dampf. Werden von einer Strahlung Ionen erzeugt, so bilden sich dort sofort kleine Nebeltröpfchen. Es entstehen Spuren mit gleicher Tropfendichte (→**B2**). Die ionisierende Strahlung erzeugt auf gleich langen Strecken gleich viele Ionen. Da die Bildung eines Ions eine bestimmte Energie erfordert, ist die Spurlänge ein Maß für die Energie der Strahlung.

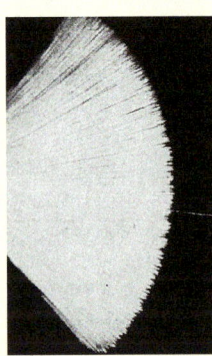

B2 Nebelkammeraufnahme

Szintillationszähler Die Strahlung radioaktiver Stoffe erzeugt im Szintillationskristall durch Anregung der Atome und Moleküle Lichtblitze. Sie treffen auf eine lichtempfindliche Fotokathode und erzeugen dort eine zur Anzahl der Lichtblitze proportionale Zahl von

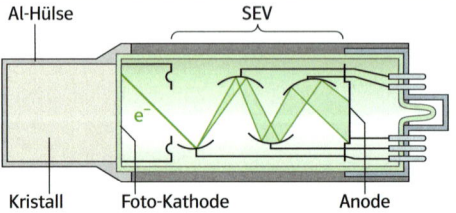

B3 Szintillationszähler mit Sekundärelektronenvervielfacher (SEV)

Elektronen. Diese werden beschleunigt und setzen beim Auftreffen auf weitere Kathoden jeweils weitere Elektronen frei. Das Verfahren wird über mehrere Stufen fortgesetzt (→**B3**). Der auf diese Weise mit einem Verstärkungsfaktor 10^8 verstärkte Elektronenstrom führt an einem Widerstand zu einem Spannungsimpuls, dessen Höhe proportional zur Energie der ionisierenden Strahlung ist.

Halbleiterdetektoren Diese Nachweisgeräte nutzen die speziellen elektrischen Eigenschaften von Halbleitern, um ionisierende Strahlung nachzuweisen. Im Prinzip handelt es sich um eine Diode. Dieses elektrische Bauteil ist aus verschiedenen Halbleiterschichten so aufgebaut, dass es den Strom in einer Richtung passieren lässt (Durchlassrichtung) und in der anderen Richtung sperrt (Sperrrichtung). Beim Detektor wird die Diode mit einer Gleichspannung in Sperrrichtung betrieben. Ionisierende Strahlung kann im Material der Diode freie Ladungsträger erzeugen, deren Bewegung im elektrischen Feld einen Stromstoß bzw. einen Spannungsimpuls erzeugt. Die Anzahl der freigesetzten Ladungsträger und die Höhe des resultierenden Spannungsimpulses ist proportional zur Energie der Strahlung. **B4** zeigt ein Energiespektrum der Strahlung eines Am-241-Präparates.

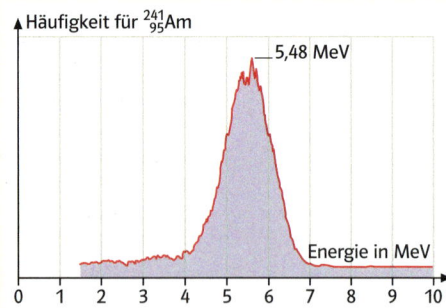

B4 Energiespektrum, mit einem Halbleiterdetektor aufgenommen

Nachweis der verschiedenen Strahlungsarten

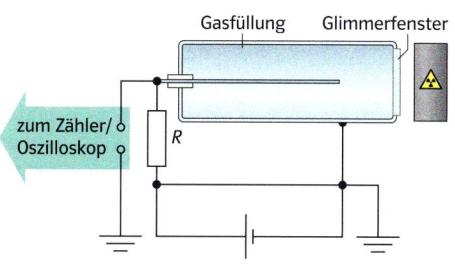

B3 Versuchsaufbau zu Teil a)

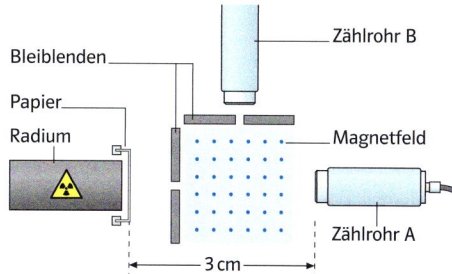

B4 Versuchsaufbau zu Teil b)

Aufgabe: Nachweis unterschiedlicher Strahlungsarten durch Absorptionsexperimente

Material: Radiumpräparat, Caesiumpräparat, Elektromagnet, zwei Blenden, zwei Zählrohre, Zählgerät, Oszilloskop, Stoppuhr, Papier, Aluminiumplatte (Dicke 2 cm)

Durchführung: a) Ein Zählrohr wird mit dem Oszilloskop verbunden. Das Radiumpräparat wird vor dem Zählrohr angebracht (→**B3**). Zunächst hält man ein Blatt Papier zwischen Präparat und Zählrohr, anschließend die Aluminiumplatte. Man beobachtet jeweils die Oszilloskopanzeige.

b) Das Radiumpräparat wird mit einem Blatt Papier abgedeckt. Dahinter werden der Elektromagnet und die beiden Zählrohre so angeordnet, wie in Abbildung **B4** dargestellt. Man misst die Zählraten an den Zählrohren A und B zunächst bei abgeschaltetem, dann bei angeschaltetem Magnetfeld.

c) Vor ein Caesiumpräparat wird eine dünne Aluminiumplatte gestellt und die Zählrate gemessen. Anschließend setzt man vor dem Zählrohr Bleiplatten unterschiedlicher Dicke ein und misst wiederum die Zählraten (→**B5**).

Beobachtung und Messung: Zu **a)**: Auf dem Schirm des Oszilloskops ist eine Folge von nadelförmigen Impulsen unterschiedlicher Höhe zu erkennen (→**B2**). Hält man ein Blatt Papier zwischen Präparat und Zählrohr, dann verschwinden vor allem die hohen Impulse. Ersetzt man das Papier durch die Aluminiumplatte, nehmen auch die niedrigen Impulse ab.

Zu **b)**: Bei abgeschaltetem Magnetfeld registriert das Zählrohr A eine hohe Zählrate (Anzahl von Impulsen pro Zeiteinheit), während die von Zählrohr B gemessene Rate gering ist.

Hinweis: Die Zählrate z ist die Anzahl der Impulse pro Zeiteinheit: $z = Z/\Delta t$

Dicke in cm	Zählrate
0	310
5	171
10	97
20	31
30	10

B1 Zu Versuchsteil c)

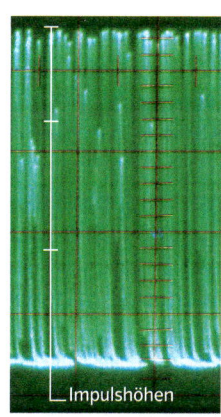

Impulshöhen

B2

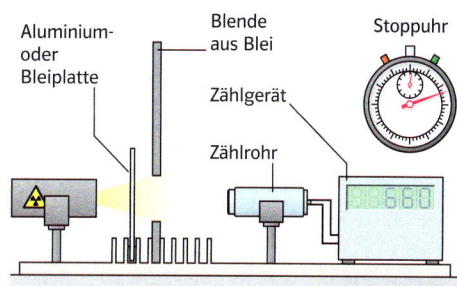

B5 Versuchsaufbau zu Teil c)

Bei eingeschaltetem Magnetfeld nimmt die Zählrate bei A ab, bei B ist sie deutlich höher als zuvor.

Zu **c)**: Man misst eine mit der Dicke der Bleischicht abnehmende Zählrate (→**B1**).

Ergebnis: Das Radiumpräparat sendet Strahlung aus, die der Verteilung der Impulshöhen zufolge aus mehreren Komponenten besteht. Ein Blatt Papier schirmt eine Komponente ab, eine weitere Komponente wird von der Aluminiumplatte zurückgehalten. Die verbleibenden Impulse werden einer dritten Strahlungskomponente zugeordnet.

Durch ihre Ablenkung im Magnetfeld lassen sich zwei Strahlungskomponenten identifizieren, die das Papier durchdringen:
- Zählrohr B registriert demnach negativ geladene β^--Strahlung. Dies ergibt sich aus der Richtung, in die die Strahlung abgelenkt wird.
- Bei der von Zählrohr A registrierten Strahlung handelt es sich um γ-Strahlung, da sie das Magnetfeld unbeeinflusst durchläuft. Wie der Versuch mit dem Caesiumpräparat zeigt, durchdringt diese Strahlung selbst Bleiplatten.

Nach diesen Ergebnissen lässt sich die vom Papier absorbierte Strahlung als α-Strahlung identifizieren.

12.4 Eigenschaften ionisierender Strahlung

Beim Durchgang ionisierender Strahlung durch Materie wird Energie übertragen, d.h. die Strahlung wird absorbiert. Das Ausmaß hängt von der Art der Strahlung und der Materie ab.

Abschirmung und Einhalten eines großen Abstands schützt vor radioaktiver Strahlung.

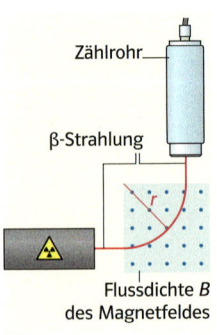

B1

Eigenschaften der α-Strahlung
Die Nebelkammeraufnahme in **B1** zeigt Spuren der α-Strahlung eines Radium-Präparates.

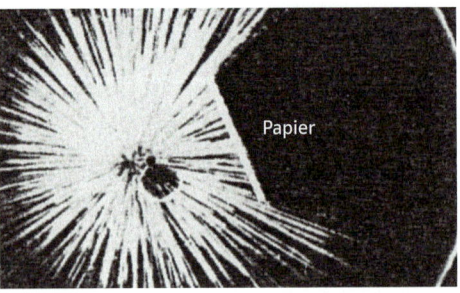

B3 Spuren von α-Strahlung in einer Nebelkammer

Sie zeigt eine stark ionisierende Strahlung: Die Spuren sind kurz, die Reichweite liegt im Bereich von wenigen Zentimetern, weil die Energie bald aufgezehrt ist. Die verschiedenen Spurlängen bedeuten, dass die Heliumkerne beim Verlassen des Präparats unterschiedliche Energien besitzen. Da sie an verschiedenen Stellen entstehen, geben die Heliumkerne bereits im Präparat einen Teil ihrer Energie ab.

Hinter einem Blatt Papier sinkt die Zählrate der α-Strahlung auf den Nulleffekt ab. Die Strahlung ionisiert so stark, dass sie Papier nicht durchdringen kann. Auch in einem Halbleiterdetektor gibt die α-Strahlung ihre gesamte Energie ab. Der Spannungsimpuls ist proportional zur Energie der Strahlung (→B4).

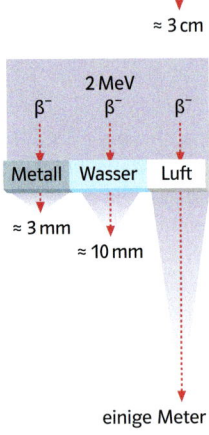

B2 Reichweite ionisierender Strahlung

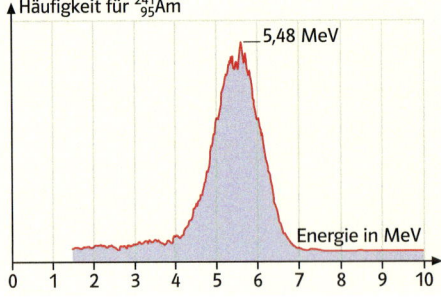

B4 Energiespektrum der α-Strahlung von Radium

Eigenschaften der β⁻-Strahlung
Hält man ein Blatt Papier zwischen ein Radiumpräparat und ein Zählrohr, so zeigt dieses Strahlung an, die Papier durchdringt. Ein Teil dieser Strahlung wird im Magnetfeld wie eine negative Ladung abgelenkt. Es handelt sich um β⁻-Strahlung. Auch die Elektronen der β⁻-Strah-

lung verlieren beim Durchgang durch Materie ihre Energie vor allem durch Ionisation. Da sie viel weniger Ionen je cm erzeugt, ist die Reichweite dieser Strahlung viel größer als die der α-Strahlung. 2 m Abstand in Luft bzw. ein 4 mm dickes Aluminiumplättchen gelten in der Regel als ausreichender Schutz.

Treten die Elektronen der β⁻-Strahlung senkrecht zu den Feldlinien in ein homogenes Magnetfeld ein, so beschreiben sie eine Kreisbahn (→**B1**). Die Lorentzkraft $F_L = e \cdot v \cdot B$ ist gleich der Zentripetalkraft $F_Z = m \cdot v^2/r$. Damit gilt:

$$m \cdot v = e \cdot r \cdot B$$

Auf dem Viertelkreis zum Zählrohr in **B1** haben demnach alle Elektronen die gleiche Geschwindigkeit. Wird die magnetische Flussdichte B bei konstantem Radius r verändert, so stellt man fest, dass ein Präparat die Elektronen der β⁻-Strahlung mit sehr unterschiedlicher Geschwindigkeit bzw. sehr unterschiedlicher Energie bis zu 3 MeV aussendet (→**B5**).

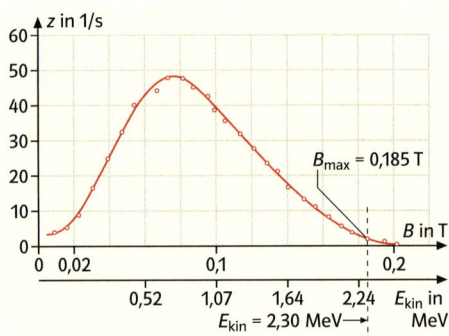

B5 Energiespektrum einer β⁻-Strahlung

Eigenschaften der γ-Strahlung
Die γ-Strahlung ist eine durchdringende Strahlung, die durch dicke Bleiplatten allenfalls geschwächt wird. In Luft schützt ein großer Abstand. Versuche zeigen, dass γ-Strahlung ein diskretes Energiespektrum mit Energien zwischen 0,01 MeV und 10 MeV aufweist.

α-Strahlung hat in Gasen eine geringe Reichweite, von festem Material wird sie stark absorbiert.
In Luft kann die Reichweite von β⁻-Strahlung einige Meter betragen, eine dünne Aluminiumschicht schirmt sie vollständig ab.
γ-Strahlung lässt sich durch ausreichenden Abstand und Bleiplatten nur abschwächen, aber nicht vollständig abschirmen.

Schwächung von γ-Strahlung

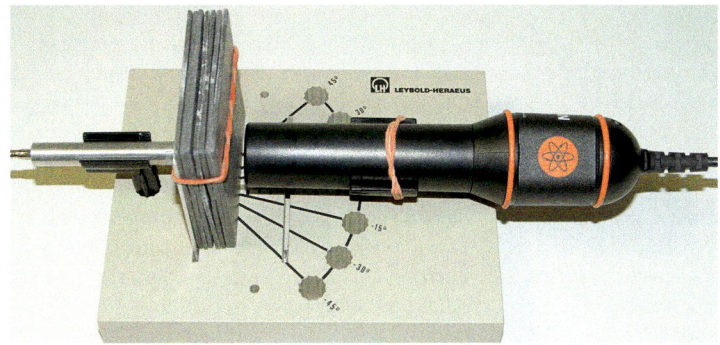

B1 Messung der Absorption von γ-Strahlung durch Blei

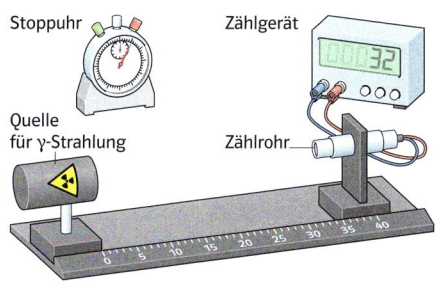

B4 Messung der Zählrate von γ-Strahlung in Luft

Aufgabe: Es soll untersucht werden, wie γ-Strahlung durch Blei- bzw. Luftschichten geschwächt wird.

Umformung einer Exponentialfunktion in eine e-Funktion:
$f(x) = a \cdot b^x$
$f(x) = a \cdot e^{\ln(b^x)}$
$f(x) = a \cdot e^{x \cdot \ln b}$

Material: Experimentiersockel, Halter für radioaktives Präparat, Cs-137-Präparat, Zählrohrhalter, Zählrohr, grafikfähiger Taschenrechner (GTR) mit Messdatenerfassungssystem, Aluminiumplatte, 8 massive Bleiplatten (Dicke jeweils 2 mm), Gummibänder

Durchführung: Das radioaktive Präparat wird mit dem Halter etwa 5 cm vor dem Zählrohr so befestigt, dass das Aluminiumblech den Strahler fast berührt. Durch das Aluminiumblech werden α- und β⁻-Strahlung abgeschirmt, sodass das Zählrohr nur γ-Strahlung registriert.

a) Zunächst soll die Zählrate in Abhängigkeit vom Abstand r zwischen Präparat und Zählrohr gemessen werden. Dazu wird der Abstand um jeweils 5 cm erhöht.
Mit dem Messdatensystem des GTR wird über einen Zeitraum von jeweils mehreren Minuten für jeden Abstand die Impulsrate bestimmt.

Abstand r in cm	Zählrate
5	1280
10	310
15	139
20	78
25	51

B2 Messergebnisse zu a) (um Nullrate reduziert)

b) In einem zweiten Teilversuch sollen die Zählraten abhängig von der Dicke d der Bleischicht bestimmt werden. Dazu wird der Abstand zwischen Präparat und Zählrohr auf 10 cm eingestellt, dann befestigt man die Bleiplatten nacheinander mit einem Gummiband an der Aluminiumplatte.
Wie zuvor wird die Anzahl der Impulse über das Messdatenerfassungssystem des GTR für jede Stärke der Bleischicht registriert.

Dicke d in cm	Zählrate
0	310
5	171
10	97
15	49
20	31
25	17
30	10

B3 Messergebnisse zu b) (um Nullrate reduziert)

Beobachtung und Messung: Mit zunehmendem Abstand des Zählrohrs vom Präparat nimmt die Zählrate ab (→B5). Bei zunehmender Bleidicke nimmt die Zählrate stark ab (→B6).

Auswertung mit dem GTR: Der Kurvenverlauf für die Absorption von γ-Strahlung durch eine Bleischicht kann durch eine Exponentialfunktion angenähert werden (→B6).
Die Exponentialfunktion kann in eine e-Funktion überführt werden. Daraus lassen sich Parameter ableiten, die das Absorbermaterial kennzeichnen.

A1 ● Führen Sie für die Messdaten aus Tabelle **B2** eine Regression durch. Vergleichen Sie das Ergebnis mit dem Ergebnis in **B6**. Nennen und deuten Sie die Unterschiede.

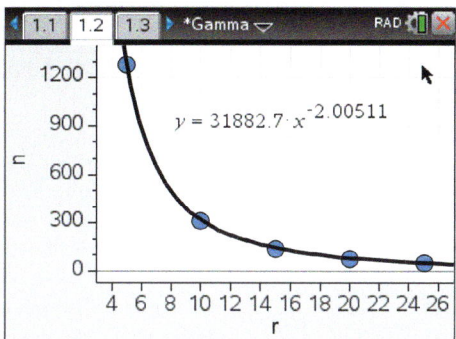

B5 Zählrate in Luft

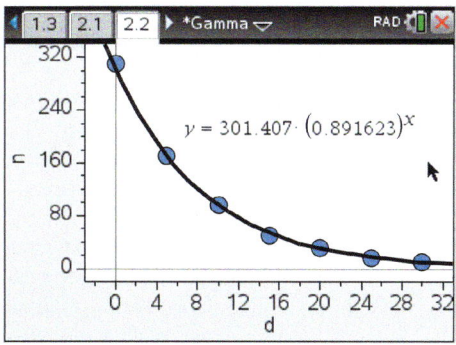

B6 Zählrate nach Durchgang durch eine Bleischicht

Messungen zeigen, dass die Zählrate für γ-Strahlung mit der Entfernung vom Präparat abnimmt. Materie zwischen Präparat und Zählrohr senkt die Zählrate ebenfalls.

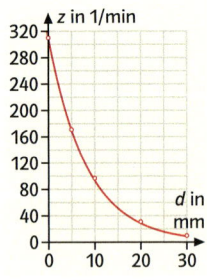

B1 Abhängigkeit von der Materialdicke

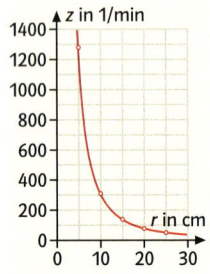

B2 Abhängigkeit vom Abstand zum Präparat

Mathematische Beschreibung

Die beiden genannten Abklingprozesse werden durch ähnliche Kurven beschrieben. Kurven dieser Form sind Hyperbeln $y = a/x^n$ oder Exponentialfunktionen $y = k \cdot a^{-x}$.

Die zugehörigen Graphen lassen sich auf den ersten Blick nicht leicht voneinander unterscheiden (→**B1**, **B2**). Bei der Auswahl des richtigen Auswerte-Verfahrens helfen theoretische Überlegungen: Exponentialfunktionen schneiden die Hochachse, Hyperbeln dagegen nicht. Da man bei Abschirm-Experimenten einen Messwert für die Schichtdicke $d = 0$ erhält, kann hierzu keine Hyperbel gehören. Man wählt in diesem Fall daher eine exponentielle Regression. Bei Absorption von γ-Strahlung durch eine Materieschicht gilt für die Abhängigkeit der Zählrate abhängig von der Schichtdicke also

$$z(d) = z(0) \cdot e^{-const \cdot d}$$

Die Konstante heißt **Absorptionskoeffizient** μ. Er beschreibt, wie stark die γ-Strahlung vom Material absorbiert wird. Für Blei ist μ groß, d. h., es eignet sich besonders zur Abschirmung.

Gleichzeitig besagt das Exponentialgesetz aber auch, dass eine vollständige Abschirmung nicht möglich ist.

Bei einer Messung der Zählrate in Abhängigkeit vom Abstand zum Präparat ist die Auswahl nicht so einfach zu begründen. Theoretische Überlegungen zeigen, dass man eine Potenzfunktion auswählen muss, um die Vorgänge richtig zu beschreiben. In Luft nimmt die Zählrate von γ-Strahlung demnach mit dem Quadrat der Entfernung vom Präparat ab:

$$z(r) = \frac{const}{r^2}$$

Bei Absorption durch Materie nimmt die Zählrate der γ-Strahlung exponentiell mit der Schichtdicke ab. Es gibt keine Materialdicke, die γ-Strahlung vollständig absorbiert.
In Luft sinkt die Zählrate von γ-Strahlung mit dem Quadrat der Entfernung vom Präparat.

A1 ○ Werten Sie die Messdaten aus **B1** und **B2** aus. Untersuchen Sie, ob die Ergebnisse zu den theoretischen Überlegungen passen. Falls das nicht der Fall ist, stellen Sie eine Hypothese über mögliche Gründe auf.

Methode

Theorie führt zu Gesetzen

Eine sorgfältige Analyse der Situation kann auch ohne genaue Messwerte zu wesentlichen Aussagen führen. Wenn die Strahlung Materie durchdringt, kann ein Teil von ihr absorbiert werden und das Zählrohr registriert den Rest. Befindet sich keine Materie zwischen Präparat und Zählrohr, ist diese Erklärung nicht möglich. Bei einer Quelle, die in alle Raumrichtungen etwa gleich strahlt, verteilt sich die Strahlung mit zunehmender Entfernung auf immer größere Flächen. Auf die Fläche des Zählrohrfensters entfällt ein immer kleinerer Anteil der Gesamtstrahlung.
Man erkennt: Die beiden Abklingprozesse sind auf verschiedene Wirkzusammenhänge zurückzuführen. Das führt auf unterschiedliche Gesetzmäßigkeiten.
Idealisierend geht man im Fall ohne Materie von einer punktförmigen Quelle aus, die in alle Raumrichtungen gleichartig strahlt. Die Strahlung verteilt sich dann auf Kugelflächen mit der Quelle im Mittelpunkt. Die Flächeninhalte nehmen mit dem Quadrat der Entfernung zu,

die „Strahlungsdichte" entsprechend ab. Das Zählrohr registriert also in doppelter Entfernung nur noch ¼ der vorherigen Zählrate. Dies ergibt sich allein aus der Radialsymmetrie der Situation und ist kein Merkmal der γ-Strahlung.

Beim Abklingprozess durch Absorption wäre es denkbar, dass eine Schicht bestimmter Dicke einen bestimmten Strahlungsbetrag absorbiert. Dies würde zu einem linearen Abklingen führen und es müsste eine Dicke geben, bei der alle Strahlung absorbiert wird. Das widerspricht dem experimentellen Befund für γ-Strahlung.
Die andere Möglichkeit ist, dass gleiche Schichtdicken einen bestimmten Anteil, z. B. die Hälfte der auftreffenden Strahlung, absorbieren. Mit jeder solchen Dicke $d_{1/2}$ halbiert sich die Zählrate, deshalb gilt:

$$z(d) = z(0) \cdot 2^{-\frac{d}{d_{1/2}}}$$

Die so gewonnenen Aussagen müssen experimentell überprüft werden.

„... es scheint die Hoffnung berechtigt zu sein, dass uns die Radioaktivität das Mittel liefert, Kenntnisse über die sich innerhalb des Atoms abspielenden Prozesse zu erlangen."
Ernest Rutherford, 1902

Eingesperrte Nukleonen

Protonen und Neutronen sind **Quantenobjekte**. Einschränkungen ihres Aufenthalts auf einen begrenzten Bereich, z. B. auf den Durchmesser des Atomkerns, führen dazu, dass sie nur bestimmte Werte an Energie besitzen können.

Die im Kern befindlichen Nukleonen sind in einer Energiemulde, dem **Potenzialtopf**, eingeschlossen (→B3). Diese Energiemulde wird durch stark anziehende Kernkräfte hervorgerufen. Einzelne Nukleonen können diesen Potenzialtopf nicht ohne äußere Energiezufuhr verlassen. Der Kernradius ist durch den steilen Abfall der potenziellen Energie gekennzeichnet. Dies ist auf die begrenzte Reichweite der Kernkräfte zurückzuführen.

Auf ein elektrisch neutrales Neutron wirkt außerhalb des Kerns keine Kraft, seine potenzielle Energie ist dort konstant, ihr kann der Wert 0 zugewiesen werden. Auf ein positiv geladenes Proton wirkt außerhalb des Kerns eine elektrische Kraft, für Protonen muss auch außerhalb des Kernradius eine potenzielle Energie berücksichtigt werden.
Für ein Nukleon im Kern wird vereinfacht angenommen, dass sich die Kräfte, die es von seinen umgebenen Nukleonen erfährt, aufheben. Unter dieser Voraussetzung ist die potenzielle Energie im Kern konstant.

Die Energieniveaus der Protonen liegen wegen der elektrischen Energie etwas höher als die der Neutronen. Nach dem Pauli-Prinzip gibt es nur maximal zwei Nukleonen auf einem Energieniveau. Im Grundzustand sind bis zu einem gewissen Energiebetrag alle Niveaus von den Nukleonen besetzt. Die Energie des

Kerns ist minimal, er befindet sich in einem stabilen Zustand.

Atomkerne, die strahlen, sind nicht stabil. Die Emission ionisierender Strahlung bedeutet, dass ein Nukleon in einen Zustand geringerer Energie übergeht. Die charakteristischen Energiewerte der ionisierenden Strahlung kann man als Folge von Übergängen zwischen Energieniveaus im Kern deuten.

Folgende Fälle sind möglich:

1 Ein Neutron oder ein Proton aus einem höheren Energieniveau geht in ein freies, energetisch tieferes Niveau über (→B1). Dabei wird γ-Strahlung emittiert. Den angeregten Kern kennzeichnet man mit einem Stern und schreibt:

$$^{A}_{Z}X^{*} \longrightarrow ^{A}_{Z}X + \gamma$$

2 Unterhalb des höchsten besetzten Niveaus der Neutronen befindet sich ein unbesetztes Niveau für Protonen. Der Kern gibt Energie ab, wenn sich ein Neutron unter Aussendung eines Elektrons in ein Proton umwandeln kann und das freie Niveau besetzt (→B2).

Das Elektron verlässt wegen seiner sehr hohen Energie den Kern als β⁻-Strahlung. Die Kernladungszahl Z erhöht sich um eins, die Massenzahl A bleibt konstant. Es gilt:

$$^{A}_{Z}X \longrightarrow ^{A}_{Z+1}Y + e^{-}$$

Dabei bezeichnet X den Ausgangskern und Y den entstehenden Kern.

Beispiel: Cobalt-60 ist ein β⁻-Strahler.

$$^{60}_{27}Co \longrightarrow ^{60}_{28}Ni^{*} + e^{-} \longrightarrow ^{60}_{28}Ni + e^{-} + Energie$$

Der entstehende Nickelkern befindet sich im angeregten Zustand. Durch Aussendung von zwei γ-Photonen geht er schließlich in den Grundzustand über. Dies stellt man mit einem Energieschema dar (→B1b, folgende Seite). Da die Kernladungszahl zunimmt, wird der Nickelkern rechts vom Cobaltkern angeordnet.

3 Unter dem höchsten besetzten Niveau der Protonen liegt ein freies Energieniveau der Neutronen. Verwandelt sich ein Proton unter Aussendung eines „positiv geladenen Elek-

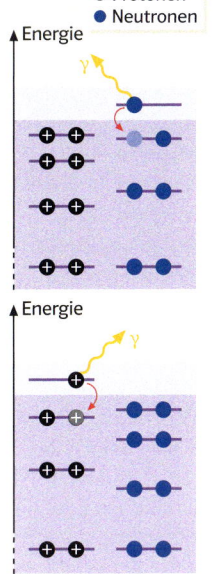

B1 γ-Strahlung

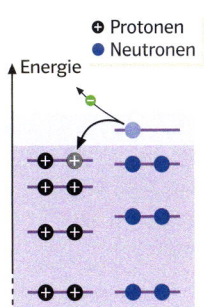

B2 β⁻-Strahlung

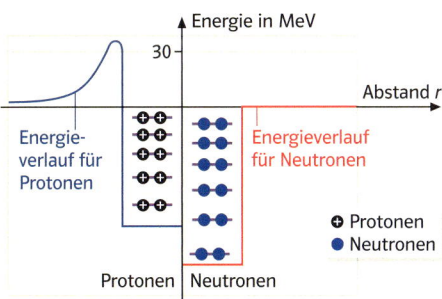

B3 Das Potenzialtopfmodell des Atomkerns

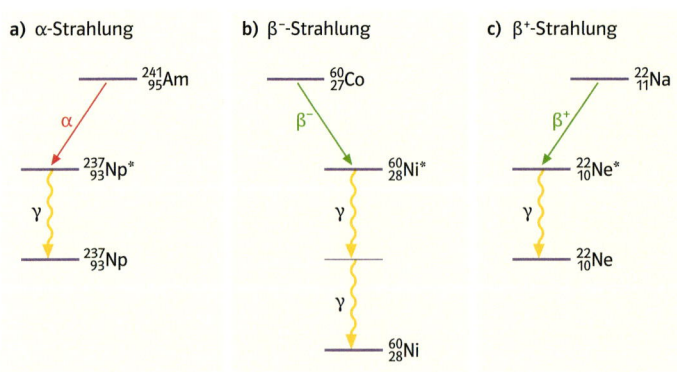

a) α-Strahlung

$^{241}_{95}$Am
α
$^{237}_{93}$Np*
γ
$^{237}_{93}$Np

b) β⁻-Strahlung

$^{60}_{27}$Co
β⁻
$^{60}_{28}$Ni*
γ
γ
$^{60}_{28}$Ni

c) β⁺-Strahlung

$^{22}_{11}$Na
β⁺
$^{22}_{10}$Ne*
γ
$^{22}_{10}$Ne

B1 Energieschemata der verschiedenen Umwandlungsprozesse

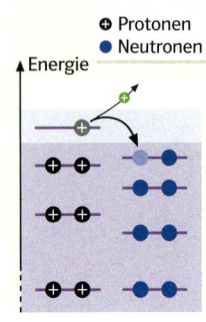

B2

trons", eines Positrons, in ein Neutron, kann der Kern ebenfalls Energie abgeben. Er erreicht einen stabileren Zustand (→B2).

Das Positron verlässt den Kern als β⁺-Strahlung. Die Massenzahl des Kerns bleibt erhalten, die Kernladungszahl nimmt um eins ab (→B1c), d.h., es entsteht ein neues Element:

$$^A_Z X \longrightarrow ^A_{Z-1} Y + e^+$$

Beispiel: Natrium-22 ist ein β⁺-Strahler. Der angeregte Neonkern emittiert ein γ-Quant der Energie 1,27 MeV (→B1c).

$$^{22}_{11}Na \longrightarrow ^{22}_{10}Ne^* + e^+ \longrightarrow ^{22}_{10}Ne + e^+ + Energie$$

4 Bei der α-Strahlung senden die Atomkerne Heliumkerne aus, die Massenzahl wird um vier und die Kernladungszahl um zwei verringert, auch hier entsteht ein neues Element:

$$^A_Z X \longrightarrow ^{A-4}_{Z-2} Y + ^4_2 He$$

Beispiel: Americium-241 sendet α-Strahlung aus (→B1a).

$$^{241}_{95}Am \longrightarrow ^{237}_{93}Np + ^4_2He + \gamma$$

Energiebetrachtung beim β⁻-Zerfall

Die Differenz der Energien von Mutter- und Tochterkernen beim β⁻-Zerfall kann berechnet werden. Diese Energiedifferenz müsste an die Elektronen der β⁻-Strahlung abgegeben werden. Messungen zeigen aber, dass ihre Energie geringer und kontinuierlich verteilt ist. Der Widerspruch löst sich, wenn man annimmt, dass beim β⁻-Zerfall ein weiteres Teilchen, das **Antineutrino** $\overline{\nu}$ beteiligt ist:

$$^A_Z X \longrightarrow ^A_{Z+1} Y + e^- + \overline{\nu}$$

Entsprechendes gilt für den β⁺-Zerfall. Hier ist ein **Neutrino** ν beteiligt.

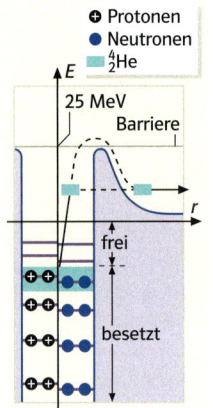

B3 Zum Tunneleffekt beim Entstehen der α-Strahlung

α-Strahlung durch Tunneleffekt

Die Heliumkerne der α-Strahlung sind positiv geladen und werden vom Kern abgestoßen, sobald sie außerhalb der Reichweite $r = 10^{-14}$ m der Kernkräfte sind. Sie erhalten Bewegungsenergie durch das Feld der Ladungen:

$$E = \frac{Q_1 \cdot Q_2}{4\pi \cdot \varepsilon_0 \cdot r}$$

Hierbei ist $Q_1 = 2e$ und $Q_2 = Z \cdot e$ die Ladung des neu entstandenen Kerns.

Experimente mit der Nebelkammer ergeben aber z.B. bei dem aus Radium entstehenden Radon ($Z = 86$) wesentlich kleinere Energien für die Heliumkerne als die so errechneten 25 MeV = $3,97 \cdot 10^{-12}$ J. Es scheint, als würden sie ihre Bewegungsenergie erst von einem viel weiter vom Kern entfernten Startpunkt aus erhalten. Umgekehrt reicht diese Energie nicht aus, um sie wieder gegen die abstoßenden Kräfte in den Kern einzufügen. Die Widersprüche lösen sich, wenn man die Heliumkerne der α-Strahlung als Quantenobjekte betrachtet.

Dieses Durchdringen einer Energiebarriere wird als **Tunneleffekt** bezeichnet (→B3). Vereinigen sich im Kern zwei Protonen und zwei Neutronen zu einem Heliumkern, so wird dabei Energie frei. Ein solcher Heliumkern befindet sich auf einem Energieniveau oberhalb von null. Er ist aber wegen der Kernkraft immer noch gebunden. Wegen seiner Energie oberhalb von null kann er die Barriere „durchtunneln".

Das Energieniveau entspricht der gemessenen Bewegungsenergie der α-Strahlung. Der Tunneleffekt ist für Heliumkerne wahrscheinlicher als für einzelne Nukleonen oder andere Kerne, da bei der Bildung von Heliumkernen Energie frei wird, die diese Kerne energetisch anhebt. Dadurch bedingt ist die Energiebarriere für Heliumkerne schmaler als für andere denkbare Kernbausteine.

Nukleonen haben im Atomkern immer diskrete Energiewerte.
Bei der Emission von α- und β⁻-Strahlung entstehen neue Elemente. Die neuen Kerne sind häufig im angeregten Zustand.
Bei Emission von γ-Strahlung geht ein angeregter Kern in den Grundzustand über. Es entsteht kein neues Element.

Die Energie der γ-Strahlung

Die Energie der γ-Strahlung kann mit einem Szintillationszähler gemessen werden. **B1** zeigt das Energiespektrum der γ-Strahlung eines Cs-137-Präparates. Zur Deutung des Diagramms müssen die Wechselwirkungen der γ-Strahlung mit dem Detektorkristall berücksichtigt werden. Beim Fotoeffekt überträgt ein Photon der γ-Strahlung seine gesamte Energie $E = h \cdot f$ an ein Elektron. Das Maximum bei 0,662 MeV (diskrete Gesamtabsorptionslinie) zeigt dies.

Ein Photon der γ-Strahlung kann seine Energie aber auch wie bei einem mechanischen Zusammenstoß übertragen. Der übertragene Energieanteil hängt vom Winkel, unter dem die Strahlung abgelenkt wird, ab (**Comptoneffekt**). Bei einem Streuwinkel von 180° ist der Anteil maximal („**Comptonkante**"). Für kleinere Winkel ist die Energieübertragung geringer, dies ist das Kontinuum in Bild **B1**.
Bringt man zur Abschirmung Blei zwischen Präparat und Zähler, dann sinkt die Intensität im Spektrum deutlich, die Lage des Maximums ändert sich dagegen nicht (→**B1**).

Die Photonen der γ-Strahlung können in Blei durch den Fotoeffekt oder durch den Comptoneffekt Energie auf Elektronen übertragen. Einige Photonen durchdringen die Bleischicht ohne Wechselwirkung.

Bei hoher Energie der γ-Strahlung kann es zu Schwächung kommen, weil aus einem γ-Photon ein Elektron und ein Positron (ein „positiv geladenes Elektron") entstehen können.

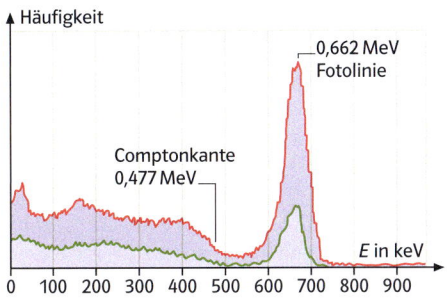

B1 Spektrum von Cs-137 ohne und mit Bleiabschirmung

Die Entdeckung des Neutrons

Die Untersuchung von α- und β⁻-Strahlung zeigt, dass beide wegen ihrer hohen Energie aus dem Atomkern kommen müssen. Dieser sollte demnach Protonen und Elektronen enthalten. Sie wären im Kern auf einen Bereich eingeschränkt, dessen Durchmesser kleiner als 10^{-14} m ist. Elektronen müssten dann nach der Heisenberg'schen Unbestimmtheitsrelation eine so große Energie haben, dass sie durch elektrische Anziehungskräfte allein nicht mehr in den Kern einzubinden wären. Neben diesem Problem war unklar, warum β⁻-Strahlung nicht monoenergetisch ist.

Erste experimentelle Ergebnisse, die den Weg zur Klärung wiesen, wurden 1930 von **Bothe**

und **Becker** vorgestellt. Sie setzten Berylliumatome α-Strahlung aus und entdeckten dabei eine Strahlung, die sich durch Materie noch weniger als γ-Strahlung abschirmen ließ (→**B2**). In der Ionisationskammer zeigte sich: Durchsetzte die Strahlung vor Eintritt in die Kammer Paraffin, so stieg die Stromstärke stark an. Nebelkammerspuren zeigten, dass der Strom durch Protonen verursacht wurde. Frédéric Joliot und Irène Curie, Tochter von Marie Curie, hielten die Strahlung daher auch für Protonen.

1932 wiederholte **James Chadwick** den Versuch. Er ersetzte aber das Paraffin durch Helium bzw. Stickstoff. Nebelkammerspuren wiesen nun auf beschleunigte Helium- bzw. Stickstoffkerne hin. Aus deren Spuren ergab sich nun auch ein anderer Wert für die Energie der auslösenden Strahlung des Berylliums. Chadwick schloss daraus, dass es sich weder um Protonen noch um γ-Strahlung, sondern um eine Strahlung aus neutralen Quantenobjekten handeln muss, die etwa die Masse von Protonen haben. Diese Objekte werden als Neutronen bezeichnet. Für die Entdeckung des Neutrons erhielt Chadwick 1935 den Nobelpreis für Physik.

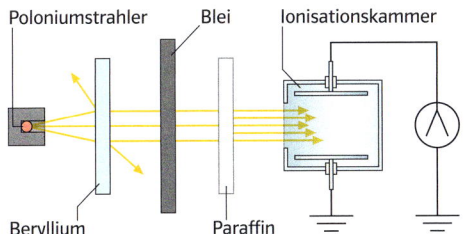

Durch Wechselwirkung mit Neutronen in Bewegung gesetzte Protonen

B2

Der radioaktive Zerfall ist eine Kernumwandlung, die sich weder physikalisch noch chemisch beeinflussen lässt. Er kann aber durch ein Gesetz beschrieben werden, das Vorhersagen über Zerfälle auch für extrem kurze oder extrem lange Zeiträume ermöglicht.

Zerfallsgesetz und Radioaktivität

In einem Reagenzglas befindet sich das radioaktive Barium-137, das beim Kernzerfall von Cäsium-137 entsteht (→**B1**, **B4**). Dieses Barium sendet γ-Strahlung aus. Das Zählrohr misst in Zeitabständen von 60 s die Anzahl der Impulse in einer Zeitspanne von 10 s, daraus erhält man nach Abzug der Nullrate die Zählraten in Tabelle **B2**. Es zeigt sich, dass die Zählrate z erst schnell und dann immer langsamer abnimmt (→**B3**).

Die Zählraten halbieren sich nach rund 150 s, ganz gleich von welcher Zählrate man als Anfangswert ausgeht. Diese Eigenschaft und die Form der Kurve in Abbildung **B3** deuten auf einen exponentiellen Zusammenhang hin.

Mit jedem Zerfall eines Kernes verringert sich die Zahl der im Reagenzglas vorhandenen radioaktiven Kerne. Ist zu einem beliebigen Zeitpunkt t die Anzahl der Kerne N, so zerfällt von ihnen in der Zeitspanne Δt der Anteil ΔN. Dieser ist stets ein fester Bruchteil der gerade vorhandenen Kerne, das heißt, es gilt:

$$\frac{\Delta N(t)}{\Delta t} = -\lambda \cdot N(t)$$

Das Minuszeichen besagt, dass die Anzahl der Kerne, die radioaktiv zerfallen können, mit der Zeit abnimmt. λ heißt **Zerfallskonstante**. Für $\Delta t \to 0$ entsteht die Differenzialgleichung

$$\frac{dN(t)}{dt} = \dot{N}(t) = -\lambda \cdot N(t)$$

mit der Lösung $N(t) = N(0) \cdot e^{-\lambda t}$, wobei $N(0)$ die Anzahl der Kerne bei $t = 0$ ist.

Die Anzahl der radioaktiv zerfallenden Kerne $N(t)$ nimmt exponentiell mit der Zeit ab. Man bezeichnet diesen Zusammenhang als **Zerfallsgesetz**.

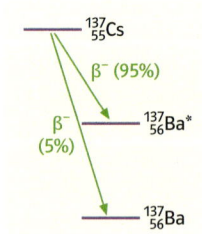

B1 Zerfallsschema von Cs-137

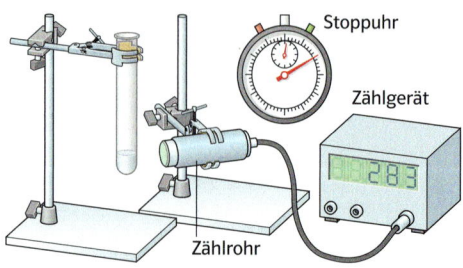

B4 Untersuchung des Zerfalls von Barium-137

Der Quotient $|\Delta N|/N = \lambda \cdot \Delta t$ ist von N unabhängig. Er kann als Wahrscheinlichkeit gedeutet werden, mit der ein Kern in der Zeitspanne Δt zerfällt. Die Wahrscheinlichkeit eines Zerfalls ist für alle Kerne der Probe gleich und zeitlich unveränderlich. Wahrscheinlichkeiten liefern nur bei großen Zahlen Aussagen über Häufigkeiten. Das Zerfallsgesetz gilt daher nur für große Teilchenzahlen.

Halbwertszeit und Zerfallskonstante

Die unterschiedliche „Lebensdauer" der Kerne verschiedener radioaktiver Substanzen beschreibt man mit Hilfe ihrer **Halbwertszeit** $T_{1/2}$. Die Halbwertszeit eines Isotops gibt an, in welcher Zeitspanne sich die Anzahl der vorhandenen radioaktiven Kerne halbiert. Bei Barium-137 ergibt sich eine Halbwertszeit von 152 s. Daraus lässt sich die Zerfallskonstante λ berechnen:

$$N(T_{1/2}) = \frac{1}{2} \cdot N(0) = N(0) \cdot e^{-\lambda \cdot T_{1/2}}$$

$$\text{bzw.: } \ln 2 = \lambda \cdot T_{1/2} \Leftrightarrow \lambda = \frac{\ln 2}{T_{1/2}}$$

Radioaktive Stoffe zerfallen nach einem exponentiellen Gesetz. Die Zeitspanne, nach der nur noch die Hälfte der ursprüglichen Kerne vorhanden ist, heißt Halbwertszeit.

A1 ⊖ Werten Sie die Messergebnisse des Barium-Versuchs grafisch aus, indem Sie $\ln(z/z_0)$ mit $z_0 = 41$ über t auftragen. Zeigen Sie, dass sich in guter Näherung eine Gerade ergibt. Bestimmen Sie die Gleichung dieser Geraden und zeigen Sie, dass daraus ein exponentieller Zusammenhang zwischen Zählrate und Zeit folgt. Bestimmen Sie Zerfallskonstante und Halbwertszeit.

t in s	z in 1/s
0	41
60	28
120	22
180	18
240	13
300	10
360	9
420	6
480	5
540	3
600	2

B2

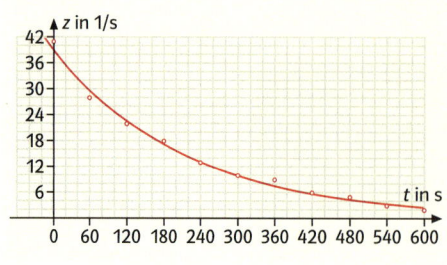

B3

Aktivität

Verschiedene Isotope zerfallen in gleichen Zeitspannen unterschiedlich.

Die Aktivität eines radioaktiven Isotops ist der Quotient aus der Anzahl $|\Delta N|$ der zerfallenen Kerne und der zugehörigen Zeitspanne Δt:

$$A(t) = -\frac{\Delta N(t)}{\Delta t} = \lambda \cdot N(t)$$

Die Aktivität wird in der Einheit Becquerel (Bq) angeben. Für sie gilt:

$$1\,\mathrm{Bq} = \frac{1}{s}$$

Eine alte, ungültige Einheit ist 1 Ci (Curie) = 3,7 · 10¹⁰ Bq. Sie entspricht der Aktivität von 1 g Radium.

Natürlicher Kernzerfall

Die Halbwertszeiten radioaktiver Kerne reichen von Bruchteilen von Sekunden bis zu Milliarden von Jahren. Man geht heute davon aus, dass die Materie unseres Sonnensystems und damit auch der Erde vor rund 13 Milliarden Jahren entstanden ist.

Zerfallsreihen und Nuklidkarte siehe Tabellenwerk im Anhang!

Heute anzutreffende Kerne mit kleinen Halbwertszeiten müssen in der Zwischenzeit neu entstanden sein. Nur 23 Nuklide, wie etwa $^{238}_{92}\mathrm{U}$ mit $T_{1/2} = 4,5 \cdot 10^9$ Jahren können aus der Anfangszeit stammen (→**B1**). Sie sind neben der kosmischen Strahlung Ursache der natürlichen Radioaktivität.

Abbildung **B2** zeigt, wie ein $^{232}_{90}\mathrm{Th}$-Kern über viele Zwischenkerne zerfallend in ein stabiles Nuklid des Elements Blei übergeht. Natürliche Zerfallsreihen bilden daneben nur die Nuklide $^{238}_{92}\mathrm{U}$ und $^{235}_{92}\mathrm{U}$.

Alle Kerne einer Zerfallsreihe sind bis auf den letzten instabil und damit radioaktiv, mit unterschiedlichen Halbwertszeiten. In der Zerfallsreihe entsteht sowohl α- als auch β⁻-Strahlung. Die meisten Kerne zerfallen nur auf eine Weise, es gibt aber einige, die auf beide Arten zerfallen können.

Der Zerfall der Kerne einer Zerfallsreihe kann nicht rascher erfolgen, als jeweils neue Kerne entstehen. Der Kern mit der größten Halbwertszeit bestimmt daher die Aktivität aller Kerne. Auf diese Weise stellt sich nach einer gewissen Zeit ein konstantes Verhältnis verschiedener instabiler Kerne ein. Man spricht vom **radioaktiven Gleichgewicht**.

Mit dem Stoffwechsel kommen ständig radioaktive Stoffe in den menschlichen Körper. Das Trinkwasser, die pflanzliche und tierische Nahrung sowie die Luft enthalten radioaktive Stoffe wie C-14, K-40 oder Radon (→**B3**).

In einer Zerfallsreihe entsteht nach einer gewissen Zeit ein Gleichgewicht, bei dem die Aktivitäten aller Stoffe gleich sind. Die Aktivität der Probe nimmt mit dem Zerfall der Mutterkerne ab.

A1 ○ **a)** Begründen Sie, dass es nur vier Zerfallsreihen geben kann.
b) Verfolgen Sie den in **B2** dargestellten Zerfall in einer Nuklidkarte.

Einige der natürlichen radioaktiven Kerne aus der Ursubstanz

$^{40}_{19}\mathrm{K}$	$1,28 \cdot 10^9\,\mathrm{a}$ —	$^{115}_{49}\mathrm{In}$	$4,0 \cdot 10^{14}\,\mathrm{a}$ —	$^{176}_{71}\mathrm{Lu}$	$3,6 \cdot 10^{10}\,\mathrm{a}$ —
$^{82}_{34}\mathrm{Se}$	$1,0 \cdot 10^{19}\,\mathrm{a}$ —	$^{128}_{52}\mathrm{Te}$	$1,5 \cdot 10^{24}\,\mathrm{a}$ —	$^{186}_{76}\mathrm{Os}$	$2,0 \cdot 10^{15}\,\mathrm{a}$ —
$^{87}_{37}\mathrm{Rb}$	$4,8 \cdot 10^{10}\,\mathrm{a}$ —	$^{138}_{57}\mathrm{La}$	$1,35 \cdot 10^{11}\,\mathrm{a}$ —	$^{190}_{78}\mathrm{Pt}$	$6,1 \cdot 10^{11}\,\mathrm{a}$ —
$^{113}_{48}\mathrm{Cd}$	$9,0 \cdot 10^{15}\,\mathrm{a}$ —	$^{148}_{62}\mathrm{Sm}$	$7,0 \cdot 10^{15}\,\mathrm{a}$ —	$^{204}_{82}\mathrm{Pb}$	$1,4 \cdot 10^{17}\,\mathrm{a}$ —

B1

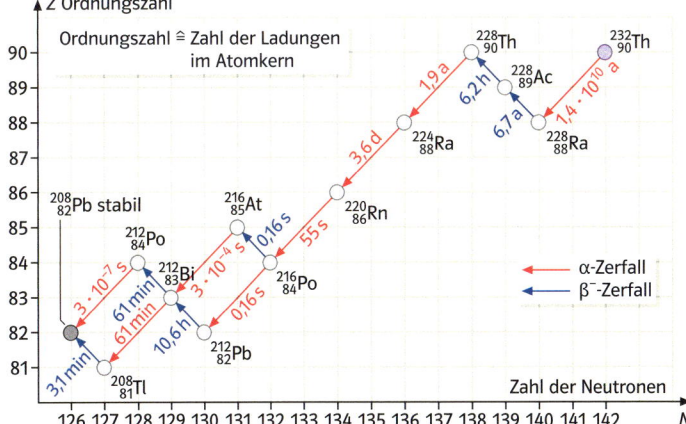

B2 Thorium-Zerfallsreihe mit α (⟶) - und β⁻ (⟶) -Zerfällen

Natürliche Radioaktivität im Menschen (70 kg) infolge

$^{40}_{19}\mathrm{K}$	4500 Bq
$^{14}_{6}\mathrm{C}$	3800 Bq
$^{87}_{37}\mathrm{Rb}$	650 Bq
$^{210}_{82}\mathrm{Pb}$, $^{210}_{83}\mathrm{Bi}$, $^{210}_{82}\mathrm{Po}$	60 Bq
$^{220}_{86}\mathrm{Rn}$	30 Bq
$^{3}_{1}\mathrm{H}$	25 Bq
$^{7}_{4}\mathrm{Be}$	25 Bq
$^{222}_{86}\mathrm{Rn}$	15 Bq
Sonstige	7 Bq
Summe	≈ 9100 Bq

Mensch ≈ 130 Bq/kg
Nahrung ≈ 40 Bq/kg

B3

Zerfallsreihen in der Modellbildung

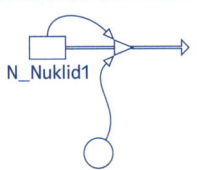

B1 Nuklid1 zerfällt mit der Aktivität_1.

Problem Zerfällt ein Atomkern eines radioaktiven Isotops, so ist der dadurch entstehende Kern häufig wiederum radioaktiv, diese **Tochterkerne** zerfallen gleichzeitig mit den **Mutterkernen**. Auf diese Weise entstehen Zerfallsreihen, deren Halbwertszeit $T_{1/2}$ bzw. Zerfallskonstante $\lambda = \ln(2)/T_{1/2}$ und Aktivität A von den beteiligten Kernen abhängt.

Zerfall eines Nuklids:

Modellbildung Das Wirkungsgefüge nach Bild **B3** modelliert den radioaktiven Zerfall eines Nuklids.
Die Änderungsrate ergibt sich aus der Aktivität. Es ist:

$$A(t) = \left|\frac{\Delta N(t)}{\Delta t}\right| = \lambda \cdot N(t) \Leftrightarrow |\Delta N(t)| = \lambda \cdot N(t) \cdot \Delta t$$

A1 ◔ Modellieren Sie den radioaktiven Zerfall vom angeregten Barium-137 (→**B2**). Die Halbwertszeit beträgt 152 s. Vergleichen Sie Ihr Ergebnis mit experimentellen Daten.

Auch das entstehende Nuklid zerfällt:
Die Verdopplung der Struktur nach dem Bild **B3** berücksichtigt, dass auch die Tochterkerne zerfallen. Der Modellierung liegt zugrunde, dass es zur Zeit $t = 0\,\mathrm{s}$ nur Mutterkerne `N_Nuklid 1` $= N_M(0)$ gibt, die Zahl der Tochterkerne `N_Nuklid 2` $= N_T(t)$ ist zu Beginn null.
Zum Zeitpunkt t zerfallen in der Zeitspanne Δt $|\Delta N_M| = \lambda_M \cdot N_M(t) \cdot \Delta t$ Mutterkerne. Dies ist gleichzeitig die Änderungsrate für die Tochterkerne, welche nun zu zerfallen beginnen.

A2 ● Modellieren Sie folgende Fälle und diskutieren Sie die Ergebnisse.
a) Die Zerfallskonstante λ_M des Mutterkerns ist kleiner als die Zerfallskonstante λ_T des Tochterkerns.
b) Untersuchen Sie auch den Fall, dass die Zerfallskonstante des Mutterkerns sehr viel kleiner ist als die des Tochterkerns. Wählen Sie z. B. $^{137}_{55}\mathrm{Cs} \longrightarrow {}^{137}_{56}\mathrm{Ba}^* \longrightarrow {}^{137}_{56}\mathrm{Ba}$. Warum spricht man hier von einem radioaktiven Gleichgewicht?
c) Die Zerfallskonstante λ_M des Mutterkerns ist größer als die Zerfallskonstante λ_T des Tochterkerns (→**B4**).
d) Simulieren Sie das Verhalten der Tochterkerne für wachsende Zerfallskonstanten.

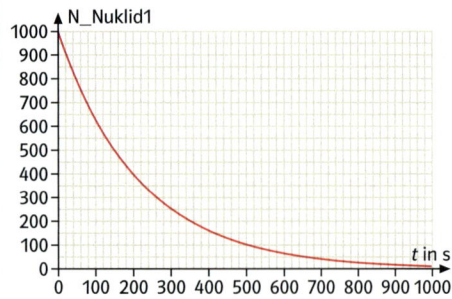

B2 Anzahl der noch nicht zerfallenen Nuklide in Abhängigkeit von der Zeit

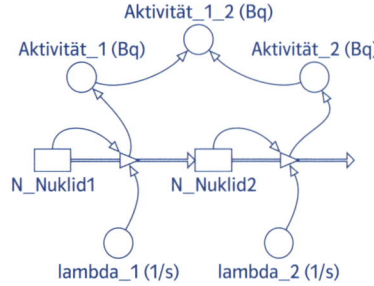

B3 Wirkungsgefüge für Mutter-Tochter-Zerfall

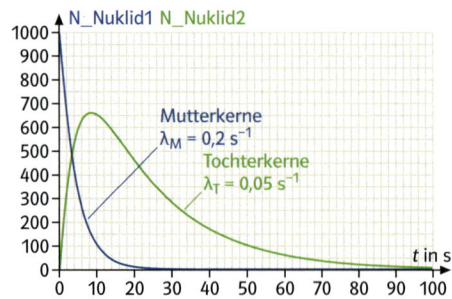

B4 Anzahl nicht zerfallener Nuklide

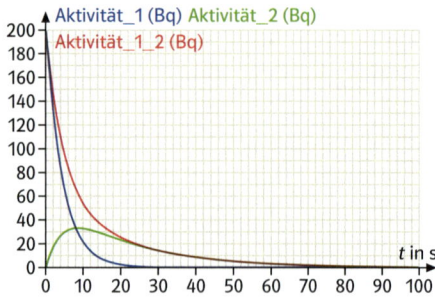

B5 Aktivität beim Mutter-Tochter-Zerfall ($A_{12} = A_1 + A_2$)

Altersbestimmung mit radioaktiven Stoffen

Die radioaktive Uhr Der radioaktive Zerfall eines Nuklids ist nicht zu beeinflussen. Es kann auch nicht gesagt werden, welcher Kern im nächsten Augenblick zerfallen wird, jedoch sind Halbwertszeit $T_{1/2}$ und Zerfallskonstante λ im Zerfallsgesetz $N(t) = N(0) \cdot e^{-\lambda t}$ für das jeweilige Nuklid charakteristische Größen. Logarithmiert man diese Gleichung, so folgt:

$$t = \frac{1}{\lambda} \cdot \ln \frac{N(0)}{N(t)}$$

Rutherford hatte die Idee, dieses Ergebnis für Altersbestimmungen zu verwenden. Kennt man $N(0)$ und λ, so lässt sich aus einer Messung von $N(t)$, z. B. mit Hilfe der Aktivität, das Alter einer Materialprobe bestimmen.

Vielfach ist jedoch die Zahl $N(0)$ der Kerne, die sich vor langer Zeit in der Probe befanden, nicht bekannt. Für die Anzahlen eines radioaktiven Nuklids X und seines stabilen Folgeproduktes Y gilt aber zu jedem Zeitpunkt: $N_X(0) = N_X(t) + N_Y(t)$. Dies liefert für das **Alter** t einer Probe:

$$t = \frac{1}{\lambda} \cdot \ln \left(1 + \frac{N_Y(t)}{N_X(t)} \right)$$

Das Verhältnis $N_Y(t)/N_X(t)$ wird mit Massenspektrographen bestimmt.

Uhren für erdgeschichtliche Zeiten
Mit Halbwertszeiten von $\approx 10^9$ a zerfallen folgende Elemente:

^{40}K (11%) $\longrightarrow$ ^{40}Ar
^{40}K (89%) $\longrightarrow$ ^{40}Ca
^{238}U $\longrightarrow$ ^{206}Pb
^{235}U $\longrightarrow$ ^{207}Pb

Kalium ist zu 2,6 % in der Erdkruste enthalten, sodass die K-Ar-Uhr große Bedeutung in der Geochronologie besitzt. Argon kann als Gas leicht entweichen. Mit der K-Ar-Uhr wird also der Zeitpunkt bestimmt, bei dem das Gestein erstarrte, erst von da an konnte es das Gas festhalten.
Das mit der K-Ar-Uhr datierte Alter von Lava erlaubt auch Aussagen über Richtung und Größe des Magnetfeldes der Erde, das in jener Zeit beim Erstarren konserviert wurde.

Eine K-Ca-Uhr ist nicht „ablesbar". Calcium ist mit 3,6 % Anteil das fünfthäufigste Element in der Erdkruste. Es gelingt nicht, in einer Gesteinsprobe das radioaktiv entstandene Ca-Isotop vom bereits vorhandenen zu trennen. Das „Zifferblatt der Uhr" ist sozusagen zugeklebt.
Auch bei der U-Pb-Uhr muss in der Probe ursprünglich vorhandenes Blei vom radioaktiv

B1

entstandenen getrennt werden. Uran in der Natur enthält die Isotope ^{238}U und ^{235}U, die in die Bleiisotope ^{206}Pb bzw. ^{207}Pb übergehen, d. h., es laufen zwei Uhren parallel, die gleichzeitig abgelesen und gegenseitig kontrolliert werden können.

Uhren für menschheitsgeschichtliche Zeiten
Die ^{14}C-Uhr verwendet ein Nuklid, das durch die kosmische Strahlung in der Atmosphäre ständig neu gebildet wird. Es zerfällt mit $T_{1/2} = 5,73 \cdot 10^3$ a.
Zusammen mit dem stabilen Isotop ^{12}C des Kohlenstoffs bildet sich in der Atmosphäre ein konstantes Verhältnis $N_{C\text{-}14}/N_{C\text{-}12}$ in den Anzahlen der Kerne, das sich in der gleicher Weise in jedem lebenden Organismus ausbildet, solange er über den Stoffwechsel mit der Atmosphäre in Verbindung steht. Nach dem Tod ändert es sich durch den Zerfall von ^{14}C. Aus dem neuen Verhältnis kann die Zeit hierfür bestimmt werden. Es genügen Proben von wenigen Milligramm.

Abbildung **B1** zeigt Lederstücke des mayanischen Kodex. Experten haben wegen der Darstellungen und der Beschaffenheit des Leders das Alter auf mindestens 2 000 Jahre geschätzt. Durch Messung der ^{14}C-Konzentration kann dieses Alter bestätigt werden oder der Gegenstand kann als Fälschung erkannt werden.

Die ^{14}C-Uhr erfordert eine sehr genaue Kenntnis über die ^{14}C-Konzentration in der Atmosphäre. Abweichungen von nur 1% bedeuten eine Änderung im Alter von 83 Jahren. Die zeitlich genau einzuordnenden Jahresringe von langlebigen Bäumen liefern sehr genaue Aussagen über frühere ^{14}C-Konzentrationen. Abbildung **B2** zeigt die Veränderung des ^{14}C-Anteils in der Atmosphäre während der letzten 10 000 Jahre in ‰.

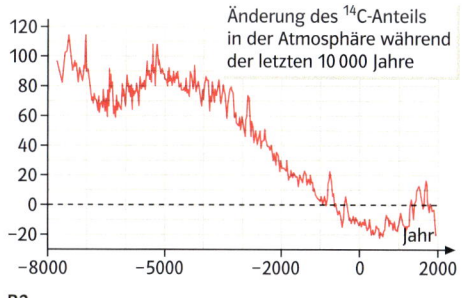

B2

12.8 Dosimetrische Größen

Die Schädigungen durch die Strahlung radioaktiver Stoffe hängen von drei Faktoren ab: Art und Energie der Strahlung, Dauer der Einwirkung und Empfindlichkeit des Gewebes.

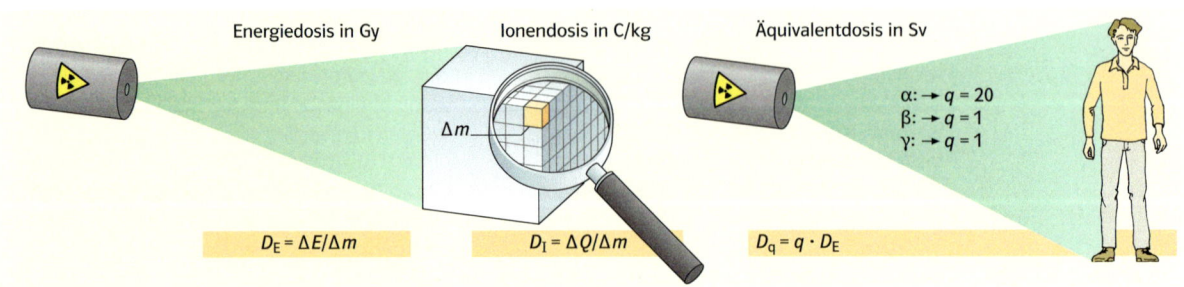

Energiedosis in Gy   Ionendosis in C/kg   Äquivalentdosis in Sv

$$\alpha: \rightarrow q = 20$$
$$\beta: \rightarrow q = 1$$
$$\gamma: \rightarrow q = 1$$

Δm

$$D_E = \Delta E / \Delta m \qquad D_I = \Delta Q / \Delta m \qquad D_q = q \cdot D_E$$

Der Qualitätsfaktor q ist ein Erfahrungswert. Man hat festgelegt:	
für α-Strahlung	$q_\alpha = 20$
für β⁻-Strahlung	$q_\beta = 1$
für γ-Strahlung	$q_\gamma = 1$
für langsame Neutronen	$q_n = 2{,}3$
für schnelle Neutronen	$q_n = 10$

Aktivität

Wenn ein radioaktiver Stoff Strahlung aussendet, so treten Kernumwandlungen auf, deren Anzahl wir messen können. Die Aktivität ist definiert als die Zahl der Kernzerfälle in einer bestimmten Zeitspanne:

$$A(t) = -\frac{\Delta N(t)}{\Delta t} = \lambda \cdot N(t)$$

Die Aktivität ist eine Größe, die die Strahlungsquelle kennzeichnet.

Ionen- und Energiedosis

Durch die Strahlung werden Atome und Moleküle ionisiert, das heißt, freie Ladungen erzeugt. Der Quotient aus der im Körper erzeugten Ladung ΔQ und der bestrahlten Masse Δm heißt **Ionendosis** D_I:

$$D_I = \frac{\Delta Q}{\Delta m} \quad \text{in } 1\frac{C}{kg}$$

Die Ionendosis lässt sich mit der Ionisationskammer messen.

In jedem Stoff ist im Mittel die zur Erzeugung von einem Ion benötigte Energie konstant. In Luft beträgt sie 32 eV. Die Wirkung der Strahlung lässt sich daher mit dieser Energie beschreiben. Die **Energiedosis** D_E mit der Einheit **1 Gray** (1 Gy) wird als Quotient von absorbierter Energie ΔE zur bestrahlten Masse Δm definiert:

$$D_E = \frac{\Delta E}{\Delta m} \quad \text{mit } 1\,Gy = 1\frac{J}{kg}$$

Je größer die Aktivität einer Strahlungsquelle ist, desto größer wird auch die Anzahl der durch sie in einem Stoff bewirkten Ionisierungsvorgänge. Die Energiedosis nimmt daher mit der Aktivität zu.

Äquivalentdosis

In Wasser oder in organischem Gewebe bewirkt die Energiedosis 1 Gy eine Temperaturerhöhung um weniger als $1/1000$ K. Diese Temperaturerhöhung stellt nicht die eigentliche Gefahr der ionisierenden Strahlung dar. Sie besteht vielmehr in der Zerstörung von Atomen und Molekülen. Eine den ganzen Menschen treffende Strahlung mit 6 Gy führt fast sicher zum Tode.

Die biologische Wirkung einer Strahlung hängt nicht nur von der Energiedosis, sondern auch von der Strahlungsart ab. 1 Gy α-Strahlung ist in der biologischen Wirkung mit 20 Gy β⁻- oder γ-Strahlung gleichzusetzen.
Um die biologische Wirkung unterschiedlicher Strahlungsarten zu vergleichen, verwendet man eine **Äquivalentdosis** D_q mit der Einheit **1 Sievert** (1 Sv). Sie beschreibt die Strahlenbelastung unabhängig von der Strahlungsart. Dazu muss die Energiedosis mit einem **Qualitätsfaktor q** bewertet werden:

$$D_q = q \cdot D_E \quad \text{mit } 1\,Sv = 1\frac{J}{kg}$$

Die Bewertung für sehr kleine, über einen langen Zeitraum einwirkende Energiedosen ist umstritten.

Mit der **effektiven Äquivalentdosis** wird die unterschiedliche Empfindlichkeit verschiedener Gewebe für Strahlenschäden berücksichtigt.

Strahlungsquellen

Die **Strahlenbelastung** von im Mittel 1100 µSv/a setzt sich aus terrestrischer und kosmischer Strahlung und aus zusätzlicher Strahlung in der Nahrung, infolge medizinischer Behandlung und Kernwaffentests, durch Fliegen oder durch Emissionen von Kernreaktoren zusammen.

12.9 Strahlenbelastung des Menschen

Strahlung radioaktiver Stoffe trifft aus verschiedenen Quellen auf den menschlichen Körper. Bei der Wechselwirkung von Strahlung mit organischem Gewebe wird Energie auf Biomoleküle übertragen. Dies kann unterschiedliche Folgen haben.

B1 Flussspat enthält große Mengen an Uran.

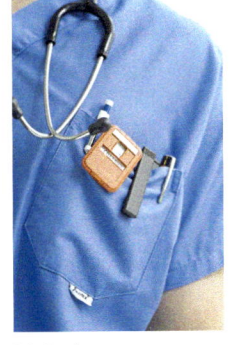

B2 Dosimeter zur Registrierung der Strahlenbelastung

Kosmische Strahlung, Höhenstrahlung

Aus dem Weltraum trifft sehr energiereiche Strahlung aus Protonen und Heliumkernen auf die Erde. Sie stammt vor allem von der Sonne. Normalerweise werden diese in 100–400 km Höhe abgebremst und aufgehalten. Dabei entsteht die Höhenstrahlung, die vor allem aus Protonen, Neutronen, Elektronen und starker γ-Strahlung besteht. Auf dem Weg zur Erdoberfläche wird sie durch die dichter werdende Lufthülle abgeschwächt. Im Hochgebirge ist sie daher intensiver als auf Meereshöhe (→B3).

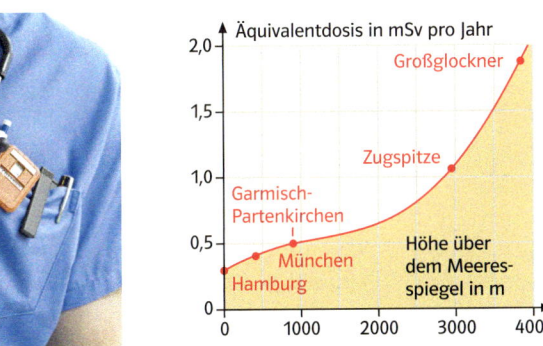

B3 Belastung durch kosmische Strahlung

Terrestrische Strahlung

Als unsere Erde vor etwa 4,5 Milliarden Jahren aus dem Staub explodierter Sterne entstand, gab es sehr viele radioaktive Isotope. Heute sind davon nur die mit sehr langen Halbwertszeiten übrig, wie z.B. U-238, K-40 und U-235. Sie

und ihre radioaktiven Zerfallsprodukte finden sich in Gesteinen (→B1), Boden, Wasser und Luft und damit auch in allen Lebewesen. Insbesondere das radioaktive Edelgas Radon gelangt aus Boden und Baustoffen in unsere Raumluft.

In unbelüfteten Räumen, vor allem im Keller, kann es gesundheitsschädliche Konzentrationen erreichen, weil α-Strahlung wegen ihres hohen Ionisationsvermögens in lebenden Zellen beträchtliche Schäden anrichtet. Außerdem entstehen durch die kosmische Strahlung in der Atmosphäre laufend neue radioaktive Isotope wie C-14 und H-3, die, durch Luft und Wasser verbreitet, zur terrestrischen Strahlung beitragen.

Eigenstrahlung

Mit dem Stoffwechsel kommen ständig radioaktive Substanzen in den menschlichen Körper. Das Trinkwasser, die pflanzliche und tierische Nahrung sowie die Luft enthalten radioaktive Atomkerne wie C-14, K-40 oder Rn-222. Als Körpersubstanz können sie lange Zeit als Strahlungsquellen wirken. Mehr als die Hälfte der Aktivität im Körper stammt vom Kalium-40-Isotop.

Künstliche Strahlung

Bei Röntgenaufnahmen und bei der medizinischen Behandlung mit radioaktiven Präparaten setzen wir uns zusätzlich einer Strahlenbelastung aus. Eine Lungendurchleuchtung führt

0,02 mSv

Flugreise von ca. 4 Stunden

0,01 mSv/a

Kernkraftwerk

0,01 mSv/a

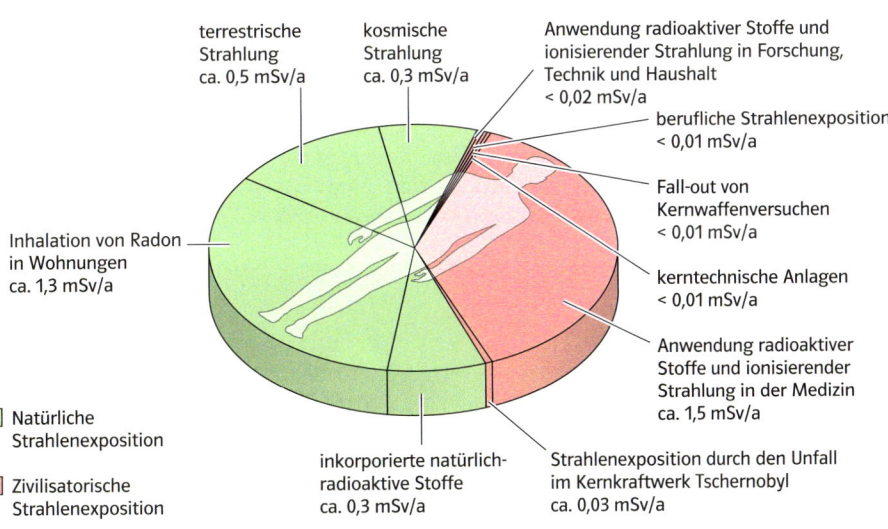

terrestrische Strahlung ca. 0,5 mSv/a

kosmische Strahlung ca. 0,3 mSv/a

Anwendung radioaktiver Stoffe und ionisierender Strahlung in Forschung, Technik und Haushalt < 0,02 mSv/a

berufliche Strahlenexposition < 0,01 mSv/a

Fall-out von Kernwaffenversuchen < 0,01 mSv/a

kerntechnische Anlagen < 0,01 mSv/a

Anwendung radioaktiver Stoffe und ionisierender Strahlung in der Medizin ca. 1,5 mSv/a

Inhalation von Radon in Wohnungen ca. 1,3 mSv/a

■ Natürliche Strahlenexposition

■ Zivilisatorische Strahlenexposition

inkorporierte natürlich-radioaktive Stoffe ca. 0,3 mSv/a

Strahlenexposition durch den Unfall im Kernkraftwerk Tschernobyl ca. 0,03 mSv/a

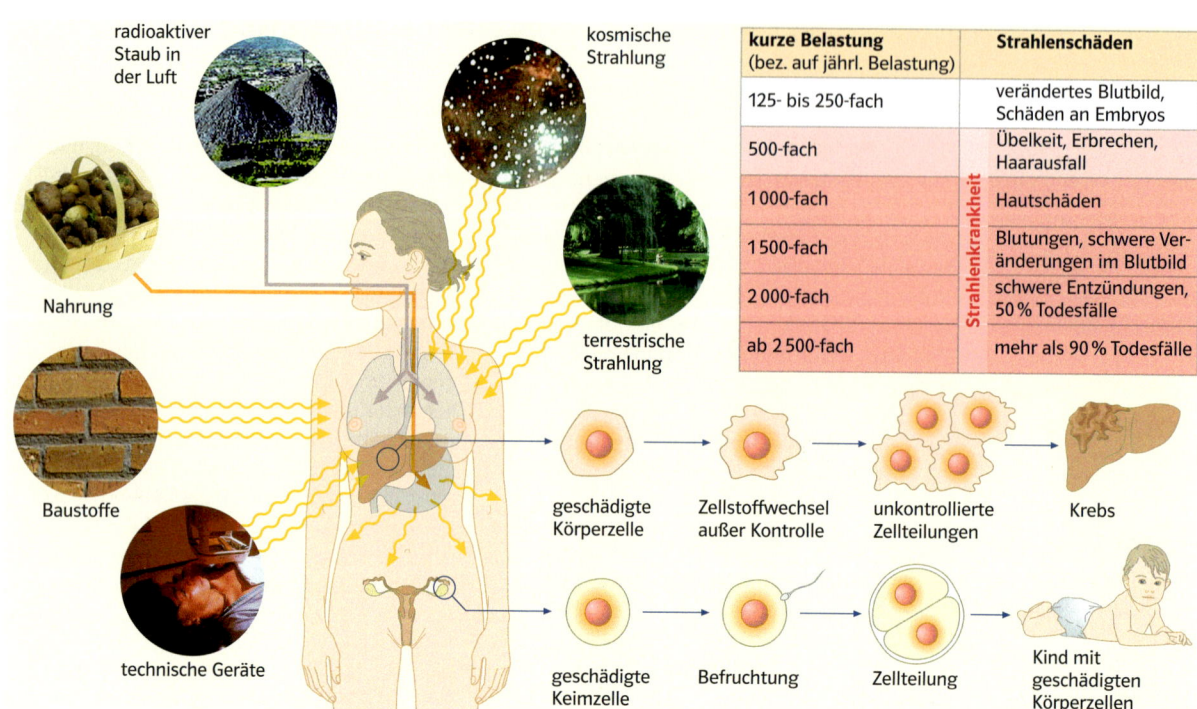

kurze Belastung (bez. auf jährl. Belastung)		Strahlenschäden
125- bis 250-fach		verändertes Blutbild, Schäden an Embryos
500-fach		Übelkeit, Erbrechen, Haarausfall
1 000-fach	Strahlenkrankheit	Hautschäden
1 500-fach		Blutungen, schwere Veränderungen im Blutbild
2 000-fach		schwere Entzündungen, 50 % Todesfälle
ab 2 500-fach		mehr als 90 % Todesfälle

radioaktiver Staub in der Luft

kosmische Strahlung

Nahrung

terrestrische Strahlung

Baustoffe

geschädigte Körperzelle → Zellstoffwechsel außer Kontrolle → unkontrollierte Zellteilungen → Krebs

technische Geräte

geschädigte Keimzelle → Befruchtung → Zellteilung → Kind mit geschädigten Körperzellen

z. B. zu einer Belastung von 0,3 mSv. Für Menschen, die beruflich Strahlung ausgesetzt sind, gilt zurzeit ein Grenzwert von 50 mSv pro Jahr. Ihre Strahlenbelastung wird durch Dosimeter laufend kontrolliert (→B2, vorherige Seite).

Biologische Folgen ionisierender Strahlung

Trifft ionisierende Strahlung auf organisches Gewebe, so kann sie mit den Molekülen in den Zellen in Wechselwirkung treten. Zunächst wird die Strahlung von Biomolekülen ganz oder teilweise absorbiert. Die Folge sind chemische Reaktionen und Veränderungen von Molekülen, die die biologische Funktion der Zelle stören.

Da jede Zelle über Reparaturmechanismen verfügt, werden solche Schäden häufig behoben. Wenn nicht, so entstehen Beeinträchtigungen im Stoffwechsel, die zur Unterdrückung der Zellteilung, zum Zelltod oder zu Schäden der Desoxyribonukleinsäure-Mole-

küle, dem genetischen Informationsspeicher im Zellkern, führen können. Die Folge sind unter Umständen tödliche Organschäden, aber auch Mutationen, also Änderungen der Erbanlagen in den Keim- oder Körperzellen, die bei der Zellteilung auf die Tochterzellen übertragen werden. Für das bestrahlte Individuum besteht erhöhte Krebsgefahr, es kann zur Sterilität oder bei den Nachkommen zu Missbildungen und Erbkrankheiten kommen (→B3).

Aus den Eigenschaften der Strahlung radioaktiver Stoffe und ihrer biologischen Wirkung ergeben sich Regeln für den Strahlenschutz (→B1).

A1 ○ α-Strahlung durchdringt die Haut nicht, gilt dennoch als sehr gefährlich. Begründen Sie dies.

– Strahlung möglichst vollständig abschirmen!
– Großen Abstand zur Strahlungsquelle halten!
– Kurze Arbeitszeit beim Experimentieren mit radioaktiven Quellen!
– Radioaktive Stoffe dürfen nicht in den Körper gelangen.
– Beim Umgang mit ihnen sind Essen, Trinken und Rauchen verboten!

B1

B2

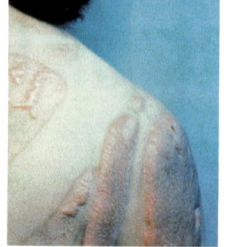
B3

Moderne Physik – Moderne Medizin

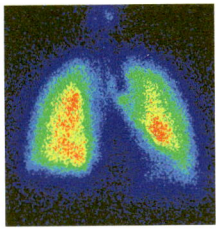

B1 Regellose Anordnung der Dipolmomente im Körper (ohne äußeres Magnetfeld) (a) und Ausrichtung der Dipolmomente im äußeren Feld (b)

B2 Lungenszintigramm

Magnetresonanz-Tomografie (MRT)

Magnetresonanz-Tomografie (MRT) Die MRT (auch Kernspin-Tomografie genannt) ist das modernste Schnittbildverfahren. Es wird keine Röntgenstrahlung benötigt.

Bauelemente sind Ringmagnet, Gradientenspulen, Computer, Sende- und Empfangsspulen (→B3). Der Ringmagnet mit seinen supraleitenden Magneten erzeugt ein sehr starkes Magnetfeld (1 bis 3 Tesla). Die Gradientenspulen erzeugen ein schwaches inhomogenes Magnetfeld, mit dem die räumliche Zuordnung der gemessenen Daten ermöglicht wird. Die Sende-/Empfangsspulen haben zwei Aufgaben: Die Aussendung hochfrequenter Strahlung, damit in den Atomkernen Resonanz entsteht (s.u.) und dann den Empfang der von den Atomkernen abgegebenen Signale. Der Computer wertet die Signale aus und erstellt das MRT-Bild.

Lebendes Gewebe enthält einen gewissen Anteil an Wasserstoffatomen. Die H-Atomkerne (Protonen) besitzen einen Eigendrehimpuls, den Spin. Da die Protonen geladen sind, entsteht aufgrund der Rotation ein Magnetfeld (kernmagnetischer Dipol). Diese magnetischen Dipole sind ungeordnet (→B1).
Bringt man einen Menschen, der zu ca. 2/3 aus Wasser besteht, in ein äußeres starkes Magnetfeld, so richten sich die Dipole parallel nach dem äußeren Feld aus, wobei sie in eine Taumelbewegung geraten ("Präzession"). Entspricht das äußere Hochfrequenzfeld der Frequenz der Taumelbewegung (Larmor-Frequenz), so wird optimal Energie übertragen ("Resonanz") und die magnetischen Momente der Kerne kippen in die antiparallele Richtung. Ohne die Energiezufuhr kippen die Kernmomente wieder zurück und in der Empfangs-

spule ist ein hochfrequenter Spannungsstoß registrierbar. Amplitude und Frequenz des Signals sagen etwas über die Anzahl der Protonen und damit die Gewebedichte (und den Wasseranteil) aus. Man kann so mit dem Computer eine Karte der Gewebedichte erstellen.

Radioaktive Strahlung in der Medizin

Radioaktive Strahlung in der Medizin In der **nuklearmedizinischen Diagnostik** werden krankhafte Prozesse im Körper festgestellt, indem man durch Injektion schwach radioaktive Lösungen mit kleiner Halbwertszeit verabreicht. Mit einem Szintillationszähler kann verfolgt werden, wie die radioaktive Markersubstanz in den Organen aufgenommen, angereichert und ausgeschieden wird (→B2).

Zur Behandlung von Tumoren wird in der **Strahlentherapie** ionisierende Strahlung eingesetzt. Körperzellen mit hoher Teilungsrate wie z.B. Krebszellen sind besonders strahlungsempfindlich, sie werden durch ionisierende Strahlung stärker zerstört als gesunde Zellen. Eine Bestrahlung mit γ-Photonen hat den wesentlichen Nachteil, dass diese ihre Energie entweder ganz oder gar nicht abgeben. Die Energieabgabe an aufeinanderfolgende Gewebeschichten nimmt daher mit zunehmender Eindringtiefe exponentiell ab. Um Schäden an gesundem Gewebe zu vermeiden, dreht man die Strahlungsquelle um den Patienten, sodass der Tumor im Mittelpunkt liegt.

Tumore im Körperinneren werden oft mit geladenen Teilchen aus Beschleunigern bestrahlt. Diese geben ihre Energie schrittweise gemäß der sogenannten Bragg-Kurve an Gewebeschichten ab (→B4). Die Lage des Maximums dieser Kurve hängt von der Anfangsenergie der Teilchen ab, sie kann je nach Lage des Tumors eingestellt werden.

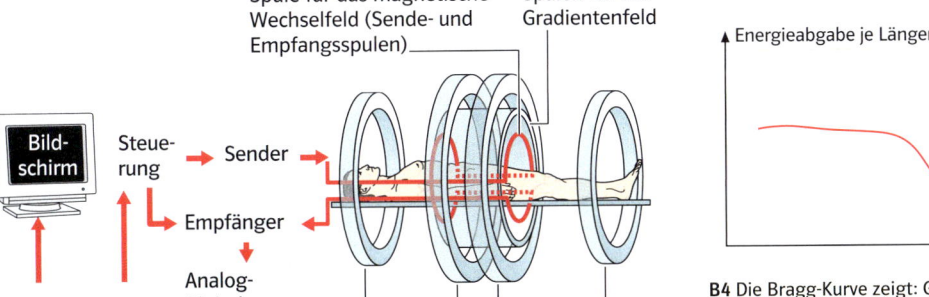

Spule für das magnetische Wechselfeld (Sende- und Empfangsspulen)

Spulen für das Gradientenfeld

Bild-schirm

Steuerung

Sender

Empfänger

Analog-Digital-Konverter

Computer

Spulen für das statische Feld

B3 Aufbau einer MRT-Anlage

Energieabgabe je Längeneinheit

Eindringtiefe

B4 Die Bragg-Kurve zeigt: Geladene Teilchen übertragen am Ende der Reichweite besonders viel Energie

Es scheint so, als ob der Satz von der Erhaltung der Masse nicht mehr gilt. Auch die Erhaltung der Energie scheint verletzt zu sein.

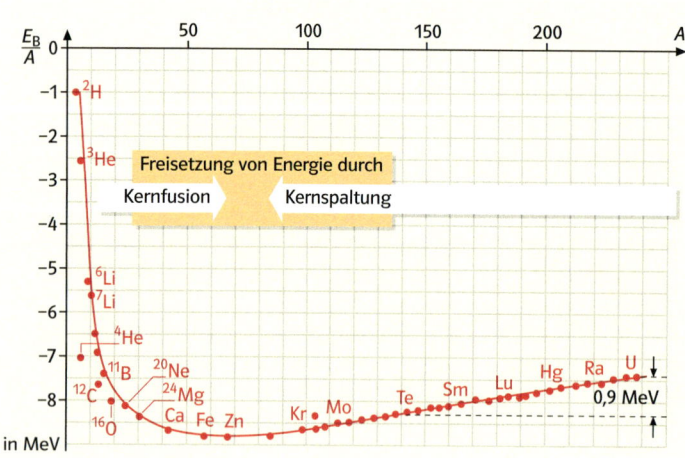

B1 Mittlere Bindungsenergie pro Nukleon

Das Minuszeichen bei der Bindungsenergie besagt, dass die Energie beim Aufbau vom System Kern abgegeben wird.

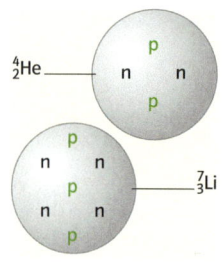

Albert Einstein
(1879 – 1955)

Massendefekt und Bindungsenergie

Aus der sehr genau bekannten Masse für ein Proton $m_P = 1,00727647\,u$ und für ein Neutron $m_N = 1,00866490\,u$ müsste sich die Masse aller Atomkerne errechnen lassen, zum Beispiel gilt für Helium und Uran:

Heliumkern $^4_2$He	Urankern $^{235}_{92}$U
$2 \cdot 1,00727647\,u$	$92 \cdot 1,00727647\,u$
$2 \cdot 1,00866490\,u$	$143 \cdot 1,00866490\,u$
$4,03188274\,u$	$236,90851594\,u$

Experimentell findet man aber für $m_{He} = 4,0015064\,u$ bzw. $m_U = 234,99346\,u$, also weniger als berechnet, die Masse eines Kern ist kleiner als die Summe der Massen seiner Nukleonen. Solche Abweichungen gibt es bei allen Kernen. Die Differenz heißt **Massendefekt** Δm.

1932 gelang eine **Kernreaktion**, die Lithiumkerne durch Beschuss mit Protonen in Heliumkerne umwandelt (→B2):

$$^7_3\text{Li} + ^1_1\text{p} \longrightarrow 2 \cdot ^4_2\text{He}$$

Aus den Massen vor ($m_{vor} = 8,021635\,u$) und nach ($m_{nach} = 8,003013\,u$) der Kernumwandlung folgt ein Massendefekt $\Delta m = 0,018622\,u$. Zum Auslösen dieser Reaktion benötigt man Protonen mit der Energie $0,5\,MeV$. Die ent-

B2

stehenden Heliumkerne haben dagegen eine Energie von je $8,9\,MeV$. **Albert Einstein** konnte das Problem mit der Aussage lösen, dass Masse m und Energie E sind äquivalente Größen sind, für die $E = m \cdot c^2$ mit c als Lichtgeschwindigkeit im Vakuum gilt.

Der Masse $1\,u$ entspricht die Energie $1\,u \cdot c^2 = 1,492 \cdot 10^{-10}\,J = 931,5\,MeV$. Häufig wird statt der Masse die Energie des ruhenden Nukleons angegeben. Man spricht von **Ruhemasse** und **Ruheenergie**.

Die Differenz zwischen der Masse eines Kerns und der seiner Nukleonen muss beim Aufbau als Energie frei geworden sein bzw. es müsste Energie aufgewandt werden, um ein Nukleon vom Kern zu trennen. Dem Massendefekt Δm eines Kerns entspricht die Energie $E_B = -\Delta m \cdot c^2$.
Die **Bindungsenergie** E_B hängt von der Massenzahl A ab (→B1). Der Quotient E_B/A heißt mittlere Bindungsenergie pro Nukleon. Sie hat ein Minimum nahe der Massenzahl 60.

Abbildung **B1** zeigt, dass beim Aufbau eines $^{235}_{92}$U-Kerns etwa $0,9\,MeV$ Energie pro Nukleon weniger frei wird als bei der Bildung eines Kerns mittlerer Masse. Bei der Spaltung eines Urankernes besteht damit ein Energieüberschuss von maximal $235 \cdot 0,9\,MeV = 211,5\,MeV$ pro gespaltenem Kern. Allgemein lässt sich aus der Kurve ablesen, dass Energie freigesetzt wird, wenn bei einer Kernreaktion die Bindungsenergie pro Nukleon abnimmt.
Dies geschieht bei Spaltung (Fission) großer Kerne oder bei der Verschmelzung (Fusion) kleiner Kerne.

Die Masse eines Kerns ist stets kleiner als die Summe der Massen seiner Nukleonen, die Differenz heißt Massendefekt.
Dem Massendefekt eines Kerns entspricht die Energie $E_B = -\Delta m \cdot c^2$.
Nimmt bei einer Kernreaktion die Bindungsenergie pro Nukleon ab, so wird Energie freigesetzt.

A1 ○ Berechnen Sie den Energiegewinn bei der angegebenen Umwandlung von Lithium in Helium.

Kernspaltung und Kettenreaktion

Im Labor von Otto Hahn wurde Uran mit Neutronen beschossen, um Kerne mit größerer Massenzahl, sogenannte **Transurane** herzustellen.

Am 19.12.1938 schrieb der Chemiker Hahn an seine nach Schweden emigrierte Kollegin, die Physikerin Lise Meitner: „ Unsere Radium-Isotope verhalten sich nicht wie Ra, sondern wie Ba. [...] Wir wissen selbst, daß es nicht in Ba zerplatzen kann." Zusammen mit ihrem Neffen Otto Robert Frisch deutete Lise Meitner die Beobachtungen von Hahn und Straßmann richtig als Kernspaltung.

Meitner und Frisch führten ihre Überlegungen mit dem **Tröpfchenmodell** der Atomkerne aus. In der Zeitschrift „Nature" heißt es 1939: „ ... dass sich die Teilchen in einem schweren Kern in einer Form kollektiver Bewegung befinden, die an die Bewegung eines Flüssigkeitstropfens erinnert. Wird diese Bewegung durch Hinzufügen weiterer Energie hinreichend heftig, so kann ein derartiger Tropfen zerplatzen." Abbildung **B1** zeigt den Verlauf der potenziellen Energie der Spaltprodukte in Abhängigkeit von deren Abstand R. Zusätzlich wird der Spaltungsprozess schematisch dargestellt. Kerne mit mehr als 92 Protonen sind instabil, weil die abstoßenden Kräfte stets überwiegen.

Da ein Neutron nicht geladen ist, kann es bis zum Urankern gelangen. Wird es von ihm gebunden, wird Bindungsenergie frei. Der Kern beginnt zu schwingen. Ist die Schwingung stark genug, dann ist der Abstand der beiden „Hälften" so groß, dass die Coulombkräfte überwiegen und der Kern auseinanderbricht. Die Spaltprodukte erhalten dabei wegen der Abstoßungskräfte Bewegungsenergie. Um den Kern in den kritischen Schwingungszustand zu bringen muss ihm genügend Energie, die Aktivierungsenergie, zugeführt werden.

Die Wahrscheinlichkeit für eine **Kernspaltung** ist für langsame Neutronen größer als für schnelle, weil Letztere den Kern, ohne eine Reaktion auszulösen, durchdringen können. Die Spaltung lässt sich wie folgt beschreiben:

$$^{235}_{92}U + ^{1}_{0}n \longrightarrow ^{144}_{56}Ba + ^{89}_{36}Kr + 3 \cdot ^{1}_{0}n$$

Auch andere Spaltprodukte sind möglich. Die entstandenen Nuklide gehen meist durch β⁻-Zerfälle in stabile Kerne über. Neben den Spaltprodukten entstehen 2 bis 3 Neutronen. Werden sie für neue Spaltungen verwendet, so wächst ihre Zahl mit jeder weiteren Spaltung exponentiell an.

Da bei jeder Spaltung eines Urankernes eine Energie von etwa 200 MeV frei wird, kann es bei einem ungehemmten Anwachsen der Neutronanzahl in Bruchteilen einer Sekunde zur **unkontrollierten Kettenreaktion** wie in der Atombombe kommen. Dies ist aber nur möglich, wenn die Neutronen auch wieder auf spaltbare Kerne treffen. Dazu muss eine hinreichend große Masse reinen spaltbaren Materials vorliegen. Die **kritische Masse** beträgt für ^{235}Uran bei kugelförmiger Anordnung etwa 50 kg, eine Kugel von Handballgröße.

In den Reaktoren der Kernkraftwerke findet eine **kontrollierte Kettenreaktion** statt. Durch Moderatoren werden die Neutronen auf eine für die Spaltung optimale Geschwindigkeit abgebremst, und durch Regelstäbe werden so viele Neutronen absorbiert, dass nur noch genau ein Neutron für eine neue Spaltung zur Verfügung steht (→**B2**).

Durch Beschuss mit langsamen Neutronen kann ein schwerer Kern gespalten werden. Dabei wird Energie frei.

A1 ⊖ Berechnen Sie mit Hilfe des Massendefekts die frei werdende Bindungsenergie für die obige Zerfallsgleichung. Geben Sie das Ergebnis in MeV und Joule an.

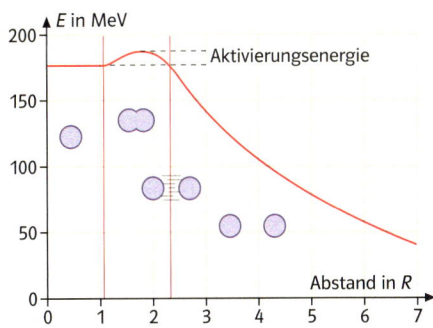

B1 Energiebarriere bei der Kernspaltung

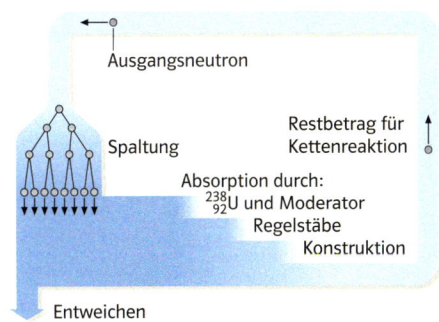

B2 Neutronen der kontrollierten Spaltung

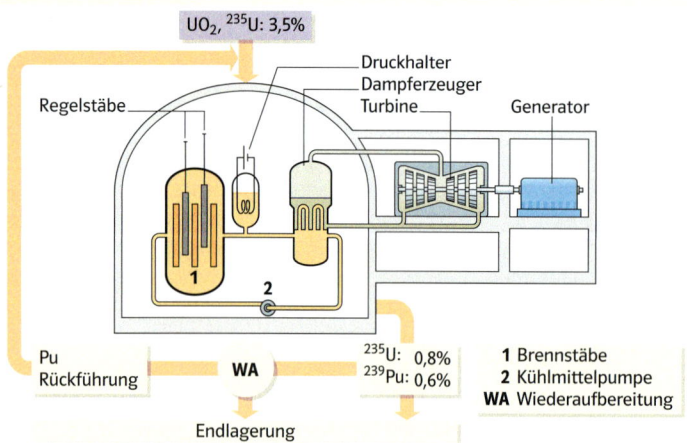

B1 Prinzip eines Kernkraftwerkes

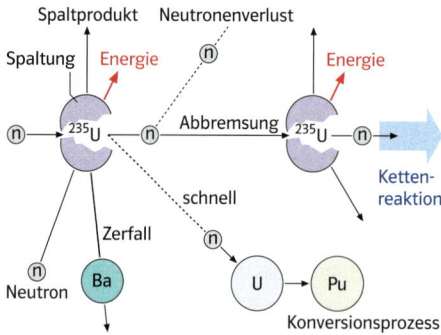

B3 Schema der Reaktion im Kernreaktor

In einem **Kernreaktor** wird pro Spaltung eine Energie von rund $200\,\text{MeV} \approx 3{,}2 \cdot 10^{-11}\,\text{J}$ frei. Sie erwärmt ein Kühlmittel und wird damit nach außen abgeführt. Außerhalb des Reaktors wird wie beim Kohlekraftwerk Dampf zum Antrieb einer Turbine erzeugt, die wiederum einen Generator antreibt (→B1). Typische Daten heutiger Kernkraftwerke sind pro Block: 3500 MW thermische und 1200 MW elektrische Leistung, der elektrische Wirkungsgrad ist also 34 %. Das spaltbare Uranisotop ^{235}U kommt nur zu 0,7 % im natürlichen Uran vor, der Rest besteht aus dem Isotop ^{238}U. Zur Verwendung im Reaktor wird der ^{235}U-Anteil auf etwa 3 % **angereichert**. Für eine Bombe ist eine Anreicherung von über 90 % erforderlich. Das Spaltmaterial wird in **Brennstäbe**, das sind Rohre mit $\approx 14\,\text{mm}$ Durchmesser und $\approx 4\,\text{m}$ Länge, gefüllt. Mehrere Brennstäbe werden zu einem **Brennelement** zusammengefasst (→B2). In einem großen Reaktor bilden etwa 150 solcher Brennelemente den Reaktorkern, der dann 50 bis 100 t Spaltmaterial enthält. In Leicht-

B2 Brennelement mit Regelstäben

wasser-Kernreaktoren wird als **Moderator** Wasser verwendet, das gleichzeitig als Kühlmittel dient. In manchen Reaktoren (z.B. im Reaktor von Tschernobyl) ist Wasser nur Kühlmittel, als Moderator dient dort Graphit. Einige 10 000 t Kühlmittel werden pro Stunde durch einen Reaktor bewegt. Im Druckwasserreaktor beträgt der Druck etwa 160 bar, das Wasser kann damit ohne zu sieden auf Temperaturen von bis zu 320 °C erhitzt werden.

Regelstäbe, z.B. aus Cadmium, werden mehr oder weniger tief in den Reaktorkern gesenkt und absorbieren entsprechend viele Neutronen. Eine mechanische Regelung reicht, weil ein Teil der zur Spaltung erforderlichen **verzögerten Neutronen** nicht unmittelbar bei der Spaltung, sondern bis zu einer Minute später beim Zerfall von Spaltprodukten entsteht. Nur mit diesen verzögerten Neutronen lässt sich die **Kettenreaktion** aufrechterhalten. Sonst wäre eine Regelung nicht möglich. Plötzlichem Leistungsanstieg wirkt ein Leichtwasser-Kernreaktor selbstregelnd entgegen. Die Wahrscheinlichkeit einer Spaltung und die Moderatoreigenschaften ändern sich mit steigender Temperatur so, dass die Neutronenzahl und damit die Leistung sinken. In einer Schnellabschaltung durch vollständiges Einfahren der Regelstäbe wird die Kettenreaktion unterbrochen, die Reaktorleistung fällt in wenigen Sekunden auf etwa 5 % ab. Da aber der Zerfall der Spaltprodukte weitergeht, muss das Kühlmittel weiter strömen, um die Nachwärme abzuführen. Zur Sicherung der Kühlung werden Notkühlsysteme installiert.

Kernkraftwerke bringen wie andere großtechnische Anlagen **Risiken** mit sich. Abschätzungen sollen bei der Errichtung von Kernkraftwerken helfen zu entscheiden, welche Risiken man zu tragen bereit ist. Nach einigen ernsten Reaktorunfällen wird die Gültigkeit solcher Abschätzungen vielfach bezweifelt. Unter Risiko wird das Produkt aus Eintrittswahrscheinlichkeit und Schadensumfang verstanden, die psychologische Einschätzung orientiert sich aber eher allein am Schadensumfang. Das für Kernkraftwerke spezifische Risiko ergibt sich aus der radioaktiven Strahlung. Im Normalbetrieb verhindert eine Reihe von Sicherheitsbarrieren, dass unzulässig viel radioaktives Material nach außen dringen kann. Nicht geklärt ist der Verbleib der Spaltprodukte.

Nutzen und Risiken der Kernenergietechnik

Metallhülle der
Brennstäbe

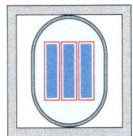

Stahlhülle des
Reaktors (25 cm)

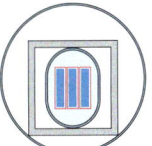

Strahlenschutz
(1 m Stahlbeton)

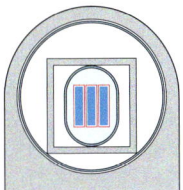

Sicherheitsbehälter
(3 cm Stahl)

Meterdicke
Stahlbetonhülle

B1 Schutzbarrieren

Die Nutzung von Kernenergie wird energiepolitisch als mögliche sogenannte Übergangslösung angesehen, da das Verbrennen von Kohle und Erdöl große Mengen von Kohlenstoffdioxid freisetzt, was durch den Treibhauseffekt zu einer Erwärmung der Atmosphäre und damit zu Klimaänderungen führen kann. Kernkraftwerke dagegen arbeiten im Betrieb weitgehend klimaunschädlich, allerdings reicht das noch wirtschaftlich förderbare natürliche Spaltmaterial auf der Erde nur noch für Jahrzehnte und die Erzgewinnung selbst verursacht große Umweltprobleme am Abbauort.

Kernkraftwerke bergen wie andere großtechnische Anlagen **Risiken**. Abschätzungen sollen bei der Errichtung von Kernkraftwerken helfen zu entscheiden, welche Risiken man zu tragen bereit ist. Nach einigen ernsten Reaktorunfällen wird die Gültigkeit solcher Abschätzungen vielfach bezweifelt. Unter Risiko wird das Produkt aus Eintrittswahrscheinlichkeit und Schadensumfang verstanden, die psychologische Einschätzung orientiert sich aber eher allein am Schadensumfang. Das für Kernkraftwerke spezifische Risiko ergibt sich aus dem Entweichen von radioaktiven Stoffen. Im Normalbetrieb soll ein kostenintensives Sicherheitssystem aus fünf Barrieren selbst bei schwersten Störungen eine Freisetzung dieser Stoffe verhindern (→**B1**).
Im Fall von Naturkatastrophen oder durch menschliche Fehler bei der Konstruktion und im Betrieb des Reaktors sind Unfälle nie ganz auszuschließen. Der größte anzunehmende Unfall, der einkalkuliert und beherrschbar ist, heißt **GAU.** Fallen z. B. alle Kühlsysteme aus, dann heizen sich die Brennelemente im Reaktor in wenigen Sekunden so stark auf, dass sie schmelzen und Teile des Reaktorinhalts ver

dampfen. Verlassen die Stoffe aber unkontrollierbar die Kraftwerksanlage, spricht man von einem **Super-GAU**.
Das Unglück von Tschernobyl (1986) war die Folge eines drastischen Bedienungsfehlers, ebenso wie das in Harrisburg 1979 (→**B2**). Aus dem geborstenen Reaktor in Tschernobyl entwichen etwa 3 % des Inhalts als Gas und Staub – hauptsächlich radioaktive Spaltprodukte wie Iod, Caesium und Strontium. Eine unsichtbare radioaktive Wolke wurde vom Wind über weite Teile Europas getragen. Auch im 1 600 km entfernten Deutschland stieg die Radioaktivität deutlich an. Gemüse und Milch waren für einige Zeit so stark belastet, dass vom Verzehr dringend abgeraten wurde. Auch die heute noch teilweise sehr hohe radioaktive Belastung von Waldpilzen ist eine Folge. Über 150 000 Menschen wurden aus der Umgebung des geschmolzenen Reaktors dauerhaft evakuiert. Noch heute sind über 3 000 km² unbewohnbare Sperrzone. Man schätzt, dass viele Tausend an den Folgen des Unfalls starben und noch sterben, hauptsächlich an Krebs. Das Reaktorunglück in Fukushima 2011 (→**B1**) wurde durch ein Erdbeben und einen damit verbundenen Tsunami ausgelöst. Mängel in der Konstruktion der Anlage gepaart mit Fehlern beim Notfallmanagement haben zum schwersten Reaktorunfall seit Tschernobyl geführt.

Ein weiteres Risiko ergibt sich aus den weltweit großen Mengen spaltbaren Materials, das beim Betrieb von KKWs entsteht, da es teilweise zum Bau von **Kernwaffen** geeignet ist. Auch die **Entsorgung** radioaktiver Bauteile und Brennstäbe ist sehr problematisch. Nach etwa zwei Jahren müssen die Brennstäbe im Reaktor ausgewechselt werden, sie sind hochradioaktiv und können zuerst nur in der Nähe des Reaktors in einem Wassertank aufbewahrt werden, bis die stärkste Strahlung nachgelassen hat. In Anlagen zur Wiederaufbereitung werden sie später zerkleinert und chemisch zerlegt. Ein Teil des Urans findet erneut in Brennstäben Verwendung, der Rest wird in Blöcken aus Glaskeramik eingeschmolzen und gelagert. Sie müssen, ebenso wie die radioaktiven Bauteile eines stillgelegten Kraftwerkes, für viele zehntausend Jahre sicher gelagert werden. Eine Lagerung in mehrere hundert Meter dicken Schichten aus Salz, Ton oder Granit in großer Tiefe wird diskutiert. Die Sicherheit der Transporte und der Lagerstätten sowie die Standortfrage sind aber umstritten.

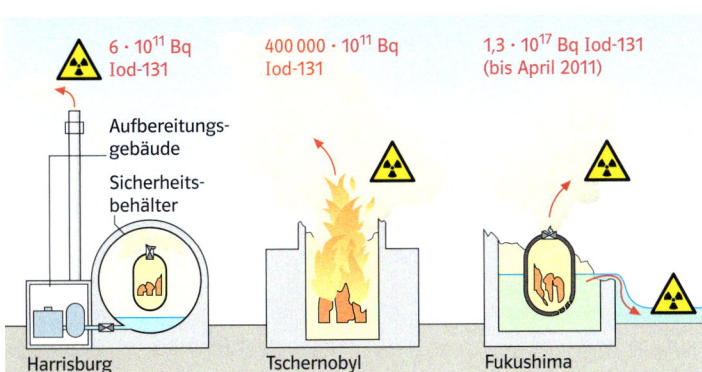

6 · 10¹¹ Bq Iod-131
400 000 · 10¹¹ Bq Iod-131
1,3 · 10¹⁷ Bq Iod-131 (bis April 2011)

Aufbereitungsgebäude
Sicherheitsbehälter

Harrisburg   Tschernobyl   Fukushima

B2 Störfälle von Harrisburg, Tschernobyl und Fukushima

Wissenschaft und Gesellschaft

„Die Wissenschaft ist eine Differential- gleichung, die Religion eine Randbedingung" formulierte **A. Turing**. Zwei Formen der geis- tigen Auseinandersetzung des Menschen mit der Welt sind hier aufeinander bezogen. Der Philosoph **Hans Jonas** sieht die heutige Situation als beispiellos, da den Menschen durch Wissenschaft und Technik eine solche Macht erwachsen ist, dass sie in der Lage sind, sich selbst und damit jedes Menschsein für die Zukunft auszulöschen. Auf katastrophale Weise wurde dies durch die Atombomben- abwürfe von Hiroshima und Nagasaki klar.

Bei Wissenschaftlern und Laien wird die Verflechtung geistes- und naturwissenschaft- licher Kultur bewusster. Die Frage nach der Verantwortung und der Zweifel am tech- nischen Fortschritt wachsen. Sie finden ihren Niederschlag in gesellschaftlichen Bewe- gungen und politischen Programmen. Die Problematik soll durch Auszüge aus Original- texten beleuchtet werden:

Was ist Wissenschaft?

Albert Einstein (Mein Weltbild): Sie *„ ... stellt die höchsten Anforderungen an die Straffheit und Exaktheit, ... wie sie nur die ... mathema- tische Sprache verleiht.*
... muss sich der Physiker stofflich um so mehr bescheiden, die allereinfachsten Vorgänge abzubilden ... während alle komplexeren nicht mit jener subtilen Genauigkeit und Konse- quenz durch den menschlichen Geist nach- konstruiert werden können."

Max Born (Von der Verantwortung des Natur- wissenschaftlers): *„Der Naturforscher sollte sich aber immer bewusst sein, dass alle Erfah- rung auf Sinneswahrnehmungen beruht. Ein Theoretiker, der über den abstrakten Formeln die Erscheinungen vergisst, zu deren Deutung sie dienen, ist kein richtiger Naturforscher. Wir haben ein verständiges Gleichgewicht zwischen Experiment und Theorie, zwischen sinnlicher und intellektueller Wirklichkeit ... "*

Karl Popper (Falsche Propheten): *„ ... in der Wissenschaft besitzen wir nie einen hinreichenden Grund zu der Annahme, dass wir die Wahrheit erreicht haben ... ist dieses Wissen eine Information, die die späteste und am besten geprüfte ... Meinung betrifft. In den empirischen Wissenschaften, die uns allein Information über die Welt, in der wir*
leben, verschaffen können, kommen keine Beweise vor ... geben uns die Mathematik und die Logik, die beide Beweise zulassen, keine Auskunft über die Welt."

Zur Verantwortung der Physiker

Friedrich Dürrenmatt (Die Physiker): *„Der Inhalt der Physik geht die Physiker an, die Auswirkung alle Menschen." „Was alle angeht, können nur alle lösen."*

C. F. von Weizsäcker (Physikalische Blätter): *„Ein junger Wissenschaftler wird dazu er- zogen, dass er nicht leichtfertig arbeitet und keine Rechenfehler macht. Es muss ihm klar sein, dass er mit Fehlern die Wissenschaft überhaupt nicht fördert. Er soll auf die Folgen seines wissenschaftlichen Tuns achten und er soll unter keinen Umständen meinen, er sei für diese Folgen nicht verantwortlich."*

Andrej Sacharow (russischer Physiker): *„Mit einigen wesentlichen Einschränkungen – vor allem in totalitären Staaten – haben Wissenschaftler nicht nur mehr Zugang zu Informationen, sie erstreben und genießen auch mehr Freiheit. Freiheit bedeutet aller- dings immer auch Verantwortung ... zur Weitergabe von Informationen, die Populari- sierung wissenschaftlicher Erkenntnisse ..."*

Klaus Pinkau (Leiter eines Max-Planck- Institutes): *„So sind im Land Utopia die Dinge geregelt: Alle Wissenschaft hat die Aufgabe, die wissenschaftliche Wahrheit zu finden. Politik hat die Aufgabe, Werturteile und Handlungsentscheidungen zu fällen. Die Wissenschaft muss der Politik die Grenzlinie mitteilen, bis zu der wissenschaftliche Wahr- heit gewonnen werden kann, denn bis dahin besteht keine Freiheit der Werturteile und politischen Handlungsentscheidungen."*

A1 ● **a)** Vergleichen Sie die ersten drei Aus- sagen zu „Wissenschaft". Arbeiten Sie Unter- schiede heraus und prüfen Sie, ob die Aussage von Popper eine Synthese bietet.
b) Vergleichen Sie die Positionen Pinkaus und Dürrenmatts. Klären Sie den Begriff „Utopie".
c) Diskutieren Sie die Aussage: „Wissenschaft ist unpolitisch, aber politisch relevant."
d) Prüfen Sie, inwieweit Sacharow einen Weg weist, der Forderung Weizsäckers zu entspre- chen. Dokumentieren Sie über einen gewissen Zeitraum Ihnen zugängliche Informationswege.

Elementarteilchen

Streuexperimente an den Bausteinen der Atomkerne

Die Suche nach den kleinsten Bausteinen der Materie zieht sich wie ein roter Faden durch das Denken des Abendlandes. Mit jedem neuen, besseren „Mikroskop" hat man erfahren müssen, dass die damit untersuchten „kleinsten" Bausteine wieder eine Struktur mit noch kleineren Bausteinen aufwiesen.

Ernest Rutherford konnte aus den Ablenkwinkeln der Alphateilchen bei seinem Streuexperiment Schlüsse über die innere Struktur der Atome der Goldfolie ziehen. Das Ergebnis war das Kern-Hülle-Modell der Atome. Das Prinzip des Rutherford'schen Streuexperimentes (→B2), nämlich ein Objekt mit kleinen Teilchen zu beschießen und aus der Art der Streuung der Teilchen etwas über eine mögliche Struktur des Objektes aussagen zu können, wird bis heute weiterverfolgt.

Man bezeichnet das zu untersuchende Objekt meist als **Target** (engl.: das Ziel).

Modellvorstellung zu Streuexperimenten und Auflösungsvermögen

Man kann sich den Zusammenhang zwischen Größe der Streuteilchen, mit denen ein Target untersucht werden soll, und ihrem Vermögen, möglichst kleine Strukturen auflösen zu können, mit einem Sandsackmodell vorstellen, bei dem die von außen nicht sichtbaren Steine nur durch die Ablenkung entsprechend kleiner bzw. schneller Geschosse entdeckt werden können (→B1).

Wenn im Folgenden von Teilchen die Rede ist, so wird damit dem allgemeinen Sprachgebrauch gefolgt, wohl wissend, dass es sich um Quantenobjekte handelt.

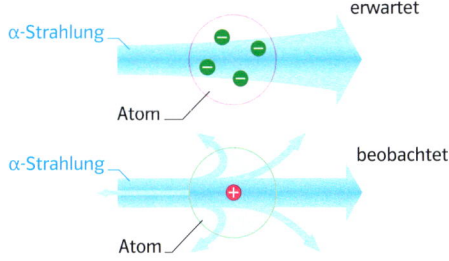

B2

Die Art der Ablenkung wird dann zusätzlich von der Form, der Größe und der Anzahl der Steine pro Volumen abhängen.

Die Geschosse der Physiker

Als Teilchen, mit denen Targets in physikalischen Experimenten beschossen werden können, eignen sich z.B. Elektronen aufgrund ihrer Größe ($< 10^{-18}$ m) und elektrischen Ladung. Sie können relativ einfach beschleunigt werden.

Je höher die Energie der Teilchen ist, die an einem Target gestreut werden, desto feiner kann man dessen Struktur bestimmen.

B3 Teilchenbeschleuniger

Ergebnisse der Atom- und Kernphysik

Gegen Ende des 19. Jahrhunderts war die Existenz von Atomen gesichert. 1899 gilt als das Jahr, in dem das Elektron als Bestandteil des Atoms akzeptiert wurde. Im Jahr 1920 wurde zum ersten Mal das Proton als Kernbaustein erwähnt. Das Neutron wurde ab 1929 als notwendiger Kernbaustein diskutiert, entdeckt wurde es 1932. Um beim β^--Zerfall die Erhaltung der Energie zu sichern, wurde um 1930 ein neues Teilchen, das Antineutrino, eingeführt. Mit diesen „Elementarteilchen" ließen sich nun weitere Eigenschaften von Atomen und Atomkernen beschreiben.

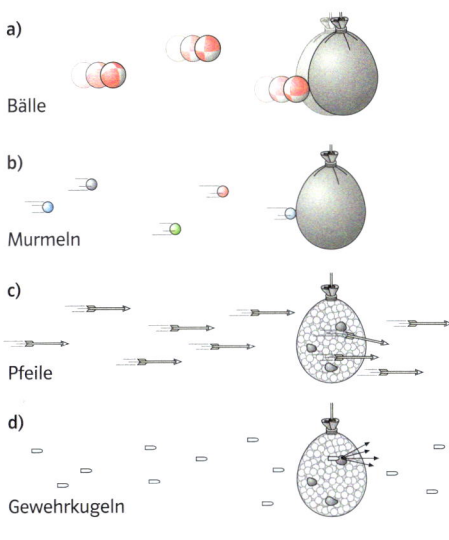

a)
Bälle

b)
Murmeln

c)
Pfeile

d)
Gewehrkugeln

B1

Offen blieb aber zum Beispiel die Frage nach der Stabilität der Kerne: Wie sollten geladene Teilchen in einem derart engen Bereich zusammengehalten werden können?

Materie und Antimaterie Paul A. M. Dirac versuchte 1928 zu erklären, wie das Elektron im Atom stabil sein kann, trägt es doch seine elektrische Ladung in einem sehr kleinen Raumbereich. Ergebnis seiner Rechnungen war eine Gleichung mit zwei Lösungen. Die zweite Lösung konnte nur so interpretiert werden, dass es ein zweites Teilchen gibt, das sich lediglich im Vorzeichen der Ladung von einem Elektron unterscheidet. Dieses Positron genannte Teilchen wurde dann auch 1932 von Carl D. Anderson in der Höhenstrahlung entdeckt.

Antiteilchen werden mit einem Querstrich über ihrem Formelzeichen gekennzeichnet.

Teilchenvielfalt Nur wenige Jahre später wurde mit der Nebelkammer ein neues Teilchen entdeckt; allerdings nicht mit der vorhergesagten Masse. Die technische Weiterentwicklung der Nachweisgeräte und die Möglichkeit, mit Teilchenbeschleunigern zu experimentieren, brachte in der Folgezeit eine so große Zahl neuer Elementarteilchen, dass sich bald Zweifel ergaben, ob die Bezeichnung als Elementarteilchen noch angemessen ist. Tabelle **B2** gibt einen Eindruck der Situation.

Teilchenreaktionen, Teilchenfamilien Für die Suche nach neuen Teilchen wurden bekannte Teilchen durch Beschleuniger auf hohe Energie gebracht. Man ließ sie untereinander oder mit Atomkernen wechselwirken. Dabei entstanden in der Regel viele neue Teilchen.

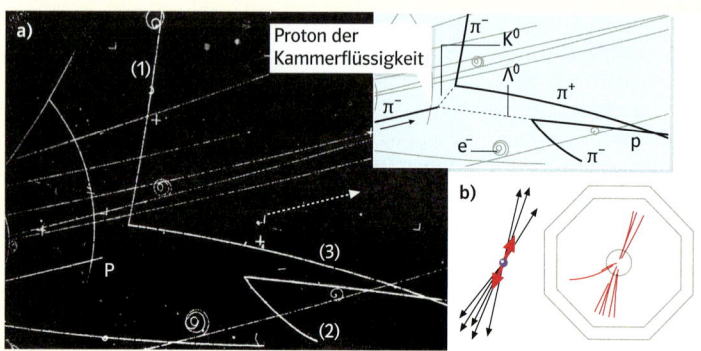

B1 Blasenkammeraufnahme (a), Wechselwirkungen (b)

Die Abbildung **B1a** zeigt Spuren von Teilchen in einer Kammer, die ähnlich wie eine Nebelkammer arbeitet. Die Kammer befindet sich in einem homogenen Magnetfeld, dessen Feldlinien senkrecht in die Bildebene hineinweisen. Bei P werden zwei neutrale Teilchen ohne Spur erzeugt. Die Spuren (1) und (2) müssen von Teilchen gleicher Ladung, Spur (3) muss von einem Teilchen mit dazu entgegengesetzter Ladung verursacht worden sein.
In Abbildung **B1b** ist eine vom Computer rekonstruierte Wechselwirkung zwischen zwei geladenen Teilchen hoher Energie dargestellt. Bei diesem Ereignis entsteht eine große Zahl von „neuen" Teilchen.

Sehr bald wurde erkannt, dass bei diesen Entstehungsprozessen, ebenso wie bei den Zerfallsprozessen, nicht nur Erhaltungssätze für Ladung, Energie, Impuls und Drehimpuls, sondern auch für weitere Größen existieren wie z. B. die Parität, die Strangeness, den Isospin und die Multiplizität. Ihr Wert liegt darin, dass mit ihrer Hilfe bestimmte Reaktionen erlaubt, bestimmte andere denkbare aber nicht erlaubt sind. Bei allen Reaktionen ergibt sich, dass die Gesamtzahl der Baryonen und der Leptonen erhalten bleibt. **Baryonenzahl** und **Leptonenzahl** sind also ebenfalls Erhaltungsgrößen.

Gruppe			Name	Masse in MeV	Ladung in $1{,}6 \cdot 10^{-19}$ C	Lebensdauer in s	nachgewiesen
			Photon γ		0	stabil	1905
Hadronen	Leptonen		Elektron e^-	0,511	−1	stabil	1897
			Myon μ^-	105,7	−1	$2{,}2 \cdot 10^{-6}$	1937
			Elektronneutrino ν_e	0	0	stabil	1956
			Myonneutrino ν_μ	0	0	stabil	1962
	Mesonen		Pion π^-	139,6	−1	$2{,}6 \cdot 10^{-8}$	1947
			Kaon K^+	493,7	+1	$1{,}2 \cdot 10^{-8}$	1949
			Eta-Null η^0	548,8	0	$2{,}5 \cdot 10^{-19}$	1960
	Baryonen	Nukleonen	Proton p	938,28	+1	stabil	1886
			Neutron n	939,57	0	918	1932
		Hyperonen	Lambda-Null Λ^0	1115,6	0	$2{,}6 \cdot 10^{-10}$	1953
			Sigma-Plus Σ^+	1189,4	+1	$0{,}8 \cdot 10^{-10}$	1953
			Sigma-Stern-Minus Σ^{*-}	1385	−1	$1{,}3 \cdot 10^{-23}$	1960
			Delta-Null Δ^0	1235	0	$0{,}4 \cdot 10^{-23}$	1952
			Xi-Stern-Minus Ξ^{*-}	1385	−1	$0{,}5 \cdot 10^{-22}$	1962
			Omega-Minus Ω^-	1672	−1	$1{,}3 \cdot 10^{-10}$	1964

B2 Ein Teilchen und sein Antiteilchen sind entgegengesetzt geladen; sie vernichten sich gegenseitig. Das Antiteilchen wird mit einem Querstrich gekennzeichnet. Die Lebensdauer entspricht der Halbwertszeit beim radioaktiven Zerfall. Die Liste ließe sich mit mehr als 100 weiteren Teilchen verlängern.

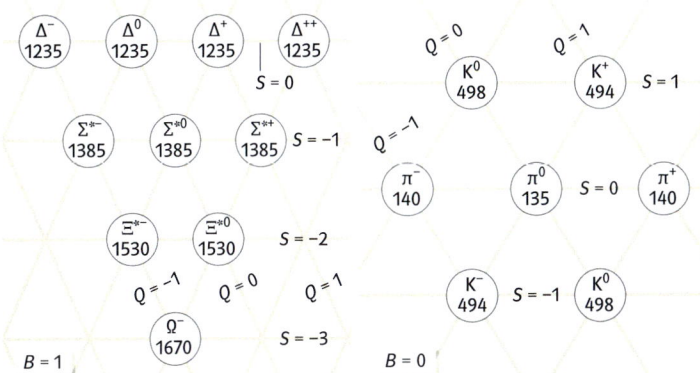

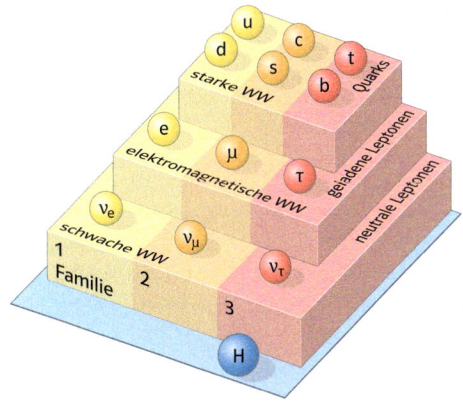

B1 Schema über Baryonen (Baryonenzahl $B = 1$) und über Mesonen (Baryonenzahl $B = 0$); Q = Ladung, S = Strangeness; in den Kreisen stehen die Massen in MeV.

B4 Standardmodell der Teilchenphysik

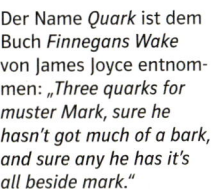

Der Name *Quark* ist dem Buch *Finnegans Wake* von James Joyce entnommen: „*Three quarks for muster Mark, sure he hasn't got much of a bark, and sure any he has it's all beside mark.*"

So entwickelte sich eine Struktur der Elementarteilchen, die der Tabelle **B2** auf der vorigen Seite zugrunde liegt und mit der sich die Elementarteilchen in Schemata einordnen lassen. Die Abbildung **B1** zeigt zwei Beispiele. Lücken in den Schemata dienten zur Vorhersage von noch nicht entdeckten Teilchen. Das Ω⁻-Teilchen fehlte im Schema zunächst, es wurde erst 1964 gefunden. Damit war auch ein wesentlicher Schritt zu einer neuen Struktur innerhalb der Elementarteilchen gelungen.

Standardmodell und Austauschteilchen Die große Zahl von Elementarteilchen ist ein Indiz dafür, dass diese nicht wirklich „elementar" sind. In einem Experiment um 1968 bestrahlte man Protonen (Wasserstoff) mit Elektronen der Energie 6 GeV; man machte also einen Streuversuch analog zum Rutherford'schen Experiment, nur mit wesentlich höherer Energie, um kleinere Strukturen zu entdecken. Das Ergebnis war vergleichbar:

Protonen besitzen keine gleichmäßige Verteilung von Ladung und Masse.

M. Gell-Mann und G. Zweig kamen unabhängig voneinander zu einem Modell, das diese Befunde deutete. In der heute akzeptierten Form unterscheidet man darin grundsätzlich **Fermionen** und **Bosonen**.

Fermionen haben halbzahligen Spin und bilden die uns bekannte Materie. Die Gruppe der Fermionen setzt sich aus drei Familien von **Quarks** (sie bilden die **Hadronen**, →B3) und drei Familien von **Leptonen** zusammen (→B4). Zu jedem Teilchen der Familien gibt es auch ein Antiteilchen (→B2). Alle Quarks tragen drittelzahlige elektrische Ladungen. Protonen und Neutronen bestehen aus Quarks der ersten Familie (→B3).

Alle Baryonen sind aus drei Quarks aufgebaut. Alle Mesonen sind aus zwei Quarks aufgebaut. Da die Mesonen ganzzahlige Ladung tragen, müssen hier immer ein Quark und ein Antiquark zusammenwirken.

Alle uns umgebende Materie ist nur aus Elektronen (einem Lepton) für die Atomhüllen und den beiden Quarks, **up-Quark (u)** und **down-Quark (d)** für die Protonen und Neutronen der Atomkerne, aufgebaut.

Von den Naturkräften unterliegen die ungeladenen Leptonen nur der schwachen Kraft, die geladenen Leptonen zusätzlich der elektromagnetischen Kraft und die Quarks letztlich auch noch der starken Kraft.
Die Naturkräfte gehen auf Wechselwirkungen zwischen den Elementarteilchen zurück, die über sogenannte „Austauschteilchen" mit

Quarks	up u	down d	charm c	strange s	top t	bottom b
Ladung (in e)	2/3	−1/3	2/3	−1/3	2/3	−1/3
Leptonen	e⁻	ν_e	µ⁻	ν_μ	τ⁻	ν_τ
Ladung (in e)	−1	0	−1	0	−1	0

B2 Zu allen gibt es ein Antiteilchen mit entgegengesetzter Ladung.

Baryonen	Quarks	Mesonen	Quarks
p⁺	(u, u, d)	π⁺	(u, $\bar{d}$)
n⁰	(u, d, d)	π⁻	(d, $\bar{u}$)
Λ⁰	(u, d, s)	K⁺	(u, $\bar{s}$)
Σ⁺	(u, u, s)	K⁰	(d, $\bar{s}$)
Ω⁻	(s, s, s)	η⁰	(s, $\bar{s}$)

B3 Quarkstruktur einiger Hadronen

Richard Feynman
(1918 – 1988)

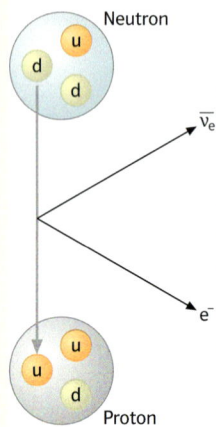

B1

ganzzahligem Spin, die Bosonen, vermittelt werden. Zu den Bosonen zählen das **Photon** für die elektromagnetische, das **Gluon** für die starke und das **W**- und das **Z-Boson** für die schwache Kraft. Für die Gravitation wird das **Graviton** diskutiert.

Seit 1930 wurde versucht, den Zusammenhalt der Atomkerne mit Hilfe von Teilchen zu erklären, die sich zwischen den Nukleonen bewegen und dabei die Wechselwirkung vermitteln.

Derartige Ideen wurden durch die Heisenberg'sche Unbestimmtheitsrelation nahegelegt, die für entsprechend kurze Zeitspannen ein Entstehen und Verschwinden von Energie (und damit auch über die Einstein'sche Äquivalenz von Energie und Masse) zulässt.

Hideki Yukawa benutzte 1936 diesen Gedanken der Austauschteilchen.

Die große Reichweite elektromagnetischer Kräfte ist verständlich, wenn man als Austauschteilchen Photonen zwischen den Ladungen annimmt. Photonen haben keine Masse und können daher die Wechselwirkung mit Lichtgeschwindigkeit vermitteln.
Die Wechselwirkung zwischen zwei Elektronen kann durch ein sogenanntes Feynman-Diagramm gedeutet werden (→B3). Die geraden Linien geben die Bewegung der beteiligten Elektronen wieder, die Wellenlinie repräsentiert das Photon als Austauschteilchen, die Zeit läuft von links nach rechts.

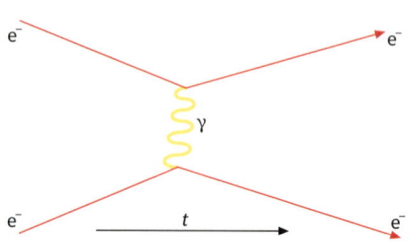

B3 Das Feynman-Diagramm stellt die Wechselwirkung zweier Elektronen dar.

Ausblick Bis jetzt lassen sich alle experimentellen Befunde mit dem Standardmodell deuten. So sagte die Theorie ein Teilchen voraus, dessen Existenz erforderlich ist, um die Massen der Teilchen ableiten zu können. Am „Large Hadron Collider" des CERN gelang 2012 der Nachweis dieses Higgs-Bosons.
Trotzdem bleiben einige weitere Fragen unbeantwortet:
- Das Ungleichgewicht von Materie und Antimaterie kann nicht begründet werden.
- Für die Existenz der drei Teilchenfamilien gibt es keine Erklärung.
- Die große Zahl der Bausteine dieses Modells führt zur Frage, ob es nicht auch für Quarks und Leptonen Bausteine, Präonen, geben könnte, die von einer noch stärkeren Hyperkraft zusammengehalten werden.

A1 ⊖ Erläutern Sie die Umwandlung eines freien Neutrons ($T_{1/2}$ = 10,4 min) in ein Proton im Modell der Quarks (→B1).

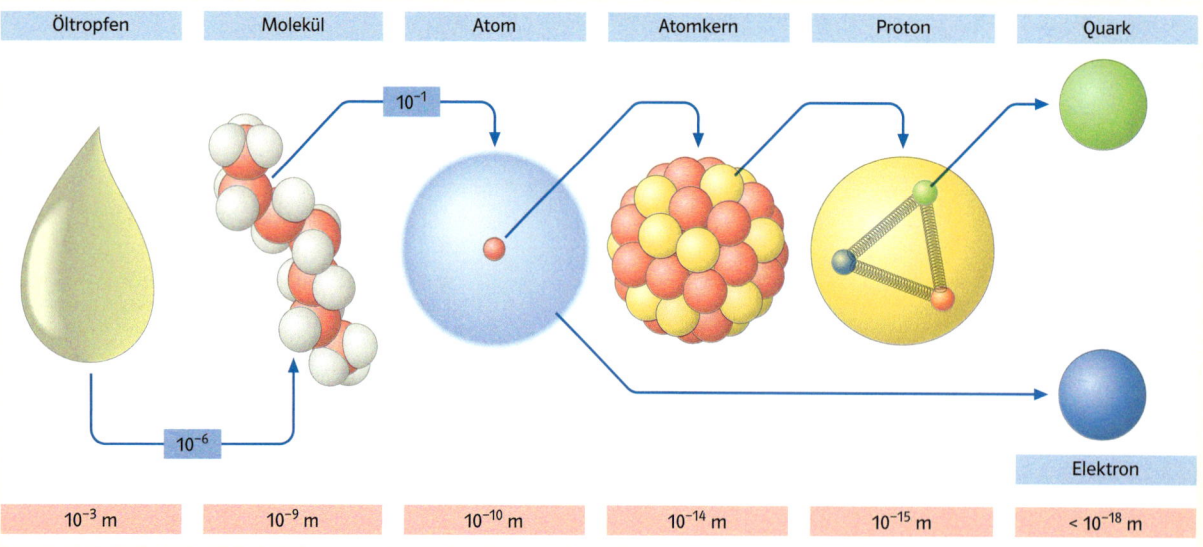

Öltropfen	Molekül	Atom	Atomkern	Proton	Quark

10^{-3} m | 10^{-9} m | 10^{-10} m | 10^{-14} m | 10^{-15} m | < 10^{-18} m

Elektron

B2

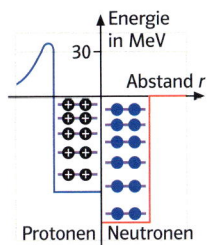

30 —

Energie
in MeV

Abstand r

Protonen | Neutronen

B1

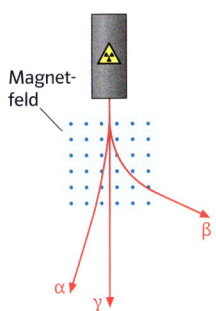

Magnet-
feld

β

α γ

B2 Ein Magnetfeld trennt die Strahlungs-arten.

Potenzialtopfmodell Atomkerne bestehen aus Nukleonen (positiv geladene Protonen und neutrale Neutronen). Zwischen den Nukleonen wirken anziehende Kernkräfte. Die Bindungs-energie ergibt sich aus dem Massendefekt:

$$E_B = -(Z \cdot m_p + N \cdot m_n - m_K) \cdot c^2$$

Radioaktiver Zerfall Atomkerne, die strahlen, sind nicht stabil. Durch die Emission ionisie-render Strahlung geht ein Nukleon in einen Zustand geringerer Energie über (vgl. Tabelle).

Zerfallsgesetz Die Anzahl radioaktiver Kerne nimmt ab gemäß:

$$N(t) = N(0) \cdot e^{-\lambda t}$$

Für die Aktivität folgt:

$$A(t) = -\frac{\Delta N(t)}{\Delta t} = \lambda \cdot N(t)$$

Die „Lebensdauer" der Kerne verschiedener radioaktiver Substanzen beschreibt man mit Hilfe ihrer **Halbwertszeit** $T_{1/2}$. Es gilt:

$$\ln 2 = \lambda \cdot T_{1/2}$$

Radioaktivität		
α-Strahlung	β⁻-Strahlung	γ-Strahlung
– He-Kerne	– Elektronen	– Photonen
– diskretes Energiespektrum	– kontinuierliches Energiespektrum	– diskretes Energiespektrum
– Energie liegt zwischen 2 MeV und 10,5 MeV	– Energie bis etwa 3 MeV	– Energie liegt zwischen 0,01 MeV und 10 MeV
– ein Blatt Papier können sie nicht durchdringen	– eine dünne Aluminiumschicht können sie nicht durchdringen	– eine vollständige Abschirmung ist nicht möglich
${}^{A}_{Z}X \longrightarrow {}^{A-4}_{Z-2}Y + {}^{4}_{2}He$	${}^{A}_{Z}X \longrightarrow {}^{A}_{Z+1}Y + e^-$	${}^{A}_{Z}X^* \longrightarrow {}^{A}_{Z}X + \gamma$

Die C-14-Methode In einem Pharaonengrab wurde eine Trinkschale mit Rückständen von Gerstenbier gefunden. Man stellte $1{,}82 \cdot 10^{10}$ Kerne des Isotops C-14 pro 1 g Kohlenstoff fest. In der Atmosphäre sind $3{,}00 \cdot 10^{10}$ C-14-Kerne in 1 g Kohlenstoff zu finden.
a) Erläutern Sie die C-14-Methode.
b) Amenemhet lebte um 2000, Hatschepsut um 1500 vor Christus. In wessen Grab ist die Schale gefunden worden?

Lösungsskizze: **a)** Die folgenden Punkte sollten angesprochen werden:
– Entstehung von C-14,
– Halbwertszeit von C-14,
– konstantes Verhältnis von C-14 zu C-12 in lebenden Organismen,

– Abnahme des C-14-Anteils in abgestorbenen Organismen,
– C-14-Anteil in der Atmosphäre während des betrachteten Zeitraumes.

b) Bei Annahme eines konstanten C-14-Anteils gilt für 1 g Kohlenstoff unmittelbar nach dem Absterben (Zeitpunkt $t = 0$) $N(0) = 3{,}00 \cdot 10^{10}$. Beim Auffinden (Zeitpunkt t) ist $N(t) = 1{,}82 \cdot 10^{10}$. Berücksichtigen Sie den Zusammenhang zwischen Zerfallskonstante und Halbwertszeit. Zeigen Sie dann durch Logarithmieren der Zerfallsgleichung

$$t = -\frac{T_{1/2}}{\ln 2} \cdot \ln \frac{N(t)}{N(0)}.$$ Mit den gegeben Größen

erhält man: 4 130 Jahre. Die Schale wurde im Grab von Amenemhet gefunden.

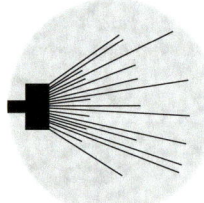

B1 Zu Aufgabe 4b

A1 ⊜ Erklären Sie folgende Beobachtungen:
a) Bei der Trennung stark strahlender uranhaltiger Verbindungen strahlt das isolierte Uran weniger stark als der Rest.
b) Das isolierte Uran strahlt nach einiger Zeit wieder so stark wie vorher das Gesamtmaterial, während der Rest bald weniger strahlt.

A2 ⊜ **a)** In einer Ionisationskammer wird ein Strom der Stärke $I = 1{,}6 \cdot 10^{-9}$ A gemessen. Ermitteln Sie die Zahl der in der Kammer je Sekunde gebildeten Ionenpaare.
b) Berechnen Sie die in der Kammer von der Luft je Sekunde aufgenommene Energie, wenn man annimmt, dass zur Bildung eines Ionenpaares 32 eV benötigt werden.
c) In der Nebelkammer entsteht im Mittel pro Ionenpaar ein Nebeltröpfchen. Eine Spur enthält etwa 30 000 Tröpfchen pro Zentimeter. Berechnen Sie die Energien der 3 cm und der 4,5 cm langen Spuren einer $^{226}_{88}$Ra-Strahlung.

A3 ⊜ Die Messkurven in Diagramm **B3** wurden mit einem Zählrohr von zwei Präparaten gewonnen.
a) Deuten Sie die Messkurven.
b) Nennen Sie Unterschiede und Gemeinsamkeiten der beiden Präparate.

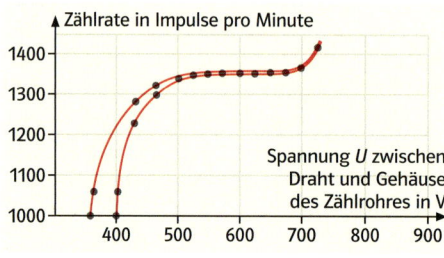

B3 Zu Aufgabe 3

A4 ⊜ **a)** Beschreiben Sie eine Versuchsfolge zur Identifizierung von α-, β⁻- und γ-Strahlung aus einem unbekannten Präparat.
b) Ein Präparat sendet α- und γ-Strahlung aus. Die Spuren in einer Nebelkammer stammen

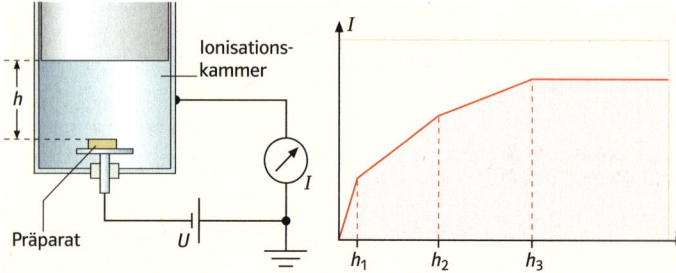

B2 Zu Aufgabe 4c

von diesem Präparat (→**B1**). Deuten Sie diese Beobachtungen.
c) Dasselbe Präparat wird nun in einer Ionisationskammer untersucht, deren variable Höhe h so gewählt wird, dass die Spannung zwischen Präparat und Kammerwand stets zu einem Betrieb im Sättigungsbereich führt. Beschreiben und deuten Sie den Verlauf der Kurve im Diagramm **B2** von Ionisationsstromstärke I und Höhe h.

A5 ○ In der Nebelkammer erzeugt α-Strahlung dicke, kurze, β⁻-Strahlung dünne, im Magnetfeld verschieden stark gekrümmte Spuren. Deuten Sie das.

A6 ⊜ Mit einem radioaktiven Präparat wird das Absorptionsverhalten von Aluminium untersucht. Analysieren Sie das Diagramm **B4**. Welche Strahlungsarten werden vom Präparat ausgesandt?

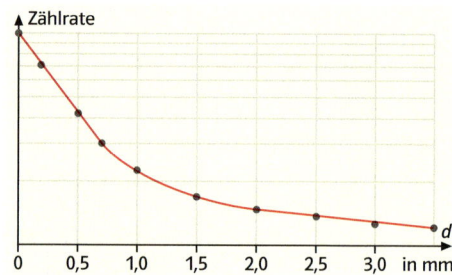

B4 Zählrate in Abhängigkeit von der Schichtdicke (halblogarithmische Darstellung)

A7 ○ Mit einem $^{137}_{55}$Cs-Präparat wird die Absorption von γ-Strahlung in Blei der Dicke d untersucht. Der Nulleffekt ohne Präparat beträgt 509 Impulse in 30 Minuten. Man misst:

d in mm	5	10	15	20	25	30	40
Imp./min	869	492	301	167	95	61	33

a) Korrigieren Sie die gemessenen Zählraten um den Nulleffekt und stellen Sie in einem Diagramm die Zählraten in Abhängigkeit zur Dicke des Absorbers dar. Wählen Sie für die Achse der Zählraten einen Maßstab im natürlichen Logarithmus.
b) Bestimmen Sie aus dem gewonnenen Diagramm die Halbwertsdicke $d_{1/2}$ und ermitteln Sie damit den Absorptionskoeffizienten für Blei.
c) Ermitteln Sie die Zählrate ohne Absorber ($d = 0$).

A8 ⊖ Beim α- und β⁻-Zerfall entstehen jeweils neue Elemente. Geben Sie an, welchem dieser Zerfallsprozesse die genannten Elemente unterliegen und bestimmen Sie die neuen Elemente, die dabei entstehen. Ziehen Sie eine Nuklidkarte heran.
a) ^{230}Th
b) ^{201}Au
c) ^{211}Pb
d) ^{220}Rn

A9 ⊖ Von vier möglichen Zerfallsreihen treten nur drei in der Natur auf, die Uran-Radium-Reihe, die Uran-Actinium-Reihe sowie die Thorium-Reihe.
a) Geben Sie die Ausgangsnuklide dieser Reihen an.
b) Erläutern Sie, welche Arten von Kernübergängen innerhalb dieser natürlichen Zerfallsreihen möglich sind. Stellen Sie diese Übergänge in geeigneter Form dar.
c) Ordnen Sie das Isotop $^{219}_{86}$Rn der zugehörigen Zerfallsreihe zu.

A10 ● Am 26. April 1986 gab es im Kernreaktor Tschernobyl einen schweren Unfall. Dabei wurden u.a. die Nuklide Cs-137, I-131 und Pu-239 freigesetzt.
a) Geben Sie die Namen der Nuklide an.
b) Die Nuklide zerfallen unter Aussendung ionisierender Strahlung.
Recherchieren Sie die Strahlenart. Geben Sie den Zerfallsprozess durch eine Gleichung an.
c) Schätzen Sie ab, welcher Anteil dieser drei Nuklide heute noch vorhanden ist.

A11 ● **B1** nach dem Original aus dem Labor von Rutherford (1914) zeigt die Spur eines Heliumkerns von einer α-Strahlung in der Nebelkammer. Der Atomkern, aus dem das He-Teilchen stammt, befindet sich rechts am Bildrand von **B1**.
a) Beschreiben und deuten Sie den Verlauf der Bahn, visieren Sie dazu entlang der Spur in der Papierebene.
b) Für die Reichweite R von He-Kernen in der Nebelkammer gilt $R = k \cdot v^3$ mit $k = 9{,}67 \cdot 10^{-24} \, \text{s}^3 \, \text{m}^{-2}$. Bestimmen Sie die Bewegungsenergie der He-Kerne in MeV (beachten Sie, dass das Bild 3-fach vergrößert ist).

B1

A12 ⊖ Eine grobe Abschätzung der oberen Grenze für den Radius eines Kerns liefert folgende Überlegung: α-Teilchen, die die Bewegungsenergie $E_B = 8{,}0 \, \text{MeV}$ haben, bewegen sich aus großer Entfernung kommend auf einen Atomkern zu.
a) Die α-Teilchen, die dem Kern am nächsten kommen, werden von ihm um 180° abgelenkt. Begründen Sie dies.
b) Berechnen Sie die kleinste Entfernung für α-Teilchen, die sich einem Goldkern $^{197}_{79}$Au nähern. Warum ist das Ergebnis eine grobe Schätzung für den Kernradius?

A13 ⊖ a) Nennen Sie Eigenschaften der Kernkraft und beschreiben Sie mit Hilfe einer Skizze das Potenzialtopfmodell für den Atomkern.
b) Beschreiben Sie in diesem Modell die Entstehung von β⁻-Strahlung.
c) Skizzieren Sie den Verlauf des Energiespektrums bei einem β⁻-Zerfall. Beschreiben Sie die sich ergebenden Probleme.

A14 ⊖ a) Der Abstand zweier Protonen sei $d = 10^{-14} \, \text{m}$. Berechnen Sie die abstoßende elektrische Kraft.
b) Beschreiben Sie, wie man den Zusammenhalt dieser Nukleonen im Kern erklärt.

A15 ⊖ a) Beschreiben Sie, wie man im Potenzialtopfmodell des Atomkerns die natürliche Radioaktivität erklärt. Geben Sie die zugehörigen Zerfallsgleichungen an.
b) Ein Atomkern kann nicht gleichzeitig zwei verschiedenen Zerfallsreihen angehören. Begründen Sie dies.
c) Bestimmen Sie die Zerfallsreihe, aus der der radioaktive Kern $^{224}_{88}$Ra stammt. Geben Sie die Anzahl der α- und β⁻-Zerfälle an.

A16 ⊖ Die Aktivität ist proportional zur Zahl der noch nicht zerfallenen Atomkerne. Interpretieren Sie die Formulierung „Atome altern nicht!"

A17 ⊖ In eine Ionisationskammer, die im Sättigungsbereich betrieben wird, wird Luft mit einer bestimmten Menge des radioaktiven Edelgasisotopes $^{220}_{86}$Rn eingeblasen.

t in s	0	20	40	60	80	100	120	160
I in 10^{-12} A	30	23	18	14	11	9	7	4

a) Zeigen Sie mit Hilfe einer geeigneten grafischen Darstellung, dass die Stromstärke nach einem Exponentialgesetz abnimmt.

b) Begründen Sie, dass die Stromstärke ein Maß für die Aktivität des radioaktiven Präparates ist.

c) Die Stromstärke $I(t)$ ist proportional zur Anzahl $N(t)$ der radioaktiven Kerne. Bestimmen Sie mit dieser Information das Zerfallsgesetz.

A18 ● Das Thalliumnuklid $^{206}_{81}\mathrm{Tl}$ zerfällt unter Aussendung von γ-Strahlung mit der Halbwertszeit von $T_{1/2} = 4{,}2\,\mathrm{min}$. Zu Beginn habe ein Tl-Präparat die Masse $0{,}30\,\mathrm{mg}$.
a) Geben Sie die Zahl N_0 der anfangs vorhandenen Tl-Atome an. Stellen Sie die Anzahl der Tl-Atome und die Anzahl der Atome des durch den Zerfall entstehenden Nuklids in Abhängigkeit von der Zeit $0 \leq t \leq 5 \cdot T_{1/2}$ grafisch dar. (Einheiten: $2\,\mathrm{min} \,\hat{=}\, 1\,\mathrm{cm}$; $10^{17} \,\hat{=}\, 1\,\mathrm{cm}$)
b) Welcher Prozentsatz von den anfangs vorhandenen Tl-Kernen ist nach $21\,\mathrm{min}$ noch übrig geblieben?
c) Das Nuklid $^{206}_{81}\mathrm{Tl}$ ist Teil der folgenden Zerfallsreihe. Geben Sie die fehlenden Daten und Symbole an!

$$^{?}_{?}\mathrm{Po} \xrightarrow{?} {}^{?}_{?}? \xrightarrow{?} {}^{?}_{?}? \xrightarrow{\alpha} {}^{206}_{81}\mathrm{Tl} \xrightarrow{\beta^-} {}^{?}_{?}?$$

A19 ● **a)** Zur Diagnostik der Schilddrüse wird einem Patienten radioaktives Iod $^{123}_{53}\mathrm{I}$ mit einer Aktivität von $8 \cdot 10^8\,\mathrm{Bq}$ und der Halbwertszeit von $13{,}2\,\mathrm{h}$ verabreicht. Berechnen Sie die Aktivität nach 5 Tagen.
b) Ermitteln Sie die Zeit, nach der die Aktivität auf $500\,\mathrm{Bq}$ abgeklungen ist.
c) Berechnen Sie die zur Anwendung benötigte Iodmasse.

A20 ● Das radioaktive Kaliumisotop $^{40}_{19}\mathrm{K}$ ist in fast allen Mineralien vorhanden. Beim radioaktiven Zerfall wandeln sich die Kaliumkerne in 11 % der Zerfälle in Argon, in 89 % in Calcium um. Die Halbwertszeit von K-40 ist $1{,}3 \cdot 10^9\,\mathrm{a}$.
a) In einem Krater fand man bei einem Tektiten, dies ist ein glasartiges Mineral, das vermutlich von einem Meteoriteneinschlag stammt, das Isotopenverhältnis $N_{\mathrm{Ar}}/N_{\mathrm{K}} = 8{,}7 \cdot 10^{-4}$. Zeigen Sie, dass $N_{\mathrm{Ar}}(t)/N_{\mathrm{K}}(t) = 0{,}11(e^{\lambda t} - 1)$ gilt.
b) Berechnen Sie das Alter des Tektiten.

A21 ● In einem lebenden Organismus hat 1 g Kohlenstoff eine Aktivität von $3{,}48 \cdot 10^{-10}\,\mathrm{Bq}$.
a) Schätzen Sie das Alter von Fossilien ab, bei denen 1 g Kohlenstoff eine Restaktivität von $2{,}00 \cdot 10^{-10}\,\mathrm{Bq}$ besitzt.
b) Begründen Sie, weshalb die C-14-Methode für Altersbestimmungen über 20 000 Jahren und unter 1 000 Jahren ungeeignet ist.

A22 ● Erläutern Sie die Bedeutung genauer Massenbestimmungen für die Kernphysik. Interpretieren Sie die Formelzeichen in der folgenden Reaktionsgleichung und ziehen Sie Folgerungen aus den angegebenen Zahlenwerten.

$$^{235}_{92}\mathrm{U} + {}^{1}_{0}\mathrm{n} \longrightarrow {}^{140}_{58}\mathrm{Ce} + {}^{94}_{40}\mathrm{Zr} + 2 \cdot {}^{1}_{0}\mathrm{n} + 6 \cdot {}^{0}_{-1}\mathrm{e}$$

$m(^{235}_{92}\mathrm{U}) = 234{,}993\,46\,\mathrm{u}$;

$m(^{140}_{58}\mathrm{Ce}) = 139{,}873\,46\,\mathrm{u}$;

$m(^{94}_{40}\mathrm{Zr}) = 93{,}884\,156\,\mathrm{u}$;

$m(\mathrm{n}) = 1{,}008\,665\,\mathrm{u}$; $\quad m(\mathrm{e}) = 0{,}000\,548\,6\,\mathrm{u}$

A23 ● **a)** Das Diagramm **B1** gibt die Bindungsenergie pro Nukleon wieder. Nennen Sie experimentelle Befunde, aus denen die Bindungsenergie ermittelt werden kann.
b) Erläutern Sie, wie sich aus der Masse der Protonen und Neutronen sowie der Zahl der Ladungen im Kern und der Massenzahl A die Bindungsenergie eines Atomkerns berechnen lässt. Geben Sie eine Formel an.

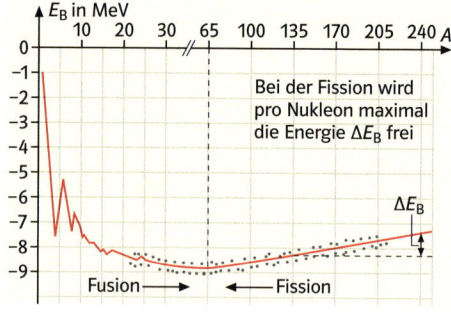

B1

c) Berechnen Sie die gesamte Bindungsenergie und die Bindungsenergie pro Nukleon für das Nuklid $^{56}_{26}\mathrm{Fe}$, wobei $m(^{56}_{26}\mathrm{Fe}) = 55{,}920\,68\,\mathrm{u}$.
d) Nennen Sie Konsequenzen, die sich aus dem Kurvenverlauf der Bindungsenergie ergeben.

A24 ● Das Niobisotop Nb-95 ist nicht stabil, es geht durch β⁻-Strahlung in ein Molybdänisotop über. Der Molybdänkern befindet sich im angeregten Zustand von $0{,}768\,\mathrm{MeV}$. Anschließend geht er durch Aussenden eines γ-Photons in den Grundzustand über. Die Kernmassen der Isotope unterscheiden sich um $1{,}542 \cdot 10^{-3}\,\mathrm{u}$.
a) Geben Sie die Zerfallsgleichung vollständig an und berechnen Sie die maximale Bewegungsenergie der β⁻-Strahlung.
b) Manchmal löst das vom angeregten Molybdänkern emittierte γ-Photon ein Elektron aus der K-Schale aus. Beschreiben Sie einen experimentellen Nachweis dafür, dass ein solcher Vorgang stattgefunden hat.

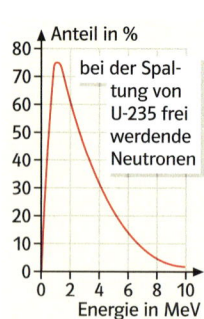

B1 ● Zur Spaltung von U-235-Kernen sind „langsame" Neutronen erforderlich ($E < 4\,\mathrm{eV}$). Weshalb sind die energiereichen Neutronen, die mit dem Moderator wechselwirken, für die kontrollierte Kernspaltung in Kernkraftwerken so wichtig?

Übungsaufgaben

Die Lösungen finden sich online unter dem unten angegebenen Code.

Geradlinige Bewegungen

A1 ◔ Zwei Straßenbahnlinien verlaufen entlang einer gewissen Strecke parallel zueinander. Die eine Straßenbahn der Länge $l_1 = 26\,\text{m}$ fährt mit $v_1 = 18\,\text{km/h}$, die zweite Bahn der Länge $l_2 = 39\,\text{m}$ hat die Geschwindigkeit $v_2 = 36\,\text{km/h}$.

a) Die beiden Bahnen passieren einander in entgegengesetzter Richtung. Berechnen Sie, wie lange es dauert, bis die Bahnen vollständig aneinander vorbeigefahren sind.

b) Berechnen Sie, wie lange einem Fahrgast in Bahn 1 bzw. in Bahn 2 die Sicht durch die jeweils andere Bahn versperrt wird.

c) Die beiden Straßenbahnen fahren nun auf parallelen Gleisen in gleicher Richtung. Zum Zeitpunkt $t = 0\,\text{s}$ hat die schnellere Bahn 2 das Ende der langsameren Bahn 1 erreicht. Berechnen Sie die Fahrstrecken s_1 bzw. s_2, nach denen sich die Spitzen der beiden Bahnen auf gleicher Höhe befinden.

d) Lösen Sie Teil c) grafisch und interpretieren Sie das Diagramm (als Bezugspunkte für die zurückgelegten Strecken werden die Spitzen der Bahnen angenommen).

A2 ◔ **a)** Erklären Sie, welche Bedeutung eine Parallele zur t-Achse in einem t-s- bzw. in einem t-v-Diagramm hat.

b) Ein t-s- bzw. ein t-v-Diagramm zeigt zwei Geraden, die sich schneiden und von denen keine parallel zu den Koordinatenachsen verläuft. Geben Sie für beide Fälle jeweils die Bedeutung des Schnittpunktes an.

c) Ein Pkw fährt mit konstanter Geschwindigkeit und wird von einem anderen Fahrzeug, mit ebenfalls konstanter Geschwindigkeit, überholt. Erstellen Sie für diesen Überholvorgang je ein qualitatives t-s- bzw. t-v-Diagramm.

Freier Fall

A3 ◔ Ein Stein fällt aus der Ruhe in einen 100 m tiefen Brunnen.

a) Berechnen Sie, nach welcher Zeit er am Boden ankommt und welche Geschwindigkeit er unmittelbar vor dem Aufschlag hat.

b) Geben Sie an, nach welcher Zeit man den Stein auf dem Boden auftreffen hört (Schallgeschwindigkeit $c = 340\,\text{m/s}$).

c) Berechnen Sie die Geschwindigkeit, mit der der Stein auf dem Boden auftrifft, wenn man ihn mit einer Geschwindigkeit von 15 m/s nach unten abwirft.

A4 ◔ Ein Turm, der direkt an einem Fluss errichtet wurde, besitzt mehrere Maueröffnungen, die etwa übereinander liegen.

a) Aus zwei Öffnungen, die sich in $h_1 = 25\,\text{m}$ und $h_2 = 35\,\text{m}$ Höhe über dem Wasser befinden, lassen zwei Personen gleichzeitig je einen Stein fallen.
Berechnen Sie den zeitlichen Abstand, mit dem die Steine auf der Wasseroberfläche auftreffen. Untersuchen Sie, ob sich der Abstand der Steine während des Falls verändert. Begründen Sie Ihre Antwort.

b) Nun werden die Steine nacheinander fallen gelassen, zuerst der Stein aus der oberen, dann 1 s später der aus der unteren Öffnung. Berechnen Sie, nach welcher Zeitspanne sich beide Steine auf gleicher Höhe befinden. Bestimmen Sie für diesen Zeitpunkt die Relativgeschwindigkeit der Steine zueinander.

c) Der Stein aus dem unteren Fenster wird losgelassen, sobald sich der Stein aus dem oberen Fenster auf gleicher Höhe befindet. Berechnen Sie den Zeitpunkt, zu dem die beiden Steine den Abstand $d = 5,0\,\text{m}$ zueinander haben.

Kreisbewegungen

A5 ○ Ein Elektron ($m_e = 9 \cdot 10^{-31}\,\text{kg}$) wird $5 \cdot 10^{-9}\,\text{s}$ lang durch die konstante Kraft $F = 1,6 \cdot 10^{-15}\,\text{N}$ beschleunigt.

a) Berechnen Sie die erreichte Geschwindigkeit und den zurückgelegten Weg.

b) Das Elektron wird nach Erreichen der Geschwindigkeit auf eine Kreisbahn mit dem Radius $r = 4,8\,\text{cm}$ gezwungen. Berechnen Sie die erforderliche Zentripetalkraft.

A6 ◔ **a)** Führt ein Körper eine Kreisbewegung aus, so wirkt immer eine Beschleunigung auf ihn. Erklären Sie mit Blick auf diesen Aspekt, was man unter einer gleichförmigen Kreisbewegung versteht.

b) Ein Körper mit der Masse $m = 100\,\text{g}$ wird an einer Schnur befestigt und auf einer horizontalen Kreisbahn immer schneller herumgeschleudert.
Der Radius der Kreisbahn beträgt $r = 0,6\,\text{m}$, die maximale Zugkraft, die die Schnur aushalten kann, beträgt $F = 15,0\,\text{N}$. Berechnen Sie die Drehzahl, bei der die Schnur reißt.

c) Die Ebene der Kreisbahn, auf der sich der Körper bewegt, liegt $h = 1,8\,\text{m}$ über dem Boden. Skizzieren Sie die Bahnkurve, auf der sich der Körper bewegt, wenn die Schnur reißt. Berechnen Sie, nach welcher Zeit der Körper auf den Boden auftrifft.

Mechanische Energie

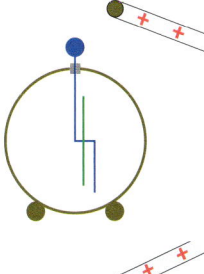

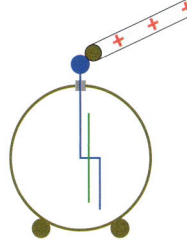

B1 Zu Aufgabe 10

B2 Zu Aufgabe 11

B3 Vulkanausbruch

A7 ⊖ Zwei Körper gleicher Masse starten im selben Punkt eines idealen Systems. Der erste Körper fällt frei, während der zweite Körper eine schiefe Ebene hinabgleitet. Beide überwinden dieselbe Höhendifferenz und haben am Fußpunkt dieselbe Geschwindigkeit. Formulieren Sie eine Begründung dafür.

A8 ○ Die Abbildung **B2** zeigt die Achterbahnfahrt eines Waggons der Masse $m = 400\,kg$. Im Punkt A startet die Fahrt, dort hat der Waggon die Geschwindigkeit $v = 0$. Im Punkt C endet die Fahrt.

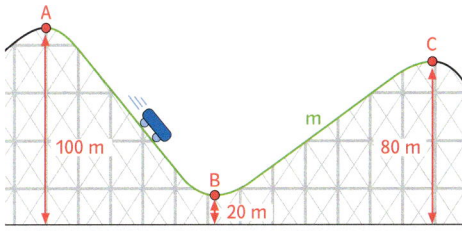

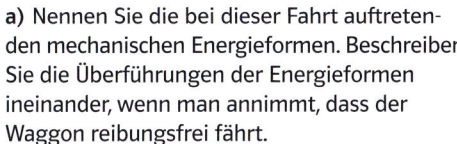

B2

a) Nennen Sie die bei dieser Fahrt auftretenden mechanischen Energieformen. Beschreiben Sie die Überführungen der Energieformen ineinander, wenn man annimmt, dass der Waggon reibungsfrei fährt.
b) Berechnen Sie die Geschwindigkeit des Waggons in den Punkten B und C

A9 ⊖ Beim Ausbruch eines 2 600 m hohen Vulkans werden Felsbrocken aus dem Inneren des Kraters bis zu 3 000 m hoch in die Luft geschleudert.
a) Berechnen Sie die maximale (vertikale) Geschwindigkeit, mit der die Felsbrocken den Krater verlassen.
b) Berechnen Sie die Geschwindigkeit, mit der die am höchsten aufsteigenden Felsbrocken am Fuße des Vulkans auftreffen. Erklären Sie, welchen Einfluss die Massen der Felsbrocken haben.
c) Berechnen Sie die Bewegungsenergie, die ein Brocken mit der Masse $m = 4,0\,kg$ beim Verlassen des Kraters hat.
d) Ein weiterer Felsbrocken, der ebenfalls mit maximaler Geschwindigkeit aus dem Krater ausgestoßen wird, besitzt nur ein Fünftel der Bewegungsenergie des in c) betrachteten Brockens. Berechnen Sie seine Masse sowie die maximale Höhe, die er erreicht.

Elektrisches Feld

A10 ○ Alle Körper enthalten elektrische Ladung, positive und negative.
a) Geben Sie an, wie man diese elektrische Ladung nachweisen kann. Nennen Sie zwei Beispiele.
b) Erklären Sie die Bedeutung der Aussage: „Ein Körper ist elektrisch neutral".
c) Beschreiben Sie die Unterschiede beim Ausgang des folgenden Versuches (→**B1**):
1. Wir nähern einem ungeladenen Elektroskop einen positiv geladenen Körper.
2. Wir berühren ein ungeladenes Elektroskop mit einem positiv geladenen Körper.

A11 ○ Jeder elektrisch geladene Körper ist von einem elektrischen Feld umgeben.
a) Nennen Sie eine Möglichkeit, wie man Feldlinien sichtbar machen kann.
b) Zeichnen Sie den Feldlinienverlauf zwischen den beiden Punktladungen (→**B2a, b**).
c) Berechnen Sie die elektrische Feldstärke einer geladenen Kugel mit der Ladung $Q = 5\,nC$ und einem Durchmesser von 5 cm.

Zusatzinfo: Elektrische Feldkonstante
$$\varepsilon_0 = 8{,}85 \cdot 10^{-2}\,\frac{C^2}{N \cdot m^2}$$

A12 ⊖ Elektronen erfahren im elektrischen Feld eine Kraft. Diese Kraft wirkt auf die Elektronen unterschiedlich, je nachdem, ob sie parallel oder senkrecht zu den Feldlinien eintreten.
a) Erklären Sie, wie man im Vakuum freie Elektronen erzeugen kann.
b) Beschreiben Sie, wie sich ein Elektron bewegt, wenn es parallel zu den Feldlinien in ein elektrisches Feld eintritt.
c) Beschreiben Sie, wie sich ein Elektron bewegt, wenn es senkrecht zu den Feldlinien in ein elektrisches Feld eintritt.
d) An einem Plattenkondensator mit dem Plattenabstand $d = 1\,cm$ liegt die Spannung $U = 50\,V$. Nun tritt ein Elektron mit der Geschwindigkeit $v_0 = 1 \cdot 10^7\,m/s$ senkrecht zu den Feldlinien in den Plattenkondensator ein. Berechnen Sie, wie lang die Kondensatorplatten sein müssen, damit das Elektron beim Verlassen des Kondensators um 4 mm in y-Richtung abgelenkt wurde.

Zusatzinfo:

Elektronenmasse $m_e = 9{,}11 \cdot 10^{-31}\,kg$;

Elementarladung $e = 1{,}602 \cdot 10^{-19}\,C$

A13 ⊖ Ein Kondensator mit der Kapazität $C = 47\,\text{mF}$ wird über eine Spannungsquelle ($U = 10\,\text{V}$) aufgeladen. Anschließend wird er von dieser getrennt und über eine Spule mit der Induktivität $L = 33\,\text{mH}$ entladen (der gesamte Ohm'sche Widerstand ist vernachlässigbar).

a) Geben Sie die zugehörige Schwingungsgleichung $U(t)$ an.

b) Skizzieren Sie für zwei Perioden das $U(t)$-Diagramm. Die Entladung des Kondensators beginnt zum Zeitpunkt $t = 0$.

Magnetisches Feld

A14 ⊖ Im Fadenstrahlrohr erfahren Elektronen im Magnetfeld die Lorentzkraft.

a) Erklären Sie mit Hilfe der Lorentzkraft, warum sich geladene Teilchen, die senkrecht in das homogene Magnetfeld eintreten, auf einer Kreisbahn bewegen.

b) Auf die Elektronen im Fadenstrahlrohr wirkt ein Magnetfeld der Stärke $0{,}75\,\text{mT}$. Ihre Beschleunigungsspannung beträgt $200\,\text{V}$.
Leiten Sie eine Beziehung zur Berechnung des Radius des Kreises her und bestimmen Sie ihn.

c) Begründen Sie, dass Elektronen, die schräg zum Feldlinienverlauf in ein homogenes Magnetfeld eintreten, eine Schraubenlinie durchlaufen.

Zusatzinfo: $\frac{e}{m} = 1{,}758\,8 \cdot 10^{11}\,\frac{\text{C}}{\text{kg}}$

A15 ○ Die folgende Abbildung zeigt einen Versuchsaufbau zum Halleffekt.

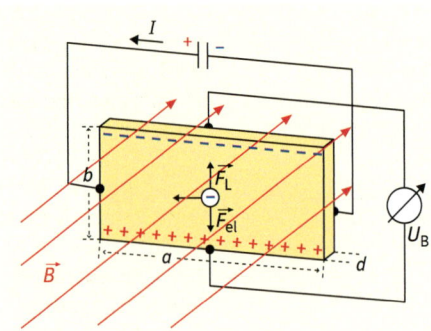

a) Erklären Sie, was man unter dem Halleffekt versteht.

b) Erläutern Sie das Zustandekommen der Hallspannung.

Elektromagnetische Induktion

A16 ⊖ Durch Ändern der vom Magnetfeld durchsetzten Fläche einer Spule oder durch Ändern des Magnetfeldes bei konstanter Spulenfläche wird eine Induktionsspannung hervorgerufen.
Beschreiben Sie für beide Fälle jeweils zwei experimentelle Möglichkeiten, eine Induktionsspannung hervorzurufen.

A17 ⊖ Die Lenz'sche Regel sagt etwas aus über den Zusammenhang zwischen induzierter Spannung bzw. induziertem Strom und dem verursachenden Vorgang.

a) Nennen Sie diese Regel.

b) Planen Sie einen Versuch zur Veranschaulichung der Lenz'schen Regel. Ihnen steht dazu folgendes Material zur Verfügung:
– eine luftgefüllte Spule,
– ein Amperemeter mit Null-Mittelstellung,
– eine Magnetnadel,
– ein Stabmagnet sowie
– Batterie.

c) Beschreiben Sie Ihren Versuch und die Beobachtungen, die die Lenz'sche Regel belegen.

d) „Die Lenz'sche Regel ist nichts anderes als eine Aussage zur Energieerhaltung."
Erläutern Sie diese Behauptung. Dabei können Sie sich auf das von Ihnen vorgeschlagene Experiment beziehen.

Schwingungen

A18 ○ Lenkt man einen Körper, der an einem Faden aufgehängt ist, um einen bestimmten Winkel aus, so erhält man ein Fadenpendel.

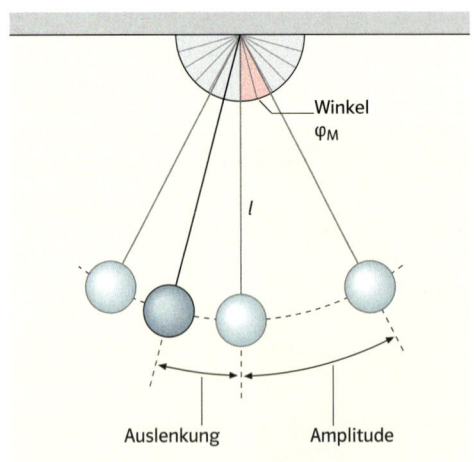

a) An einem Fadenpendel können wir die Auslenkung, die Länge des Fadens und das Gewicht des Körpers verändern. Geben Sie an, welche dieser Größen zu einer Veränderung der Periodendauer führt.

b) Zeigen Sie, warum ein Fadenpendel nur bei kleinen Auslenkungen harmonisch schwingt.

c) Geben Sie an, wie man bei kleinen Auslenkungen die Periodendauer des Fadenpendels berechnet. Diese Formel kann man zur Bestimmung einer weiteren Größe verwenden. Nennen Sie diese Größe.

A19 ⊜ Ein zylinderförmiger Körper der Dichte ϱ_K, der Höhe h und der Querschnittsfläche A ist unten beschwert und schwimmt dadurch stabil in einer Flüssigkeit mit der Dichte ϱ_{Fl}.

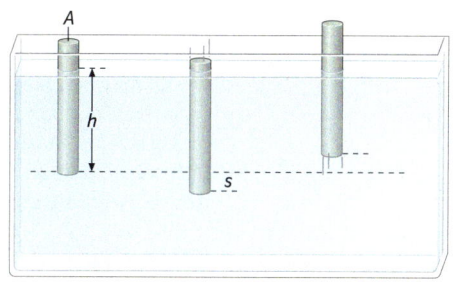

a) Der Körper wird um die Strecke s weiter ins Wasser gedrückt. Bestimmen Sie die rücktreibende Kraft, die auf den Körper wirkt.

b) Weisen Sie nach, dass der Körper nach dem Loslassen eine harmonische Schwingung ausführt, wenn man alle Reibungs- und Dämpfungseffekte vernachlässigt.

Wellen

A20 ⊜ Das Bild zeigt die Überlagerung zweier Kreiswellen gleicher Frequenz.

a) Erklären Sie, was man beobachten kann.

b) Erläutern Sie einen Versuch aus der Akustik, der diese Beobachtungen auch zeigt.

A21 ⊜ Überlagern sich zwei gleichfrequente Wellen, die aufeinander zu laufen, so entsteht dabei eine stehende Welle. Auf einer Wellenmaschine erzeugt man eine stehende Welle durch Reflexion.

a) Geben Sie an, wie sich die Reflexion am festen Ende von der am losen unterscheidet.

b) Stellen Sie fortschreitende und stehende Welle einander gegenüber.

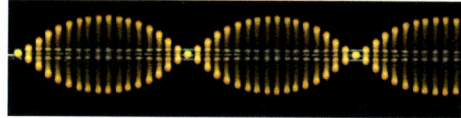

A22 ⊜ In einem Versuch überlagern sich zwei gegenläufige Wellenberge.

a) Erklären Sie, was man unter destruktiver und konstruktiver Interferenz versteht.

b) Bestimmen sie die Ausbreitungsgeschwindigkeiten der beiden gegenläufigen Wellen mit Hilfe von **B1** und **B2**. Geben Sie außerdem die maximale Elongation der Wellen an.

c) Zeichnen Sie das Wellenbild der ersten Welle, der zweiten Welle und das aus der Interferenz resultierende Wellenbild nach 1,1 s.

d) Beschreiben und begründen Sie, wie das aus der Interferenz resultierende Wellenbild nach 1,7 s aussehen wird.

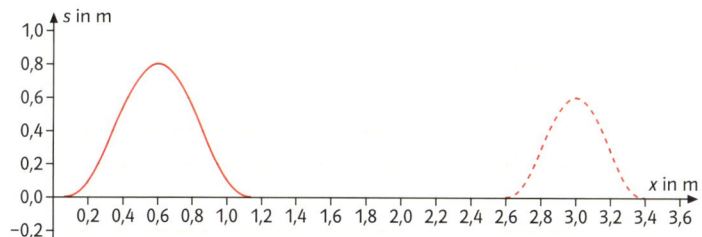

B1 Wellen 1 und 2 zum Zeitpunkt $t_1 = 0,3\,\text{s}$

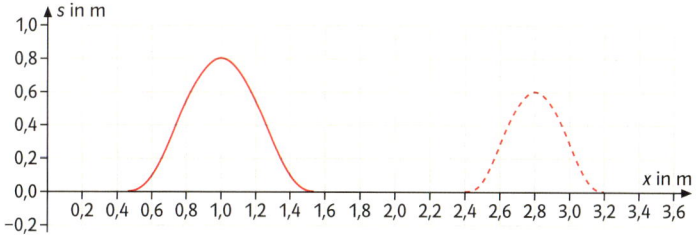

B2 Wellen 1 und 2 zum Zeitpunkt $t_2 = 0,5\,\text{s}$

Wellenmodell des Lichtes

A23 ○ Licht fällt unter einem Winkel von 40° auf eine 3 cm dicke Glasplatte ($n = 1,61$).
a) Zeichnen Sie den Strahlenverlauf mit Hilfe des folgenden Diagramms (→**B3**).
Entnehmen Sie dem Diagramm die Ablenkung des Lichtes aus seiner ursprünglichen Richtung.
b) Berechnen Sie mittels des Brechungsgesetzes die Ablenkung des Lichtes aus seiner ursprünglichen Richtung.

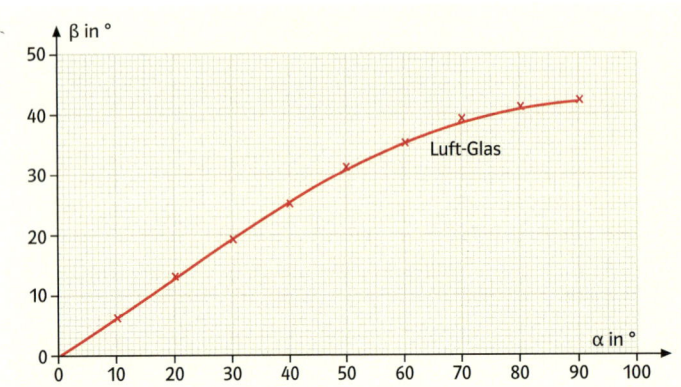

B3 Zu Aufgabe 23

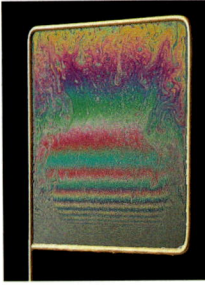

B2 Zu Aufgabe 26

A24 ⊖ Ein Doppelspalt wird mit parallelem monochromatischen Licht ($\lambda = 546\,\text{nm}$) beleuchtet. Die Spaltöffnungen sind so eng, dass man sie als Zentren von Elementarwellen ansehen kann. Auf einem 2 m entfernten Schirm zeigt sich ein Interferenzbild. Die Minima 4. Ordnung sind 2 cm voneinander entfernt.
a) Berechnen Sie den Abstand der beiden Spaltmitten.
b) Beschreiben Sie, wie sich der Abstand der Minima verändert, wenn man den Abstand der Spaltmitten verkleinert oder vergrößert.
c) Berechnen Sie die Anzahl der Maxima, die man auf einem 30 cm breiten Schirm beobachten kann.

A25 ● Ein Gitter mit der Gitterkonstanten $g = 4,2 \cdot 10^{-6}\,\text{m}$ wird senkrecht mit parallelem Licht der Wellenlänge $\lambda = 630\,\text{nm}$ bestrahlt. Parallel zum Gitter, im Abstand $l = 8\,\text{cm}$, ist ein Schirm der Breite 20 cm angebracht.
a) Leiten Sie anhand einer Skizze eine Gleichung für die Winkel α_k her, unter denen auf dem Schirm Helligkeitsmaxima zu finden sind.
b) Geben Sie an, wie viele Maxima insgesamt entstehen.
c) Geben Sie an, wie viele Maxima auf dem Schirm zu beobachten sind.
d) Das Gitter wird nun mit dem Licht einer

Quecksilberdampflampe beleuchtet. Links und rechts vom Maximum 0. Ordnung (dem Hauptmaximum) erkennt man auf dem Schirm die Maxima höherer Ordnung der hellsten Spektrallinien des Quecksilbers.
Man misst folgende Abstände zwischen den Maxima 1. Ordnung:

Farbe	Blau	Grün	Gelb
Abstand $2a$ in cm	1,7	2,1	2,3

Berechnen Sie die Wellenlängen und Frequenzen des Lichtes.
e) Bei der Versuchsdurchführung beobachtet man, dass Maxima des gelben Lichtes in etwa mit den Maxima der nächsthöheren Ordnung des blauen Lichtes zusammenfallen.
Berechnen Sie die Ordnung dieser Maxima. Nutzen Sie dazu die Angaben und Ergebnisse aus Teilaufgabe d.
f) Untersuchen Sie, ob die Versuchsanordnung so verändert werden kann, dass dieses Zusammenfallen der Maxima von blauem und gelbem Licht verhindert wird. Begründen Sie das Ergebnis Ihrer Untersuchung.

A26 ● Weißes Licht trifft senkrecht auf eine Seifenhaut ($n = 1,35$) der Dicke 750 nm (→**B2**). Berechnen Sie, welche Wellenlängen aus dem Spektrum des sichtbaren Bereichs (400 nm – 800 nm) bei der Reflexion verstärkt, welche gelöscht werden.

A27 ● Die Polarimetrie ist ein Verfahren, mit dem man die Konzentration gelöster Stoffe unter Ausnutzung ihres optisch aktiven Verhaltens bestimmen kann. Eine Substanz ist optisch aktiv, wenn die Polarisationsebene des Lichtes gedreht wird. Aus der Größe der Drehung kann man die Konzentration der Substanz, die gelöst wurde, bestimmen. Dabei ist der Drehwinkel proportional zur durchstrahlten Schichtdicke und zur Konzentration der Lösung. Beschreiben Sie einen Versuch, mit dem untersucht werden kann, ob eine Lösung optisch aktiv ist.

Quantenobjekte

A28 ⊖ De Broglie stellte 1924 in seiner Dissertation die Hypothese auf, dass jedem bewegten Teilchen eine Welle mit der Wellenlänge $\lambda = h/p$ zugeordnet werden kann. 1927 gelang Davisson und Germer in Amerika und G. P. Thomson in Schottland die Beugung von Quantenobjekten an Kristallgittern. Elektronen durchlaufen eine Spannung von 54,0 V und treffen auf die Oberfläche eines Nickelkristalls mit der Gitterkonstanten $a = 215\,\text{pm}$.

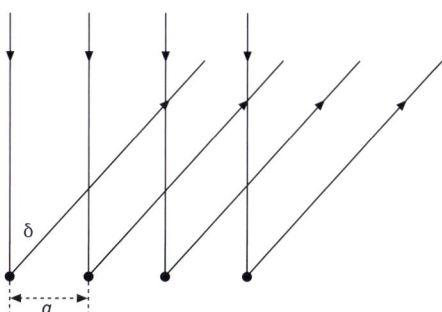

a) Berechnen Sie die De-Broglie-Wellenlänge.
b) Zeigen Sie: Treffen Wellen der Wellenlänge λ auf die Oberfläche eines Kristalls, dann entstehen bei einem Gangunterschied $\Delta l = k \cdot \lambda = a \cdot \sin\delta$ Interferenzmaxima.
c) Berechnen Sie die Wellenlänge für den Fall, dass das erste Maximum bei 50° gemessen wird. Vergleichen Sie das Ergebnis mit a).

Zusatzinfo:
Ruhemasse des Elektrons: $m_e = 9{,}11 \cdot 10^{-31}\,\text{kg}$
Elementarladung: $e = 1{,}60 \cdot 10^{-19}\,\text{C}$

A29 ○ Deuten Sie das Ergebnis des folgenden Versuches: Eine negativ aufgeladene Zinkplatte, die mit UV-Licht bestrahlt wird, verliert ihre Ladung. Eine Bestrahlung mit sichtbarem Licht hat keine Wirkung. Bei positiver Aufladung bleibt die Ladung der Zinkplatte in jedem Fall erhalten.

B1 Zu Aufgabe 31b

A30 ⊖ Eine Fotozelle wird mit Licht der Wellenlänge $\lambda = 540\,\text{nm}$ beleuchtet. Bei einer Gegenspannung von $U_G = 0{,}34\,\text{V}$ sind alle Elektronen, die durch das Licht aus der Kathode herausgelöst wurden, gerade auf die Geschwindigkeit null abgebremst.
a) Berechnen Sie die Energie E_{ph} der Photonen, die Bewegungsenergie E_B der Elektronen, die Austrittsarbeit E_A und die Grenzfrequenz f_G des Kathodenmaterials.

Ermitteln Sie, aus welchem Material die Kathode gefertigt sein könnte. In der Tabelle **B1** sind die Austrittsarbeiten für einige Stoffe angegeben.

Stoff	E_A in eV	Stoff	E_A in eV
Aluminium	4,2	Gold	4,71
Barium	2,52	Kupfer	4,48
Caesium	1,94	Wolfram	4,54

B1

b) Berechnen Sie die Geschwindigkeit, mit der die Elektronen die Kathode verlassen.
c) Überprüfen Sie, ob Licht der Wellenlänge $\lambda = 720\,\text{nm}$ bei dem verwendeten Kathodenmaterial den Fotoeffekt auslösen könnte. Die Grenzfrequenz beträgt $f_G = 4{,}74 \cdot 10^{14}\,\text{Hz}$. Begründen Sie ihre Entscheidung.
d) Bestrahlt man eine Kathode mit Licht der Wellenlänge $\lambda = 540\,\text{nm}$, erhalten die ausgelösten Elektronen eine Bewegungsenergie von 0,34 eV.
Berechnen Sie, welche Wellenlänge das Licht haben müsste, damit die Elektronen eine doppelt so große Bewegungsenergie erhalten.

A31 ● Nach der Heisenberg'schen Unbestimmtheitsrelation ist es nicht möglich, gleichzeitig den Ort x und den Impuls p eines Quantenobjektes mit beliebiger Genauigkeit zu bestimmen. Für die Unbestimmtheiten $\overline{\Delta x}$ des Ortes und des Impulses $\overline{\Delta p_x}$ gilt:

$$\overline{\Delta x} \cdot \overline{\Delta p_x} \geq \frac{h}{4\pi}$$

a) Ein Ball der Masse $m = 200\,\text{g}$ und ein Elektron bewegen sich jeweils mit der Geschwindigkeit 250 m/s. Die Unbestimmtheit der Geschwindigkeit ist 0,01 %. Berechnen Sie $\overline{\Delta x}$ für beide Objekte. Vergleichen Sie die Ergebnisse.
b) Im Fadenstrahlrohr bewegen sich Elektronen auf einer Kreisbahn (→**B1**).
Berechnen Sie den Impuls p eines Elektrons bei einer Beschleunigungsspannung $U_B = 200\,\text{V}$. Durch die Anode wird ein Strahl der Breite $b = 1\,\text{mm}$ ausgeblendet. Ermitteln Sie $\overline{\Delta p_x}$. Vergleichen Sie das Ergebnis mit dem Impuls p. Welche Bedeutung hat die Unbestimmtheitsrelation für dieses Experiment?

Zusatzinfo: $h = 6{,}63 \cdot 10^{-34}\,\text{Js}$
$$m_e = 9{,}11 \cdot 10^{-31}\,\text{kg}$$
$$e = 1{,}60 \cdot 10^{-19}\,\text{C}$$

A32 ⊖ Die Eigenschaften von Quantenobjekten lassen sich mit den anschaulichen Vorstellungen als Teilchen oder Wellen nur unzureichend erfassen. Es bleibt nur eine mathematische Beschreibung. Man ordnet einem Quantenobjekt eine Zustandsfunktion (man sagt auch Wellenfunktion, Wahrscheinlichkeitsamplitude oder ψ-Funktion) zu.
Im Folgenden werden nur lineare zeitunabhängige Vorgänge betrachtet.
a) Beschreiben Sie die physikalische Bedeutung von $\psi(x)$ und $\psi^2(x_0) \cdot \Delta x$.
b) Erläutern Sie die Bedeutung der Gleichung

$$\psi_{12}^2 = (\psi_1(x) + \psi_2(x))^2$$

für die Beschreibung der Interferenz an einem Doppelspalt.
c) Das Diagramm zeigt eine Wahrscheinlichkeitsdichte für ein Elektron in einem Potenzialtopf. Welche Aussagen lassen sich über das Elektron machen?

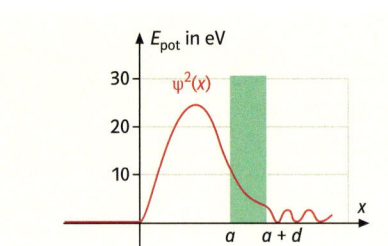

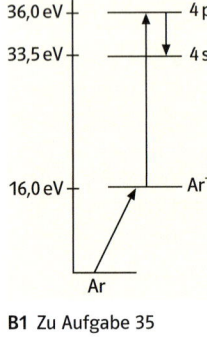

B1 Zu Aufgabe 35

Atomphysik

A33 ● **a)** Nennen Sie die wesentlichen Aussagen des Rutherford'schen Atommodells und erläutern Sie, durch welche Beobachtungen sie nahegelegt werden.
b) Ein α-Teilchen der Energie $E_B = 8,0\,\text{MeV}$ bewegt sich aus größerer Entfernung kommend auf einen Goldkern $^{197}_{79}\text{Au}$ zu und wird um 180° abgelenkt. Schätzen Sie aus diesen Daten den Durchmesser des Atomkerns ab.

Konstanten: $h = 4{,}14 \cdot 10^{-15}\,\text{eVs} = 6{,}63 \cdot 10^{-34}\,\text{Js}$;

$m_e = 9{,}11 \cdot 10^{-31}\,\text{kg}$, $\varepsilon_0 = 8{,}85 \cdot 10^{-12}\,\frac{\text{C}}{\text{V} \cdot \text{m}}$;

$e = 1{,}60 \cdot 10^{-19}\,\text{C}$

B2 Zu Aufgabe 37

A34 ⊖ **a)** Fertigen Sie eine Schaltskizze zum Franck-Hertz-Versuch an und beschreiben Sie kurz die Versuchsdurchführung.

b) Das Franck-Hertz-Rohr ist mit Quecksilberdampf gefüllt. Erläutern Sie die Vorgänge im Rohr mit Hilfe des U_B-I-Diagramms.

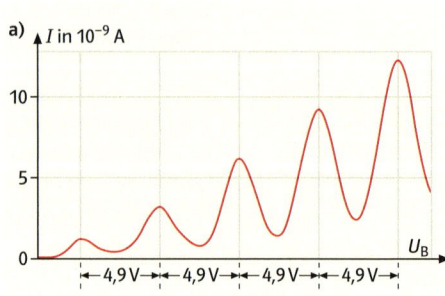

A35 ⊖ **a)** Erläutern Sie die Begriffe spontane Emission und stimulierte Emission.
b) Argon-Ionen lassen sich zur Erzeugung von Laserlicht verwenden.
Durch Elektronenstoß werden die Argon-Atome zunächst ionisiert und anschließend durch einen weiteren Stoß auf das 4 p-Energieniveau gehoben. Das Laserlicht entsteht beim Übergang vom 4 p- in den 4 s-Zustand (→**B1**).
a) Berechnen Sie die Geschwindigkeit, die ein Elektron mindestens haben muss, um ein Argon-Ion auf das Laserniveau zu heben.
b) Ermitteln Sie die Wellenlänge des Laserlichtes.
Konstanten: $h = 6{,}63 \cdot 10^{-34}\,\text{Js} = 4{,}14 \cdot 10^{-15}\,\text{eVs}$;
$m_e = 9{,}11 \cdot 10^{-31}\,\text{kg}$; $c = 3{,}00 \cdot 10^8\,\text{m/s}$;
$e = 1{,}60 \cdot 10^{-19}\,\text{C}$

Kernphysik

A36 ○ **a)** Fertigen Sie eine Schaltskizze zum Geiger-Müller-Zählrohr an. Erklären Sie seine Funktionsweise.
b) Mit einer Nebelkammer lassen sich Spuren ionisierender Strahlung sichtbar machen (→**B2**). Erklären Sie, wie ein solches Bild entsteht und welche Aussagen man über die ionisierende Strahlung machen kann.
c) Nennen Sie drei weitere Nachweisgeräte für ionisierende Strahlung.

A37 ○ Die Strahlung radioaktiver Stoffe kann Atome oder Moleküle der umgebenden Stoffe ionisieren.
a) Geben Sie an, was man unter α-, β- und γ-Strahlung versteht. Nennen Sie Eigenschaften dieser Strahlungsarten (Energie, Reichweite, Absorption).

b) Ein schmales Bündel ionisierender Strahlung geht senkrecht zu den Feldlinien durch ein starkes Magnetfeld. Beschreiben Sie, wie sich die Strahlung verhält.
c) Beschreiben Sie einige biologische Folgen ionisierender Strahlung.

A38 ● **a)** Die Zählrate z in der Umgebung eines radioaktiven Präparates nimmt mit der Zeit ab. Mit dem Geiger-Müller-Zählrohr wurde die folgende Messreihe aufgenommen. Die Nullrate ist bereits berücksichtigt.

t in s	0	60	120	180	240	300	360	420	480
z in s^{-1}	41	28	22	18	13	10	9	6	5

Zeichnen Sie ein t-z-Diagramm und begründen Sie, dass die Zählrate nach einem Exponentialgesetz abnimmt.
Bestimmen Sie mit Hilfe des Diagramms die Halbwertszeit $T_{1/2}$ und die Zerfallskonstante λ. Geben Sie das Zerfallsgesetz an.
b) In der Medizin, Technik und Forschung wird Co-57 als γ-Strahler eingesetzt.
Die Halbwertszeit beträgt 270 Tage. Für einen Einsatz wird eine Anfangsaktivität von $5{,}0 \cdot 10^6$ Bq benötigt. Wie lange kann man mit dem Präparat arbeiten, bis die Aktivität auf $4{,}0 \cdot 10^6$ Bq gefallen ist?

A39 ◐ **a)** Beschreiben Sie mit Hilfe einer Skizze das Potenzialtopfmodell des Atomkerns.
b) Erläutern Sie im Potenzialtopfmodell den α- und β^--Zerfall sowie die Entstehung von γ-Strahlung. Geben Sie die zugehörigen Zerfallsgleichungen an.

A40 ◐ **a)** Zeigen Sie, dass die Beziehung $1\,u \cdot c^2 = 931{,}5$ MeV gilt.
b) Erläutern Sie am Beispiel des Heliumkerns Massendefekt und Bindungsenergie.
c) Erläutern Sie anhand der Abbildung, warum bei der Spaltung schwerer Kerne in zwei mittelschwere Kerne Energie freigesetzt wird.

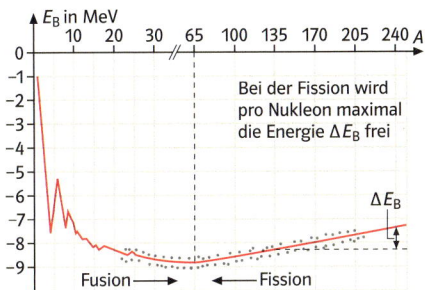

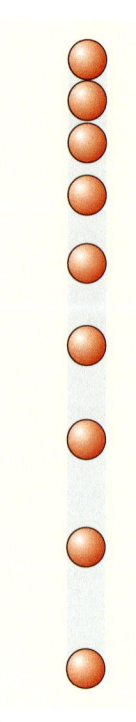

B1

Die Physik ist eine Wissenschaft, die Vorgänge in der belebten und unbelebten Natur untersucht und erklärt. Ziel ist es, in der Vielzahl von Erscheinungen Gemeinsamkeiten zu erkennen. Dazu sind Vergleiche erforderlich, die die Physik auf der Grundlage messbarer Größen durchführt.

Untersucht man den Ablauf von Vorgängen, z. B. den Fall einer Kugel, ergeben sich aus einer Messung Zahlenpaare, z. B. der zurückgelegte Weg und die dafür benötigte Zeit. Lässt sich ein mathematisch beschreibbarer Zusammenhang zwischen diesen Größen finden, bezeichnet man diesen als **physikalisches Gesetz** (→B2). Gesetze gestatten es, Vorhersagen zu machen, die im Experiment überprüft werden können.

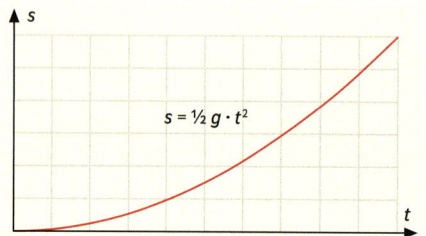

$$s = \tfrac{1}{2}\, g \cdot t^2$$

B2 *t-s*-Diagramm einer fallenden Kugel

Viele Vorgänge sind allerdings so komplex, dass die mathematische Beschreibung nicht mehr gelingt. Als Beispiel sei der Flug eines Fußballs genannt: Der Vorgang scheint einfach zu sein. Bei näherer Untersuchung stellt man aber fest, dass der Ball nie eine exakte Kugel ist. Er wird durch den Tritt mit dem Fuß verformt, dreht sich im Flug meistens um seinen Mittelpunkt und erfährt einen Luftwiderstand.

Wollte man dies alles berücksichtigen, so hätte man es mit einem sehr komplizierten Vorgang

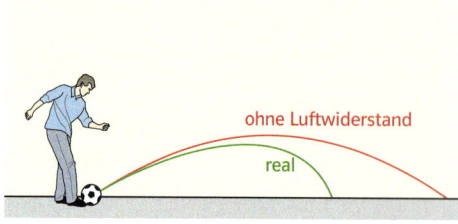

ohne Luftwiderstand

real

B3 Flugbahn eines Fußballs im Modell und in der Realität

zu tun. Vernachlässigt man die genannten Einflüsse, dann wird anstelle der Realität ein vereinfachtes Bild von ihr beschrieben, man nennt es **Modell**. So sieht man z. B. von der Ausdehnung des Balls ab und vernachlässigt den Luftwiderstand. Unter diesen Bedingungen ergibt sich eine parabelförmige Bahnkurve. Verglichen mit der tatsächlichen Flugbahn eines Fußballs ist die Übereinstimmung auf den ersten Blick ganz brauchbar (→B3).

Die Bewegung des Modell-Fußballs lässt sich mit Hilfe von **Bewegungsgleichungen** beschreiben, die es ermöglichen, die Position des Balls zu jedem beliebigen Zeitpunkt *t* zu bestimmen. Lassen sich die Beziehungen zwischen den Größen nicht in eine direkt berechenbare Formel vereinigen, dann können die Positionsangaben mit Hilfe numerischer Rechenmethoden berechnet werden. Sie vereinfachen die komplexen Zusammenhänge, indem die Bewegung in kleine zeitliche Abschnitte unterteilt wird. Die Abläufe für diese Abschnitte lassen sich idealisiert berechnen. Die Ergebnisse dieser Modellrechnung können in Wertetabellen oder Diagrammen dargestellt und mit experimentellen Daten verglichen werden.

Mit der Videoanalyse erhält man nun ein Werkzeug, mit dessen Hilfe die beschriebenen komplexen Vorgänge untersucht werden können.

Die Videoanalyse

Bei vielen Bewegungen ist eine direkte Messung des Orts in Abhängigkeit von der Zeit nicht möglich. Die Videoanalyse erlaubt es, solche Bewegungen aufzuzeichnen und sie physikalisch zu untersuchen. Dies können Alltagsereignisse sein, wie z. B. der Flug eines Fußballs, aber auch ungewöhnliche Vorgänge wie der Aufprall eines Crashtest-Dummies auf einen Airbag.

Nachdem beispielsweise das Video einer Bewegung aufgenommen wurde, lässt sich der Bewegungsablauf in Einzelbildern darstellen. Die Zeit- und Ortsdaten der Bewegung lassen sich dann einfach per Mausklick ermitteln. Die Wertepaare aus Weg und Zeit können in Form einer Tabelle oder eines Diagramms ausgegeben werden.

B1 Erstellung von Einzel-
bildserien mit Avidemux

Aufnahme des Videos und Vorbereitung der Bilddaten

Um selbst Bewegungsabläufe aufzunehmen, benötigt man eine digitale Filmkamera (geeignet sind auch Handy- oder Fotokameras mit Videofunktion), einen Computer, ein Videoanalyse-Programm und gegebenenfalls einen Maßstab.

Möchte man die Bewegung eines ausgedehnten Körpers, z.B. eines Fahrrads (→**B3**), untersuchen, sollte vor der Aufnahme des Videos eine Markierung an dem Körper angebracht werden, die sich deutlich vom Hintergrund abhebt. Dies erleichtert später die Erfassung der Messwerte. Außerdem muss im Motiv eine Vergleichsstrecke festgelegt werden, dies kann ein Maßstab sein oder wie im Beispiel **B3** das Garagentor.

B3 Eine Radfahrerin fährt an.

Hinweis: Eine Reihe von Videos und Einzelbild-serien zu verschiedenen Experimenten finden Sie auf beiliegender DVD.

Nun wird die Bewegung gefilmt. Während des Filmens muss die Kamera ruhig gehalten werden und ihr Abstand zum Körper darf nicht verändert werden. Nach der Aufnahme des Videos wird dieses auf dem Computer in das persönliche Arbeitsverzeichnis kopiert.

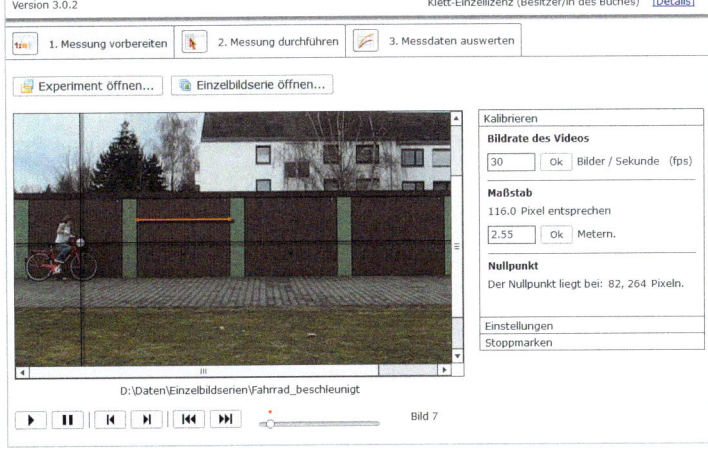

B2 Längen- und Zeitkalibrierung des Vorgangs.

Auswertung mit dem VideoAnalyzer

Eine Möglichkeit zur Auswertung gefilmter Bewegungsabläufe bietet das Programm VideoAnalyzer30_Live, das man unter dem Online-Code jn2n7w herunterladen kann. Das Programm ist einfach zu bedienen und für Mac und PC geeignet.

Vor der weiteren Verarbeitung muss das Video in eine Serie von Einzelbildern im jpg-Format zerlegt werden. Dazu kann man kostenlos verfügbare Programme wie z.B. Avidemux nutzen (→**B1**).

Die Funktionsweise des VideoAnalyzers soll am Beispiel der beschleunigten Bewegung eines Fahrrads vorgestellt werden. Dazu muss das Programm zunächst auf den Rechner kopiert und anschließend gestartet werden (Video Analyzer30_live/VideoAnalyzer 3.0.exe). Es öffnet sich der Menüpunkt „1. Messung vorbereiten". Hier klickt man die Schaltfläche „Einzelbildserie öffnen …" an und wählt im persönlichen Verzeichnis den Ordner aus, in dem die Einzelbildserie des gefilmten Vorgangs abgelegt ist. Durch Klick auf den Schaltfläche „Ordner auswählen" werden die Einzelbilder geladen (→**B2**). Über die Tasten oder den Schieber der Bildnummernleiste unterhalb des Videofensters kann man von Bild zu Bild springen.

Bewegt man den Mauszeiger in das Videofenster, erscheinen dort drei schwarze Kreise, zwei befinden sich an den Enden eines orangefarbenen Balkens, der dritte markiert den Ursprung des im Bild eingeblendeten Koordinatensystems. Klickt man diese Kreise an, kann man die Position der Balkenenden und des Ursprungs durch Ziehen bei gedrückter Maustaste verändern.

Zur Vorbereitung der Messung gehören die Längen- und Zeitkalibrierung der Bildserie: Unter dem Reiter „Kalibrieren" (→**B2**) wird die Bildrate des Videos (hier: 30 Bilder/Sekunde) angegeben. Daraus berechnet das Programm für jeden Messpunkt den Zeitwert.

Zur Längenkalibrierung verschiebt man den orangefarbenen Balken im Bildfenster auf die Vergleichsstrecke im Bild und gibt die Länge dieser Strecke unter "Maßstab" an. Im Beispiel hat das als Referenz dienende Garagentor eine Breite von 2,55 m. Da das Programm nur Daten mit einen Punkt als Dezimaltrennzeichen verarbeitet, muss in der Maske der Wert in der Form 2.55 eingegeben werden. Aus diesen Angaben berechnet das Programm für jeden Messpunkt die zurückgelegte Entfernung.

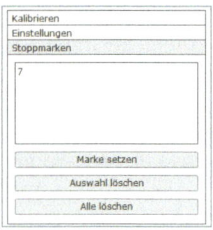

B1

Wenn man sich das Video ansieht, stellt man fest, dass sich das Fahrrad nicht gleich zu Beginn der Aufnahme in Bewegung setzt, sondern bis Bild 7 in Ruhe verbleibt. Um möglichst genaue Messergebnisse zu erhalten, sollte die Messung zu diesem Zeitpunkt beginnen. Daher wechselt man nun zum Reiter „Stoppmarken", um Anfangs- und Endbild des Vorgangs auszuwählen (→B1). Damit wird der Bereich festgelegt, in dem die Messung erfolgt. Im Beispiel springt man über die Vorwärts-Tasten zu Bild 7 und klickt unter „Stoppmarken" die Schaltfläche „Marke setzen" an. An der Bildnummernleiste wird die Stoppmarke durch einen roten Punkt angezeigt (→B2, S. 331).

Zurück unter „Kalibrieren" springt man nun über die Sprung-Taste zur ersten Stoppmarke, also zum Beginn des Vorgangs. Nun verschiebt man den Ursprung des Koordinatensystems auf die Mitte der am Fahrrad angebrachten Markierung (→B2, S. 331).
Im nächsten Schritt wird unter Menüpunkt 2. die Messung durchgeführt. Für jedes Einzelbild des Films wird nun durch Mausklick auf die Markierung die Position des Körpers bzw. des am Fahrrad befestigten Schilds bestimmt. Dabei springt das Programm automatisch nach jedem Klick zum nächsten Bild.

Im Fall der beschleunigten Bewegung aus dem Stand ändert das Fahrrad auf den ersten Bildern seine Position nur unmerklich. Eine Aufnahme der Messwerte ist schwierig, weil die Punkte sehr dicht beieinander liegen. Wählt man unter „Einzelbilder weiterspringen" einen höheren Wert und lässt sich beispielsweise nur jedes 3. Bild anzeigen, erleichtert dies die Erfassung der Messwerte, vor allem zu Beginn des Vorgangs. Die Tabelle rechts im Fenster zeigt die aufgenommenen Werte an (→B2).

Unter Menüpunkt 3. können die Messdaten ausgewertet werden: Zunächst lädt man die Daten durch Klick auf die Schaltfläche „Neue Wertetabelle". Dort kann man die gewünschten Variablen auswählen, in der Regel sind zunächst die Zeit t und die Werte x und y interessant. Nach Anklicken der Schaltfläche „Neues Diagramm" wird das x-y-Diagramm der Bewegung angezeigt. Da durch die Videoanalyse aber die Bewegungsgleichung ermittelt werden soll, also der Zusammenhang zwischen Zeit t und Ort x, wählt man unter dem Reiter „Einstellungen" rechts neben dem Diagramm für die x-Achse die Zeit t in s und für die y-Achse die Position x in m.

Für das t-x-Diagramm lässt sich unter „Auswertung" nun eine Trendlinie erstellen. Dazu setzt man bei „Trendlinien" den Haken und wählt den Polynomgrad aus. Das Fahrrad führt eine beschleunigte Bewegung ausführt, daher wählt man den Polynomgrad 2 und erhält so eine Trendlinie, die den Verlauf der Messwerte recht gut wiedergibt. Die zugehörige Gleichung wird nach Klick auf die Schaltfläche „Gleichungen zeigen" angegeben und lautet im Beispiel:

$$t\_1(x) = 0.78 * x{\char`^}2 + 0.52 * x - 0.12$$

Die Gleichung für eine gleichmäßig beschleunigte Bewegung aus der Ruhe lautet

$$s(t) = 1/2\ a * t{\char`^}2$$

Aus dem Vergleich mit der Trendliniengleichung ergibt sich für die Beschleunigung der Wert $a = 1{,}56\,\text{m/s}^2$.

Die weiteren Terme in $t\_1(x)$ bedeuten, dass das Fahrrad zu Beginn der Messung bereits eine Geschwindigkeit v von 0,52 m/s hatte und 0,12 m vor dem Nullpunkt gestartet ist.

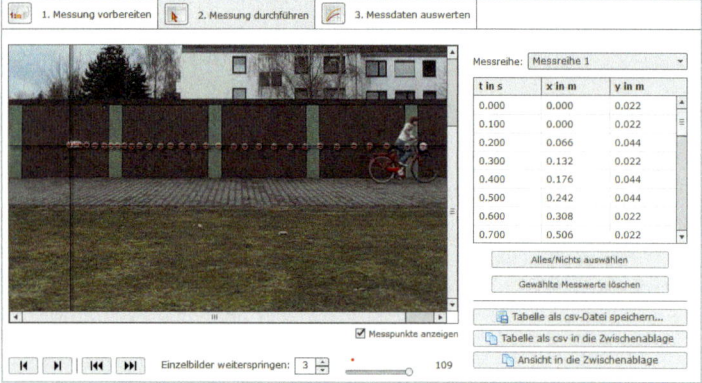

B2 Erfassung der Messwerte

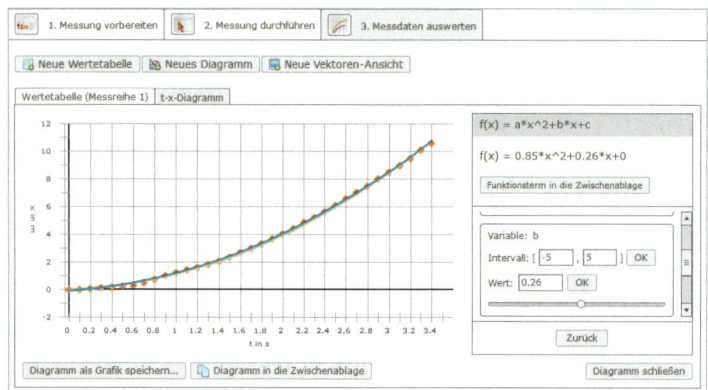

B3 Darstellung der Messwerte als Diagramm

Unter „Eigene Funktion" kann man für f(x) selbst eine Gleichung erstellen. Zunächst setzt man bei „Eigene Funktion" den Haken und wählt dann aus der Liste die passende Polynomfunktion aus (die manuelle Eingabe einer Funktion ist nicht möglich, es kann nur aus der Liste zu f(x) ausgewählt werden). Anschließend legt man unter „Wertebelegung" die Werte für die Variablen a, b usw. fest.

Die Funktion, die der Bewegungsgleichung eines gleichmäßig beschleunigten Körpers entspricht und den Verlauf der Messwerte näherungsweise wiedergibt, lautet

$f(x) = 0{,}91 \cdot x^2$

Die Abweichungen sind hier allerdings deutlich größer als bei der Trendlinie.

Die starken Abweichungen der Messkurve vom theoretisch erwarteten Verlauf rühren zum einen daher, dass bei der Aufnahme der Messwerte Fehler auftreten (wenn man z. B. die Markierung nicht für jeden Messwert genau an derselben Stelle anklickt). Zum anderen handelt es sich bei den gemessenen Bewegungen nicht um ideale Vorgänge, beispielsweise ist die Beschleunigung nicht über die gesamte Messzeit konstant, Reibungseffekte bleiben unberücksichtigt.

Tabellen

Universelle physikalische Konstanten

Lichtgeschwindigkeit im Vakuum	$c_0 = 2{,}997\,924\,58 \cdot 10^8\,\frac{m}{s}$
Gravitationskonstante	$\gamma = 6{,}672\,59 \cdot 10^{-11}\,\frac{m^3}{kg \cdot s^2}$
Elementarladung	$e = 1{,}602\,176\,63 \cdot 10^{-19}\,C$
elektrische Feldkonstante	$\varepsilon_0 = 8{,}854\,188 \cdot 10^{-12}\,\frac{C}{V \cdot m}$
magnetische Feldkonstante	$\mu_0 = 1{,}256\,637 \cdot 10^{-6}\,\frac{V \cdot s}{A \cdot m}$
Planck'sches Wirkungsquantum	$h = 6{,}626\,075\,5 \cdot 10^{-34}\,Js$ $h = 4{,}135\,669\,2 \cdot 10^{-15}\,eVs$
Avogadro'sche Konstante	$N_A = 6{,}022\,136\,7 \cdot 10^{23}\,\frac{1}{mol}$
Boltzmann-Konstante	$k = 1{,}380\,649 \cdot 10^{-23}\,\frac{J}{K}$
Faraday'sche Konstante	$F = 9{,}648\,530\,9 \cdot 10^4\,\frac{C}{mol}$
Stefan-Boltzmann'sche Konstante	$\sigma = 5{,}670\,51 \cdot 10^{-8}\,\frac{W}{m^2 \cdot K^4}$
Allgemeine Gaskonstante	$R = 8{,}314\,510\,\frac{J}{K \cdot mol}$
Absoluter Nullpunkt (0 K)	$\vartheta = -273{,}15\,°C$
Molvolumen idealer Gase (bei 273,15 K, 1013,25 hPa)	$V_{m_0} = 22{,}414\,0\,\frac{dm^3}{mol}$

Astronomische Konstanten

Sonne	Masse	$m_S = 1{,}989 \cdot 10^{30}\,kg$
	Radius	$r_S = 6{,}96 \cdot 10^8\,m$
Mond	Masse	$m_M = 7{,}349 \cdot 10^{22}\,kg$
	Radius	$r_M = 1{,}738 \cdot 10^6\,m$
	Abstand zur Erde (mittlerer)	$= 3{,}844 \cdot 10^8\,m$
	Umlaufzeit um Erde (synodisch[1])	1 Monat $= 29{,}530\,51\,d$
Erde	Masse	$m_E = 5{,}974 \cdot 10^{24}\,kg$
	Radius	$r_E = 6{,}378 \cdot 10^6\,m$
	Abstand zur Sonne (mittlerer)	1 AE $= 1{,}495\,978\,7 \cdot 10^{11}\,m$
	Umlaufzeit um Sonne (siderisch[2])	1 Jahr $= 1\,a = 365{,}256\,4\,d$
	Normfallbeschleunigung	$g_n = 9{,}806\,65\,m/s^2$
	Solarkonstante (über der Lufthülle)	$S = 1{,}368 \cdot 10^3\,W/m^2$

Astronomische Einheit
1 AE $= 1{,}495\,978\,7 \cdot 10^{11}\,m$

Lichtjahr   1 LJ $= 63\,275\,AE \approx 9{,}46 \cdot 10^{15}\,m$

Parsec   1 parsec $= 1\,pc = 3{,}26\,LJ \approx 3{,}09 \cdot 10^{16}\,m$

[1] synodisch: von Neumond zu Neumond
[2] siderisch: 360°-Umrundung der Sonne

Atomare Konstanten

	Zeichen	Ladung	Ruhemasse
Elektron	$_{-1}^{0}e$	$-1{,}602\,2 \cdot 10^{-19}\,C$	$9{,}109\,389\,7 \cdot 10^{-31}\,kg$
Neutron	$_{0}^{1}n$	0	$1{,}674\,928\,6 \cdot 10^{-27}\,kg$
Proton	$_{1}^{1}p$	$+1{,}602\,2 \cdot 10^{-19}\,C$	$1{,}672\,623\,1 \cdot 10^{-27}\,kg$
Deuteron	$_{1}^{2}d$	$+1{,}602\,2 \cdot 10^{-19}\,C$	$3{,}344\,487\,7 \cdot 10^{-27}\,kg$
α-Strahlung	$_{2}^{4}He$	$+3{,}204\,4 \cdot 10^{-19}\,C$	$6{,}644\,662\,2 \cdot 10^{-27}\,kg$

Elektronvolt $1\,eV = 1{,}602\,177\,33 \cdot 10^{-19}\,J$
Atomare Masseneinheit $1\,u = 1/12\,m\,(^{12}C) = 1{,}660\,540\,2 \cdot 10^{-27}\,kg$
Energie-Masse-Äquivalent $1\,u = 931{,}494\,33\,MeV/c^2$

Vorsilben für Vielfache von Einheiten

Exa (E) 10^{18}	Peta (P) 10^{15}	Tera (T) 10^{12}	Giga (G) 10^9
Mega (M) 10^6	Kilo (k) 10^3	Hekto (h) 10^2	Deka (D) 10^1
Dezi (d) 10^{-1}	Zenti (c) 10^{-2}	Milli (m) 10^{-3}	Mikro (μ) 10^{-6}
Nano (n) 10^{-9}	Piko (p) 10^{-12}	Femto (f) 10^{-15}	Atto (a) 10^{-18}

Grundeinheiten

1 Meter (1 m) ist die Strecke, die Licht im Vakuum in 1/299 792 458 s durchläuft.

1 Kilogramm (1 kg) wird auf die Planck'sche Konstante zurückgeführt und ist damit künftig von der Definition der Einheiten Meter und Sekunde abhängig. Die Festlegung über einen Normkörper entfällt.

1 Sekunde (1 s) ist das 9 192 631 770-fache der Dauer einer Periode der Strahlung, die das Caesiumisotop $_{55}^{133}Cs$ beim Wechsel zwischen zwei gewissen Energieniveaus aussendet.

1 Ampere (1 A) ist das 6,241 509 074 · 10^{18}-fache der elektrischen Stromstärke, die eine Elementarladung pro Sekunde in einem Leiter erzeugt.

1 Kelvin (1 K) wird auf die Boltzmann-Konstante k_B zurückgeführt:

$$1\,K = \frac{1{,}380\,649 \cdot 10^{-23}\,kg \cdot \frac{m}{s^2}}{k_B}$$

Wichtige Größen, Einheiten, Formeln und Gesetze

Größe	Zeichen	Einheit	Zeichen	Festlegung
Länge, Strecke	s, l	Meter	1 m	Lichtgeschwindigkeit c_0 mal Zeit
Winkel	φ, α	Radiant	1 rad	1 rad = $1\frac{m}{m}$; Bogenlänge durch Radius
Masse	m	Kilogramm	1 kg	Grundeinheit
Dichte	ϱ		$1\frac{kg}{m^3}$	Masse durch Volumen
Zeit	t	Sekunde	1 s	Grundeinheit
Geschwindigkeit	v		$1\frac{m}{s}$; $1\frac{km}{h}$	Weglänge durch Zeit
Beschleunigung	a		$1\frac{m}{s^2}$	Änderung der Geschwindigkeit durch Zeit
Wellenlänge	λ	Meter	1 m	Weglänge für 1 Periode
Frequenz	f	Hertz	1 Hz	1 Hz = $1\frac{1}{s}$; Anzahl der Perioden durch Zeit
Winkelgeschwindigkeit	ω		$1\frac{rad}{s}$	Winkeländerung durch Zeit
Kraft	F	Newton	1 N	1 N = $1\frac{kg \cdot m}{s^2}$; Masse mal Beschleunigung
Druck	p	Pascal	1 Pa	1 Pa = $1\frac{N}{m^2}$; Kraft durch Fläche
Impuls	p		1 Ns	1 Ns = $1\frac{kg \cdot m}{s}$; Masse mal Geschwindigkeit
Arbeit	W	Joule	1 J	1 J = 1 Nm	Kraft mal Weglänge in Kraftrichtung
Energie	E	Wattsekunde	1 Ws	1 J = 1 Ws	Arbeit ≙ Prozess, Energie ≙ Zustand
Leistung	P	Watt	1 W	1 W = $1\frac{J}{s}$; Arbeit durch Zeit
Temperatur	ϑ	Grad Celsius	1 °C	festgelegte Skala	für Temperaturunterschiede: 1 °C ≙ 1 K
	T	Kelvin	1 K	festgelegte Skala	
elektrische Stromstärke	I	Ampere	1 A	Grundeinheit
elektrische Spannung	U	Volt	1 V	1 V = $1\frac{W}{A}$; Leistung durch Stromstärke
elektrischer Widerstand	R	Ohm	1 Ω	1 Ω = $1\frac{V}{A}$; Spannung durch Stromstärke
elektrische Ladung	Q	Coulomb	1 C	1 C = 1 A · 1 s; Stromstärke mal Zeit
Kapazität	C	Farad	1 F	1 F = $1\frac{C}{V}$; Ladung durch Spannung
elektrische Feldstärke	E		$1\frac{V}{m}$	Spannung durch Abstand
magnetische Flussdichte	B	Tesla	1 T	1 T = $1\frac{N}{A \cdot m}$; Kraft durch Stromstärke und Länge
Induktivität	L	Henry	1 H	1 H = $1\frac{V \cdot s}{A}$
Lichtstärke	I_v	Candela	cd	Grundeinheit
Stoffmenge	n	Mol	1 mol	Grundeinheit
Aktivität	A	Becquerel	1 Bq	1 Bq = $1\frac{1}{s}$; Anzahl der Kernzerfälle durch Zeit
Äquivalentdosis	D_q	Sievert	1 Sv	1 Sv = $1\frac{J}{kg}$; Energie durch Masse

Geradlinige Bewegung mit konstanter Beschleunigung

$$s = \tfrac{1}{2} \cdot a \cdot t^2 + v_0 \cdot t + s_0$$

s = Ort zum Zeitpunkt t, a = Beschleunigung, v_0 = Geschwindigkeit bei $t = 0$, s_0 = Ort zum Zeitpunkt $t = 0$

Kreisbewegung mit konstanter Zentripetalbeschleunigung

$$F_Z = m \cdot a_Z = m \cdot r \cdot \omega^2 = m \cdot v^2/r$$

F_Z = Zentripetalkraft, a_Z = Zentripetalbeschleunigung, r = Radius der Kreisbahn, m = Masse des Körpers, $\omega = 2\pi/T$ = Winkelgeschwindigkeit bzw. Kreisfrequenz, $v = r \cdot \omega$ = Bahngeschwindigkeit

Kraft, Beschleunigung, Impulsänderung

$$F = m \cdot a = \lim_{\Delta t \to 0} \Delta p/\Delta t$$

F = Kraft, m = Masse des Körpers, a = Beschleunigung, Δp = Impulsänderung in der Zeit Δt

Mechanische Arbeit

$$W = F \cdot s \cdot \cos\alpha$$

W = Arbeit am Körper, F = konstante Kraft auf den Körper, s = bei der Arbeit zurückgelegte Weglänge, α = Winkel zwischen Kraftrichtung und Wegrichtung

Arbeit im elektrischen Feld

$$W = Q \cdot U = F \cdot U/E$$

W = Arbeit am Körper, Q = Ladung des Körpers, U = elektrische Spannung zwischen Anfangs- und Endpunkt des Weges, E = elektrische Feldstärke, F = Kraft auf Körper mit der Ladung Q

Energie der Bewegung

$$E_B = \tfrac{1}{2} m \cdot v^2$$

E_B = Energie der Bewegung, m = Masse des bewegten Körpers, v = Geschwindigkeit

Energie der Lage

$$E_H = m \cdot g \cdot h$$

E_H = Höhenenergie (Energie der Lage), m = Masse des Körpers, g = Erdbeschleunigung, h = Höhe über dem Bezugsniveau

Energie einer gespannten Feder

$$E_s = \tfrac{1}{2} D \cdot s^2$$

E_s = Spannenergie, D = Federkonstante, s = Länge der Verformung der Feder

Gravitationsgesetz

$$F = \gamma \cdot \frac{m_1 \cdot m_2}{r^2}$$

F = Anziehungskraft zwischen zwei Körpern mit den Massen m_1 bzw. m_2, r = Abstand der Schwerpunkte beider Körper, γ = Gravitationskonstante

Coulomb'sches Gesetz

$$F = \frac{1}{4\pi \cdot \varepsilon_0} \cdot \frac{Q_1 \cdot Q_2}{r^2}$$

F = Kraft zwischen zwei Körpern mit den Ladungen Q_1 bzw. Q_2, r = Abstand der Schwerpunkte der Ladungen, ε_0 = elektrische Feldkonstante

Feldstärke und Kapazität, Plattenkondensator

$$E = \frac{F}{Q}; \quad C = \frac{Q}{U}; \quad C = \varepsilon_0 \cdot \frac{A}{d}$$

E = elektrische Feldstärke, F = Kraft auf Körper mit der Ladung Q, U = elektrische Spannung am Kondensator, C = Kapazität des Kondensators, A = Fläche einer Platte, d = Plattenabstand, ε_0 = elektrische Feldkonstante

Magnetische Flussdichte

$$B = F/(I \cdot s); \quad B = \mu_0 \cdot I \cdot n/l$$

B = magnetische Flussdichte, I = Stromstärke im Leiter, F = Kraft auf Leiterstück der Länge s im Feld, μ_0 = magnetische Feldkonstante, n = Anzahl der Windungen einer langen Spule der Länge l

Lorentzkraft

$$F_L = Q \cdot v \cdot B$$

F_L = Lorentzkraft auf eine mit der Geschwindigkeit v senkrecht zum Magnetfeld der Flussdichte B bewegte Ladung Q

Induktionsspannung

$$U_{ind} = B \cdot l \cdot v = -n \cdot \left| \frac{\Delta\Phi}{\Delta t} \right|$$

U_{ind} = induzierte Spannung, B = magnetische Flussdichte, l = Länge des mit v im Magnetfeld bewegten Leiters, $\Delta\Phi$ = Änderung des magnetischen Flusses $\Phi = A \cdot B \cdot \cos\varphi$ in der Zeitspanne Δt für eine Spule mit der Querschnittsfläche A und n Windungen (φ Winkel zwischen Feldrichtung und Flächennormale)

Periodendauer von

Federpendel	Fadenpendel	Schwingkreis
$T = 2\pi \cdot \sqrt{m/D}$	$T = 2\pi \cdot \sqrt{l/g}$	$T = 2\pi \cdot \sqrt{L \cdot C}$

T = Dauer der Schwingung für eine Periode, m = Masse des schwingenden Körpers, D = Federkonstante, l = Länge des Fadens, g = Erdbeschleunigung, L = Induktivität und C = Kapazität des Schwingkreises

Wellengleichung

$$s = s_M \cdot \sin\left[2\pi \left(\frac{t}{T} - \frac{x}{\lambda} \right) \right]$$

s = Auslenkung des mit der Amplitude s_M und der Frequenz f schwingenden Oszillators zum Zeitpunkt t am Ort x, $T = 1/f$ Periodendauer, $\lambda = c/f$ = Wellenlänge bei der Ausbreitungsgeschwindigkeit c

Interferenzbedingungen

$$g \cdot \sin\alpha_k = k \cdot \lambda$$

g = Abstand benachbarter Spalte (Gitterkonstante) bzw. Spaltbreite beim Einzelspalt, λ = Wellenlänge, α_k = Winkel für ein Intensitätsmaximum k-ter Ordnung beim Gitter (Minimum beim Spalt)

Bragg-Bedingung

$$2a \cdot \sin\vartheta_k = k \cdot \lambda$$

a = Netzebenenabstand, λ = Wellenlänge, ϑ_k = Winkel für ein Intensitätsmaximum k-ter Ordnung

deBroglie-Bedingung für Mikroobjekte

$$\lambda = h/p$$

λ = dem Mikroobjekt zuordenbare Wellenlänge, h = Planck'sche Konstante, p = Impuls des Mikroobjektes

Energie des Photons

$$E = h \cdot f$$

E = Energie des Photons, f = Frequenz des Lichtes, h = Planck'sche Konstante

Heisenberg'sche Unbestimmtheitsrelationen

Ort-Impuls $\overline{\Delta x} \cdot \overline{\Delta p} \geq h/4\pi$; Energie-Zeit $\overline{\Delta E} \cdot \overline{\Delta t} \geq h/4\pi$

Mittlere Unbestimmtheiten für den Ort = $\overline{\Delta x}$, den Impuls = $\overline{\Delta p}$, die Energie = $\overline{\Delta E}$, die Zeit = $\overline{\Delta t}$, h = Planck'sche Konstante

Energie-Masse-Beziehung

$$E = m \cdot c^2 = m_0 \cdot c^2 + E_B$$

E = Gesamtenergie des mit der Geschwindigkeit v bewegten Körpers der Masse $m = m_0/\sqrt{1 - (v/c)^2}$, c = Lichtgeschwindigkeit, m_0 = Ruhemasse

Zerfallsgesetz

$$N(t) = N(0) \cdot e^{-\lambda \cdot t}; \quad \ln 2 = \lambda \cdot T_{1/2}$$

$N(t)$ = Anzahl der zum Zeitpunkt t vorhandenen zerfallsfähigen Kerne, $N(0)$ = Anzahl dieser Kerne zum Zeitpunkt $t = 0$, λ = Zerfallskonstante, $T_{1/2}$ = Halbwertszeit

Universelle Gasgleichung

$$p \cdot V = n \cdot k \cdot T$$

p = Druck in einer abgeschlossenen Gasmenge, V = Volumen der Gasmenge beim Druck p, n = Stoffmenge der Gasmenge, k = Boltzmann'sche Konstante, T = absolute Temperatur

Energie der Teilchen im idealen Gas

$$\overline{E}_B = \frac{3}{2} \cdot k \cdot T$$

$\overline{E}_B$ = mittlere Bewegungsenergie der Teilchen, k = Boltzmann'sche Konstante, T = Temperatur in K

Dichte von Gebrauchsstoffen (bei 20 °C) in g/cm^3

Benzin	0,7	Glas	2,23	Plexiglas	1,16
Beton	2,2 – 2,5	Keramik	2,0	Polystyrol (Styropor)	0,03
Braunkohle	1,3	Kerzenwachs	0,9	Polyvinylchlorid (PVC)	1,3
Erde	1,3 – 2,0	Koks	0,9 – 1,2	Polyethylen (PE)	0,95
Erdgas L	0,000 83	Kork	0,22 – 0,29	Porzellan	2,3
Gummi	0,9 – 1,1	Marmor	2,5 – 2,8	Sand (trocken)	1,6 – 1,8
Heizöl EL	0,86	Mauerwerk	2,1 – 2,5	Stahl	7,6 – 7,8
Holz (Buche, Eiche)	0,7	Mehl	0,6	Steinkohle	1,4
Holz (Kiefer, Tanne)	0,5	Papier	0,8 – 1,1	Zement	3,1
Holz (Balsa)	0,1 – 0,3	Messing (MS 7,2)	8,6	Ziegel	1,4 – 1,8

Dichte und Wärmeleitzahl von Baustoffen

Baustoff	Dichte	Wärmeleitzahl	Baustoff	Dichte	Wärmeleitzahl
Ziegel	1 400 kg/m^3	0,58 W/mK	Mineralfaser	110 kg/m^3	0,041 W/mK
Kalksandstein	1 600 kg/m^3	0,79 W/mK	Hartschaum	30 kg/m^3	0,041 W/mK
Beton	2 400 kg/m^3	2,10 W/mK	Kork	160 kg/m^3	0,044 W/mK
Gasbeton	600 kg/m^3	0,19 W/mK	Fichte	800 kg/m^3	0,20 W/mK

Heizwert von Brennstoffen (Endprodukte gasförmig bei 1013 hPa, 20 °C)

Brennstoff	Heizwert in MJ/kg	Brennstoff	Heizwert in MJ/kg	Brennstoff	Heizwert in MJ/kg
Braunkohle	21,0	Benzin	44,0	Acetylen	45,2
Holz frisch/trocken	8,0/19,0	Benzol	40,4	Butan	45,7
Hüttenkoks	29,0	Brennspiritus	23,8	Erdgas	38,2
Ruß	34	Ethanol	26,7	Kohlenstoffmonooxid	10,0
Torf	16,0	Heizöl	40,6	Propan	46,5
Trockenspiritus	19,0	Methanol	22,7	Stadtgas	29,0
Steinkohle	35,5	Petroleum	42,0	Wasserstoff	120,0

Spezifischer Widerstand elektrischer Werkstoffe in $\Omega\,mm^2/m = 10^{-4}\,\Omega\,m$ (bei 18 °C)

Eisen, Stahl	0,1 – 0,5	Kupfer,	0,017	Messing	0,08	Porzellan	$10^{19} – 10^{20}$
Aluminium	0,027	Silber	0,016	Glas	$10^{16} – 10^{19}$	Glimmer	$10^{19} – 10^{21}$
Gold	0,020	Konstanten	0,49	Paraffin	$10^{20} – 10^{22}$	Polystyrol	$5 \cdot 10^{18}$

Fraunhofer'sche Linien

Linie	A (rot)	B (rot)	C (orange)	D (gelb)	E (grün)	F (blau)	G (blau)	H (violett)
λ in nm	761	687	656	589	527	486	431	397
Herkunft	O	O	Hα	Na	Fe	Hβ	Fe	Ca

Wellenlänge von Hauptspektrallinien in nm

Natrium			590	589					
Wasserstoff		656			486		434	410	
Helium	707	668	588	502	492	471	447		
Cadmium		644		509	468	466			
Quecksilber			578	546	492		435	408	405	365	334	313

Transurane (Beispiel mit einem Isotop; Z = Kernladungszahl, A = Atommassenzahl, $T_{1/2}$ = Halbwertszeit)

Name		Z	A	$T_{1/2}$	Name		Z	A	$T_{1/2}$	Name		Z	A	$T_{1/2}$
Neptunium	Np	93	237	$2,1 \cdot 10^6$ a	Einsteinium	Es	99	254	276 d	Dubnium	Db	105	262	40 s
Plutonium	Pu	94	244	$8 \cdot 10^7$ a	Fermium	Fm	100	257	100 d	Seaborgium	Sg	106	263	0,9 s
Americium	Am	95	243	$7,4 \cdot 10^3$ a	Mendelevium	Md	101	258	55 d	Bohrium	Bh	107	262	102 ms
Curium	Cm	96	247	$1,6 \cdot 10^7$ a	Nobelium	No	102	259	59 min	Hassium	Hs	108	269	1,8 ms
Berkelium	Bk	97	247	1 400 a	Lawrencium	Lr	103	260	3 min	Meitnerium	Mt	109	268	3,4 ms
Californium	Cf	98	251	$\approx$ 800 a	Rutherfordium	Rf	104	261	65 s	Nuklide mit Z = 110 bis Z = 118 bereits entdeckt				

Radioaktive Zerfallsreihen

Thorium-Reihe

							β	$^{216}_{85}$At	α		β	$^{212}_{84}$Po	α	
								$3 \cdot 10^{-4}$s				$3 \cdot 10^{-7}$s		$^{208}_{82}$Pb
$^{232}_{90}$Th	$^{228}_{88}$Ra	$^{228}_{89}$Ac	$^{228}_{90}$Th	$^{224}_{88}$Ra	$^{220}_{86}$Rn	$^{216}_{84}$Po		$^{212}_{83}$Bi				$^{208}_{81}$Tl		stabil
$1{,}4 \cdot 10^{10}$a	6,7a	6,1h	1,9a	3,6d	56s	0,15s		61min				3,1min		

$^{212}_{82}$Pb 10,5h β

Uran-Radium-Reihe

							β	$^{218}_{85}$At	β	$^{214}_{84}$Po	α		β	$^{210}_{84}$Po	α	
								2s		$1{,}6 \cdot 10^{-4}$s				138d		$^{206}_{82}$Pb
$^{238}_{92}$U	$^{234}_{90}$Th	$^{234}_{91}$Pa	$^{234}_{92}$U	$^{230}_{90}$Th	$^{226}_{88}$Ra	$^{222}_{86}$Rn	$^{218}_{84}$Po	$^{214}_{83}$Bi		$^{210}_{82}$Pb	$^{210}_{83}$Bi			$^{206}_{81}$Tl		stabil
$4{,}5 \cdot 10^{9}$a	24,1d	1,18min	$2{,}5 \cdot 10^{5}$a	$7{,}5 \cdot 10^{4}$a	$1{,}6 \cdot 10^{3}$a	3,82d	3,05min	19,7min		22a	5d			4,2min		

$^{214}_{82}$Pb 26,8min β
$^{210}_{81}$Tl 1,3min β

Uran-Actinium-Reihe

			α	$^{223}_{87}$Fr	αβ	$^{219}_{85}$At	αβ	$^{215}_{83}$Bi	β		β	$^{215}_{85}$At	α		β	$^{211}_{84}$Po	α	
				22min		0,9min		8min				10^{-4}s				0,5s		
$^{235}_{92}$U	$^{231}_{90}$Th	$^{231}_{91}$Pa	$^{227}_{89}$Ac					$^{215}_{84}$Po		$^{211}_{83}$Bi				$^{207}_{82}$Pb				
$7{,}0 \cdot 10^{8}$a	25,6h	$3{,}4 \cdot 10^{4}$a	22a	$^{227}_{90}$Th	$^{223}_{88}$Ra	$^{219}_{86}$Rn		$1{,}8 \cdot 10^{-3}$s		$^{211}_{82}$Pb	2,15min			$^{207}_{81}$Tl		stabil
				18,2d	11,6d	3,96s				36,1min				4,8min		

Plutonium-Neptunium-Reihe (künstlich)

											α	$^{213}_{84}$Po		
												$4{,}3 \cdot 10^{-6}$s	$^{209}_{82}$Pb	$^{209}_{83}$Bi
$^{241}_{94}$Pu	$^{241}_{95}$Am	$^{237}_{93}$Np	$^{233}_{91}$Pa	$^{233}_{92}$U	$^{229}_{90}$Th	$^{225}_{88}$Ra	$^{225}_{89}$Ac	$^{221}_{87}$Fr	$^{217}_{85}$At	$^{213}_{83}$Bi				stabil
13,3a	458a	$2{,}2 \cdot 10^{6}$a	27d	$1{,}6 \cdot 10^{5}$a	$7{,}3 \cdot 10^{3}$a	14,8d	10,0d	4,8min	$3 \cdot 10^{-2}$s	46min				

$^{209}_{81}$Tl 2,2min β

Ausgewählte Isotope

Angegeben sind in Spalte **1** = Element, **2** = Kernladung, **3** = Massenzahl, **4** = Kernmasse in u, **5** = Halbwertszeit bzw. Häufigkeit im natürlichen Isotopengemisch ($1 u = 1{,}660\,538\,37 \cdot 10^{-27}$ kg)

1	2	3	4	5		1	2	3	4	5
H	1	1	1,007 276 5	stabil, 99,985 %		I	53	123	122,877 045	γ/13,3 h
	1	2	2,013 553 4	stabil, 0,015 %			53	127	126,875 396	stabil, 100 %
	1	3	3,015 500 4	β$^-$/12,346 a			53	131	130,877 045	β$^-$/8,05 d
He	2	3	3,014 932	stabil, 0,000 13 %		Ba	56	137	136,874 780	stabil, 11,2 % *)
	2	4	4,001 506	stabil, 99,999 87 %			56	138	137,874 290	stabil, 71,9 %
	2	6	6,017 793	β$^-$/0,802 s			56	144	143,871 420	β$^-$/11,9 s
Li	3	6	6,013 479	stabil, 7,4 %		Tl	81	206	205,932 065	β$^-$/4,19 min
	3	7	7,014 358	stabil, 92,6 %		Pb	82	206	205,929 471	stabil, 24,1 %
Be	4	9	9,009 992	stabil, 100 %			82	207	206,930 619	stabil, 22,1 %
B	5	10	10,010 196	stabil, 20 %			82	208	207,931 516	stabil, 52,4 %
	5	11	11,006 562	stabil, 80 %		Po	84	210	209,936 795	α/138,38 d
C	6	12	11,996 708	stabil, 98,89 %			84	218	217,962 850	α/3,05 min
	6	13	13,000 044	stabil, 1,11 %		Rn	86	219	218,962 302	α/3,96 s
	6	14	13,999 948	β$^-$/5730 a			86	220	219,964 222	α/55,4 s
O	8	16	15,990 526	stabil, 99,756 %			86	222	221,970 352	α/3,824 d
	8	17	16,994 741	stabil, 0,039 %		Ra	88	224	223,971 945	α/3,64 d
	8	18	17,994 771	stabil, 0,205 %			88	226	225,977 085	α/1620 a
K	19	39	38,953 287	stabil, 93,2 %			88	228	227,982 865	β$^-$/5,75 a
	19	40	39,953 577	β$^-$/$1{,}2 \cdot 10^{9}$ a		U	92	233	232,989 061	α/$1{,}62 \cdot 10^{5}$ a
	19	41	40,951 407	stabil, 6,7 %			92	234	233,990 431	α/$2{,}47 \cdot 10^{5}$ a
Fe	26	56	55,920 676	stabil, 91,8 %			92	235	234,99 346	α/$7{,}04 \cdot 10^{8}$ a
Kr	36	82	81,893 731	stabil, 11,6 %			92	236	235,995 221	α/$2{,}39 \cdot 10^{7}$ a
	36	83	82,891 754	stabil, 11,5 %			92	237	236,998 211	β$^-$/6,75 d
	36	84	83,891 754	stabil, 57,0 %			92	238	238,000 301	α/$4{,}47 \cdot 10^{9}$ a
	36	85	84,910 890	β$^-$/10,78 a			92	239	239,003 821	β$^-$/23,5 min
	36	86	85,890 867	stabil, 17,3 %		Pu	94	239	239,000 534	α/$2{,}439 \cdot 10^{4}$ a

*) angeregter Zustand $T_{1/2} = 2{,}55$ min

Periodensystem der Elemente

Hauptgruppen | Nebengruppen | Hauptgruppen

Periode	I	II	IIIa (3)	IVa (4)	Va (5)	VIa (6)	VIIa (7)	VIIIa (8)	VIIIa (9)	VIIIa (10)	Ia (11)	IIa (12)	III	IV	V	VI	VII	VIII/0
1	1,00794 $_1$H Wasserstoff [1]																	4,00260 $_2$He Helium [–]
2	6,941 $_3$Li Lithium [1]	9,01218 $_4$Be Beryllium [2]											10,81 $_5$B Bor [3]	12,0107 $_6$C Kohlenstoff [4]	14,0067 $_7$N Stickstoff [5]	15,9994 $_8$O Sauerstoff [6]	18,9984 $_9$F Fluor [7]	20,1797 $_{10}$Ne Neon [–]
3	22,9898 $_{11}$Na Natrium [1]	24,3050 $_{12}$Mg Magnesium [2]											26,9815 $_{13}$Al Aluminium [3]	28,0855 $_{14}$Si Silicium [4]	30,9738 $_{15}$P Phosphor [5]	32,065 $_{16}$S Schwefel [6]	35,453 $_{17}$Cl Chlor [7]	39,948 $_{18}$Ar Argon [–]
4	39,0983 $_{19}$K Kalium [1]	40,078 $_{20}$Ca Calcium [2]	44,9559 $_{21}$Sc Scandium [3]	47,867 $_{22}$Ti Titan [4]	50,9415 $_{23}$V Vanadium [5]	51,9961 $_{24}$Cr Chrom [6]	54,9380 $_{25}$Mn Mangan [7]	55,845 $_{26}$Fe Eisen [8]	58,9332 $_{27}$Co* Cobalt [9]	58,6934 $_{28}$Ni Nickel [10]	65,546 $_{29}$Cu Kupfer [11]	65,409 $_{30}$Zn Zink [2]	69,723 $_{31}$Ga Gallium [3]	72,64 $_{32}$Ge Germanium [4]	74,9216 $_{33}$As Arsen [5]	78,96 $_{34}$Se Selen [6]	79,904 $_{35}$Br Brom [7]	83,798 $_{36}$Kr Krypton [–]
5	85,4678 $_{37}$Rb* Rubidium [1]	87,62 $_{38}$Sr Strontium [2]	88,9059 $_{39}$Y Yttrium [3]	91,224 $_{40}$Zr Zirconium [4]	92,9064 $_{41}$Nb Niob [5]	95,94 $_{42}$Mo Molybdän [6]	(97,9072) $_{43}$Tc* Technetium [7]	101,07 $_{44}$Ru Ruthenium [8]	102,906 $_{45}$Rh* Rhodium [9]	106,42 $_{46}$Pd Palladium [10]	107,868 $_{47}$Ag* Silber [11]	112,411 $_{48}$Cd* Cadmium [2]	114,818 $_{49}$In Indium [3]	118,710 $_{50}$Sn Zinn [4]	121,760 $_{51}$Sb Antimon [5]	127,60 $_{52}$Te Tellur [6]	126,904 $_{53}$I Iod [7]	131,293 $_{54}$Xe Xenon [–]
6	132,905 $_{55}$Cs Caesium [1]	137,327 $_{56}$Ba Barium [2]	138,906 $_{57}$La Lanthan [3]	178,49 $_{72}$Hf Hafnium [4]	180,948 $_{73}$Ta Tantal [5]	183,84 $_{74}$W Wolfram [6]	186,207 $_{75}$Re Rhenium [7]	190,23 $_{76}$Os Osmium [8]	192,217 $_{77}$Ir Iridium [9]	195,078 $_{78}$Pt Platin [10]	196,967 $_{79}$Au Gold [11]	200,59 $_{80}$Hg Quecksilber [2]	204,383 $_{81}$Tl Thallium [3]	207,2 $_{82}$Pb Blei [4]	208,980 $_{83}$Bi* Bismut [5]	(209) $_{84}$Po* Polonium [6]	(210) $_{85}$At* Astat [7]	(222) $_{86}$Rn* Radon [–]
7	(223) $_{87}$Fr* Francium [1]	(226) $_{88}$Ra* Radium [2]	(227) $_{89}$Ac* Actinium [3]	(267) $_{104}$Rf* Rutherfordium [4]	(268) $_{105}$Db* Dubnium [5]	(271) $_{106}$Sg* Seaborgium [6]	(270) $_{107}$Bh* Bohrium [7]	(277) $_{108}$Hs* Hassium [8]	(278) $_{109}$Mt* Meitnerium [9]	(281) $_{110}$Ds* Darmstadtium [10]	(282) $_{111}$Rg* Roentgenium [11]	(285) $_{112}$Cn* Copernicium [2]	(286) $_{113}$Nh* Nihonium [3]	(289) $_{114}$Fl* Flerovium [4]	(290) $_{115}$Mc* Moscovium [5]	(293) $_{116}$Lv* Livermorium [6]	(294) $_{117}$Ts* Tennes [7]	(294) $_{118}$Og* Oganesson [–]

Elementsymbol

238,029
$_{92}$U*
Uran
[6]

* Alle Isotope dieses Elements sind radioaktiv.
Im Kästchen links unten ist die Anzahl der für chemische Bindungen in Frage kommenden Elektronen angegeben. Die Zahl oberhalb des Elementsymbols gibt die Atommasse in u (1 u = 1,661 · 10^{-27} kg) der natürlichen Isotopenmischung an (Zahl in Klammern: Atommasse des langlebigsten Isotops). Die untere Zahl ist die Kernladungs- bzw. Ordnungszahl.

Lanthanoide

Periode														
6	140,116 $_{58}$Ce Cer [4]	140,908 $_{59}$Pr* Praseodym [5]	144,24 $_{60}$Nd Neodym [6]	(144,913) $_{61}$Pm* Promethium [7]	150,36 $_{62}$Sm Samarium [8]	151,964 $_{63}$Eu Europium [9]	157,25 $_{64}$Gd Gadolinium [10]	158,925 $_{65}$Tb Terbium [11]	162,50 $_{66}$Dy Dysprosium [12]	164,930 $_{67}$Ho Holmium [13]	167,259 $_{68}$Er Erbium [14]	168,934 $_{69}$Tm Thulium [15]	173,04 $_{70}$Yb Ytterbium [16]	164,967 $_{71}$Lu Lutetium [3]

Actinoide

Periode														
7	(232) $_{90}$Th* Thorium [4]	(231) $_{91}$Pa* Protactinium [5]	(238) $_{92}$U* Uran [6]	(237) $_{93}$Np* Neptunium [7]	(244) $_{94}$Pu* Plutonium [8]	(243) $_{95}$Am* Americium [9]	(247) $_{96}$Cm* Curium [10]	(247) $_{97}$Bk* Berkelium [11]	(251) $_{98}$Cf* Californium [12]	(252) $_{99}$Es* Einsteinium [13]	(257) $_{100}$Fm* Fermium [14]	(258) $_{101}$Md* Mendelevium [15]	(259) $_{102}$No* Nobelium [16]	(266) $_{103}$Lr* Lawrencium [3]

Lanthanoide: 58 – 71
Actinoide: 90 – 103

Nuklidkarte (Ausschnitt)

Element

He
4,002602

Symbol
Atommasse in u

Stabiles Nuklid

Li6
7,59

Symbol, Nukleonenzahl
Häufigkeit im natürlichen
Isotopengemisch in %

mit der Erde entstanden radioaktives „Urnuklid"

U238
99,275
4,5 · 10⁹ a
γ
α: 4,197

instabiles Nuklid

He8
119 ms
γ: 0,981
α: 9,7

Symbol, Nukleonenzahl
Halbwertszeit $T_{1/2}$
Energie der Strahlung in MeV
(nur häufigste bzw. niedrigste Werte)

Farben und Zerfallsarten

stabil	β⁺-Zerfall ε Elektroneneinfang durch den Kern	β⁻-Zerfall	α-Zerfall

bedeutet, dass der Kern
spontan in leichtere Kerne
zerfallen kann

Häufigkeit der Zerfallsart

Fr208
58,6 s
ε,γ: 0,636
α: 6,636

α-Zerfall öfter als 50 % (gelb oben)
ε-Elektroneneinfang weniger als 50 % (rot unten)

															U 238,02891	U226 0,28 s γ: 0,182 α: 7,555
				92												

91 — Pa 231,03588

Pa215 14 ms α: 8,09	Pa216 105 ms γ: 0,134 α: 7,948	Pa217 3,8 ms γ: 0,466 α: 8,337	Pa218 113 µs γ: 0,092 α: 9,616	Pa219 53 ns α: 9,90	Pa220 0,78 µs α: 9,65	Pa221 5,9 µs α: 9,08	Pa222 4,3 µs α: 8,21	Pa223 6,5 ms α: 8,01	Pa224 0,95 s α: 7,555	Pa225 1,8 s α: 7,25

90 — Th 232,0381

Th212 30 ms α: 7,80	Th213 0,14 s α: 7,69	Th214 0,10 s α: 7,68	Th215 1,2 s γ: 0,134 α: 7,392	Th216 26 ms γ: 0,629 α: 7,923	Th217 237 µs γ: 0,822 α: 9,261	Th218 0,1 µs γ α: 9,67	Th219 1,05 µs α: 9,34	Th220 9,7 µs α: 8,79	Th221 1,68 ms α: 8,15	Th222 2,2 ms γ: 0,140 α: 7,980	Th223 0,66 s γ: 0,140 α: 7,324	Th224 1,04 s γ: 0,177 α: 7,17

89

Ac209 90 ms α: 7,59	Ac210 0,35 s α: 7,46	Ac211 0,25 s α: 7,481	Ac212 0,93 s α: 7,38	Ac213 0,80 s α: 7,36	Ac214 8,2 s γ: 0,139 α: 7,214	Ac215 0,17 s α: 7,600	Ac216 0,44 ms γ: 0,083 α: 9,029	Ac217 0,069 µs α: 9,65	Ac218 1,1 µs α: 9,205	Ac219 11,8 µs α: 8,664	Ac220 26 ms γ: 0,134 α: 7,85	Ac221 52 ms α: 7,65	Ac222 5 s α: 7,009	Ac223 2,10 min α: 6,647

88

Ra208 1,3 s α: 7,133	Ra209 4,6 s α: 7,003	Ra210 3,7 s α: 7,003	Ra211 13 s α: 6,907	Ra212 13 s α: 6,899	Ra213 2,74 min ε, γ: 0,110 α: 6,624	Ra214 2,46 s ε α: 7,137	Ra215 1,67 ms α: 8,700	Ra216 0,18 µs α: 9,349	Ra217 1,6 µs α: 8,99	Ra218 25,6 µs α: 8,39	Ra219 10 ms γ: 0,316 α: 7,679	Ra220 23 ms γ: 0,465 α: 7,46	Ra221 28 s γ: 0,149 α: 6,613	Ra222 38 s γ: 0,324 α: 6,559

87

Fr207 14,8 s ε α: 6,767	Fr208 58,6 s ε, γ: 0,636 α: 6,636	Fr209 50,0 s ε α: 6,648	Fr210 3,18 min ε, γ: 0,644 α: 6,543	Fr211 3,10 min ε, γ: 0,540 α: 6,535	Fr212 20 min ε, γ: 1,274 α: 6,262	Fr213 34,6 s ε α: 6,775	Fr214 5,0 ms α: 8,426	Fr215 0,09 µs α: 9,36	Fr216 0,70 µs α: 9,01	Fr217 16 µs α: 8,315	Fr218 22 ms α: 7,615	Fr219 21 µs γ: 0,045 α: 7,312	Fr220 27,4 s γ: 0,045 α: 6,68	Fr221 4,9 min γ: 0,218 α: 6,341

86

Rn206 5,67 min ε, γ: 0,498 α: 6,260	Rn207 9,3 min ε, γ: 0,345 α: 6,133	Rn208 24,4 min ε, γ: 0,427 α: 6,138	Rn209 28,5 min ε, γ: 0,408 α: 6,039	Rn210 2,4 h ε, γ: 0,458 α: 6,040	Rn211 14,6 h ε, γ: 0,674 α: 5,783	Rn212 24 min γ α: 6,264	Rn213 19,5 ms γ: 0,540 α: 8,088	Rn214 0,27 µs α: 9,037	Rn215 2,3 µs α: 8,67	Rn216 45 µs α: 8,05	Rn217 0,54 ms α: 7,740	Rn218 35 ms α: 7,133	Rn219 3,96 s γ: 0,271 α: 6,819	Rn220 55,6 s α: 6,288

85

At205 26,2 min ε, γ: 0,719	At206 29,4 min ε, γ: 0,701 α: 3,759	At207 1,8 h ε, γ: 0,815	At208 1,63 h ε, γ: 0,686	At209 5,4 h ε, γ: 0,545	At210 8,3 h ε, γ: 1,181	At211 7,22 h ε α: 5,867	At212 314 ms γ: 0,063 α: 7,68	At213 0,11 µs α: 9,08	At214 0,76 µs γ α: 8,782	At215 0,1 ms α: 8,026	At216 0,3 ms α: 7,804	At217 32,3 ms α: 7,069	At218 2 s γ α: 6,694	At219 0,9 min α: 6,27

84

Po204 3,53 h ε, γ: 0,884 α: 5,377	Po205 1,66 h ε, γ: 0,872 α: 5,22	Po206 8,8 d ε, γ: 1,032 α: 5,223	Po207 5,84 h ε, γ: 0,992 α: 5,116	Po208 2,898 a ε α: 5,1152	Po209 102 a α: 4,881	Po210 138,38 d α: 5,30438	Po211 25,2 s γ: 0,570 α: 7,275	Po212 45,1 s γ: 2,615 α: 11,65	Po213 4,2 µs α: 8,376	Po214 164 µs β⁻ α: 7,6869	Po215 1,78 ms β⁻ α: 7,3862	Po216 0,15 s β⁻ α: 6,7783	Po217 1,53 s β⁻ α: 6,543	Po218 3,05 min β⁻, γ α: 6,0024

83

Bi203 11,76 h ε, γ: 0,820 β⁺: 1,4	Bi204 11,22 h ε β⁺: 0,899	Bi205 15,31 d ε, γ: 1,764 β⁺	Bi206 6,24 d ε, γ: 0,803 β⁺	Bi207 31,55 a ε, γ: 0,570 β⁺	Bi208 3,68 · 10⁵ a γ: 2,615	Bi209 100	Bi210 5,013 d γ: 1,2	Bi211 2,17 min γ: 0,351 α: 6,6229	Bi212 25 min β⁻, γ α: 6,34	Bi213 45,59 min γ: 0,440 β⁻	Bi214 19,9 min γ: 0,609 β⁻	Bi215 7,7 min γ: 0,294 β⁻	Bi216 3,6 min γ: 0,550 β⁻	134

82

Pb202 5,25 · 10⁴ a ε	Pb203 51,9 h ε γ: 0,279	Pb204 1,4	Pb205 1,5 · 10⁷ a ε	Pb206 24,1	Pb207 22,1	Pb208 52,4	Pb209 3,253 h β⁻: 0,6	Pb210 22,3 a γ: 0,047 β⁻: 0,02	Pb211 36,1 min γ: 0,405 β⁻: 1,4	Pb212 10,64 h γ: 0,239 β⁻: 0,3	Pb213 10,2 min β⁻	Pb214 26,8 min γ: 0,352 β⁻: 0,7	133	

81

Tl201 73,1 h γ: 0,167	Tl202 12,23 d ε γ: 0,440	Tl203 29,52	Tl204 3,78 a β⁻: 0,8	Tl205 70,48	Tl206 4,2 min γ β⁻: 1,5	Tl207 4,77 min γ β⁻: 1,4	Tl208 3,05 min γ: 2,615 β⁻: 1,8	Tl209 2,16 min γ: 1,567 β⁻: 1,8	Tl210 1,30 min γ: 0,800 β⁻: 1,9	130	131	132	

80

Hg200 23,10	Hg201 13,18	Hg202 29,86	Hg203 46,59 d γ: 0,279 β⁻: 0,2	Hg204 6,87	Hg205 5,2 min γ: 0,204 β⁻: 1,5	Hg206 8,15 min γ: 0,305 β⁻: 1,3	Hg207 2,9 min γ: 0,351 β⁻: 1,8	Hg208 42 min γ: 0,474 β⁻	Hg209 35 s γ: 0,324 β⁻				

79

Au199 3,139 d γ: 0,158 β⁻: 0,3	Au200 48,4 min γ: 0,368 β⁻: 2,3	Au201 26,4 min γ: 0,543 β⁻: 1,3	Au202 28 s γ: 0,440 β⁻: 3,5	Au203 60 s γ: 0,218 β⁻: 2,0	Au204 39,8 s γ: 0,437 β⁻	Au205 31 s γ: 0,379 β⁻	127	128	129			

78

Pt198 7,163	Pt199 30,8 min γ: 0,543 β⁻: 1,7	Pt200 12,5 h γ: 0,076 β⁻: 0,6	Pt201 2,5 min γ: 1,760 β⁻: 2,7	Pt202 43,6 h β⁻	125	126						

77

Ir197 8,9 min γ: 0,470 β⁻: 2,0	Ir198 8 s γ: 0,507 β⁻: 4,0	122	123	124								

120	121

Protonenzahl Z

* Positronen-Zerfall: $p \rightarrow n + \beta^+ + \nu$

** Elektroneneinfang von einem Proton
(meist aus der K-Schale: $p + e \rightarrow n + \nu$)

α, β⁻, β⁺ oder γ ohne Zahlenangabe bedeuten
unbekannte Energie des Überganges

Neutronenzahl N

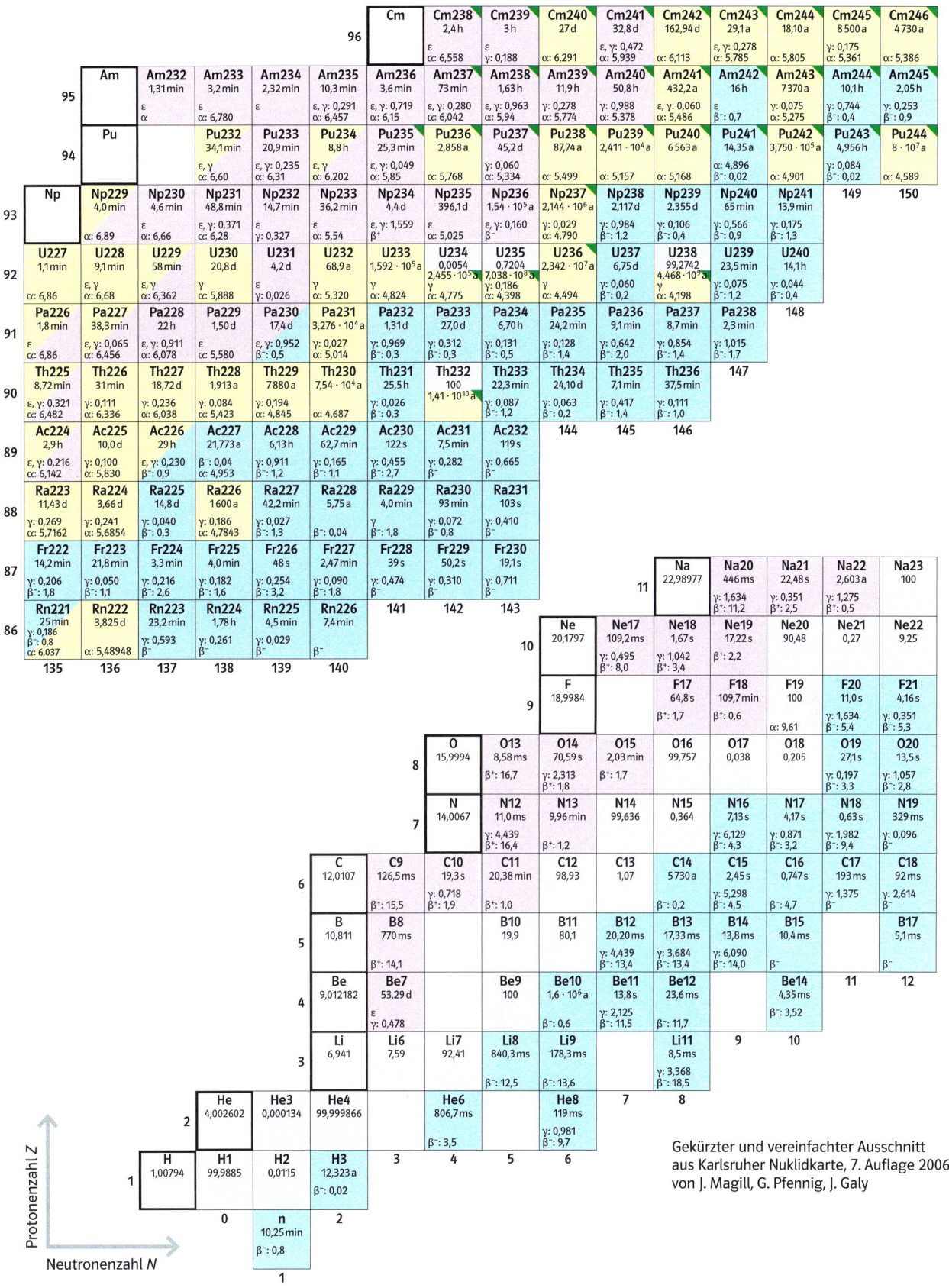

Gekürzter und vereinfachter Ausschnitt aus Karlsruher Nuklidkarte, 7. Auflage 2006, von J. Magill, G. Pfennig, J. Galy

Protonenzahl Z

Neutronenzahl N

Interferenzmuster

Kopieren Sie die Vorlagen mehrmals auf Transparentfolie; am besten vergrößern Sie dabei so, dass die Kreisradien um je 1 cm anwachsen (etwa 1,4-fache der Seitenlänge). Die Markierungen am Rand erleichtern die Positionierung des zweiten Erregerzentrums in Abständen von λ/2.

Mit zwei leicht versetzt aufeinander gelegten Folien (drehen Sie die zweite dabei um) lassen sich Überlagerungen wie bei einem Zweifachspalt beobachten. Verdoppeln Sie auch die Wellenlänge eines Foliensatzes, in dem Sie mit Filzstift die entsprechenden Kreise schwärzen.

Impulse Physik Oberstufe   © Ernst Klett Verlag GmbH, 2019

Stichwort- und Personenverzeichnis

A

Abendrot 209
abgeschlossenes System 66, 74
Abklingprozess 296
Ableitung 18
Ablenkspannung 105
Abschirmung
–, elektrischer Felder 103
–, ionisierender Strahlung 296
absolute Messunsicherheit 22
Absorption 259, 273
–, von Licht 273
–, von Röntgenstrahlung 272
Absorptionsexperiment 293
Absorptionskoeffizient 296
Absorptionslinien 260
Absorptionsspektrum 259, 260
actio = reactio 50
Airbag 77
Aktionspotenzial 94
Aktivierungsenergie 309
Aktivität 301ff
α-Strahlung 289, 293ff
Altersbestimmung 303
Ampère, André Marie 115
Amplitude
–, einer Schwingung 140, 149, 157, 164
–, einer Welle 170, 177
analoge Signale 163
Änderungsrate 58
angeregter Zustand 256
Angriffspunkt einer Kraft 44
Anreicherung radioaktiven Materials 310
Antimaterie 314
Antineutrino 298, 313
Äquipotenzialfläche 92
Äquivalentdosis 304
Aristoteles 46, 50
α-Teilchen 253
Atom
–, Größe 252
–, Hülle 253, 288
–, Kern 288
–, Masse 252
atomare Masseneinheit 288
Atombombe 309
Aufbau von Festkörpern 276
Ausbreitungsgeschwindigkeit
–, einer Welle 169
–, des Lichtes 202
Ausgleichsfunktion 21
Auslenkung 149, 164
Austauschteilchen 315
Austrittsarbeit 238
Avogadro'sche Konstante 252
Axiom 50

B

Bahndrehimpulsquantenzahl 267
Bahngeschwindigkeit 35, 60
Bahnkurve 10, 31, 53
Balmer, Johann Jakob 261
Balmer-Serie 261
Bändermodell
–, für Halbleiter 279
–, für Leuchtdioden 280
–, für Metalle 279
Baryon 314
Baumdiagramm 245
Becquerel, Henri 289
belasteter Transformator 141
beschleunigte Bewegung 17
Beschleunigung 17f, 29, 48, 56
Besetzungsumkehr 274
Bessel, Wilhelm 154
Bestandsvariable 58
β^--Strahlung 289, 293ff
β^--Zerfall 298, 313
β^+-Zerfall 298
Betrag
–, der Kraft 44
–, eines Vektors 30
Beugung 184, 197, 216f, 270
Beugungsexperimente 229
Bewegung 10
Bewegungsenergie 67ff, 104f, 152, 330
Bewegungsgesetze 32
Bezugssystem 11, 15, 30, 46, 56
Bildanalyse 28
Bindung
–, ionische 276
–, kovalente 276
–, metallische 276
Bindungsenergie 308
biologische Strahlenwirkung 305f
Blitz 103
Bohr, Niels 246, 262
Bohr'sches Atommodell 262
Born, Max 312
Boson 315
Bothe, Walther 299
Bragg-Bedingung 216, 228, 270f
Bragg-Kurve 307
Bragg-Reflexion 216, 228
Braun'sche Röhre 105
Brechung 184f, 214
–, im Wellenmodell 199
–, nach Newton 200
–, von mechanischen Wellen 185
Brechungsgesetz 185, 199, 214
Brechungswinkel 214
Brechzahl 199, 211
Bremse, verschleißfreie 139
Bremsstrahlung 271

Bremsverzögerung 73
Bremsvorgänge 19
Bremsweg 77
Bremszeit 77
Brennelement 310
Brennstab 310
Brennweite 200
deBroglie, Louis 229
Bugwelle 176

C

Carlson, Chester F. 91
Chadwick, James 299
Chladni'sche Figuren 183, 263
Coriolisbeschleunigung 56
Coriolis, Gaspard 56
Corioliskraft 56
Coulomb, Charles A. de 83, 89
Coulombkraft 254, 266
Coulomb'sches Gesetz 89
Crashtest 51, 77
Curie, Marie 108, 289
Curie, Pierre 108, 289

D

Dalton, John 252
Dämpfung 156
Dauermagnet 114
DeBroglie-Gleichung 229
deBroglie, Louis 229
Demokrit 252
destruktive Interferenz 178
Detektor 292
diamagnetisch 124
Dieletrikum 97, 109
Differenzialgleichung 266
Differenzialrechnung 135
digitale Daten 163
Dipol, elektrischer 97
Dipol-Dipol-Wechselwirkung 276
diskretes Energieniveau 264
diskretes Spektrum 259
Dispersion 200
Doppelspalt 196f, 221, 226
Doppler, Christian 176
Dopplereffekt 176, 190
Dopplersonografie 190
Dosimeter 305f
dosimetrische Größen 304
Dotieren 278f
down-Quark 315
Drei-Finger-Regel 117f, 138
Driftgeschwindigkeit 120
Drucken 91
Dualsystem 163

Meson 314
Messfehler 22
Metalle 82, 276
–, im Bändermodell 279
Metallgitter 276
Meyer, Lothar 269
Michelson, Albert Abraham 207
Michelson-Interferometer 207, 208, 221
Mie-Streuung 209
Mikrowellen 188
Millikan-Apparatur 106
Millikan, Robert Andrews 107
Millikanversuch 106, 107
Mittelwert 291
Modellbildung 58f, 102, 267, 302
Modell
–, der Lichtstrahlen 199
–, der Lichtwellen 199
–, des Massenpunktes 10
–, des Potenzialtopfs 263
Moderator 310
Molekül 252
Molekülgitter 276f
Momentangeschwindigkeit 18
Morgenrot 209
Moseley, Henry 272
Moseley'sches Gesetz 272
Mutterkern 302
Mutter-Tochter-Zerfall 302

N

Nachweis
–, der Radioaktivität 290
–, von Ladung 82
Nachweiswahrscheinlichkeit für Photonen 234, 265
Naturkonstante 100
natürliche Radioaktivität 291
natürlicher Kernzerfall 301
n-Dotierung 279
Nebelkammer 292
Nebenquantenzahl 267f
negative elektrische Ladung 82
Nervensystem 94
Netzebene 216
Neuron 94
Neutrino 298
Neutron 288, 299, 310
Newton, Isaac 46ff, 210
Newton'sche Axiome 50
nicht gleichförmige Bewegung 16
Nicht-Lokalität 231, 244
n-Leitung 278
Nordpol 114
n-p-Übergang 280

nuklearmedizinische Diagnostik 307
Nukleon 288, 297, 308
Nuklid 288
Nuklidkarte 288, 340
Nulleffekt 291
Nullpunktsenergie 264
Nullrate 291
numerische Rechenmethode 57

O

Oberschwingungen 163
Obersumme 85
Oberwelle 183
Oersted, Hans Christian 115
Ölfleckversuch 252f
optische Linse 200
optisches Gitter 203
Orbital 264, 267
Ordnungszahl 268f
Orientierungsquantenzahl 267f
Ort-Auslenkung-Diagramm 171
Oszillator 149, 169
–, harmonischer 150
Oszilloskop 105

P

Parabel 34
Parallelogrammregel 44
Parallelschaltung 97
paramagnetisch 124
Paschen-Serie 261
Pauli-Prinzip 268, 280, 297
Pauli, Wolfgang 268
p-Dotierung 279
Periode 149, 269
Periodendauer 140, 148, 153
Periodensystem 269
periodische Bewegung 149
Permeabilitätszahl 124
Permittivitätszahl 97, 109
Pfund-Serie 261
Phase 149
Phasendifferenz 178, 208
Phasensprung 211
Phasenverschiebung 161, 170ff
Phosphoreszenz 273
Photon 230, 238, 247, 316
Photonenpaare, verschränkte 243
Photonenquelle 240
piezoelektrischer Effekt 108
Piezokristall 108
Pinkau, Klaus 312
Planck, Max 230, 238
Planck'sche Konstante 230, 238, 262
plastische Verformung 45

Plattenkondensator 95, 101, 106
p-Leitung 278
Podolsky, Boris 243f
Polarisation 83, 86, 221, 232
–, von Licht 213
Polarisationsexperiment 232
Polarisationswinkel 214
Polarisator 213ff
Polarlicht 127
Popper, Karl 312
p-Orbitale 267
positive elektrische Ladung 82
Postulat 262
Potenzfunktion 90, 296
Potenzialtopf 263, 266, 297
–, dreidimensionaler 264
–, eindimensionaler 265
Potenzialtopfmodell 263, 317
–, des Atomkerns 297
Potenzialverlauf 103
potenzielle Energie 92
potenzielle Regression 90
Primärspule 141
Prisma 200
Proton 82, 104, 288
Prozess, stochastischer 291

Q

Qualitätsfaktor 304
Quantenobjekt 226, 246f, 262f, 313
Quantenzustand 269
Quantisierung 163
Quarks 315
Querwelle 169, 175, 214, 219

R

radial-symmetrisches Feld 86, 89
radioaktiver Zerfall 300, 317
radioaktives Gleichgewicht 301
radioaktive Strahlung
–, in der Medizin 307
radioaktive Uhr 303
Radioaktivität 289f
–, Nachweis 290
Radon 305
Rauchgasreinigung 89
Rayleigh-Streuung 209
Reaktionskraft 55
Reaktorunglück 311
Rechteckschwingung 163
Reflexion 184, 199, 210, 214
–, im Wellenmodell 199
–, von Röntgenstrahlung 217
–, von Wellen 182, 185
Reflexionsgesetz 185, 199, 216

Grundregeln für das Experimentieren

Beim Experimentieren muss man besonders sorgfältig und vorsichtig sein. Lies dir zuerst die Versuchsbeschreibung durch. Beginne mit dem Experimentieren erst, wenn dir die auszuführenden Tätigkeiten klar sind. Führe die einzelnen Schritte eines Experiments immer in der richtigen Reihenfolge aus.

Melde es sofort dem Lehrer, wenn dir etwas unklar ist oder etwas Unerwartetes geschieht. Achte darauf, dass deine Versuchsaufbauten nicht umkippen können. Trage stets die notwendige Schutzkleidung. Informiere dich darüber, wo der Erste-Hilfe-Kasten und der Feuerlöscher stehen. Du solltest mit diesen Hilfsmitteln auch umgehen können.

Schutz vor Verbrennungen:
Versuch beendet – Brenner aus!

Schutz vor elektrischen Schlägen:
Nur Spannungen bis 24 V verwenden!

Schutz vor Verletzungen:
Versuch sorgfältig und überlegt aufbauen!

Schutz vor Vergiftung und Verätzung:
Chemikalien richtig aufbewahren und vorsichtig benutzen!

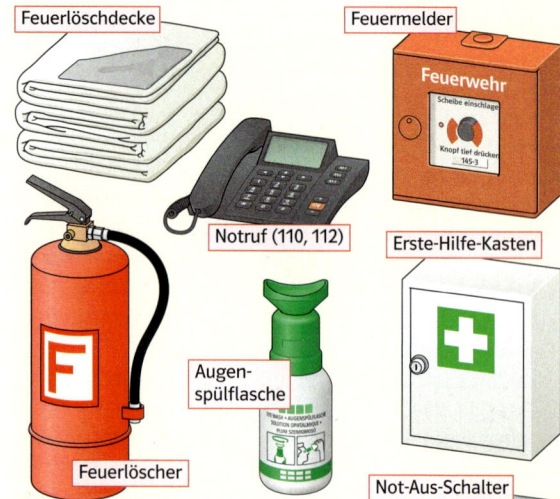

Feuerlöschdecke

Feuermelder

Notruf (110, 112)

Erste-Hilfe-Kasten

Augenspülflasche

Feuerlöscher

Not-Aus-Schalter

Und wenn doch etwas passiert …
– Ruhe bewahren!
– Sofort Lehrerin oder Lehrer informieren!
– Hauptschalter bzw. Haupthahn sofort abdrehen!
– Bei größeren Unfällen sofort Notruf wählen:
    Feuerwehr 112
    Polizei 110
– Erste Hilfe leisten!

Bedeutung der Gefahrensymbole für die Hauptgefahren eines Stoffes (Gefahrstoffklassen, vereinfacht):

| explosiv, selbst-zersetzlich | entzündbar, selbst-erhitzungsfähig | entzündend wirkend | unter Druck stehend(e Gase) | metallkorrosiv, hautätzend, augenschädigend | akut toxisch | Gesundheits-gefahren | krebserzeugend, erbgut-verändernd | gewässer-gefährdend |

Bildquellennachweis

U1.1 Getty Images RF (Moment/ Ingolfur Bjargmundsson), München; **2.1** iStockphoto (baona), Calgary, Alberta; **2.2** photocase.com (AllzweckJack), Berlin; **3.3** laif, Köln; **3.4** www.match-photo.de, Michael Nierth, Waldems; **4.1** Getty Images (First Light/ Robert Postma), München; **4.2** dreamstime.com (Victor Torres), Brentwood, TN; **4.3** Foto Mario Gaccioli, Kreuzlingen; **5.4** Zuckerfabrik Fotodesign, Stuttgart; **5.5** Can Stock Photo Inc. (nicko), Halifax, NS, B3L 4T6; **6.1** Alamy stock photo (Paul Hennell), Abingdon, Oxon; **6.2** Science Photo Library (CARLOS CLARIVAN), München; **7.3** Science Photo Library (Science Photo Library/Landmann, Patrick), München; **8.1** Picture-Alliance (dpa), Frankfurt; **8.2** Physikalisch-Technische Bundesanstalt (E. Claus), Braunschweig; **9.1** iStockphoto (baona), Calgary, Alberta; **10.3** Getty Images (Stone/Arnulf Husmo), München; **10.4** BeLa Sportfoto, Großbettlingen; **12.1** Grote, Manfred (Manfred Grote), Lüchow; **14.1** MEV Verlag GmbH, Augsburg; **15.1** iStockphoto (Eric Bechtold), Calgary, Alberta; **16.1** PHYWE Systeme GmbH & Co. KG, Göttingen; **17.3** iStockphoto (kisgorcs), Calgary, Alberta; **18.1a** Klett-Archiv, Stuttgart; **20.1** Christian Wolf - Autor (Christian Wolf), Untersiemau-Scherneck; **21.3** (Harald Köhncke), Stuttgart; **22.2** (Harald Köhncke), Stuttgart; **24.4** LEYBOLD®/LD DIDACTIC GmbH/www.ld-didactic.de, Hürth; **25.2** ShutterStock.com RF (Germanskydiver), New York, NY; **26.4** Zuckerfabrik Fotodesign (Zuckerfabrik Digital), Stuttgart; **28.1** Quelle: Software VideoAnalyzervon kapieren.de KG, Berlin; **28.2** Quelle: Software VideoAnalyzervon kapieren.de KG, Berlin; **28.3** Quelle: Software VideoAnalyzervon kapieren.de KG, Berlin; **29.1** Spehr, Prof. Erwin (Erwin Spehr), Pfullingen; **31.1** (Harald Köhncke), Stuttgart; **31.2** Grote, Manfred (Manfred Grote), Lüchow; **31.3** Grote, Manfred (Manfred Grote), Lüchow; **31.4** Klett-Archiv (Florian Karsten), Stuttgart; **32.1** MEV Verlag GmbH, Augsburg; **34.1a** Wagner, Michael (Dr. Michael Wagner), Korntal-Münchingen; **34.1b** Wagner, Michael (Dr. Michael Wagner), Korntal-Münchingen; **34.2a** Grote, Manfred (Manfred Grote), Lüchow; **34.2b** Grote, Manfred (Manfred Grote), Lüchow; **34.2c** Grote, Manfred (Manfred Grote), Lüchow; **35.3** imago images, Berlin; **38.2** Picture-Alliance (ZB), Frankfurt; **39.5** Klett-Archiv (Uwe Rist), Stuttgart; **42.2** Alamy stock photo (Premaphotos), Abingdon, Oxon; **43.1** photocase.com (AllzweckJack), Berlin; **46.2** dreamstime.com (Forsterforest), Brentwood, TN; **48.1** Science Photo Library (Science Photo Library / EUROPEAN SPACE AGENCY/D. Ducros), München; **50.1a** akg-images, Berlin; **50.1b** akg-images (Science Source), Berlin; **51.1a** ADAC, München; **51.1b** ADAC, München; **51.1c** ADAC, München; **51.2** Grote, Manfred (Manfred Grote), Lüchow; **52.2** CC-BY-SA-4.0/https://creativecommons.org/licenses/by-sa/4.0/deed.de (Matthias Sprau), siehe *3; **53.1** Picture-Alliance (dpa/Gero Breloer), Frankfurt; **53.2** Spehr, Prof. Erwin (Erwin Spehr), Pfullingen; **54.1** Ute Nicklaß, Leonberg; **55.2** Getty Images (Bongarts/ Frank Peters), München; **55.3** Getty Images (Bongarts/Frank Peters), München; **56.2** Daimler AG, Stuttgart; **59.1** Zuckerfabrik Fotodesign (Zuckerfabrik Digital), Stuttgart; **61.1** Thinkstock (manu10319), München; **65.1** laif, Köln; **66.1** Klett-Archiv, Stuttgart; **66.2** Mauritius Images (Hubatka), Mittenwald; **69.1** Grote, Manfred (Manfred Grote), Lüchow; **72.2** Klett-Archiv (Toni Wiedemann), Stuttgart; **73.1a** ADAC, München; **73.1b** ADAC, München; **73.1c** ADAC, München; **74.3** Klett-Archiv (Alexander Mittag), Stuttgart; **74.4** imago images (VIADATA), Berlin; **76.0** ADAC (Stefan Krutsch), München; **77.2a** ADAC, München; **77.2b** ADAC, München; **77.2c** ADAC, München; **80.1** Action Press GmbH (AUFWIND), Hamburg; **81.1** www.match-photo.de, Michael Nierth, Waldems; **82.1** Kuhlberg, Frank von, Kusterdingen; **83.4** Blüggel, Lars, Wetter; **84.1a** Grote, Manfred (Manfred Grote), Lüchow; **84.1b** Grote, Manfred (Manfred Grote), Lüchow; **85.1a** Blüggel, Lars, Wetter; **85.1b** Blüggel, Lars, Wetter; **85.3** Blüggel, Lars, Wetter; **86.3a** Klett-Archiv, Stuttgart; **86.3b** Spehr, Prof. Erwin (Erwin Spehr), Pfullingen; **86.3c** Klett-Archiv, Stuttgart; **86.3d** Klett-Archiv, Stuttgart; **88.1** Blüggel, Lars, Wetter; **89.1** Interfoto (Granger, NYC), München; **94.1** Science Photo Library (SPL, CNRI), München; **98.1a** Grote, Manfred (Manfred Grote), Lüchow; **98.1b** Grote, Manfred (Manfred Grote), Lüchow; **98.1c** Grote, Manfred (Manfred Grote), Lüchow; **100.1** Science Photo Library (Martyn F. Chillmaid), München; **103.1** Getty Images RF (Photodisc/R. Morley/ PhotoLink), München; **103.3** Klett-Archiv, Stuttgart; **104.1** Klett-Archiv (Martin Otter), Stuttgart; **104.3** Gunter Klar - Autor (Gunter Klar), Könen; **106.1** PHYWE Systeme GmbH & Co. KG, Göttingen; **107.0** Bridgemanimages.com, Berlin; **108.2** Michael Rode, Lüneburg; **113.1** Getty Images (First Light/ Robert Postma), München; **114.1a** Zuckerfabrik Fotodesign (Zuckerfabrik digital), Stuttgart; **114.1b** Zuckerfabrik Fotodesign (Zuckerfabrik digital), Stuttgart; **114.3** Science Photo Library (European Space Agency /DTU Space), München; **116.3** LEYBOLD®/ LD DIDACTIC GmbH/www.ld-didactic.de, Hürth; **117.4** Zuckerfabrik Fotodesign (Zuckerfabrik digital), Stuttgart; **118.2** LEYBOLD®/LD DIDACTIC GmbH/www.ld-didactic.de, Hürth; **122.1** Klett-Archiv (Lutz Weusmann), Stuttgart; **122.2** Wagner, Michael (Dr. Michael Wagner), Korntal-Münchingen; **123.1** Zuckerfabrik Fotodesign (Zuckerfabrik Digital / Ginger Neumann), Stuttgart; **125.1** PHYWE Systeme GmbH & Co. KG, Göttingen; **125.2** LEYBOLD®/LD DIDACTIC GmbH/www.ld-didactic.de, Hürth; **126.1** Gunter Klar - Autor (Gunter Klar), Könen; **126.2** LEYBOLD®/ LD DIDACTIC GmbH/www.ld-didactic.de, Hürth; **131.1** dreamstime.com (Victor Torres), Brentwood, TN; **132.1** CC-BY-SA-4.0/https://creativecommons.org/licenses/by-sa/4.0/deed.de (GuidoB), siehe *3; **132.3** Thinkstock (Digital Vision), München; **133.3** LEYBOLD®/LD DIDACTIC GmbH/www.ld-didactic.de, Hürth; **136.1** Klett-Archiv (Lutz Weusmann), Stuttgart; **136.2** Wagner, Michael (Dr. Michael Wagner), Korntal-Münchingen; **139.1** Thinkstock (iStock/JackF), München; **139.5** Fotolia.com (Marco2811), New York; **139.6** Grote, Manfred (Manfred Grote), Lüchow; **141.3** Okapia (Jürgen Kern), Frankfurt; **142.3** Grote, Manfred (Manfred Grote), Lüchow; **146.4** Getty Images (Hulton Archive), München; **147.1** Foto Mario Gaccioli, Kreuzlingen; **155.3** LEYBOLD®/LD DIDACTIC GmbH/www.ld-didactic.de, Hürth; **159.1** Alamy stock photo (artpartner-images.com), Abingdon, Oxon; **159.2** 123rf Germany, c/o Inmagine GmbH (Aliaksei Smalenski), Nidderau; **160.1** Michael Rode, Lüneburg; **160.2** Michael Rode, Lüneburg; **161.1** Grote, Manfred, Lüchow; **164.4** Wojke, Peter, Newel; **166.2** Zuckerfabrik Fotodesign, Stuttgart; **167.1** Zuckerfabrik Fotodesign, Stuttgart; **168.1** Science Photo Library (LIGO), München; **168.2** Getty Images Plus (iStock/Morrison1977), München; **168.3** ShutterStock.com RF (anyaivanova), New York, NY; **169.2a** Alamy stock photo (Dorling Kindersley ltd), Abingdon, Oxon; **169.2b** Alamy stock photo (sciencephotos), Abingdon, Oxon; **175.1** BigStockPhoto.com (cryssfotos), Davis, CA; **177.1** Zuckerfabrik Fotodesign, Stuttgart; **178.2** Zuckerfabrik Fotodesign, Stuttgart; **180.4** Grote, Manfred, Lüchow; **183.3** Peter Wessels - Autor, Bremen; **183.4a** Zuckerfabrik Fotodesign, Stuttgart; **183.4b** Zuckerfabrik Fotodesign, Stuttgart; **184.1** 123rf Germany, c/o Inmagine GmbH (Maxim Toporskiy), Nidderau; **186.1** Grote, Manfred, Lüchow; **186.2** Grote, Manfred, Lüchow; **186.3** Grote, Manfred, Lüchow; **187.2** ShutterStock.com RF (Tsekhmister), New York, NY; **189.0** PIXTAL, New York NY; **189.1** Klett-Archiv, Stuttgart; **190.1a** Helga Lade - Okapia (Rainer Binder), Frankfurt; **190.1b** Mauritius Images (Superstock), Mittenwald; **190.2** Alamy stock photo (dmac), Abingdon, Oxon; **193.2** Klett-Archiv, Stuttgart; **195.1** Can Stock Photo Inc. (nicko), Halifax, NS, B3L 4T6; **196.1** Blüggel, Lars, Wetter; **196.3a** Sieben, Joachim, Buseck; **196.3b** Sieben, Joachim, Buseck; **203.1** Michael Rode, Lüneburg; **203.2a** Michael Rode, Lüneburg; **203.2b** Michael Rode, Lüneburg; **203.2c** Michael Rode, Lüneburg; **203.2d** Michael Rode, Lüneburg; **204.3** Köhncke, Harald, Hannover; **204.4** Michael Rode, Lüneburg; **204.5** Michael Rode, Lüneburg; **205.1** Köhncke, Harald, Hannover; **205.2** Köhncke, Harald, Hannover; **205.3** Michael Rode, Lüneburg; **207.0** Interfoto (Science Museum/SSPL), München; **207.1** PHYWE Systeme GmbH & Co. KG, Göttingen; **208.1** FH Brandenburg, Fachbereich Technik (Michael Vollmer), Brandenburg an der Havel; **208.2** FH Brandenburg, Fachbereich Technik (Michael Vollmer), Brandenburg an der Havel; **208.3** FH Brandenburg, Fachbereich Technik (Michael